Frank Stern
Im Anfang war Auschwitz. Antisemitismus und Philosemitismus
im deutschen Nachkrieg

14
Schriftenreihe
des Instituts für Deutsche Geschichte
Universität Tel Aviv
Herausgegeben von Shulamit Volkov und Frank Stern

Frank Stern

Im Anfang war Auschwitz

Antisemitismus und Philosemitismus im deutschen Nachkrieg

Bleicher Verlag

Für meine Mutter

Die Deutsche Bibliothek – CIP-Einheitsaufnahme
Stern, Frank:
Im Anfang war Ausschwitz: Antisemitismus und Philosemitismus im deutschen Nachkrieg/
Frank Stern. – 1. Aufl. – Gerlingen: Bleicher 1991
(Schriftenreihe des Instituts für Deutsche Geschichte, Universität Tel Aviv; 14)
ISBN 3-88350-459-9
NE: ham-Mākôn le-Histôryā Germānît ‹Tēl-Āvîv›: Schriftenreihe des Instituts ...

1. Auflage 1991

Erscheint im Bleicher Verlag, D-7016 Gerlingen
Herstellung: Wilhelm Röck, D-7102 Weinsberg
ISBN 3-88350-459-9

Inhalt

Vorbemerkung

Das vorliegende Buch mag für sich selbst sprechen. Es bedarf, wie nicht zuletzt die angespannten deutsch-jüdischen Beziehungen während des Golf-Krieges 1991 zeigten, keiner umständlichen Begründung. Über Juden und jüdische Geschichte im deutschen Nachkrieg nachzudenken, hat viele Implikationen. Es bedeutet geistige Auseinandersetzung mit der Vergangenheit und eine Berücksichtigung historischer Grundlinien deutscher Geschichte, deren Wirken in der Gegenwart Anlaß zahlloser Debatten, Mißverständnisse und Prognosen ist. Vieles davon könnte sachlicher und ergebnisreicher verhandelt werden, wenn über das Dritte Reich hinaus die Entwicklung des deutsch-jüdischen Verhältnisses in der formativen Periode der Bundesrepublik stärkere Aufmerksamkeit erführe. In diesem Sinne ist diese Studie ein Beitrag zur Zeitgeschichte, zur Antisemitismusforschung sowie zum deutsch-jüdischen Gespräch.

Sie konnte nur geschrieben werden, weil ihr über lange Jahre zahllose Begegnungen und Diskussionen in Berlin, Jerusalem, New York und in Tel Aviv vorangingen. Es ist unmöglich, alle Gesprächspartner hier zu nennen, doch allen gilt mein Dank, denn ohne ihre Hinweise, Einwände, ihre Kritik und Unterstützung wäre diese Arbeit nicht entstanden. Für konkrete Hinweise zur Arbeit am Buchmanuskript bin ich vor allem Shmuel Almog, Saul Friedländer, Lutz Niethammer, Reinhard Rürup und insbesondere der Betreuerin meiner Doktorarbeit Shulamit Volkov zu Dank verpflichtet.

Die Forschungsarbeit wurde materiell durch das Institut für Deutsche Geschichte der Universität Tel Aviv, den Neuberger Grant sowie das Vidal Sassoon International Center for the Study of Antisemitism an der Hebräischen Universität in Jerusalem unterstützt.

Darüberhinaus möchte ich den BibliothekarInnen und ArchivarInnen danken, die mir halfen, so manche wesentliche Quelle zu finden. Das betrifft die Nationalbibliothek in Jerusalem, die Wiener-Bücherei in Tel Aviv, das Institut für Zeitgeschichte in München, das Institut für Sozialforschung in Berlin, das Bundesarchiv Koblenz, das Archiv der sozialen Demokratie in Bonn und die Leo-Baeck-Institute in New York und Jerusalem.

Nicht zuletzt sei an dieser Stelle auch den Mitarbeitern und der Leitung des Bleicher-Verlages für die hartnäckige und auf Fertigstellung drängende Unterstützung dieser Veröffentlichung gedankt.

F.S.

Einleitung
Antisemitismus und Philosemitismus im deutschen Nachkrieg

»Wußten diese Menschen von Auschwitz, vom verschwiegenen täglichen Massenmord, direkt vor ihren Türen? Wenn ja, wie konnten sie auf der Straße gehen, in ihre Häuser zurückkehren, ihre Kinder ansehen, die Schwelle einer Kirche überschreiten? Wenn nicht, dann sollten sie eben, mußten sie zuhören, alles erfahren, von uns, von mir, alles und unverzüglich: Die tätowierte Zahl auf meinem Arm brannte wie eine Wunde. Während ich durch Münchens trümmerübersäte Straßen irrte, in der Gegend des Bahnhofs, wo unser Zug wieder festlag, war mir, als bewege ich mich unter einer Schar zahlungsunfähiger Schuldner, als sei jeder einzelne mir etwas schuldig und weigere sich, es zu bezahlen. Ich war unter ihnen ... unter dem Herrenvolk... Mir war, als müsse jeder uns Fragen stellen, uns an den Gesichtern ablesen, wer wir waren, demütig unseren Bericht anhören. Aber niemand sah uns in die Augen, niemand nahm die Herausforderung an: Sie waren taub, blind und stumm, eingeschlossen in ihre Ruinen wie in eine Festung gewollter Unwissenheit, noch immer stark, noch immer fähig zu hassen und zu verachten, noch immer gefangen und verstrickt in ein Gewirr von Überheblichkeit und Schuld.« (Primo Levi[1])

I.

Um verschlossene Gesichter, gewollte Unwissenheit, neue Ohnmacht und alten Haß, um Überheblichkeit, Schuld und Verantwortung geht es auch in den folgenden Kapiteln. Doch wäre es sicherlich unzutreffend, die Einstellungen und das Verhalten Deutscher gegenüber Juden beim Anbruch des deutschen Nachkriegs allein auf die von Primo Levi genannten Haltungen zu reduzieren. In der Ära unmittelbar nach der militärischen Niederlage, nach dem Sieg der Anti-Hitler-Koalition, nach dem Zusammenbruch des politischen Systems des Dritten Deutschen Reiches, nach Auschwitz entfalten sich wie in einem Mikrokosmos die Halbheiten, uneingelösten Versprechen und deprimierenden Traditionen des deutsch-jüdischen Verhältnisses.
1945 war der Sieg über das Dritte Reich und der Zusammenbruch des NS-Regimes für Millionen Menschen synonym mit dem Wort Befreiung. Es war zunächst eine Befreiung von dem quälenden Druck, dem ungeheuren Leiden, die

[1] Primo Levi, Atempause. Eine Nachkriegsodyssee, Frankfurt/M. 1982, 198.

die Zäsur des Jahres 1933 über die Völker Europas gebracht hatte. Das galt für Millionen Bürger der von Deutschen besetzten Länder, für die Überlebenden der Konzentrations-, Arbeits- und Vernichtungslager, für politische und andere Häftlinge, nicht zuletzt für diejenigen Emigranten, die darauf warteten, in ihr jeweiliges Herkunftsland zurückzukehren. Das Wort von der Befreiung galt uneingeschränkt für diejenigen, die in Illegalität oder Halb-Legalität in Deutschland auf das Ende des NS-Systems gewartet hatten. Es galt für all jene, die in den Uniformen der alliierten Streitkräfte in ihr Geburtsland zurückkehrten.[2] Denn schließlich sollte der militärische Sieg über das »Tausendjährige Reich« auch die endgültige Befreiung von Nationalsozialismus und Militarismus möglich machen. Aber das galt nicht in gleichem Sinne für das Selbstverständnis des übergroßen Teiles des deutschen Volkes. Der Krieg war verloren, die Deutschen waren besiegt, und die Truppen der Sieger besetzten nach und nach die Gebiete, die vom Deutschen Reich übrig geblieben waren. Das deutsche Volk hatte eine Erfahrung zu durchleben, die im totalen Gegensatz zur bisherigen deutschen Geschichte im 20. Jahrhundert stand und für die auch der Erste Weltkrieg mit seinen Folgen keinen wirklichen Maßstab lieferte.[3] Die Deutschen hatten keine repräsentative Regierung mehr, die im Namen der Bevölkerung oder gar in ihrem Sinne das Wort ergreifen konnte, noch hatte sich eine innenpolitische Anti-Hitler-Koalition formiert, die eine nationale Alternative zum Untergang des Dritten Reiches hätte darbieten können.[4] Nicht die Begeisterung Befreiter empfing die einziehenden Armeen, sondern Angst, Trotz und Schuld, gepaart mit Opportunismus[5] und einem noch unklaren »Nie wieder!«.

Deutschland sah sich einer Allianz gegenüber, der für einige Zeit nicht allein die politische und militärische Macht zu Gebote stand, sondern die zunächst auch fundamental andere Wertesysteme verkörperte. Wertesysteme und eine politische Kultur,[6] gegen die das NS-Regime nicht allein den Haß gepredigt hatte, sondern unter millionenfacher Mitwirkung auch hatte verbrecherische Tat werden

---

[2] Vgl. Stefan Heym, Wege und Umwege. Streitbare Schriften aus fünf Jahrzehnten, München 1985; Hans Habe, All my sins. An autobiography, London, Toronto 1957.

[3] Vgl. Charles S. Maier, »The Two Postwar Eras and the Conditions for Stability in Twentieth-Century Western Europe«, in: American Historical Review 2/86, 1981, 327ff.

[4] Vgl. Jürgen Schmädeke/Peter Steinbach (Hg.), Der Widerstand gegen den Nationalsozialismus. Die deutsche Gesellschaft und der Widerstand gegen Hitler, München, Zürich 1985; Thomas Koebner / Gert Sautermeister / Sigrid Schneider (Hg.), Deutschland nach Hitler. Zukunftspläne im Exil und aus der Besatzungszeit 1939 bis 1949, Opladen 1987; Klaus Voigt (Hg.), Friedenssicherung und europäische Einigung. Ideen des deutschen Exils 1939-1945, Frankfurt/M./M. 1988.

[5] Vgl. Levi, Atempause, op.cit.; Stefan Heym, Reden an den Feind, München 1986, 186.

[6] Vgl. Dirk Berg-Schlosser / Jakob Schissler (Hg.), Politische Kultur in Deutschland. Bilanz und Perspektiven der Forschung. Politische Vierteljahresschrift, Sonderheft 18, Opladen 1987.

lassen. Die dokumentarischen Bilder, Filmaufnahmen[7] und Reportagen über das deutsche Massenmorden und die von der NS-Militärmaschine angerichteten und letztlich verursachten Zerstörungen waren es denn auch, die in der Weltöffentlichkeit unmißverständlich diesen fundamentalen Gegensatz bestätigten und einen Konsens hinsichtlich der Konsequenzen schufen. Der bedingungslosen Kapitulation des deutschen Militarismus sollte, wie Roosevelt, Stalin und Churchill Anfang Februar 1945 in Yalta vereinbarten, die bedingungslose Abrechnung mit dem NS-Regime folgen. Dem Sieg über das Dritte Reich sollte die Schaffung von Voraussetzungen für eine demokratische Ordnung Deutschlands folgen, die in kein Viertes Reich führen durfte.[8] Aber das war – wie sich bald zeigen sollte – kein einheitliches, abgewogenes und pragmatisch machbares Konzept. Unter den Siegermächten, ja selbst in einzelnen militärischen und zivilen Administrationen existierten verschiedene Vorstellungen über die politischen, ökonomischen und kulturellen Konsequenzen,[9] wenngleich das im August 1945 beschlossene Potsdamer Abkommen noch einmal den gemeinsamen Willen nachdrücklich festhielt, Deutschland zu demilitarisieren und zu demokratisieren. Bei aller Kritik, die an der Realisierbarkeit und Umsetzung dieser und der weiteren sich daraus ergebenden Beschlüsse seitdem erfolgt ist, sollte man nicht übersehen, daß das Potsdamer Abkommen die Nachkriegsordnung in Europa wesentlich geprägt hat. Die seit 1989 verstärkt geführten Debatten und die Entscheidungen über die künftige Gestalt Deutschlands und seinen Platz in einer neuen europäischen Ordnung führten bis zur Herstellung der Einheit Deutschlands immer wieder zu den Entscheidungen der vier Alliierten

---

[7] Vgl. David Culbert, »American Film-Policy in the Re-education of Germany after 1945«,in: Nicholas Pronay / Keith Wilson (eds.), The Political Re-education of Germany and her Allies after World War II, London 1985, 173-202; Roger Smither, »Welt im Film: Anglo-American Newsreel Policy", in: ibid., 151-172; Brewster S. Chamberlin, »Todesmühlen. Ein früher Versuch zur Massen-'Umerziehung' im besetzten Deutschland 1945-1946«, in: Vierteljahrshefte für Zeitgeschichte 3/29, 1981, 420-436; Stephan Dolezel, »Welt im Film 1945 and the Reeducation of Occupied Germany«, in: K.R.M. Short / Stephan Dolezel, Hitler's Fall. The Newsreel Witness, London, New York, Sydney 1988, 148-157.

[8] Zit. n. James K. Pollock / James H. Meisel / Henry L. Bretton (Hg.), Germany Under Occupation. Illustrative Materials and Documents, Ann Arbor, Michigan 1949, 2f.; Alfred Grosser, The Colossus Again. Western Germany From Defeat to Rearmament, New York 1955, 13-85; Walter L. Dorn, »The Debate over American Occupation Policy in Germany in 1944-1945«, in: Political Science Quarterly 4/72, 1957, 481-501; Hajo Holborn, »American Planning of the Military Government of Germany During World War II«, in: ders., Germany and Europe. Historical Essays, New York 1970, 237-264.

[9] Vgl. Pollock, op. cit.; Beate Ruhm von Oppen (Hg.), Documents on Germany Under Occupation 1945-1954, London, New York, Toronto 1955; D.W. Urwin, Western Europe since 1945. A Concise History, London 1989[4], 6f.; Günter Benser, »Antifaschistischer Widerstand und Überwindung des Faschismus als europäisches Problem«, in: Zeitschrift für Geschichtswissenschaft 5/33, 1985, 403-416; Alfons Söllner (Hg.), Zur Archäologie der Demokratie in Deutschland, 2.Bde., Frankfurt/M. 1986; Koebner u.a., op.cit.

aus dieser Zeit zurück.[10] Nicht zuletzt diese Entscheidungen haben Europa im 20. Jahrhundert die längste Friedensperiode gebracht, zu deren Beginn die Völker Europas Chauvinismus, Militarismus, Rechtsextremismus, Rassismus und Antisemitismus aus den nationalen politischen Kulturen und den zwischenstaatlichen Beziehungen erklärtermaßen bannten. Die Tatsache, daß bei der Behandlung der jüngsten deutschen Geschichte nach 1945 nicht die Geschichte militärischer Konflikte beschrieben werden muß, sondern die Geschichte der politischen, wirtschaftlichen, diplomatischen, sozialen, geistigen und kulturellen Entwicklungen, findet hierin ihre objektive Grundlage.[11] Gleichzeitig tritt mit Beginn der 90er Jahre offen zutage, daß Nationalismus, Fremdenfeindlichkeit und antijüdische Phänomene in den nationalen politischen Kulturen nicht verschwunden, sondern eher überdeckt waren und mit unerwarteter Vehemenz an die Oberfläche gesellschaftlicher Auseinandersetzungen treten.

In diesen Zusammenhang und nicht in einen davon abgehobenen Bereich spezieller jüdischer Geschichtsschreibung gehört die Untersuchung des deutsch-jüdischen Verhältnisses und deren Metamorphosen. Im Folgenden soll exemplarisch untersucht werden, wie dieses Verhältnis sich *erstens* in der Schlußphase der NS-Judenpolitik, *zweitens* in der Besatzungszeit, *drittens* auf dem Weg zur Entstehung der Bundesrepublik Deutschland und *viertens* in deren ersten Jahren entwickelt hat. Die Wechselwirkung der konkreten und damit auch sozialpsychologischen Bedingungen des gesellschaftlichen Lebens im deutschen Nachkrieg mit der spezifischen Situation jüdischer Überlebender ist ein Leitgedanke der folgenden Darstellung. Der Schwerpunkt der Untersuchung liegt hierbei auf Einstellungen, Haltungen und Verhaltensweisen in der deutschen Bevölkerung, die Juden direkt und indirekt betreffen. Herausgearbeitet werden soll, auf welchem Weg, mit welchen Inhalten und mit welcher gesellschaftlichen Funktion sich Veränderungen und Metamorphosen des jüdischen Themas in der Öffentlichkeit Westdeutschlands vollzogen. Untersucht wird, wie sich die Stel-

---

10 Vgl. Wolfgang Benz, Potsdam 1945. Besatzungsherrschaft und Neuaufbau im Vier-Zonen-Deutschland, München 1986, 81-119; Wilfried Loth, Die Teilung der Welt 1941-1955, München 1980; Hermann Graml, Die Alliierten und die Teilung Deutschlands. Konflikte und Entscheidungen 1941-1948, Frankfurt/M. 1985; John Lewis Gaddis, The Long Peace. Inquiries Into the History of the Cold War, New York, Oxford 1987.

11 Vgl. Volker Berghahn, Modern Germany. Society, economy and politics in the twentieth century, Cambridge 1982; Christoph Kleßmann, Die doppelte Staatsgründung. Deutsche Geschichte 1945-1955, Bonn 1984; Alfred Grosser, Das Deutschland im Westen. Eine Bilanz nach 40 Jahren, München, Wien, 1985; Wilfried Loth, »Europa nach 1945: Die Formation der Blöcke«, in: Wolfgang Benz / Hermann Graml (Hg.), Europa nach dem Zweiten Weltkrieg 1945-1982. Das Zwanzigste Jahrhundert II. Fischer Weltgeschichte, Bd.35, Frankfurt/M. 1983, 23f. Siehe auch die betreffenden Titel in der von Hans-Ulrich Wehler herausgegebenen »Neuen Historischen Bibliothek«, Frankfurt/M. sowie in der von Martin Broszat, Wolfgang Benz und Hermann Graml herausgegebenen »Deutschen Geschichte der neuesten Zeit vom 19. Jahrhundert bis zur Gegenwart«, München.

lung zu Juden, jüdischer Geschichte in Deutschland, zu den an Juden verübten Taten Deutscher nach 1945 entwickelt und welche Rolle sie in der kollektiven Erinnerung, im gesellschaftlichen Denken, im historischen Bewußtsein gespielt hat. Der Übergang vom Dritten Reich zum deutschen Nachkrieg, die politische Entwicklung hin zu einer demokratischen Ordnung, wie sie sich beispielhaft mit all ihren Schwierigkeiten und Halbheiten in der Wechselbeziehung von Besatzungsorganen mit besiegten Deutschen und befreiten überlebenden Juden zeigte, stellt den Rahmen dieser Studie dar. In Medien und Wissenschaft, in der Bewältigung der Nachkriegskrise, im sozialen, kulturellen und politischen Alltag sollen die Elemente herausgearbeitet werden, die die Entwicklung des deutsch-jüdischen Verhältnisses nach 1945 bestimmten und zum großen Teil nach wie vor prägen. Dabei geht es einerseits um Einstellungen, Haltungen, Verhaltensweisen der Nachkriegsdeutschen gegenüber überlebenden Juden und andererseits um jüdische Themen und die Rolle, die Schuld und Verantwortung in der politischen Kultur Westdeutschlands spielen.
Natürlich könnte man fragen, warum man sich Anfang der 90er Jahre mit noch einer Studie über die Zeit nach 1945 befassen sollte, da doch die zeitgeschichtliche Literatur zur Nachkriegszeit fast schon nicht mehr überschaubar ist. Dies trifft in der Tat auf viele Bereiche der deutschen Nachkriegsgeschichte zu. Sucht man jedoch nach schlüssigen Analysen über das Ergebnis der NS-Judenverfolgung und die Folgen des staatlichen sowie gesellschaftlichen Antisemitismus in den Jahren nach 1945 oder nach Studien über jüdische Persönlichkeiten während der Besatzungszeit und in den ersten Jahren der Bundesrepublik, so sucht man in der Regel vergeblich. Forscht man in der vorhandenen Literatur noch dazu nach gesellschaftlich verbreiteten und politisch relevanten Auffassungen über Juden in der politischen Kultur des ersten Jahrzehnts nach der Befreiung der Konzentrationslager, so ist auch dies ein vergebliches Unterfangen. Die deutsche Zeitgeschichtsschreibung klammert derartige Fragen im großen und ganzen aus. Daß das Ringen um ein demokratisches Deutschland während der Besatzungszeit untrennbar verknüpft war mit dem Ziel der Zurückdrängung und Überwindung des antisemitischen Konsenses, ist als historisches Problem bislang nicht ergiebig bearbeitet worden.[12] Es erübrigt sich fast, hinzuzufügen, daß der Nach-

[12] Vgl. zur Geschichte der Juden in Deutschland nach 1945: Harry Maòr, Über den Wiederaufbau der Jüdischen Gemeinden in Deutschland seit 1945, Mainz 1961; Ralph Giordano (Hg.), Narben, Spuren, Zeugen. 15 Jahre Allgemeine Wochenzeitung der Juden in Deutschland, Düsseldorf 1961; Micha Brumlik / Doron Kiesel / Cilly Kugelmann / Julius H. Schoeps (Hg.), Jüdisches Leben in Deutschland seit 1945, Frankfurt/M. 1986; Juliane Wetzel, Jüdisches Leben in München 1945-1951. Durchgangsstadium oder Wiederaufbau, München 1987.

kriegs-Philosemitismus zahlloser Westdeutscher in der Literatur noch nicht einmal als relevantes Problem erkannt worden ist. Eine der Aufgaben dieser Studie soll es sein, die Entstehung und Entwicklung des Philosemitismus nachzuzeichnen, diesen in seinem Verhältnis zum Antisemitismus zu betrachten und seinen fortdauernden Stellenwert in der deutschen politischen Kultur aufzudekken.

II.

In den Augen der Welt und im Selbstverständnis der in Deutschland an einem demokratischen Neubeginn Arbeitenden war der Antisemitismus 1945 ein zu sühnendes Verbrechen gegen die Menschlichkeit. Der Antisemitismus hatte in der Weimarer Republik und im Dritten Reich die effektive Verbreitung innen- und außenpolitischer Feindbilder, die Verhetzung großer Teile der Bevölkerung und die Erziehung zum Haß auf quasi rationaler Grundlage ermöglicht. Schließlich ging es dabei nicht allein um Ideen, sondern um unterscheidbare soziale Gruppen und Schichten der Bevölkerung, um politische Gegner, letztlich um den Kampf gegen andere Völker und Systeme. Es ging um das, wie auch immer verstandene, Andere, und das mußte nicht unbedingt von vornherein auch das Fremde sein. Es gehört zu den anti-humanistischen »Leistungen« des Antisemitismus in Deutschland, das Andere im gesellschaftlichen Bewußtsein so weit entmenschlicht zu haben, daß es als das Fremde letztlich der physischen Vernichtung preisgegeben wurde.

Der Antisemitismus war bis 1945 Bestandteil der vorherrschenden Ideologie gewesen, Element des historischen Bewußtseins. Er hatte die soziale Psyche geprägt, er war Erziehungsideal, Wissenschaftsauftrag, Kulturanspruch, Norm des Alltags und auch akzeptiertes soziales Verhalten. Er war das schlechthin Bestimmende im Verhältnis zum Juden, sei es in konkreten sozialen Beziehungen der eingebildeten höheren Gattung zur niederen, sei es als abstraktes Selbstverständnis der Mitglieder des nationalsozialistischen Gemeinwesens, was nicht unbedingt des konkreten Juden bedurfte.

In der auf den Mai 1945 folgenden Periode erleben wir in Deutschland einen komplizierten Prozeß, eine Metamorphose des Antisemitismus oder exakter eine Metamorphose der deutschen Haltungen zu Juden. Diese Wandlungen erfolgen in gesellschaftlicher Dimension nicht vorrangig als Reaktion auf die individuellen und kollektiven Erfahrungen während der vergangenen zwölf Friedens- und Kriegsjahre. Sie sind vielmehr Bestandteil der neuen sozialökonomischen, politischen und geistig-kulturellen Rahmenbedingungen sowie der Erfahrungen im gesellschaftlichen Alltag. Diese Wandlungen der deutschen Haltungen zu Juden bilden einen Stützpfeiler in der geistigen Brücke, die aus den NS-Jahren in die Adenauer-Ära hinüberführt und mit der die umfassende politische, ökonomische, kulturelle und moralische Krise des Nachkriegs überwunden werden soll.

Der NS-Vernichtungsantisemitismus wird zunächst mit einem flächendeckenden Tabu belegt, unter schärfste Strafe gestellt. Er sollte künftig im gesellschaftlichen Bewußtsein nur noch der Vergangenheit angehören. Über ihn war Gericht zu halten, und das erfolgte in Nürnberg sowie in vielen Folgeprozessen. Zeitungen, Radio und Wochenschauen geben dem Grauen Bilder und Namen. Die individuelle Ahnung über Vorgänge in jenen Lagern nahebei oder im Osten, die persönliche Erfahrung, das zur Kenntnis genommene Gerücht, die verschwiegene oder partikularisierte Teilhabe am Vernichtungswissen und die praktizierte Durchführung der Vernichtung werden öffentlicher Gegenstand. Aber nicht als kollektiver Aufschrei, als aktive gesellschaftliche Abrechnung mit der gerade überwundenen verbrecherischen Gegenwart. Stephan Hermlin berichtet aus Frankfurt, wie Bürger, die vor Erhalt von Lebensmittelkarten Dokumentarfilme über Dachau und Buchenwald anzusehen hatten, reagierten: »Im halben Licht des Projektionsapparates sah ich, wie die meisten nach Beginn des Films das Gesicht abwandten und so bis zum Ende der Vorstellung verharrten. Heute scheint mir, das abgewandte Gesicht sei die Haltung von Millionen geworden und geblieben. Das unglückliche Volk, dem ich angehörte, war sentimental und verhärtet zugleich, sich erschüttern zu lassen, das Erkenne-dich-selbst war nicht sein Teil.«[13] Es war auch kaum anzunehmen, daß das Ensemble antijüdischer Stereotype aus dem individuellen und kollektiven Bewußtsein verschwunden sein würde. Antisemitische Meinungsäußerungen paarten sich nach dem Mai 1945 zunehmend mit einer Sprachlosigkeit, die den Antisemitismus genauso verhüllte wie alles, was irgendwie mit Juden zusammenhing.

Relikte antijüdischen Denkens und Handelns aus den Jahrzehnten vor dem Januar 1933 wurden in neuen und erstmaligen Begegnungen mit Juden und jüdischen Themen aktualisiert. 12 000 bis 15 000 deutsche Juden waren es, die zwischen April und Juli 1945, aus Untergrund, Ehen mit Nichtjuden und Lagern auftauchend, ihren deutschen Mitbürgern gegenüberstanden. Deutsche hatten ihre ersten Erfahrungen mit jüdischen Soldaten und Offizieren der Besatzungsarmeen. Zehntausende jüdische *displaced persons* konfrontierten die Militärverwaltungen und die deutschen Gemeinden mit unerwarteten Problemen. Ende 1946 gibt es etwa 250 000 Juden in Westdeutschland. All dies verbindet sich zu einem merkwürdigen Konglomerat. Antisemitische Stereotype, anti-antisemitische Normensetzungen durch die Besatzungsmächte, individuelle Wahrnehmungen der eigenen wirklichen oder eingebildeten Erfahrung mit Juden mischen sich mit den in der entstehenden literarischen und politischen Öffentlichkeit verbreiteten Klischees.

---

13 Stephan Hermlin, Bestimmungsorte, Berlin 1985, 46.

Es reicht folglich nicht aus, im Hinblick auf das Verhältnis zu Juden nach 1945 den Blick nur auf Kontinuitäten im Nachkriegs-Antisemitismus zu werfen, weil dabei eine wesentliche sozialpsychologische Dimension übersehen werden kann. Denn trotz einer solchen Kontinuität entsteht kurze Zeit nach der endgültigen Kapitulation und dem Beginn der militärischen Besetzung in der Bevölkerung eine sich verbreiternde Haltung, bei Berührung mit alliierten Instanzen und Juden eine betont pro-jüdische Haltung zu zeigen. »Im Sommer 1945 gehörte es zum guten Ton zu meinen, daß für die Juden etwas zu geschehen habe.«[14] Begegnet uns in dieser Zeit einerseits in nicht unerheblichem Maße die individuelle und gesellschaftliche Berührung von Deutschen und Juden, so treffen wir andererseits in dieser Übergangszeit von verklingendem Dritten Reich, sich formierender Besatzungsherrschaft und aufstrebender neuer Staatlichkeit in vielfacher Form »den« Juden in abstracto. Er wird vorgestellt, behauptet, gradlinig aus der braunen Vergangenheit oder der Weimarer Republik stereotyp erinnert. Wobei positive und negative Merkmale der die Juden betreffenden Teile der gesellschaftlichen, kulturellen und ideologischen Sozialisation sich überschneiden, überlappen. Gegensätzliches schließt sich nicht aus:

Das traditionelle ökonomische antijüdische Stereotyp verbindet sich mit der Hoffnung, gerade Juden könnten aufgrund ihrer besonderen ökonomischen »Veranlagung« den Wiederaufbau Deutschlands schneller voranbringen. Ähnlich verschiebt sich das politische antijüdische Stereotyp. Die Juden bisher unterstellte weltverschwörerische »Eigenart« macht sie in den Augen vieler Deutscher um so geeigneter, eine Mittlerrolle zu den Besatzungsorganen einzunehmen. Einen bleibenden Stellenwert erringt in dieser Zeit das kulturelle antijüdische Stereotyp. Das in wahrem Crescendo erklingende Lob des jüdischen Beitrags zu deutscher Kultur, Wissenschaft und Wirtschaft wird zu einem festen Topos in der politischen Kultur. Dies traf gleichermaßen zu auf die Ebene sozialer Beziehungen. Mit einem Juden befreundet zu sein, oder derartige Beziehungen aus der Erinnerung zu rekonstruieren, rückte den Betreffenden quasi automatisch an die Seite der Sieger, ließ ihn vermeintlich zu den ehemaligen NS-Parteigenossen auf Distanz gehen. Die Haltung zu Juden nahm zunehmend den Charakter eines unterschiedslos, ja stereotyp, alles Jüdische positiv wertenden gesellschaftlichen Phänomens an. Und was nicht in dieses überhöhte Bild vom Juden, von jüdischer Eigenart und jüdischem Beitrag paßte, fiel schlicht unter Amnesie.

Philosemitisch zu reagieren, wurde – wo auch immer es angebracht schien – als konsensfähiges öffentliches Verhalten einverständig akzeptiert. Die Besatzungsmächte, insbesondere die Vertreter der USA, hatten bereits seit Sommer 1945 in der Frage der künftigen Haltung zu Juden in Deutschland auf eine entschiedene Änderung gedrängt, ja eine grundlegende Abkehr von überkommenen

[14] Julius Posner, In Deutschland 1945-1946, Jerusalem 1947, 110.

Haltungen gefordert. Das hielt bis zum Luxemburg-Abkommen der Bundesrepublik mit Israel und jüdischen Organisationen von 1952 an. Zahlreiche deutsche Persönlichkeiten, Politiker, Journalisten, Kirchenvertreter gefielen sich in projüdischem Sprachgebrauch – und zwar meist unabhängig davon, ob im Verhältnis zu Juden eine wirkliche Wende erreicht worden war. Es ging dabei primär auch meist gar nicht um die überlebenden Juden, sondern um ein politisches Bekenntnis. Denn worin vor allem sollte sich das zu schaffende neue demokratische Deutschland von seiner Vergangenheit unterscheiden, wenn nicht in dieser maßgeblichen moralischen Frage.

Zu der sich entwickelnden Wechselwirkung von alliierten Demokratievorstellungen und deutschem Erneuerungsstreben gehört folglich auch deren Einfluß auf die Entwicklung antisemitischer und philosemitischer Phänomene. Vor diesem Hintergrund entwickelte sich zunehmend eine politische Funktionalisierung, letztlich Instrumentalisierung des Philosemitismus. So hatte sich, wie Günter Grass im Frühjahr 1990 rückblickend betonte, »der angelernte Antisemitismus zum angelernten Philosemitismus ummünzen lassen«.[15] Je näher die Gründung der Bundesrepublik Deutschland in jenen Jahren rückte, um so schneller wurde aus einem sozialpsychologischen Faktor ein ideologisches und politisches Instrument. Der Philosemitismus wurde zur moralischen Legitimierung des demokratischen Charakters der zweiten deutschen Republik in der Phase ihrer Gründung und der Erringung ihrer Souveränität. Er hatte wesentliche Bedeutung für das, was als »Glaubwürdigkeit der Bundesrepublik« bezeichnet wurde, man bediente sich seiner als einem Symbol und einer öffentlichen und oft offiziellen Ersatzhandlung.[16] Diese staatliche, politische Seite überlagerte Ende der 40er und Anfang der 50er Jahre alle anderen philosemitischen Tendenzen und bis dahin wirksamen Inhalte des Philosemitismus.

In diesen Kontext offizieller philosemitischer Bemühungen, der Herstellung der Glaubwürdigkeit der Bundesrepublik und ihrem Streben nach Westintegration und Souveränität gehörte ebenfalls der gesamte Komplex der Restitution, der Rückgabe jüdischen Vermögens, und die sogenannte Wiedergutmachung. Das Verhältnis zu Juden, zur Verfolgung und Ermordung von Juden, die Ambivalenz anti- und philosemitischer Einstellungen und Reaktionsweisen ist wesentlich durch diese materielle und politische Seite der deutsch-jüdischen Beziehungen geprägt worden. Um ein vielzitiertes Wort abzuwandeln, wenn man vom Antisemitismus Deutscher nach 1945 spricht, sollte man vom Philosemitismus nicht schweigen.

---

[15] Günter Grass, »Schreiben nach Auschwitz. Nachdenken über Deutschland: ein Schriftsteller zieht Bilanz aus 35 Jahren. Die Frankfurter Poetik-Vorlesung«, in: Die Zeit, 23.2.1990.

[16] Eleonore Sterling, »Judenfreunde – Judenfeinde. Fragwürdiger Philosemitismus in der Bundesrepublik«, in: Die Zeit, 10.12.1965.

III.

Die Darstellung in dieser Studie folgt chronologischen und systematischen Aspekten der deutschen Nachkriegsentwicklung, in deren ökonomischen, sozialen, kulturellen, ethischen und politischen Zusammenhängen Juden und Juden betreffende Themen Gegenstand gesellschaftlicher Aktivitäten oder Reflexion sind. Den Ausgangspunkt in Kapitel 1 bildet die Rolle, die Antisemitismus, Juden und Judenverfolgung in der Schlußphase der NS-Herrschaft einnehmen. Die spezifischen Bedingungen für die Existenz von Juden im Dritten Reich im Winter 1944/45, ihr Überlebenskampf und ihre Erfahrung in Kontakten mit der deutschen Bevölkerung werden skizziert. Vor diesem Hintergrund geht es in Kapitel 2 um die Untersuchung des sich herausbildenden Verhältnisses Besatzer–Juden – Deutsche. Im Kontext der konkreten Beziehungen zwischen militärischer Besatzungsmacht, jüdischen Überlebenden, deutscher Bevölkerung und ihren Behörden in der zweiten Hälfte der 40er Jahre werden das Entstehen philosemitischer Erscheinungen betrachtet sowie in Kapitel 3 die Bedeutung der durch die Nachkriegsrealität modifizierten antisemitischen Kontinuitäten. Damit ist die wesentliche Grundlage dargestellt, auf der sich das jüdisch-deutsche Verhältnis in der Folge entwickelt. Dieses Verhältnis, sein soziales, kulturelles und institutionelles Umfeld wird im Hinblick auf antisemitische und philosemitische Entwicklungen am Beispiel der Hochschulen und der Ruhrarbeiterschaft untersucht (Kapitel 4 und 5). Damit werden Fragen nahegelegt, die die politische Kultur Westdeutschlands in deren formativer Periode insgesamt betreffen. Kapitel 6 behandelt daher den Zusammenhang von Philosemitismus und Demokratie. Das Problem einer ungenügenden Auseinandersetzung der Kirchen als einer einflußreichen öffentlichen Institution der Nachkriegszeit mit ihrem antisemitischen Erbe folgt in Kapitel 7, wobei versucht wird, eine Antwort auf die Frage zu geben, ob es sich bei den Gesellschaften für christlich-jüdische Zusammenarbeit um einen organisatorischen Ausdruck des Philosemitismus nach 1945 handelt. Dem folgt in Kapitel 8 die Auseinandersetzung mit Diskussionen, Geschehnissen und Positionen, die das deutsch-jüdische Verhältnis in der Gründungsphase und den ersten Jahren der Bundesrepublik betreffen. Ein Akzent wird hier auf die Diskussion und den schließlichen Beschluß über die sogenannte Wiedergutmachung innerhalb und außerhalb des Deutschen Bundestages in der ersten Legislaturperiode 1949-1953 gelegt. Vor dem Hintergrund der vorgelegten Quelleninterpretation und darauf aufbauenden Darstellung kann in Kapitel 9 der Philosemitismus als eine zentrale Metamorphose in der Haltung zu Juden in der politischen Kultur der 40er und 50er Jahre herausgearbeitet und als eine wichtige Erscheinung des deutschen Nachkriegs einer knappen theoretischen Reflexion unterzogen werden. Im Schlußkapitel dieser Arbeit werden sowohl einige Schlußfolgerungen hinsichtlich der Bedeutung von Antisemitismus und Philosemitismus gezogen, als auch in einem Ausblick die weitere Entwicklung bis zu den 90er Jahren skizziert.

Das regionale Schwergewicht in einigen Kapiteln liegt auf der amerikanischen Besatzungszone, da die Materialien des Office of Military Government for Germany (U.S.), abgekürzt OMGUS,[17] eine nahezu unerschöpfliche Quelle darstellen. Wo es erforderlich ist, werden Dokumente, Veröffentlichungen, Erinnerungen und Analysen herangezogen, die analoge Prozesse in den anderen westlichen Besatzungszonen betreffen. Die sowjetische Besatzungszone hingegen spielt in dieser Arbeit aus dem Grund keine Rolle, weil der Philosemitismus in ihr oder der späteren Deutschen Demokratischen Republik in dieser Periode nicht auf nennenswerte Weise in Erscheinung getreten ist. So wie in Westdeutschland der Philosemitismus hatte in Ostdeutschland, was hier jedoch nicht weiter behandelt werden kann, der verordnete Antifaschismus politisch-kulturell legitimierende Funktion.
In den folgenden Kapiteln wird versucht, zwei Verallgemeinerungen zu vermeiden: Zum einen soll es nicht darum gehen, aus der deutschen zeitgenössischen Ideengeschichte die Übel antijüdischer Denk- und Verhaltensmuster zu destillieren und so vermeintlich die Existenz einer bestimmten deutschen Mentalität zu betonen, zu deren Wesen der Antisemitismus gehöre. Stattdessen soll in den einzelnen Kapiteln nach den konkreten zeitgeschichtlichen Prozessen gefragt werden, nach ihren politischen, sozialökonomischen und geistigen Grundlagen, die anti- und philosemitische Tendenzen begünstigen oder hemmen. Zum zweiten soll nicht ein schablonisiertes Verständnis von Anti- oder Philosemitismus paradigmatisch vorausgeschickt oder wie ein Modell der spannungsgeladenen und vielschichtigen Periode nach 1945 übergestülpt werden. Versucht werden soll, die jeweils spezifischen Inhalte und Modifikationen aus dem herangezogenen historischen Quellenmaterial anschaulich zu entwickeln. Und nicht zuletzt sollen auf diesem Wege Entstehung, Entwicklung und Metamorphosen eines gesellschaftlichen Phänomens beschrieben werden, um so einen Beitrag zu seiner Erklärung zu liefern.

---

[17] Zur Arbeit mit den OMGUS-Akten vgl. Christoph Weisz, »Politik und Gesellschaft in der US-Zone 1945-1949. Geschichte der Nachkriegszeit aus amerikanischen und deutschen Dokumenten: Ein Projekt des Instituts für Zeitgeschichte«, in: Heinrich August Winkler (Hg.), Politische Weichenstellungen im Nachkriegsdeutschland 1945-1953, Göttingen 1979, 290ff. Weisz betont die Dichte dieser Materialien: »Denn zur Vorbereitung ihrer Entscheidungen organisierte die amerikanische Militärregierung ein umfangreiches internes Informations- und Berichtssystem auf den verschiedenen Ebenen, vom regionalen Detachment bis zum Militärgouverneur. Wenn auch mit unterschiedlichem Reflexionsgrad und unterschiedlicher Einsicht und Beurteilungsschärfe der Beobachtenden (was die deutschen Verhältnisse anlangt), entstand dadurch in den OMGUS-Akten eine nahezu lückenlose Beschreibung der politischen und gesellschaftlichen Zustände in der US-Zone.«(293) Hierzu auch James J. Hastings, »Die Akten des Office of Military Government for Germany (US)«, in: Vierteljahrshefte für Zeitgeschichte 1/24, 1976, 75-101.

IV.

In den vergangenen Jahren ist zum 50. Jahrestag des 30. Januar 1933, zum 50. Jahrestag des 9. November 1938, zum 40. Jahrestag des 8. Mai 1945, zum 50. Jahrestag des deutschen Überfalls auf Polen und aus Anlaß der Herstellung der Einheit Deutschlands eine unüberschaubare Fülle von vergangenheitsbezogenen Publikationen erschienen. Durchaus unterschiedlich wurde und wird hierbei die historische Zäsur, die »Gegenwart diesseits des Grenz- und Schwellenjahrs 1945«[18] wahrgenommen und verarbeitet. Das gilt für alle Reflektion deutscher Zeitgeschichte und für jegliches historiographisches Bemühen, diesen Zeitläufen analytisch Gestalt zu verleihen. Der Literaturwissenschaftler Hans Mayer sagte 1983 in einem Vortrag in Jerusalem, daß für die Menschen seiner Generation und mit ähnlichem Lebenslauf »das Jahr 1933 die Zäsur schlechthin« bedeute.[19] Dem soll nicht widersprochen werden, doch für den Autor dieser Arbeit und viele Menschen seiner Generation, Juden und Deutsche, kommt dem Jahr 1945 die unabweisbare Qualität einer tiefen historischen Zäsur zu.
Kontroversen um Jahrestage, der »Historikerstreit«, Debatten um die »nationale Frage« der Deutschen, antisemitische Alltäglichkeiten und wiederkehrende philosemitische Bekenntnisse drücken die unverminderte Aktualität einer Periode der europäischen und Weltgeschichte aus, deren Verständnis, deren Interpretation und deren historische Lehren bis heute Gegenstand sowohl der Forschung als auch erbitterter geistiger und politischer Auseinandersetzungen sind.[20] Und das wird noch viele Jahre so bleiben. Wir erleben und nehmen teil an einem geistigen Prozeß, in dessen Verlauf sich nachgeborene Generationen ihres Verständnisses der durchaus unterschiedlichen individuellen und kollektiven Erinnerung vergewissern.
Dies resultiert in nicht geringem Maße daraus, daß der Nazismus zwar in Westdeutschland »bürokratisch und gerichtlich, historiographisch und finanziell ›bearbeitet‹, aber nicht politisch und emotional überwunden worden« ist.[21] Aber auch diejenigen noch Lebenden, die auf konträren Seiten der historischen

[18] Rudolf Morsey, Die Bundesrepublik Deutschland. Entstehung und Entwicklung bis 1969, München 1987, 119.

[19] Hans Mayer, »Das Gedächtnis und die Geschichte. Gedanken beim Aufschreiben von Erinnerungen«, in: Stéphane Moses / Albrecht Schöne (Hg.), Juden in der deutschen Literatur. Ein deutsch-israelisches Symposium, Frankfurt/M. 1986, 23.

[20] Pierre Aycoberry, The Nazi Question. An Essay on the Interpretation of National Socialism. 1922-1975, New York 1981; Lucy S. Dawidowicz, The Holocaust And The Historians, Cambrigde, London, 1981; Saul Friedländer, Reflections of Nazism. An Essay on Kitsch and Death, New York 1984; Geoffrey H. Hartmann (Hg.), Bitburg in Moral and Political Perspective, Bloomington 1986;

[21] Iring Fetscher, »Die Suche nach der nationalen Identität«, in: Jürgen Habermas (Hg.), Stichworte zur »Geistigen Situation der Zeit«, 1.Band: Nation und Republik, Frankfurt/M. 1979, 117.

Barrikaden, oder zwischen ihnen wechselnd, die Zeitläufe mitgestaltet, mitbestimmt und mitzuverantworten haben, holen sich ihren Teil Vergangenheit in die Gegenwart. Überwindung der Vergangenheit, will sie nicht leichtfertiges Vergessen implizieren, könnte eigentlich nur schlußfolgerndes Bewahren bedeuten. Daß dabei nun unversöhnliche Gegensätze aktualisiert werden, ja der Legitimation politischer Zwecke dienen, ist unvermeidlich.
In der kollektiven Erinnerung der Völker Europas – und nicht nur dieser – sind die Jahre der NS-Okkupation und des Krieges, ihre Folgen einschließlich der individuellen Auswirkungen kein Abschnitt der Vergangenheit wie so viele andere Perioden der Geschichte. Es ist eben eine »Vergangenheit, die nicht vergehen will«.[22] An diesem Widerspruch, der auch von der wissenschaftlichen Arbeit gleichermaßen Distanz und Nähe fordert, reibt sich so mancher Meinungsstreit. Nur darf das nicht heißen, daß sich diese Vergangenheit, dieser Abschnitt der Zeitgeschichte, welche Gründe dafür auch immer angegeben werden mögen, der nüchternen, rationalen Betrachtung entziehen könne. Zugleich ist jeder, der sich mit diesen Jahrzehnten schreibend befaßt, auf die eine oder andere Weise befangen. Sei es, weil er aus der Perspektive der Befreiten, aus der Perspektive der ehemaligen Unterdrücker und deren Kinder, aus der Perspektive der ehemaligen Soldaten oder auch aus der Perspektive des »leidenschaftslosen« Betrachters schreibt. Darin ist auch kein Widerspruch zu der Tatsache zu sehen, daß diese Jahrzehnte im Fluß der Geschichte zu betrachten sind. Die Einmaligkeit und Einzigartigkeit historischer Ereignisse steht ja nicht im Gegensatz dazu, daß es zuallererst historische Ereignisse sind. Daß die deutsche Geschichte, die auch zu Auschwitz führte, ebenso von Auschwitz wegführt, ist heute ein Gemeinplatz. Wer Letzteres allerdings ständig wiederholt, muß sich dem Verdacht aussetzen, anderes ausdrücken und bewirken zu wollen.[23] Demgegenüber ist es bis heute ein ständig wirklichkeitsnaher Wesenszug der Nachkriegsgeschichte, daß die Über-

---

[22] Vgl. aus der Fülle der Literatur zum »Historikerstreit« folgende z.T. die Debatte dokumentierende Bände: ›Historikerstreit‹. Die Dokumentation der Kontroverse um die Einzigartigkeit der nationalsozialistischen Judenvernichtung, München, Zürich 1987; Hilmar Hoffmann (Hg.), Gegen den Versuch, Vergangenheit zu verbiegen. Eine Diskussion um politische Kultur in der Bundesrepublik aus Anlaß der Frankfurter Römerberggespräche 1986, Frankfurt/M. 1987; Reinhard Kühnl (Hg.), Vergangenheit, die nicht vergeht. Die ›Historiker-Debatte‹. Darstellung, Dokumentation, Kritik, Köln 1987; Dan Diner (Hg.), Ist der Nationalsozialismus Geschichte? Zu Historisierung und Historikerstreit, Frankfurt/M. 1987; Hans-Ulrich Wehler, Entsorgung der deutschen Vergangenheit? Ein polemischer Essay zum ›Historikerstreit‹, München 1988; Eike Hennig, Zum Historikerstreit. Was heißt und zu welchem Ende studiert man Faschismus? Frankfurt/M. 1988; Charles S. Maier, The Unmasterable Past. History, Holocaust, and German National Identity, Cambridge, London 1988; Martin Broszat / Saul Friedländer, »Briefwechsel. Um die ›Historisierung des Nationalsozialismus‹«, in: Vierteljahrshefte für Zeitgeschichte 2/36, 1988, 339f.

[23] Vgl. Jürgen Habermas, »Geschichtsbewußtsein und posttraditionelle Identität. Die Westorientierung der Bundesrepublik«, in: ders., Eine Art Schadensabwicklung. Kleine Politische Schriften VI, Frankfurt/M. 1987.; Saul Friedländer, »Some German Struggle with Memory«, in: Hartman, op.cit., 27f.

lebenden des Vernichtungs-Antisemitismus und deren Nachkommen – sei es in Deutschland, in Israel oder in anderen Ländern – auf vielfältige Weise von der Vergangenheit eingeholt werden, im Gegenwärtigen das Vergangene mit sich tragen. In vielen Debatten geht es in diesem Zusammenhang daher nicht um Mißverständnisse, sondern schlicht um eine zu unterscheidende Perspektive.[24] Der Schriftsteller, Publizist und Zeichner Peter Edel schrieb in seinen Erinnerungen über den ersten Tag nach der Befreiung aus dem Konzentrationslager, daß die Überlebenden nun ein für allemal frei und fertig sein wollten mit der Schreckensvergangenheit. Und er betont: »Denn da ist niemand zu prophezeien imstande, daß uns diese gerade einen Tag alte Vergangenheit noch jahrzehntelang verfolgen werde. Die ist mit uns nicht fertig. Am allerwenigsten mit den Befreiten ...«[25] Sie und deren Nachkommen stehen zu dieser Vergangenheit in einem individuellen, kollektiven und damit auch historischen Verhältnis der Unmittelbarkeit. Während sich zum Beispiel für die heute lebende Generation der Juden die Nähe zum millionenfachen Mord am jüdischen Volk zeitlebens nicht verringern kann, sinkt dieser für viele Deutsche der Kriegs- und Nachkriegsgenerationen hinab in die Tiefen der nationalen Geschichte, wird episodenhaft Vergangenes, abgeschlossene Vergangenheit angesichts einer neu zu gestaltenden Zukunft des vereinigten deutschen Nationalstaates.[26] Diese gegensätzliche Betrachtung und Empfindung von Geschichte tritt insbesondere oftmals dann zutage, wenn es um die Geschichte der Juden nach 1945 oder um die Bewertung antisemitischer Vorkommnisse in der Bundesrepublik Deutschland geht. Der Relativierung antijüdischer Elemente der politischen Kultur auf der einen Seite entspricht dabei allerdings oft die Betonung einer Kontinuitätslinie, die aktuelle antisemitische Ereignisse gradlinig mit der deutschen Geschichte vor dem 8. Mai 1945 in Verbindung bringt. Demgegenüber ist jedoch auch eine andere Herangehensweise denkbar, die in dieser Arbeit zum Tragen kommt, nämlich die Einordnung der Haltung zu Juden in den Kontext der gesellschaftlichen und politischen Entwicklung Nachkriegsdeutschlands. Nur so läßt sich der Zirkelschluß vermeiden, als ob aus dem Blickwinkel jüdischer Geschichte oder aus der Perspektive

[24] Friedländer, in: Broszat / Friedländer, op.cit., 371.

[25] Peter Edel, Wenn es ans Leben geht. Meine Geschichte, Berlin/ DDR 1979, Bd.2, 246.

[26] Henryk M. Broder / Michel L. Lang (Hg.), Fremd im eigenen Land. Juden in der Bundesrepublik, Frankfurt/M. 1979; Frankenthaler Gespräche, Juden in Deutschland 1983 – Integriert oder diskriminiert. Ein Symposium, Landau 1983; Andreas Wojak (Hg.), Schatten der Vergangenheit. Deutsche und Juden heute, Gütersloh 1985; Bunzl, John, Der lange Arm der Erinnerung. Jüdisches Bewußtsein heute, Wien, Köln, Graz 1987; Michal Y. Bodemann (Hg.), Jewish Life After 1945 in Germany, Cornell University Press 1991; Frank Stern, »The Jewish Question in the German Question«, in: New German Critique, Special Issue on German Unification, Frühjahr 1991.

der Antisemitismusforschung die deutsche Geschichte auf das Verhältnis der Westdeutschen zu Hitler und zu den Juden reduziert werde. In der Forschung zur deutschen Nachkriegszeit ist es fast schon ein Gemeinplatz, daß die deutsche Gegenwart »aus einer Kombination der Besatzungspolitik einerseits und der deutschen Tradition andererseits entstanden ist«.[27] Dies gilt zweifelsohne für die Entwicklung der deutschen politischen Kultur nach 1945, deren dunkle und deren helle Seiten im Verhältnis von Antisemitismus und Philosemitismus offen zutage treten. Denn so, wie es in Deutschland nach 1945 vermeintlich kaum Antisemiten gegeben hat, gab es natürlich nach eigenem Selbstverständnis auch keine Philosemiten.

---

[27] John Gimbel, »Amerikanische Besatzungspolitik und deutsche Tradition«, in: Ludolf Herbst (Hg.), Westdeutschland 1945-1955, München 1986, 150; vgl. auch ders. The American Occupation of Germany. Politics and the Military, 1945-1949, Stanford 1968; Hans Woller, Gesellschaft und Politik in der amerikanischen Besatzungszone. Die Region Ansbach und Fürth, München 1986; Josef Foschepoth (Hg.), Kalter Krieg und Deutsche Frage. Deutschland im Widerstreit der Mächte 1945-1952, Göttingen 1985; Franz L. Neumann, »Re-Educating the Germans. The Dilemma of Reconstruction«, in: Commentary 6/3, 1947, 517f.; Jutta-B. Lange-Quassowski, Neuordnung oder Restauration? Das Demokratiekonzept der amerikanischen Besatzungsmacht und die politische Sozialisation der Westdeutschen: Wirtschaftsordnung – Schulstruktur – Politische Bildung, Opladen, 1979; Samuel Gringauz, »Our New German Policy and the DPs. Why immediate Resettlement is Imperative«, in: Commentary V, 1948, 508f.; Ralph Giordano, Die Zweite Schuld oder Von der Last Deutscher zu sein, Hamburg 1987.

1. Gibt es noch eine »Judenfrage« in der Schlußphase der NS-Herrschaft?

»Wenn der Abtransport von Akten, deren Gegenstand antijüdische Tätigkeiten sind, nicht möglich ist, sind sie zu vernichten, damit sie nicht dem Feind in die Hände fallen.«[1] Dies ist der Wortlaut des letzten bekannten Erlasses des NS-Regimes vom 16. Februar 1945, mit dem die reichsdeutsche Lösung der *Judenfrage* ihren Abschluß finden sollte. Nicht große Worte, fanatische Parolen, sondern bürokratische Selbstverständlichkeit und die Ahnung, daß die »antijüdischen Tätigkeiten« ein Moment der Abrechnung mit Deutschland werden könnten, zieht ein in Büros und Behörden des sich in Auflösung befindlichen Reiches. Zugleich mühen sich SS und der gesamte Apparat der Massenvernichtung, die noch lebenden jüdischen KZ-Insassen zu ermorden, werden versteckt lebende Juden aufgestöbert und ermordet. Untergangsstimmung und weltanschaulicher Fanatismus feiern mörderische Orgien, in denen die rassistischen NS-Kategorien der »Viertel-, Halb- und Dreiviertelarier« an Bedeutung verlieren, Juden in sogenannten Mischehen und privilegierte »Schutzjuden« zunehmend um ihr Leben bangen müssen und nur das durch die Bomberangriffe bewirkte Chaos einigen unsicheren Schutz bieten kann.

In der sich zuspitzenden Krise des NS-Regimes war es bereits 1944 zu Entwicklungen gekommen, in denen die militärischen, ökonomischen, sozialen und ideologischen Zielvorstellungen der NS-Politik ständig an die veränderten Bedingungen, und das heißt vor allem an die drohende militärische Niederlage, angepaßt werden mußten. Konfligierende Interessen und Überlegungen über die Gestaltung Deutschlands beschäftigten die NS-Führer, was von sogenannten Friedensfühlern über Portugal, Spanien, Schweiz, Schweden und den Vatikan bis zu fanatischen Durchhalte- und Vernichtungsparolen reichte. Die bürokratische Organisation der »Endlösung« wurde in Reden und Leitartikeln hysterisch als »Krieg gegen die Juden« propagiert – aber sie wurde auch widerspruchsvoll den Bedürfnissen der Kriegsführung, insbesondere der Kriegsindustrie angepaßt. In das vorgeblich »judenfreie« Reich werden 1944 Tausende deportierte Juden aus den von Deutschen besetzten Ländern in Osteuropa gebracht, um den Anforderungen der Kriegsindustrie für den »Endsieg« Genüge zu tun. Die Eisenbahnwaggons aus dem Osten sind jetzt nicht mehr nur voll mit Beutegut und verwundeten Soldaten.

In der Folgezeit kommt es zu zahllosen Begegnungen von Deutschen und Juden im Arbeitsalltag, deren Bedeutung für Einstellungen und Haltungen zu Juden in der deutschen Bevölkerung nach der militärischen Niederlage und der Besetzung

---

[1] Joseph Walk, Das Sonderrecht für die Juden im NS-Staat, Karlsruhe 1981, 406.

Deutschlands nicht unterschätzt werden sollte. Die Anordnung der Auflösung von Konzentrationslagern mit dem Näherrücken der Front führt in der Schlußphase der NS-Herrschaft zu mörderischen Todesmärschen. Im »Altreich« selbst tauchen die wenigen überlebenden Juden unter, sammelt die NS-Führung jedoch andererseits Juden in der längst für »judenfrei« erklärten Reichshauptstadt »zur weiteren Verwendung«.
Im folgenden Kapitel sollen in der deutschen Bevölkerung verbreitete Haltungen zur *Judenfrage* skizziert und die Auslassungen der NS-Führung hierzu betrachtet werden. Dabei geht es ausschließlich um die letzten Monate und Wochen der NS-Herrschaft, um inhärente Entwicklungen im Hinblick auf die – wie Hitler formuliert – kommende »Übergangszeit«. In dieser Zeit der niedergehenden und niedergezwungenen NS-Herrschaft kehrt der deutsche Krieg gegen Europa und die Welt zurück in sein Ursprungsland. Aus dieser Periode des NS-Niedergangs ist aber auch über den Überlebenskampf, den Widerstand und die Erfahrungen von Juden im Umgang mit Deutschen zu berichten. Im Winter 1944/45 konzentriert sich wie in einem Brennpunkt das jüdisch-deutsche Verhältnis zwischen Shoah und Nachkrieg.

Juden und Judenverfolgung im Bewußtsein der deutschen Bevölkerung

Seitdem mit der Invasion der Alliierten in der Normandie am 6. Juni 1944 der Krieg des Deutschen Reiches um Lebensraum und die Errichtung eines nationalsozialistischen Imperiums zu einem Zweifrontenkrieg geworden war, kann man von einer Krise des NS-Regimes sprechen. Innenpolitisch veränderte sich zwar nicht grundsätzlich das terroristische Machtgefüge, aber es vollzog sich allmählich in Teilen der Bevölkerung eine Desillusionierung über die Erfolgsaussichten des Krieges und über die Realisierung sozialpolitischer und ökonomischer Versprechungen der Nazi-Elite. Der NS-Konsens bröckelte in manchen Bereichen der Bevölkerung ab. Das wurde noch befördert durch die Verschlechterung der wirtschaftlichen und sozialen Situation mit der zweiten »totalen« Mobilmachung im Sommer 1944, durch die Verknappung der Nahrungsmittel, das Anwachsen des Anteils der Kriegsgefangenen und Zwangsarbeiter unter den Beschäftigten in Industrie und Dienstleistungsbereichen, durch die Formierung – wenn auch nicht in großem Maßstab erfolgreiche Aktion – von Widerstandsgruppen, die wachsende Zahl von Todesmeldungen, schwerverwundeten Soldaten. Individuelle Erzählungen, Berichte und Gerüchte vermittelten zunehmende Kenntnis der Brutalisierung der Kriegsführung[2] und – wenn nicht Kenntnis, so doch Ahnung – der Politik der Massenausrottung. Zunehmend wurde die Sprach-

[2] Vgl. Omer Bartov, The Eastern Front 1941-1945. German Troops and the Barbarisation of Warfare, London 1985.

floskel: ›Was wird, wenn der Krieg vorbei ist‹ zum Ausdruck einer Haltung, die Verschiedenes beinhalten konnte: Fatalismus, Angst vor Rache, fanatischen Durchhaltewillen oder vorsichtiges Einrichten auf die Zeit ›danach‹.

In der Bevölkerung spielte die *Judenfrage* in dieser Periode des Dritten Reiches keine zentrale Rolle, die antisemitische Propaganda trug aber dazu bei, »die Teilnahmslosigkeit und Apathie gegenüber dem Schicksal der Juden«[3] zu verstärken. Das konkrete Wissen in der Bevölkerung war unterschiedlich, die Wahrnehmung segmentiert, unterlag genauso der Apathie wie andere Fragen der Politik des Dritten Reiches. »Dabei gehörte nicht viel dazu, das Schicksal der deportierten Juden zu ermessen. Diejenigen, die sich einmal dazu durchgerungen hatten, den fundamentalen Unrechtscharakter des NS-Herrschaftssystems innerlich zu akzeptieren, erfuhren genug, um sich in dieser Beziehung zu vergewissern. Aber das war eine kleine Minderheit. Die große Mehrheit fügte sich in die vom Regime feilgebotene kollektive Verdrängung.«[4] Wer die Inhalte von Artikeln und Leserbriefen, Berichten von Soldaten und SS-Männern im »Stürmer« zur Kenntnis nahm, Meldungen im »Völkischen Beobachter«, in »Das Reich« oder zentrale Aussagen in Reden und Radio-Kommentaren kritisch registrierte, konnte sich ein relativ zusammenhängendes Bild machen. Die Frage ist jedoch weniger, wer wußte vom Völkermord, sondern eher, wer wollte die bekannt werdenden Tatsachen wahrhaben: »Die Frage, was die beteiligten Individuen, was das deutsche Volk von der ›Endlösung‹ gewußt haben, ist daher möglicherweise falsch gestellt. Unzweifelhaft gab es viele, die keine Kenntnis von den Vorgängen in den Vernichtungslagern hatten, ob sie Antisemiten waren oder nicht. Aber jeder spürte die Last des an den Juden begangenen Verbrechens, die sich über das Land legte ...«[5] Diese Last ist kein Ergebnis der alliierten Enthüllungen über die Verbrechen der Deutschen des Dritten Reiches oder gar der Umerziehung.

Primo Levi weist eindringlich darauf hin, daß eine der Funktionen der Todesmärsche darin bestand, daß niemand übrig bleiben sollte, der um die volle Wahrheit wußte und sie weitergeben konnte. Zugleich betont er, daß niemand jemals in der Lage sein wird, mit Präzision zu sagen, wie viele im Nazi-Apparat *nicht nichtwissen* konnten, wie viele etwas wußten, aber in einer Position waren, die es ihnen ermöglichte, Nichtwissen vorzutäuschen und wie viele alles wissen konn-

---

[3] Jan Kershaw, Der Hitler-Mythos. Volksmeinung und Propaganda im Dritten Reich, Stuttgart 1980, 132; vgl. ders., »Antisemitismus und Volksmeinung. Reaktionen auf die Judenverfolgung«, in: Martin Broszat / Elke Fröhlich (Hg.), Bayern in der NS-Zeit. Bd. 2: Herrschaft und Gesellschaft im Konflikt, Teil A, München 1979, 281f.; ders., »The Persecution of the Jews and German. Popular Opinion in the Third Reich«, in: Leo Baeck Institute Year Book (LBIYB) 26, 1981, 261f.; ders., The ›Hitler Myth‹. Image and Reality in the Third Reich, Oxford 1987, 229f.

[4] Hans Mommsen, »Was haben die Deutschen vom Völkermord an den Juden gewußt?« in: Walter Pehle (Hg.), Der Judenpogrom 1938. Von der ›Reichskristallnacht‹ zum Völkermord, Frankfurt/M. 1988, 200.

[5] Ibid., 199.

ten, Augen, Ohren und Mund aus Nützlichkeitsgründen jedoch verschlossen. Das Versagen, die Wahrheit über die Lager zu enthüllen, stellt – so Primo Levi – eines der wesentlichen Kollektivverbrechen des deutschen Volkes dar.[6]

Diese Wertung und die Erfahrungen nach 1945 legen auch folgende Unterscheidung nahe: Die Frage nach dem Wissen über die Massenvernichtung war und ist ein Stereotyp der politischen Kultur nach 1945, und ihre Verneinung wurde ein fester Topos in der späteren Verweigerung einer selbstkritischen Aufarbeitung jüngster deutscher Geschichte. Das ist jedoch weder identisch mit der Frage nach Reaktionsweisen auf die staatliche Politik gegenüber den Juden in der deutschen Bevölkerung noch identisch mit der Frage nach dem Ausmaß und den Inhalten antisemitischer Meinungen, Auffassungen und Verhaltensweisen während der Schlußphase des Krieges, zum Zeitpunkt der militärischen Niederlage und danach. Diese waren umfassend durch die Last des an den Juden begangenen Verbrechens geprägt. Das konnte Verantwortungs- oder Schuldgefühle beinhalten, explizite Verneinung jeglicher individueller Verantwortung oder – weit häufiger – beiläufig distanzierte Erwähnung.

Untersuchungen von vorliegenden Berichten des Sicherheitsdienstes, internen Berichten verschiedener NS-Dienststellen oder Quellen aus dem Bereich der Diplomatie, der Kirche machen die Gewinnung eines verläßlichen Bildes schwierig.[7] Das Ausmaß der NS-Indoktrination ist hier nicht allein im Hinblick auf Teilnahme, Zustimmung oder Duldung antisemitischer Maßnahmen bis zur Massenvernichtung bedeutsam, sondern gleichermaßen hinsichtlich eines latenten Antisemitismus, der als soziale Norm nicht der ständigen Artikulation durch den einzelnen bedurfte. SD-Sicherheitsberichte können so zum Beispiel durchaus unterschiedlich beurteilt werden: Das relative Schweigen der SD-Berichte über öffentliche Reaktionen auf Deportationen deutet entweder auf antisemitische Indifferenz hin, auf vorrangige Beschäftigung mit den Auswirkungen des Krieges oder auf Beeinflussung durch den NS-Terror.[8] Zugleich gehörte es zu den Selbstverständlichkeiten öffentlicher Darstellungen der innen- und außenpolitischen Situation sowie des Bildes vom Kriege, daß der Krieg genauso wie ökonomische und soziale Probleme in Deutschland von Juden, vom Judentum verursacht worden wären. Kriegspropaganda, Brutalisierung der Kriegsführung und Kampf gegen das »internationale Judentum bis zu dessen Vernichtung« bildeten eine Einheit. Seit 1943 deuten SD-Berichte an, daß die Kenntnis über Massenerschießungen im Osten verbreitet war. Ebenso wurden der sich verschärfende Luftkrieg und damit die Opfer unter der deutschen Zivilbevölkerung wachsend in ein Erklärungsraster eingebettet, welches die Verfolgung der

[6] Vgl. Primo Levi, The Drowned and the Saved, London 1988, 4.
[7] Vgl. Sarah Ann Gordon, Hitler, Germans and the ›Jewish Question‹, Princeton 1984; Otto Dov Kulka, »›Public Opinion‹ in Nazi Germany: The Final Solution« II, in: The Jerusalem Quarterly 26, 1983, 34f.
[8] Gordon, op.cit., 208.

Juden wie selbstverständlich einbezieht. Angriffe alliierter Bomber auf deutsche Städte wurden in der Bevölkerung als Luftterror, der auf den Terror gegen die Juden folge, betrachtet.
Derartige Auffassungen prägen auch das Bild in den Monaten nach dem Mai 1945. Im November faßt ein OMGUS-Bericht als verbreitete Meinung unter deutschen Intellektuellen fest: »Deutschland hat genug gelitten für all die Sünden, die es begangen haben mag.« Als Beipiel zitiert der Bericht: »›Für jeden Juden, der in einem Konzentrationslager gestorben ist, sind Dutzende Deutsche bei Luftangriffen umgekommen.‹«[9] Die eigenen deutschen Opfer, nicht deren Ursachen oder Verursacher werden zur gängigen Denkform und zu einem Thema beiläufiger Alltagsgespräche.[10] Die Reaktionen bewegen sich auf einer pragmatischen und entpersonalisierten Ebene, wobei nicht vergessen werden darf, daß »die Notwendigkeit einer ›Lösung der Judenfrage‹ durch die umfassende ›Eliminierung‹ der Juden im Bewußtsein der Mehrheit der Deutschen bereits vor der faktischen physischen ›Vernichtung‹ verankert war.«[11] Es handelte sich um einen langjährigen Prozeß sozialer antijüdischer Gewöhnung in der Bevölkerung. Und gleichermaßen als dessen Folge scheint es, daß die Art der Lösung, die ›Vernichtung‹, kein persönliches Problem darstellte. Diese antisemitische Normalität kulminierte in der Kriegszeit: »Im Verhältnis der Bevölkerung zu den Juden und zur ›Judenfrage‹ traten eine zunehmende Depersonalisierung und Passivität bzw. eine Art von makabrem Pragmatismus ein. Angesichts der offiziellen Propaganda, in der die Juden in dieser Phase als die Hauptverantwortlichen für den Krieg hingestellt werden, ist diese Erscheinung paradox, angesichts des Schicksals aber, das die Juden aufgrund dieser Propaganda erleiden mußten, erschrekkend.«[12] Bereits in der Schlußphase des Dritten Reiches wird der Genozid zu einer nebenbei zu erwähnenden Angelegenheit, er wird Gegenstand vertraulicher Gespräche oder – wie ein gesellschaftliches Mosaik – eingebaut in ein Erklärungsraster der Gesamtsituation. Oft genügt eine Andeutung: ›Das mit den Juden...‹
In seinem während der militärischen Niederlage, des politischen Zusammenbruchs und der beginnenden Besetzung durch die Alliierten 1945 geschriebenen Tagebuch hält Erich Kästner einige symptomatische Erfahrungen und Reaktionen der Bevölkerung im Hinblick auf die Verfolgung der Juden fest. Er erinnert sich, daß der Judenboykott im Jahre 1933 ein Fehlschlag für die NS-Diktatur war: »Die Bevölkerung der Großstädte boykottierte den Boykott. Das Gewissen, zu jeder Drehung bereit, wurde überdreht. Erst fünf Jahre später, 1938, war es

9 OMGUS, CIC-Report, 19.11.1945, NA, Rg.260, 15/108-1/48.
10 Kulka, op.cit., 39.
11 Ibid., 45.
12 Otto Dov Kulka, »Die Nürnberger Rassegesetze und die deutsche Bevölkerung im Lichte geheimer NS-Lage- und Stimmungsberichte«, in: Vierteljahrshefte für Zeitgeschichte 4/32, 1984, 624.

soweit. Erst in der ›Kristallnacht‹ konnte man den Pogrom exerzieren und der Bevölkerung in die Schuhe, statt der SS und der Polizei in die Stiefel schieben. Erst dann waren Widerspruch oder gar Widerstand nicht mehr zu erwarten.«[13] In seinem Tagebuch hält Kästner Gespräche und Erzählungen fest. So wird ihm erzählt, wie schwer es ein junges Mädchen gehabt hätte. »Sie zählte als ›Mischling‹, und als die Mutter, eine Jüdin, gestorben war, wurde es noch schlimmer. Bis auf die Straße schrie ihr der Vater, wenn er sich über sie geärgert hatte, nach, daß er sie eines Tages noch ins Konzentrationslager bringen werde. Das erinnerte mich«, notierte Kästner, »an meine zufällige Begegnung mit Hans Natonek[14] am Kurfürstendamm. Es ist etwa zehn Jahre her. Er hatte die Papiere für Amerika in der Tasche, und als ich ihn nach seiner Familie fragte, begann er lautlos zu weinen. Wenn ihm seine Kinder abends vorm Haus entgegengelaufen seien und ihn umhalst hätten, habe seine Frau, vom Fenster aus, sie keifend zurückgerufen und ihnen, weithin hörbar, verboten, ihren Vater zu küssen, da der Mann Jude sei. Mir fiel aber nicht nur Natonek ein, sondern auch Rechtsanwalt Schröder, dem man nahegelegt hatte, sich von seiner jüdischen Frau »wegen unüberwindlicher Abneigung« zu trennen. Er antwortete, daß er sich von ihr nicht trennen werde und könne, und zwar »wegen unüberwindlicher Zuneigung«.«[15] Anfang Mai, im österreichischen Mayrhofen untergetaucht, zeichnet Kästner die Erzählung von zwei Soldaten der Wehrmacht auf, die sich von ihrer Einheit abgesetzt hatten: »Von den Judenerschießungen in Rußland und Polen, vor allem von den schönen Mädchen und jungen Müttern, denen man überhaupt nicht angesehen habe, daß sie Jüdinnen gewesen seien. Und davon, daß sie, Willi und Alfred, die Genickschüsse und das Durchsieben der in den Gruben liegenden Halbtoten und Ganztoten mit Serien aus den Maschinenpistolen als Augenzeugen und Ohrenzeugen miterlebt hätten. Gelegentlich sei der eine und andere der Schützen »an Ort und Stelle« wahnsinnig geworden.«[16]

Derartige Erzählungen, Erinnerungen und Reflektionen – auch in der Kästner eigenen distanzierten Form – geben oftmals ein unmittelbareres Bild der Relevanz jüdischer Themen im gesellschaftlichen Leben der Schlußphase des »Dritten Reiches« als manche offiziellen Dokumente.

Victor Klemperer, der die letzten Wochen und Tage nach der Zerstörung Dresdens untergetaucht überlebte, vermerkt in seinem »Notizbuch eines Philologen« in der antisemitischen Propaganda dieser letzten Kriegsphase »trotz aller Gleichheit der Bestandteile eine Änderung«: »Stärkster Ausdruck dieses Zustandes mag der Aufsatz sein, den Goebbels am 21. Januar 1945 im ›Reich‹ veröffentlichte: ›Die Urheber des Unglücks der Welt.‹ Da sind die Russen, die

---

[13] Erich Kästner, Notabene 45. Ein Tagebuch, Zürich, Berlin 1961, 181.

[14] Vgl. biographische Skizze in: Hans Natonek, Die Straße des Verrats. Publizistik, Briefe und ein Roman, Berlin/DDR, 1982, 356f.

[15] Kästner, op.cit., 152.

[16] Ibid., 118f.

schon vor Breslau stehen, und die Alliierten an der Westgrenze sind nichts als ›Söldner dieser Weltverschwörung einer parasitären Rasse‹. Da treiben die Juden Millionen von Menschen in den Tod, aus Abscheu gegen unsere Kultur, ›die sie als weit über ihrem nomadischen Weltbild stehend empfinden‹, aus Abscheu gegen unsere Wirtschaft und unsere sozialen Einrichtungen, ›weil sie ihrem parasitären Treiben keine Bewegungsfreiheit mehr‹ lassen...›Wohin ihr faßt, ihr werdet Juden fassen!‹ Aber das Lachen ist ihnen schon mehrmals ›gründlich‹ vergangen! Und so wird auch jetzt ›die jüdische Macht stürzen‹. Immerhin: die jüdische Macht und die Juden – kein Jüdlein mehr.« Klemperer schließt die Frage an, »ob dieses beständige Betonen der jüdischen Niedertracht und Minderwertigkeit und der alleinigen jüdischen Gegnerschaft nicht abstumpfend gewirkt und schließlich zum Widerspruch gereizt habe«. Er beantwortet diese Frage mit einem Erlebnis aus den letzten Kriegsmonaten. Eine junge Apothekerin, Gegnerin des Krieges und keine Anhängerin der Nazis, in ein Gespräch verwickelt, äußert sich gegen Hitlers Lehre von der »Blutreinheit«, gegen das »germanische Privileg« und wird von einem Bombenvollalarm unterbrochen. Klemperer übersteht mit ihr im Schutz eines Treppenhauses den Bombenangriff: »Unvermittelt und so energisch, als beende sie einen langen Disput, erwiderte das sonst so sanftmütige kleine Fräulein: ›Und es ist doch der jüdische Krieg.‹«[17]
So wie in der Aufstiegsphase des Nationalsozialismus soziale, wirtschaftliche und geistig-kulturelle Probleme und negative Erfahrungen ständig mit der *Judenfrage* verbunden wurden, steht der Krieg ganz im Zeichen der »jüdischen Macht«, wird der unmittelbaren bedrohlichen und leidensvollen Erfahrung des Deutschen das antijüdische Erklärungsraster unterlegt. Der Angriff auf die soziale, ökonomische, völkische und militärische Substanz des deutschen Volkes ist eben ein Akt jüdischer Heimtücke und planvoller Vernichtungsstrategie. Wesentlicher noch ist allerdings, daß die Alltagserfahrung der Bombennächte, der Gefallenenmeldungen, der Lebensmittelverknappung, der Flüchtlingsströme, der Rekrutierung von Rentnern und Jugendlichen, wie das Beispiel der jungen Apothekerin zeigt, in antisemitische Stereotype eingepaßt werden kann. Die Massenvernichtung der Juden, wie so viele andere erfahrbare Realitäten des Deutschen Reiches, wurde je nach moralischer und politischer Einstellung des Individuums ein Gegenstand des Beschweigens, der nüchternen und entpersonalisierten Feststellung, Gegenstand eines makabren Pragmatismus oder der betroffenen Infragestellung der eigenen Existenz. Demgegenüber bleibt die in ihrer Wirksamkeit weit über den 8. Mai 1945 hinausreichende geschichtsmythologische Darlegung der »Lösung der Judenfrage« durch die NS-Führung nachzuzeichnen.

[17] Victor Klemperer, LTI. Notizbuch eines Philologen, Frankfurt/M. 1982, 190f. Zur Biographie des Autors vgl. ders., Curriculum Vitae. Jugend um 1900, 2 Bde., Berlin 1989.

In den Gesprächen und Schriftstücken der NS-Führer beginnt die NS-Vorstellung einer Ära nach dem Krieg zunehmend – wenn auch sehr abstrakt – Raum einzunehmen. Im Januar 1944 führt Hitler aus, daß die Welt zwar noch blind sei gegenüber der jüdischen Gefahr, doch werde sein »Kampf den Völkern in wenigen Jahren die Augen über die Judenfrage öffnen und die nationalsozialistische Antwort und die Maßnahmen zu ihrer Beseitigung ebenso als nachahmenswert wie selbstverständlich erscheinen lassen.«[18]

Das Denken über »jüdische Macht« im Bunker der Reichskanzlei in den Wochen des Untergangs

Das Denken in den antisemitischen Kategorien der NS-Weltanschauung, das Räsonieren über den Stand der »Lösung der Judenfrage« in Deutschland und Europa sowie jene pragmatische Mischung aus Anpassung an die veränderte Kriegssituation und antijüdischem Fanatismus prägte Ende 1944/Anfang 1945 nach wie vor die NS–Führung. Hitler selbst kommt in den letzten Wochen des Dritten Reiches im Bunker der Reichskanzlei in Berlin immer wieder auf dieses Thema. »In dem Maße, in dem die Aussicht auf Eroberung von Lebensraum schwand, mag Hitler die Ausrottung der Juden als das allein noch erreichbare Kriegsziel erschienen sein. Sollte das außenpolitische Konzept scheitern, so war wenigstens das rassenpolitische unumkehrbar eingeleitet. Hatte Hitler, so mochte er denken, für das deutsche Volk nichts erreicht, so doch wenigstens etwas für alle Völker.«[19] Folgende »Äußerungen des Führers« vom Februar 1945 sind von dessen Getreuen Bormann, dem Leiter der Parteikanzlei, am 4.2. 1945 aufgezeichnet worden:

> »Ich selbst aber habe eines unterschätzt: das Ausmaß des jüdischen Einflusses auf die Engländer Churchills. Lieber lassen sie das Empire in Schmach und Schande versinken, als dem nationalsozialistischen Todfeind das kleinste Zugeständnis zu machen. Mit einem Salon-Antisemitismus hätte man sich vielleicht noch abgefunden. Mein unerschütterlicher Wille, das Weltjudentum und seine Macht in ihren Wurzeln auszurotten, war der unverdauliche Stein in ihrem Magen.«[20]

---

[18] Zit. n. Erich Goldhagen, »Weltanschauung und Endlösung. Zum Antisemitismus der nationalsozialistischen Führungsschicht«, in: Vierteljahrshefte für Zeitgeschichte 4/24, 1976, 403.

[19] Eberhard Jäckel, Hitlers Weltanschauung. Entwurf einer Herrschaft, Stuttgart 1983 2, 77; vgl. ders., Hitlers Herrschaft. Vollzug einer Weltanschauung, Stuttgart 1986, 89f.

[20] Adolf Hitler, Politisches Testament. Die Bormann-Diktate vom Februar und April 1945, Hamburg 1981, 43.

Ganz im Sinne des Konzepts der »jüdischen Weltverschwörung« klagt Hitler die »Juden und ihre Helfershelfer Churchill und Roosevelt« an, eine Friedenslösung mit England noch 1941 verhindert zu haben:

»Ein Frieden im Frühjahr 1941 war die letzte Gelegenheit, die Amerikaner aus den europäischen Angelegenheiten herauszuhalten. Unter der Führung des Reiches wäre Europa bald ein einiger Block geworden, nachdem der jüdische Einfluß erst einmal beseitigt war.«[21]

Am 13.Februar notiert Bormann ausgiebig Hitlers Auslassungen zur »Judenfrage«:

»Es ist das Verdienst des Nationalsozialismus, daß er zum ersten Mal die jüdische Frage realistisch angepackt hat. Die Juden haben den Antisemitismus immer selbst ausgelöst... Der Jude ist seinem Wesen nach der Fremde, der sich nicht angleichen kann und nicht angleichen will... Der Nationalsozialismus ... deckte die jüdischen Absichten auf die Weltherrschaft auf, er befaßte sich eingehend und gründlich mit ihnen, er warf die Juden aus allen Schlüsselstellungen hinaus, deren sie sich bemächtigt hatten, er trieb sie aus mit dem unbeugsamen Willen, den deutschen Lebensraum vom jüdischen Gift zu säubern ... Hatte aber dieses Vorgehen in Deutschland Erfolg, so bestand alle Aussicht, daß es Schule machte ... Die Juden wurden sich dieser Gefahr bewußt, und darum entschlossen sie sich, alles aufs Spiel zu setzen und einen Kampf auf Leben und Tod gegen uns auszulösen. Sie mußten den Nationalsozialismus um jeden Preis zerschmettern, und sollte die Welt darüber zu Grunde gehen. Noch kein Krieg bisher war ein so ausgesprochen und so ausschließlich jüdischer Krieg wie dieser ... Wenn ich diesen Krieg gewinne, dann setze ich der jüdischen Weltmacht ein Ende, ich versetze ihr den Todesstreich. Verliere ich diesen Krieg, dann ist der jüdische Triumph noch lange nicht berechtigt, denn die Juden würden darüber außer sich geraten und den Verstand verlieren ... Doch der jüdische Leisetreter hätte ausgelebt, an seine Stelle träte der siegesbewußte Jude – ebenso dreckig und stinkig wie der andere, wenn nicht noch mehr. Damit wäre dafür gesorgt, daß der Antisemitismus nicht ausstirbt ... Unser nordisches Rassebewußtsein ist nur gegenüber der jüdischen Rasse aggressiv. Dabei reden wir von jüdischer Rasse nur aus sprachlicher Bequemlichkeit, denn im eigentlichen Sinn des Wortes und vom genetischen Standpunkt aus gibt es keine jüdische Rasse. Die Verhältnisse zwingen uns zu dieser Kennzeichnung, denn die Realität ist die Existenz einer rassisch und geistig zusammengehörigen Gruppe, zu der die Juden in aller Welt sich bekennen, ganz gleichgültig, welche Staatsangehörigkeit der Paß für den einzelnen ausweist. Diese Menschengruppe bezeichnen wir als die jüdische Rasse. Es handelt sich also keineswegs, obwohl ihnen die

[21] Ibid., 45.

hebräische Religion zuweilen als Aushängeschild dient, um eine religiöse, durch ein gemeinsames Glaubensbekenntnis begründete Gemeinschaft. Die jüdische Rasse ist vor allem eine Gemeinschaft des Geistes. Anthropologisch weisen die Juden allerdings nicht jene gemeinsamen Merkmale auf, wodurch sie als eine einheitliche Rasse gekennzeichnet würden. Dennoch birgt zweifellos jeder Jude in seinen Adern einige Tropfen dessen, was wir spezifisch jüdisches Blut nennen ... Geistige Rasse ist härter und dauerhafterer Art als natürliche Rasse ...«[22]

Weltverschwörungsthese und das Konzept vom »jüdischen Krieg« dienen der Legitimation des Krieges zur Gewinnung von Lebensraum. Und wie in einem Nachtrag zur pseudo-wissenschaftlichen Verbrämung des Vernichtungs-Antisemitismus werden die Juden als »geistige Rasse« im Zusammenbruch des Regimes zum weltanschaulichen Feind par excellence. Wie ein Echo klingt hier die praktizierte Willkürlichkeit und rationale Unhaltbarkeit der Festlegungen nach, wer und was jüdisch sei. Zugleich wird in diesem Räsonieren zur Zeit der Nazi-Götterdämmerung der politische Charakter des Antisemitismus der NS-Führung deutlich. Die Zeit nach einer Niederlage wird von Hitler im Hinblick auf eine künftige jüdische Existenz und die Fortdauer des Antisemitismus betrachtet. Am 2. April notiert Bormann aus Hitlers Bemerkungen:

»Mit Grauen denke ich an ein von den Siegern in Stücke gerissenes Reich, an die Leiden einer den Ausschreitungen vertierter Bolschewiken und amerikanischer Gangster ausgelieferte Bevölkerung ... Die besondere Fähigkeit des deutschen Volkscharakters, immer dann, wenn ein Beharren auf nationaler Selbstbehauptung den Fortbestand der Nation bedroht, in einen politischen Winterschlaf zu verfallen, wird uns noch einmal zustatten kommen. Ich selbst allerdings vermag in einem solchen Übergangsstadium Deutschlands, wie dieses einem unterlegenem Dritten Reich folgen würde, nicht zu atmen ... Welche Moralgesetze, was für Richtlinien kann es geben für die in unverbrüchlicher Treue zu sich selbst Verharrenden? Das mit Füßen getretene deutsche Volk sollte sich in seiner nationalen Ohnmacht stets bemühen, die Gesetze der Rassenlehre hochzuhalten, die wir ihm gaben. In einer moralisch mehr und mehr durch das jüdische Gift verseuchten Welt muß ein gegen dieses Gift immunes Volk schließlich und endlich die Oberhand gewinnen. So gesehen, wird man dem Nationalsozialismus ewig dafür dankbar sein, daß ich die Juden aus Deutschland und Mitteleuropa ausgerottet habe. Das zweite Grundgesetz muß die Erhaltung der unlösbaren Einheit aller Deutschen sein.«[23]

---

[22] Ibid., 64-70.
[23] Ibid., 121f.

Joseph Wulf schreibt in seiner Bormann-Studie: »Wahrscheinlich sollten überhaupt die von Bormann sorgfältig aufgezeichneten Führer-Monologe einmal die Edda 1945 darstellen, Edda des nationalsozialistischen Reiches, letzte nordische Mythologie, Heldensage der germanischen Herrenmenschen.«[24] Der Führer der Herrenmenschen diktiert am 29. April, einen Tag vor seinem Selbstmord, sein politisches Testament, das Bormann am folgenden Tag dem Großadmiral Dönitz übermittelt. In diesem »letzten Willen« läßt Hitler festhalten:

> »Es ist unwahr, daß ich oder irgendjemand anderer in Deutschland den Krieg im Jahre 1939 gewollt haben. Er wurde gewollt und angestiftet ausschließlich von jenen internationalen Staatsmännern, die entweder jüdischer Herkunft waren oder für jüdische Interessen arbeiteten ... Es werden Jahrhunderte vergehen, aber aus den Ruinen unserer Städte und Kunstdenkmäler wird sich der Haß gegen das, letzten Endes verantwortliche Volk immer wieder erneuern, dem wir das alles zu verdanken haben: Dem internationalen Judentum und seinen Helfern!«[25]

Der letzte Satz des Testaments, nachdem Hitler die neue Regierung mit Dönitz als Reichspräsident und Goebbels als Reichskanzler vorgestellt hat, lautet:

> »Vor allem verpflichte ich die Führung der Nation und die Gefolgschaft zur peinlichen Einhaltung der Rassegesetze und zum unbarmherzigen Widerstand gegen den Weltvergifter aller Völker, das internationale Judentum.«[26]

Welch ein Bild politischer und geistiger Armseligkeit, daß dem Führer des Großdeutschen Reiches zu einem Zeitpunkt, als das Reich sich zunehmend in einen Trümmerhaufen verwandelt, als Erklärung nur noch das »jüdische Gift« einfällt. Welch eine Wahnvorstellung, daß Hitler für das »Übergangsstadium« nach dem Untergehen des Dritten Reiches die Einhaltung der »Gesetze der Rassenlehre« als entscheidend und zukunftssichernd betrachtet. Zugleich spiegelt dieser antisemitische Eklektizismus antijüdische Strömungen wider, die sowohl vor 1933 in der deutschen politischen Kultur eine Rolle spielten, als auch nach dem 8. Mai 1945 mit dem Ende des Vernichtungs-Antisemitismus nicht einfach verschwinden. Anders gesagt, um zu einer Annäherung an das Problem von Kontinuität und Diskontinuität des Antisemitismus zwischen Weimarer Republik und Bundesrepublik Deutschland zu kommen, reicht es nicht aus, den Antisemitismus einzig unter dem Aspekt der Massenvernichtung, des Genozids zu untersuchen. Die Zitate weisen auf ein Geflecht traditioneller antijüdischer und rassistischer antisemitischer Stereotype hin, die den Antisemitismus in der Schlußphase des Dritten Reiches umfassender charakterisieren als eine Gleich-

---

[24] Joseph Wulf, Martin Bormann. Hitlers Schatten, Gütersloh 1962, 208.
[25] Joseph Goebbels, Tagebücher 1945. Die letzten Aufzeichnungen, Hamburg 1977, 551.
[26] Zit. n. ibid., 555.

setzung von Antisemitismus und »Endlösung«. Was von den NS-Führern – abgesehen von deren spezifischen Sprachformen – reflektiert wurde, war in der einen oder anderen Form verbreitete Meinung, wie SD-Berichte und die skizzierten Tendenzen zeigen. Juden betreffende Einstellungen und antisemitische Stereotype wurden in Zusammenhängen wirksam, die vor allem durch das Näherrücken der Front, die Bombennächte, also die militärische Niederlage bestimmt waren.
So, wie es in den Berichten über die Stimmung und Haltung zur *Judenfrage* in der Bevölkerung zum Ausdruck kommt, findet sich in Hitlers letzten Vermächtnissen und auch in den unten folgenden Ausführungen Goebbels stets die Verbindung ›Juden – Krieg – Alliierte – Feinde‹, wobei jetzt auch die Verantwortung für die Kriegsfolgen antisemitisch bestimmt wird. Joseph Goebbels läßt in seinem Tagebuch am 18. März 1945 nach der Errichtung des alliierten Brückenkopfes in Remagen notieren:

> »Der Vernichtungswille des Feindes treibt heute die sonderbarsten Blüten. Die Racheexzesse, die in der englischen und amerikanischen Judenpresse zu verzeichnen sind, spotten jeden Vergleichs. Dabei wird ein Zynismus zur Schau getragen, der überhaupt nicht mehr zu überbieten ist. Man rühmt sich der Zerstörung deutscher Städte, ja, deutscher Kulturdenkmäler in aller Offenheit und legt damit ein Zeugnis für das gegenwärtige Zeitalter ab, das einem die Schamröte ins Gesicht treiben kann ... Die westliche Feindseite ist demgegenüber nicht in der Lage, auch nur auf eine einzige positive Leistung zu verweisen.« Am 4. April 1945 heißt es: »Die Juden haben sich bereits für die Konferenz von San Francisco angemeldet. Charakteristisch ist, daß ihre Forderung vor allem dahin lautet, den Antisemitismus in der ganzen Welt zu verbieten. Das würde den Juden so in den Kram passen, daß, nachdem sie die schauderhaftesten Verbrechen gegen die Menschheit begangen haben, nun der Menschheit verboten werden sollte, darüber überhaupt nachzudenken.«[27]

Diese Mischung aus Untergangsstimmung, nahezu mystischer Langzeithoffnung, Rachegelüsten, völliger Verkennung der militärischen und politischen Lage, antisemitischer Erklärung der Situation und dumpfen Ahnungen, was aus Deutschland und dem Dritten Reich werden könnte, kontrastiert eigentlich nur insofern mit verbreiteten Meinungen und Befürchtungen, als es die Tonart der üblichen weltanschaulich verbrämten Pathetik der NS-Führung wiedergibt. Weder ist die Projektion der eigenen Verbrechen auf die Juden der verbreiteten Angst vor Rache fern, noch widerspricht die von Hitler vorgenommene Relativierung des Rassismus verbreiteten nichtrassistischen antijüdischen Vorurteilen. Die antisemitischen Stereotype werden nun auch auf die Zeit nach dem Krieg

[27] Goebbels, op.cit., 213, 223, 255, 293, 510.

projiziert. Goebbels verdammt am 22. April in einem Artikel in »Das Reich« »verführerische Agitationsphrasen« der Alliierten:

> »Diese sind Gift für schwache Seelen. Wer darauf hereinfällt, beweist damit nur, daß er aus dem bisherigen Kriegsverlauf nicht das geringste gelernt hat. Er glaubt immer noch, einen leichten Weg gehen zu können, wo nur der schwerste zur Freiheit führt. Es sind das stets dieselben zweifelhaften Existenzen, die kein nationales Ehrgefühl besitzen, die gar nichts dabei finden und sich gar nichts dabei denken, unter der Knute anglo-amerikanischer Bankjuden zu leben und aus ihrer Hand das Gnadenbrot zu empfangen.«[28]

Man hat das Gefühl, einen Satz aus der NS-Propaganda in der Weimarer Republik zu lesen. Andererseits sind es auch derartige antisemitische Stereotype, die in der Zeit nach dem Zweiten Weltkrieg eine Rolle spielen. Und das ist nicht allein im Führerbunker reflektiert worden. Am 16. Februar ging von Ribbentrops Auswärtigem Amt ein Schriftstück an verschiedene deutsche Diplomaten, auf dessen Grundlage bei den Westmächten eine antisowjetische Friedenslösung sondiert werden sollte. In diesem Dokument, das die Westmächte sehr schnell erreichte, heißt es als »Sprachreglung« für die reichsdeutschen Diplomaten:

> »Was die Judenfrage betrifft, so ist dies eine innerdeutsche Angelegenheit, die, wenn Deutschland nicht dem Kommunismus anheimfallen will, in Deutschland gelöst werden muß. Die jüdische Frage in anderen Ländern interessiert Deutschland nicht. Wir in Deutschland meinen in der Tat, daß wir mit anderen Ländern bei der Lösung der Welt-Judenfrage zusammenarbeiten können.«[29]

Das ganze Dokument illustriert die »Realitätsblindheit und moralische Empfindungslosigkeit der Führung des Dritten Reiches, aber auch die beschränkten intellektuellen und diplomatischen Fähigkeiten ihres Außenministers.«[30] Deutlich wird durch die ausgesprochen knappe Erwähnung der »Judenfrage« in diesem sechzehnseitigen Text aber auch der Versuch, diese im Hinblick auf eine Friedensregelung herunterzuspielen, bzw. in den Zusammenhang erhoffter antikommunistischer Gemeinsamkeiten mit den Westmächten zu stellen. Das Klischee der »jüdisch-bolschewistischen Weltverschwörung« wird den Überlegungen, wie in letzter Minute die Relikte des Dritten Reiches zu retten seien, angepaßt.

Zugleich darf die hier vorgenommene Auswahl von Zitaten nicht den Eindruck erwecken, als hätten sich die Insassen der Bunkeranlage der Reichskanzlei oder das Auswärtige Amt vornehmlich mit der *Judenfrage* befaßt. Sicher sprechen die

---

[28] Das Reich, 22.4.1945, zit. n. Hans Dieter Müller (Hg.), Facsimile Querschnitt durch DAS REICH, Bern, München, o.J., 207.

[29] Zit. n. Hansjakob Stehle, »Deutsche Friedensfühler bei den Westmächten im Februar/März 1945«, in Vierteljahrshefte für Zeitgeschichte 3/30, 1982, 554f.

[30] Stehle, ibid., 541.

letzten, Hitler zugeschriebenen Dokumente, eine vom Judenhaß besessene Sprache. Betrachtet man vergleichsweise Bormanns eigene Aufzeichnungen 1944 und 1945, so zeigt sich jedoch, daß der allgemeinen politischen und ökonomischen Nachkriegsplanung breiter Raum in Schriftstücken, Vorlagen und Gesprächen beigemessen wurde, ganz zu schweigen von den militärischen Beratungen im Führerhauptquartier.

Januar/Februar 1945 berieten Hitler und Bormann z.B. eingehend das künftige Schicksal der NSDAP. Im Ergebnis wurden führende Mitglieder der Hitler-Jugend, Zöglinge von Ordensburgen und Adolf-Hitler-Schulen aus dem Osten nach Westen geschickt. Bormann wies sie an, in die Illegalität zu gehen, sich den Engländern und Amerikanern gegenüber loyal zu verhalten und Posten in der künftigen Verwaltung zu erlangen. Eine Art Untergrundorganisation sollte in der kommenden amerikanischen Zone entstehen; denn über die geplante Aufteilung Deutschlands in Zonen war die Reichskanzlei informiert. Die Orientierung in Gesprächen der Parteileitung lag auf der Hitler-Jugend. Im März 1945 debattierte man hier über die alte Parteigeneration, die zu Bürokraten und dem Volk verhaßt geworden sei. So wie die Hoffung für die Zeit danach auf der Hitler-Jugend lag, setzte Bormann auch Hoffnung auf den Volkssturm und die »Freiheitsbewegung Werwolf«, die im März 1945 gegründet wurde. Zwar wird auf einen allgemeinen germanischen Rassismus Bezug genommen, in den programmatischen Aussagen taucht zu diesem Zeitpunkt, übrigens auch in der Arbeit der Dönitz-Regierung, die *Judenfrage* nicht mehr auf. Es geht nur noch um den Charakter Deutschlands und Europas im Fall einer Niederlage, nach der »sich alle Deutschen an der Seite ihrer Soldaten in der deutschen Freiheitsbewegung« zusammenschließen und sich »geschlossen um den so oft mißverstandenen Führer Adolf Hitler und seinen getreuesten Reichsführer SS Heinrich Himmler als Kanzler des Reiches« scharen sollen.[31] Dieser Proklamation einer Bewegung, die – gleichsam als Rekurs auf die Aufstiegsphase des Nationalsozialismus in Deutschland – an die Stelle der Partei treten soll, folgen Forderungen für eine europäische Friedensordnung und das Programm einer deutschen Friedensordnung. Beide Dokumente nehmen keinen Bezug auf eine »jüdische Frage«, betonen ökonomische, soziale, europäische und antikomunistische Aspekte. Sicherlich waren die vorhandene NS-Führung oder die kurzlebige Regierung Dönitz nicht in der Lage, hiervon irgendetwas zu realisieren. Worum es letztlich geht, ist jedoch die Tatsache, daß hier Denktraditionen und staatlicher Pragmatismus programmatischen Ausdruck suchten, die nicht mehr der unmittelbaren Herrschaftslegitimation dienten.

Eine gradlinige Interpretation, nach der gegen Ende der NS-Herrschaft eine Art apokalyptische Vision der »Lösung der Judenfrage« allbestimmend gewesen sei, trifft trotz der zitierten Äußerungen von Hitler und Goebbels nicht die politische Dimension des völligen Niedergangs der NS-Führer und ihrer Satrapen. Die NS-

[31] Vgl. Lew Besymenski, Die letzten Notizen von Martin Bormann, Stuttgart 1974, 166.

Überlegungen für Deutschland nach dem Krieg können nicht auf die *Judenfrage* reduziert werden. Dies wird vor allem bestätigt durch die Aktivitäten auf wirtschaftlichem Gebiet, die insbesondere von den ökonomisch aktiven Instanzen des SS-Apparats in der Schlußphase des Dritten Reiches verstärkt betrieben wurden.

Der »Krieg gegen die Juden« geht seinem Ende zu. Überlebende der »Vernichtung durch Arbeit«

Seit Herbst 1943 war in Teilen der deutschen Wirtschaft ein Prozeß im Gange, in dessen Verlauf nach geeigneten Wegen und Formen der Umstellung von der Kriegsproduktion auf die Friedensproduktion gesucht wurde. »Die wirtschaftsorganistorische Trennung, die dabei im September 1943 vorgenommen wurde, entsprach der Doppelstrategie der deutschen Großindustrie: Wurden unter der Regie des Reichsministeriums für Rüstung und Kriegsproduktion alle Anstrengungen unternommen, um die Kampfkraft der Wehrmacht zu steigern, so wuchs das Reichswirtschaftsministerium – in enger Zusammenarbeit mit Reichsbank und Reichsfinanzministerium – in die Rolle des staatlichen Führungs- und Koordinierungszentrums der Nachkriegsplanung hinein.«[32] Deutsche Bank und Großkonzerne wie Krupp und IG-Farben warteten nicht auf den Zusammenbruch, sondern bereiteten die Zeit danach vor, während gleichzeitig in Fabriken und unterirdischen Werkanlagen das Programm der »Vernichtung durch Arbeit« auf Hochtouren lief. Die Einleitung einer Umstellung auf Friedensproduktion ging Hand in Hand mit der Munitions, Panzer- und Raketenproduktion bis zur letzten Minute. Wie in der ganzen Geschichte des Dritten Reiches, so konnten auch in seiner Schlußphase ökonomische Sachrationalität und die bürokratische Verwaltung des Massenmordes nebeneinander existieren.

Die Diskontinuität der terroristischen Seite des Dritten Reiches im April/Mai 1945 stand keinesfalls im Widerspruch zu ökonomischen und sozialen Kontinuitäten, wobei jedoch zu betonen ist, daß »das Ausmaß der durch den Krieg verursachten Veränderungen weitaus größer [war], als die Nachkriegsplaner je in Rechnung gestellt hatten.«[33] Das US-Außenministerium hielt auf der Grundlage einer mehrbändigen Dokumentensammlung am 30.3.1945 fest, daß Mitglieder der NSDAP, deutsche Industrielle und deutsche Militärs, die einen militärischen Sieg für unerreichbar hielten, geschäftliche Pläne für die Nachkriegszeit entwickelten, ausländische Kontakte suchten und sich um die Erneuerung von

[32] Vgl. Olaf Groehler, »1944: Die Krise des deutschen Faschismus«, in: Zeitschrift für Geschichtswissenschaft 7/32, 1984, 588.

[33] Ibid., 593; vgl. auch Walter Lipgens (Hg.), Documents on the History of European Integration. Vol.1: Continental Plans for European Union 1939-1945, New York, Berlin 1985.

Vorkriegskartellvereinbarungen bemühten.[34] Dazu waren natürlich auch partielle Reinwaschungen erforderlich, denn es gab kaum ein industrielles Großunternehmen, das nicht umfassend von der »Arisierung« profitiert hatte. Flick zum Beispiel ordnete nicht nur die Firmenstruktur neu auf der Grundlage der ihm zur Verfügung stehenden alliierten Planungen für die Aufteilung des besiegten Deutschlands in Zonen. Er trat auch mit Vertretern des Petschek-Konzerns »über den damaligen Leiter der Auslandsabteilung der Deutschen Bank, Hermann Josef Abs« in Verbindung.[35] Seit 1938 hatte Flick die »Arisierung« dieses Konzerns betrieben und mit Hilfe des NS-Staates erfolgreiche Transaktionen durchgeführt. Er ließ die Familie Petschek wissen, »er wolle gegebenenfalls über das ›Arisierungs-Geschäft‹ neu verhandeln, sobald der Krieg beendet sei.«[36]
Zur selben Zeit allerdings wurden von der Dynamit Nobel Aktiengesellschaft, zu deren Direktoren Friedrich Flick gehörte, junge jüdische Zwangsarbeiterinnen eingesetzt. »Im August 1944 stellte man in Auschwitz einen Trupp von tausend jungen jüdischen Frauen zusammen, die aus Ungarn und der Tschechoslowakei stammten, und transportierte sie in ein Zweigwerk von Nobel nach Allendorf bei Kassel. Die Gefangenen wurden von ihren Baracken aus in einem einstündigen Fußmarsch zu einer unterirdischen, im Wald verborgenen Munitionsfabrik geschickt. Sie arbeiteten dort in zwei Schichten zu je zwölf Stunden. Ihre Aufgabe war es, Sprengstoff auszuwiegen, den sie dann in Bomben und Granaten füllten. Weitere 100 ungarische Jüdinnen kamen nach Hessisch-Lichtenau bei Kassel. Jeden Tag wurden diese Frauen in Viehwagen nach Fürstenhagen gekarrt, was ungefähr eine halbe Stunde dauerte, und von dort aus hatten sie es dreiviertel Stunden zu Fuß, bis sie eine ebenfalls unterirdische, im Wald liegende Munitionsfabrik erreichten ... Beide Lager, in denen diese Frauen untergebracht waren, gehörten zum KZ Buchenwald. Eine andere Munitionsfabrik von Dynamit Nobel in Ludwigsdorf in Niederschlesien, in der Nähe des Lagers Wüstergiersdorf, beschäftigte 600 polnische Jüdinnen aus dem KZ Groß-Rosen. Seit Mai 1944 wurden sie in drei Transporten zu je 200 Personen dorthin gebracht, und ihre Arbeitsbedingungen waren ebenso hart wie der der 2000 Buchenwald-Insassen, die in den obengenannten Dynamit Nobel-Betrieben arbeiteten.«[37]
Neben den programmatischen antisemitischen Zielvorstellungen der herrschenden NS-Elite und deren staatlicher Realisierung, neben der halb Europa erfassenden und von Zehntausenden Deutschen vollzogenen, bürokratisch durchorganisierten Massenvernichtung, neben den vorherrschenden antijüdischen Meinun-

[34] Zit. n. Ulrike Hörster-Philipps, Im Schatten des großen Geldes. Flick-Konzern und Politik: Weimarer Republik, Drittes Reich, Bundesrepublik, Köln 1985, 181f.
[35] Ibid., 73.
[36] Ibid., 73f.
[37] Benjamin B. Ferencz, Lohn des Grauens. Die verweigerte Entschädigung für jüdische Zwangsarbeiter. Ein Kapitel deutscher Nachkriegsgeschichte, Frankfurt/M., New York 1981, 199.

gen, Einstellungen und Ängsten gab es folglich eine weitere prägende Dimension im deutsch-jüdischen Verhältnis, die weit in die Geschichte des Nachkriegs hineinreicht: den Arbeitsalltag. Sicherlich existierten auf der Ebene der erwähnten wirtschaftlichen Nachkriegsplanung für die Zeit »danach« keine direkten Kontakte zu den jüdischen Sklavenarbeitern, nur wäre es natürlich hochgradig simplifizierend, das deutsch-jüdische Verhältnis in dieser Periode auf den persönlichen Kontakt am Arbeitsplatz zu reduzieren. Zwar prägt dieser Kontakt die in Frage kommenden Teile der deutschen Bevölkerung, seine Bedeutung auch für die spätere Geschichte der sogenannten Wiedergutmachung ergibt sich aber erst aus dem skizzierten gesamtwirtschaftlichen Zusammenhang. In diesem Kontext stellt sich damit auch die Frage nach dem Verhältnis zwischen gesellschaftlicher, kollektiver Schuld und Verantwortung sowie dem individuellen Beitrag oder Widerstand zur »Endlösung« sehr konkret. Welcher Wirtschafts-, Finanz- oder Steuerbereich mit den dort Beschäftigten soll denn nicht von der Arisierung gewußt haben? Welche vieltausendköpfigen Belegschaften der Industriebetriebe mögen denn die jüdischen Sklavenarbeiter nicht wahrgenommen haben? Welcher Bürger, ob Erwachsener, Jugendlicher oder Kind, hat denn morgens und abends die Kolonnen der Sklavenarbeiter nicht wahrgenommen, die zu Fuß, auf Lastwagen oder mit Straßenbahnen von ihren Lagern zu den Arbeitsplätzen und zurück geführt wurden?

Die Conference on Jewish Material Claims against Germany (Claims Conference) verfügte in den 60er Jahren z.B. über die Namen von mehr als 3500 Personen, die in einem der Flick-Betriebe Zwangsarbeit leisten mußten. Benjamin B. Ferencz beschreibt die vergeblichen Bemühungen, in irgendeiner Weise zu Zahlungen des Konzerns an die Überlebenden zu kommen. John McCloy, ehemaliger High Commissioner in Deutschland, wandte sich Ende 1969 in einem Brief an Friedrich Flick, in dem es heißt: »Die meisten der jüdischen KZ-Insassen, die die Greuel der Lager, die ich am Ende des Krieges teilweise selbst miterlebt habe, lebend überstanden haben, sind alte, in ihrer Gesundheit schwer geschädigte Frauen, die in schlechten finanziellen Verhältnissen leben.«[38] Doch der Nachkrieg schien zumindest für den Flick-Konzern längst vorüber zu sein. Dieser ließ Anfang 1970 McCloy antworten: »In Abweichung von Ihnen vermag Herr Dr. Flick nicht zu erkennen, daß im vorliegenden Zusammenhang humanitäre oder moralische Gründe die Dynamit Nobel AG oder das Haus Flick veranlassen könnten, an die Claims Conference irgendwelche Zahlungen zu leisten.«[39]

Es waren die großen Konzerne, die sich in der Schlußphase des Dritten Reiches, vor allem ab Frühjahr 1944, mit der arbeitskräfteorientierten Variante der *Judenfrage* befaßten. Angesichts der militärischen Niederlage des Dritten Rei-

---

[38] Zit. n. ibid.
[39] Ibid., 210.

ches und der umfassenden Versuche der Rüstungsindustrie, KZ-Häftlinge auch jetzt noch als Arbeitskräfte einzusetzen, konnten SS und Wehrmacht, wo sie verbissen ihre Pflicht für Führer, Volk und Vaterland erfüllen und die »Endlösung« definitiv und erfolgreich zu Ende bringen wollten, nicht mehr vorbehaltlos Erfolgsmeldungen abgeben. Das ökonomische und arbeitskräftepolitische Kalkül der Rüstungsindustrie wurde hier zu einem einflußreichen Faktor. »Ursprünglich sollten alle Konzentrationslager im ›Altreich‹ judenrein sein; deshalb waren die dort einsitzenden jüdischen Häftlinge ja im Herbst 1942 nach Auschwitz abgeschoben worden. Ab April 1944 wurden jüdische Gefangene wieder ins ›Altreich‹ überstellt, um in den bei Rüstungsbetrieben errichteten Außenlagern zur Arbeit eingesetzt zu werden.«[40] Es fehlten zunehmend Arbeitskräfte, nachdem »der Zustrom der ausländischen Zivilarbeiter und Kriegsgefangenen zu versiegen begann«.[41] Die im Winter 1943/44 beginnende Rückführung von KZ-Häftlingen ins Reich schien jedoch für die Bedürfnisse der Rüstungsindustrie nie ausreichend zu sein; denn diese forderte im April 1944 100 000 Arbeitskräfte an. Hitler ließ am 6./7. April 1944 festhalten, er werde »sich persönlich mit dem Reichsführer SS in Verbindung setzen und diesen veranlassen, aus Ungarn die erforderlichen etwa 100 000 Mann durch Bereitstellung entsprechender Judenkontingente aufzubringen«.[42] Aus den 100 000 wurden bald 200 000 Juden, deren Überführung in die kriegswichtige Produktion im Reich angeordnet wurde. In der Folge wurde etwa ein Viertel von den 1944 deportierten 458 000 ungarischen Juden von Auschwitz ins Reich gebracht. »Die Zahl der Arbeitskommandos der KZ-Stammlager wuchs seit dem Frühjahr 1944 rapide an; die Liste der deutschen Unternehmen, die solche KZ-Außenlager einrichteten und KZ-Häftlinge einsetzten, wurde immer länger und umfaßte zahlreiche renommierte Firmen.«[43] Zwar waren die Verhältnisse für die Mehrzahl der Sklavenarbeiter mörderisch, dennoch gab es Unterschiede zwischen den Rüstungsbetrieben, in denen die Überlebenschancen größer waren, und den unterirdischen Bauprojekten der letzten Kriegsphase, wo die »Vernichtung durch Arbeit« hemmungslos betrieben wurde: »Der Wert eines Menschen war hier nicht höher, als seine Körperkraft für einige Wochen hergab. Hier waren Arbeit und Vernichtung für Hunderttausende von Menschen zu Synonymen geworden.«[44] Das heißt auch, daß alle Zahlen nur den jeweiligen »Bestand« nennen, denn die Anzahl der Arbeitskräfte mußte ständig mit neuen Transporten aus dem Osten, aus Ungarn, Griechenland,

[40] Hermann Langbein, »Arbeit im KZ-System«, in: Dachauer Hefte 2/2. 1986, 9.

[41] Ulrich Herbert, »Arbeit und Vernichtung. Ökonomisches Interesse und Primat der ›Weltanschauung‹ im Nationalsozialismus«, in: Dan Diner (Hg.), Ist der Nationalsozialismus Geschichte? Zu Historisierung und Historikerstreit, Frankfurt/M. 1987, 229.

[42] Zit. n. ibid., 231.

[43] Ibid., 232.

[44] Ibid., 233.

Litauen und aus Lagern, die aufgelöst und deren Spuren von der SS verwischt wurden, aufgefüllt werden. Dazu kamen Transporte, die aufgrund des Näherrückens der Front ins Reich geschickt wurden.
Schätzungen über die Zahl der jüdischen Überlebenden im Reich April/Mai 1945 bewegen sich zwischen 20 000 und 75 000, wobei »die erschreckend hohe Sterblichkeit in den ersten Wochen nach der Befreiung« nicht vergessen werden darf.[45] Es ist nahezu unmöglich, eindeutige Gesamtzahlen für das Reich oder hinsichtlich überlebender deutscher, polnischer, russischer, rumänischer, ungarischer, französischer, italienischer und Juden anderer Herkunft unmittelbar zum Zeitpunkt der Besetzung Deutschlands zu nennen.[46] Eine Annäherung an die wahrscheinliche Größenordnung in Süddeutschland ergeben die bekannten Daten über Bayern, wo »die bayerischen Konzentrationslager Flossenbürg (Oberpfalz) und Dachau – ähnlich wie Bergen-Belsen in Norddeutschland – letzte Auffangstationen für die in der Schlußphase des Krieges aus Osteuropa und Ostdeutschland evakuierten Restghettos und Konzentrationslager wurden ... Am umfangreichsten war der im Umkreis des Fliegerhorstes Landsberg am Lech im Herbst 1944 als Außenlager des KZ Dachau errichtete Komplex der Kauferinger Lager (I-XI) mit etwa 10 000 meist ungarischen oder polnischen Juden ... Ein zweiter wichtiger Komplex entstand zu gleicher Zeit als Außenkommando des KZ Flossenbürg bei Hersbruck, wo einige tausend ungarische Juden unter unmenschlichen Bedingungen im nahen Happurg Stollen zur Unterbringung von Rüstungsfabriken ausschachten mußten. Von den Kauferinger jüdischen Arbeitssklaven starben in den Monaten November 1944 bis Mai 1945 an die 7500 Personen ... Im Lager Hersbruck, wegen der dort aufgefundenen Leichenberge von den Amerikanern nur noch als ›Todesfabrik‹ bezeichnet, dürfte die Sterblichkeitsquote infolge von Fleckfiebertyphus, Hunger und Entkräftung kaum geringer gewesen sein ... Da weder die in den Konzentrationslagern geführten Statistiken der SS, noch die 1945 von den Amerikanern angestellten Zählungen der befreiten displaced persons die Juden als besondere Gruppe erfaßten, wissen wir nicht, wie groß die Zahl der jüdischen KZ-Häftlinge war, die nach diesem vernichtenden Arbeitseinsatz im amerikanischen Besatzungsgebiet im April 1945 befreit wurden.«[47] Es wurden annähernd 20-25 000 jüdische KZ-Häftlinge von der amerikanischen Armee befreit. Oftmals sind bei Zählungen

---

[45] Wolfgang Jacobmeyer, »Jüdische Überlebende als ›Displaced Persons‹«, in: Geschichte und Gesellschaft 3/9, 1983, 421; vgl. zu verschiedenen Schätzungen: Yehuda Bauer, Flight and Rescue: Brichah, New York 1970, 43, 55; Leonard Dinnerstein, America and the Survivors of the Holocaust, New York 1982, 273f.; Herbert, in: Diner, op.cit., 198f.; Juliane Wetzel, »›Mir szeinen doh‹. München und Umgebung als Zuflucht von Überlebenden des Holocaust 1945-1948,« in: Martin Broszat / Klaus-Dietmar Henke / Hans Woller (Hg.), Von Stalingrad zur Währungsreform. Zur Sozialgeschichte des Umbruchs in Deutschland, München 1988, 327f.

[46] Vgl. die Diskussion verschiener Daten bei Yehuda Bauer, Out of the Ashes. The Impact of American Jews on Post-Holocaust European Jewry, Oxford 1989, 45.f.

[47] Wetzel, op.cit., 336f; vgl. auch die »Statistical Synopsis« bei Dinnerstein, op.cit., 273f.

deutsche Juden nicht enthalten, da sie als »German nationals« galten. Die meisten Zahlen sind allein schon deswegen zu relativieren, weil keine Angaben für die sowjetische Besatzungszone vorlagen, und die britische Politik zu dieser Zeit aufgrund des Palästina-Problems davon absah, Juden als Juden in irgendeiner Form zu erfassen. Von etwa 50 000 überlebenden jüdischen DPs zu sprechen, kommt der damaligen Realität deutscher Politik vermutlich am nächsten. Ein weiteres damit zusammenhängendes Problem ergibt sich aus den ersten Wochen der Besetzung Deutschlands, als Juden gemäß ihrem Herkunftsland als Teil der etwa 10 Millionen displaced persons registriert und repatriiert wurden. Ganz zu schweigen von den Tragödien, die sich dabei abspielten, lassen es auch diese Migrationsbewegungen nicht zu, exakte Daten zu nennen. Die Vernichtungspolitik des Deutschen Reiches hatte auch nach der Befreiung verheerende Folgen.[48] Ein deutliches Bild über die Situation im Mai 1945 ergibt sich am ehesten aus dem das ganze »Altreich« umfassenden Einsatz, der »Verwendung«, jüdischer KZ-Häftlinge. Hieraus kann auf jeden Fall auf eine reichsweite Verteilung jüdischer Arbeitssklaven mit einer Konzentration in traditionellen Industriegebieten, insbesondere nach Mittel-, West- und Süddeutschland verlegten kriegswichtigen Produktionsstätten (Thüringen, Bayern, Ruhrgebiet) geschlossen werden. Zu den prominentesten deutschen Firmen, die in den Monaten zuvor ständig Arbeitskräfte angefordert hatten und sich am Programm »Vernichtung durch Arbeit«[49] beteiligten, gehörten neben Flick, Krupp, IG-Farben, Siemens, AEG, Telefunken, BMW, Daimler-Benz, Auto-Union, Junkers, Rhein-Metall, Dynamit-Nobel, Messerschmidt, Ruhrstahl-AG, Philip Holzmann, Heinkel, WMF. Der Prozeß der Verlagerung zehntausender Juden in industrielle Kerngebiete und neue unterirdische Produktionsstätten des »Altreichs« bietet eine Erklärung für die im völligen Widerspruch zur NS-Propaganda vom »judenfreien« Reich stehende Situation Anfang 1945. Sie ist allerdings auch ein weiteres Argument gegen das wenige Monate später allerorten in Deutschland geäußerte Stereotyp von Seiten zahlloser Deutscher: Man habe nichts gewußt. Es ist einer der entscheidenden Fehler der späteren Re-education und der mit der sogenannten Bewältigung der Vergangenheit zusammenhängenden Debatten, das Wissen über die Verfolgung der Juden auf die Frage nach der individuellen Kenntnis von der Existenz der Konzentrations- und Vernichtungslager und dem dortigen Geschehen reduziert zu haben. Viel entscheidender für das individuelle und gesellschaftliche Bewußtsein ist der Zusammenhang von Erfahrungen im

---

[48] Vgl. Robert H. Abzug, Inside the Vicious Heart. Americans and the Liberation of Nazi Concentration Camps, New York, Oxford 1985, 151.

[49] Vgl. Raul Hilberg, The Destruction of the European Jews, Chicago 1961; erweiterte Übersetzung: Die Vernichtung der europäischen Juden. Die Gesamtgeschichte des Holocaust, Berlin 1982; Ferencz, op.cit.; Ulrich Herbert, Fremdarbeiter. Politik und Praxis des »Ausländer-Einsatzes« in der Kriegswirtschaft des Dritten Reiches, Berlin, Bonn 1985; OMGUS, Ermittlungen gegen die I.G. Farbenindustrie AG, September 1945, Nördlingen 1986; OMGUS, Ermittlungen gegen die Deutsche Bank, Nördlingen 1985.

Wohngebiet und im Arbeitsalltag. Von der jeweiligen Unternehmensleitung über Abteilungsleitungen, Ingenieuren, Meistern, Vorarbeitern, Facharbeitern, also von den Schreibtischen bis zur Werkbank gab es Kenntnisse und Kontakte, brachte der Arbeitsalltag Deutsche und jüdische Zwangsarbeiter erneut zusammen, nachdem ja sogar in der Reichshauptstadt Berlin bis zum 27.2.1943 deutsche Juden in der Rüstungsindustrie zwangsbeschäftigt worden waren.
Fünfteichen z.B., nicht weit von Breslau und verkehrsgünstigen Verbindungen nach Auschwitz, wurde als Außenlager von Groß-Rosen zu einem Zwangsarbeiterlager der Firma Krupp. Einer der Überlebenden, Theodore Lehmann, erzählte darüber in einem Fernsehinterview:

> »Und da waren viele Zivilisten. Man kann doch nicht einen Häftling von Auschwitz nach Fünfteichen bringen und an eine Maschine stellen, Drehbank oder andere Maschine und sagen, mach Kanonen; die Zivilisten, deutsche Arbeiter haben uns gezeigt, was wir machen sollen ... Das waren Meister, Vorarbeiter und Arbeiter. Das waren Deutsche, das waren keine Häftlinge, das waren Deutsche, die uns gelehrt haben, wie man auf einer Maschine arbeiten muß ... Wir waren verfluchte Sau-Juden, einfach, die waren Deutsche und wir waren Juden. Und ein Jude war dort, um zu arbeiten und zu sterben, und jeder hat das gewußt.«[50]

Unter den Tausenden KZ-Außenlagern befand sich auch Essen-Humboldtstraße, in dem von August 1944 bis März 1945 520 ungarische Jüdinnen für den Arbeitseinsatz bei Krupp von der SS bereitgestellt waren. Diese jungen Frauen waren über Gelsenkirchen aus Auschwitz deportiert und Ende August »per Straßenbahn und zu Fuß« nach Essen gebracht worden. »Wie es den einzelnen in der Fabrik erging, war insgesamt recht unterschiedlich und hing in starkem Maße vom Wohlwollen der deutschen Arbeiter, vor allem aber der Vorarbeiter, Meister und Betriebsleiter ab. Hier gab es die verschiedensten Typen: Gleichgültige, Sadisten und sehr hilfsbereite Menschen ... Ein ... älterer Krupparbeiter ... berichtete darüber nach dem Kriege [1947]: ›Bei uns wurden auch ab Mitte Oktober 1944 KZ-Frauen, ungarische Jüdinnen, eingesetzt ... Diese Jüdinnen besaßen für diese Arbeiten weder Arbeitskleidung noch Schutzhandschuhe. Ihre ganze Kleidung bestand aus einem zerlumpten, aus Sackleinen gefertigten Kleid. Sie trugen Holzpantoffeln auf ihren nackten Füßen. Die Baracken, die diese Jüdinnen bewohnten, waren während eines Luftangriffs schwer getroffen worden, so daß die Baracken nicht mehr wasserdicht waren. So mußten die Jüdinnen im Winter bei schlechtem Wetter in ihren nassen Lumpen, mit bloß ihrer auch komplett durchnäßten Decke auf den Schultern zur Arbeit kommen.‹«[51] Im Fe-

---

[50] Zit. n. Lea Rosh, »Vernichtung durch Arbeit. KZ-Häftlinge für die deutsche Industrie«. Fernseh-Dokumentation des Sender Freies Berlin, Teil I: Bericht über Krupp und IG-Farben, Berlin 1986. Lea Rosh sei hier für die Überlassung des Sende-Manuskriptes gedankt.

[51] Ulrich Herbert, »Von Auschwitz nach Essen. Die Geschichte des KZ-Außenlagers Humboldtstraße«, in: Dachauer Hefte 2/2, 1986, 24, 27f.

bruar 1945 erhielt der Lagerleiter den Befehl, die Häftlinge keinesfalls in die Hände der aus Westen vorstoßenden alliierten Truppen fallen zu lassen, sondern sie nach Buchenwald zu transportieren. Aus dem Transport wurde eine Irrfahrt, die am 22. März in Bergen-Belsen endete, das am 15. April von der britischen Armee befreit wurde. Wieviele von den 520 überlebten, ist unbekannt. In Essen selbst waren vor dem Abtransport sechs der ungarischen Jüdinnen untergetaucht. Sie versteckten sich zunächst in den Trümmern des jüdischen Friedhofs, fanden dann Hilfe bei einigen Essener Bürgern, die sie versteckten. »Am 11. April 1945 rückten amerikanische Truppen in Essen ein, und die sechs jüdischen Frauen konnten ihr Versteck verlassen. Ein Jahr nach ihrer Internierung in Ungarn waren sie frei.«[52]

In einem der Vororte Bremens, in Obernheide, wurden von August 1944 bis April 1945 800 ungarische und polnische Jüdinnen von der SS an private und öffentliche Betriebe »verliehen«. Eine junge Überlebende konnte ihr geheim geführtes Tagebuch retten. Unter dem Datum 8. Oktober 1944 heißt es:

> »Wenn wir in Bremen arbeiten, schäme ich mich. Nicht, weil ich geschoren, schmutzig und zerlumpt aussehe, sondern weil ich nicht mehr Mensch sein darf und andere Leute mich für etwas halten, was ich doch nicht bin. Oft dürfen wir nicht von der Straße weg, um unsere Notdurft zu verrichten. Wie Tiere hocken wir uns über den Rinnstein. Ich kann es nicht verstehen: ich bin ein Mädchen, das Geschwister hat, Vater und Mutter, die ich liebe und von denen ich geliebt wurde; ich fühle genau wie jene, von denen uns die Posten in den Straßen trennen, kann mich freuen und fürchten wie sie. Aber wissen sie das, wollen sie es überhaupt wissen? Ein Polier behauptete neulich, wir seien Prostituierte und daher geschoren und inhaftiert ... Andere glauben, wir seien Mörderinnen. Kontakt zu anderen Menschen haben wir außerhalb des Lagers kaum ... Die Leute im Dorf meiden uns. Wir sind das Judenlager. Wer dorthingeht, handelt sich Ärger ein. Neulich brach Elena, eine Polin aus unserem Kommando, auf dem Weg zum Bahnhof zusammen. SS-Aufseherinnen prügelten auf sie ein. Eine Bäuerin protestierte. Nun muß sie fürchten, wegen sogenannter Gefangenenbegünstigung von der Gestapo verhaftet zu werden. Es heißt aber, der NS-Ortsgruppenleiter setzte sich für sie ein. So etwas spricht sich schnell herum.«[53]

In den folgenden Kapiteln über Juden betreffende Haltungen in der Welt des Bildungsbürgertums und im größten Industriegebiet Westdeutschlands, dem Ruhrgebiet, wird noch zu fragen sein, welche Bedeutung solche Erfahrungen für das Bewußtsein der betroffenen Deutschen haben.

[52] Ibid., 32.

[53] Hartmut Müller, Die Frauen von Obernheide. Jüdische Zwangsarbeiterinnen in Bremen 1944/45, Bremen 1988, 68f.

Wie eine makabre Ironie mutet es an, daß, nachdem Himmler am 25.11.1944 die Demontage der Vernichtungslager befohlen hatte, mit dem Vorrücken der Roten Armee immer wieder KZ-Insassen auf Todesmärschen und Vernichtungstransporten nach Westen, und das hieß zurück ins Reich, verlegt wurden. Nach Buchenwald, Sachsenhausen, Groß-Rosen, Mauthausen, Dachau, Dora (Mittelbau), Ravensbrück und Bergen-Belsen wurden Tausende gebracht. »Als die sowjetischen Streitkräfte durch Westungarn vorstießen, erhielt der Kommandant von Mauthausen bei Linz (Österreich) den Befehl, Tausende von Juden aufzunehmen, die am Bau des Süd-Ostwalls gearbeitet hatten.«[54] Allein zwischen 4. und 13. April 1945 kamen 28 000 Häftlinge nach Bergen-Belsen. Der Zusammenbruch der Ost- und Westfront brachte es bald mit sich, daß NS-Führer, KZ-Kommandanten und deren Mannschaften oftmals eher an sich selbst dachten, an ihr Davonkommen und weniger an die Ermordung der Häftlinge oder die Bereitstellung von Sklavenarbeitern. Das Überleben war für Tausende Juden ein Wettlauf um Zeit: Überstehen von Todesmärschen, Seuchen, Unterernährung und vor allem SS-Brutalität. Die Hauptfrage aber war, wie schnell die Alliierten, die näherrückende Front der Befreier die »Todesmühlen« anhalten würden.
Allein nach Buchenwald wurden zwischen Mai 1944 und März 1945 über 20 000 Juden verlegt. Oft ging es weiter nach Südbayern, wo die NS-Führung bis zum Ende meinte, zum Bau der »Alpenfestung« tausende Arbeitskräfte zu benötigen. Einer der überlebenden Juden des Todesmarsches der über 3100 aus Buchenwald vom 5. April bis zum 3. Mai 1945 schreibt:

> »Wir marschierten an einem Samstagmorgen von Buchenwald ab. Kurze Zeit nach dem Abmarsch wurde der Transport zu etwa zwei gleichgroßen Gruppen geteilt. Das Ziel unserer Gruppe war Bayern. Wir waren 27 Tage unterwegs. Gerastet und übernachtet wurde nur, wenn die SS-Bewachung müde wurde. Als Verpflegung erhielten wir lediglich jeweils abends eine Handvoll gekochter Kartoffeln, welche die SS-Leute bei den Bauern gesammelt hatten. Wer nicht mehr gehen konnte, wurde an abgelegenen Stellen erschossen. Es kam auch vor, daß die Bewachungsmannschaften unterwegs die letzten Reihen unserer Kolonne stehenbleiben hieß und sie tötete. Mehrmals gefielen sich die SS-Leute auch darin, sich aus der Kolonne die Gesichter herauszusuchen, die ihnen nicht gefielen und diese Unglücklichen zu erschießen. Die Bevölkerung zeigte sich oft hilfsbereit. Frauen weinten, als sie unseren Elendszug sahen, sie brachten uns Wasser, obwohl die SS das nicht erlaubte. Bauern warfen da und dort Brot in unsere Kolonne, und wir rauften uns darum, unbekümmert um die Kolbenschläge der Bewachung. Mit Vorliebe aßen wir verfaulte Kartoffeln, die auf dem Abfall um die Bauernhöfe lagen, weil ihr säuerlicher Geschmack den Durst stillen half. Es kam jedoch auch vor, daß wir in den Ortschaften

---

[54] Hilberg, op.cit., 666.

höhnische Bemerkungen hören mußten, wie: ›Das sind die richtigen, die sollte man gleich erschießen.‹ Am 3. Mai kamen wir in Lebenau an. Es waren noch 168 Häftlinge, also ein Zehntel der Gruppe von 1600, die am 5. April den Todesmarsch aus Buchenwald angetreten hatten. Die SS übergab uns dem Leiter des dortigen Frauengefängnisses und verschwand.«[55]

Die nahezu unübersehbare Anzahl von Neben-, Arbeits-, Außen- und Transitlagern, die zum Teil speziell eingerichteten Fabriken dienten oder Schlafstätten für althergebrachte Produktionsanlagen waren, bedeutete zum Zeitpunkt der Befreiung eine Art Dezentralisierung ehemaliger jüdischer KZ-Häftlinge. Das zeigte sich auch in der Notwendigkeit, von alliierter Seite sehr schnell in den Besatzungsgebieten Zentren zur Versorgung der DPs einzurichten. Zu betonen ist hier zweierlei: Einerseits die im Winter 1944/45 an Umfang zunehmende Begegnung von Deutschen und Juden trotz der geringen Zahl jüdischer Überlebender und andererseits die Anwesenheit jüdischer Sklavenarbeiter in städtischen und ländlichen Gebieten des Reichs.

Überlebende deutsche Juden

Im Hinblick auf die Überlebenserfahrung und Kontakte zwischen Juden und Deutschen kann zwischen den April/Mai befreiten Zwangsarbeitern und den in privilegierten und nichtprivilegierten Ehen, als »Schutz-« und »Geltungsjuden«, in Halblegalität oder Untergrund überlebenden deutschen Juden unterschieden werden. In München zum Beispiel befreite die US-Armee 84 versteckte Juden und über 300, die aufgrund ihrer Ehe nicht oder nicht mehr deportiert worden waren.[56] Das war jedoch von Stadt zu Stadt unterschiedlich, denn bereits 1942 begannen Transporte »privilegierter« Juden nach Theresienstadt. In Frankfurt bemühten sich pflichtbewußte Gestapo-Beamten auch dann, Transporte Frankfurter »privilegierter« Juden zusammenzustellen, wenn ihnen keine juristische Handhabe gegeben war. »Doch die Gestapo-Beamten in Frankfurt wußten einen Ausweg, indem sie tatsächliche oder nur angebliche Verstöße gegen die sehr umfangreiche und kaum noch überschaubare Judengesetzgebung zum Anlaß nahmen, um diese Personen in ›Schutzhaft‹ zu nehmen und dann in Konzentrations- und Vernichtungslager zu deportieren.«[57] In Stuttgart wurden vom 9. bis 29. April 1945 noch 99 Lebensmittelkarten für jüdische Ehepartner von Nichtjuden ausgestellt. Bei Kriegsende gab es in Stuttgart darüberhinaus 24 Juden, denen offiziell »jüdische Lebensmittelkarten zustanden. Manche von ihnen

[55] Zit.n. Erich Kuby, Das Ende des Schreckens. Januar bis Mai 1945, München 1986, 228.
[56] Wetzel, op.cit., 334.
[57] Wolfgang Wippermann, Das Leben in Frankfurt zur NS-Zeit. Bd.1: Die nationalsozialistische Judenverfolgung. Darstellung, Dokumentation, didaktische Hinweise, Frankfurt/M. 1986, 146.

waren damals untergetaucht«.[58] Einer von ihnen war seit dem Ersten Weltkrieg Träger des »Eisernen Kreuzes II«, des Verwundetenabzeichens und hatte das »Ehrenkreuz des Führers« erhalten. Derartige Information ist der jeweiligen Bürokratie zu danken und soll hier exemplarisch genannt sein, um Widersprüche in der »Judenpolitik« der Schlußphase des NS-Regimes aufzuzeigen. Es waren oftmals diese Widersprüche, die einzelnen ein Überleben ermöglichten. »Die nationalsozialistische Rassengesetzgebung war durch schier unzählige Verordnungen, Erlasse und Bestimmungen, die im Laufe der Jahre zu den Nürnberger Gesetzen von 1935 ergangen waren, zu einem undurchdringlichen Dschungel geworden. Alle legislatorischen Maßnahmen dienten aber letztlich einem einzigen Zweck, der Vernichtung des Judentums; aber bei bestimmten Personengruppen wie Teilnehmern des ersten Weltkriegs, in ›Mischehe‹ Verheirateten und deren Kindern taten sich die nationalsozialistischen Rassepolitiker, die Juristen und die Beamten schwer. Es blieb bis zum Ende des NS-Regimes unklar, welches Schicksal den jüdischen Partnern in ›Mischehen‹ und den ›Mischlingen ersten Grades‹ letztendlich zugedacht war, ob die Privilegien, die sie von den ›Volljuden‹ unterschieden, dauernd oder nur für eine Übergangszeit gelten sollten. In der Intention der nationalsozialistischen Judenpolitik waren sie nur vorübergehend ausgespart, das wurde in der Wannseekonferenz und bei späteren Gelegenheiten, als das Thema zur Debatte stand, auch deutlich artikuliert. Das wußten die Betroffenen zwar nicht, aber es konnte ihnen auch nicht verborgen bleiben, daß ihre Stellung auf Dauer unsicher und gefährdet war.«[59] Aus diesen Unklarheiten ergaben sich nicht allein unterschiedliche Maßnahmen der NS-Bürokratie, sondern auch Unwägbarkeiten in den Reaktionen von Verwandten, Freunden, Bekannten, Arbeitskollegen, Nachbarn und jener Gruppe Deutscher, die aus unterschiedlicher Motivation Hilfestellung leistete bei der Flucht in die Illegalität, der Beschaffung von falschen Papieren, Lebensmittelkarten und Quartieren. Der Reichsführer-SS Heinrich Himmler verfügte im Oktober 1944 für verschiedene »nichtarische« Kategorien den »geschlossenen Arbeitseinsatz« bzw. die Deportation nach Theresienstadt, was z.B. in Frankfurt und in Leipzig am 14. Februar 1945 erfolgte.[60] In Leipzig wurden an diesem Tag etwa 200 Juden nach Theresienstadt deportiert, die Mehrheit von ihnen kehrte nach Leipzig zurück.[61] Das wiederholte sich Mitte Februar 1945 in vielen Städten des Deutschen Reiches. Aber diese antijüdischen Anordnungen wurden nicht mehr einheitlich durchgeführt. Es war vor allem im Winter 1944/45, daß viele dieser wenigen Überlebenden und 1943 nicht Deportierten untertauchten und auf

58 Maria Zelzer, Weg und Schicksal der Stuttgarter Juden. Ein Gedenkbuch, Stuttgart 1964, 265.

59 Wolfgang Benz, »Überleben im Untergrund«, in: ders. (Hg.), Die Juden in Deutschland 1933-1945, München 1988, 684f.

60 Vgl. Walk, op.cit., 406; Wippermann, op.cit., 146.

61 Wiener Library, Manuskript-Sammlung, Nr. 350.

schnelle Befreiung durch die Alliierten hofften. Um die unterschiedlichen Erfahrungen des Überlebens deutscher Juden zu veranschaulichen, sei aus einigen Erinnerungen ausführlich zitiert.

Nicht selten, wenngleich in Einzelfällen, gelang es, in zerbombten Städten und auch auf dem Lande Unterschlupf zu finden und den Perfektionismus der staatlichen Bürokratie auszunutzen. Bei Münster war eine junge jüdische Familie aus Ahlen untergetaucht, die Frau mit einem Kleinkind auf dem Hof eines Bauern, der Mann in einer Stadtwohnung. Ende Oktober 1944 nutzte die Frau den entscheidenden Bombenangriff auf Münster. Unter dem Vorwand, alle Unterlagen seien vernichtet, ließ sich die Frau auf dem Polizeirevier eine Bescheinigung mit falscher Adresse ausstellen: »Von dem Augenblick an, da der Beamte unter das Dokument den Stempel mit dem mir so verhaßten Hakenkreuz setzte, wußte ich, daß diese ›Schlacht‹ für mich gewonnen war. Nun würde ich auch weitere Papiere bekommen.« Sie meldet sich nun rechtmäßig an und beantragt die notwendigen Bescheinigungen wie »Vorauszahlung nach der Kriegssachschädenverordnung vom 30.11.1940« und erhält einen »Räumungs-Familien-Unterhaltsbescheid«. In ihrer neuen Identität hört sie – und sicher nicht als einzige – von Deutschen, die aus dem Osten nach Westdeutschland kommen »immer wieder erschreckende Berichte über die Konzentrationslager im Osten. Ihre Insassen, die die furchtbaren Jahre bis dahin überstanden hatten, würden erschossen und verscharrt oder verbrannt, damit dem nachrückenden Gegner die von Deutschen begangenen Grausamkeiten verborgen blieben. Damit schwand unsere letzte Hoffnung, auch nur einen einzigen unserer Verwandten wiederzusehen.«[62]

In Berlin, so Schätzungen, hatten insgesamt etwa 5000 Juden vor und nach der »Fabrikaktion« von 1943 versucht, in Verstecken den Fängern der Gestapo zu entgehen. Etwa 1500 gelang es, im Untergrund zu überleben, wobei genaue Zahlen auch für Berlin schwer zu ermitteln sind. Einige Varianten werden weiter unten behandelt. Worauf es hier jedoch ankommt, ist die Tatsache, daß es auch noch nach der »Fabrikaktion« – abgesehen von den nach Deutschland im Rahmen der »Vernichtung durch Arbeit« deportierten Juden – deutsch-jüdische Berührungen im Arbeitsalltag und im Wohnviertel gab. Es kamen individuelle Erlebnisse im Alltag und während der Bombennächte vor. Und es gab die Versteckten, Untergetauchten, Illegalen, die selbstlose Hilfe fanden, oder sich die Tage des Überlebens erkaufen mußten, von Quartier zu Quartier wechselten, dem Verlangen nach Übertritt zum Christentum ausgesetzt waren, oder sich das »Liebe deinen Nächsten« erbetteln mußten. In vielen Erinnerungen ist die Rede von der Angst vor Denunziation oder von der Befürchtung, von Gestapo-

[62] Marga Spiegel, Retter in der Nacht. Wie eine jüdische Familie überlebte, Köln 1987, 63.

Fängern, zum Teil jüdische Kollaborateure, erkannt zu werden.[63] Diesen Teil des deutschen Alltags wird man allerdings in der ständig wachsenden Flut von Veröffentlichungen zur deutschen Alltagsgeschichte zumeist vergeblich suchen. Publizierte deutsche Alltagsgeschichte ist in der Regel eine Geschichte des Alltags derjenigen, die im Dritten Reich eben als Deutsche galten.
Rudolf Schottlaender, Philosoph und Philologe, überlebte in »privilegierter« Ehe in Berlin. Ende 1942 nimmt er in einer Pulverfabrik eine »ungelernte Arbeit auf niederstem Niveau an«.

»Zunächst waren zweieinhalb Jahre durchzustehen als diskriminierter Arbeiter unterster Stufe und obendrein zu Hause in Heiligensee nicht mehr von Liebe umgeben. [Seine Frau will sich scheiden lassen.] Anfangs saßen in der Fabrik am Mittagstisch noch etwa ein halbes Dutzend jüdischer Arbeitskollegen mit mir zusammen. Nach deren Deportation blieb ich allein zurück. Ich, der ich mich so gern bei Tisch unterhalte, mußte jahrelang allein aus meiner mitgebrachten Büchse Mittag essen! Denn Kontakte durfte ich nicht aufnehmen... Ein sozialdemokratischer Arbeiter, der vom unglücklichen Verlauf des Krieges überzeugt war, suchte Gespräche mit mir. Eine Weile ging das gut, bis der baumlange Aufseher dahinterkam. Er verbot es uns beiden, mir in drohendem Ton. Ich erwiderte ihm: ›Wenn ich mit niemandem mehr reden darf, brauche ich nicht mehr zu leben.‹ Von da an ließ er mich in Ruhe. Die Antwort hatte ihn offensichtlich beeindruckt. Aber ich provozierte ihn auch nicht durch allzu ungenierte Übertretung des Verbots. Einmal erschrak ich. Ein mir vorgesetzter Arbeiter, Typ des alten Gewerkschaftlers, immer sachlich, nie judenfeindlich, ging neben mir, während am Horizont die Flammen eines Bombenangriffs auf Berlin zu sehen waren. Da platzte es aus ihm heraus: ›Das sind Ihre Freunde!‹ Ich sagte nur: ›Ich habe sie nicht bestellt‹, war aber tief betroffen, weil mir die Entfremdung von allen anderen, die mir ja täglich bewußt wurde, diesmal doch gar zu unerwartet und persönlich gezielt entgegenschlug.«[64]

1934 hatte das Comité des Délégations Juives in Paris die Lage der Juden in Deutschland als »Zurücknahme der Emanzipation der Juden« charakterisiert.[65] Der Entrechtung waren Ausgrenzung, Deportation und Vernichtung gefolgt. Der

---

[63] Vgl. Erinnerungen von: Inge Deutschkron, Ich trug den gelben Stern. Köln 1978; Edel, op.cit.; Ilse Rehwald, Berliner, die uns halfen, die Hitlerdiktatur zu überleben, Berlin 1979²; Joel König, David. Aufzeichnungen eines Überlebenden, Frankfurt/M. 1977; Hans Rosenthal, Zwei Leben in Deutschland, Bergisch-Gladbach 1980; Maren Krüger / Marion Neiss u.a., »Alltag im Berliner Untergrund 1943 bis 1945«, in: Rainer Erb / Michael Schmidt (Hg.), Antisemitismus und Jüdische Geschichte. Studien zu Ehren von Herbert A. Strauss, Berlin 1987, 295f.

[64] Rudolf Schottlaender, Trotz allem ein Deutscher. Mein Lebensweg seit Jahrhundertbeginn, Freiburg, Basel, Wien 1986, 48f.

[65] Comité des Délégations Juives (Hg.), Das Schwarzbuch. Tatsachen und Dokumente. Die Lage der Juden in Deutschland 1933, Paris 1934, Frankfurt, Berlin, Wien, 1983², 9.

Gewöhnung an das kollektive Unrecht von deutscher Seite entsprach auf jüdischer Seite eine Mischung aus Verzweiflung, Hoffnungslosigkeit, Flucht in den Selbstmord, Überlebenswillen und in der Regel unüberbrückbare Entfremdung. Der kleine Rest in Deutschland verbleibender Juden wurde auf sich selbst zurückgeworfen, im Verlauf von zwölf Jahren blieb ihnen nichts als ein wie auch immer verstandenes oder abgelehntes Judesein und die Menschlichkeit weniger Deutscher. Die »Entfremdung von allen anderen«, die Schottlaender beschreibt, ist der entscheidende Faktor in den Beziehungen, die einst so emphatisch als deutsch-jüdische Symbiose tituliert wurden. Das gilt für das Dritte Reich, für den Übergang zum Nachkriegsdeutschland und das Deutschland der Bundesrepublik.[66] Das gilt für diejenigen Juden, die den gelben Stern tragen mußten und für diejenigen, die unter dem rassistischen Wahnsinn anders kategorisiert wurden. Rudolf Lennert beschreibt in diesem Zusammenhang seine Erfahrungen:

> »Wenn ich nach dem Besonderen suche, das mit dem outcast-Dasein zusammenhing, wird mir zuerst ein Gewinn bewußt, der für solche Situationen bezeichnend zu sein scheint: der Zuwachs an Intensität des Familiären, in meiner elterlichen wie in meiner eigenen Familie. Wir waren ›auf uns zurückgeworfen‹ und haben das alle gespürt. Mir scheint, die ganze Geschichte der jüdischen Emanzipation sei durch dieses Element gekennzeichnet. Sie hat überall Familien und Familienbande hervorgerufen, die ›zusammenhielten‹ und sich im Leben und im Untergang Halt gaben. Dem steht ein Verlust gegenüber: in all den zehn Jahren habe ich, intensiven Kontakten zum Trotz, nur zweimal neue Freundschaften geschlossen – beide Male mit Menschen, die auf unterschiedliche Weise am Rande der Gesellschaft standen. Muß man sagen, daß zu allen anderen, zu den ›Normalen‹, die unsichtbare Scheidewand existierte, beiden Seiten halb bewußt? War der Andorra-Effekt in uns allen? Ich fürchte, es war so.«[67]

Lotte Paepcke, die in einem Kloster bei Freiburg überlebte, beschreibt den Zwiespalt und die Schuldgefühle, die mit dem Überleben-Können und dem Überleben-Müssen verbunden sein konnten:

> »In jenen Tagen wurden die letzten von ihnen, die noch in Deutschland waren, die jüdischen Partner aus Mischehen, wie ich einer war, abgeholt und nach dem Osten gebracht. Dorthin, wohin die Großmama in ihren Tod gegangen war, dorthin, wo aus der Freundin ein Häuflein Asche wurde, das man nicht sammelte. Dorthin ging eigentlich mein Weg; dort war mein Ort. Hilfreiche

[66] Vgl. Fritz Stern, Dreams and Delusions. The Drama of German History, New York 1987, 97f.; Micha Brumlik / Doron Kiesel / Cilly Kugelmann / Julius H.Schoeps (Hg.), Jüdisches Leben in Deutschland seit 1945, Frankfurt/M. 1986.

[67] Rudolf Lennert, »Zugehörigkeit, Selbstbewußtsein, Fremdheit. Erinnerung an eine dunkle Zeit«, in: Neue Sammlung 3/26, 1986, 393.

Hände hatten mich ergriffen und versteckt, so daß ich hier, behütet von ahnungslosen Tagen, ein friedliches Leben lebte. Doch dieses Leben gehörte mir nicht. Diese Tage waren mir nur geliehen. Ich konnte sie gebrauchen, aber es waren die meinen nicht. Es war großzügig, dieses Leben. Es teilte dem Fremdling seine Stunden zu wie allen den übrigen Lebenden auch. Es schenkte ihm das Erwachen am Morgen; es schenkte ihm vier Wände und ein Dach; es schenkte ihm das tägliche Brot und ließ für ihn den Abend kommen. Es war so großzügig, das fremde Leben, daß es nicht einmal zu merken schien, wie es seine Gaben an einen austeilte, dem sie eigentlich nicht zustanden. Ich aber mußte aufrichtig sein. Meine Seele entzog sich dem fremden, geliehenen Frieden und wanderte dorthin, wo ihr zugedachtes Schicksal war: in das Unheil, in den Untergang.«[68]

Die Vielzahl kleiner Lager, der Arbeitseinsatz von jüdischen Häftlingen im »Altreich« brachte oft unvorhersehbare Berührungen und Möglichkeiten. Dabei darf nicht vergessen werden, daß nach Sprache, Erziehung und Kenntnissen der gesellschaftlichen und politischen Entwicklung deutsche Juden, die zu diesem Zeitpunkt noch im Reich lebten, oftmals die Chancen direkter persönlicher Kontakte nutzten, um der drohenden Deportation zu entgehen. Victor Klemperers Beschreibung der Situation von Juden in Dresden weist auf deren allgemeine Hoffnungslosigkeit hin:

»Da waren zwei Ärzte und ein Landgerichtsrat und drei Anwälte und ein Maler und ein Gymnasiallehrer und ein Dutzend Kaufleute und ein Dutzend Fabrikanten und mehrere Techniker und Ingenieure und – größte Seltenheit unter den Juden! – ein ganz ungelernter Arbeiter, fast ein Analphabet; da waren Anhänger der Assimilation und Zionisten, da waren Leute, deren Vorfahren seit Jahrhunderten in Deutschland saßen und die beim besten Willen nicht aus ihrer deutschen Haut herausgekonnt hätten, und andere wieder, die eben erst aus Polen zugewandert waren und deren noch nicht im entferntesten abgelegte Muttersprache der Jargon [!] bildete und nicht etwa das Deutsche. Aber nun waren wir eben die Gruppe der Dresdener Sternträger und die Gruppe der Fabrikarbeiter und Straßenkehrer und waren die Bewohner der Judenhäuser und die Gefangenen der Gestapo ...« Und je näher das Ende des Reiches rückt: »Die Zahl der Juden wird immer kleiner, einzeln und in Gruppen verschwinden die Jungen nach Polen und Litauen, die Alten nach Theresienstadt. Ganz wenige Häuser genügen, den in Dresden verbliebenen Rest einzuschließen ... die meisten müssen die Judenhäuser verlassen, man pfercht sie in die Baracken des Judenlagers Hellerberg, und von da geht es wenige Wochen später in die eigentlichen Vernichtungslager. Was jetzt

[68] Lotte Paepcke, Ich wurde vergessen. Bericht einer Jüdin, die das Dritte Reich überlebte, Freiburg, Basel, Wien 1979, 104.

zurückbleibt, sind nur die in Mischehe lebenden, also die besonders stark eingedeutschten Juden, die zum großen Teil gar nicht mehr der jüdischen Gemeinde angehören, Dissidenten oder – ein später nicht mehr genehmigter und verschwundener Name – nichtarische Christen.«[69]

In einem nach der Befreiung geschriebenen Brief berichtet Victor Klemperer über die letzten Wochen und Tage: »Schließlich kam am Morgen des 13. Februar 1945 der Befehl für die letzten etwa 70 Mischeheleute in Dresden: am 16. Februar waren die Menschen zu trennen, die jüdischen Teile abzutransportieren. Es war bestimmt die Absicht, uns gleich im Zuge zu vergasen oder abzuschießen, man mußte uns loswerden.«[70] Am 14. Februar erfolgte jedoch der umfassende Bombenangriff auf Dresden. Am folgenden Morgen riß sich Victor Klemperer den »Judenstern« herunter und floh mit seiner Frau vor der Gestapo.
Das wachsende Chaos der Bombennächte und das Näherrücken der Front konnte nicht selten die Chance des Überlebens erhöhen. Tod in den zerbombten und brennenden Häusern sowie Überleben in Anonymität oder falscher Identität lagen in diesen Wochen dicht nebeneinander. Dieser Kampf ums Überleben unterschied sich fundamental von der Kriegserfahrung der deutschen Bevölkerung, da er primär gegen die deutsche Gesellschaft und ihren Staat gerichtet war. Eine junge Berliner Jüdin, die kurz vor der »Fabrikaktion« 1943 in die Illegalität ging und monatelang in Telefonzellen, Warteräumen und öffentlichen Toiletten zubrachte, schreibt in ihren Erinnerungen:

»Jetzt wurden die Bombenangriffe immer heftiger ... und so schlimm das auch war, für die illegal Lebenden wirkte sich die damit verbundene allgemeine Unruhe irgenwie günstig aus, man konnte sich besser »verkrümeln«, man fiel nicht nicht mehr so auf, jeder hatte genug mit sich selber zu tun ... Ich schlug mich durch als Kinderfräulein, Reinemachefrau und Gelegenheitsarbeiterin. Es gab wohl kaum eine Schlafmöglichkeit, die ich nicht ausprobiert hätte, in Veranden und Lauben, in Bodenkammern und unter der Heißmangel in der Wäscherei, in Treppenhäusern ... Schließlich bin ich aber doch nicht meinem Schicksal entgangen ... Ich kam in das Lager in der Schulstraße. Verblieb dort bis zur Befreiung, zehn Monate lang. Auch hier hatte ich Glück, ich kam in den Haushalt der Meldestellenleiterin, bis zum 22. April 1945, als unseren Gestaposchergen der Boden zu heiß wurde, und nun *sie* ›flitzten‹, wie ich um mein Leben ›geflitzt‹ war, allerdings ohne etwas verbrochen zu haben, nur, weil ich als Jüdin geboren war!«[71]

---

[69] Klemperer, op.cit., 194f.
[70] Wiener Library, Manuskript-Sammlung, Nr. 43.
[71] E. Ehrlich in: Jüdisches Gemeindeblatt für die britische Zone, 5.4.1947.

Siegmund Weltlinger, der mit seiner Frau versteckt überlebte und zu den Mitbegründern der Jüdischen Gemeinde und der Gesellschaft für Christlich-Jüdische Zusammenarbeit in Berlin gehörte, schrieb über die zwei Jahre der Illegalität:

»Niemals verließen wir das kleine Zimmer, auch nicht bei Luftangriffen; denn es wohnten manche scharfe Nazis im Häuserblock, und wir durften unsere Wohltäter nicht in Gefahr bringen. Einmal wurde das Nebenhaus getroffen, und durch den Luftdruck stürzte ein Teil der Zimmerwand ein. Wir blieben unverletzt. – Die Bomben schreckten uns nicht wie die Furcht vor Entdeckung oder schwerer Verwundung. Denn was sollte man dann machen? – So lebten wir schlimmer als Gefangene ... Dreimal erlebten wir den Frühling vom Fenster aus, sahen dreimal die Bäume blühen, sich herbstlich färben und mit Schnee bedecken.«[72]

Ein siebzehnjähriger Berliner Jude wird November 1943 mit seinem Vater trotz gefälschter Papiere von einer Wehrmachtsstreife verhaftet und auf einen Transport nach Auschwitz geschickt. Doch statt nach Auschwitz werden sie nach Sachsenhausen deportiert.

»Wir kamen dort in einen Arbeitstrupp, der Sand-Kähne ausladen mußte. Im Februar 1945 wurde ich von meinem Vater getrennt und sah ihn seitdem nicht mehr wieder. Ich kam nach Neubrandenburg, mußte dort in Nachtarbeit an Maschinen arbeiten. Als sich die Front immer mehr näherte, kamen wir nach Ravensbrück und von dort in ein kleines Lager bei Ludwigslust. Die Transporte waren immer sehr qualvoll, denn in den überfüllten Güterwagen mußten wir diese tagelang ohne Verpflegung, abwechselnd sitzend oder stehend, aushalten. Unsere Bewachung bestand aus SS-Mannschaften, manchmal waren auch volksdeutsche SS-Leute dabei. Sehr rabiat und grausam waren die Block- und Stubenältesten, die fast immer Berufsverbrecher waren und Sicherheitsverwahrung hatten. Um sich bei der SS in ein gutes Licht zu setzen, schikanierten sie uns besonders ... Ich arbeitete auch mit nichtjüdischen Arbeitern zusammen, mit denen ein gutes Verhältnis bestand. Dagegen waren Betriebsleitung und auch viele andere Vorarbeiter sehr grob oder unnahbar uns gegenüber ... Am 4. Mai 1945 war unser Lager morgens ohne Bewachung, und als wir uns langsam aus dem Lager wagten, näherten sich uns amerikanische Truppen.«[73]

---

[72] Siegmund Weltlinger, Hast Du es schon vergessen? Erlebnisbericht aus der Zeit der Verfolgung, Vortrag in der Gesellschaft für Christlich-Jüdische Zusammenarbeit Berlin, 28.1.1954.
[73] Wiener Library, Manuskript-Sammlung, Nr. 1195.

Zu den Widersprüchen des zusammenbrechenden Dritten Reiches gehört die Existenz des Jüdischen Krankenhauses in Berlin-Wedding, das bis zur Befreiung durch die sowjetischen Truppen als funktionierendes Krankenhaus, Sammellager, Verwaltungszentrum, sich in Auflösung befindliche »Neue Reichsvereinigung« und »Umschlagplatz« für noch in Deutschland lebende Juden genauso wie der jüdische Friedhof in Berlin-Weissensee geöffnet blieb.[74] Hier lebten wie in einem Ghetto jüdische Ärzte, Krankenschwestern, zum Tode verurteilte Häftlinge, Kranke, »Schutzjuden«, die aus den verschiedenen Gründen nicht oder erst sehr spät deportiert wurden, und auch jüdische Kinder auf »Abruf« der Gestapo. Der umfassendste Bericht über diesen Nekrolog auf die Geschichte des deutschen Judentums bis 1945 ist von der jüdischen Widerstandskämpferin Charlotte Holzer überliefert. Sie war Mitglied der in Berlin aktiven Gruppe Baum[75] gewesen, wurde zum Tode verurteilt, als Krankenschwester eingesetzt und konnte im Winter 1944/45 der Hinrichtung durch Flucht entgehen. Im folgenden soll aus ihren Aufzeichnungen zitiert werden.

> »Alle Juden, die da reinkamen, waren registriert und bekamen ein O (das war eine Ostnummer; das war Auschwitz) oder sie bekamen eine Th-Nummer (das war Theresienstadt), und wir, die Tschechen und ich waren NR (nicht registriert, d.h. wir gingen nicht auf Transporte, sondern waren zur Verfügung des Sicherungshauptamtes da) ... Es gab da außerdem ein Kinder-Kazettchen. Es war eigentlich mal die Kinderstation. Als das Krankenhaus Gestapohaus wurde, sammelte die Gestapo da Kinder. Solche, von denen die Eltern schon abgeholt waren, die versteckt worden und nun gefunden waren, Kinder, die man weggeholt hatte von geschiedenen Mischehen oder solche, wie von der A., die da auf Transport gewesen ist. Unter anderen ein Kind, das ich sehr genau kannte. Sie hieß Sylvia und war die Tochter einer jüdischen Artistin, einer polnischen Tänzerin, die in Paris einen deutschen Artisten geheiratet hatte. Das war eine nach damaligem Gesetz ungültige Ehe. Der Mann wurde gefangen, als Paris besetzt wurde, kam wegen ›Rassenschande‹ zurück. Und die Mutter ist mit dem damals anderthalbjährigen Kind auf Transport gekommen. War bis ins Rheinland immer mit dem Kind zusammen. Da nahm man ihr das Kind weg. Sie kam nach Auschwitz, und das Mädchen kam hierher ins Kinder-KZ. Sylvia war ein süßes kleines Mädchen geworden, konnte dann auch schon laufen, fing an zu sprechen und war natürlich zurück, wie all die Lagerkinder. Als sie aber noch nicht sprechen konnte, ging sie überall im

---

[74] Monika Richarz (Hg.), Jüdisches Leben in Deutschland, Bd.3, Selbstzeugnisse zur Sozialgeschichte 1918-1945, Stuttgart 1982, 66. Vgl. auch die Darstellung mit Berichten Überlebender in: Dagmar Hartung-von Doetinchem / Rolf Winau (Hg.), Zerstörte Fortschritte. Das Jüdische Krankenhaus in Berlin 1756 – 1861 – 1914 – 1989, Berlin 1989, 169f.

[75] Vgl. Margot Pikarski, Jugend im Berliner Widerstand. Herbert Baum und Kampfgefährten, Berlin/DDR, 1978; Eric Brothers, »On the Anti-Fascist Resistance of German Jews«, in: LBIYB 32, 1987, 369f.

Krankenhaus umher mit dem Löffelchen. Und jeder gab ihr was. Gehungert haben sie alle, aber jeder hat ihr was abgegeben. Dieses Kind hat mein Onkel (der ja Verwalter war) gesehen, und ihm ist es gelungen, von diesem Kind die Papiere zu verschleppen. So ist das Kind am Leben geblieben. Er hat es dann nach 45 zu sich genommen. Er hatte es bis 1947. Da haben sich beide Eltern gemeldet! Aber mit anderen Kindern war es eben anders. Zu dieser Zeit gab es ja nur noch Fänger, Abholer hatten nichts mehr zu tun. Wenn die Fänger also nicht genug gebracht hatten, die Zahl der Juden, die auf Transport zu gehen hatten, nicht stimmte, dann nahm man einfach aus dem Kinder-KZ Babys, Kleinkinder und größere Kinder ... Das Krankenhaus war ja zu der Zeit ein Reservoir für die Gestapo. Und ich sagte schon, wenn sie Juden drin hatten, dann kamen die selten wieder raus. Auch von den Mischjuden (ich muß immer wieder betonen, ich gebrauche hier bewußt Gestapo-Ausdrücke) haben sie welche zum Auffüllen der Transporte genommen. Es kam auch vor, daß ein Volljude, der gefangen war, krank wurde, ins Krankenhaus gelegt wurde, damit er gesund wird und auf Transport gehen kann, um vergast zu werden. Da hatten sich unsere Schwestern die größte Mühe gegeben, das zu verhindern. Und sie hatten dazu eine Typhusstation gehabt, mit einem Typhuskranken, dessen Stuhl sie für alle verteilten. Für die Proben und so. Sie hatten eine Methode – ich weiß auch, wie sie das machten – ein künstliches Fieber zu erzeugen und einen Hautausschlag. Damit brachten sie Menschen über Transporte. Jedes Über-den-Transport-Bringen bedeutete ja ein Näherkommen des Friedens! In meinen Augen eine Form des Widerstandskampfes! Sie haben ihr Leben eingesetzt dabei.«[76]

Charlotte Holzer berichtet über jüdische Ärzte des Krankenhauses, die geholfen hatten beim Untertauchen oder solchen, die nur für Geld Hilfe leisteten und sogar bei der Gestapo denunzierten. Sie selbst wird eines Tages zu einem Kommissar der Gestapo gerufen, der eine Nierenkolik hat. Sie gibt ihm eine Morphium-Spritze, bleibt bei ihm und sagt, als es diesem wieder besser ging: »Herr Kommissar, Sie wissen, ich bin zum Tode verurteilt, ich habe Ihnen geholfen, was werden Sie für mich tun? Hätte ich ja die Jahre früher nie sagen können. Aber ich war ein alter Häftling, da kann man. Außerdem: Man hat nichts zu verlieren. Da sagte er: Na paß ma uff. In der Kurfürstenstraße, da liegt son' Stoß Akten. Liegste unten – liegste unten. Liegste oben – kommste ran. So sagte er mir das. Ich sagte: Herr Kommissar, ich bitte Sie sehr, sagen Sie mir, wenn ich rankomme. Kein Wort. Er hat nichts mehr gesagt, und ich bin abgeführt worden.«[77] In der Folgezeit bereitet sie ihre Flucht vor und berichtet aus dieser Zeit, daß es sogar Ausgeh-

---

[76] Charlotte Holzer, Aufzeichnungen, Manuskript (1966).
[77] Ibid.

möglichkeiten für jüdische Häftlinge gab, die für das Anknüpfen von Kontakten mit Illegalen und eventuellen Helfern bei einer Flucht genutzt wurden. Sie schreibt:

»Übrigens ließ uns die Gestapo, alle Häftlinge, ohne Stern rausgehen. Denn offiziell gab es ja gar keine Juden mehr. Dazu ein Einschub: Mein Onkel, der verpflichtet war, laufend Judensterne herzustellen, der hat für die Gestapo eine ganze Reihe von Judensternen herstellen müssen, für den Fall, daß sich das Blatt wendet. Da war ich schon geflohen, er hat es mir nachher erzählt, das war Ende 1944!«[78]

Ch. Holzer gelingt die Flucht, Unterstützung findet sie u.a. bei Mitgliedern der Bekennenden Kirche, bei ehemaligen Unterstützern der Gruppe Baum und anderen Widerstandsgruppen. Im Februar helfen ihr französische Zwangsarbeiter bei der Ausstellung eines offiziellen Dokuments mit gefälschtem Namen, so daß sie als ausländische Rüstungsarbeiterin eingesetzt wird und gemeinsam mit den französischen Arbeitern aktive Sabotage betreibt. Gegen Ende des Krieges arbeitet sie in einer Möbelfabrik in Anklam bei Berlin.

Wie unterschiedlich oftmals die Niederschrift von Erinnerungen individuelle Erlebnisse in ein und demselben Bezugsrahmen erscheinen lassen kann, zeigt in Ergänzung zu Charlotte Holzer der Bericht des jüdischen Rechtsanwalts und Statistikers Bruno Blau, der im Jüdischen Krankenhaus überlebte:

»Es gab zum Schluß in Berlin noch etwa 160 Juden, die unverheiratet oder mit einem jüdischen Gatten verheiratet waren, während sich im Krankenhaus und dem Sammellager zusammen etwa 800 Personen befanden ... Wie sich in den letzten Tagen des Tausendjährigen Reiches die Ereignisse entwickelten, wie 800 Juden, auf einen geringen Raum angewiesen, von der Welt abgeschnitten, ohne Bewegungsfreiheit, allen Gefahren des furchtbaren Krieges ausgesetzt, diese Tage durchlebten und den Anbruch einer neuen Zeit erwarteten, wie sie voller Hoffnung und Sehnsucht der Befreiung entgegensahen, wie sie im Bewußtsein der kommenden Erlösung alle Mühen und Beschwernisse gern auf sich nahmen, das konnte man nirgends mit der gleichen Intensität miterleben wie in dem Berliner Krankenhausghetto; denn an keiner anderen Stelle waren so viele Juden zusammengepfercht wie hier, wo auch alle Institutionen, die für den Fortbestand des Judentums in Deutschland im positiven wie im negativen Sinne in Betracht kamen, vereinigt waren ... Nachdem am 22. April die Beamten der Gestapo geflüchtet waren, wußten wir auch, daß wir eine Bartholomäusnacht nicht mehr zu fürchten hatten.«[79]

---

[78] Ibid.
[79] Zit. n. Richarz, op.cit., 470.

Die Befreiung

Wenn im folgenden kurz auf die Befreiung der Konzentrationslager im Kern des Deutschen Reiches eingegangen werden soll, so ist nicht zu vergessen, daß die sowjetische Armee bereits Lager wie Maidanek, Riga, Theresienstadt und Auschwitz sowie untergetauchte jüdische Überlebende befreit hatte oder dies unmittelbar bevorstand. Im Juli 1944 erreichte die Rote Armee Lublin, sofort danach veröffentlichte die Weltpresse die fürchterlichen Entdeckungen. Der sowjetische Kriegsberichterstatter Konstantin Simonow war unmittelbar nach der Befreiung Maidaneks (23./24. Juli 1944) dort und veröffentlichte eine umfassende Artikelserie »Ein Vernichtungslager« auf der Grundlage von Gesprächen mit Überlebenden und gefangenen Wächtern: »Was ich dort in wenigen Stunden meines Aufenthalts hörte und sah, löschte zunächst einmal alles vor dem Gesehene aus dem Gedächtnis.«[80] Am 27. Januar 1945 wurden die etwa 7000 Überlebenden von Auschwitz befreit, nachdem Zehntausende in Zügen und auf Todesmärschen nach Westen deportiert worden waren.

Neben den Lagerhöllen gab es in Osteuropa noch eine weitere jüdische Realität. Gruppen jüdischer Partisanen hatten an der Offensive Richtung Westen teilgenommen. In manchen ehemaligen Zentren jüdischen Lebens kam es mit dem Vormarsch der sowjetischen Streitkräfte zu verschiedenen Formen jüdischer Selbstorganisation. Im Januar 1945 gab es etwa 7000 Juden in den befreiten ostpolnischen Gebieten, einzelne Überlebende einst großer und einflußreicher jüdischer Gemeinden. In der beginnenden Organisation der Überlebenden und angesichts der Erfahrung antisemitischer Gewalttaten von seiten polnischer und ukrainischer Nationalisten faßte vor allem unter Überlebenden aus Polen und Litauen sehr schnell der Gedanke Fuß, daß man nicht einfach zum Leben von vor 1939 zurückkehren konnte, ja daß die Auswanderung, das Verlassen Europas für viele die Lösung war. Diese umfassende jüdische Wanderungsbewegung, sei es mit dem Ziel Palästina, sei es mit dem Ziel Amerika, führte über viele Länder, vor allem aber, worauf im folgenden Kapitel eingegangen wird, über Deutschland.

In diesen Wochen versuchten verschiedene Kräfte, so das Internationale Rote Kreuz, der World Jewish Congress, das American Jewish Joint Distribution Committee, das War Refugee Board über unterschiedliche Kanäle, teilweise in direkten Kontakten mit der NS-Führung, Rettungsaktionen für die in Lagern überlebenden Juden in die Wege zu leiten. Himmler, auf einen Separatfrieden mit den Westmächten hoffend, »gestattete mehreren tausend Häftlingen, in die Schweiz und nach Schweden zu gehen. Er ließ zu, daß Lastwagen des Roten Kreuzes in einigen Lagern Lebensmittel verteilten. Schließlich befahl er die Einstellung der Räumung bedrohter Konzentrationslager und deren Übergabe an die Alliierten ohne vorhergehende Zerstörung. Dieser Befehl wurde allerdings

---

[80] Konstantin Simonow, Kriegstagebücher, Bd.2: 1942-1945, Berlin/DDR 1979, 394.

von Hitler widerrufen ...«[81] Kaltenbrunner, Chef des Reichsicherheitshauptamtes, bot am 24. April dem Generalsekretär des Internationalen Roten Kreuzes an, er möge »den Juden Lebensmittel schicken und machte sich erbötig, einige Juden – alliierte Staatsbürger – freizulassen.«[82]
Dennoch deuten alle Berichte, offiziellen Dokumente und Erinnerungen darauf hin, daß die Weltöffentlichkeit und auch die jüdische Öffentlichkeit von dem Ausmaß des Grauens überrascht war.[83] Hinsichtlich der jüdischen Überlebenden besaßen die Alliierten Militärs z.B. nur unzureichende Kenntnisse. Eine »Population Study of Germany« zum Stichtag 1. Januar 1945, die für den Displaced Persons Branch von SHAEF (Supreme Headquarters, Allied Expeditionary Forces) vorbereitet wurde, vermag nur auf Daten vom Dezember 1943 zurückzugreifen: Danach wurde für Mai 1939 die Zahl von 220 000 »Glaubensjuden in the Old Reich« angegeben. Schätzungen über Deportationen zwischen Mai 1939 und Dezember 1943 wurden unverändert für den 1. Januar 1945 zugrundegelegt.[84] Zwar waren die alliierten Armeen spätestens seit 1943 allgemein auf das DP-Problem vorbereitet, aber letztlich galt sowohl für die Befreier als auch für die Weltöffentlichkeit, daß die tatsächliche Erkenntnis des Grauens gleichermaßen Schock und Erstaunen bewirkte sowie ein psychologisches Unvorbereitetsein enthüllte.[85]
Robert H. Abzug hält in seinem Buch »Inside the Vicious Heart« die schrittweise Befreiung der Konzentrationslager fest, die Bilder des Grauens, das Unfaßbare für viele GIs und die Gesichter eines Wieder-Leben-Dürfens der Lagerinsassen. Die unmittelbare Konfrontation alliierter Soldaten mit dieser Seite der Herrschaft des Deutschen Reiches über große Teile Europas begann im Elsaß: Natzwiller-Struthof. Bis dahin war über die deutschen Konzentrationslager in der alliierten Presse geschrieben worden, die Befreiung Maidaneks und Auschwitzs durch die sowjetischen Truppen hatte Schlagzeilen gemacht. Aber nichts wirkte auf das Bewußtsein und auf die Gefühle der Weltöffentlichkeit so wie die Tatsachen und Bilder, die mit jedem neu befreiten KZ, Zwangsarbeits-, Neben- und Transitlager weltweit bekannt wurden.
Ohrdruf, unweit Weimar, war das erste von der amerikanischen Armee Anfang April 1945 befreite Lager. Von den 10 000 Insassen von Ohrdruf, einem Nebenlager für Zwangsarbeiter von Buchenwald, hatten nur wenige überlebt. Am 12. April statteten die Generale Eisenhower, Patton und Bradley dem Lager einen Besuch ab. Eisenhower befahl jeder Einheit nahebei, die sich nicht in der

---

[81] Hilberg, op.cit., 668.
[82] Ibid.
[83] Vgl. Bauer, Out of the Ashes, op.cit., 23f.
[84] OMGUS, Population Study of Germany, 15.4.1945, NA, Rg. 84, POLAD 729/46-49.
[85] Vgl. Yehuda Bauer, Flight and Rescue: Brichah, New York 1970, 44f.; Norbert Frei, »›Wir waren blind, ungläubig und langsam.‹ Buchenwald, Dachau und die amerikanischen Medien im Frühjahr 1945«, in: Vierteljahrshefte für Zeitgeschichte 3/35, 1987, 385f.

Frontlinie befand, Ohrdruf zu besuchen: »We are told that the American soldier does not know what he is fighting for. Now, at least, he will know what he is fighting against.«[86] Eisenhower forderte in Washington eine offizielle Delegation und Journalisten an, die als Augenzeugen an Ort und Stelle ein Bild der Situation gewinnen sollten, da alle bisherigen schriftlichen Dokumente das volle Ausmaß der Verbrechen nicht annähernd wiedergaben. Es folgte die Befreiung von Dora-Nordhausen mit knapp 700 Überlebenden. Seit 1943 war hier unterirdisch der Bau von Produktionsstätten der V-2-Rakete vorangetrieben worden. Die Amerikaner evakuierten die Überlebenden, richteten Notlazarette ein und setzten 2000 Bürger Nordhausens bei der Bestattung der Toten ein. Der Intelligence Officer Morris Parloff, in Nordhausen, um die Produktionstunnel der V-2-Raketen zu untersuchen, findet hier 120 Juden, die versucht hatten, den Evakuierungszug für die Überlebenden zu besteigen. Von antisemitischen Mithäftlingen waren sie wieder hinuntergeworfen worden. Einer der überlebenden Juden führt den Offi-zier durch das Lager. In seinen Erinnerungen schreibt Parloff, wie er in benommenen Schweigen vor dem Krematorium gestanden habe. Plötzlich sei der Überlebende auf einen Berg weißer Asche gestiegen und habe ihn sachlich, nüchtern gefragt: »Wissen Sie worauf ich stehe? Ich stehe auf den Körpern von ...« Der Offizier schrie ihn an, er solle herunterkommen, aber der sah ihn eher erstaunt an, stumm fragend: »Welche Art von Moral soll das denn sein?« In diesem Augenblick wurde dem Offizier bewußt, daß er weder den Überlebenden noch dieser ihn verstand: »Es gab eine große Barriere zwischen uns.«[87]
Ähnlich wie in den oben zitierten Reaktionen befreiter Juden in den ersten Begegnungen mit Deutschen stellte sich auch keine gradlinige Identifizierung oder Zuordnung zu den Befreiern in der Lagersituation her. Diese »große Barriere« zwischen Befreier und Befreiten, die unterschiedliche Erfahrung und Wahrnehmung des Grauens, des alltäglichen Todes trug auch nicht wenig zu den Problemen bei, die in den folgenden Monaten zwischen Besatzungsorganen und jüdischen Überlebenden zum Tragen kamen.
Am 11. April erreichten die Amerikaner Buchenwald, wo die Selbstbefreiung der Häftlinge bereits im Gange war und in den folgenden Tagen etwa 80 Angehörige der KZ-Wachmannschaften von Häftlingen hingerichtet wurden. Unter den 21 000 Überlebenden fanden die amerikanischen Soldaten ungefähr 700 Kinder. 5000 Insassen waren schwerkrank, für 2500 gab es kaum Hoffnung auf eine Gesundung. Aber mit der Befreiung des Lagers war es nicht getan. Noch nach dem 11. April mußten die Amerikaner Todesmärsche aufhalten, auf denen in Wäldern und Dörfern während der letzten Tage noch Tausende ermordet

[86] Zit. n. Abzug, op.cit., 30.
[87] Zit. n. ibid., 41f.

wurden.[88] Am 18. April kamen amerikanische Soldaten nach Thekla bei Leipzig. Die SS hatte, bis auf eine kleine Gruppe, alle Zwangsarbeiter erschossen und verbrannt. Hilfreich stand ihr dabei eine Gruppe der Hitler-Jugend zur Seite, die fliehende Häftlinge mit Maschinengewehrsalven ermordete.[89] Eine Bestattungszeremonie fand statt, an der über 1000 Leipziger teilzunehmen hatten. Bei Penig wurde in den folgenden Tagen ein kleines Lager mit ungarischen Jüdinnen entdeckt, es folgte Flossenbürg. Und immer wieder befiehlt die Armee die deutsche Wohnbevölkerung an die Orte der Verbrechen, und immer wieder kehrt das Stereotyp des ›Wir haben davon nichts gewußt‹. Die britische Armee befreite Bergen-Belsen am 15. April. Von den über 40 000 Insassen starben in den folgenden Wochen Tausende. Am 29. April erreichte die amerikanische Armee Dachau und befreite etwa 32 000 Häftlinge, darunter über 2000 Juden.[90] Die Befreier verfaßten in der Folgezeit eine Dokumentation, in der sie nach dem Wissen und dem Verhalten der Dachauer Bevölkerung fragten. Nach zahlreichen Interviews mit den Bürgern kamen sie zu dem Ergebnis, daß ›Was konnten wir tun?‹ die am häufigsten gehörte Antwort war. Viele beriefen sich auf antinazistische Einstellungen, fühlten sich aber von dem Terror unterdrückt und unfähig, etwas in bezug auf das Lager zu tun.[91] Am 2. Mai wurde Woebbelin bei Ludwigslust befreit. Samuel Glasshow, einer der Befreier, schrieb später über unmittelbare deutsche Reaktionen in Ludwigslust, daß das Entsetzen über die Leichenstätten keinesfalls mit Gewissensbissen gepaart war. Er hielt das Verhalten der deutschen Bevölkerung für ein Ergebnis umfassender Gehirnwäsche. Der kommandierende General befahl allen Bürgern von Ludwigslust, die älter als zehn Jahre waren, das Lager aufzusuchen. Ende April/Anfang Mai wurde dieser Befehl an vielen Orten wiederholt, er wurde eine Art Ritual, ein gesellschaftlicher Exorzismus im besetzten Deutschland.

Dem folgten offizielle Besuche. Eine Delegation des US-Kongresses besichtigte bereits am 24. April das Lager Buchenwald, danach eine Gruppe von Journalisten. Die amerikanische Journalistin Margaret Bourke-White berichtete darüber: Die dafür verantwortlichen amerikanischen Militärpolizisten waren so empört, daß sie mehr Weimarer Bürger brachten, als ihnen befohlen war. »Frauen wurden ohnmächtig oder weinten. Männer verdeckten ihre Gesichter und wandten den Kopf ab. Als sie immer wieder betonten ›Wir haben nichts gewußt. Wir haben nichts gewußt‹, wurden die ehemaligen Häftlinge von Wut übermannt: ›Ihr habt

---

[88] Buchenwald, Mahnung und Verpflichtung. Dokumente und Berichte, Berlin/DDR 1983 4, 498f.

[89] Vgl. Abzug, op.cit., 76.

[90] Barbara Distel, »Der 29. April 1945. Die Befreiung des Konzentrationslagers Dachau«, in: Dachauer Hefte 1/1, 1985, 11.

[91] Abzug, op.cit., 100f.

gewußt!‹schrien sie.›Seite an Seite haben wir mit Euch in den Fabriken gearbeitet. Mit dem Risiko, unser Leben zu verlieren, haben wir Euch erzählt. Aber Ihr habt nichts getan.‹«[92]

Die Befreiung war ein militärischer, sozialer und politischer Prozeß, der sich mit zunehmendem Tempo aber an den verschiedenen Fronten völlig ungleichgmäßig vollzog. Hatte er hinsichtlich der in den Lagern Überlebenden vor allem kollektiven Charakter, so war die Befreiung für viele untergetauchte Juden im Reich selbst keineswegs zugleich das Ende der Isolation. Lotte Paepcke schreibt über ihren Gang in die Freiheit aus den Mauern des Klosters einen Tag nach dem Einrücken der französischen Truppen:

> »Am nächsten Tag verließ ich das Kloster und wanderte zur Stadt zurück ... Es war die Freiheit! Dann kam ein Mensch mir entgegen. Ein Herr aus der Stadt, einen Rucksack auf dem Rücken ... Das erste Menschengesicht in meiner neuen Freiheit: der Feind. Ich sah, wie hinter ihm viele, viele andere Gesichter standen, Männer, Frauen, Kinder, unübersehbar. Sie gingen auf ihren Straßen, fuhren in ihren Straßenbahnen, lebten hinter ihren Fenstern, wie es immer gewesen war. Da stürzte die Angst aus dem geöffneten Himmel und hielt mich fest vor diesem Gesicht. Er war da, der lebendige Feind. Aus meiner selbsterbauten Welt kehrte ich zurück in die der anderen, die nun wieder unsere gemeinsame werden sollte. Wir sollten nun wieder zusammen gehen und fahren. Wir würden zueinander in unsere Häuser kommen, ich würde bei ihnen kaufen, und wir würden einander im Theater treffen. Als wäre alles nicht geschehen. Als hätten sie sich nicht erhoben von ihren Kanzleitischen und wären herausgetreten aus den Türen ihrer Wohnzimmer, um ihre Trottoirs reinzufegen von uns. Nun kehrten sie wieder in ihre Büros und in ihre Häuser zurück, und ihre Trottoirs waren wieder frei... Es gab kein Zurück. Ich wußte es in jenem Augenblick, daß es nicht wieder gut werden konnte. Der Haß, die Gewehrkolben und das Gas hatten ihr und unser Leben zertrennt, unsere Augen würden sich nicht mehr finden. Selbst wenn aus ihrer aller Herzen sich der gute Wille erhöbe und käme unserer Sehnsucht entgegen: einer der ihren zu sein, – das Wort über sie und uns war gesprochen. Es wurde nicht wieder gut.«[93]

Am Morgen der Befreiung ist die bereits zitierte Ahlener Jüdin Mittler zwischen den amerikanischen Soldaten und der Bauernfamilie. Der Ehemann verläßt sein Versteck, und die Familie kehrt nach Ahlen zurück, der Stadt, aus der sie sieben Jahre zuvor vertrieben worden waren.

---

[92] Margaret Bourke-White, ›Dear Fatherland Rest Quietly‹. A Report on the Collapse of Hitler's ›Thousand Years‹, New York 1946, 74.

[93] Paepcke, op.cit., 120f.

»Unsere Freude über die Befreiung war getrübt, denn keiner unserer Verwandten kehrte zurück. Wir blieben allein. Bald wurden unsere dunklen Ahnungen zur bitteren Gewißheit: Wir hatten siebenunddreißig nächste Angehörige verloren. Auch andere Juden kehrten nicht zurück. Die jüdische Gemeinde in Ahlen hatte aufgehört zu bestehen. Wir hatten nicht mehr die Kraft, zu hassen und uns zu rächen. Das war nicht nur bei uns so, sondern auch bei anderen. Wo auch immer jüdische Menschen wieder auftauchten, war es das gleiche: Sie waren zu abgestumpft, zu schwach, um unbeschwerte Freude über die wiedergewonnene Freiheit zu empfinden. Nicht einmal zu Haß- und Rachegefühlen reichte die Kraft. Nach zwölf Jahren offener Bekämpfung und Verfemung waren wir keines heroischen Gefühls mehr fähig ... An keinem unserer Verfolger wurde Vergeltung geübt, auch wenn wir seine Taten noch so genau kannten. Ich habe seither tausendfach darüber nachgedacht, ob das alles wirklich das Ende war. Das Ende wovon?«[94]

Der Übergang vom Dritten Reich zum deutschen Nachkrieg ist sicherlich keine »Stunde Null«, aber er ist die schärfste Zäsur, der tiefgreifendste geschichtliche Einschnitt, den es in der bisherigen deutschen Geschichte im Verhältnis von Juden und Deutschen gibt. Nichts bringt diese Veränderungen besser zum Ausdruck als die Reaktionen, Erinnerungen und Reflektionen der Befreiten. Die Gedanken von Lotte Paepcke sind in diesem Zusammenhang ebenso symptomatisch wie das umfassende Gefühl der Entfremdung, das von vielen in Deutschland Überlebenden für den Mai 1945 festgehalten wird. Dieses Gefühl bildete sowohl einen Kontrast zu der pragmatischen Distanz in allen Juden betreffenden Dingen in der Bevölkerung als auch zu den Erwartungen und Erfahrungen der alliierten Befreier, die mit dem nahezu unfaßbaren Erleben überlebender deutscher und osteuropäischer Juden konfrontiert wurden.

---

[94] Spiegel, op.cit., 72f.

2. Besatzer und Deutsche – dazwischen die Juden

Pessach 1945 wurde Frankfurt von amerikanischen Truppen erobert. 106 Juden konnten in einigen wenigen Getto-Häusern in den ersten Tagen befreit werden. Gemäß geltender militärischer Vorschriften waren diese Überlebenden deutsche Zivilisten, Feinde. Verbrüderung, Hilfe war verboten. Die jüdischen Soldaten, darunter ein Militärrabiner, der ursprünglich aus Frankfurt kam, legten Matze-Brot auf die Schwellen dieser Häuser und beobachteten beschämt von weitem wie die letzten Frankfurter Juden voller Angst die Päckchen ins Innere der Häuser zogen. – Pessach im Untergang des Dritten Reiches.[1]
Eine zwanzigjährige Überlebende, aufgrund der NS-Rassengesetze verfolgt, schildert aus ihrer Erinnerung die Befreiung am 20. April 1945 in Nürnberg: »Wie waren wir glücklich! 20 Jahre jung. Überlebt! Wie war die Welt schön! Die Braunen zum Teufel gejagt! Hitler kaputt! Schwierig, diese Stimmung zu schildern. Die Nürnberger Bevölkerung, heimgesucht von Angst und Trauer, kroch gesenkten Blickes die Wände entlang ... Freude herrschte wirklich nur bei den aus den verschiedenen Konzentrationslagern und Ausländerlagern Befreiten und den bis dahin illegal und versteckt Lebenden.«[2] Nicht die denkbare Äußerung eines unverbesserlichen Nazis soll hiermit kontrastiert werden, sondern die Tagebuchaufzeichnung eines jener Intellektuellen, die die Kontinuität des deutschen Konservatismus über Jahrzehnte repräsentieren. Ernst Jünger notierte am 15. April in seiner Villa in Kirchhorst, nachdem die amerikanischen Panzer durch den Ort gerasselt waren: »Immer noch herrscht ein Gefühl der Unwirklichkeit vor. Es ist das Erstaunen von Menschen, die aufrecht stehen, nachdem ein schweres Rad durch sie hindurch und über sie hinweggegangen ist.« Am 6. Mai läßt der literarische Apologet deutscher ›Stahlgewitter‹ ein jüdisches Kind in seine Nachkriegswelt einziehen: »Am Morgen kamen sechs Juden auf den Hof, die man aus Belsen befreit hatte. Der jüngste war elf Jahre alt. Mit dem Erstaunen, dem Heißhunger eines Kindes, das nie dergleichen gesehen hat, schaute er sich Bilderbücher an. Auch unsere Katze rief seine höchste Verwunderung hervor, als ob ein mächtiges Traumbild sich ihm näherte.«[3] – Diese unterschiedlichen Erinnerungen sollen wie ein spannungsgeladenes Motto den folgenden Ausführungen vorangestellt sein.
Beide Weisen der Empfindung enthalten das Element der Realität, der Widerspiegelung einer gesellschaftlichen Situation, die nicht allein durch die Konfrontation Deutscher mit Besatzungsmächten bestimmt war. Es war auch eine Kon-

---

1 Meyer Levin, In Search. An Autobiography, New York 1950, 228f.
2 Inge Protzner-Kaufmann, »Nicht mehr ›Mischling 1.Grades‹«, in: Peter Altmann (Hg.), Hauptsache Frieden. Kriegsende, Befreiung, Neubeginn 1945-1949. Vom antifaschistischen Konsens zum Grundgesetz, Frankfurt/M. 1985, 34f.
3 Ernst Jünger, Jahre der Okkupation. April 1945 – Dezember 1948, Stuttgart 1958, 20, 34.

frontation überlebender Juden mit Befreiern und Deutschen. Der Sieg der Alliierten über die Wehrmacht wurde im Bewußtsein von Befreiten und auch Deutschen gleichbedeutend mit der Niederlage des nationalsozialistischen Systems. Diese Niederlage bedeutete für die noch lebenden Juden – und nicht nur für diese – Befreiung. Jetzt, im Nachkrieg, anzutreffende Haltungen Deutscher zu Juden und zu Themen, die diese irgendwie betrafen oder betreffen konnten, erhielten notwendigerweise durch diesen Gegensatz, durch dieses antagonistische geschichtliche Moment ihre Prägung.

Bereits unmittelbar nach der Niederlage der Wehrmacht, und nicht erst Monate später, kam, vor dem Hintergrund der sich entwickelnden Besatzungspolitik, Juden auf vielschichtige Weise gesellschaftliche Bedeutung zu – sei es als handelnde Individuen und Gruppen im gesellschaftlichen Chaos der unmittelbaren Nachkriegszeit, sei es als Faktor im gesellschaftlichen Bewußtsein. Dabei konnte es sich um konkrete individuelle und kollektive Begegnungen von Deutschen mit Juden und Besatzern handeln, um die Konfrontation mit alliierter Aufklärung über die Verbrechen am jüdischen Volk sowie um die damit beschworene Erinnerung an die deutsche Teilhabe, Duldung oder auch an das Mitempfinden angesichts der flächendeckenden rassistischen Verfolgung.

Aus den illusorischen Hoffnungen der dem Ende nahen NS-Führung, aus der sich langsam erst klärenden Nachkriegsplanung der Alliierten, aus dem widerspruchsvollen Potential Juden betreffender Einstellungen in der deutschen Bevölkerung und den Hoffnungen und Erwartungen der überlebenden Juden läßt sich für die Monate nach dem 8. Mai 1945 die Beziehung von Besatzern – Deutschen – Juden als ein bislang in historischen Darstellungen dieser Jahre nicht genügend behandeltes, dabei aber gesellschaftlich relevantes Verhältnis bezeichnen. Es war eine Art geschichtliches Dreieck, Ergebnis der Befreiung der wenigen überlebenden Juden vom deutschen Militarismus und von der NS-Judenpolitik.

Im folgenden geht es zunächst um die Situation der in Deutschland überlebenden Juden, um das Gewicht der jüdischen displaced persons und darum, auf welche Reaktionen beide Gruppen in der Bevölkerung, in der Presse, unter Amtsträgern und Politikern stießen. Daß hierbei der Entwicklung der Politik der alliierten Mächte wesentliche Bedeutung zukommt, ergibt sich nicht allein daraus, daß Deutschland völkerrechtlich bis 1955 ein besetztes Land war. Denn mit der Besetzung etablierte sich in einem gewiß nicht gradlinigen Prozeß eine Ordnung individueller und gesellschaftlicher Werte und Normen, die der »tausendjährigen« Barbarei fundamental entgegengesetzt sein sollte. Vornehmlich die Politik der US-Militärregierung soll unter diesem Aspekt betrachtet werden, da sich in deren Zone die bei weitestem größte Zahl jüdischer Überlebender befand, die noch dazu durch den Zustrom der jüdischen Emigration aus Osteuropa nach Westeuropa ständig anwuchs.

»Das Licht verlöschte nicht. Ein Zeugnis aus der Nacht des Faschismus«, so nennt Martin Riesenburger, der spätere Rabbiner von Berlin/DDR, seine Erinnerungen an den Überlebenskampf einer immer kleiner werdenden Gruppe von Juden, die im Jüdischen Krankenhaus und auf dem Jüdischen Friedhof in Berlin-Weißensee das Dritte Reich überstand. Am 23.April 1945 wurden die wenigen Überlebenden von Soldaten der Roten Armee gerettet.

> »Gleich nach der Kapitulation begannen wir die Fenster unserer kleinen Synagoge, die sich am Eingang unseres Friedhofes befindet, notdürftig zu verglasen, und am Freitag, den 11. Mai 1945 fand hier der erste öffentliche Gottesdienst statt. Wir hatten versucht, dieses durch Rundfunk bekanntzugeben, und es fanden sich Menschen ein, die erstmalig aus ihrer Illegalität wieder an das Tageslicht den Weg suchten. Waren es doch jüdische Menschen, die schon ihren eigenen Namen fast vergessen hatten, denn sie vegetierten nun schon jahrelang unter falschem Namen. Sprach man sie mit ihrem richtigen Namen an, so ließ diese Anrede sie erschrecken, denn die panische Angst vor der Gestapo hatte sie vollkommen niedergebeugt ... Ich begab mich nun auf die Suche nach überlebenden jüdischen Kindern. An Häuserwänden befestigte ich einen mit der Maschine geschriebenen Anschlag, und es fanden sich noch einige wenige jüdische Kinder bei mir ein. Mit ihnen eröffnete ich in einem Zimmer im Verwaltungsgebäude unseres Friedhofes die erste Religionsschule. Kurze Zeit darauf kehrte auch ein mir befreundeter ehemaliger Kantor der Berliner Gemeinde aus dem Konzentrationslager Auschwitz zurück, zum Skelett abgemagert, seine Ehefrau fehlte, sie wurde ermordet. Er selbst half mir bei der Erteilung des ersten Unterrichtes. Das dazu gehörende Lehrmaterial hatten wir ja auf dem Friedhof gerettet. Nun begann die Flamme des Judentums, die Jahre hindurch unter der Asche geglüht hatte, die wir aber nie verglühen ließen, wieder emporzulodern. Das Licht war nicht verlöscht!«[4]

Zwischen April und Juli 1945, einer außerordentlichen kurzen, in mancher Hinsicht aber prägenden Periode, kommt es zu merkwürdigen individuellen und kollektiven Erfahrungen im deutsch-jüdischen Verhältnis. Wo immer Deutsche Begegnungen mit Juden haben, sind sie nicht minder überrascht als die Soldaten der Sieger, daß überhaupt noch Juden leben.[5] Zwischen 12 000 und 15 000 deutsche Juden hatten außerhalb der NS-Lager das Tausendjährige Reich überdauert. Manche jedoch wurden noch in den letzten Tagen Opfer des NS-Schwurs, Deutschland »judenfrei« zu machen. Am 15. April 1945, zwei Tage nur, bevor

---

[4] Riesenburger, Martin, Das Licht verlöschte nicht. Ein Zeugnis aus der Nacht des Faschismus – Predigten. Berlin /DDR, 1984², 53f.

[5] Vgl. Robert H. Abzug, Inside the Vicious Heart. Americans and the Liberation of Nazi Concentration Camps, New York, Oxford 1985.

die US-Streitkräfte Düsseldorf besetzten, wurde ein 72 Jahre alter Jude in seinem Versteck entdeckt und von einer Wehrmachtsstreife öffentlich gehängt. In den folgenden Wochen fanden sich dennoch 57 Überlebende zusammen und gründeten erneut die Düsseldorfer Gemeinde.[6] Wenige Tage nach der Besetzung Kölns am 6. März 1945 erteilte der amerikanische Education and Religion Officer den in Köln überlebenden Juden die Erlaubnis, Gottesdienste abzuhalten. Am 28. April wurde die Gemeinde von etwa 80 Mitgliedern wieder gegründet.[7] In München beantragte ein jüdischer Rechtsanwalt, der als Zwangsarbeiter in einer Munitionsfabrik in der Stadt überlebt hatte, die Neugründung einer jüdischen Kultusgemeinde.[8] Derartige Gründungen bedeuteten die Schaffung eines kollektiven sozialen und religiösen Zusammenhangs unter Überlebenden und gegenüber den Organen der Besatzungsmächte und der Kommunen.[9] Was das damals bedeutete an seelischer Überwindung und gesellschaftlichen Schwierigkeiten, läßt sich heute kaum ermessen.[10] Überlebende aus den Konzentrationslagern, die erst einmal in ihre Herkunftsorte zurückkehrten, machten, wie das »Jüdische Gemeindeblatt für die Nord-Rheinprovinz und Westfalen« rückblikkend im November 1946 beschrieb, eine erschreckende Erfahrung.

> »Man überließ die deutschen Juden nach der Befreiung ihrem Schicksal. Die Alliierten hielten es für ihre selbstverständliche Pflicht, ihre Landsleute auf dem schnellsten Weg aus den Konzentrationslagern zu nehmen und sie heimzuführen. Die deutschen Juden mußten ihren Weg nach Hause allein antreten. Die einzige Hilfe, die ihnen geboten wurde, das war die Hilfe, die diejenigen Juden brachten, die sich in den letzten Jahren des nationalsozialistischen Regimes versteckt halten konnten.«[11]

Die dringendsten Probleme betrafen Kleidung, Ernährung, Wohnung und in diesem Zusammenhang von Anfang an die Frage der Rückgabe jüdischen

---

6 Barbara Suchy, »Zwischen den Zeiten. Die jüdische Gemeinde Düsseldorf von 1945-1948«, in: Stadtmuseum Düsseldorf u.a. (Hg.), 1946 Neuanfang: Leben in Düsseldorf, Düsseldorf, 1986, 330.

7 Vgl. Günther Bernd Ginzel, »Phasen der Etablierung einer Jüdischen Gemeinde in der Kölner Trümmerlandschaft 1945-1949«, in: J. Bohnke-Kollwitz / W.P. Eckert u.a., Köln und das rheinische Judentum. Festschrift Germania Judaica, Köln 1984, 446f.

8 Vgl. Juliane Wetzel, Jüdisches Leben in München op.cit., 4.

9 Vgl. Michal Y. Bodemann, »Staat und Ethnizität: Der Aufbau der jüdischen Gemeinden im Kalten Krieg«, in: Brumlik u.a., op.cit., 49f.

10 Vgl. Harry Maòr, Über den Wiederaufbau der Jüdischen Gemeinden in Deutschland seit 1945, Mainz 1961; Monika Richarz, »Jews in Today's Germanies«, in: LBIYB 30, 1985, 265f.

11 Zit. n. Ralph Giordano (Hg.), Narben, Spuren, Zeugen. 15 Jahre Allgemeine Wochenzeitung der Juden in Deutschland, Düsseldorf 1961, 15. Die Zeitung wechselte im Laufe der Jahre mehrfach den Namen: »Jüdisches Gemeindeblatt für die Nord-Rheinprovinz und Westfalen«, »Jüdisches Gemeindeblatt. Die Zeitung der Juden in Deutschland«, »Allgemeine Jüdische Wochenzeitung«, »Allgemeine Wochenzeitung der Juden in Deutschland«.

Eigentums und die Frage der Wiedergutmachung.[12] Julius Posner, als britischer Offizier von April 1945 bis Ende 1946 in Nord-Rhein-Westfalen, veröffentlichte 1947 in Jerusalem einen hektografierten Bericht über seine Erfahrungen in Deutschland. Er schreibt: »Die Stellung der Deutschen zu den Juden, die wieder unter ihnen zu leben genötigt sind, ist keineswegs einheitlich; und dann hat sie sich, wie die Haltung des deutschen Volkes in vielen anderen Dingen, in der Zeit verändert, in der ich dort war.«[13]

Jene Veränderungen im wechselvollen Geflecht moralischer, je nachdem, verantwortungsbewußter oder verantwortungsfreier Beziehungen, fanden unter der politischen Oberhoheit der Besatzungsmächte statt. Sie waren aufgrund der gesellschaftlichen und der historisch für Deutschland einmaligen politisch-administrativen Struktur unter militärischer Besatzung wesentlich örtlich, regional und durch den Charakter der jeweiligen Besatzungszone bestimmt. Gesellschaft-liche Beziehungen einschließlich des wieder beginnenden jüdischen Lebens und kommunale Strukturen waren hier zunächst wichtiger als zentrale bzw. zentralisierende Machtstrukturen. Diese bildeten sich erst später auf der Ebene der Länderregierungen und der allmählich koordinierend arbeitenden Militärverwaltungen heraus. Und das betrifft auch das zunächst dezentral sich entwickelnde jüdische Gemeindeleben. Als allgemeine und übergreifende Momente einer entstehenden Öffentlichkeit im deutschen Nachkrieg, die indirekt die überlebenden Juden betraf, kann man jedoch die sofort mit der Befreiung einsetzenden Anti-Nazi-Maßnahmen, Aktivitäten zur elementaren Versorgung der Bevölkerung sowie an Intensität und Verbreitung zunehmende Enthüllungen über die »Endlösung« nennen. Das war jeweils dort personalisiert und führte zu direkten Konfrontationen, wo Juden aus der Illegalität auftauchten oder aus Lagern und der Emigration zurückkehrten.

Wie ein Schock bricht die Wirklichkeit der Vernichtungs- und anderer Konzentrationslager in Bildern und Berichten in den Alltag der Besiegten. Man war, so Posner, recht fassungslos; nichts habe »auf die Masse des deutschen Volkes einen so beschämenden Eindruck gemacht« wie die »Endlösung«. »Das mag merkwürdig erscheinen, da die Endlösung ja nur den letzten Schritt in einer Verfolgung darstellt, die 1933 begonnen hat. Es ist aber ein Unterschied, ob man Gesetze liest, oder hört, daß die Juden aus der eigenen Stadt nun wohl alle weggegangen sind, ob man den Kopf beim Anblick eines gelben Sternes schüttelt und ein wenig seufzt, oder ob man jene Zahlen liest und jene Photos sieht, die dem Volk im Frühjahr 45 gezeigt wurden.«[14] So wie Erich Kästner im Juni das Ver-

---

12 Vgl. laufende Berichterstattung im »Jüdischen Gemeindeblatt« sowie zu Begriff und Inhalt der Wiedergutmachung vor 1945: Siegfried Moses, »Die Wiedergutmachungsforderungen der Juden in Deutschland«, in: Rolf Vogel (Hg.), Der deutsch-israelische Dialog. Dokumentation eines erregenden Kapitels deutscher Außenpolitik. Teil I: Politik, Bd.1, München, New York, London, Paris 1987, 3f.

13 Posner, op.cit., 109.

14 Ibid.

halten der Bevölkerung im Frühjahr 1945 mit dem 9. November 1938 verbindet,[15] sieht auch Posner hier einen Zusammenhang: »Das einzige Beispiel öffentlicher Gewalttat, das wirklich jeder sehen mußte, der berühmte Neunte November, hat allgemeinen Widerwillen erregt; aber danach war der Vorhang über der Tragödie so lange geschlossen – einige blitzartige Durchblicke ausgenommen -, daß man über die ›Endrechnung‹, die dem deutschen Volke vorgelegt wurde, recht fassungslos war. Daß sich diese Beschämung öffentlich, in Reden und in der Presse, immer wieder in der stärksten Verurteilung eben dieses Verbrechens äußert, durfte man erwarten, und nicht alle diese Äußerungen können als uninteressiert gewertet werden. Von der gleichen Art sind viele jener Beteuerungen, die man jeden Tag erhält, daß der Betreffende, mit dem man spricht, ja immer dagegen gewesen sei.«[16]

Als unmittelbare Reaktion aus der deutschen Bevölkerung zeichnet Posner ähnlich wie die amerikanischen Soldaten, die deutschen Einwohnern den Besuch von Konzentrationslagern befehlen, das Gefühl der Scham und individuelles Entsetzen auf. Er berichtet von individuellen, privaten aber auch administrativen Gesten und konkreten Hilfen, bei denen bald der Begriff der Wiedergutmachung auftaucht. Rückkehrende Juden, so ein Einzelbeispiel, wurden mit Blumen vom Bahnhof abgeholt (wahrscheinlich Rückkehrer aus Theresienstadt); Straßensammlungen – »geschmackloserweise mit den alten Nazi-Sammelbüchsen«[17] – für die Opfer wurden durchgeführt; manche Bürgermeister sorgten für die Unterbringung von Juden, vermittelten Arbeit, gaben Darlehen. Das galt unter anderem auch für Hamburg, wo in dieser ersten Phase »spontane Hilfsbereitschaft« herrschte.[18] In derartigen Beispielen aus dem Frühsommer 1945 drückte sich eine Haltung aus, die Posner als »guten Ton« bezeichnete – für die Juden hatte ›etwas zu geschehen‹.

Ein für spätere Entwicklungen nicht unwichtiges Beispiel, wie jüdische Überlebende aktiv wurden und deutsche Stellen einbeziehen konnten, gibt es in Köln. Wenige Wochen nach der Befreiung erreichten die Kölner Gemeinde und den damaligen Oberbürgermeister, Konrad Adenauer, Hilferufe ehemaliger Kölner Bürger aus dem Konzentrationslager Theresienstadt. Ein Vertreter der Jüdischen Gemeinde und Adenauer vereinbarten Rettungsaktionen. Für eine dieser Aktionen ließ Adenauer am 11.8.1945 ein von ihm gezeichnetes Schreiben ausstellen, in dem es u.a. heißt: »In Theresienstadt befinden sich noch eine Anzahl Kölner Bürger, die von den Rassegesetzen betroffen wurden und die nun in ihre Heimat überführt werden sollen.«[19] Wieder in Köln, stellten sich allerdings zahllose

---

[15] Vgl. Kästner, op.cit., 181.
[16] Posner, op.cit., 109f.
[17] Ibid., 110.
[18] Ursula Büttner, »Not nach der Befreiung. Die Situation der deutschen Juden in der britischen Besatzungszone 1945 bis 1948« in: dies. (Hg.), Das Unrechtsregime. Internationale Forschungen über den Nationalsozialismus, Bd. 2, Hamburg 1986, 388.
[19] Zit. n. Ginzel, op.cit., 461.

Probleme ein, die letztlich auch für die jüdischen Rückkehrer in allen anderen Städten diese Rückkehr außerordentlich schwierig gestalteten. Sie hatten im Unterschied zu der Mehrheit der deutschen »Heimkehrer« keine Familien oder Freunde mehr, keine Wohnungen, kaum Kleidung oder persönliche Habe; in ihren Wohnungen, Geschäften, Büros, an ihren Arbeitsplätzen saßen andere. Sie kamen zurück, aber selbst mit diesen wenigen hatten weder die Verwaltungen noch die Bürger gerechnet, die es sich mit jüdischem Besitz hatten wohl gehen lassen.

Im Juni schrieb ein aktives Mitglied der Kölner Gemeinde in einem Brief über die weitere Entwicklung des »guten Tons«: »Seit März dieses Jahres sind wir in Freiheit, irgendeine Hilfe haben wir aber bisher noch von keiner Seite erhalten. Wir stehen vollständig ohne Mittel hier.«[20] Im Herbst, als es den erst Januar 1946 gegründeten Landesverband jüdischer Gemeinden in Nord-Rhein-Westfalen noch nicht gab, besuchte Posner Rückkehrer in Solingen, Wuppertal und Remscheid. »Sie fühlten sich von Gott und der Welt verlassen und besonders von den Juden. ›Sie sind der erste Besuch, den wir bekommen ... Wir haben im Osten auf keine Hilfe gerechnet; aber damals dachten wir, wenn wir erst wieder im Rheinland wären, da würden wir uns vor anglo-amerikanischen Schlichim [Vertreter jüdischer Organisationen, F.S.] nicht retten können ...‹«[21]

In dieser ersten Phase nach der Kapitulation der deutschen Wehrmacht galten noch die Anweisungen des Supreme Headquarter of the Allied Expeditionary Forces in Europe (SHAEF): »Military Government action should stress treatment of Jews equal to that of other citizens of the Reich. As a general rule military Government should avoid creating the impression that the Jews are to be singled out for special treatment, as such action will tend to perpetuate the distinction of Nazi racial theory.«[22] Korrekturen an dieser naiven Orientierung wurden im allgemeinen von den verantwortlichen Offizieren nicht beachtet. Das bedeutete, daß deutsche Juden, die noch vor kurzem KZ-Häftlinge gewesen waren, nicht wie andere Verfolgte der Nazis behandelt wurden, sondern in den Augen der alliierten Soldaten als Deutsche, also als Feinde galten.[23] Das veränderte sich nach Berichten und Protesten jüdischer amerikanischer Soldaten und nach offiziellen Statements von Untersuchungskommissionen erst im Sommer auf Befehl von Eisenhower, hatte aber bis dahin selbstverständlich Auswirkungen auf Einstellungen und Haltungen in der deutschen Bevölkerung. Posner notierte in diesem Zusammenhang:

[20] Ibid., 451.
[21] Posner, op.cit., 115f.
[22] Zit. n. Dinnerstein, op.cit., 13.
[23] Ibid.

» Nachbarn sind in den meisten Fällen, die ich kenne, sehr nett zu den Juden, die wieder in ihrer Nähe wohnen. Ämter sind hilfsbereit; aber der Mann in der Straße, der wohl eine volle Wiedereinsetzung dieser tiefst Gekränkten in ihre Rechte erwartet haben mochte, ist verwirrt. ›Die Anderen lieben sie auch nicht‹, sagt er sich; ›und vielleicht nicht ganz ohne Grund‹; und obwohl er nach wie vor die Untaten, die geschehen sind, abscheulich findet, meint er doch, es müsse wohl kein Zufall sein, daß keiner sich besonders beeilt, diesen Leuten das Ihre zu geben.«[24]

Neben den in Uniform nach Deutschland kommenden Juden stößt man in Berichten vor allem auf drei Gruppen von Juden und Gemeindemitgliedern: die Versteckten, die ehemaligen »KZ-ler« und die jüdischen Ehepartner von Nichtjuden. Neben diesen gab es die verschiedenen weiteren »Kategorien« der NS-Rassengesetze. Die davon Betroffenen entschieden sich in der Regel in dieser Zeit, wo aufgrund der Verfolgung ihre Identität künftig liegen würde. Das muß erwähnt werden, da die Übernahme der NS-Terminologie bei der Charakterisierung verschiedener Gruppen jüdischer Herkunft und jüdischen Selbstverständnisses keinesfalls moralisch oder wissenschaftlich haltbar ist. Gleichzeitig spielt dies in der Geschichtsschreibung über die Juden in Deutsch- land nach 1945 insofern eine Rolle, als ein säkulares oder religiöses Verständnis von Judesein und Judentum nach 1945 sehr bald Anlässe für Konflikte bot.[25] Zu diesen Gruppen kamen die jüdischen displaced persons und die jüdischen Emigranten aus Osteuropa. Diese und der große Teil der überlebenden Jugendlichen und Kinder warteten oft auf die Chance, nach Palästina oder in die USA auswandern zu können. Denn ob es langfristig überhaupt jüdisches Leben in Deutschland geben würde, war damals mehr als zweifelhaft, und dies prägte sehr oft nicht allein das jüdische Selbstverständnis, sondern gleichermaßen die Haltung gegenüber den Deutschen.[26]
Sehr schnell nach der Befreiung hatten sich in vielen Orten wieder Gemeinden oder Zentren der wenigen Überlebenden und Rückkehrer konstituiert. Meist entwickelte sich innerhalb weniger Wochen die Zusammenarbeit mit jüdischen DPs aus befreiten Lagern oder Osteuropa. In den OMGUS-Unterlagen sind Reaktionen von deutscher Verwaltung und Bevölkerung sowie die Ende 1945, Anfang 1946 ansteigende Wanderungsbewegung von Juden aus Polen in die amerikanische Besatzungszone herausragende Themen. Neben positiven Dar-

---

24 Posner, op.cit., 113.

25 Vgl. Maòr, op.cit., 1f.; Ginzel, op.cit., 446f.; Bodemann, op.cit., 52f.; Doris Kuschner, Die jüdische Minderheit in der Bundesrepublik Deutschland. Eine Analyse, Köln 1977.

26 Vgl. Stefi Jersch-Wenzel, »300 Jahre Jüdische Gemeinde zu Berlin«, in: Berlin Museum (Hg.), Leistung und Schicksal. 300 Jahre Jüdische Gemeinde zu Berlin. Ausstellungskatalog, Berlin 1971, 25; Wolf-Arno Kropat, »Jüdische Gemeinden, Wiedergutmachung, Rechtsradikalismus und Antisemitismus nach 1945«, in: Kommission für die Geschichte der Juden in Hessen (Hg.), 900 Jahre Geschichte der Juden in Hessen, Wiesbaden 1983, 447f.

stellungen der Lösung von Versorgungs- und Wohnungsproblemen tritt in diesen Berichten allerdings auch scharfe Kritik, die sich zum Teil mit einer konkreten Schilderung der jüdischen Lebenssituation in der zweiten Jahreshälfte 1945 verbindet. General Eisenhower wies November 1945 auf eine wohl längerfristig wirksame Entwicklung hin. »Drei- oder viertausend Personen der Kategorien Verfolgter, einschließlich deutscher Juden, sind in der amerikanischen Zone in ihre Heimatorte zurückgekehrt. Viele machen dort echte Anstrengungen, sich wieder zu etablieren.«[27]

Widersprüchlich sind bei all diesen Berichten und zeitgenössischen Publikationen die Aussagen über die Zahl der jeweils Überlebenden, was sich oftmals aus unterschiedlichen definitorischen Bezugsrahmen und Quellen ergibt. Ein »Report on Conditions of Jews in Berlin« vom 15.9.1945 gibt die Zahl von 6000 Juden für Berlin an. Demgegenüber spricht ein Bericht über die Entwicklung der Jüdischen Gemeinde von 8000 Juden in Berlin und erwähnt ein YIVO-Report für den 23.7.1945 7807 in der Gemeinde registrierte Juden und zusätzlich 7000 von den Nazis als Juden klassifizierte, die nicht zur Gemeinde gehörten.[28] Das würde auf die Zahl von über 14 000 Überlebenden hinauslaufen, unter denen sich aber auf jeden Fall bereits mit oder im Gefolge der Roten Armee nach Berlin gekommene Juden befunden haben werden. Die folgenden OMGUS-Daten geben zu diesen schwankenden Zahlen sicherlich eine zutreffende Relation an, durch die auch die verschiedenen Gruppen jüdischer Überlebender in ganz Deutschland annähernd charakterisiert werden. Danach setzte sich die Zahl der Juden in Berlin wie folgt zusammen: 1155 Rückkehrer aus den Konzentrationslagern; 1050 in Berlin Verborgene; 2000 Ehepartner von Nichtjuden, die den ›Gelben Stern‹ tragen mußten; 1600 Ehepartner von Nichtjuden, deren Kinder als ›Arier‹ galten und die den ›Gelben Stern‹ nicht tragen mußten. Diese Zahlen schließen 100 Kinder unter vierzehn Jahren und etwa 800 nicht-deutsche Juden, vorwiegend polnischer Herkunft, mit ein.[29]

Der Bericht verweist auf die Notlage, da die Juden nicht über ihren von den Nazis geraubten Besitz verfügen können. Zwar erhalten sie eine höhere Kategorie Lebensmittelkarten als Deutsche, aber liest man die sonstigen Ausführungen über ihre soziale Lage, wird deutlich, daß die – in der folgenden Zeit von Deutschen stereotypisierte – höhere Lebensmittelzuteilung an Juden nur ein Aspekt unter vielen ihrer allgemeinen Lebenssituation war:

---

[27] OMGUS/POLAD, Final Report by General Eisenhower on Jewish Displaced Persons in Germany (transmitted 5.11.1945), NA.Rg.84, 736/24-25.

[28] Vgl. OMGUS, Judah Nadich: Report on Conditions of Jews in Berlin, 15.9.1945, NA.Rg.260, 5/310-1/22; vgl. für das Jahr 1949: Jack Hain, Jewish Workers and Employers. OMGUS, Visiting Expert Series No. 10, August 1949; ferner Jersch-Wenzel, op.cit., 25; Bauer, op.cit., 141.

[29] OMGUS, Judah Nadich: Report ..., op.cit. Andere Berichte jüdischer Organisationen und amerikanischer Institutionen geben auch höhere Zahlen an.

- o Kleidung, Betten, Decken fehlen, da die Juden über ihr Eigentum nicht verfügen können. »Eine Bitte der ›Gemeinde‹ an die deutsche Stadtverwaltung, diese Gegenstände zu erhalten, wurde zurückgewiesen.«
- o »Mehrere Kinder, durch die Nazis zu Waisen gemacht und jetzt im Kinderheim, laufen barfuß umher oder müssen im Bette bleiben, da sie keine Schuhe haben.«
- o Das Eigentum der Jüdischen Gemeinde, Alters- und Kinderheime, Schulen, Synagogen, ist ihr noch nicht zurückgegeben worden. »In Antwort auf ihre Bitte um Rückgabe von Grundbesitz wurde die ›Gemeinde‹ informiert, daß dieser im Besitz der Stadt sei.«[30]

Ähnliches berichtete Judah Nadich, seit dem Sommer Eisenhowers Berater für jüdische Angelegenheiten, über die Frankfurter Situation. Etwa 650 deutsche Juden, von denen 250 auf die eine oder andere Weise in und um Frankfurt überlebt hatten, wohnten hier im August. Darunter waren zehn Kinder, außer einem jetzt alle Waisen. Lebensmittel, Kleidung, Möbel, viele Dinge des täglichen Bedarfs fehlten.[31] Anstelle statistischer Übersichten über die Anzahl der Juden außerhalb der DP-Camps, die für die Monate April bis August exakt nicht zu ermitteln sind und notwendigerweise fragmentarischen Charakter haben, sollen im folgenden knapp jene repräsentativen Daten wiedergegeben werden, die sich aus J. Nadichs Inspektionsreisen im Spätsommer und Herbst 1945 ergeben.[32] Die Zahlen für Berlin und Frankfurt sind weiter oben bereits genannt worden. Nach München kehrten am 23. Juni 1945 297 Juden aus Theresienstadt zurück, etwa 400 hatten in München oder in deren Umkreis überlebt, aber nur 84 von diesen waren offensichtlich in der Vergangenheit als Juden in den Melderegistern eingetragen.[33] So wie diese sind auch die folgenden Daten nicht absolut zu nehmen, sondern als Skizze der annähernden Größenordnung und Zusammensetzung jüdischer Bevölkerungsteile 1945. Illegale, Ehepartner aus Ehen mit Nichtjuden, zur christlichen Religion übergetretene Juden, Rückkehrer aus Lagern – das sind Gruppen, die sich bei den verschiedenen Zählungen überschneiden. Nadichs Aufzählung drückt dieses Problem aus, da die meisten Zahlen notwendigerweise bereits in Städten registrierte ehemalige jüdische Zwangsarbeiter einschließen.

- o München: 2000 Juden, darunter 150 gebürtige deutsche Juden und 400, die unter die NS-Rassengesetze gefallen waren;
- o Stuttgart: 200 oder 300 deutsche Juden, darunter 15 bis 20 Kinder, ferner etwa 50 in der Stadt lebende jüdische DPs;
- o Ulm: 8 Rückkehrer aus Theresienstadt;

30 Ibid.
31 Judah Nadich, Eisenhower and the Jews, New York 1953, 52f.
32 Vgl. Dinnerstein, op.cit., Appendix.
33 Vgl. Wetzel, Jüdisches Leben ..., op.cit., VIII, 1.

- o Fulda: 13 Rückkehrer, mit befreiten polnischen und litauischen Juden insgesamt etwa 90 im Alter zwischen 20 und 40.
- o Kassel: 100 deutsche Juden, darunter 32 Rückkehrer aus Konzentrationslagern.
- o Marburg: 37 deutsche Juden und in umliegenden Orten circa 100 Juden, einschließlich Witwen und Kinder.
- o Gießen: 15 Juden, darunter drei Rückkehrer aus Lagern.
- o Wetzlar: 4 deutsche und 24 polnische Juden aus Buchenwald.
- o Bad Nauheim: Eine aus Theresienstadt zurückgekehrte jüdische Familie, einschließlich polnischer, ungarischer und rumänischer jüdischer DPs 60. 35 sind jünger als 30.
- o Bamberg: Etwa 600 vorwiegend polnische, einige ungarische und einzelne deutsche Juden.

Der Zustrom jüdischer DPs führt zu folgenden Angaben für Städte, die Nadich im Oktober bereist: Nürnberg: 200, Fürth: 200, Bayreuth: 200, Hof: 200, Rehau: 70, Würzburg: 100, Ansbach: 50, Erlangen: 70, Bad Kissingen: 30, Coburg: 50. Worum es hier nun geht, sind nicht die ständig sich ändernden Wanderbewegungen, sondern die Tatsache, daß in diesen Orten oft in irgendeiner Form – wenn zum Teil auch nur vorübergehend – jüdisches Gemeindeleben entstand. Bei vielen dieser Orte handelt es sich um kleinere und mittlere Städte, die – nachdem sie doch erst vor gar nicht allzulanger Zeit »judenfrei« geworden waren – nun wieder mit Juden konfrontiert waren, die in Ämtern und Behörden auf ihren Rechten bestanden. Wie wenig die staatlichen Vertreter mit der Komplexität dieses Problems zurande kamen, zeigt der ein Jahr später ergangene Aufruf des bayrischen Staatskommissars für die Opfer des Faschismus, Dr. Auerbach, der selbst Jahre in deutschen Konzentrationslagern zugebracht hatte. Er rief die Bevölkerung auf, »spontan ohne Zwang« Besitztum jüdischer Bürger zurückzugeben, bevor noch ein Gesetz erlassen werde.[34] In den OMGUS-Berichten über das Verhalten von Verwaltungen und antisemitische Vorkommnisse tauchen die Namen der genannten und anderer Ortschaften denn auch in der Regel wieder auf. Das ist zu erwähnen, um für die ersten Monate und Jahre der deutschen Nachkriegsentwicklung nicht allein den Blick auf die jüdischen Zentren in und nahe bei den deutschen Großstädten zu werfen. Daten, die die annähernde Verteilung gemäß der sich rekonstruierenden jüdischen Gemeinden 1945 belegen, ergeben sich aus folgender Statistik.

---

[34] Die Neue Zeitung, 25.11.1946.

Landesverbände	Mitgl. absolut	Deutsche Juden absolut	in%	Displaced Persons absolut	in%
Baden	600	300	50.0	300	50.0
Bayern	4800	300	6.3	4500	93.7
Berlin	7000	5000	71.4	2000	28.6
Hamburg	1300	910	70.0	390	30.0
Hessen	2005	526	26.2	1479	73.8
Niedersachsen	775	594	76.6	181	23.4
Nordrhein-Westfalen	1907	1454	86.2	453	23.8
Rheinland-Pfalz	373	323	87.0	50	13.0
Schleswig-Holstein	295	173	58.0	122	42.0
Württemberg	1441	265	18.4	1176	81.6
Sowj. Besatzungszone	1149	1149			100.0
Insgesamt	21645	10994	50.7	10651	49.3

(Quelle: Harry Maòr, Über den Wiederaufbau der Jüdischen Gemeinden in Deutschland seit 1945, Mainz, 1961, 19.)

Maòr erfaßt 1945/46 etwa 55 jüdische Gemeinden, die über den jeweiligen Standort hinaus zahlreiche Juden in anderen Städten und Gemeinden als Mitglieder führten, so daß die Gesamtzahl der Orte über 500 betrug. Die kleinste Gemeinde (Plauen) zählte 12, die größte (Berlin) 5000 Mitglieder.[35] Diese Daten beziehen sich aber ausschließlich auf eingetragene Gemeindemitglieder, geben folglich kein getreues Bild der in den jeweiligen Städten und Gemeinden lebenden Juden.

Daß die Rekonstruktion jüdischer Institutionen bei nicht wenigen jüdischen Persönlichkeiten im Ausland auf Unverständnis, Mißbilligung und schroffe Ablehnung stieß, berichtet Posner: »Unsere nationalen Institutionen haben diese Volkstrümmer von vornherein abgeschrieben. ›Sollen sie bleiben, wo sie sind‹, sagte mir Adler-Rudel in London, als ich ihn auf die Notlage der deutschen Juden aufmerksam machte. ›Mögen sie in ihrem geliebten Vaterland warten, bis man auch ihnen die Hälse abschneidet.‹«[36] Die Gemeinden reflektierten dieses Dilemma jedoch in bestimmtem Maße. Ihr Selbstverständnis schwankte zwischen »Gemeinde im Transit«, »Liquidationsgemeinde« und »jüdischem Neubeginn«.

35 Vgl. Maòr, op.cit., Anlage IV sowie 73.
36 Posner, op.cit., 115.

Notwendigerweise gestaltete sich die Zusammenarbeit mit Militärverwaltungen und deutschen Behörden in der neu beginnenden Tätigkeit der Jüdischen Gemeinden daher schwierig. Zwar drang z.B. der Kölner Oberbürgermeister Adenauer bereits im Juli 1945 darauf, daß der neue Gemeindevorsitzende einen Sitz in der Stadtverordnetenversammlung übernehmen sollte – dies war aber bei den überall in den Besatzungszonen entstehenden deutschen Organen keinesfalls die Regel.
Entsprechend widersprüchlich waren die vielerorts in Deutschland, verstärkt natürlich im Umkreis von DP-Camps, sich entwickelnden individuellen und institutionellen Kontakte zwischen Deutschen und Juden. Die Unterstützung, die die Juden wirklich oder in der Einbildung vieler Deutscher von den Besatzungsmächten erhielten, der Kampf um die Rückgabe von Wohnungen und Mobiliar oder später die Beschlagnahme von Wohnungen ehemaliger Nazis, Unterstützung bei der Versorgung oder bei beginnender, vornehmlich selbständiger, Berufstätigkeit verbunden mit der anlaufenden Entnazifizierung waren Anlässe genug, alte und neue Vorurteile gegen Juden zu verbinden. Die späteren, zum Teil juristischen Auseinandersetzungen um Eigentumstitel, Rückgabe, Restitution oder »Wiedergutmachung« werden in diesen ersten Monaten mehr oder weniger vorprogrammiert. Hier entsteht, und zwar berechtigterweise, ein fundamentales Mißtrauen auf jüdischer Seite und setzt sich eine bürokratische, obrigkeitsstaatliche Haltung auf deutscher Seite gegenüber den überlebenden Opfern fort.
An die Tage nach der Befreiung in der hessischen Stadt Lauterbach erinnert sich ein Deutscher: »Am 24., 25. und 26. April mußten alle in Lauterbach sich aufhaltenden deutschen Männer von 18 bis 65 Jahren ... zu bestimmter Stunde bei der amerikanischen Militärbehörde vor dem ehemaligen Standartenhause zur Prüfung ihrer Papiere antreten ... Das Verhalten der amerikanischen Militärs hierbei war nicht zu beanstanden ... Von den amerikanischen Militärpersonen, welche die Kontrolle vornahmen, war einer, der etwa 20 Jahre alte, aus Lauterbach stammende Jude H. H.«[37] Sicher gab es analog keine zigtausendfachen Begegnungen dieser Art, aber sie kamen vor. Für viele jüngere Deutsche war der erste Jude, dem sie mit Bewußtsein gegenüberstanden, nicht selten ein amerikanischer oder britischer Militärangehöriger: der Sieger, ein Fremder. Jüdische Soldaten konnten dem bisweilen auch eine propagandistische Seite abgewinnen, wie eine Episode aus der Geschichte der in der britischen Armee dienenden Jüdischen Brigade zeigt. Soldaten der Jüdischen Brigade hatten Jeeps, mit denen sie, aus Italien kommend, durch Deutschland fuhren, mit großen Aufschriften versehen, die nicht wenig Aufsehen und auch Angst unter der deutschen Bevöl-

[37] Zit.n. Klaus-Jörg Ruhl, Deutschland 1945. Alltag zwischen Krieg und Frieden in Berichten, Dokumenten und Bildern, Darmstadt, Neuwied 1984, 144f.

kerung verbreiteten. Diese Aufschriften schienen die letzten Warnrufe der Nazi-Führer vor der zu erwartenden Rache der Juden zu bestätigen. Die Aufschrift war: »Kein Volk! Kein Reich! Kein Führer! Achtung! Die Juden kommen!«[38]
Neben der Konfrontation mit Überlebenden und derartigen öffentlichkeitswirksamen Auftritten von alliierten Soldaten, die als Juden erkennbar waren, gab es eine weitere Ebene, die Erich Kästner für die Wochen nach dem Mai 1945 notiert. Hierbei geht es um die Umstellung auf die neuen Bedingungen, um, bis zu einem bestimmten Ausmaß, durchaus individuelles Verarbeiten der Vergangenheit im Hinblick auf die Erfordernisse der Besatzungszeit.

»›Ich habe mich zwar von meiner jüdischen Frau scheiden lassen‹, erklärt ihm [Kästner] einer, ›aber die Trennung wäre auch in normalen Zeiten unvermeidlich gewesen. Unglückliche Ehen gibt es ja schließlich nicht nur unter der Diktatur. Außerdem habe ich ihr, solange es möglich war, Geld geschickt.‹ Der Mann steht zwischen hohen Bäumen, als seien sie der Hohe Gerichtshof. Er verteidigt sich ungefragt. Er übt. Er trainiert sein Alibi. Er sucht Zuhörer, um die Schlagkraft seiner Argumente zu kontrollieren.« Kästner notiert die Überlegungen eines weiteren Deutschen. »Er hat, trotz der Nürnberger Gesetze, zuweilen mit einem jüdischen Mädchen geschlafen, und nun hört er sich um, ob dieser Hinweis auf seine damals strafbaren Vergnügungen den nötigen politischen Eindruck erweckt. Schließlich hat er ja, als es verboten war, mit einer Jüdin gemeinsame Sache gemacht! Ja hat er sich denn da nicht, wenn auch nur in der Horizontalen, als Staatsfeind betätigt? Könnte ihm, überlegt er, die sündige Vergangenheit künftig nicht vielleicht von Nutzen sein? Er sucht in meinem Blick zu lesen, wie ich den Fall und die Chancen beurteile. Daß ich ihn für ein Ferkel halte, läßt ihn kalt.«[39]

Kästners Ironie sollte nicht darüber hinweg täuschen, daß hier Denkformen beschrieben werden, die gegenüber der Militäradministration und in Entnazifizierungsverfahren dann praktische Bedeutung gewinnen, wenn es darum geht, lautere Gesinnung und politische Zuverlässigkeit unter den neuen Bedingungen zu beweisen.[40] Robert Murphy, politischer Berater der Militärregierung, betonte in einem als Top Secret klassifizierten am 1. Mai 1945 nach Washington gesandten Telegramm, daß die Haltung der Mehrheit der deutschen Bevölkerung bis dahin als gefügig und apathisch betrachtet werden konnte. Nur wenige gäben Kenntnis von Konzentrationslagern und SS-Grausamkeiten zu, bestritten darüberhinaus aber jegliche Verantwortlichkeit.[41] Vor diesem generellen Hintergrund wird auch Posners Einschätzung über Veränderungen bis zum Herbst 1945 ver-

---

[38] Nadich, Eisenhower ..., op.cit., 97f.
[39] Kästner, op.cit., 173f.
[40] Vgl. Moses Moskowitz, »The Germans and the Jews: Postwar Report«, in: Commentary 1/2, 1946, 8.
[41] OMGUS, Murphy to Secretary of State, 1.5.1945, NA.Rg.84, 729/46-49.

ständlich; denn offensichtlich war der »gute Ton« gegenüber den Juden bald nicht mehr aktuell auf der öffentlichen Tagesordnung. Das Interesse an den rückkehrenden Juden nahm relativ schnell ab. Posner beschreibt diese Veränderung sarkastisch:

> »Sie waren wieder da, und das war gut so; und da sie Juden waren, so würde es ihnen wahrscheinlich gut gehen.(Juden verstehen es ja, sich einzurichten). Während also die große Redeflut über die Unbill, die man den Juden angetan hatte, weiterschäumte, während auch der einzelne Deutsche nicht müde wurde, zu beteuern, wie er über diese Dinge fühlte, brachte die Frage ihn stets in Verlegenheit, was er und seine Freunde, was seine Stadt denn eigentlich getan habe, um das Los der Wenigen, die sich wieder in ihrer Mitte aufhielten, angenehm zu gestalten. ›Ja geht es ihnen denn nicht gut?‹ wurde dann gefragt.«[42]

Posner schließt den Bericht über eine typische Unterhaltung im Herbst 1945 an. Eine Deutsche hatte aus Vorkommnissen in den Besatzungsarmeen und aus der Presse den Eindruck gewonnen, daß hinsichtlich des Antisemitismus auch bei diesen nicht alles zum Besten stünde. Sie sagt zu Posner: »Ihr solltet alle wiederkommen. Du wirst sehen: für die nächsten Jahrzehnte wird Deutschland das Land sein, in dem Juden am besten leben können. Wir haben die Sache hinter uns, die anderwärts noch nicht überwunden ist. Es wäre auch gut für uns, wenn Ihr wiederkämt. Ihr werdet das Geschäft schon wieder in Gang bringen. Und dann habt Ihr doch jetzt jedes Recht und jede Möglichkeit, hier eine große und auf jeden Fall privilegierte Rolle zu spielen.«[43] Auf Posners Einwand, daß wohl viele Deutsche kaum damit einverstanden wären, den ehemaligen jüdischen Besitz, an den sie sich gewöhnt hätten, zurückzugeben, räsonniert die Deutsche: »... vielleicht wäre es doch besser so, daß nicht allzuviele kämen.«[44]

Der Journalist und Schriftsteller Ralph Giordano charakterisiert die Periode Frühjahr – Herbst 1945 im Hinblick auf das Verhältnis zu Juden aus heutiger Perspektive entschieden schärfer. Er verweist auf die Vergeltungs- und Racheängste in Teilen der Bevölkerung und betont, daß es bis zum September 1945 kein Antisemit gewagt hätte, sich öffentlich zu bekennen. »Dann jedoch hatten die mit dem Nationalsozialismus eng verbundenen Massen, die unter schwerer Vergeltungsfurcht standen, herausgefunden, daß ihre alttestamentarischen Racheängste vor allem in ihrer Phantasie bestanden.«[45] Die improvisierte Ankündigung auf den Schildern der Jeeps der Jüdischen Brigade und die damit intendierte psychologische Wirkung entsprach im Herbst 1945 nicht mehr den Realitäten des Besatzungsalltags.

---

[42] Posner, op.cit., 111.
[43] Ibid., 112.
[44] Ibid.
[45] Ralph Giordano, Die zweite Schuld oder Von der Last Deutscher zu sein, Hamburg 1987, 10.

Ein auf der Grundlage von repräsentativen Interviews erstellter Report »The German View« von OMGUS versucht Veränderungen in Einstellungen, Gedanken, Gefühlen der deutschen Zivilbevölkerung herauszuarbeiten. Es geht um die gesellschaftlichen Bedingungen und aktuellen Denkweisen in einem neuen Deutschland – »einem Deutschland, dem Zeit gegeben worden war, um sich von der durch den verlorenen Krieg verursachten Lähmung irgendwie zu erholen.«[46] Faßt man die in diesem Bericht beschriebenen und zitierten Aussagen zu Juden, Judenverfolgung und deren Folgen zusammen, so ergibt sich folgendes Bild: »Nur wenige verteidigen die Art und Weise, wie Juden behandelt wurden, aber die meisten meinen, daß es gut war, die Macht der Juden zu brechen.«[47] Von den Massenmorden, zitiert der Bericht dann weiter, habe man nichts gewußt, und die amerikanischen Berichte seien übertrieben. Darüberhinaus seien Juden ökonomisch zu einflußreich gewesen. Durch die alliierten Bombenangriffe und die Toten in der deutschen Zivilbevölkerung seien die Opfer auf beiden Seiten ausgeglichen. Die Sklavenarbeiter wären gut behandelt worden, und das ihnen zugefügte Leid sei durch deren Plünderungen und Gewalttaten nach der Niederlage abgegolten. Kritisiert wird ebenfalls die Einsetzung zurückkehrender Emigranten in offizielle Positionen durch die Besatzungsorgane, »denn diese Emigranten haben den Kontakt zu ihrem Volk verloren; sie haben die Härten des Krieges und des Widerstandskampfes nicht ertragen müssen, sondern haben bequem und sicher in neutralen oder alliierten Ländern gelebt. Sie sind ihrem Volk entfremdet und haben sein Vertrauen verloren.«[48] So wie in der Schlußphase des NS-Regimes die »Judenfrage« mit der sich ankündigenden militärischen Niederlage und konkreten Notsituationen verbunden wurde, erfolgt jetzt eine Verflechtung mit der Lebenssituation, den Hoffnungen, Wertungen und perspektivischen Überlegungen unter den neuen Bedingungen.
Tageszeitungen wie »Der Tagesspiegel« in Berlin und die »Süddeutsche Zeitung« in München, die im Herbst zum ersten Male erscheinen durften, mußten von Anfang an diesen Stimmungen, Meinungen und Haltungen Rechnung tragen. Denn in der Öffentlichkeit kamen überkommene antisemitische Vorurteile zur Geltung, denen die neue Presse aufgrund alliiertem Auftrag entgegenzutreten hatte.[49] Oftmals verbanden sich in der Öffentlichkeit und in Leserreaktionen der Antisemitismus aus der Schlußphase der NS-Herrschaft und die Erinnerung an die traditionellen antisemitischen Erklärungen für den verlorenen Ersten Weltkrieg. Aufgrund der allgemeinen Lebenssituation wurde jedoch eher noch das überkommene ökonomische Vorurteil gegen Juden aktiviert. Nicht das Elend in den Lagern, die Leiden der Überlebenden, die Veröffentlichung der

---

[46] OMGUS, Report USFET, 19.11.1945, NA.Rg.260, 15/108-1/48.
[47] Ibid.
[48] Ibid.
[49] Vgl. Frei, op.cit.; Koszyk, op.cit.

deutschen Verbrechen, die Gründe für die Situation der Überlebenden, nicht Schuld und Verantwortung wurden reflektiert, gesehen wurde in einer Situation allgemeinen Lebensmittelmangels z.B. der Lebensmitteltransport, der durch die Stadt fuhr und den man erst im DP-Lager entlud. Gesehen und diskutiert wurden in der Bevölkerung Versorgungs- und Wohnungsprobleme, nach Schuldigen für das eigene Elend wurde gesucht. Die neuen Medien beschäftigten sich mit solchen Reaktionen in der Bevölkerung.

Ein redaktioneller Artikel im »Tagesspiegel« befaßt sich Anfang November 1945 unter der Überschrift »Politische Gefahren« mit dieser Entwicklung: »Unverkennbar hat sich die Art der Briefe, die uns zugehen, in den letzten Wochen geändert. Es wäre verfrüht, von einer Wandlung zu sprechen; aber die Stagnation scheint vorüber zu sein, man wagt sich hervor ... Manche Briefe machen uns stutzig. Sie beginnen mit einer Verurteilung des Nationalsozialismus und enden mit Anklagen gegen diejenigen, die jetzt die Verantwortung für seine Erbschaft übernommen haben. Man befreit sich nur schwer von dem Verdacht, daß die Selbstverständlichkeit, womit alle im vernichtenden Urteil über Herrn Hitler einig sind, nur eine Art von gesuchtem Alibi zu bedeuten hat.«[50] Der Autor sah hier Tendenzen, die der aus Schuld und Verantwortung sich ergeben sollenden geistigen Erneuerung widerstanden. Zugleich legt die Lektüre der ersten Monate die Frage nahe, wie denn »Der Tagesspiegel« seiner Verantwortung im Hinblick auf das jüdische Thema gerecht wurde. Die Ausgaben September bis Dezember 1945 sind wesentlich durch folgende Merkmale geprägt: Im Zentrum steht, beginnend mit der ersten Ausgabe, auf stark gefühlsbetonte und emotionalisierende Weise »der verlorene Krieg«. Nach Solidarität und Identifikation heischend, wird über die »ausgemergelten«, »bleichen«, »in Lumpen gehüllten« heimkehrenden Landser berichtet. Sehr viel sachlicher, am Faktischen orientiert lesen sich die in jeder Ausgabe enthaltenen Beiträge über Prozesse gegen Nazis, Meldungen über Hinrichtungen, Enthüllungen über die »Verbrecher« an der »Spitze« des »Dritten Reiches«, Angaben über Erlasse und Gesetze der Besatzungsmächte, sowie Artikel mit vorsichtiger Kritik an der zonalen Zerrissenheit Deutschlands. In hochgradig gefühlsbetonten Beiträgen und Rubriken werden zum einen die Frage der Religion, die notwendige christliche Rückbesinnung, diskutiert. Zum anderen nehmen Reportagen über Heimkehrer, die Begegnung von totgeglaubten Familienangehörigen und eine ständige Rubrik »Unsere Kriegsgefangenen« breiten Raum ein. Hier werden »Grüße von Berlinern aus englischen Lagern« ausgerichtet. – »Lager«, das waren für die Leser des »Tagesspiegel« nicht Konzentrations- und Vernichtungslager, sondern Kriegsgefangenenlager in England, Frankreich, der Sowjetunion und den USA. Gelitten haben die deutschen Männer und Söhne. Für fremdes Leid war da nur wenig

---

[50] Der Tagesspiegel, 6.11.1945.

Platz. Dieser emotionalisierende Aspekt fällt besonders dann auf, wenn man im Vergleich hierzu die Artikel betrachtet, die Juden und Juden betreffende Themen zum Inhalt haben.[51]

In der zweiten Ausgabe des »Tagesspiegel« werden in aller Kürze Todesmeldungen über in der Emigration verstorbene jüdische Künstler – u.a. Beer-Hofmann – veröffentlicht. Es folgen eine knappe Meldung über einen Beethoven-Abend der Jüdischen Gemeinde in Tiergarten, ein Bericht über die Jewish Agency und die britische Palästina-Politik, ein Artikel über die Haltung deutscher Juden zur Palästina-Politik und ein Hinweis auf die »Jüdische Chanukkah Feier« der Gemeinde in Berlin.[52] Aus diesen aufs Faktische reduzierten Meldungen ragen eigentlich in dieser Zeit nur drei Beiträge heraus: Erstens ein Artikel mit dem Titel »Der gelbe Stern«, in dem ein jüdischer Autor »denen die Hand« reicht, »die zu uns gehalten haben, als der Stern ein Symbol der Unterdrückung war«.[53] Zweitens der Beitrag eines Dompredigers mit dem Titel »Die große Umkehr«, in dem der Verfasser »eine neue Währung des Wortes und der ewigen Werte heraufzuführen« als wichtigste Aufgabe nennt, die folgenden Gruppen geschuldet sei: »der deutschen Geistigkeit«, »unseren jüdischen Mitbürgern«, »den evangelischen und katholischen Christen«. Im Hinblick auf die »jüdischen Mitbürger« schreibt er:

> »Sie haben der Zahl nach wohl die größten Blutopfer gebracht, und das nicht allein ihrer Rassezugehörigkeit, sondern in vielen Fällen auch ihrer Überzeugung wegen, weil sie sich noch im Sterben zum Gesetz ihrer Väter und zu dem Gott ihrer heiligen Bücher bekannten.«

Dieser eher nüchtern gehaltenen Wertung folgt wenige Zeilen später folgendes:

> »Soldaten kehren heim aus der Gefangenschaft. Ihre müden, ausdruckslosen Züge verraten, daß sie mehr als Brot und Arbeit wünschen. Sie wollen eine Antwort auf die Frage nach dem Sinn in der scheinbaren Sinnlosigkeit, für die sie die besten Jahre ihres Lebens, ihre Freiheit und Gesundheit opfern mußten. Die Straßen sind mit Heimatlosen und Flüchtlingen bedeckt. Sind sie wie sinnlos Preisgebene dem Untergange geweiht?«[54]

Der Vergleich Opfer mit Opfer wird dem Leser mehr als nahegelegt, allein die Wortwahl zielt auf unterschiedliche Identifikation. Daß es sich hierbei um eine durchaus verbreitete Einstellung handelt, bestätigen auch Angehörige der amerikanischen Militäradministration, z.B. Moses Moskowitz, Offizier in Württemberg: »Der wohl am weitesten verbreitete Mechanismus, mit dessen Hilfe die deutschen Massen ein Gefühl der Schuld für das Schicksal der ... sechs Millionen

---

[51] Vgl. Ausgaben vom 27.9.1945; 2.10.1945; 2.10.1945.
[52] Vgl. Ausgaben vom 29.9.; 20.10.; 21.10.; 4.12.1945.
[53] Der Tagesspiegel, 9.10.1945.
[54] Ibid., 29.9.1945.

toten Juden vermeiden, besteht darin, sich zu überzeugen, daß sie selbst auch Opfer des Nazismus waren, ja sogar möglicherweise in größerem Umfang als andere Völker.«[55]

Ein dritter Artikel aus dem »Tagesspiegel« sei ausführlich zitiert, weil hier – ohne daß in den Tagen zuvor Probleme der jüdischen displaced persons oder Probleme deutscher Juden mit der Umwelt Gegenstand von Zeitungsbeiträgen waren – unterschwellige Stimmungen und Diskussionen deutlich werden. Unter der Überschrift »Juden in Deutschland. Auswanderung oder Assimilation« konnten die Berliner einen Artikel lesen, in dem auf die Ermordung der Berliner Juden und die Situation der Überlebenden eingegangen wird:

> »Man könnte fragen, ob denn bei dieser Lage das jüdische Problem für Deutschland und die Welt überhaupt die Beachtung verdient, die es bei den führenden Staatsmännern Amerikas und Englands findet. Nichts wäre aber für die Juden selbst und auch für die europäischen Völker gefährlicher als zu glauben, daß mit dem Verschwinden des ›Dritten Reiches‹ auch das jüdische Problem mit einem Mal verschwunden sei ... Nichts wäre verkehrter, als heute wieder, wie es nach 1918 geschah, Ursache und Wirkung zu verwechseln und diese heimatlosen Juden, die sich zum größten Teil noch heute – fast acht Monate nach ihrer Befreiung – in Lagern aufhalten müssen, für die Zuspitzung des jüdischen Problems verantwortlich machen zu wollen ... So darf man hoffen, daß die millionenfachen Opfer der Juden nicht umsonst gebracht worden sind, sondern daß es nach jahrhundertelangen Bemühungen heute möglich sein wird, das jüdische Problem in seiner Gesamtheit zu lösen, und zwar einerseits durch Auswanderung der heimatlosen Juden und andererseits durch vollständige Assimilation der Juden, die in Europa zu verbleiben wünschen ... Das deutsche Volk ist berufen, hierzu einen wesentlichen Beitrag zu leisten ... Welche Hilfe ihnen hierbei ihre Mitbürger und die Behörden leisten, wird ein Prüfstein für deren wahrhaft demokratische Gesinnung sein.«[56]

Zunächst beeindruckt an diesem Artikel die unbenommene Naivität, mit der dem deutschen Volk erneut die Aufgabe zugewiesen wird, »das jüdische Problem« »zu lösen«. Immer noch oder schon wieder ist es ein Problem der Juden, das heißt nicht von den Problemen der nichtjüdischen Mehrheit wird ausgegangen, von Antisemitismus, Rassismus und Judenverfolgung, sondern ein das Dritte Reich übergreifendes »jüdisches Problem« wird vom Autor verhandelt. Zwar sieht er Ursachen für die Existenz jüdischer displaced persons, läßt aber mitschwingen, daß diese in der Bevölkerung für die »Zuspitzung des jüdischen Problems« verantwortlich gemacht werden. Zusätzlich werden die millionenfachen Opfer auch noch mit einem besonderen Sinn versehen, der es nun eben jetzt ermögli-

[55] Moskowitz, op.cit., 10.
[56] Der Tagesspiegel, 5.12.1945.

chen soll, das »jüdische Problem in seiner Gesamtheit zu lösen«: Auswanderung für die heimatlosen DPs und »vollständige Assimilation« für die in die Heimat Zurückgekehrten. Das allerdings waren Rezepte, wie sie bereits in der Weimarer Republik vertreten wurden und die nach 1945 wohl kaum vom Bewußtsein deutscher Verantwortung getragen waren. Daß das Verhalten zu Juden, wie im Schluß des Artikels, als »Prüfstein« »wahrhaft demokratischer Gesinnung« begriffen werden wird, sollte bis zur Gründung der Bundesrepublik nahezu ein kategorischer Imperativ des sich herausbildenden Philosemitismus werden. Das sei hier bereits erwähnt, weil der zitierte Artikel einen Kontext offen beschreibt, der später allenfalls abgeschwächt öffentlich artikuliert wird oder nur sehr verhalten durchscheint. Bestimmte Sprachregelungen waren im Herbst und Winter 1945 noch nicht journalistisches Allgemeingut, die Distanz zwischen jüdischer und deutscher Wahrnehmung der gesellschaftlichen Wirklichkeit jedoch erheblich. Hans Mayer, der in dieser Zeit aus der Emigration zurückkehrte, beschrieb diese später als »Heimkehr in eine Fremde«, in eine »deutsche Fremde«.[57]

OMGUS, DPs und die Überwindung der antisemitischen Sprachlosigkeit

In den Konzentrationslagern hatten von Millionen nur 100 000 Juden aus allen europäischen Ländern überlebt. Im besetzten Deutschland und Österreich waren es im Juni 1945 über 53 000, davon in Bayern unter amerikanischer Militärverwaltung weit über die Hälfte.[58] In den Reaktionen Deutscher auf die in der Regel nicht Deutsch sprechenden Juden in den DP-camps läßt sich die Verbindung traditioneller antisemitischer Denkweisen mit neu aufbrechenden und entstehenden antijüdischen Vorurteilen erkennen. Die aus den Jahrzehnten vor 1933 stammende Unterscheidung von deutschen Juden und Juden aus Osteuropa gewann im öffentlichen und halböffentlichen Bewußtsein jetzt erneut Aktualität. David Max Eichhorn, US-Militärrabbiner, schreibt in seinen Erinnerungen über die ersten Tage nach der Befreiung des Konzentrationslagers Dachau, daß er »annähernd 2600 jüdische Männer und 225 jüdische Frauen« unter den Häftlingen antraf.[59] Wie hier, so waren es meist Frauen und Männer im Alter von 18 bis 45

---

[57] Mayer, Das Gedächtnis ..., op.cit., 10; ders., Ein Deutscher auf Widerruf. Erinnerungen, Bd.I, Frankfurt/M. 1982, 324.

[58] Vgl. Dinnerstein, op.cit.; Malcolm L. Proudfoot, European Refugees, London 1957; Michael R. Marrus, The Unwanted, New York 1985; Zeev Mankowitz, The Politics and Ideology of Survivors of the Holocaust in the American Zone of Germany, 1945-1946, Jerusalem 1987, PhD thesis; Yehuda Bauer, Out of the Ashes. The Impact of American Jews on Post-Holocaust European Jewry, Oxford, New York 1989, vor allem 45f.

[59] Vgl. Louis Barish (Hg.), Rabbis in Uniform. The Story of the American Jewish military Chaplain, New York 1962, 63f.; Eichhorn, David Max, »Sabbath-Gottesdienst im Lager Dachau. Bericht des US-Militärrabbiners über die erste Maiwoche 1945«, in: Dachauer Hefte 1/1, 1985, 211.

Jahren. Tausende Überlebende der KZ-SS-Herrschaft überdauerten jedoch aufgrund von Entkräftung und Krankheit die Befreiung nur um wenige Tage oder Wochen. Zu oft kam auch die bestmögliche medizinische Hilfe zu spät. Die Besatzungstruppen richteten in den Lagern oder anderen Wohnkomplexen Unterkünfte und Krankenstationen für alle DPs ein, insgesamt über 500 assembly centers. Sie hatten Seuchen zu bekämpfen, für Kleidung zu sorgen, die ärgste Not zu lindern und nahezu Unfaßbares zu verstehen. Gruppen Selbstjustiz übender ehemaliger Zwangsarbeiter mußten gemäßigt und flüchtende KZ-Wachmannschaften gefaßt werden. Auf ein derartiges Ausmaß an Verbrechen und Leid waren auch die hartgesottensten Soldaten der amerikanischen, britischen und sowjetischen Armeen nicht vorbereitet gewesen. Wie oben dargestellt, war Eisenhower selbst nach einem Besuch im Konzentrationslager Ohrdruf entsetzt über das Ausmaß an Brutalität und Bestialität. Dies hatte zu seiner Bitte an Generalstabschef Marshall geführt, eine Delegation von Kongreß-Abgeordneten und Zeitungsleuten derartige Lager besuchen zu lassen, um der amerikanischen Öffentlichkeit ein wirklichkeitsnahes Bild der deutschen Verbrechen zu geben. Offensichtlich war »die militärische und politische Führung, die doch in anderem Maße als die Truppen und die amerikanische Öffentlichkeit über entsprechende Vorinformationen verfügte, ... auf die Entdeckungen im Herzen Deutschlands nicht wirklich gefaßt ... Weitgehend unerkannt blieb zunächst besonders die Spezifik der NS-Judenverfolgung ... Statt konkret von den verfolgten rassischen, politischen und sozialen Gruppen war meist nur allgemein von ›Nazi prisoners‹ die Rede.« » ...nur ganz langsam kristallisierte sich die Realität des Genozids an den europäischen Juden heraus.«[60] Dies hing zweifellos mit der Politik des Verschweigens und des Herunterspielens hinsichtlich des Schicksals der europäischen Juden während der Kriegsjahre zusammen und mußte folglich auch Auswirkungen auf die Politik in dieser Frage nach dem Sieg über das »Dritte Reich« haben.[61] Das erklärt zumindest zum Teil widersprüchliche und ungenügende Reaktionen amerikanischer Militäreinheiten auf die Gesamtsituation der überlebenden Juden.

Oftmals fanden sich die befreiten Juden in den DP-camps in der Gesellschaft ihrer ehemaligen nichtdeutschen KZ-Mannschaften. Es kam sogar vor, daß vormalige Nazis mit der Verantwortung für die DP-camps betraut wurden, während bewaffnete Soldaten die Insassen wie Häftlinge bewachten.[62] Noch An-

---

[60] Norbert Frei, »›Wir waren blind, ungläubig und langsam‹. Buchenwald, Dachau und die amerikanischen Medien im Frühjahr 1945«, in: Vierteljahrshefte für Zeitgeschichte 3/35, 1987, 399f.

[61] Walter Laqueur, The Terrible Secret, London 1981; ders. / Richard Breitman, Breaking the Silence, New York 1986; Martin Gilbert, Auschwitz and the Allies, New York 1981.

[62] Dinnerstein, op.cit., 33.

fang 1946 protestierten 50 amerikanische Soldaten in einem Brief an Mitglieder des U.S.-Kongresses in Washington und an die amerikanische Presse gegen die Behandlung der DPs durch die Armee.

All dies trug nicht unwesentlich dazu bei, daß insgesamt 50 000 bis 60 000 Juden in allen befreiten Lagern für kurze Zeit weitestgehend auf sich selbst gestellt waren. Selbst Vertreter jüdischer Organisationen aus den USA oder Palästina fanden in den ersten Wochen nicht den Weg in die Lager. Soldaten der Jüdischen Brigade z.B. kamen im Juni nach Deutschland. Sie fanden Tausende verängstigter Juden ohne ausreichendes Essen, ohne Kleidung, umgeben von Antisemitismus und in der ständigen Gefahr, »heim«gesandt zu werden.[63] Andere jüdische Repräsentanten folgten. Aber inzwischen hatten die Lagerinsassen bereits ihre ersten Erfahrungen mit den Siegern und mit der Bevölkerung umliegender Ortschaften gemacht. Sie hatten Unsicherheit und antisemitische Haltungen neben uneigennütziger Hilfe unter den Soldaten festgestellt. Nicht immer verhielten sich die einziehenden Sieger wie in Frankfurt, wo sie – wie oben skizziert – unter Mißachtung der existierenden Befehle den jüdischen Überlebenden Hilfe leisteten.

Es dauerte nicht lange, und die amerikanische Seite konnte eine Reihe hausgemachter Probleme feststellen. Tausende junger Amerikaner hatten Kontakt mit jüdischen DPs, deren Nerven bis zum Zerreißen durch die anormalen Lebensbedingungen, andauernde antisemitische Machenschaften der deutschen Behörden und einzelner Bürger angespannt waren. Die sich verschlechternde ökonomische Situation der DPs, ihre wachsende politische Desillusionierung, ihre moralische Verzweiflung und die ganz Deutschland erfassenden gesellschaftlichen Spannungen, die zum Teil aus dem Zusammenbruch der Volkswirtschaft und der Existenz einer kontrollierten und einer Schwarzmarkt-Wirtschaft resultierten, verstärkten Konflikte und Risse zwischen den Besatzungsmächten und den DPs.[64]

In diesen ersten Wochen ging es erneut und wieder um das Überleben, zum einen im Hinblick auf Ernährung, Kleidung, Wohnen und vor allem gesundheitliche Verfassung, zum anderen im Hinblick auf die eigene jüdische Identität und Perspektive in der feindlichen deutschen Umwelt. Zunächst schien es so, als würden auch die jüdischen DPs so wie andere DPs aus verschiedenen europäischen Ländern, denen die Juden zugerechnet wurden, in ihre Herkunftsländer zurücktransportiert werden. Ein OMGUS-Bericht schildert die Situation Juni/Juli 1945. Danach werden die Juden in diesen Lagern als Polen, Litauer, Ungarn, also gemäß ihren Herkunftsländern aufgeteilt. Das bedeutet, daß diese »Opfer des Faschismus« in einigen Fällen als Feinde behandelt werden und in anderen

[63] Bauer, op.cit., 147.

[64] Samuel Gringauz, »Our New German Policy and the DP's. Why Immediate Resettlement is Imperative«, in: Commentary 5, 1948, 509.

als »allied displaced persons«. »Es ist ein Paradox, daß die polnischen Juden aufgrund des zügellosen Antisemitismus in den polnischen camps offensichtlich selbst schlechter dran sind als diejenigen, die als Feinde behandelt werden.«[65]
Die Abwehr solcher Maßnahmen und die Einrichtung separater jüdischer assembly centers, offiziell angeordnet erst im Spätsommer 1945, trug nicht wenig zur beginnenden Organisation jüdischer DPs bei.[66] Die erste eigene Veranstaltung jüdischer DPs fand am 27. Mai 1945 im DP-Krankenhaus St. Ottilien bei Landsberg statt. Überlebende Mitglieder des Orchesters des Getto Kovno gaben ein Konzert.[67] Hier nahm in Zusammenarbeit mit dem Militärrabbiner Abraham J. Klausner die Gründung des »Zentralkomitees der befreiten Juden Bayerns« ihren Ausgang, die am 1. Juli 1945 im DP-camp Feldafing erfolgte. Die aus den Konzentrationslagern befreiten Juden hatten damit zu einer eigenen Organisation und Interessenvertretung gefunden. Nur wenig später, am 19. Juli, wurde andererseits in der Tradition der jüdischen Gemeinden in Deutschland die jüdische Kultusgemeinde Münchens neugegründet. »Das ZK zeichnete zwar verantwortlich für alle Juden in der US-Zone, lehnte jedoch diejenigen ab, die sich in den Kultusgemeinden zusammengeschlossen hatten und begannen, ein neues jüdisches Leben aufzubauen. Ähnlich vernachlässigt mußten sich auch diejenigen Juden fühlen, deren Auswanderungsziel nicht Palästina war.«[68]
Gegensätze zwischen diesen sich wieder konstituierenden althergebrachten deutschen jüdischen Gemeinden und der unruhigen Lage sowie den neuen Organisationsformen der DPs ergaben sich auch aus unterschiedlichen Interessen und ideologischen Tendenzen. Samuel Gringauz,[69] Vorsitzender des DP-camps Landsberg und bis 1947 Vorsitzender des Zentralkomitees der befreiten Juden Bayerns, charakterisierte die US-Politik bezüglich der DPs in diesen ersten bis August dauernden Wochen als »military-police period« und deutete damit die Vorherrschaft der Militärregierung an.[70]
Nach einem Jahr Erfahrungen mit jüdischen DPs und deren Aktivitäten heißt es aus der Sicht amerikanischer Besatzungspolitik in einer OMGUS staff study zu rechtlichen Aspekten der »Association of Liberated Jews in the U.S. Zone of Germany«:

---

[65] OMGUS/POLAD, Report by Joseph Dunner, December 1945, NA.Rg.84, 736/24-25.
[66] Vgl. Yehuda Bauer, »The Initial Organization of the Holocaust Survivors in Bavaria«, in: Yad Vashem Studies 8, 1970, 127f.: Abram L. Sachar, The Redemption of the Unwanted. From the Liberation of the Death Camps to the Founding of Israel, New York, 1983; Wetzel, op.cit..
[67] Vgl. Bauer, Flight ..., op.cit., 59; Wetzel, Jüdisches Leben ..., op.cit., 146.
[68] Wetzel, op.cit., 213f.
[69] Für Hinweise und Material zu Samuel Gringauz sei an dieser Stelle Juliane Wetzel, Berlin, gedankt.
[70] Vgl. Gringauz, op.cit., 509.

»Some part of the difficulties which the Jewish people have experienced in the past few years is undoubtedly due to the fact that they have chosen to be regarded as a separate community within the larger community rather than as first and foremost a part of the larger community. In this isolated position they easily become the scapegoat group when society is seeking a scapegoat. They must continue to hazard this terrible possibility in the extremely uncertain years which lie ahead if they insist upon their status as a distinct nationalistic and religious group. It is questionable whether the U.S. Government should encourage this approach to the solution of the Jewish people's problems since there is no certainty that all Jews or even the major part of the Jewish population now living in Germany can be transported to Palestine, the United States, or other areas of the globe for resettlement.«[71]

Unterschiedliche Perspektiv-Vorstellungen und Planungen wirkten auf die Situation der jüdischen DPs, traten aber im Lager-Alltag hinter die sozialen, wirtschaftlichen und psychischen Bedingungen zurück. Soweit jüdische Häftlinge und Zwangsarbeiter nicht ein unmittelbares Ziel vor Augen hatten und aufgrund ihrer körperlichen Verfassung dem Lager entrinnen konnten, teilten sie zunächst eine weitere Zeit das Lagerschicksal Hunderttausender anderer ehemaliger Zwangsarbeiter, wenn auch jetzt in eigenen jüdischen Komplexen. Das Lager wurde »eine soziale, wirtschaftliche, politische und nicht zuletzt rechtliche Enklave. Das Erlebnis der Zwangsarbeit und das Erlebnis der Befreiung mündeten in die kollektive Lagerexistenz«.[72] Die emotionalen und moralischen Folgen sind kaum vorstellbar, besonders dort, wo die Besatzungstruppen zur Aufrechterhaltung von Ordnung, zur Abwendung der Ausbreitung von Epidemien und aus anderen Gründen erneut die Lager durch Stacheldrahtzäune und Wachtürme militärisch sicherten. Wie als Hohn kam für viele jüdische Überlebende in den folgenden Monaten und Jahren oft noch die Erfahrung des britischen Internierungslagers hinzu, sofern es nicht gelang, unter Umgehung der britischen Mandatsmacht in Palästina einzuwandern. »Man kann davon ausgehen, daß etwa 100 000 Juden, die das Lager überlebten, in die USA ausgewandert sind, schätzungsweise die gleiche Zahl nach Israel in das damalige Palästina und einige Zigtausend nach Australien, Südamerika und in andere Länder. Zurück blieben die Kranken und die angeblich politisch Verdächtigen, denen die Einreise in die USA nicht gestattet war. So genügte die Mitgliedschaft in einer prokommunistischen Organisation ehemaliger Häftlinge für eine Verweigerung, in die Vereinigten Staaten einzuwandern. Es mag sich um 15 000 bis 20 000 Personen gehandelt haben.«[73] 1948 schrieb ein New York Times-Reporter: »Wie die Sache steht, ist es leichter für einen ehemaligen Nazi, in die USA einzureisen

---

71 OMGUS, Staff Study, 9.8.1946, NA.Rg.260, AG 45/24/5.
72 Jacobmeyer, Vom Zwangsarbeiter ..., op.cit., 51.
73 Allgemeine Jüdische Wochenzeitung, 16.5.1986.

als für eines der unschuldigen Opfer der Nazis.«[74] Dabei handelt es sich natürlich um einen Prozeß, der sich bis Anfang der 50er Jahre hinzog. Ein Funktionär der Jewish Agency sah in dem amerikanischen Antragsverfahren zum Erhalt eines Visas »eine ›Hexenjagd‹, um jüdische Personen nicht zuzulassen.«[75]
Der Kalte Krieg wirkte sich auf die Frage der Einwanderung jüdischer DPs in die USA aus, nicht wenige osteuropäische Kollaborateure der Nazis hingegen, die eine anti-kommunistische Vergangenheit nachweisen konnten, hatten nicht solche Probleme.
Während die britische Militärregierung bereits 1946 alle DP-camps abschaffte, lösten die US-Behörden das letzte Lager, Föhrenwald bei München, erst 1954 auf. Es ist folglich nicht richtig, den Verbleib oder die Auswanderung der jüdischen DPs ausschließlich an die Palästina-Frage zu binden. Der Zionismus war, kurz gesagt, nicht die einzige Antwort überlebender Juden auf die moralischen, politischen und sozialen Herausforderungen der unmittelbaren Nachkriegszeit.
Aus vielen OMGUS-Berichten läßt sich, wie bereits angedeutet, unschwer herauslesen, daß sich zahlreiche mit DP-Angelegenheiten betraute Militärs widersprüchlich verhielten. Weder waren die Befehle immer eindeutig, noch konnte der durchschnittliche amerikanische Frontsoldat in der Regel die psychologisch außerordentlich komplizierte Situation der jüdischen DPs oder gar seine eigenen Vorurteile meistern.[76] Symptomatisch dafür ist ein im Februar 1946 aus der Erinnerung aufgezeichnetes Gesprächsprotokoll, in dem ein amerikanischer Offizier einen ihm übermittelten Geheimbericht folgendermaßen einleitet: »Bei der Lektüre dieses Berichts sollte stets bedacht werden, daß L. Pole und Jude ist – folglich sind seine Ansichten notwendigerweise vorurteilsbelastet.«[77]
Antisemitische Ressentiments und fehlendes Verständnis für die Bedürfnisse der jüdischen Überlebenden waren unter den GIs nicht selten. Dies kommt in einem der politisch wichtigsten Dokumente zur Lage der Juden 1945 zum Ausdruck – dem Harrison-Report.
Im Juli 1945 besuchte Earl G. Harrison im Auftrag von US-Präsident Truman jüdische camps in Deutschland und Österreich. Truman war u.a. durch amerikanische Repräsentanten jüdischer Institutionen und Henry Morgenthau, Secretary of the Treasury, auf den desolaten Zustand der DPs hingewiesen worden. Der am 29. September 1945 vom Weißen Haus veröffentlichte Bericht gibt eine detaillierte Beschreibung der Situation, die im folgenden auszugsweise zitiert und zusammengefaßt werden soll, da der Bericht, wenn er überhaupt in der vorhandenen Literatur auftaucht, meist reduziert auf die Kritik an der Politik der US-Behörden zitiert wird. Seine – auch sozialpsychologisch einfühlsamen –

[74] Zit. n. Dinnerstein, op.cit., 187.
[75] Zit. n. ibid., 189.
[76] Vgl. Bauer, Flight ..., op.cit., 129f.; Dinnerstein, op.cit., 9f.
[77] OMGUS, US-Headquarters Berlin District, 16.2.1946, NA.Rg.84, POLAD/756/4-7.

Wertungen bezüglich des Verhältnisses jüdischer DPs zur deutschen Umwelt werden in der Regel ausgeblendet.[78] Harrison betonte erstens die Notwendigkeit, daß der wirkliche Status der jüdischen DPs anerkannt werden müßte – ihr Status als Juden und nicht einfach als Angehörige der Nation des jeweiligen Herkunftslandes, wie es die Briten forderten. Zweitens sah er als eine entscheidende Aufgabe an, die Auswanderung all derer zu ermöglichen, die es wünschten. Palästina betrachtete er dabei als die Hauptlösung, was die weiter unten skizzierte Reaktion der britischen Regierung auf den gesamten Bericht beeinflußte. Daneben behandelt Harrison ausführlich Probleme der Freizügigkeit der jüdischen DPs und Fragen der notwendigen Familienzusammenführung. Die folgenden Zitate klammern die sich darauf beziehenden Ausführungen aus und betreffen das Verhältnis Besatzer, Deutsche und jüdische displaced persons.

»Up to this point, they have been ›liberated‹ more in a military sense than actually. ...they feel that they, who were in so many ways the first and worst victims of Nazism, are being neglected by their liberators. ... Generally speaking, three months after V-E Day, and even longer after the liberation of individual groups, many Jewish displaced persons and other possibly non-repatriables are living under guard behind barbed-wire fences in camps of several description (built by the Germans for slave laborers and Jews), including some of the most notorious of the concentration camps, amid crowded, frequently unsanitary and generally grim conditions, in complete idleness, with no opportunity, except surreptitiously, to communicate with the outside world, waiting, hoping for some word of encouragement and action in their behalf ... The death rate has been high since liberation, ... there is a marked and serious lack of needed medical supplies. ...many of the Jewish displaced persons, late in July, had no clothing other than their concentration camp garb ... while others, to their chagrin, were obliged to wear German SS uniforms. ...nothing in the way of a program of activity or organized effort toward rehabilitation has been inaugurated, and the internees, for they are literally such, have little to do except to dwell upon their plight, the uncertainty of their future and, what is more unfortunate, to draw comparisons between their treatment ›under the Germans‹ and ›in liberation.‹ ...This situation is considerably accentuated where, as in so many cases, they are able to look from their crowded and bare quarters and see the German civilian population, particularly in the rural areas, to all appearances living normal lives in their own homes. ...But speaking more broadly, there is an opportunity here to give some real meaning to the policy agreed upon at Potsdam. If it be true, as seems to be widely conceded, that the German people at large do not have any sense

[78] Vgl. Jacobmeyer, op.cit.; Sachar, op.cit.; dagegen ganz dokumentiert in: Dinnerstein, op.cit.; Wetzel, Jüdisches Leben ...,op.cit.

of guilt with respect to the war and its causes and results, and if the policy is to be ›to convince the German people that they have suffered a total military defeat and that they cannot escape responsibility for what they have brought upon themselves,‹ it is difficult to understand why so many displaced persons, particularly those who have so long been persecuted and whose repatriation or resettlement is likely to be delayed, should be compelled to live in crude, overcrowded camps while the German people, in rural areas, continue undisturbed in their homes. As matters now stand, we appear to be treating the Jews as the Nazis treated them, except that we do not exterminate them. They are in concentration camps in large numbers under our military guard instead of the SS troops. One is lead to wonder whether the German people, seeing this, are not supposing that we are following or at least condoning Nazi policy. ...very few places where fearless and uncompromising military officers have either requisitioned an entire village for the benefit of displaced persons, compelling the German population to find housing where they can, or have required the local population to billet a reasonable number of them. ...At many places, however, the military government officers manifest the utmost reluctance or indisposition, if not timidity, about inconveniencing the German population. They even say that their job is to get communities working properly and soundly again, that they must ›live with the Germans while the DP's are a more temporary problem.‹ ...Actually, there have been situations where displaced persons, especially Jews, have found it difficult to obtain audiences with military government authorities because ironically they have been obliged to go through German employees who have not facilitated matters.«[79]

Eine Zusammenfassung des Berichts wurde Eisenhower bereits am 3. 8. telegrafisch vom War Department übermittelt. Am 10. 8. antwortet Eisenhower und sichert H. L. Stimson, dem Secretary of War, schnellstens eine vollständige Stellungnahme zum Bericht Harrisons zu. Zugleich schlägt er – nach einer vorübergehenden Ablehnung dieses von jüdischer Seite kommenden Vorschlags noch vor der Kenntnisnahme des Harrison-Reports – nun seinerseits die Ernennung eines Beraters für jüdische Angelegenheiten vor. Ende August wird Major Judah Nadich, seit 1942 als Jewish chaplain in der US-Armee in Europa, vorübergehend »Advisor on Jewish Affairs to General Eisenhower«. Ihm folgt als representative advisor im Oktober 1945 die Ernennung eines »outstanding American Jewish civilian«, des Richters Simon H. Rifkind aus New York, dessen Aufgaben vierfacher Art sein sollten: » ...Probleme, die Nahrungsmittel, Heizmaterial, Wohnungen und Stimmungen in den camps betreffen; Repatriierung

[79] Earl G. Harrison, The Plight of the Displaced Jews in Europe. Report to President Truman, Washington 1945.

und Wiederansiedlung; die besondere Situation der deutschen Juden, die jetzt Teil der deutschen Gesellschaft sind; und Beziehungen mit UNRRA, dem Flüchtlingskomitee der alliierten Regierungen sowie den freiwilligen jüdischen Agenturen, deren Aktivitäten in Deutschland autorisiert worden sind.«[80]
Endlich, am 22. August, erläßt Eisenhower eine Direktive, die auf die Einrichtung jüdischer DP-camps hinausläuft und in der es unter anderem heißt: »Persons discharged from concentration camps, if their loyalty to the Allied cause has been determined will receive all of the benefits granted United Nations displaced persons even if they were originally of enemy origin, such as German and Hungarian Jews, labor leaders or others put into concentration camps because of political activities or racial or religious persecution. ...these persons are accorded priority of treatment over the German population.«[81] Judah Nadich wertete dieses Dokument als Grundlage für eine neue amerikanische Politik und eine vollständig neue Haltung gegenüber jüdischen Displaced Persons.[82]
Im Juni hatte Truman Harrison brieflich aufgefordert, an Ort und Stelle die Lage der DPs zu überprüfen, und jetzt, in der zweiten August-Hälfte, begann Eisenhower bereits in seinen Anordnungen die Konsequenzen zu ziehen, obwohl ihm der vollständige Bericht noch gar nicht vorlag.
Man darf dies natürlich auch nicht überbewerten; denn die Juden betreffenden Befehle und Verfügungen machten nur einen Bruchteil der Vielzahl der von der Militäradministration zu bewältigenden Aufgaben aus. Abgesehen davon, daß sie nicht bei allen untergebenen und ausführenden Militärorganen auf die notwendige positive Haltung stießen. Ein UNRRA-Bericht hielt noch im Frühjahr 1946 fest, daß die Direktiven von General Eisenhower bisher nicht ausreichend in die Praxis umgesetzt worden seien. Die Mehrheit in den Militärbehörden sei völlig ignorant, und die wenigen verbleibenden Offiziere, die Kenntnisse besäßen und Sympathie empfänden, seien nicht in der Lage, ihren Einfluß auf Truppenebene durchzusetzen.[83] Dies wurde unter anderem auch daran deutlich, daß nicht wenige Deutsche sich in diesen Sommerwochen durch das Verhalten von Besatzern in ihrer antisemitischen Sozialisation bestätigt fühlten. Wie wenig sensibel selbst einflußreiche amerikanische Militärs reagierten, bewies auch General Lucius D. Clay, der bereits im Oktober 1945 davon sprach, daß die deutsche Polizei bewaffnet werden und in den DP-camps eingesetzt werden sollte. Die Zusammenarbeit mit deutschen Polizeiorganen trug in der Folge nicht wenig dazu bei, den Eindruck zu verstärken, als ob Deutsche und Amerikaner gemeinsam für Recht und Ordnung sorgen müßten.

[80] OMGUS/POLAD, Cable Secretary of War to OMGUS, 10.10.1945, NA.Rg.54, 736/24-25.
[81] Zit. n. Nadich, Eisenhower ..., op.cit., 43f.
[82] Ibid., 47.
[83] Zit. n. Dinnerstein, op.cit., 49.

Vorurteile auf deutscher Seite wurden darüberhinaus noch in dem Maße verstärkt, wie alliierte Organe jüdischen Überlebenden in Erfüllung der neuen Befehle Lebensmittel, notwendige hohe Rationen und andere Formen von Hilfe zukommen ließen.

Zu den Irritationen auf deutscher Seite trug ebenfalls die Tatsache bei, daß viele amerikanische Soldaten im Verlauf des Jahres 1945 die Gesellschaft guterzogener, bescheidener, gefügiger, netter, sauberer und ordentlicher Deutscher – und nicht nur die der Fräuleins – der Gesellschaft in ihren Augen heruntergekommener, schmutziger, depressiver DPs vorzogen. Ein amerikanischer GI drückte am 13. Mai 1945 in einem Brief diese Haltung exakt aus: » ...the average soldier of our Army ... cannot understand that the nice and clean looking people with their well-kept homes and their sense of law and order could be dangerous or guilty of any crime. As for the adults, they strike most Americans in Germany as decent, pleasant, rather kindly people, who respect their parents, love children, and lavish affection on pets; they are admirably clean and orderly, and have all the solid qualities favored by Ben Franklin.«[84] Die deutsche Realität, insbesondere in ländlichen Gegenden, sah eben etwas anders aus, als so mancher Propagandafilm aus Hollywood suggeriert hatte. Gegen diese amerikanisch-deutschen Begegnungen vermochte auch das undurchführbare Fraternisierungsverbot nichts auszurichten. Judah Nadich berichtete aus Bayern, daß insbesondere niedere militärische Ränge von Deutschen beeinflußt worden waren. Ob Sekretärinnen oder andere deutsche Angestellte der Militärbehörden, ob Deutsche, die von amerikanischen Offizieren besucht wurden oder die jungen Damen, die von Offizieren ausgeführt wurden – alle beschuldigten, so Nadich, die DPs aller Verbrechen, die in Deutschland begangen wurden.[85]

Dabei ging es nicht in erster Linie um jene, Sündenböcke suchende, überkommene antisemitische Einstellung, sondern um ein vielschichtiges Paket von Einstellungen, Mutmaßungen und sich neu entwickelndem Selbstbewußtsein. Viele Deutsche suchten in Begegnungen mit den Siegern nach einer Gemeinsamkeit, die gegenwartsbezogen war, nachdem »das mit Hitler« vorbei war. Hierbei war es natürlich für das eigene Selbstbewußtsein naheliegend, jeden Ansatz von Philo-Germanismus, Neigungen zu spießig-bürgerlich heiler Welt und antisemitische Andeutungen erleichert in das eigene nachfaschistische Weltbild einzuordnen. Nicht allein Nadich, sondern auch Journalisten sowie andere Mitarbeiter der US-Behörden in Washington und in Deutschland registrierten die Gefahr unerwünschter Entwicklungen, die auf jeden Fall kaum mit dem Sinn der auf Abrechnung mit Nazismus und Militarismus abgestellten Joint Chiefs of Staff

---

[84] Zit. n. Leonard Dinnerstein, »German Attitudes towards the Jewish Displaced Persons. 1945-1950« in: Hans L. Trefousse (Hg.), Germany and America, Essays on Problems of Interna tional Relations and Immigrations, New York 1980, 243.

[85] Nadich, Eisenhower ..., op.cit., 70.

Directive 1067, der von Harrison zitierten Passage aus dem Potsdamer Abkommen oder dem unmittelbaren Ziel der Re-education übereinstimmten.[86]
Und das war keinesfalls nur ein Problem der Mannschaften. Der Kommandierende der Dritten Armee, General George Patton, hielt weder mit seiner Meinung über schwarze Soldaten noch über Juden zurück. Ende August schrieb er an seine Frau: »Actually the Germans are the only decent people left in Europe. It's a choice between them and the Russians. I prefer the Germans.«[87] Judah Nadich berichtete im Ergebnis seiner Inspektionsreisen, daß im Bereich der Dritten Armee – in dem sich die meisten DP-camps befanden – jegliche Form von Unterstützung für jüdische DPs nur gegen Pattons Hauptquartier durchgesetzt werden konnte.[88] Pattons Auffassung »mag extremer gewesen sein als die seiner Kollegen, aber seine Wertvorstellungen und seine Haltung stimmte mit denen anderer amerikanischer Militärs überein. Er drückte sie lediglich offener aus.«[89]
In der Auswirkung hatten derartige Auffassungen sowie damit verbundene und von Deutschen wahrgenommene Verhaltensweisen kaum irgendetwas mit Umerziehung zu tun. Posner registrierte dieses Phänomen gleichermaßen für die britische Besatzungszone: »Die negative Haltung der Besatzungsmacht wirkt durchaus ungünstig auf die Leute in Deutschland.«[90]
Truman hatte allen Grund, aufgrund des Harrison-Reports und trotz der anlaufenden, von Eisenhower angeordneten Maßnahmen diesen in seinem Brief von Ende August auf Versäumnisse hinzuweisen. Truman kritisiert, daß untergeordnete Offiziere die beschlossene Politik gegenüber den displaced persons nicht ausführen, er nennt die Wohnungsfrage, den Aufenthalt in ehemaligen Konzentrationslagern und betont die besondere Verantwortung gegenüber diesen Opfern der Verfolgung und der Tyrannei. Zugleich übermittelte Truman dem britischen Premierminister Attlee den Harrison-Report und drängte auf eine Erweiterung der Immigrationsquote nach Palästina. Attlee schlug in seinem Antwortschreiben die Nutzung von zwei camps in Nordafrika für die jüdischen DPs vor. Deutlich war, daß auch die Gespräche in Potsdam hinsichtlich der jüdischen DPs auf britischer Seite keine Veränderungen der bisherigen Politik gebracht hatten.[91]
Anders verlief die Diskussion und politische Entwicklung auf amerikanischer Seite. Eisenhower ließ dem Präsidenten am 14. September telegrafisch antworten, daß er persönlich Einrichtungen jüdischer displaced persons besichtigen werde und daß keine denkbare Anstrengung ausgelassen werde, zu helfen.[92] Dem

[86] Vgl. Pollock u.a., Germany ..., op.cit., 76f.; Neumann, Reeducating ..., op.cit.; Pronay/Wilson, op.cit.; Dinnerstein, America ..., op.cit., 46f.
[87] Zit. n. Sachar, op.cit., 16.
[88] Vgl. Nadich, Eisenhower ..., op.cit., 206.
[89] Dinnerstein, op.cit., 47.
[90] Posner, op.cit., 113.
[91] Vgl. Harry S. Truman, Memoirs. Vol.2: Years of Trial and Hope New York 1956,138f.
[92] The Papers of Dwight David Eisenhower. Occupation, 1945: VI, Editors: Chandler, Alfred D., Jr. / Galambos, Louis, Baltimore, London 1978, 353.

folgten u.a. am 17. 9. ein Besuch im camp Feldafing bei München und am 18. 9. ein längerer Brief an Truman, in dem Eisenhower über die Problemskizze von Harrison hinausgeht und eines der zentralen Probleme von bleibender Dauer anspricht:

> »With respect to the Jews, I found that most want to go to Palestine. ...However, the matter draws practical importance for us out of the possibility that caring for displaced persons may be a long-time job. Since I assume that most countries would be unwilling to absorb masses of these people as citizens in their respective countries, the only alternative is that of hoping they will gradually voluntarily disperse in the areas of Western Europe and try to establish them in a selfsustaining life. To this end we encourage everybody to go out and get a job if he possibly can, and have been trying to explore the possibilities of agriculture and small business in the hopes of establishing small colonies of these people near their present locations. One great difficulty is that they do not desire to look upon their present locations as any form of permanent home. They prefer to sit and wait rather than to attempt, as they say, ›forcing themselves into a population where they would never be welcome.‹«[93]

Am 20. September ging an alle untergeordneten Kommandeure eine von Eisenhower diktiertes Memorandum, in dem unmißverständlich betont wurde, daß die deutsche Bevölkerung in erster Linie in die Pflicht zu nehmen war, um die Mittel für die Versorgung der DPs zu gewährleisten. »There will be no hesitancy in requisitioning houses, grounds, or other facilities useful to displaced persons except as limited by essential considerations of practical administration ... In seeking individuals for employment by occupational forces priority over Germans will always be given to displaced persons.«[94] Am 8. Oktober schließlich übermittelt Eisenhower Truman seinen vollständigen Bericht, in dem er in abgewogener Weise auf verschiedene Kritikpunkte Harrisons eingeht, bisher Geleistetes darstellt, Lager-, Wohn-, Gesundheits- und Ernährungssituation schildert, Mängel benennt. Nicht unwesentlich ist hierbei, daß Eisenhower die meistzitierte Stelle aus dem Harrison-Report zurückweist, in der eine Analogie zwischen SS-Truppen und amerikanischem Militär impliziert war.[95]

Im großen und ganzen ergänzte dieser Bericht die Fülle an Direktiven, Briefen, Mitteilungen und Presseveröffentlichungen, aus denen sich ein durchaus widersprüchliches Bild jenes hochgradig sensiblen Beziehungsdreiecks Besatzer-Deutsche-Juden herausfiltern läßt. Zugleich zeigt sich hier jedoch auch, wie demokratische und militärische Entscheidungsprozesse in relativ kurzer Zeit politische und humanistische Grundeinstellungen in konkrete Maßnahmen überführen. Deutlich ist für die Bewertung der amerikanischen Besatzungspolitik zu

[93] Ibid., 358.
[94] Ibid., 364.
[95] Ibid., 415.

diesem Zeitpunkt, daß das Potsdamer Abkommen mit seiner klaren Aussage über Schuld und Verantwortung ein Bezugspunkt verschiedener Schriftstücke ist. Des weiteren entwickelte sich – im Unterschied zur britischen Zone – im amerikanischen Besatzungsgebiet im Prozeß der Debatte über den Harrison-Report die Anerkennung jüdischer Verfolgter als besondere Gruppe.

Wie Judah Nadich betonte auch Samuel Gringauz diesen Einschnitt in der amerikanischen Politik gegenüber den Juden im Besatzungsgebiet und sieht hier den Beginn der zweiten Periode jüdischer Politik, die er als die »humanitarian period« bezeichnete, die bis zum Sommer 1947 andauerte. Als Beleg zitiert er Trumans Brief an Eisenhower vom 31.8., in dem es klipp und klar heißt: »Wir müssen dem deutschen Volk deutlich machen, daß wir die Nazi-Politik des Hasses und der Verfolgung grundlegend verachten. Wir haben keine bessere Gelegenheit dies zu demonstrieren, als durch die Art und Weise, in der wir die in Deutschland verbleibenden Überlebenden wirklich behandeln.«[96]

Dieser das Verhältnis von Besatzern-Deutschen-Juden im Grundlegenden betreffende und folgenreiche Entscheidungsprozeß vollzog sich folglich zwischen Juni und August 1945. Er war nicht Element der alliierten Nachkriegsplanung gewesen und beeinflußte das sich entwickelnde deutsch-jüdische Verhältnis noch Jahre später. Gringauz hob rückblickend den besonderen Charakter dieser zwei Jahre hervor: Diese Periode von Herbst 1945 bis Sommer 1947 sei durch ein immenses Anwachsen von Selbsthilfe-Organisationen und jüdischer Selbstverwaltung gekennzeichnet gewesen; eine Periode moralischer und kultureller Rehabilitation. »Im Rückblick erscheint es wie eine Art Goldenes Zeitalter.«[97]

Die britische Besatzungspolitik trennte demgegenüber scharf zwischen deutschen Juden und jüdischen DPs oder Emigranten. Deutsche Juden wurden als Deutsche behandelt, nicht den DPs gleichgestellt, was verheerende menschliche und soziale Folgen hatte. Einem englischen Rabbiner wurde ein Einreisevisum wieder entzogen, »weil britische Staatsbürger unter Deutschen keine Hilfsarbeit leisten durften.«[98] Britische Offiziere wurden angemahnt, nicht Juden zu bevorzugen. Verzögerungen bei der Erteilung von Genehmigungen zur Rückkehr von Juden hatten damit zu tun, daß die Militärregierung plante, die Überlebenden »in möglichst kleinen Gruppen in Deutschland anzusiedeln, damit sich das Vorurteil nicht auf ein sichtbares Objekt richten könne«.[99] Diese britische Politik hing natürlich mit der Palästina-Frage zusammen und dem daraus resultierenden britischen Bemühen, Juden nicht als eigenständige Gruppe, sondern als dem jeweiligen Herkunftsland national zugehörig zu definieren. Mehr als marginaler Punkt ist hier noch anzumerken, daß die britische Politik der Verhinderung einer

---

[96] Gringauz, op.cit., 509.
[97] Gringauz, op.cit., 509.
[98] Büttner, op.cit., 383.
[99] Ibid.

massenhaften Einwanderung nach Palästina die US-Behörden vor die Aufgabe stellte, den DPs letztlich Aktivitäten nahezulegen, die auf eine ökonomische und soziale Integration in die deutsche Umwelt hinauslaufen würden.
Seit August 1945 wurden die aus Osteuropa in die amerikanische Zone strömenden Juden in der Folge von den amerikanischen Behörden als eigene Gruppe von DPs aufgefaßt und eigenen jüdischen Lagern zugewiesen.[100] Der zuständige britische General für DP-Fragen, Dewin, reagierte noch im August ganz im Sinne der britischen Politik in einem Brief an das War Office in London. Nach seiner Meinung sollten Juden eher entsprechend ihrer Nationalität als gemäß ihrer »Rasse« oder Religion in Lagern untergebracht werden. Jegliche Form »rassischer« oder religiöser Absonderung würde nur anti-jüdische Gefühle hervorrufen und weitreichende Folgen haben.[101] Die britische Regierung ahnte mögliche Folgen und übermittelte am 9.10.1945 ein Aide Mémoire an die US-Regierung, dem der Briefwechsel Truman – Attlee vorausgegangen war. In diesem Schriftstück widerspricht die britische Regierung der Auffassung, daß es für die Juden in Europa keine Zukunft mehr gebe, da die Wirkungen der antisemitischen Nazi-Politik noch nicht beseitigt seien, man überdies nicht im nachhinein den Eindruck erwecken solle, Auffassungen des NS-Regimes zuzustimmen.[102]
Das State Department spielte die Problematik in seiner Antwort herunter. Widersprüche zwischen den Alliierten, vor allem aber die anwachsende jüdische Wanderungsbewegung drückten sich zum Beispiel in einer als Top Secret klassifizierten und von General Patton gezeichneten Mitteilung für OMGUS vom November 1945 aus:

> »In theory the Jews of Eastern Europe would be staged in our Zone in preparation for a further movement to Palestine, actually the uncertainty of the situation in Palestine may well result in establishing a large Jewish minority which could not be assimilated in the event that no other refuge became available.«[103]

Bis zu welchem Unsinn Gerüchte unter jüdischen DPs die Unklarheit über die Zukunft steigern konnten, belegt ein vertraulicher Bericht über die Situation jüdischer DP-camps. In diesem wird unter anderem festgehalten, es sei »eine feste Überzeugung, daß – sollte Palästina unerreichbar sein – ein jüdischer Staat in Bayern errichtet wird«.[104] Zwischen verschiedenen amerikanischen Dienststellen gab es einen regen Schriftwechsel über die künftige Perspektive der jüdischen DPs, die kräftig gewürzt wurde durch Geheimberichte über jüdische

---

[100] Vgl. Jacobmeyer, op.cit., 427.
[101] Zit. n. Bauer, op,cit., 138.
[102] Vgl. Jacobmeyer, op.cit., 427.
[103] OMGUS/POLAD, USFET, Patton, November 1945, NA.Rg.84, 736/42.
[104] OMGUS/POLAD, Office of Political Advisor, Munich, Confidential Report, 2.2.1946, NA.Rg.84, 756/4-7.

Untergrundaktivitäten in Europa, deren erklärtes Ziel es war, die bestmöglichen Voraussetzungen für die Schaffung eines jüdischen Staates in Palästina herzustellen. Und dazu gehörte in erster Linie die Sammlung, Konzentration und Überführung großer Gruppen von Juden. Die OMGUS-Berichte hierüber lesen sich wie das Drehbuch zu einem Film, der die Geschichte der Überlebenden des Shoah, der »Sheerith Hapleita«, vor »Exodus« behandelt. Wichtig ist hierbei, daß die Palästina-Orientierung eines Teiles der sich in den Besatzungszonen befindlichen DPs sich auch auf das Bild vom in Deutschland jetzt lebenden Juden in Teilen der deutschen Bevölkerung auswirkte, wie sich Monate später unter anderem am Fall der »Exodus 1947« zeigte.
Zu dieser Entwicklung parallel lief die Auseinandersetzung über die Bedeutung der »Entnazifizierung«. Dieselben Militärangehörigen, die sich nicht gerade durch pro-jüdische Einstellungen auszeichneten, waren gleichermaßen zurückhaltend, wenn es um die noch in Amt, Würden und Chefetagen der Wirtschaftsunternehmen tätigen Nazis ging. Im August kritisierte die »New York Times« die Militärbehörden, daß die Entnazifizierung nicht durchgeführt werde. Insbesondere General Patton, verantwortlich für Bayern, geriet unter Beschuß. In einem Brief an Eisenhower vom 11. August hatte Patton geklagt, daß durch die Entnazifizierung zu viele unfähige Personen in lokalen Verwaltungen Positionen erhalten hätten. Im gleichen Zusammenhang bemerkt er, was in der Folge in der US-Presse zitiert wird, daß die Loyalität zur NS-Partei sich nicht vom Lippenbekenntnis zur jeweiligen machtausübenden Partei in den Staaten unterscheide. Eisenhower ermahnte Patton am 23. August, daß eines der Hauptkriegsziele der USA die Vernichtung der Nazi-Partei gewesen sei: »Moreover, the retention of nazis in public positions or other positions of importance is a most delicate subject both here and at home.«[105] Unterschiedliche Direktiven und die relative Autonomie der Armee-Einheiten bis zum Frühjahr 1945 hatten zu widersprüchlichen Haltungen in dieser Frage geführt, dazu kam die Ablehnung durch Patton. Am 11. 9. schreibt Eisenhower an Patton: » ...victory is not complete until we have eliminated from positions of responsibility and, in appropriate cases properly punished, every active adherent to the Nazi party ... We will not compromise with Nazism in any way.«[106]
Am 17. 9. besucht Eisenhower das Camp Feldafing. Patton begleitet ihn und schreibt mit Bezug auf den Harrison-Report in sein Tagebuch: »Harrison and his ilk believe that the DP is a human being, which he is not, and this applies particularly to the Jews who are lower than animals.«[107] Patton hält am 22. 9. eine Pressekonferenz ab, auf der er erklärt, daß die Militärregierung bessere Ergebnisse vorzeigen könnte, wenn sie mehr ehemalige Mitglieder der Nazi-Partei in der Verwaltung und als Facharbeiter verwenden würde. Eisenhower reagiert

[105] Eisenhower, op.cit., 307.
[106] Ibid., 351.
[107] The Patton Papers, 1940-1945, Editor: Martin Blumenson, Boston 1974.

unmittelbar nach den Presseveröffentlichungen, fordert einen sofortigen Bericht an über das von Patton Gesagte sowie über ehemalige Nazis in Pattons Umgebung und erinnert diesen, daß er die Ausführung von Eisenhowers Politik im Hinblick auf Denazifizierung und displaced persons zugesichert hatte.[108] Patton sieht sich gezwungen, eine weitere Pressekonferenz abzuhalten, die weder Journalisten noch Eisenhower zufriedenstellt. In seinem Tagebuch allerdings vermerkt er mit Bezug auf die erste Pressekonferenz als übergreifende Motivation, daß sein Hauptinteresse daran bestanden habe, in Deutschland Ordnung zu schaffen, um eine kommunistische Entwicklung des Landes zu verhindern.[109] Aber das sollte erst Monate später zu einem politischen Grundelement der Besatzungspolitik werden. Am 29. 9. teilte Eisenhower Patton mit, daß dieser als Kommandeur der Dritten Armee abgelöst werde durch General Truscott.

Dabei war entscheidender noch als die DP-camp-Frage die von Patton nur halbherzig betriebene Entnazifizierung in Bayern. Der bayerische Ministerpräsident Schäffer wurde nun seines Amtes enthoben und durch den sozial-demokratischen Antifaschisten Högner ersetzt. Zuviel war unter anderem über die Nazis in Amt und Würden von amerikanischen Journalisten in den USA publiziert worden. Högner teilte als Ministerpräsident mit, daß rund 470 000 Nazis in Bayern in Amt und Würden gewesen waren, von denen nur etwa 50 000 entfernt worden wären. In der Pressemeldung darüber hieß es kommentarlos weiter, daß 400 von 500 Juden aus Feldafing in von Deutschen zu räumende Wohnungen »einquartiert« worden seien.[110]

Es mag unter anderem auch mit derartigen Widersprüchen und mit den Aktivitäten jüdischer amerikanischer Institutionen und Persönlichkeiten zusammenhängen, daß eine Vielzahl von OMGUS-Berichten und Materialien die Situation der Juden in der amerikanischen Zone behandelt, oder zumindest erwähnt. Auf jeden Fall waren bis Ende 1945 die wesentlichen Stellen der US-Militärverwaltung instruiert, den jüdischen DPs Unterstützung in jeder Hinsicht zu gewähren. Das reflektierten natürlich die verschiedenen OMGUS-Berichte und Materialien, auf die im folgenden ausführlicher eingegangen wird.

Zunächst häuften sich jedoch auf den Tischen der Militäradministration Resolutionen aus jüdischen DP-Lagern, die – u.a. als Reaktion auf eine Erklärung des britischen Außenministers Bevin vom 13.11.1945 – gegen die Restriktionen bei der Einwanderung nach Palästina protestierten. Derartige Resolutionen, wie z.B. aus dem Lager Deggendorf bei München vom 2.11.1945, waren oft Ergebnis von Versammlungen, Demonstrationen und Aktivitäten, die auch an der deutschen Bevölkerung nicht spurlos vorübergingen. Diese politische Dimension, die – wenn auch am Rande – sehr früh das Palästina/Israel-Thema in die deutsche Nachkriegsgesellschaft einführte, trat neben die ökonomische und soziale Di-

---

[108] Eisenhower, op.cit., 374f.
[109] Patton, George S., War as I Knew it, Boston 1947, 390.
[110] Vgl. Süddeutsche Zeitung, 6.10.1945.

mension im Verhältnis Deutscher zu Juden. Der Reflektion des allgemeinen Mangels gesellte sich im Bewußtsein vieler Deutscher allmählich – und wie als Bestätigung antisemitischer Vorurteile – die wirkliche oder eingebildete bessere Vorsorgungs- und Wohnsituation von Juden hinzu. Umgekehrt sahen viele Juden in der Verlängerung ihrer Lagerexistenz auch eine Verlängerung der Diskriminierung, der Ghettoisierung von Seiten einer Umwelt, die nicht durch Verbrechen, Schuld und Sühne stigmatisiert war, sondern ganz offensichtlich zum Alltag zurückkehrte und sich mühte, die Kriegs- und Nachkriegsfolgen zu bewältigen. Zweifelsohne hatte sich bereits nach kurzer Zeit ein nicht mehr beizulegender »Antagonismus zwischen DP's und ihrer Umwelt« entwickelt.[111]

Beredtes Schweigen und das allmähliche Anwachsen einer antisemitischen Stimmung

Das widerspruchsvolle Verhältnis, das sich zwischen jüdischem Weiterleben und Neubeginn in Deutschland einerseits sowie deutscher Bevölkerung, deren Behörden und den Organen der Besatzungsmächte andererseits entwickelte, wird von Moskowitz 1946 nuancenreich gewertet. Zwar verkennt er im Unterschied zu Jehuda Nadich die Vielfalt deutsch-jüdischer Kontakte und Beziehungen, für ihn ergibt sich jedoch eine sozialpsychologische und moralische Tiefenschicht, die bis heute das deutsch-jüdische Verhältnis im gesellschaftlichen und politischen Rahmen der Bundesrepublik und im deutschen historischen Bewußtsein bestimmt.

> »Of course, German-Jewish postwar relations have not yet even begun to be tested in the crucible of experience. ... At the same time, a new form of anti-Semitism may be arising in Germany. The Jews now in Germany, both native and foreign, are the corpus delicti, the accusers who haunt the Germans and will continue to haunt them until the thousands or millions of individual Germans who had a personal part in the extermination of the Jews are brought to justice. ... As long as the Germans lack the moral courage to accept the consequences of the Nazi crimes against the Jews, they will seek to banish the accuser and they will denounce him as a disturber of their peace. ...If the German Jews decide to remain and start life anew, their treatment by their neighbors will be the true measure of the German people's progress towards decency, progress, and democracy.«[112]

---

[111] Jacobmeyer, Vom Zwangsarbeiter ..., op.cit., 52.
[112] Moskowitz, op.cit., 12f.

Es ging hierbei natürlich nicht allein um das soziale Umfeld der Juden, sondern gleichermaßen um Reaktionen von Amtsträgern, Politikern, Journalisten und denjenigen, die sich mühten, die Rahmenbedingungen gesellschaftlicher Existenz in einer Krisenzeit aufrechtzuerhalten und der Nachkriegssituation unter der Besatzung anzupassen oder neu zu gestalten. Eine dabei zu verzeichnende Tendenz ist auf jeden Fall am weiter oben gegebenen Kölner Beispiel ablesbar. Sie ist charakterisiert durch die Unterstützung jüdischer Belange vermittelst einzelner Persönlichkeiten und Politiker, die jedoch durch das Verhalten deutscher Verwaltungsstellen und Behörden sehr oft konterkariert wird. G. B. Ginzel resümiert vorhandene Kölner Archivmaterialien mit der Bemerkung, daß »zahllose Fälle von Behördenschlampereien und -willkür«[113] gegenüber Juden in dieser Zeit zu verzeichnen sind. Gleichzeitig wurde die Gemeinde aktiv bei der Suche nach NS-Massenmördern und setzte sich für die Unterbringung und Versorgung jüdischer DPs ein, was natürlich ständige und nicht gerade reibungsfreie Beziehungen zu öffentlichen Stellen, Hausvermietern usw. mit sich brachte. Ein extremes, aber nicht seltenes Beispiel berichtet OMGUS vom Mai 1945. In Celle gaben Behördenvertreter an aus Belsen entlassene deutsche Juden Lebensmittelkarten aus, wie sie von alliierter Seite angewiesen worden waren. Zugleich kennzeichneten sie die Karten nach überkommener NS-Vorschrift mit dem Stempel »Jude«.[114] Der durch die Prozedur der »Entnazifizierung« wirksam werdende Verhaltensdruck auf den Charakter von Verwaltungsmaßnahmen war im Mai eben noch nicht zu spüren. Die materielle, soziale und gesundheitliche Notlage der bisher verfolgten und entrechteten jüdischen Minderheit, sofern man hinsichtlich der Anzahl jüdischer Überlebender überhaupt noch von Minderheit sprechen kann, machte deutsche Verwaltungen und Behörden neben den alliierten Stellen zum zentralen Bezugspunkt der Wiederherstellung einer, bürgerliche Rechte in Anspruch nehmenden, »normalen« jüdischen Nachkriegsexistenz.

Zugleich begann der deutsche Beamtenapparat auch auf die Entstehung eines institutionellen jüdischen Gemeindelebens zu reagieren. Mitte Mai 1946, ein Jahr nach der Befreiung, wandte sich die Interessenvertretung der jüdischen Gemeinden und Kultusvereinigungen an die Länder-Regierungen Deutschlands und mahnte, daß die Rückkehrer aus den Konzentrationslagern »noch nicht ihre beim Abtransport geraubten Grundstücke und ihr bewegliches Vermögen erhalten« haben. In dem Offenen Brief heißt es dann u.a. weiter:

> »Wir dulden aber nicht, daß die neue Schuld, welche die jetzigen Regierungen durch ihr Zögern und ihre Gleichgültigkeit auf sich laden, noch größer wird. Solange uns unser Recht vorenthalten wird, ist unsere Befreiung noch nicht vollendet. ... Wer gibt Ihnen das Recht zu dulden, daß die Nazis aus den

---

[113] Günther Bernd Ginzel: Phasen der Etablierung einer Jüdischen Gemeinde, op.cit., 456f.
[114] Vgl.: Wolfgang Jacobmeyer, Vom Zwangsarbeiter ..., op.cit., 44.

Fenstern unserer Häuser sehen und wir abseits stehen müssen? ... Lassen Sie nicht den bitteren Gedanken bei uns aufkommen, daß es Ihnen lieber gewesen wäre, wenn wir auch noch vernichtet worden wären.«[115]

Unmittelbar nach diesem Brief bringt das »Jüdische Gemeindeblatt« zwei Meldungen. In einer wird berichtet, daß im Etat der Provinz Westfalen eine Million Reichsmark für Hinterbliebene der SS vorgesehen ist. Ein daran anschließender Artikel beschreibt den Besuch eines Vollziehungsbeamten der Städtischen Steuerkasse Düsseldorf in der Synagogengemeinde. Dieser war erschienen, um mit einem Pfändungsbefehl über 3348,46 Reichsmark rückständige Grundbesitzabgaben für das Synagogengelände von 1938 bis 1945 zu pfänden. – 1938 war die Synagoge von den Nazis angesteckt worden und in Flammen aufgegangen. Der Vorsitzende des Landesverbandes reagiert mit einem empörten Brief, in dem er darauf hinweist, »daß die deutschen Finanzämter sich als Henkersknechte bei der Ausbeutung der Juden in hervorragender Weise beteiligten«.[116] Die Steuerbehörde antwortet mit einer kargen, rein formalen Entschuldigung.

In der französischen Zone hatten die Militärbehörden vergessen, Polizei und Meldeämter darauf hinzuweisen, daß offizielle Dokumente wie Ausweise oder standesamtliche Eintragungen für überlebende Juden nicht den Vornamen Israel oder Sara enthalten dürfen. Da es bis zum Januar 1946 keinen dies verhindernden ›Behördenvorgang‹ gab, wurden die alten Anordnungen aus der Zeit des Dritten Reiches pflichtbewußt befolgt – zum Entsetzen älterer, aus Frankreich zurückkehrender Juden. Die deutsche Verwaltung wurde im Juli 1946 erneut angewiesen, derartige zusätzliche Vornamen zu streichen und in den standesamtlichen Eintragungen nicht zu vermerken, daß die Namen verändert oder gestrichen worden waren. Schließlich – denn auch das schien nicht selbstverständlich – wurde angeordnet, die Namen in der Adrema-(Adressier)-Maschine zu korrigieren.[117] In der amerikanischen Zone wurden 1946 Beamte vor Gericht gestellt, die Dokumente mit diesen Vornamen ausgestellt und in der Rubrik Nationalität ›Jude‹ anstatt ›Deutsch‹ eingetragen hatten.

Die hier genannten und aus Gleichgültigkeit, Frechheit und Bürokratismus gespeisten Beispiele aus dem deutschen Behördenalltag mögen exemplarisch die auf individuelle Juden und jüdische Institutionen zielende Dimension verdeutlichen. In dieser kommt die gesellschaftlich repräsentative und institutionalisierte Seite weiterexistierender antisemitischer Relikte zum Ausdruck. Daraus ergeben sich natürlich Hinweise auf die vorhandene Kontinuität nicht »nur« antisemitischer Phänomene in einem im wesentlichen unveränderten Beamtenapparat.

---

[115] Jüdisches Gemeindeblatt ..., 7.6.1946.
[116] Jüdisches Gemeindeblatt ..., 7.6.1946.
[117] Commissariat pour le Land Bade. Délégation Provinciale Pour le Bade-Sud, 2-636. Affaires Politiques. Section politique – Culte Israelite, Archives de l'Occupation Française en Allemagne et en Autriche, Colmar.

Die »bemerkenswerte Kontinuität des Beamtenapparats über den Einbruch 1945 hinweg« wiederum ist in einem allgemeineren institutionellen Sinne durchaus als eine Anbindung des sich entwickelnden westdeutschen Staates an die Jahrzehnte davor zu betrachten: »Sozialkonservativer Geist und Stil drangen von hier aus in die Politik, Gesellschaft und Kultur der jungen Republik ein; vordemokratische Autoritätsmuster und illiberale Traditionen wurden auf diese Weise weitergereicht, allerdings auch Kompetenz und Leistungsfähigkeit der Verwaltung ...«[118] Dieser Kompetenz und Effizienz kam angesichts des unübersehbaren Chaos auch in den Augen der amerikanischen Besatzungsmacht einige Bedeutung zu. Sie gab der arbeitenden Beamtenschaft eine Form von Selbstbewußtsein, die das jüdische Opfer bisheriger deutscher Gründlichkeit als außerordentlich unangenehm, ja feindlich empfinden mußte. Und derartige Erfahrungen spielen in den späteren Erinnerungen stets eine große Rolle, sehr oft werden dabei allerdings nur die Ähnlichkeiten, die Identität im bürokratischen Verhalten sowie in antisemitischen Reaktionen betrachtet. Nicht beachtet wird das Ausmaß, in dem antisemitische Phänomene die neue gesellschaftliche Situation und das dementsprechende Verhalten Deutscher und Juden reflektieren. Die Ambivalenz in der Reaktion auf die unmittelbare Vergangenheit, die sich ja erst in späteren Jahren wirklich als Vergangenheit darstellte, war verbunden mit einer ebensolchen Ambivalenz hinsichtlich der unmittelbaren Gegenwart. Denn daß der Antisemitismus nicht mehr staatlicherseits geboten war, mußte nun selbst dem verbissensten Nazi einleuchten. Darüberhinaus zeigt sich hier, daß die Re-Emanzipation der Juden nicht einfach durch alliierte Order bewirkt werden konnte. Es handelte sich eher um einen komplizierten Prozeß, in dem die jüdische Seite mit alliierter Unterstützung außerordentliche Aktivitäten, zum Teil auch innerhalb der staatlichen Bürokratien, entfalten mußte.

Zwei übergreifende gesellschaftliche Faktoren beinflußten in diesem Zusammenhang die Ausgangsbedingungen für antisemitische Entwicklungen nach 1945: Zum einen die Tatsache, daß der Antisemitismus nicht mehr verordnete Staatsideologie war, die deutsche Beamtenschaft damit auch nicht mehr qua amtlicher Loyalität und Berufsethos wichtiger sozialer Träger des Antisemitismus sein sollte. Zum zweiten die unübersehbare Tatsache, daß mit der Aufdeckung der praktischen Konsequenzen dieses staatlichen Antisemitismus, des Vernichtungs-Antisemitismus, der Rassismus gegen Juden offiziell und damit im Sinne gesellschaftlich verbindlicher Normen diskreditiert war. Die Aufhebung der antisemitischen NS-Gesetzgebung durch Kontrollratsbeschlüsse erreichte durch Amtsblätter natürlich auch den arbeitenden Beamtenapparat. Mit der anlaufenden »Entnazifizierung« durch die alliierten Behörden ergab sich darüberhinaus die Welle von Amtsentlassungen, Verhaftungen, Internierungen und Prozessen,

---

[118] Jürgen Kocka, »1945: Neubeginn oder Restauration«, op.cit., 154.

deren Höhepunkt der Nürnberger Prozeß war. Allerdings ist hierbei zu berücksichtigen, daß die Urteile gegen Staatsbeamte vergleichsweise milde ausfielen und bei den Urteilen gegen die Hauptangeklagten nur bei einigen antijüdische Handlungen als erkennbarer Faktor bei der Urteilsfindung eine Rolle spielten.[119] OMGUS-Berichte verweisen darauf, daß das Interesse am Prozeß in der Bevölkerung zwar abnahm, dennoch aber festgestellt werden kann, »daß die Nürnberger Prozesse wenigstens der Hälfte der deutschen Bevölkerung die Inhumanität der Nazi-Konzentrationslager stärker vor Augen führten als zuvor.«[120] Vor diesem Hintergrund entwickelte sich der Druck antifaschistischer Gruppierungen, einzelner Bürger, jüdischer Repräsentanten, dann der Besatzungsmächte und eingesetzter Staatsbeauftragter auf den Beamtenapparat, sich mit den Belangen der Verfolgten und Opfer des NS-Regimes zu befassen. Dieser auf den verschiedenen Ebenen der kommunalen, regionalen und Länderverwaltungen weiterexistierende staatliche Apparat war sowohl dem konkreten Prozeß der »Entnazifizierung« und dessen gesellschaftlichen Relativierungen ausgesetzt als auch dem Druck, etwas für die Überlebenden zu tun. Erneut war damit, wenn auch unter veränderten politischen Machtverhältnissen, ein unmittelbares Verhältnis von deutscher Staatlichkeit und »Judenfrage« hergestellt.

Das sich herausbildende Nachkriegs-Verhältnis Deutscher zu Juden und jüdischen Themen war damit aus dem Bereich der Meinungen und Einstellungen, der individuellen Beziehungen sehr schnell in den institutionellen Bereich verlängert worden. Es gehört somit zu den Entwicklungsaspekten, die untrennbar mit dem Weg der Herausbildung eines neuen deutschen Staates verbunden sind. Allerdings wird man in der Mehrzahl der geschichtswissenschaftlichen Darstellungen zur Entstehung der Bundesrepublik Deutschland diesen Aspekt vergeblich suchen.

Die frühe Verbindung von öffentlicher Verwaltung, staatlichen Organen und jüdischem Neubeginn prägte die Haltung zu Juden genauso wie die Reaktionen der jüdischen Minderheit. Soziale und ökonomische Faktoren im deutsch-jüdischen Verhältnis sowie deren vielschichtige Wahrnehmung erhielten auf dieser staatlichen Ebene ihre ideologische und politische Qualität. Die dezentralisierte Struktur der öffentlichen Verwaltung, personelle Kontinuitäten im vorhandenen Beamtenapparat und antinazistische Neuernennungen wirkten sich auf die Nachkriegsbeziehungen überlebender Juden zur neuen Ordnung in dem Maße aus, wie sie zur Bewältigung ihrer immensen Probleme offiziell zuständige Ansprechpartner suchen mußten. Die jüdische Lebenssituation war verwoben mit der allgemeinen Not, dem materiellen Elend, der Reaktion auf Zerstörungen und beginnendem Wiederaufbau in der Bevölkerung insgesamt, sie hatte aber ihre durch Verfolgung und Massenmord bedingte spezifische Qualität. Das

[119] Vgl. Hilberg, op.cit., 724f.
[120] OMGUS, ICD, Surveys Section, Report No.33, 18.12.1946, NA.Rg. 260, 233-3/5.

Verhältnis von Deutschen und Juden kristallisierte sich somit neben direkten persönlichen Kontakten in dieser formativen Phase der Nachkriegsentwicklung insbesondere über die staatlichen Organe heraus. Es handelt sich um ein strukturelles Merkmal dieser Beziehung, eine institutionelle Vermittlung, die bei allen Beteiligten vorhandene Einstellungen bestätigte, aktualisierte oder auch neue schuf.

Exemplarisch dafür ist der Bericht Judah Nadichs, Berater Eisenhowers in jüdischen Angelegenheiten. Eine Inspektionsreise führt ihn Ende September 1945 nach Bad Nauheim, wo er etwa 60 Juden vorfindet. Diese leben in verschiedenen Zimmern und Wohnungen im Ort, die minderer Qualität und nicht beheizbar sind. Die ehemaligen jüdischen Wohnungen sind weiterhin im Besitz der Deutschen. Drei ehemalige Gebäude der jüdischen Gemeinde werden zwar von den US-Truppen genutzt, sie sind aber noch im Besitz der Stadt, da diese sich ja im Dritten Reich den jüdischen Gemeindebesitz angeeignet hatte. Die Rückgabe dieses Besitzes war in den ersten Monaten noch nicht geregelt. So zahlt die Stadtverwaltung die Miete für die von den Besatzungstruppen genutzten Gebäude nicht etwa an die Jüdische Gemeinde, sondern in bürokratischer Übererfüllung des Besatzungsstatuts an die Stadtverwaltung, also an sich selbst. Die Vertreter der jüdischen Überlebenden protestieren ohne Erfolg. Nadich sucht mit diesen den Bürgermeister auf: »einer aufgeblasenen, autokratischen und verschlagenen Person, darauf aus, so wenig wie möglich mit den Amerikanern und gewiß überhaupt nicht mit den Juden zu kooperieren – allerdings ohne sich dabei in Schwierigkeiten mit der Besatzungsmacht zu bringen.«[121] Der Bürgermeister – angesprochen auf die Ernährungssituation – verweist hinsichtlich der Lebensmittelkarten für die jüdischen Bürger auf den Landrat und das Landesernährungsamt sowie auf deren Anordnungen und daß er nichts tun könne, ohne vorher mit dem Landrat Rücksprache gehalten zu haben. Bezüglich der Wohnungsfrage müßte er erst das Wohnungsamt konsultieren, und vor einem Wohnungstausch von Deutschen und Juden sah er zahlreiche bürokratische Schwierigkeiten ... Nadich bemerkt ironisch: » ...obwohl noch kein halbes Jahr seit der Kapitulation Deutschlands vergangen ist, sind die deutschen Beamten so deutsch wie immer ...«[122] Die Beschwerden der 600 Juden in Bamberg, die Nadich im Oktober aufsucht, waren noch gravierender. Sie berichteten ihm, daß auf ihre Bitte um zusätzlichen Wohnraum von dem Vertreter der deutschen Stadtverwaltung entgegnet worden sei, dieser schere sich keinen Deut darum, wo sie schliefen. Was ihn beträfe, könnten sie auf dem Fußboden schlafen.[123]

Derartige Erfahrungen werden von verschiedenen Mitarbeitern der amerikanischen Militärverwaltung, von Intellektuellen, Publizisten reflektiert. Im folgenden sollen einige der hierbei häufig anzutreffenden Sichtweisen genannt und

---

[121] Nadich, Eisenhower and the Jews, New York 1953, 145f.
[122] Ibid., 147.
[123] Ibid.

zitiert werden, die die Entwicklung des Verhältnisses von Deutschen und Juden beeinflussen. Als einer der Offiziere der amerikanischen Militärregierung, deren Arbeit dieses Verhältnis immer wieder zum Gegenstand hatte, versuchte M. Moskowitz im Sommer 1946, eine Art Zwischenbilanz zu ziehen.

> »There is a kind of passivity and indifferencee, a wholesale absence of any sense of responsibility. ... The role of anti-Semitism in the rise of Nazism to power is rarely discussed in public, and German newspapers have shied away from the subject. To date no one (except the philosopher Jaspers) has arisen in Germany to exhort his people to repentance and expiation for the mass graves of Jews dotting half the European continent.«[124]

Die »Blut und Boden«-»Volksgemeinschaft«, so registrierte Moskowitz, war in Auflösung begriffen und die deutschen Flüchtlinge aus dem »Sudetenland«, aus Polen, Rumänien, Ungarn wurden von ihren »Volksgenossen« im Kern des Reiches mit Zorn, Verdacht und Haß bedacht. Die »Schicksalsgemeinschaft« des Tausendjährigen Reiches fragmentierte sich zu Eigennutz und Überlebenskampf. Auch der Antisemitismus schien wieder eher seinen traditionellen Verlauf zu nehmen und weniger Streichers Parolen zu vollziehen. Moskowitz zitiert einen Kneipier mit der Bemerkung, daß Bismarck ein größerer Staatsmann gewesen sei als Hitler. Bismarck hätte die deutsche Nation begründet, und diese sei aufgeblüht. Hitler hätte eine arische Rasse begründet, und diese sei untergegangen. Bismarck hätte im Bündnis mit den Juden gekämpft und gewonnen. Hitler hätte gegen die Juden gekämpft und verloren. Selbst wenn man dies eher als eine episodenhafte Bemerkung betrachtet, scheint hier dennoch die Suche nach Erklärung, nach einem Sinn des Geschehenen durch. Nicht zufällig erwähnt Moskowitz als ein einsam herausragendes positives Beispiel den Philosophen Jaspers. Er bezieht sich offensichtlich auf die Heidelberger Universitätsvorlesung vom Wintersemester 1945/46 zur Schuldfrage, in der Karl Jaspers verbreitete moralische Haltungen und deutsche Gemütszustände einfühlsam charakterisierte:

> »So müssen wir uns jetzt selber fragen, ob wir nicht wieder einem anderen Lärm verfallen, selbstgerecht werden, aus unserem bloßen Überleben und Gelittenhaben eine Legitimität ableiten. Seien wir uns klar: Daß wir leben und überleben, verdanken wir nicht uns selbst; daß wir neue Zustände mit neuen Chancen in der furchtbaren Zerstörung haben, haben wir nicht durch eigene Kraft erreicht. Geben wir uns keine Legitimität, die uns nicht zukommt. ... Fast jeder hat nächste Freunde und Angehörige verloren, wie aber er sie verloren hat, durch Kampf an der Front, Bomben, KZ oder den Massenmord seitens des Regimes, das hat sehr abweichende innere Haltungen zur

---

[124] Moskowitz, op.cit., 11.

Folge. ... Die Not ist der Art nach verschieden. Die meisten haben nur für die eigene einen wirklichen Sinn. Jeder neigt dazu, große Verluste und Leiden als Opfer zu deuten, aber wofür dieses Opfer war, das ist so abgründig verschieden deutbar, daß es die Menschen zunächst trennt. ... Gewaltig ist auch der Unterschied an Art und Maß der Schuld. Niemand ist schuldlos. ... Dies wird verschlimmert dadurch, daß so viele Menschen nicht eigentlich nachdenken wollen. Sie suchen nur Schlagworte und Gehorsam. Sie fragen nicht und sie antworten nicht, außer durch Wiederholung eingelernter Redensarten. Sie können nur behaupten und gehorchen, nicht prüfen und einsehen, daher auch nicht überzeugt werden. ... Zu allen Weisen des Trotzes gehört ein aggressives Schweigen. Man entzieht sich, wo die Gründe unwiderleglich werden. Man zieht sein Selbstbewußtsein aus dem Schweigen als der letzten Macht des Ohnmächtigen. Man zeigt das Schweigen, um den Mächtigen zu kränken. Man verbirgt das Schweigen, um auf Wiederherstellung zu sinnen ...«[125]

Nun ist Schweigen sicherlich keine meßbare Größe, aber es umschreibt jenen Sachverhalt, den Moskowitz und andere Beobachter ebenfalls konstatierten: »Die tödliche Sünde des deutschen Volkes war – und ist heute – das schweigende Dulden.«[126] Hannah Arendt bezog sich in einem Brief an Gertrud Jaspers Ende Mai 1946 direkt auf dieses Problem: »Wie man es aber aushält, dort als Jude zu leben in einer Umwelt, die über ›unser‹ Problem, und das sind ja heute unsere Toten, nicht einmal zu sprechen geruht, weiß ich auch nicht. Außer daß ich weiß, daß es gut wäre, wenn man es könnte.«[127] In einem Beitrag zum 40. Jahrestag des 8. Mai 1945 in »Die Zeit« charakterisierte der Literaturwissenschaftler Hans Mayer die skizzierten Haltungen im Nachkriegsdeutschland als Amnesie: »So wurden Krieg und Drittes Reich entweder beschwiegen oder hoffnungslos zersplittert durch individuelle Anekdoten. Wer das in jenen ersten Jahren eines Nachkriegs bewußt erlebt und auch noch an den Nachkrieg um 1920 zurückzudenken vermochte, fand vor allem die Wiederholung erschreckend.« Und er fragt, wie das geschehen konnte, »alles Sprechen als stillos, geschmacklos, taktlos zu deklarieren«.[128] Andere Schriftsteller, im kulturellen Bereich Aktive der Zeit vor und nach dem Mai 1945 wie Stephan Hermlin, Hans Habe, Konrad Wolf, die unmittelbaren Kontakt zur Bevölkerung hatten, kommen in ihren Erinnerungen oder Briefen stets auf dieses Schweigen zurück.[129] Ein Schweigen,

---

125 Jaspers, op.cit., 123, 128f., 130, 204.

126 Moskowitz, op.cit., 11.

127 Hannah Arendt / Karl Jaspers, Briefwechsel 1926-1969. Vollständige Ausgabe, Hg. von Lotte Köhler und Hans Sauer, München 1985, 77.

128 Die Zeit, 1.2.1985.

129 Vgl. Hans Habe, All my sins. An autobiography, London, Toronto u.a. 1957; ders. Ich stelle mich. Meine Lebensgeschichte, München 1986; Hermlin, op.cit.; Konrad Wolf, »Selbstäußerungen«, in: Sinn und Form 5/36, 1984, 897f.

das sich auf der Seite der Besiegten mit Begriffen wie »unfaßbare Katastrophe«, »vor dem Nichts stehen«, »Schicksalsschlag« umhüllte und dessen redselige Kehrseite jene Anekdoten waren, deren Kern auf die familiäre Feststellung hinauslief: ›Papa war im Krieg‹.

Aber anekdotische Redseligkeit und beredtes Schweigen bedeuteten nicht, daß das schlagartige öffentliche Bekanntwerden der KZ-Hölle unbeachtet blieb. Posner berichtete über Reaktionen, aber es ist auch nach der ausgesprochen emotionalen Seite dieser Reaktionen zu fragen. Im ersten Kapitel ist kurz beschrieben worden, wie die Bürger der Musenstadt Weimar auf den vom amerikanischen Militär angeordneten Besuch in nahegelegenen Konzentrationslager Buchenwald reagierten. Stephan Hermlin bezeichnete, aus Erfahrungen der Frankfurter Bevölkerung gespeist, diese Haltung des Erstarrens, des Wegsehens als die millionenfache Haltung des »abgewandten Gesichts«. Moskowitz hält hierzu fest:

> » ... the most striking over-all impression is the absence in the German of any emotional reaction towards Jews, be it positive or negative. It was shocking at times to listen to people decrying the evils of Nazism, reciting the horrors of concentration camps, detailing the enormities committed in the torture chambers and crematoria, without expressing one word of sympathy for the victims.«[130]

Hier geht es primär nicht um die Frage, wer hat im Deutschen Reich vom Massenmorden gewußt, wen haben die Zeitungsberichte über den Nürnberger Prozeß erreicht, das heißt, nicht der kognitive Aspekt des Umgangs mit der Judenverfolgung soll hier betont werden. Nicht um Kenntnis, Wissen, Information geht es, sondern darum, was psychisch, emotional – und damit spontanes Verhalten prägend – daraus gemacht wurde. Die eine Seite ist zweifelsohne jenes Schweigen, das bereits während des Dritten Reiches die Verfolgung der Juden umhüllte. Eine andere Seite betrifft die Art und Weise, in der nun darüber geredet wurde. Nach zahlreichen Gesprächen mit Deutschen hat 1946 der Schriftsteller Max Frisch die sozialpsychologische Qualität derartiger Reaktionen, oder besser fehlender notwendiger Reaktionen auf nahezu klassische Weise in seiner literarischen Andorra-Skizze charakterisiert:

> »Auf der anderen Seite gab es auch Andorraner eines freieren und fortschrittlichen Geistes, wie sie es nannten, eines Geistes, der sich der Menschlichkeit verpflichtet fühlte: sie achteten den Juden, wie sie betonten, gerade um seiner jüdischen Eigenschaften willen, Schärfe des Verstandes und so weiter. Sie standen zu ihm bis zu seinem Tode, der grausam gewesen ist, so grausam und ekelhaft, daß sich jene Andorraner entsetzten, die es nicht berührt hatte, daß

[130] Moskowitz, op.cit., 11.

schon das ganze Leben grausam war. Das heißt, sie beklagten ihn eigentlich nicht, oder ganz offen gesprochen: sie vermißten ihn nicht – sie empörten sich nur über jene, die ihn getötet hatten, und über die Art, wie das geschehen war, vor allem die Art.«[131]

Derartige Empfindungs- und Reaktionsweisen – ganz abgesehen davon, daß sie auch von Eltern und Großeltern an eine Generation Heranwachsender weitergegeben wurden – spielten in zahlreichen öffentlichen und halböffentlichen Diskussionen, Publikationen eine Rolle, prägten konkretes Verhalten gegenüber Juden. Ein Beispiel dafür war die Diskussion der Schuldfrage, die allerdings weniger in der Tagespresse als vielmehr auf einer intellektuellen Ebene in Journalen, Zeitschriften oder im Zusammenhang mit religiösen Debatten von einiger Bedeutung war.[132] Wobei der Begriff Schuldfrage durchaus vielschichtig zu verstehen ist. Denn neben der Frage der Schuld am millionenfachen Massenmord stand für viele Deutsche weit bedeutsamer die Frage nach der Schuld an der »Katastrophe«, der Niederlage der Wehrmacht, so wie sie der von Moskowitz zitierte Kneipenwirt aufgriff. Das Schweigen über die Vergangenheit schloß auch das Schweigen über »die« Juden ein, wo es durchbrochen wurde, kam nicht allein die antisemitische Anekdote, sondern auch ein – »die« Juden betreffender – Bezug zum Vorschein, der vermeintlich eine Absage an den Antisemitismus darstellen sollte. Hans Habe, Schriftsteller, in amerikanischem Auftrag Begründer und erster Chefredakteur der »Neuen Zeitung«, wies in diesem Zusammenhang bereits 1946 auf eine prononciert ideologische Seite der Entwicklung im Antisemitismus hin:

»Während der anderthalb Jahre, die ich im und nach dem Krieg in Deutschland verbracht habe, fand ich eine seltsame Art der Abkehr vom Antisemitismus. Am deutlichsten offenbarte sie sich wohl im hinterlassenen Brief R. Robert Leys, der in seinem Testament die Deutschen aufforderte, sich vom Antisemitismus abzukehren: ›Der Antisemitismus‹, so schrieb der ehemalige Führer der Arbeitsfront, ›verdüsterte unsere Weltanschauung. Wir müssen endlich mutig genug sein, uns vom Antisemitismus zu befreien und uns mit den Juden in unserer Mitte zu versöhnen.‹ In diesen Worten Dr. Leys verriet sich die Anschauung, der ich später immer wieder begegnete, daß nämlich die Juden ›Deutschlands Unglück‹ seien, diesmal allerdings in einem anderen Sinne – der Antisemitismus des Hitlertums hätte die Welt gegen Deutschland aufgebracht, geeinigt, der Antisemitismus hätte schließlich die deutsche Niederlage herbeigeführt.«[133]

---

131 Max Frisch, Tagebuch 1946-1949, Frankfurt/M. 1958, 37.

132 Vgl. Barbro Eberan, Luther? Friedrich »der Große«? Wagner? Nietzsche? ...? ...? Wer war an Hitler schuld. Die Debatte um die Schuldfrage 1945-1949, München 1983; Ingrid Laurien, »Die Verarbeitung von Nationalsozialismus und Krieg in politisch-kulturellen Zeitschriften der Westzonen 1945-1949«, in: Geschichte in Wissenschaft und Unterricht 4/39, 1988, 220f.

133 Die Neue Zeitung, 16.8.1946.

Wiederum erschreckt die Ähnlichkeit mit der Zeit nach 1919, wird das Verhältnis zu den Juden zur Erklärung nationalen »Unglücks« herangezogen und die »Schuldfrage« simplifizierend geklärt. Ley, ehemaliger Leiter der Deutschen Arbeitsfront, beging im Oktober 1945 im Gefängnis in Nürnberg Selbstmord, nachdem er eine Erklärung zur »Lösung der Judenfrage« und der »Versöhnung« von Juden und Antisemiten verfaßt hatte.[134] Antisemitische Denkschablonen paßten sich, worauf Habe verwies, der neuen Wirklichkeit an. Die Abkehr vom Vernichtungs-Antisemitismus blieb dabei diffus, unpräzise, stereotyp und ambivalent. Der bayerische Staatskommissar für die Opfer des Faschismus, Dr. Auerbach, der selbst Jahre in deutschen Konzentrationslagern zugebracht hatte, mußte ein Jahr später, im November 1946, öffentlich auf das Fehlverhalten der Bürokratie und antijüdische Reaktionen der Bevölkerung eingehen: »Es bereitet sich wieder diejenige antisemitische Stimmung vor, die wir glaubten überwunden zu haben. Man arbeitet mit derselben Methode, indem man Unterschiede konstruieren will zwischen den wenigen überlebenden deutschen Juden und den ausländischen.«[135] Die Juden aus Osteuropa, fährt Auerbach fort, wollten den Transit, mußten aber vorläufig hierbleiben. »Leider muß man feststellen, daß eine unsichtbare Wand sich ihnen entgegenstellt, jene kalte Gehässigkeit, die wir aus früheren Jahren kennen. ... man kritisiert alles, was sie tun.« Und er fragt, ob das deutsche Volk denn überhaupt aus dem Nürnberger Prozeß und dem Erleben der vergangenen zwölf Jahre gelernt habe.

---

[134] Vgl. Dan Bar-On, Legacy of Silence. Encounters with Children of the Third Reich, Cambridge, London 1989. Die Ähnlichkeit nach Ton und Inhalt mit dem von Habe zitierten Dokument in dem von Dan Bar-On dokumentierten »Political Will and Testament« (129f.) läßt – obwohl Anonymität gewahrt wird, darauf schließen, daß es sich um das Politische Testament von Ley handelt.

[135] Die Neue Zeitung, 25.11.1946.

3. Amerikanische Militärregierung und deutscher Antisemitismus

Der Zustrom von über 52 000 Juden allein im Januar 1946 in die westlichen Besatzungszonen (bis Ende 1946 über 100 000) vor allem nach Bayern führte zu wachsenden Spannungen zwischen Juden einerseits, deutscher Bevölkerung und Behörden andererseits. Ein OMGUS-Bericht konstatierte ein immenses Anwachsen von Gefühlen und Äußerungen der Ablehnung – nicht nur der Juden, sondern auch der amerikanischen Militärregierung – in der Bevölkerung. In Berichten des Büros von Robert Murphy, politischer Berater der Militärregierung, wurde eine neue Welle des Nationalismus, ja sogar die Gefahr verschiedener Formen von Widerstand befürchtet.[1] Als Beleg zitierte der Bericht den Brief eines Landrates an die bayerische Landesregierung. Der Landrat beklagte die Situation im DP-camp Föhrenwald, vor allem die Schwarzmarktaktivitäten von DPs, beschwor die Gefahr von »wirklichem Antisemitismus« und politischem Radikalismus und gab eine Skizze seiner Meinung nach vorherrschender Sichtweisen: Die Bevölkerung sei ohne jegliches politisches Interesse; die »übertriebene« und »ungerechte« Art der Entnazifizierung habe viele verletzt, und die ständigen Requirierungen für die DP-camps verletzten den Gerechtigkeitssinn der Bevölkerung. Insofern würde kein Unterschied zwischen der gegenwärtigen und der Regierungsform der Nationalsozialisten gesehen. Schließlich hätte die Bevölkerung an die US-Propaganda während des Kriegs und an die US-Verteidigung von Menschenrechten und Gerechtigkeit, von »Privateigentum und Tradition« geglaubt. Man sei bitter enttäuscht ...
Versteckt hinter Schlagworten der alliierten Propaganda drückt der Landrat durchaus die deutsche Seite der Spannungen im Verhältnis Deutsche-Juden-Besatzer aus. In einer Telefon-Konferenz zwischen General Lucius D. Clay und General Hilldring in Washington kam diese Situation als ein akutes Problem zur Sprache. Hilldring stimmt vorsichtig den Befürchtungen Clays zu und deutet hinsichtlich der Auffassungen der US-Regierung über die Beziehungen von jüdischen DPs und Deutschen an, daß man durchaus sähe, daß diese von den Deutschen gehaßt würden.[2]
Im Winter/Frühjahr nahmen die Konfrontationen im Umkreis der DP- camps in Bayern dermaßen massiv zu, daß im Mai 1946 in OMGUS-Berichten davon die Rede ist, daß die camps ein ernsthaftes Sicherheitsrisiko darstellten und dem Ansehen der amerikanischen Besatzungsmacht schadeten. In diesem Zusam-

---

1 OMGUS/POLAD, Office of Political Advisor, Munich, to Ambassador Murphy, 9.1.1946, NA.Rg.84, 756/4-7.
2 OMGUS/POLAD, Telephone Conference, Gen. Clay – Gen. Hilldring, 10.1.1946, NA.Rg.84, 756/4-7.

menhang mutet es nahezu wie Ironie an, daß auch jener unheilvolle Gegensatz von deutschen Juden und Juden aus Osteuropa Anfang 1946 in Ansätzen in Erscheinung trat. OMGUS vermerkte, daß Aktivitäten jüdischer Emigranten bei Jüdischen Gemeinden Unruhe auslösten, weil sie in deren Verhalten einen Widerspruch zu ihren Interessen sahen und unangenehme Folgen für die deutschen Jüdischen Gemeinden befürchteten. Der durch die historische Entwicklung völlig unhaltbar gewordene Gegensatz von deutschen Juden und »Ostjuden« zog in die Querelen jüdischer Organisationen ein – als ob nichts geschehen sei.[3] Den Hintergrund bildeten Fälle von Kriminalität jüdischer DPs und der aufblühende Schwarzmarkt . So wie viele andere DPs und amerikanische Militärangehörige waren hier jüdische DPs aufgrund ihres leichteren Zugangs zu Lebensmitteln und Waren des täglichen Bedarfs tätig. Bei OMGUS häuften sich Berichte über Diebstähle und Schwarzmarktaktivitäten. Allerdings zeigt eine Auswertung vorhandener Unterlagen, daß im Vergleich mit der großstädtischen Bevölkerung die Kriminalitätsrate der DPs nicht höher war. Bei Eigentumsdelikten lag sie sogar »deutlich unterhalb der Norm der deutschen Bevölkerung innerhalb des gleichen Zeitraumes«.[4] OMGUS-Bavaria stellt bereits November 1946 fest, daß vorliegende Akten aus der Rechtssprechung von Gerichten der Militärregierung ergeben, daß nicht-deutsche Täter, die wegen Gewalttaten verurteilt worden waren, nichtjüdische DPs, vor allem Polen, waren.[5]
In den Münchener Polizeiberichten tauchen in diesem Zusammenhang dennoch antisemitische Tendenzen auf, was dazu führte, daß Ende Juni 1948 per ministeriellen Beschluß der Gebrauch des Wortes »Jude« in offiziellen Akten untersagt wurde.[6] Nun sprach man von »verschiedenen Gruppen von Ausländern und arbeitsscheuen Elementen«: »Es hatte sich also nur auf dem Papier etwas geändert, wohl kaum aber im Bewußtsein der Beamten.«[7] Die verzerrenden Berichte – aus welcher Absicht auch immer – über die Kriminalität jüdischer DPs waren und sind übertrieben. Sie führten jedoch zur Etablierung jenes bis heute nicht nur in der Bundesrepublik existenten Vorurteils, als ob der Schwarzmarkt vor der Währungsreform eine spezifisch jüdische Domäne und eine Art jüdischen Wirtschaftswunders gewesen sei.[8] Allerdings erfolgten vor diesem Hintergrund Konfrontationen mit deutscher Polizei und Behörden, bei denen nicht die Häufigkeit entscheidend war, sondern die Tatsache, daß es sich um Juden handelte – gegebene Anlässe sozusagen, um nun wiederum überkommene ökonomische antijüdische Stereotype scheinbar realitätsbestimmt zu bestätigen.

3 OMGUS/POLAD, Office of Political Advisor, Munich, to Ambassador Murphy, 4.4.1946, NA.Rg.84, 756/4-7.
4 Jacobmeyer, Vom Zwangsarbeiter ..., op.cit., 49.
5 OMGUS, Trend Weekly Report, No. 23, 11.11.1946, NA.Rg.260, 5/233-3/5.
6 Wetzel, Jüdisches Leben ..., op.cit., 344.
7 Ibid., 344f.
8 Vgl. Jacobmeyer, Jüdische Überlebende ..., op.cit., 440f.; Wetzel, op.cit., 342f.

Auf dem »Jüdischen Kongreß« in München (27.1. bis 1.2.1946), an dem u.a. auch Ben Gurion teilnahm, wurde neben anderen Themen das sich ständig verschlechternde Verhältnis zwischen Juden und Deutschen diskutiert. Auf dem Kongreß standen bei der Behandlung dieses Problems allerdings die Emigration nach Palästina und der notwendige Protest gegen die britische Politik an erster Stelle. Demgegenüber beschäftigten sich Jüdische Gemeinden und amerikanische Behörden zunehmend mit den Gefahren antisemitischer Entwicklungen:

> »The situation is also building up in the German population, which has heretofore been well-disposed toward persecuted people, deep resentment against the Jews. This is reflected in the manner in which the German police deal with them. Munich Jews are also concerned with this situation. They, as well as anti-Nazis, maintain that this situation contributes to the revival of National Socialist influences. While I do not see direct evidence of this it does contribute to the growth of anti-Jewish sentiment, not only among German people, but among American troops.«[9]

Daß dies nicht nur Befürchtungen waren, zeigte sich u.a. am 29.3.1946 in Stuttgart, als 200 bewaffnete deutsche Polizisten in einem camp eine Razzia durchführen. Ein Überlebender der KZ-Hölle, der erst kurz zuvor seine Frau und seine zwei Kinder wiedergefunden hatte, wurde getötet, und drei andere wurden verletzt.[10] General Joseph McNarney, Nachfolger Eisenhowers, gab Ende des Monats daraufhin den Befehl, künftig deutscher Polizei nicht mehr den Zutritt zu den DP-camps zu gestatten und die DPs der deutschen Gerichtsbarkeit vorläufig zu entziehen. Am 4.4.1946 kam es u.a. in Landsberg zu einer Protestversammlung des jüdischen Lagerkomitees, auf der der Vorsitzende schilderte, wie die deutsche Polizei gegen Lagerinsassen vorgegangen sei. OMGUS fügt eine Übersetzung dieser Schilderung, wie sie in der jiddischen »Landsberger Cajtung« erschien, den vertraulichen Berichten hinzu, offensichtlich um die Stimmung unter den Insassen des jüdischen camps als Reaktion auf deutsche Polizei-Brutalität zu charakterisieren.[11]

Entscheidend für die Bewertung dieser und weiterer Vorfälle scheint das im Winter 1945/46 zu verzeichnende Anwachsen einer antisemitischen Stimmung. Sicher haben dazu eine Vielzahl von Faktoren der deutschen Krisensituation beigetragen. Nur Einiges sei erwähnt. Der Schock der militärischen Niederlage, die, von der Masse der Bevölkerung so empfundene, Katastrophe des Zusammenbruchs, wurde von neuen Problemen und Erfahrungen mit den Siegern und den ehemals verachteten Opfern überlagert. Es war der erste Nachkriegswinter,

---

9 OMGUS/POLAD, Office of Political Advisor, Munich, to Ambassador Murphy, 2.2.1946, NA.Rg.84, 756/4-7.

10 Dinnerstein, America ..., op.cit., 49.

11 Landsberger Caytung, 14.4.1946.

die deutsche Bevölkerung hatte unter Kälte, Hunger, Wohnraumnot zu leiden. Zehntausende Wehrmachtsangehörige kehrten zurück. Zu den jüdischen Emigranten gesellten sich Millionen Deutsche, die aus den ehemaligen Ostgebieten des Deutschen Reiches in den Westen strömten. Soziale und politische Ungewißheit über die kommenden Monate paarte sich mit dem Rückzug auf die unmittelbaren Fragen des Überlebens – zumindest für die übergroße Mehrheit. Auf einer Tagung des Länderrates der amerikanischen Zone mit Mitgliedern des Zonenbeirates der britischen Zone und Vertretern der amerikanischen Militärregierung am 3. April 1946 in Stuttgart stand angesichts der schlechten Versorgungslage und der mangelnden Koordination zwischen den einzelnen Besatzungsgebieten die Frage der wirtschaftlichen und politischen Einheit Deutschlands im Vordergrund. Worum es dabei konkret ging, brachte Oberpräsident Dr. Lehr aus der britischen Zone prägnant zum Ausdruck, indem er auf die Lieferung von Ruhrkohle für Reparationszwecke anspielte: »Aber unsere Besatzungsbehörde sollte doch auch manchmal daran denken, daß einem das Hemd näher ist als der Rock, und an den Satz der Bibel, man soll dem Ochsen, der drischet, nicht das Maul verbinden.« Und damit ja kein Mißverständnis entstand, kam er sofort auf die Ernährungslage zu sprechen:

> »Aus der Presse und sonstigen Veröffentlichungen geht hervor, daß man in den KZ-Lagern die Leute langsam absterben ließ. Man kann das auch außerhalb der KZ tun, wenn man die Kalorien zu niedrig ansetzt. Das deutsche Volk geht langsam, aber unaufhörlich zurück ... Es ist bisher in der Welt noch nicht vorgekommen, daß ein Volk vollständig besiegt, in schlechten Wohnungen, bei schlechter Ernährung, ohne zureichende Bekleidung, vielfach auf der Flucht, seinen eigenen Wiederaufbau leisten und noch zum Wiederaufbau Europas beitragen soll.«[12]

Der »gute Ton«, von dem Posner für den Sommer 1945 sprach, hatte in den aufstrebenden Gremien eines selbstbewußter werdenden neuen Deutschlands einer anderen Tonlage Platz gemacht. Der deutsche Nachkriegsalltag und die widersprüchlichen Erfahrungen mit der Besatzungspolitik schlugen sich unter der Bevölkerung in offenen antijüdischen Einstellungen zu Juden und in Reaktionen auf jüdische Aktivitäten nieder. Die nach der militärischen Niederlage und den ersten antinazistischen Maßnahmen der Alliierten einsetzende, fast schockartige, antisemitische Sprachlosigkeit begann sich unter dem Eindruck der neuen Erfahrungen zu verflüchtigen. Dies hatte zunehmend die zuständigen Stäbe von OMGUS zu beschäftigten, sollten Denazifizierung und Re-education mehr sein als bloßes Programm.

---

12 Bundesarchiv / Institut für Zeitgeschichte (Hg.), Akten zur Vorgeschichte der Bundesrepublik 1945-1949, Bd.1., München 1976, 426f.

Die antisemitischen Tendenzen in deutschen Landen und Verwaltungen blieben den wissenschaftlichen Stäben von OMGUS natürlich nicht verborgen. Ihre Bewertung war Teil der wissenschaftlichen Forschungsarbeit und sollte – zumindest im Verständnis von Teilen des Military Government und beteiligten Wissenschaftlern – der Klärung von Möglichkeiten einer demokratischen Entwicklung der deutschen Gesellschaft dienen. Die Aufgabe der Demokratisierung stand allerdings vor einem doppelten Dilemma. Zum einen existierten sich widersprechende Ansichten über den Charakter der Demokratisierung in der Militärverwaltung und den wissenschaftlichen Beraterstäben. Neben den meist linken deutschen Emigranten und den eher idealistischen amerikanischen Deutschland-Experten auf den niederen Rängen der Militärhierarchie gaben vor allem die Berufsmilitärs an der Spitze der militärischen Hierarchie den Ton an. Letztere hatten nur geringe Kenntnis der deutschen Sprache, Kultur oder Geschichte und waren für eine zivile Verwaltung kaum geeignet. Hinzu kam, daß diese Militärs oft entweder apolitisch oder dogmatische Antikommunisten waren.[13] Wenn man sich vor Augen hält, daß dies andererseits eine der Vorausetzungen für die Einführung der Demokratie von oben war, so wird das doppelte Dilemma deutlich: Entwicklung der Demokratie gemäß deutscher Traditionen und Krisenbedingungen oder nachgeholte demokratische Revolution von oben durch die Besatzungsmächte, was unterschiedliche Demokratievorstellungen natürlich mit einschloß.

Auf der Grundlage empirischer Untersuchungen wurden von den Beratern und von Emigranten auf den niederen Rängen Empfehlungen ausgesprochen und Schlußfolgerungen für die Entscheidungsträger der Militärverwaltung nahegelegt – aber mit welchem Erfolg? »Die operating desks, die Abteilungen, die wirkliche Politik machten, sahen die Marcuses, Neumanns, Kirchheimers als mitteleuropäische Intellektuelle an, die für die Interessen Amerikas wenig Verständnis aufbrachten. Diese Interessen wurden mit dem beginnenden Kalten Krieg immer mehr im Sinne des containment, der ›Eindämmung‹ des als expansiv und aggressiv interpretierten Sowjetkommunismus gesehen; das Interesse an Entnazifizierung und Demokratisierung Deutschlands trat in den Hintergrund.«[14]

Auch in diesen Jahren zeigte die Realität der politischen Entwicklung, daß der ausgefeiltesten sozialwissenschaftlichen Theorie und den Ergebnissen empirischer Sozialforschung im vorpolitischen Raum nicht unbedingt die sich schein-

---

13 Rebecca Boehling, »German Municipal Self-Government and the Personnel Policies of the Local U.S. Military Government in Three Major Cities of the Zone of Occupation: Frankfurt, Munich, and Stuttgart«, in: Archiv für Sozialgeschichte 25, 1985, 334.

14 John H. Herz, Vom Überleben. Wie ein Weltbild entstand. Autobiographie, Düsseldorf 1984, 145.

bar daraus zwingend ergebenden Entscheidungen der politisch Verantwortlichen folgen müssen. »Der tatsächliche Einfluß der deutschsprachigen Forschungsgruppe [vor allem des Office of Strategic Services in Washington, F.S.] auf die Planung der amerikanischen Deutschlandpolitik war schon vor 1945 ausgesprochen gering, nach dem Krieg ging er gegen Null.«[15] Dazu trug sicherlich auch nicht unwesentlich bei, daß ein Teil dieser Wissenschaftler eben links und Emigranten aus Deutschland waren. Sie kamen wie Franz Neumann, Herbert Marcuse, Friedrich Pollock, Leo Löwenthal und Otto Kirchheimer in Washington aus dem Umkreis des ehemaligen Frankfurter Instituts für Sozialforschung, hatten sich bereits in den USA antifaschistisch engagiert und sahen es als »eine Sache von weltgeschichtlicher Bedeutung« an, »den Faschismus niederzuringen und die demokratischen Systeme zu verteidigen«. So John H. Herz, einer der 1943 bis 1948 an der wissenschaftlichen Arbeit des Office of Strategic Services und des State Department beteiligten Wissenschaftler, 1983 in einem Interview.[16]

Andere Emigranten, die als Sachverständige oder Berater der Regierung in Washington und der Militärregierung in Deutschland wirkten, kamen von der New School of Social Research in New York. Genannt seien Wissenschaftler wie Hans Speier, Gerhard Colm, Arnold Brecht, Hans Neisser, Adolph Lowe, Karl Löwith, Werner Marx.[17] Hannah Arendt, Hajo Holborn, Eleonore Sterling, Eva Reichmann gehörten zu aufmerksamen Beobachtern der Entwicklung in Deutschland, erhielten Forschungsaufträge oder haben ganz einfach aus der Sicht betroffener Emigranten die Etappen des deutschen Nachkriegs publizistisch verfolgt. Das gilt gleichermaßen für Schriftsteller, Publizisten und Künstler wie Hans Habe, Stephan Hermlin, Stefan Heym, Alfred Döblin, Konrad Wolf, die als Angehörige der alliierten Streitkräfte am Aufbau der Nachkriegsmedien mitwirkten oder als Mitarbeiter herangezogen wurden und direkt zur deutschen Bevölkerung sprachen. Sicherlich darf hierbei nicht übersehen werden, daß manche der Genannten gerade in Fragen des Verhältnisses Deutscher zu Juden und jüdischen Themen eine aufklärerische Sensibilität entwickelt hatten, die sie selbst zu zeitgeschichtlichen Zeugen macht.

---

15 Alfons Söllner (Hg.), Zur Archäologie der Demokratie in Deutschland. Bd.2, Frankfurt/M. 1986, 8.

16 Ibid., 44; vgl. Bernard David Rifkind, OSS and Franco-American Relations. 1942-1945, Ann Arbor 1983; Barry M. Katz, Foreign Intelligence. Research and Analysis in the Office of Strategic Services 1942-1945, Cambridge/Mass. 1989, v.a. 29f., 62f. Leo Löwenthal, Mitmachen wollte ich nie. Ein autobiographisches Gespräch mit Helmut Dubiel, Frankfurt/M. 1980; Herz, op.cit. sowie ders.,«Bürde der Vergangenheit oder: Wie die Deutschen mit der Nazi-Hinterlassenschaft fertig wurden«, in: Tel Aviver Jahrbuch für deutsche Geschichte XIX, 1990, 13f.; Petra Marquardt-Bigmann, Die Deutschland-Analysen des Amerikanischen Geheimdienstes 1941-1949, Tübingen 1991 (Diss.).

17 Vgl. Benita Luckmann, »New School – Varianten der Rückkehr aus Exil und Emigration«, in: Ilja Srubar (Hg.), Exil, Wissenschaft, Identität. Die Emigration deutscher Sozialwissenschaftler 1933-1945, Frankfurt/M. 1988, 353f.

Wenngleich der Einfluß der genannten Mitarbeiter des OSS oder, wie im Fall Leo Löwenthals, des Office of War Information, die an zentralen Handbüchern und Deutschlandberichten arbeiteten, auf politische Entscheidungen des Military Government relativ gering war, so sollte deren Bedeutung für die empirische und analytische Arbeit der verschiedenen Mitarbeiterstäbe nicht unterschätzt werden. Die mit Feldarbeit, der Aufbereitung des Materials oder auch, wie der weiter unten zitierte Artikel über Antisemitismus in Bayern belegt, mit historischen und sozialwissenschaftlichen Themen befaßten Mitarbeiter waren vor dem theoretischen Hintergrund der noch in den Jahren der Weimarer Republik oder dann in den USA geführten Debatten und in der empirischen Forschung gemachten Erfahrungen tätig oder zumindest davon beeinflußt.

Die sich daraus unter den beteiligten Mitarbeitern und OMGUS-Abteilungen ergebenden Diskussionen lassen sich unter anderem am weiter unten ausführlicher dargestellten »Report on Survival of Antisemitism«[18] und den diesen vorbereitenden Gesprächsrunden ablesen. Die sich auf theoretische Aspekte beziehenden Teile der Gespräche und des Berichts lesen sich wie eine kritische Summierung gängiger Antisemitismus-Theorien. Erkenntnisse der Vorurteilsforschung, sozialpsychologische Verallgemeinerungen von in den USA bei Feldstudien gemachten Erfahrungen, geschichtswissenschaftliches Detailwissen, sozialwissenschaftliche Modelle und Methoden und vor allem in empirischer Arbeit im Besatzungsgebiet gewonnene Fakten konnten hier eine einmalige Verbindung eingehen. Das Spektrum reicht von psychoanalytischen über historische und politologische Erklärungsversuche bis zu sozialstrukturellen und ökonomischen Aspekten der Ergründung und des Kampfes gegen das Phänomen des Antisemitismus. Auffallend ist, daß in den Debatten von mit praktisch-politischen und organisatorischen Fragen der Besatzungspolitik betrauten Teilnehmern gegen psychologische Argumentationsweisen eher Vorbehalte formuliert werden und insgesamt die Verbindung des Kampfes gegen den deutschen Antisemitismus mit der Notwendigkeit einer gesamtgesellschaftlichen Demokratisierung betont wird. Auf jeden Fall findet hiermit im Frühjahr 1945 die Rückkehr einer aus Deutschland 1933 vertriebenen kritischen Gesellschaftstheorie mit allen an radikalen sozialen und politischen Reformen orientierten Implikationen statt und nicht erst mit der späteren Neugründung des Frankfurter Instituts für Sozialforschung oder gar der studentischen Rezeption kritischer und marxistischer Theorie in den sechziger Jahren.

Nun könnte man daraus Themen für die Emigrationsforschung ableiten, die ideengeschichtlichen Verästelungen der Konzeptionen der Theoretiker des Frankfurter Instituts für Sozialforschung und ihrer amerikanischen Nachfolge-

---

[18] OMGUS, Information Control Division, Report on Survival of Antisemitism, 24.7.1947, NA.Rg.260, 5/266-1/29.

institutionen untersuchen. Man kann derartige Analysen und Berichte als Dokumente im Rahmen einer »Archäologie der Demokratie in Deutschland«[19] lesen, wobei die damalige scharfe Kritik von Versäumnissen und Fehlent-wicklungen ins Auge sticht. Und man kann diese Dokumente darüberhinaus, soweit sie auf die konkrete Situation in Deutschland eingehen, als historische Quelle von unschätzbarem Wert betrachten, die gleichermaßen durch Nähe und Distanz zu ihrem Gegenstand gekennzeichnet ist: Nähe, weil diese Materialien mit den umfassenden Möglichkeiten einer Militärverwaltung in einem Besatzungsgebiet erstellt worden sind; Distanz, weil hiermit nicht deutschen Stellen und Entscheidungsträgern zugearbeitet wurde.

Von März 1946 an wurden von OMGUS – nach einigen Vorarbeiten seit Beginn der Besetzung Deutschlands – regelmäßig Umfragen durchgeführt, die die Einstellungen und Meinungen zu verschiedenen Aspekten der amerikanischen Besatzungspolitik, der Perspektive Deutschlands und der innenpolitischen Entwicklung betrafen. Mit anderen Worten, auch im Rahmen der wissenschaftlichen und entscheidungsvorbereitenden Tätigkeit von OMGUS machten jüdische Aspekte und antisemitische Tendenzen betreffende Materialien nur einen Teil aus, aber, wie die zitierten Quellen zeigen, einen durchaus wichtigen. So wurden unter anderem Umfragen zur Denazifizierung und dem neuen Gesetz zur Befreiung von Nationalsozialismus und Militarismus durchgeführt, zur Einstellung gegenüber Religion und Kirchen, zur Einstellung gegenüber Politik als möglichem Berufsfeld für die künftige Generation, zur Einstellung gegenüber Gewerkschaften und Umfragen, die die Meinung Deutscher über den Nürnberger Prozeß, die Einstellung Mannheimer Bürger gegenüber »Negro Troops« und zahlreiche Umfragen, die Probleme der Denazifizierung und der Re-education betrafen.[20]

Wie die Auszüge aus diesen Studien weiter unten zeigen, ergibt sich aus diesen zunächst nichts grundsätzlich Neues hinsichtlich latenter antisemitischer Grundhaltungen. Nicht selten bot, wie die Beispiele aus der deutschen Bürokratie zeigen, eine persönliche Konfrontation mit Juden im Berufsleben den Anlaß für antisemitische Reaktionsweisen. Die Wahrnehmung der DP-camps, Gerüchte, die emotionale Abwehr der alliierten Veröffentlichungen über die Greueltaten Deutscher kamen oft hinzu.

---

19 Söllner, op.cit..

20 OMGUS, Opinion Survey Section, Report No. 7, 11.5.1946; Report No.9, 7.6.1946; Report No.10, 21.6.1946; Report No.11, 27.6.1946, NA.Rg.260, 5/233-3/5. Vgl. zu diesen Umfragen mit Kurzfassungen und Übersicht der 72 Umfragen bis 1949: Anna J. Merritt / Richard L. Merritt, Public Opinion in Occupied Germany. The OMGUS Surveys, 1945-1949, Urbana, Chicago, London 1970; sowie zu den Umfragen von HICOG von 1949 bis 1955: dies., Public Opinion in Semisovereign Germany. The HICOG Surveys, 1949-1955, Urbana, Chicago, London 1980.

Die Berichterstattung über den Nürnberger Prozeß z.B. füllte nicht wenig Zeitungsspalten, überlagerte wie eine ständig vorhandene und von den »anderen«, den Siegern, erledigte Abrechnung mit dem Regime der Vergangenheit die nunmehr wichtigere Bewältigung der alltäglichen Nöte. Stefan Heym sah in dem Versäumnis der ersten Besatzungsmonate, »die Schuldfrage zur Diskussion zu stellen« jedoch kritisch einen zentralen »Grund für das Versagen der Nürnberger Prozesse, was ihre Wirkung auf die Deutschen betrifft. Diese Prozesse hätten der Höhepunkt einer gründlich geplanten und organisierten Massen-Umerziehung sein sollen; statt dessen erscheinen sie aus dem Zusammenhang gerissen, und wenn sie für den Durchschnittsdeutschen überhaupt eine Bedeutung haben, dann nur diese: daß die Sieger es sich leisten können, an den Besiegten Rache zu nehmen. Das wußten die Deutschen aber sowieso, und sie erinnerten sich auch, daß die Nazis ihre Prozesse wirkungsvoller inszeniert hatten.«[21] John H. Herz, der in Nürnberg u.a. als Anklagevertreter den ehemaligen NS-Innenminister Frick vernahm, wertete dies später sehr ähnlich: »Worauf es mir ankam, war, daß die Welt, und vor allem die Deutschen, ein klares Bild davon bekämen, was geschehen war. Und da erwies sich Nürnberg, und was an Folgeprozessen noch kam, als ziemlich wirkungslos ...«[22]
Die OMGUS-Berichte hatten natürlich erst langsam adäquate Fragestellungen zu entwickeln, wobei Entnazifizierung, Re-education und Demokratisierung die übergreifenden Leitthemen waren. Die Schwierigkeit, bei den Umfragen zu einem unverfälschten Bild von Meinungen, Einstellungen, Erwartungen und Absichten zu kommen, vermerkt ein Report vom April 1946, indem er feststellt, daß die Antworten oft Wiederholungen von Standard-Phrasen der Kommentare der einschlägigen deutschen Presse sind. »Die vertretenen Haltungen machen insgesamt den Eindruck eher eines Versuchs der Rechtfertigung als einer ehrlichen Analyse.«[23] Zum Verständnis der spezifischen, Juden und die Verbrechen des Nazi-Regimes betreffenden Umfragen sei eine Zusammenfassung aus diesem Bericht zitiert, die – obgleich bereits Anfang 1946 erstellt – verbreitete Haltungen und Erwartungen unter »community leaders« im Hinblick auf Staat und Gesellschaft wiedergibt:

> »About 75% of respondents think that the satisfaction of essentially material needs is the first duty of the State towards its citizens. Only about 25% think individual freedom of conscience, freedom of expression, ›no secret police whatsoever‹ and religious freedom are the requirements most often mentioned together with full employment, ›bread‹ and care for the war casualties, the old and the children. After those two main groups, normal daily requirements

21 Heym, Wege ..., op.cit., 225f.
22 Herz, op.cit., 142.
23 OMGUS, Opinion Survey Section, Report No.5, 1.4.1946, NA.Rg. 260, 5/233-3/5.

follow, typical of the momentary needs of the respondent's living conditions of geographical location. Rebuilding of cities, renewed export trade, interzonal trade, provision of raw materials, more homes and better health services fall in this category. A large proportion of respondents name establishment of friendly international relations as the chief demand of the people on their Government.«[24]

Die ersten systematischen Umfragen, die vor diesem Hintergrund die Haltung Deutscher zu Juden zu erfassen suchten, erfolgten im Oktober 1945 und im April 1946 und ergaben ein Anwachsen nationalistischer Haltungen – »dem Nährboden des Antisemitismus«.[25] Sie bildeten eine Grundlage für die umfassende Studie, die OMGUS Dezember 1946 durchführte. Neben diesen regional übergreifenden Umfragen und Analysen wurden im Rahmen der täglichen vertraulichen Berichte z.B. von OMGUS-Bavaria (OMGB) regelmäßig Juden betreffende Vorkommnisse aufgeführt. Ein Bericht vom 25.7.1946 erwähnt unter der Überschrift »Rising Antisemitism« eine Reihe von Beispielen, die sich aus der Analyse der von der amerikanischen Zensur gelesenen Briefe ergeben. Dabei werden antisemitische Äußerungen deutscher Bürger genannt, Beschimpfungen jüdischer Schüler durch Mitschüler und andere Erfahrungen von jüdischen Überlebenden übermittelt.[26] Unterschiedlich bewerten Briefschreiber interessanterweise die Frage, ob Feindschaft eher gegen DPs oder gegen deutsche Juden gerichtet sei. Enttäuschung wird auch deutlich darüber, daß die neu zugelassenen politischen Parteien nicht das halten, was von ihnen an demokratischem und antifaschistischem Engagement zu erwarten war. Bisweilen verbindet sich diese Erfahrung bei politisch aktiven Juden mit der Überlegung auszuwandern.
Um angesichts dieser Entwicklungen und der akuten, Juden betreffenden Probleme den amerikanischen Mitarbeiterstab in Bayern mit Hintergrundmaterial zu versorgen, beginnt OMGB im »Weekly Report of Political Affairs and Public Opinion« (26.10.-2.11.1946) mit einer historischen Artikelserie über Antisemitismus in Bayern. In der einleitenden Passage heißt es:

»Today anti-semitism is again rising in Bavaria. Already an outstanding political problem, it is expected to become more acute in 1947.« »In early 1945 the shock of defeat and fear of reprisals paralyzed anti-semitism. From late 1945 on it became noticeable again. It has since come increasingly into the open. Some Bavarians oppose it for reasons of principle or expediency. Many, however, spread ›neo-antisemitism,‹ which they claim to be directed only against Jewish DP's and not against German Jews. Many quotations from anti-semites, Jews and neutral observers attest to the spread of anti-semitism. Some anti-fascists have banded together to fight it. In most cases concern for

---

[24] Ibid.
[25] Ibid., Report No.49, 3.3.1947.
[26] OMGB (OMGUS-Bavaria), Information Control Division, 25.7.1946, NA.Rg.260, 7/37-1/1.

German Jews is a pretext when coupled with denunciation of Jewish DP's. There is a case against DP's, but it neglects to take into account that Germans slaughtered the best eighty percent of Eastern European Jewry and perverted the moral and ethical criteria of the survivors. German Jews in Bavaria face demographic extinction. The future of Jewish DP's in Bavaria is dependent upon avenues of emigration. Antisemitism in Bavaria will develop in inverse ratio to the evolution of Bavarian democracy.«[27]

Der Bericht geht nach dieser allgemeineren Zusammenfassung außerordentlich detailliert vor. Da es sich hierbei um eine exemplarische Studie zur Entwicklung des Nachkriegsantisemitismus handelt, deren Aussagen zweifellos nicht allein auf Bayern zutreffen, folgen hier Überschriften und Kernsätze. Das ausführliche Zitat soll auch belegen, daß es nicht ausreichend ist, hinsichtlich der Entwicklung der öffentlichen und nichtöffentlichen Meinung in den westlichen Besatzungszonen aus dem großen Schatz der OMGUS-Materialien nur die Public Opinion Polls zu zitieren. Diese sollten eher als Unterstützung für die von OMGUS erarbeiteten analytischen Berichte herangezogen werden, um ein differenziertes Bild für die ersten Jahre der Besatzung Deutschlands zu gewinnen.

»The Development of Anti-Semitism in early 1945 ...

A psychological void took the place of nazi indoctrination, but Bavarians could not help being aware of nazism's total failure. There was an immediate revulsion against those who had led Germany into her present plight and against the ideologies they had preached. Anti-semitism was no longer popular, partly because nazism was out of favor, partly because of real fear of retaliation.

The Development of Anti-Semitism in Bavaria from Mid-1945 on

In the summer of 1945, conditions gradually returned to a semblance of normalcy ... It became apparent that Jews were not taking revenge into their own hands. ...American authorities stressed that preferential treatment for persecutees was essential because they were at a great disadvantage compared to Germans who had lived as free men throughout the nazi regime ... Whatever benefits Bavarian Jews and DP's enjoy are largely due to insistent Military Government pressure. ... As responsibilities were transferred into German hands, persecutees reported increasing unwillingness of German officials to implement the spirit and letter of directives and regulations which stipulate preferential treatment for persecutees.

It is generally conceded that top policy-making Bavarian officials, especially Minister President Dr. Högner, are men of goodwill who feel a moral obligation to help the few Jewish survivors of the German terror ...

A larger group of Bavarians oppose anti-semitism for opportunistic reasons.

27 OMGB, Trend-A Weekly Report of Political Affairs and Public Opinion (zitiert künftig als Trend), 2.11.-9.11.1946, NA.Rg.260.

They argue that events have shown anti-semitism does not pay, that any resurgence of anti-semitism would prejudice world opinion against Bavaria. ...At a far lower level, nazi slogans about ›Jewish omnipotence‹ still prey on certain minds, persuading individuals who fancy themselves as practical politicians (Realpolitiker) that it was a tactical mistake to incur the enmity of ›world Jewry‹. Many Bavarians, however, are still too steeped in the nazi-fostered conviction that any ›Aryan‹ is far superior to any Jew to renounce this feeling of superiority for the sake of democracy or even expediency. This is especially true of the lower middle class ...

From late 1945 on, there were mutterings in Bavaria about the alien influx (Überfremdung), about the ›foreigners‹ who were gangsters and black marketeers. Jews were not usually named outright, although they were the target of much of this whispering campaign. That hesitancy is now subsiding ...

In early 1946, sporadic violence flared up ... Sometimes DP's were at fault, sometimes Germans. Gravestones in ... Fürth ...were overturned and smashed shortly after the cemetery ... had been rededicated ... Anti-semitic posters have appeared in the streets of Munich.

Anti-Semitic Quotations

...deliberate administrative anti-semitism. The quotation is taken from the remarks of a Kriminalrat in Regensburg Police Headquarters talking to a prominent local citizen: ›We have already received numerous complaints from the Jewish Committee as well as from Military Government. The Jews have threatened to report us – we threw them out, of course ...‹ Jews on Prevalence of anti-Semitism ... However, continued Dr.Ohrenstein [rabbi of Munich], there was much hostility among the personnel of subordinate German agencies such as post offices, schools, traffic bureaus. It was his impression that neo-antisemitism was fast becoming a widespread popular movement.

Non-Jewish democrats discuss anti-semitism

... the Regierungspräsident of Regierungsbezirk Schwaben in Augsburg asserts: ›... It appears that anti-semitism is not declining but increasing to an extent that causes concern ... The enduring national socialist slogan that Jews are responsible for all the world's troubles ... inevitably finds considerable echo in a period of such terrible distress. This ideology appears to motivate people to such a degree today that there is a danger that it will completely overshadow consciousness of the injustice and inhumanity to which Jews were subjected during the past ten years and that it is preparing the soil for renewed aberrations of popular emotions ...‹

Newspaper Comment

... On 23 July 1946, the Schweinfurt Volkswille editorialized: ›...The satanic specter of monstrous delusion still maintains its hold on certain circles in Germany ...‹ ... The Passauer Neue Presse of 6 August 1946 has this to say:

› ...Today no one can pretend that our disgraceful record is unknown to him. If he nevertheless promotes and spreads race-hatred, he must be conscious both of the wretchedness and of the potential danger of such a Jew-baiting attitude ... As a rule these poisonmongers know very well when and where to peddle their dope. If they expect opposition, they do not even try to mention anti-semitism; if they anticipate no objections, or at most inadequate and half-hearted ones, they retail their poison under a trade mark labelled ›Eastern European Jew‹ (Ostjude). ... They beat the Eastern European Jew, but their blows are really aimed at all Jews ...‹

Organized Resistance

...Anti-semitism was spotlighted as an important problem of post-war Bavaria in an 11 September 1946 public meeting ... Attorney General (Generalstaatsanwalt) Dr. Thomas Dehler of Bamberg, Land Chairman of the Free Democratic Party (FDP) ... denied the existence of any ›neo-antisemitism‹, but termed it a continuation of the old nazi-antisemitism. As an example of the persistence of anti-semitism, he referred to a focal point of nazi Jew-baiting in Franconia, the memorial stone which commemorates an alleged ›ritual murder‹ by Jews in the small town of Mainau. A recent attempt to have this monument removed was obstructed by the local Landrat and the Protestant ecclesiastical authorities.

What is Neo-Antisemitism?

The one distinguishing new feature is the focussing of anti-semitism on one class of Jews – on Displaced Persons rather than on native Bavarians. They are accused of murdering, raping, looting, black-marketing and other crimes. German newspapers carry long lists of crimes committed by DP's ...

WHAT OF THE FUTURE?

... Should avenues of emigration continue to be blocked, however, a few thousand DP's may become integrated into Bavarian economy and remain in the Land.«[28]

Und darauf lief die Entwicklung denn auch hinaus. Daß die hier für Bayern erarbeiteten Analysen durchaus repräsentativ sind, belegen die Untersuchungen, die OMGUS in der ganzen amerikanischen Besatzungszone und – wenn möglich – darüber hinaus durchführen ließ. Aus einer Analyse vom April 1946 geht unter anderem deutlich hervor, daß die Einstellung zu Juden nicht isoliert zu betrachten ist. Von November 1945 bis August 1946 hielten in der amerikanischen Zone zwischen 42 und 55% daran fest, daß der Nationalsozialismus eine gute Idee gewesen sei, die schlecht ausgeführt wurde. Zwischen 37 und 48% hielten ihn für eine schlechte Idee, wobei 87% sagten, daß sie gegen Ende des Krieges kein Vertrauen mehr in den Führer gehabt hätten. 14% stimmten dem Vorkriegsargument zu, daß allein das internationale Judentum vom Krieg profitieren würde,

[28] OMGB, Trend, No.23, 11.11.1946.

und 14% hielten die nordische Rasse allen anderen »Rassen« gegenüber für überlegen. 44% akzeptierten weder eine Verantwortung für den Krieg, noch waren sie bereit, die Last der Verantwortung dem Nazi-Regime zuzuschreiben. »Im ganzen deutschen Volk findet sich das Alibi: ›Was konnten wir denn tun.‹«[29]
Um auch hier verhaltene Relativierungen deutlich zu machen, soll die Gesamtwertung dieser Umfrage erwähnt werden. Die Wissenschaftler vom OMGUS heben hervor, »daß das Denken des deutschen Volkes relativ un-strukturiert zu sein scheint, wenn es um Probleme des Wiederaufbaus und der Rehabilitation geht.«[30] Die Ergebnisse seien ambivalent und würden oft keine Haupttendenz ergeben. Diese eher beiläufige Wertung beschreibt wahrscheinlich ziemlich treffend die in der Bevölkerung anzutreffenden verbreiteten Sichtweisen und die Zurückhaltung gegenüber den Interviewern.
Um in dieser Frage zu politisch verwertbaren Schlüssen zu kommen, begann OMGUS systematisch Umfragen durchzuführen, in denen die Haltung zu Juden direkt oder indirekt mit erfragt wurde. Aus einer im ersten Halbjahr 1946 durchgeführten Umfrage ergab sich:

> » ... that a clear majority of the German public holds some appreciable degree of ethnocentrism, and that about one-third of the public must be said to be not obviously tainted with an anti-semitic disposition ... Anti-semitism, thus, was expressed by somewhat distinct population groups – by the alert but heavily indoctrinated young who grew up with Nationalist Socialist propaganda, by the unintelligent or unthinking who undoubtedly vented their stereotypical thinking in their replies, by the poor who stood to gain from expropriation when they had nothing to lose, by the farmers who probably channellized some dislike of the city-folk in dislike of Jews, and, of course, by the frustrated relatives of former Party members.«[31]

In den letzten zwei Wochen des Jahres 1946 führte OMGUS Umfragen und Interviews durch, die die Grundlage für eine Antisemitismus-Analyse bildeten, um die Ursachen für die sich verhärtende Haltung der deutschen Öffentlichkeit gegenüber Juden herauszuarbeiten. Verbunden damit war die Kritik an fehlenden Reeducation-Programmen, die dieser Entwicklung Rechnung tragen sollten und an der Diskriminierung Schwarzer durch Amerikaner. Die sozialwissenschaftliche Fundierung des Forschungsstabes wird deutlich an den folgend genannten Gründen für die Zunahme antisemitischer Phänomene sowie an den kurzgefaßten Ergebnissen der Analyse. Als allgemein konstatierte Gründe werden genannt: a. die traditionelle und in Deutschland so gründlich gelehrte Sündenbock-Auffassung; b. ein aggressives Ventil für die von den meisten Deutschen ertragene frustrierende Existenz; c. eine Reaktion auf die Infiltration

---

29 OMGUS, Opinion Survey Section, Report No.22, 25.9.1946, NA.Rg. 260, 5/233-3/5.
30 Ibid., Report No.22, 25.9.1946.
31 Ibid., Report No.19, 19.8.1946.

jüdischer Flüchtlinge aus Osteuropa; oder d. Reaktionen auf den Übergang vieler displaced persons von der Lagerexistenz zum normalen bürgerlichen Leben. Darüberhinaus hält der Bericht im Ergebnis der Untersuchung folgende Ergebnisse fest: 1. Mit der Zunahme nationalistischer Gefühle war ein Anwachsen von antisemitischen Äußerungen verbunden. 2. Es zeigte sich, daß 61 Prozent der Deutschen fest verwurzelte rassistische Einstellungen haben. 3. Protestanten, geringe Schulausbildung, niedriger sozialer Status, Frauen charakterisieren Gruppen, die häufiger vorurteilsbeladen sind als andere. 4. Alter, nationalsozialistischer Hintergrund, Wohnort, Zugehörigkeit zur Wehrmacht, Parteimitgliedschaft sind dagegen relativ unwichtig, wenn es um antisemitische Haltungen geht. 5. Der Informationsgrad der Vorurteilsbeladeneren ist geringer als derjenigen mit schwächeren Vorurteilen. 6. Die am vehementesten auftretenden antisemitischen Gruppen sind nicht weniger durch alltägliche Probleme belastet als diejenigen mit weniger Vorurteilsbeladenen. 7. »Eine antisemitische Einstellung korreliert hochgradig eher mit der jeweiligen allgemeinen Wertung der historischen Gesamtsituation als mit der Haltung in bezug auf die spezifische Situation.« [32]

Insbesondere der letzte dieser Punkte ist hervorzuheben, um nicht vorschnell den Nachkriegs-Antisemitismus mit der Sündenbockkonzeption zu erklären. Weniger das örtliche DP-camp, obwohl es Katalysator für die Äußerung von Vorurteilen sein konnte, ist entscheidend, sondern die durch die Folgen des Dritten Reiches übel in Mitleidenschaft gezogene deutsche Identität und der traditionelle deutsche Nationalismus. Die kritisch bis ablehnende Grundeinstellung hinsichtlich der gesellschaftlichen Entwicklung in der amerikanischen Zone führte zu einer Reihe von Akzenten im gesellschaftlichen Bewußtsein der Deutschen, die in der Regel von der bisherigen deutschen Antisemitismus-Forschung weitgehend außer acht gelassen worden sind.[33] Einige dieser zusätzlichen Ergebnisse sollen hier betont werden. 20% der Befragten gehörten zu der Gruppe, die nur wenig Vorurteile besaß. Von diesen meinten aber nur 22%, daß Juden ermutigt werden sollten, in Deutschland zu bleiben. Protestanten neigten eher zu Antisemitismus als Katholiken, aber die regelmäßigen Kirchgänger beider Konfessionen waren anfälliger für Antisemitismus. Grundsätzlich scheinen die Einstellungen mit dem achtzehnten Lebensjahr ausgeprägt gewesen zu sein.

---

[32] Ibid., Report No.49, 3.3.1947.

[33] Vgl. in der Einleitung zitierte Literatur zur Antisemitismus-Forschung sowie Hermann Greive, Geschichte des modernen Antisemitismus in Deutschland, Darmstadt 1983; Alphons Silbermann, »Zur Soziologie des Antisemitismus«, in: Psyche 16, 1962/63, 246f.; ders., Der ungeliebte Jude. Zur Soziologie des Antisemitismus, Zürich 1981; ders., »Vorurteilsforschung und Vergangenheitsaufarbeitung«, in: Kölner Zeitschrift für Soziologie und Sozialpsychologie 35, 1983, 341f.; Frank Stern, »From Overt Philosemitism to Discreet Antisemitism and Beyond: Anti-Jewish Developments in the Political Culture of the Federal Republic of Germany«, in: Shmuel Almog (Hg.), Antisemitism Through the Ages, Oxford, New York u.a. 1988, 385f.; Werner Bergmann / Rainer Erb (Hg.), Antisemitismus in der politischen Kultur seit 1945, Köln 1989.

Die Verfasser schließen insgesamt auf die vergangene Wirksamkeit einer alle Bevölkerungsgruppen gleichmäßig erreichenden Propaganda, wobei Anhänger von KPD und SPD das geringste Ausmaß an antisemitischen Einstellungen aufwiesen. Im Vergleich zu den Männern wiesen die befragten Frauen eine stärkere Ausprägung von antisemitischen Vorurteilen auf. Diese Aspekte deuten darauf hin, daß bereits im Winter 1945/46 Juden betreffende Dispositionen nicht einfach mit dem rassistischen Antisemitismus des NS-Regimes gleichgesetzt werden können. Letztlich verweisen die OMGUS-Untersuchungen auf das Problem des Verhältnisses von latentem und manifestem Antisemitismus , ohne daß dies in den Materialien thematisiert wird. Hinzu kommt die als Opportunismus charakterisierte Form und inhaltliche Schwerpunktsetzung bei Interviewten, wenn diese direkt auf Juden angesprochen werden. Die positive Schlußfolgerung der OMGUS-Mitarbeiter läuft auf Erziehung und Bildung als gesellschaftspolitisches Erfordernis hinaus. Gemäß der Ergebnisse sollten Erziehung und Bildung, umfassender und gezielter eingesetzt, helfen, Vorurteile zu vermindern.[34] Entgegen so manchen Veröffentlichungen in diesen Jahren und einer der eingangs in der Studie genannten Prämissen betonen die Autoren, daß im Hinblick auf Frustrationen über die Nöte des Alltags der Jude nicht als Sündenbock fungiert.[35] Daß Vertreter sozial apathischer, uninteressierter und unkritischer Haltungen ein hohes Ausmaß antisemitischer Einstellungen aufwiesen, wurde auch daran deutlich, daß Gruppen mit starken antisemitischen Einstellungen Antworten auf Problemfragen vermieden. Die Studie kommt zu dem Ergebnis:

> »To sum up: four in ten Germans are so strongly imbued with anti-semitism that it is very doubtful that they would object to overt action against the Jews, though all of them might themselves not participate in such actions ... Less than two in ten could probably be counted on to resist such overt behavior. And recent history indicates that this is too small a minority to depend on. There is, however, the saving grace of education ... Any program for the elimination of anti-semitism in Germany should start with schools ... This does not mean, of course, that no attempt should be made to reach people beyond school age ... Ideally, the two programs should go hand in hand ... The elimination of anti-semitism in Germany is a very long range problem, likely to take generations. Possibly some reduction can be achieved within a generation, if there is a positive program of organized and directed effort.«[36]

Zweifelsohne erfolgte hier eine – wenn auch sehr späte – konzeptionelle Begründung für Re-education-Aktivitäten, die durch Ergebnisse anderer Umfragen und

---

34 OMGUS, Opinion Survey Section, Report No.49, 3.3.1947, NA.Rg. 260, 5/233-3/5.
35 Ibid.
36 Ibid.

Analysen ergänzt wurde. So waren zum Beispiel Ende 1946 die Einstellungen zur »Kollektivschuld« erfragt worden. Ein zentrales Ergebnis dieser Umfrage war folgende Tasache: Vertreter manifest antisemitischer Einstellungen neigen mehr zur Leugnung jeglicher kollektiver Verantwortung für die vergangenen Taten Deutschlands als solche mit geringen Rassenvorurteilen.[37] Dieser Zusammenhang und die unter der Bevölkerung verbreitete Unkenntnis über die Hintergründe des deutschen Angriffs auf Polen – also der Kriegsursachen – sind für die Verfasser erneut Anlaß, auf die Notwendigkeit eines breiten Programms der Re-education zu verweisen.

Ähnlich sah es aus mit den Ergebnissen einer Studie über »Public Attitudes Toward Denazification«[38]: »Die Öffentlichkeit stand eindeutig hinter einer Politik des ›Vergeben und Vergessen‹«. In anderen Umfragen spielten in erheblichem Maße die Lebensmittelfrage, die Klagen der aus dem Osten kommenden Deutschen über den Verlust ihrer Heimat, die Ablehnung der Kriegsschuld, die Forderung nach Freilassung aller Kriegsgefangenen und auch zunehmende antisemitische Vorkommnisse eine Rolle.[39]

Natürlich bargen derartige Entwicklungen und sich daraus ergebende Schlußfolgerungen mit ihren politischen Konsequenzen nicht wenig Konfliktstoff. Was dies hinsichtlich der notwendigen inhaltlichen und organisatorischen Neustrukturierung des Bildungs- und Erziehungswesens unter anderem bedeutete, wird im folgenden Kapitel am Beispiel der Universitäten gezeigt. Daß ein gefordertes positives Programm mit organisierten und zielgerichteten Anstrengungen mit der Gründung der Gesellschaften für christlich-jüdische Zusammenarbeit Gestalt annahm, hängt mit Schlußfolgerungen aus den Jahren 1945 bis 1947 zusammen, die aber von der allgemeinen politischen Entwicklung in Deutschland überschattet wurden. Die zitierte Antisemitismus-Analyse, dies sei betont, stellt wohl einen Höhepunkt in der analytischen Beschäftigung von OMGUS mit der Einstellung Deutscher zu Juden dar.

Zugleich zeigte sich Washington jetzt beunruhigt über die verschiedenen Umfrageergebnisse, die in der amerikanischen Presse eine ziemliche Rolle spielten. Ende April erhält die zuständige OMGUS-Stelle daher ein Telegramm des War Department, in dem auf die Antisemitismus-Analysen Bezug genommen wird. Washington verlangt eine umfassende Analyse einerseits der Ursachen für das Überleben des Antisemitismus und andererseits einen Bericht darüber, welche Maßnahmen ergriffen werden, um dem entgegenzutreten. Washington interessiert in diesem Rahmen vor allem, mit welcher Kooperation von Seiten der Kirchen, der politischen Parteien und anderer deutscher Organisationen und

---

37 Ibid., Report No. 51, 2.4.1946.
38 Ibid., Report No.55, 15.4.1947.
39 Vgl. OMGB, Trend, No.31, 27.1.1947, NA.Rg.260, 7/37-1/1

Institutionen gerechnet werden kann.[40] Fünfzehn Vertreter verschiedener betroffener OMGUS-Abteilungen, die den verlangten Bericht an das War Department vorbereiten sollen, treffen sich im Mai 1947 zur Diskussion des Problems. Deutlich in dieser Gesprächsrunde werden vor allem folgende Aspekte:

- Das Problem des Antisemitismus in Deutschland sei langfristiger Natur und untrennbar mit der Frage der notwendigen Demokratisierung verbunden, die nach wie vor ein zentrales Element der Politik der Militärregierung sei.
- Dies sei ebenfalls nicht zu trennen von dem Problem der DPs und der Tatsache, daß überlebende Juden in ihre bürgerlichen Berufe zurückkehrten und einzelne von ihnen Positionen in Ministerien, Arbeitsämtern, Gewerkschaften und politischen Ämtern in kleineren Städten einnähmen.
- Hinsichtlich der empirischen Umfragen müsse berücksichtigt werden, daß die Deutschen nach einem Jahr Besatzung Antworten geben, die sie vor einem Jahr so nicht gegeben hätten. Zugleich sollte die Militärregierung aus den Analysen Schlußfolgerungen ziehen, die Ergebnisse aber in Deutschland nicht öffentlich machen.
- Ein Erziehungsprogramm sei zu entwickeln, um auf das Denken und die geistigen Rahmenbedingungen von Heranwachsenden einzuwirken. Allerdings könne Erziehung allein das Problem auch nicht lösen.Die allgemeine ökonomische Situation sei nicht zu unterschätzen.
- Der Eindruck von den politischen Parteien sei, daß diese nichts tun aus Angst, Stimmen und Anhänger zu verlieren.

Die Ergebnisse dieser Gesprächsrunde und Kommentare der verschiedenen OMGUS-Abteilungen führten dann im Juli 1947 zum »Report on Survival of Antisemitism«, der an das War Department in Washington ging. Im Unterschied zu den bisherigen Antisemitismus-Analysen werden jetzt sehr konkrete Vorschläge gemacht, allerdings ist der eher resignative Tonfall der Empfehlungen nicht zu überhören. Erwähnt werden soll hier nur das, was über die bisher zitierten Studien hinausgeht. Sehr viel schärfer als bisher wird zwischen latentem und manifestem Antisemitismus unterschieden. Als manifeste Formen sind bis Mitte 1947 zu verzeichnen: Einzelne Fälle von Gewaltanwendung gegen Juden, Sabotage durch deutsche Verwaltungen, indem Juden zustehende Rechte verweigert werden, Zerstörungen auf jüdischen Friedhöfen, Drohungen und anonyme Briefe an Individuen und an Zeitungen. Zu den bisher bekannten Gründen des deutschen Nachkriegs-Antisemitismus fügen die Verfasser hinzu: Niedergang der allgemeinen deutschen Moral, begleitet von einem Ansteigen des Nationalismus und generellen fremdenfeindlichen Meinungen; verstärkter Rekurs auf einzelne Aspekte des NS-Antisemitismus, insbesondere das Bild vom Juden als Deutschenhasser und als pseudo-mystische böse Kraft. Die Verfasser sehen eine starke Verbindung zwischen der Ablehnung des Rationalismus im modernen

[40] OMGUS, Minutes of Meeting, 14.5.1947, NA.Rg.84, 5/264-3/8.

deutschen Denken, die seit der militärischen Niederlage nicht grundlegend verändert worden sei, und der Wiederbelebung des Antisemitismus. Ferner wird ein grundlegender Mangel an Umorientierung in der Bevölkerung konstatiert.

Bevor der Bericht Empfehlungen gibt, wird resignierend festgestellt, daß die gegenwärtig politisch führenden deutschen Kräfte zumeist zurückhaltend sind, wenn es um die Bekämpfung des Antisemitismus geht: »Es ist eine Tatsache, daß Juden ein unpopuläres Thema sind, und daß führende Persönlichkeiten – sei es in der Politik, den Kirchen oder in der Erziehung – sich scheuen, ihre Zuhörer durch derartige Themen zu entfremden.«[41] Da dieser Bericht Material aus allen OMGUS-Abteilungen zusammenträgt, kann man davon ausgehen, daß dieser Wertung von Reaktionen deutscher Nachkriegspolitiker, Kirchenrepräsentanten und Verantwortlicher im Erziehungsbereich in bezug auf das Thema Juden mehr Wahrheitsgehalt zukommt als so mancher späterer verklärender autobiographischer Passage deutscher Politiker. So wichtig für die Biographen und Autobiographen deren individuelle Haltung zu Juden auch im Nachhinein zu werten ist, relevant bleibt im Ergebnis nur, welche Position sie in der Öffentlichkeit eingenommen haben und in welchen zentralen Fragen sie politische Amnesie zeigten.

Wichtiger noch allerdings ist die zitierte Einschätzung im Hinblick auf die allgemeine Veränderung grundlegender Einstellungen zu Juden und jüdischen Themen. Von 1945 bis 1947 hat sich ein Übergang vom »guten Ton« in jüdischen Belangen zum Juden als »unpopulärem Thema« vollzogen. Jetzt geht es nicht mehr um Schock und Schuld, um schlechtes Gewissen und Anpassung an das Besatzungsregime, sondern um Anpassung an das gegebene nationale Potential, und das war für Politiker zunächst Wählerpotential im Hinblick auf die künftigen Mehrheitsverhältnisse in der neuen deutschen Demokratie. Das Gewicht, das der Bericht Maßnahmen im gesamten Bildungs- und Erziehungsbereich beimißt, wird in diesem Sinne noch dadurch verstärkt, daß er stereotypes Denken als übergreifendes gesellschaftliches Problem hervorhebt und ohne ein Training in politischem Denken und allgemeinen gesellschaftlichen Konflikten keine demokratische Lösung sieht. Programme müßten entwickelt werden, in denen Jugendgruppen, Schulen und Universitäten, Geschäfts- und Handelsinstitutionen, kulturelle, religiöse und Freizeiteinrichtungen gleichermaßen beteiligt werden sollten.

> »Community organizations should be set up and strengthened which devote themselves to the promotion of democratic ideas of tolerance, mutual respect and equal rights before the law. Such community organizations have been notoriously weak in Germany both in the past and present. Civil liberty

41 OMGUS, Information Control Division, Report on Survival of Anti-Semitism, 24.7.1947, NA.Rg.260, 5/266-1/29.

leagues, associations for human rights etc. based on membership drawn from all important groups and strata of leadership would serve a useful purpose. These groups could exert pressure on the state agencies to grant effective protection to all citizens ... Forms of community cooperation on problems of joint interest and benefit should be developed in which all elements (including the Jews) take part.(Religious cooperation, cultural and recreational activities, better government associations, etc.).«[42]

Deutlich wird der Hintergrund US-amerikanischer gesellschaftspolitischer Erfahrungen, des entsprechenden Verständnisses bürgerlicher Rechte und der Bedeutung demokratischer Partizipation. Deutlich wird hier aber auch auf umfassende und auf die gesellschaftliche Praxis bezogene Weise, daß erneut Schlußfolgerungen aus begrenzten und ungenügenden Umerziehungsvorstellungen der ersten Besatzungszeit gezogen werden. Das Problem der Haltung Deutscher zu Juden erscheint nun eingebettet in ein gesamtgesellschaftliches Konzept: sich aus dem Ziel der Demokratisierung ergebende ökonomische, ideologische und bildungspolitische Veränderungen werden im Zusammenhang betrachtet. Sozialwissenschaftliche und sozialpsychologische Erkenntnisse kommen zur Anwendung. Wenngleich der Jugend das Hauptaugenmerk gilt, so liegt das Schwergewicht auf den Institutionen, Gruppierungen und neu zu schaffenden organisatorischen und gesellschaftlichen Rahmenbedingungen, die die Entwicklung einer demokratischen politischen Kultur vorantreiben könnten. Das Dilemma des Berichts ist an seinem Zeitpunkt ablesbar – 1947. Er kommt, abgesehen davon, was überhaupt realisierbar gewesen wäre oder jetzt unter veränderten politischen Bedingungen noch realisierbar sein könnte, zwei Jahre zu spät.
Der »Report on the Survival of Antisemitism« wird in seinen wesentlichen Ergebnissen durch eine weitere Untersuchung vom Mai 1948 ergänzt.[43] Diese Studie baut auf dem Material der Untersuchungen von 1946 und 1947 auf, bestätigt sie im wesentlichen, kehrt allerdings auch zum »scapegoatism«- zur Sündenbocktheorie – zurück. Wichtige Erkenntnisse bei der Erfassung der Vorurteile in der deutschen Bevölkerung, die Veränderungen von 1945 bis 1948 betreffen, sind: 1. Im Vergleich zur Untersuchung 1946 weisen 5% mehr antisemitische Positionen zurück, wenn der Begriff »Jude« in der Fragestellung benutzt wird. Um 7,5% hingegen sind allgemeinere rassistische Vorurteile angestiegen, die sich – der Reihenfolge nach gegen »Negroes, Russians, Balkans or Gypsies ... as representatives of the inferior races« wenden. Dies kommentierend wird die Frage aufgeworfen, ob derartige Vorurteile nicht das aktuelle Meinungsklima reflektieren. 2. Jugendliche im Alter von 15 bis 19 Jahren weisen mehr anti-semitische Vorurteile auf als Ältere. 3. So wie in den vorhergehenden Studien für die Mitglieder von SPD und KPD läßt sich auch für die Mitglied-

---

42 Ibid.
43 OMGUS, Opinion Survey Section, Report No.122, 22.5.1948, NA. Rg.260, 5/233-3/5.

schaft der Gewerkschaften sagen, daß hier ein erzieherischer Effekt wirkt. Gewerkschafter sind weniger antisemitisch eingestellt als Nichtmitglieder.
Aus den Antisemitismus-Analysen und anderen Studien sich ergebende Schlußfolgerungen der wissenschaftlichen OMGUS-Mitarbeiter hinsichtlich der erforderlichen Vermittlung von Bildung und Erziehung zur Demokratie – »the saving grace of education«[44] – mußten allerdings unweigerlich auf die »übergeordneten« Gesichtspunkte einer Besatzungsadministration stoßen, die mit den Widersprüchen zwischen eben nicht deckungsgleichen Kriegs- und Friedenszielen zu kämpfen hatte.
Knapp drei Jahre wissenschaftliche und empirische Beschäftigung mit dem Antisemitismus des Nachkriegs werden mit diesen Ergebnissen zusammengefaßt. Manches, was Mitte 1945 oder im Winter 1945/46 noch unklar war – wie die Interpretation des »guten Tons«, jener post-nationalsozialistischen gesellschaftlichen »Höflichkeit« Juden gegenüber, oder jene verschweigende und verschwiegene Zurückhaltung in allen Juden betreffenden Fragen – konnte jetzt in einen größeren Interpretationsrahmen eingeordnet werden. Schärfer treten auch die unwiderruflichen Versäumnisse der Besatzungspolitik hervor, die sich aus den Inkonsequenzen und Halbheiten, aus den uneingelösten Programmatiken und Zugeständnissen an deutsche Organe und öffentliche Meinung ergaben. Nicht zuletzt zeigen diese Antisemitismus-Studien allerdings auch die mögliche Ferne wissenschaftlicher Rationalität zur Praxis politischer Rationalität. Denn im Rahmen einer auf internationale Zusammenarbeit abgestimmten Deutschlandpolitik mußte die Umerziehung zur Demokratie nicht notwendigerweise einen Bruch mit allen antidemokratischen Traditionen bedeuten, abgesehen davon, daß das Problem der Erziehung der Erzieher schier unlösbar schien. Und abgesehen davon, daß ökonomische, politische, geistig-kulturelle und mentalitätsgeschichtlich eingreifende Veränderungen keine Angelegenheit von wenigen Jahren sein können.
Die Sorge um die Rolle des Nachkriegsantisemitismus hatte sich darüberhinaus zunehmend aus dem Zentrum der politisch-ideologischen Entscheidungen in die Papiere produzierenden Analytikerstäbe verlagert. Nicht zufällig erfolgt die wichtigste nächste Studie – abgesehen von einigen Meinungsumfragen – bereits im Auftrag des neugegründeten Frankfurter Instituts für Sozialforschung und wird erst 1955 veröffentlicht.[45] Sie faßt Forschungen des Winters 1950/51 zusammen, die wie eine empirische Kontrolluntersuchung die zentralen Ergebnisse von 1946/48 bestätigen. Anschaulich und mit einer Vielzahl von Interviewausschnitten werden die Verhärtungen in der Struktur und den Inhalten der in der jungen Bundesrepublik verbreiteten Einstellungen, Haltungen und Meinungen

44 Ibid., Report No.49, 3.3.1947.
45 Vgl. Friedrich Pollock, Gruppenexperiment, Frankfurt/M. 1955.

nachgezeichnet. In Kapitel 5 wird bei der Behandlung des Bildes vom Juden in der Ruhrarbeiterschaft darauf einzugehen sein.
Den eigentlichen Epilog auf diese Umfragen, Interviews und Analysen von OMGUS bilden zwei Beiträge, die nach dem Ausscheiden ihrer Verfasser aus der Arbeit für amerikanische Dienststellen von diesen in den USA publiziert werden. Franz Neumann veröffentlicht im Juni 1947 einen Artikel in der Zeitschrift » Commentary« unter dem Titel: »Reeducating the Germans. The Dilemma of Reconstruction«. Seine kritsche Bilanz beginnt mit dem Satz: »Erziehen ist schwierig; Umerziehen ist noch schwieriger; eine andere Nation umzuerziehen, ist nahezu unmöglich. Zu versuchen, die Deutschen mittels einer Militärregierung umzuerziehen, heißt, das Unmögliche zu versuchen.«[46] John H. Herz publiziert im Herbst 1948 im » Political Science Quarterly« einen Beitrag unter dem Titel: »The Fiasco of Denazification in Germany«, in dem es heißt:

> » ... denazification, which began with a bang, has since died with a whimper, ... it opened the way toward renewed control of German public, social, economic and cultural life by forces which only partially and temporarily had been deprived of the influence they had exerted under the Nazi régime ... Nothing could be more revealing than the strange modification of meaning that the term ›denazification‹ itself has undergone. While at first signifying the elimination of Nazis from public life, it has now in German everyday language come to mean the removal of the nazi stigma from the individual concerned, that is, the procedure by which he gets rid of certain inhibitions or restrictions (›Mr. X was denazified yesterday‹ – he can now take up his former profession again).«[47]

Das Dilemma, wie Entnazifizierung und Re-education hätten angegangen werden müssen, um einer gründlichen Demokratisierung der deutschen Verhältnisse und damit auch der Einstellungen zu Juden beizukommen, läßt sich an einem Artikel ablesen, den Stefan Heym im Auftrag der » New York Times« bereits im Februar 1946 verfaßte. Heym schrieb darin über die Ziele und Probleme der Besatzungspolitik:

> »Wir kamen nach Deutschland mit dem erklärten Ziel, dem Volke die Demokratie zu bringen oder ihm wenigstens zu helfen, sich eine Demokratie zu schaffen. Aber Deutschland ist ein ganz besonderes Land. Es ist so besonders geartet, weil es seit der blutigen Unterdrückung seines Bauernaufstandes im Jahre 1525 es niemals fertiggebracht hat, eine erfolgreiche demokratische Revolution zu machen ... Wenn wir, die alliierten Armeen, Deutschland nicht

---

46 Franz Neumann, »Die Umerziehung der Deutschen und das Dilemma des Wiederaufbaus«, in: ders., Wirtschaft, Staat, Demokratie. Aufsätze 1930-1954, Frankfurt/M. 1978, 290.
47 John H. Herz, »The Fiasco of Denazification in Germany«, in: Political Science Quarterly 63, 1948, 569f.

auf Dauer besetzt halten wollen, müssen wir diesem Lande endlich die so lange versäumte demokratische Revolution ermöglichen. Diese Revolution muß nicht notwendigerweise blutig sein. Sie kann herbeigeführt werden durch grundlegende ökonomische, agrarwirtschaftliche und administrative Reformen und eine vollständige Umgestaltung des deutschen Erziehungssytems – wobei nicht nur das Lehrpersonal, sondern das eigentliche Wesen dieses Systems geändert werden müssen.«[48]

Der Artikel Stefan Heyms wurde von der »New York Times« nicht veröffentlicht.

Die Bundesrepublik ante portas und die »Härten für anständige Leute«

Die Nachzeichnung der Entwicklung der Antisemitismus-Analysen von OMGUS bedarf der Präzisierung hinsichtlich des politischen und gesellschaftlichen Hintergrunds. Die »Jahre der Unentschlossenheit«, wie Walter Dorn, Berater von Lucius D. Clay, diese ersten Jahre der amerikanischen Besatzungspolitik nennt,[49] werden von einer neuen Phase der Nachkriegsentwicklung abgelöst. »1947 war in vielerlei Hinsicht ein Wendepunkt in der Nachkriegsgeschichte. Dies gilt auch für das Verhältnis der Deutschen zu den Besatzungsmächten. Die Tatsache, daß es immer noch nicht aufwärts ging und die Alliierten in ihren Beratungen über Deutschland keine spürbaren Fortschritte erzielten, führte zu wachsendem Unmut und öffentlicher Auflehnung gegen die Besatzungsmacht. Eine Welle von Streiks durchzog das Land, von der die britische Zone besonders betroffen war. Statt, wie erwartet, die Lebensmittelrationen zu erhöhen, wurde die Zuteilung von Brot und Fleisch gekürzt. Eine Reihe von Faktoren war dafür verantwortlich: die weltweite Nahrungsmittelknappheit, der harte Winter, ein ausgelaugter Boden, Schwierigkeiten im Verteilungssystem und anderes mehr, jedenfalls keineswegs allein die Unfähigkeit oder gar die Rachsucht der Besatzungsmacht.«[50] 1947 markiert das Ende der ersten Nachkriegsperiode. Das hat nicht allein mit den Auswirkungen des Hungerwinters 1946/47 zu tun, sondern gleichermaßen mit den Veränderungen im Beziehungsgeflecht der Alliierten untereinander. Die politischen Aspirationen der führenden deutschen Politiker, die ökonomische und politische Dynamik entsprechen sozialen und ideologischen Verhärtungen in weiten Teilen der Bevölkerung, die durch die Unzu-

48 Heym, Wege ..., op.cit., 236f.

49 Vgl. Walter Dorn, »The Debate over American Occupation Policy in Germany 1944-1945", in: Political Science Quarterly 72, 1957; vgl. Übersetzung mit Einleitung in: Vierteljahrshefte für Zeitgeschichte 1/6, 1958, 60f.

50 Josef Foschepoth, »Zur deutschen Reaktion auf Niederlage und Besatzung«, in: Ludolf Herbst (Hg.), Westdeutschland 1945-1955, München 1986, 159f.

länglichkeiten von Entnazifizierung und Re-education noch potenziert werden. Stärker als in den zwei Jahren zuvor tritt das Verhältnis zwischen Deutschen, Juden und Besatzungsmächten in der Öffentlichkeit in Erscheinung. Auf einige der zentralen Aspekte des Jahres 1947 soll in diesem Zusammenhang hier eingegangen werden.

Wie als ein Auftakt für den weiteren Weg Deutschlands beschloß der Alliierte Kontrollrat am 25. Februar 1947, noch einstimmig in dieser Frage, per Gesetz die endgültige Beseitigung des Staates Preußen.[51] Scheint selbst in der Formulierung des Beschlusses noch die Gemeinsamkeit der Potsdamer Beschlüsse durch, so scheiden sich bald in der Frage des einseitigen westlichen Zonenzusammenschlusses die alliierten Geister. Marschall Sokolowski, der sowjetische Vertreter im Kontrollrat, mißbilligt öffentlich in scharfer Form die Tatsache, daß die amerikanischen und britischen Organe den Kontrollrat als höchstes alliiertes Gremium nicht über die geplante ökonomische und letztlich auch politische Fusion ihrer Zonen informiert hätten, und warnt vor politischen Folgen.[52]

Hieran zeigt sich unter anderem, wie trügerisch die Gemeinsamkeit der Besatzungsmächte bereits im Januar 1947 geworden war. Aber nicht nur zwischen Westmächten und Sowjetunion; denn seit »die Amerikaner erkennen ließen, daß sie zu einer Kehrtwendung in ihrer Deutschlandpolitik bereit waren, richtete sich der Zorn der Deutschen verstärkt gegen die Briten. Die Tatsache, daß sich zwischen Washington und London seit dem Frühjahr 1947 eine immer deutlicher werdende Kluft in der Reparationsfrage auftat, erleichterte es den Deutschen, noch gezielter als bisher insbesondere die britische Politik zu attackieren und sich dabei verstärkt traditioneller antibritischer Ressentiments zu bedienen.«[53]

Zu diesen Widersprüchen, die deutsche Politiker zunehmend für ihre Profilierung auszunutzen wußten, gesellte sich noch die rigide, der Entwicklung der Einheit Deutschlands skeptisch bis ablehnend gegenüberstehende französische Besatzungspolitik.[54] In großen Teilen der Bevölkerung war nicht allein Resistenz in Bezug auf die Politik der Besatzungsmächte verbreitet, sondern offene Kritik, die sich auch in Publikationen niederschlug. Der von Alfred Andersch und Hans Werner Richter 1946 gegründeten Zeitschrift »Der Ruf« wurde im April 1947 vorübergehend die Lizenz entzogen, was allerdings auch mit deren »demokratisch-sozialistischer Vision«[55] zusammenhing. In die Redaktion der »Frankfur-

---

[51] Beate Ruhm von Oppen (Hg.), Documents on Germany under Occupation 1945-1954, London, New York, Toronto 1955, 210f.

[52] Ibid., 212.

[53] Foschepoth, op.cit., 160-162.

[54] Vgl. Willis, op.cit.; Wilfried Loth, »Die deutsche Frage in französischer Perspektive«, in: Herbst, Westdeutschland ..., op.cit., 37f.

[55] Vgl. Dieter Lattmann, »Kulturpolitik«, in: Wolfgang Benz (Hg.), Die Bundesrepublik Deutschland. Geschichte in drei Bänden. Bd.3: Kultur, Frankfurt/M. 1983, 427.

ter Rundschau«, um nur ein weiteres Beispiel zu nennen, erfolgten Eingriffe, die sich vor allem gegen kommunistische Redakteure richteten, die am Gedanken der Einheit Deutschlands festhielten.[56]

Handelte es sich hier um Kritik von programmatisch politischer Position aus, so waren Unzufriedenheit und eine allgemeine, diffuse kritische Stimmung weit verbreitet. Eine OMGUS-Umfrage im Mai 1947 ergab, daß zwischen 24% und 38% der Bevölkerung es am liebsten gesehen hätten, wenn die Besatzungsmächte Deutschland verlassen würden. Allerdings meinten andererseits nur die Hälfte der Befragten, daß die deutschen Regierungen der Länder alles tun würden, um Deutschland wieder aufzubauen.[57] Die Kritik an den Besatzungsmächten hatte eine dreifache Funktion : »Zum einen diente sie dazu, die eigene Schuld an Diktatur und Krieg zu verdrängen, zum anderen sich von der Verantwortung für die Nachkriegsmisere zu entlasten und schließlich die Überwindung des Besatzungsstatus nicht zuletzt aufgrund des Gefühls genuiner Überlegenheit des deutschen Volkes zu rechtfertigen.«[58]

Seit Anfang 1946 hatten Kommunal- und Länderwahlen stattgefunden, arbeiteten Selbstverwaltungsorgane und parlamentarische Institutionen. Die beschlußmäßige Erstellung der Länderverfassungen und deren – wenn auch eingeschränkte – Bestätigung war erfolgt. Die häppchenweise Rückgabe der Souveränität an die Deutschen war zwar nicht vor Mitte der 50er Jahre im wesentlichen abgeschlossen, aber sie beginnt nicht erst mit der Gründung der Bundesrepublik, sondern in dem Moment, in dem die Alliierten in allen Zonen deutsche Organe mit Selbstverwaltungsaufgaben betrauen. Wenngleich nach 1945 das Schwergewicht deutscher überregionaler Verwaltungsaktivitäten anfangs auf der ökonomischen Koordination zwischen Zonen und entstehenden Ländern lag, entwickelte sich durch die Ministerpräsidenten der Länder, deren Regierungen und Beamte natürlich auch eine politische Eigendynamik. Das ist unter anderem an den Protokollen der Länderratssitzungen ablesbar.[59] Vorläufig befand diese auf Zonenzusammenschluß drängende Dynamik sich allerdings im Widerspruch zwischen dezentralisierten parlamentarisch-demokratischen Formen und zentralisierter Besatzungspolitik der jeweiligen Militäradministration. William Draper, Clays Wirtschaftsberater, sah im Januar 1947 die amerikanisch-britische Bi-Zone als Magnet für den Rest Deutschlands an, was später dann in

---

56 Vgl. Emil Carlebach, Zensur ohne Schere. Die Gründerjahre der ›Frankfurter Rundschau‹ 1945/47. Ein unbekanntes Kapitel Nachkriegsgeschichte, Frankfurt/M. 1985.

57 OMGUS, Opinion Survey Section, Report No.72, November 1947, NA.Rg.260, 5/233-3/5.

58 Foschepoth, op.cit., 164.

59 Vgl. Bundesarchiv, Institut für Zeitgeschichte (Hg.), Akten zur Vorgeschichte der Bundesrepublik Deutschland 1945-1949, Bd.1-5, München, Wien 1976-1981.

der Politik der Bundesrepublik eine zunehmende Rolle spielen sollte und letztlich im Prozeß der Herstellung eines einheitlichen deutschen Nationalstaates 1990 von einer Aktualität war, die 1947 noch nicht einmal geahnt werden konnte.[60]
Eng verwoben mit dieser Entwicklung war in den Diskussionen der deutschen Gremien die Frage der Rückerstattung; denn die aus der Arisierung jüdischen Vermögens und dem Raubzug gegen die jüdische Bevölkerung Deutschlands resultierenden Probleme waren zumindest in der Weltpresse und den jüdischen Organen in den Besatzungszonen nicht vergessen. Eine ökonomische Gesundung des besetzten Deutschlands mußte notwendigerweise zu einer Aktualisierung vorhandener Forderungen führen.
Der Länderrat der US-Zone befaßte sich am 10./11.3.1947 ausführlich mit einem Entwurf des Rückerstattungsgesetzes, das die »Rückerstattung noch feststellbarer Vermögengegenstände ... in größtmöglichem Umfang« regeln sollte.[61] Seit Sommer 1946 gab es Vorarbeiten, OMGUS war involviert, Vertreter der Juden in Deutschland forderten seit der Befreiung die sofortige Rückgabe ihres Eigentums, internationale jüdische Organisationen waren längst aktiv, verschiedene Entwürfe waren in Washington Gegenstand von Debatten. Seit 1943 war von jüdischer Seite der Anspruch auf Entschädigung, auf Wiedergutmachung formuliert worden.[62]
Der prinzipiellen und unverbindlichen Bejahung einer Wiedergutmachung in den verschiedenen deutschen Gremien war in der Regel – so im Länderrat – »heftige Ablehnung« des konkreten Gesetzes gefolgt, wobei sich deutsche Politiker »dessen bewußt war[en], daß diese aus politischen Gründen und aus Rücksichtnahme gegenüber der Militärregierung nicht deutlich ausgesprochen werden konnte.«[63] Für den Fall einer Publikation des Gesetzes wurde ein Anwachsen des Antisemitismus befürchtet und im Länderrat empfohlen, nur die Juden zu berücksichtigen, »die beim Verkauf ihres Besitzes unter Zwang gesetzt worden seien, nicht aber die, die ›in der ersten Zeit‹ auswanderten«.[64] Eine offizielle Stellungnahme der Ministerpräsidenten formuliert denn auch – nach grundsätzlicher Bejahung – »Bedenken«: »Dies gilt für die lange Frist zur Anmeldung der Ansprüche der Geschädigten bis 31.12.1948, ferner für das sehr weitgehende Anfechtungsrecht zu Gunsten der Geschädigten, das zu Härten gegenüber gutgläubigen und anständigen Erwerbern führen wird.«[65] Man bedenke, Ende 1948 schien eine zu lange Frist für Ansprüche zu sein, deren

---

60 Vgl. Gimbel, The American Occupation ..., op.cit., 96; vgl. auch Werner Abelshauser, Wirtschaftsgeschichte der Bundesrepublik Deutschland 1945-1980, Frankfurt/M. 1983.
61 Bundesarchiv, Bd. 2, op.cit., 270.
62 Vgl. Moses, op.cit.
63 Bundesarchiv, Bd. 2, op.cit., 270.
64 Ibid.
65 Ibid., 271.

»Anmeldung« letztlich viele Jahre dauern sollte. »Härten« sahen die Vertreter des höchsten politischen deutschen Gremiums nur bei den »gutgläubigen und anständigen Erwerbern« – als ob es keinen antijüdischen Boykott gegeben hätte, keine NS-»Wiederherstellung des Berufsbeamtentums« und keine Aufhebung der NS-Gesetzgebung durch den Alliierten Kontrollrat. Die internen Diskussionen und Beschlüsse des Länderrates geben hier aufschlußreicher repräsentative Haltungen gegenüber der jüdischen Minderheit wieder als dieLeitartikel der neuen Presse.

Die »Eindämmung« von Denazifizierung und Re-education

Doch nicht ökonomische Erfordernisse allein bestimmten den Kurs der verschiedenen Deutschland-Politiken und die Reaktionen von deutscher Seite. Die »Containment«-Politik der Westmächte begann ihrem Inhalt nach »in Europa mit der Entscheidung Washingtons für den Zusammenschluß des amerikanischen und des britischen Besatzungsgebiets in Deutschland«.[66] Die Moskauer Außenminister-Konferenz vom April 1947 brachte denn auch nicht etwa eine Lösung, sondern bestätigte das Auseinanderdriften der Anti-Hitler-Koalition in Fragen der künftigen politischen Struktur, der ökonomischen Einheit und der Reparationen Deutschlands. Zur gleichen Zeit hatte Präsident Truman dem amerikanischen Kongreß die nach ihm benannte Doktrin der Eindämmung von Kommunismus und sowjetischem Einfluß erläutert, und im Juni verkündete US-Außenminister George C. Marshall das künftig nach ihm benannte European Recovery Program (ERP) , den Marshall-Plan als ökonomisches Begleitstück zur politischen und ideologischen Truman-Doktrin . »Das Scheitern der Moskauer Konferenz markiert den tatsächlichen Beginn des Kalten Krieges und der Spaltung der Welt.«[67] In Frankreich werden Anfang Mai die kommunistischen Minister aus der sozialistisch geführten Regierung ausgeschlossen, im Juni platzt in München ein erstes und in der Folge einmaliges Treffen der Ministerpräsidenten aller Zonen. Erst 1970 sitzen deutsche Regierungschefs wieder an einem Tisch. Die Teilung Deutschlands folgt nach einem Interregnum der Aufteilung anderer Einflußzonen, wie sie zwischen den Alliierten der Anti-Hitler-Koalition u.a. in Jalta festgehalten worden waren. Die Deutschländer, vorläufig noch zonal und besatzungsmäßig strukturiert, folgen der eigenen Dynamik und der ihrer Befreiungs- und Schutzmächte. Die Gründung zweier deutscher Staaten ist nur noch eine Frage historischer Opportunität und damit der Zeit.

---

66 Hermann Graml, Die Alliierten und die Teilung Deutschlands.Konflikte und Entscheidungen, Frankfurt/M. 1985, 179.

67 Alfred Grosser, Das Deutschland im Westen. Eine Bilanz nach 40 Jahren, München, Wien 1985, 60.

Mögen jedoch manche der beteiligten Politiker an den verschiedenen Konferenzen einzig in machtpolitischen Kategorien denken, in dem Bewußtsein der Besiegten, der Befreiten und der Völker der Sieger ist der Nachkrieg noch nicht zu Ende. Die in den Kinos den Spielfilmen per alliierter Anordnung vorgeschalteten und gemeinsam von Amerikanern und Briten produzierten Newsreel-Dokumentarfilme »Welt im Film« geben erst in der zweiten Jahreshälfte 1947 die programmatische Einheit der Alliierten auf und konzentrieren sich von nun an zunehmend auf den Gegensatz von Ost und West.[68] Das ist jedoch ein langsamer Übergang, der sich allerdings mit der ungebrochenen Russenangst und antikommunistischen Vorstellungen in der Bevölkerung deckt. Erinnern ist noch nicht Vergangenheit, es ist vielschichtige Gegenwart. Die diplomatische und politische Geschichte der Staatswerdung ist eben nicht deckungsgleich mit Tendenzen und Widersprüchen von öffentlicher und nichtöffentlicher Meinung oder gar als Abschluß einer Phase gelungener Demokratisierung des Besatzungsgebiets zu werten.
Die in weltpolitischen Dimensionen eingebettete Annäherung von westlichen Alliierten und den eher konservativ eingestellten bestimmenden Kräften in den westlichen Besatzungszonen mußte darüberhinaus ja keinesfalls die Minderung oder gar Aufhebung des vorhandenen Antagonismus zwischen überlebenden Juden und der deutschen Umwelt bedeuten. Auch hier gab es eine Dynamik, die in politischen Entscheidungsprozessen, sei es von alliierter, sei es von deutscher Seite – wie die Debatte zum Rückerstattungsgesetz zeigte – zumindest berücksichtigt werden mußte. Dies schlug sich unter anderem in Reaktionen von jüdischer Seite auf die gesellschaftliche und politische Entwicklung nieder und in dem Verlauf sowie den Widersprüchen von Denazifizierung und Reeducation.
Zu diesen den Charakter des künftigen Weststaates mitbestimmenden Entwicklungen gehörte seit Ende 1946 die vehemente Auseinandersetzung über die Durchführung der Entnazifizierung als eine Art bürokratischer Vollzug der Umerziehung. Daß es mit dieser Ende 1946 offensichtlich nicht zum Besten stand, mußten auch Vertreter der neuen deutschen Organe eingestehen. Am 5.11.1946 hatte der stellvertretende amerikanische Militärgouverneur, General Lucius D. Clay, auf einer Tagung des Länderrates der amerikanischen Besatzungszone grundlegende Kritik an der deutschen Handhabung der antinazistischen Säuberung von staatlicher Verwaltung und Wirtschaft formuliert. Nachdem auf der Grundlage der alliierten Beschlüsse zunächst die Besatzungsmächte »entnazifiziert« hatten, war diese Aufgabe in der amerikanischen Besatzungszone auf der Grundlage des »Gesetzes zur Befreiung von Nationalso-

---

68 Vgl. Roger Smither, »Welt im Film: Anglo-American Newsreel Policy«, in: Nicholas Pronay/ Keith Wilson (Hg.), The Political Re-education of Germany & Her Allies After World War II, London, Sidney 1985, 156f.

zialismus und Militarismus« seit März 1946 deutschen Spruchkammern überantwortet worden. In der Präambel des Gesetzes hieß es: »Die Amerikanische Militärregierung hat nunmehr entschieden, daß das deutsche Volk die Verantwortung für die Befreiung von Nationalsozialismus und Militarismus auf allen Gebieten mitübernehmen kann.«[69] OMGUS-Berichte charakterisierten die Erfüllung dieser Verantwortung als umfassenden Prozeß der Rehabilitierung und Wiedereinsetzung von ehemaligen Mitgliedern der NSDAP. Die amerikanische Presse übte scharfe Kritik an der Militäradministration, und Clay sah sich gezwungen zu reagieren. Dabei ging es nicht allein um die Säuberung der deutschen Verwaltung. Unmißverständlich spielte hierbei die demokratische und staatliche Perspektive des besetzten Landes eine eminente Rolle.

> »It appears more and more that the process [De-nazification] is being used to return as many people as possible to their former vocations, rather than to find and punish the guilty. I do not see how you can demonstrate your ability for self-government nor your will for democracy if you are going to evade or shirk the first unpleasant and difficult task that falls upon you ... However, it is very difficult for me to understand how people who were willing to accept high office in the nazi party could now be classified as followers ... I must say to you that Military Government cannot in full conscience restore self-responsibility of government to German people who have shown that they are unwilling to denazify their public life ... Let us have no misunderstanding. Denazification is a ›must‹.«[70]

Die deutschen Entnazifizierungsminister boten ihren Rücktritt an, der natürlich nicht angenommen wurde. Die » Neue Zeitung« (8.11.1946) und die amerikanische Presse berichteten ausführlich. In seinen Erinnerungen weist John H. Herz lakonisch darauf hin, »daß Clay durch die amerikanische Öffentlichkeit zum Eingreifen quasi gezwungen wurde. Das klappte aber dann nicht mehr, weil die Deutschen schon zu autonom geworden waren. Schließlich ließ man alles einfach laufen.«[71] Dennoch verstärkte sich zunächst der Druck der amerikanischen Behörden auf die konsequente Durchführung des Befreiungsgesetzes. Abgesehen von den Versäumnissen und Übertreibungen während der » Entnazifizierung« durch die Amerikaner war das deutsche Interesse daran außerordentlich unterschiedlich. Die Tatsache, daß nunmehr vor allem die sogenannten kleinen PGs durchleuchtet wurden und ein schwunghaftes moralisches Geschäft mit der jeweiligen Entlastung ehemaliger Nazis durch schriftliche Bestätigungen, die »Persilscheine«, erfolgte, trug zur Erosion der vorhandenen antinazistischen Ab-

---

69 Vgl. Erich Schullze (Hg.), Gesetz zur Befreiung von Nationalsozialismus und Militarismus vom 5.März 1946, München 1946, 3.

70 Zit. n. Bundesarchiv, Bd.1, op.cit., 1015f.

71 Herz, zit. n. Söllner, Bd.2, op.cit., 40.

sichten bei.[72] Die Synagogengemeinde Düsseldorf mußte bereits im Juni 1946 öffentlich mitteilen, daß »es den Gemeindemitgliedern verboten [ist], Entlastungszeugnisse für ehemalige Nationalsozialisten auszustellen. Wer solche Zeugnisse ausstellt, wird aus der Gemeinde und von der Betreuung ausgeschlossen.«[73] In einem Report, der in Washington über die politische Situation in Deutschland ein Jahr nach der Niederlage erstellt wurde, hieß es denn auch, daß die Russen zur Beseitigung der gesamten Gruppe der ehemaligen deutschen Beamtenschaft neigen, während sich in der Praxis die amerikanischen Behörden und noch stärker die britischen um die Wahrung einer gewissen Kontinuität beim Verwaltungspersonal bemühen. Währenddessen begannen die Franzosen in ihrer Zone, »einen deutschen Beamten nach dem anderen zu ernennen, der in der amerikanischen Zone wegen früherer Naziaktivitäten entlassen worden war«.[74]

»Am 1. Januar 1947 befanden sich in der amerikanischen Zone 43 601 Personen, die der SS, der Gestapo, dem SD oder dem Politischen Führungskorps angehört hatten, in Haft. In der sowjetischen Besatzungszone waren es 48 085, also eine etwa gleich große Zahl. Während jedoch in der sowjetischen Zone bereits 37 Prozent von ihnen abgeurteilt waren, waren es in der amerikanischen Zone noch nicht einmal 1 Prozent (obwohl doch in diesem Personenkreis die Hauptschuldigen in erster Linie zu suchen waren).«[75] Wenige Monate nach dem kategorischen »must« erhielt Lucius D. Clay vom Kriegsministerium in Washington die Anweisung, die Entnazifizierung mit dem 31.3.1948 abzuschließen. Eine »Jugendamnestie« vom August 1946 für diejenigen, die nach dem 1.1.1919 geboren waren, und eine »Weihnachtsamnestie« vom Dezember 1946 für Personen mit niedrigem Einkommen, geringem Besitz, Kriegsversehrtheit oder Arbeitsunfähigkeit rundeten diese Entwicklung ab. Die Anzahl der Entnazifizierungsverfahren sank um 70 Prozent.[76] Ein Ergebnis positiver Bilanzen der Re-education war das kaum, aber es beschleunigte die Rückkehr zur gesellschaftlichen ›Normalität‹.[77] Abgesehen davon implizierte dies die partielle Amnestie antisemitischer »Vergehen«.

Die »Entnazifizierung« erwies sich im historischen Rückblick als eine »Mitläuferfabrik«, und der spätere Bundespräsident Gustav Heinemann bezeichnete

---

72 Vgl. Lutz Niethammer, Die Mitläuferfabrik, Berlin, Bonn 1982, 626f.

73 Jüdisches Gemeindeblatt für die Nord-Rheinprovinz und Westfalen, 25.7.1946.

74 Office of Research and Intelligence, Report No.3736, 25.6.1946, zit. n. Söllner, Bd.2, op.cit., 71,78.

75 Günter Benser, »Konzeption und Praxis der Abrechnung mit dem deutschen Faschismus«, in: Zeitschrift für Geschichtswissenschaft 11/32, 1984, 961.

76 Herz, The Fiasco ..., op.cit., 574.

77 Hans Woller, Gesellschaft und Politik in der amerikanischen Besatzungszone. Die Region Ansbach und Fürth. München 1986, 116f.

sie als Prozeß der Renazifizierung. John H. Herz nannte die ständige Relativierung von NS-Verbrechen durch die deutschen Organe bereits 1948 »whitewashing«:

»Statistical and case evidence thus would seem to prove that denazification, even where handled under comprehensive regulations and procedures (in the American zone), has been a fiasco and that, in effect, not Germany but the Nazis themselves were ›denazified‹. German public life, on the other hand, is in the process of being ›renazified‹, with the ›de-nazified‹ former Nazis now able and very willing to enter, or re-enter, public service, economic positions, cultural activities, and so on. In conclusion, the effect of denazification appears to have been to bar certain persons temporarily from positions of influence rather than to provide for their definitive or long-term elimination.«[78]

Bis heute begleiten unterschiedliche Sichtweisen jener politischen Säuberung die Geschicke der Bundesrepublik. Vergessen wird dabei oftmals, daß es bereits damals harte Worte über die Versäumnisse von alliierter und auch deutscher Seite gab und daß nicht wenige antifaschistische Mitglieder deutscher Spruchkammern bald unter immensen politischen, moralischen und existentiellen Druck kamen.[79] In der halbherzigen und letztlich gescheiterten »Entnazifizierung« ist zweifelsohne auch eine der institutionellen Bedingungen für die Überwindung der antisemitischen Sprachlosigkeit, ja für die Metamorphosen des Antisemitismus zu sehen. Denn ein gesellschaftlicher Konsens hinsichtlich der Relativierbarkeit des individuellen Verhaltens im Dritten Reich und hinsichtlich eines bloß formalen Bekenntnisses zur Demokratie konnte nun an die Stelle der befürchteten prinzipiellen Abrechnung mit der Vergangenheit treten. Die Entnazifizierung produzierte letztlich jene Mitläufer en masse, deren NS-Kavaliersdelikte man in den neuen entstehenden staatlichen und gesellschaftlichen Apparaten nachzusehen wußte.[80] Eine Bürokratenhand wusch die andere, der Juristenstand wurde nach kurzem Intermezzo wieder honorig, und nicht nur dieser. Ausgerechnet die Entnazifizierung war das Medium geworden, »durch das sich große Teile der staatlichen wie wirtschaftlichen Eliten ihre Kontinuität über den Bruch des Jahres 1945 hinweg gesichert hatten«.[81] Daß dies Auswirkungen auf jahrzehntelang tradierte Einstellungen gegenüber Juden haben mußte und deren Latenz stärkte, muß nicht betont werden.

---

78 Herz, The Fiasco ..., op.cit., 589f.

79 OMGB, Trend, No.21, 28.10.1946, NA.Rg.260,7/37-1/1.

80 Vgl. Lutz Niethammer, »Säuberung und Rehabilitation. Rückblick auf die Entnazifizierung«, in: Werner Filmer / Heribert Schwan (Hg.), Was von Hitler blieb. 50 Jahre nach der Machtergreifung, Frankfurt/M., Berlin 1983, 225f.

81 Söllner, Bd. 2, op.cit., 174.

Dennoch war, zumindest für die amerikanische Öffentlichkeit, wie Clays Rede, Presseveröffentlichungen und offizielle Reaktionen in den USA zeigen, der folgende Widerspruch noch nicht zugunsten der schleichenden und zunehmend offenen Re-Nazifizierung aufgelöst worden. Ökonomische Rehabilitation und Denazifizierung schienen sich für einen bestimmten Zeitraum zu bedingen. Die wirtschaftliche Gesundung lag auch im deutschen Interesse, die Denazifizierung nach amerikanischen Vorstellungen hingegen nicht. Die Frage für die Deutschen war, wo das Geld herkam, wer zeitweise bestimmen konnte, und wann die USA ihre Vorstellungen ändern würden.[82]
Dieser Wandel durch Integration der mittleren Nazi-Eliten kam sehr schnell. Anfang Juli 1947 wurde die bisherige, die Besatzungspolitik orientierende, aber umstrittene und einer beschleunigten Erosion unterworfene Direktive JCS 1067 durch eine, der veränderten politischen Situation und den Erfahrungen der Administration des besetzten Landes angepaßte, Direktive JCS 1779 ersetzt.[83] In der Direktive vom April 1945 hieß es unter Bezugnahme auf das Potsdamer Abkommen noch: »Es muß den Deutschen klargemacht werden, daß Deutschlands rücksichtslose Kriegführung und der fanatische Widerstand der Nazis die deutsche Wirtschaft zerstört und Chaos und Leiden unvermeidlich gemacht haben, und daß sie nicht der Verantwortung für das entgehen können, was sie selbst auf sich geladen haben.«[84] Im Juli 1947 heißt es dagegen: »Für ein geordnetes und blühendes Europa sind die wirtschaftlichen Beiträge eines stabilen und produktiven Deutschlands ebenso notwendig wie die Beschränkungen, die die Garantie geben sollen, daß der destruktive Militarismus in Deutschland nicht wieder aufleben wird.«[85] Letzteres war wohl mehr Lippenbekenntnis; denn während 1945 die Frage der Entnazifizierung noch breiten Platz einnahm, spielte diese 1947 nur noch am Rande eine Rolle. Das Problem der Kriegsverbrecher sollte danach ebenfalls schnell zum Abschluß gebracht und die Bildung einer deutschen Zentralregierung als Ergebnis der deutschen politischen Entwicklung vorangetrieben werden.
Der Washingtoner Analytikerstab unter dem geistigen Mentor Franz Neumann lieferte im Juni 1947 nahezu parallel zu der weiter oben referierten Studie zum Antisemitismus einen Bericht über den Stand der Umerziehung , des zweiten Pfeilers der Demokratisierung in Deutschland.[86] Die Bilanz fällt im großen und Ganzen negativ aus, die Entwicklung zur Demokratie erfolge zu langsam und sei

---

82 Vgl. Gimbel, The American Occupation ..., op.cit., 110.
83 Vgl. Pollock u.a., Germany ..., op.cit.; Dorn, op.cit.; Hajo Holborn, American Planning of the Military Government of Germany During World War II, in: ders., Germany and Europe. Historical Essays, New York 1970, 264.
84 Pollock u.a., Germany ..., op.cit., 78; deutsche Übersetzung in: Klaus-Jörg Ruhl (Hg.), Neubeginn und Restauration. Dokumente zur Vorgeschichte der Bundesrepublik Deutschland 1945-1949, München 1982, 59.
85 Ibid., 375.
86 Vgl. auch Pronay/Wilson, op.cit.

enttäuschend. Illusionen über die Möglichkeiten einer umfassenden Umerziehung sowie die Politik der Nichteinmischung und ein unpolitisches Bildungskonzept hätten hinsichtlich der nachwachsenden Generationen »zu einer Situation geführt, in der die vom rechten Flügel der christlich-demokratischen Parteien befürwortete autoritäre Bildung und Erziehung vielerorts in den gesamten westlichen Zonen überwiegen«. »Der Kern des Problems scheint in der fragwürdigen Annahme zu liegen, das Bewußtsein der deutschen Jugendlichen sei eine tabula rasa, auf die demokratische Ideen unauslöschlich eingeprägt werden könnten, sobald demokratische Lehrer und Institutionen vorhanden sind. Die Erfahrung läßt diese Ansicht zweifelhaft erscheinen. Die deutsche Jugend war und ist immer noch starken Einflüssen ausgesetzt, die der Demokratisierung entgegenwirken und die von den Normen und Klauseln der Entnazifizierungsgesetze nicht erfaßt werden. Diese Einflüsse leiten sich aus der Grundtatsache her, daß es der überwältigenden Mehrheit der deutschen Be-völkerung unter dem Nazisystem besser ging als unter der Besatzung.«[87] Eine Analyse der meinungsbildenden Publikationsorgane, so der Bericht, zeige drei Hauptentwicklungslinien. Erstens lebe der Kult der akademisch-humanistischen Kultur wieder auf, der wie vor 1933 von einer kleinen Elite praktiziert wird.[88] Zweitens werde die christliche Moral als Grundlage des gesellschaftlichen Wiederaufbaus propagiert, was mit einer Denunzierung von Politik einhergeht, allerdings die Unterstützung der christdemokratischen und Ablehnung der linken Parteien zur Folge hat. Und drittens würden offen politische Linien der jeweiligen Partei propagiert. Trotz Vielfalt und breitem kulturellem Leben »scheint keine dieser Entwicklungen einer wirklichen Demokratisierung förderlich. Gerade das üppige Wuchern des kulturellen Lebens unterstreicht in der herrschenden Situation den künstlichen Charakter des demokratischen politischen Lebens in Deutschland, es hüllt die deutsche Szene in einen Schleier des Irrealen.«[89]

Schärfer ist wohl auch noch Jahrzehnte später diese Phase der westdeutschen Nachkriegsentwicklung kaum kritisiert worden. Franz Neumann beläßt es damit jedoch nicht und nimmt in seinem bereits zitierten Artikel von 1947 verhaltene Formulierungen des Washingtoner Berichts auf und verknüpft sie mit einer konsequenteren Kritik: »Die Erziehung im Westen ist ›unpolitisch‹, was angesichts des Gesellschafts- und des Erziehungssystems heißt, daß sie tatsächlich oder möglicherweise [potentially] reaktionär ist.«[90] Was von *Behemoth*, so der

---

87 Zit.n. Söllner, Bd.2, op.cit., 209,205. Vgl. Franz L. Neumann, »Militärregierung und Wiederbelebung der Demokratie in Deutschland«, in: ders., Wirtschaft, Staat, Demokratie, op.cit., 309f.

88 Vgl. Friedrich Meinecke, Die deutsche Katastrophe. Betrachtungen und Erinnerungen, Wiesbaden 1949[4].

89 Zit. n. Söllner, Bd.2, op.cit., 206.

90 Neumann, op.cit., 301.

Titel von Neumanns wegweisender Analyse des Nationalsozialismus von 1942, übriggeblieben war, erforderte noch ein gut Teil demokratische Arbeit. So mancher der demokratischen und sozialistischen Tradition verbundene Mitarbeiter der amerikanischen Militäradministration stellt in diesem Jahr seine Tätigkeit ein, ist enttäuscht über die absehbare Entwicklung in Deutschland. Exemplarisch sei aus einem Interview mit einem ehemaligen deutschen Mitarbeiter zitiert: »Es waren nicht in erster Linie die US-Amerikaner, die mich aus dieser Illusion herausgerissen haben, sondern die von den Deutschen entwickelte Politik. Beziehungsweise weniger ihre Politik als ihre Haltung, die eben keine politische war, sondern die der Tendenz entsprach: also ich hab' mir jetzt die Finger verbrannt ... Das war die große allgemeine Haltung: Politik ist ein schmutziges Geschäft. Und – daraus resultierend ... dieser Anfang des subtilen, dann aber sehr rasch auch sehr rigiden Antikommunismus , der – und das ist über die Deutschen ein hartes Urteil, aber trotz allem typisch – dann umso rigider wurde, als man sich zunehmend in der Gemeinsamkeit mit dem Großen Bruder, mit den USA befand.«[91]

Im Herbst 1947 erhielt der Historiker Hajo Holborn vom Unterstaatssekretär im State Department, John H. Hilldring, den Auftrag, nach Deutschland zu fahren, um über die Militärverwaltung und die deutsche Lage zu berichten. In seinem, im Gesamttenor dem Neumanns ähnlichen, Bericht trifft er die lakonische Feststellung, daß das Wachsen des demokratischen Geistes in Deutschland vorübergehend zum Stillstand gekommen sei. »Aber antidemokratisches und chauvinistisches Denken beginnt sich in Deutschland wieder zu kristallisieren ... Ich war betroffen«, schreibt Holborn, »von der Intensität des deutschen Hasses gegen die Russen und habe versucht, diesem Haß von allen Seiten auf den Grund zu gehen. Rein menschlich gesehen, ist es die völlige ›Andersartigkeit‹ der Russen, die jeden Deutschen in Schrecken versetzt. Deutsche räumen ein, daß es fähige Russen gibt und daß man unter ihnen sogar Freundlichkeit findet ... In deutschen Augen sind die Russen Fremde geblieben ... Greuelgeschichten über die Russen werden von den Deutschen bereitwilligst geglaubt und weitererzählt ... Die meisten Deutschen stimmen darin überein, daß nach den Russen die Franzosen am unbeliebtesten sind.«[92] Ziemlich vernichtend ist Holborns Kritik hinsichtlich des Zusammenhangs von wirtschaftlicher und politischer Entwicklung. Seiner Meinung nach, sei die amerikanische Militärregierung nicht in der Lage gewesen, »wirtschaftliche und soziale Verhältnisse zu schaffen, wie sie die Basis einer demokratischen Gesellschaft darstellen«. Die Parteien sind für ihn

91 Zit. n. Eckhard Siepmann u.a. (Hg.), Heiß und kalt. Die Jahre 1945-69, Berlin 1986, 117.

92 Hajo Holborn, »Einige Beobachtungen und Politische Empfehlungen zum Deutschen Problem«, in: Vierteljahrshefte für Zeitgeschichte 1/35, 1987, 150f.

eher »Stimmzählmaschinen«. Diese und andere institutionelle Elemente des neuen deutschen politischen Systems erinnern ihn an die Studentenvertretungen an amerikanischen Colleges, sie haben »ein gewisses Gewicht als pressure groups« und mehr nicht. Apathie der Deutschen, Antikommunismus, Nationalismus begegnen Holborn. Ein wirtschaftlich starker Weststaat auf Kosten der deutschen Einheit scheint nicht sonderlich populär zu sein. Andererseits erwartet Holborn von der wirtschaftlichen Gesundung der Westzonen eine politische Eigendynamik zur Stärkung der neuen demokratischen Formen, wobei es darauf ankäme, alles zu vermeiden, »was die Schuld an einer definitiven Teilung Deutschlands den USA zuschieben würde«.[93]

Soweit nur einige Aspekte aus Holborns Bericht, der die 1947/48 aktuellen deutschlandpolitischen Fragestellungen andeutet. Im Unterschied zu Berichten und Materialien über Denazifizierung und Umerziehung steht hier weniger die jüngste Vergangenheit im Zentrum als vielmehr die sich aus der Logik der weltpolitischen Entwicklung ergebende Frage nach dem Tempo der künftigen Westintegration des entstehenden westdeutschen Teilstaates. Damit ist zugleich die Richtung der wesentlichen politischen Bemühungen und Diskussionen angegeben, die sich hinsichtlich des Tempos und der gesellschaftlichen Begleiterscheinungen nicht mit den Erwartungen der jüdischen Überlebenden in Deutschland deckte.

Antijüdische Normalität und die Rückkehr der »Exodus«

Im April 1947 lebten nach einer Zählung in den Westzonen annähernd 138 000 jüdische DPs in Camps und über 25 000 Juden außerhalb dieser Zentren. Die Geburtenrate unter der jüdischen Bevölkerung in den camps war sehr hoch, über 9000 Kinder waren jünger als ein Jahr.[94] David Treger vom Zentralkomitee der befreiten Juden in der US-Zone spricht für Februar 1947 von 142 000 Juden in Deutschland.[95] Neben die große Zahl von assembly centers (zeitweise 500) treten Kleinstädte und Dörfer, die – wenn auch vorübergehend – jüdische DPs aufnehmen sollen. Die Einquartierung von 340 Juden in einem westfälischen Dorf führt allerdings zur Bitte der Dorfbewohner, »ob nicht eine andere lagermäßige Unterbringung der Ausländerinnen und Ausländer erfolgen könne«.[96]

Samuel Gringauz skizziert nach seiner Auswanderung in die USA in dem bereits zitierten Artikel von 1948 die Befürchtungen und Erfahrungen, die sich für die

---

93 Ibid., 157, 165.
94 Vgl. Kurt R. Grossmann, The Jewish DP Problem. Its Origin, Scope, and Liquidation, New York 1951, 17f.
95 Vgl. Jüdisches Gemeindeblatt für die Nord-Rheinprovinz und Westfalen, 19.3.1947.
96 Ibid., 5.3.1947.

in Deutschland 1947 befindenden jüdischen DPs ergaben. Für ihn beginnt 1947 die dritte Phase in der amerikanischen Politik bezüglich der Masse der Juden in Deutschland, »the political period«:

»Germany has ceased to be the unified objective of a single Allied postwar policy, but has broken down into fragmentary and conflicting objectives reflecting the East-West conflict. Germany is no longer our foe in a war not yet concluded, but a potential ally in a war that has not yet begun. The creation of a Western European bloc, and of a West German state to be included in the ERP, means exactly that. Germany is to be transformed from a defeated enemy into the guardian of our European front line. The Jewish survivors in the occupied zone of Western Germany are an obstacle to this development. What makes their situation intolerable is that they are still in acute conflict with the nation which Allied occupation policy wants to make into an ally ... The third and most recent period of occupation policy did not begin suddenly or unexpectedly. It was foreshadowed in Secretary Byrnes' Stuttgart speech on September 6, 1946, and was formulated in the new directive to the Commander in Chief released on July 15, 1947. This directive, in force today, is no longer oriented towards the material and ideological disarming of Germany, but towards rehabilitating her as part of the Western European bloc ... With this stage, occupation policy entered into a basic conflict with the Jewish DP's. The Jews cannot forgive the Germans – certainly not by directive. In the eyes of the Jews, the Germans have forfeited the right to exercise sovereignty over them and will not recover this right until they themselves have undergone a fundamental change, and particularly, until their bestial hatred of Jews has been overcome. But today, as all reports indicate, this hatred is on the rise ... For an understanding of the situation in Germany, it is absolutely necessary to bear in mind that present anti-Semitism in Germany cannot be attributed entirely to the rule of Nazism. Paradoxically, certain aspects of it are grounded precisely in the defeat of Nazism ... We must recognize anti-Semitism as an emergent reality of German postwar life. Inhibited by the former occupation policy it has reasserted itself with the change in that policy.«[97]

Gringauz betonte damit Aspekte, die das Verhältnis Besatzer-Deutsche-Juden in den ersten Nachkriegsjahren entscheidend prägten und die die Verzahnung internationaler Entwicklung, deutschlandpolitischer Bestrebungen, innenpolitischer Konsolidierung und ökonomischer Rekonstruktion mit der jeweiligen Sicht der Rolle der jüdischen Minorität verdeutlichen. Zugleich summiert er antisemitische Vorkommnisse, die von Friedhofsschändungen, krawallartigen Unmutsäußerungen bis zum Gebrauch antijüdischer Stereotype bei Kommunalwahlen rei-

[97] Gringauz, op.cit., 508f.

chen. Das »Jüdische Gemeindeblatt« hatte nicht nur einen wachsenden Berichtsteil über derartige Vorkommnisse, es führte eine ständige Rubrik ein, in der antisemitische, pro-nazistische und rechtsextremistische Vorfälle aus den drei westlichen Besatzungszonen festgehalten wurden.

Offensichtlich schlug das Verhältnis latenter und manifester antisemitischer Phänomene in dem Maße zugunsten manifester um, in dem Military Government mehr Verantwortung, Rechte und Kompetenzen den Deutschen übertrug. Denn dies bedeutete auch mehr Liberalität und Freiheit in allem, was Rede-, Versammlungs- und Pressefreiheit anbelangte.

Im »Jüdischen Gemeindeblatt«, das sich zunehmend zum Organ der jüdischen Gemeinden in den Westzonen entwickelte, nahmen 1947 Debatten über die Lehren aus der Vergangenheit, die wachsende Rolle des Antisemitismus, ausbleibende Abwehrreaktionen sowohl aus der Bevölkerung als auch der neuen politischen Führungsschicht breiten Raum ein. Drei Probleme bewegten dabei vor allem die Autoren und Leserbriefschreiber: *Erstens*, wie kann eine Linderung sozialer Not jüdischer Überlebender, die erforderliche Rückerstattung, steuerliche Berücksichtigung und eine angemessene Wiedergutmachung, das heißt die notwendige gesellschaftliche Rehabilitation, erreicht werden. (Der Begriff Rehabilitation taucht in einem derartigen Zusammenhang übrigens in der nichtjüdischen deutschen Presse nicht auf.) *Zweitens*, können Juden in Deutschland bleiben oder hierher zurückkehren, da doch, wie es im Brief einer Leserin heißt, »auf einem Friedhof kein Leben blühen kann und keine Menschen wohnen können«.[98] *Drittens*, welchen Beitrag können Juden in Deutschland beim Kampf um die Gründung eines jüdischen Staates in Palästina leisten, wie kann die Auswanderung vorangetrieben werden unter dem Druck der restriktiven britischen und sehr verhaltenen amerikanischen Politik. Dabei sind zwei Aspekte der Auswanderung zu betonen: Zum einen die umfassende Orientierung auf Palästina oder die USA, wie sie unter jüdischen DPs verbreitet ist; zum zweiten die Enttäuschung und Frustration unter deutschen Juden, besonders jüngerer Überlebender:

> »Die Tatsache, daß das deutsche Volk keine Verpflichtung empfindet, die Verbrechen des Nazismus zu vergelten, ist der wichtigste Grund dafür, daß ein beträchtlicher Teil der wenigen überlebenden deutschen Juden sich entschieden hat, auszuwandern.«[99]

---

98 Jüdisches Gemeindeblatt für die Nord-Rheinprovinz und Westfalen, 19.3.1947.

99 Moskowitz, The Germans and the Jews ..., op.cit., 13.

Bereits Mitte 1946 hatte das »Jüdische Gemeindeblatt« die zunehmende Auswanderung vor allem junger Juden als «Beweis von tiefer Hoffnungslosigkeit« gewertet und festgestellt: »Es muß doch sehr bedenklich stimmen, daß bis heute noch keine deutsche Stelle den Versuch gemacht hat, die aus den Klauen des Nazismus geretteten Juden zu veranlassen, nun in Deutschland zu bleiben.«[100] Eine jüdische Krankenschwester, die illegal in Deutschland überlebt hatte, rät in einem Brief davon ab, nach Deutschland zurückzukehren; sie selbst hofft, »aus diesem entsetzlichen Land« bald heraus zu können: »Die Ernährung und die Wohnverhältnisse, alles sind noch große Probleme. Es gibt kaum einen Juden, der hier bleiben will, alle strecken die Fühler aus, um fortzukommen.«[101] Diese Stimmung unter deutschen Juden bleibt natürlich den deutschen Politikern nicht verborgen. Der Kölner Oberbürgermeister ruft ehemalige jüdische Bürger zur Rückkehr auf, was mit Leserbriefen in der »Frankfurter Rundschau« am 11.1.1947 beantwortet wird. Die Autoren beklagen die fehlende materielle Hilfestellung der Stadtverwaltung und die »völlige Verständnislosigkeit unserer christlichen Mitbürger, deren Gesinnung in keiner Weise dem entspricht, was man als Wiedergutmachung erwarten mußte«. » ... selbst die neu eingesetzten Beamten haben Hemmungen, den Juden zu helfen. Was sollen die Juden hier?«[102] Auf Treffen verschiedener Vertreterorgane der Juden in Deutschland erfolgen Aufrufe zur Emigration, deren Vehemenz den heutigen Leser mit Bitterkeit an die 1933 unterlassenen Aufforderungen erinnern muß.
Karl Marx, tonangebende Persönlichkeit und Herausgeber des »Jüdischen Gemeindeblatts«, faßt in einem überblickartigen Artikel die wichtigsten Probleme zusammen:

> »Wir werden uns ... zu entscheiden haben, ob ein Weiterbestand jüdischer Gemeinden in Deutschland möglich ist, d.h. ob es Sinn hat, mit einem Wiederaufbau deutsch-jüdischer Gemeinden ernstlich zu beginnen, also ob für deutsche Juden Möglichkeiten geschaffen werden können, das deutsche Judentum wieder aufleben zu lassen oder ob die heute noch in Deutschland lebenden Juden sich als die Liquidatoren der jüdischen Institutionen betrachten sollen ... Bis heute haben wir keinen Anlaß, etwas anderes anzunehmen, als daß ein aggressiver Antisemitismus sich nur deshalb nicht im großen Maße bemerkbar macht, weil er durch das erste Gesetz der Militärregierung verboten ist ... Es ist geradezu beleidigend, wenn man erleben muß, daß 22 Monate nach dem Zusammenbruch des Hitlerreiches noch Gewinne von Deutschen

100 Jüdisches Gemeindeblatt ..., 20.8.1946.
101 Wiener Library, Manuskript-Sammlung, Nr.644.
102 Zit. n. Jüdisches Gemeindeblatt ..., 5.3.1947.

aus den durch sie arisierten Geschäften gezogen werden ... Wir suchen vergeblich in einem großen Teil der deutschen Tagespresse der britischen Zone Veröffentlichungen, die zur Aufklärung der Judenfrage beitragen könnten.«[103]

Die Ausgabe zum einjährigen Bestehen der Zeitung am 15.4.1947 nimmt auf diese Themen Bezug, kritisiert die »uninteressant kurze Form«, in der andere Tageszeitungen über jüdische Themen berichten, zählt antijüdische und rechtsextremistische Verbrechen der zurückliegenden Monate auf, die aus allen Gegenden der westlichen Besatzungszonen berichtet werden können: »Wir fragen die Landesregierungen, die Parteien und die Kirchen: Wo bleiben die Proteste der ›großen Massen des deutschen Volkes‹, die frei von Antisemitismus sind?« Die Ironisierung bezieht sich auf gängige öffentliche Bekundungen, vor allem bei Auslandsreisen deutscher Politiker und Kirchenvertreter. Bis zu welchem Aberwitz antijüdische Mythen wieder kolportiert werden, beschreibt in derselben Ausgabe (April 1947) Philipp Auerbach, Staatskommissar für rassisch, politisch und religiös Verfolgte beim Bayerischen Innenministerium, in einem Artikel, der überschrieben ist »Der Rabbi von Bacherach – 1947«: »1947. Vor mir liegt ein Fernspruch der Landespolizei von Weiden-Oberpfalz. Ich glaube zu träumen, aber es ist Wirklichkeit. In einem Zuge von Weiden nach Floss erzählten unbekannte Männer, daß die Polizei in Weiden im jüdischen Komitee im Keller eine Knabenleiche gefunden hat, und diese sei bestimmt gewesen, um Mazzoth zu Pessach zu backen.«

Ab Mai 1947 gibt es endlich auch nennenswerte Gegenreaktionen von deutscher Seite, zum Teil gemeinsam mit Vertretern jüdischer Organisationen durchgeführt. Als in Bremen ein in seinem Strafmaß lächerliches Urteil gegen einen Nazi gefällt wird, der am 9.11.1938 einen Juden ermordet hatte, findet eine Protestkundgebung im Stadtzentrum statt. Vor 6000 Menschen treten Redner von VVN, SPD, KPD und jüdischer Gemeinde auf.[104] Zu einer ähnlichen Protestkundgebung kommt es am 11.8. auch in Düsseldorf.[105]
Anfang Juni 1947 hatten etwa 100 Vertreter jüdischer Gemeinden die »Arbeitsgemeinschaft jüdischer Gemeinden in Deutschland« gegründet. Ende Juli 1947 fand im ehemaligen Konzentrationslager Belsen der zweite Kongreß der befreiten Juden der britischen Zone statt. Der Gesamttenor hinsichtlich der Situation der Juden in Deutschland war pessimistisch. »In der Pressekonferenz beanstandeten die jüdischen Führer das Desinteresse der deutschen Zeitungen an der jüdischen Frage. Das sei nichts weiter als eine feige Konzession gegenüber

103 Ibid., 19.3.1947.
104 Ibid., 14.5.1947.
105 Ibid., 27.8.1947.

der antisemitischen Haltung großer deutscher Bevölkerungsteile.«[106] Das Zentralkomitee der befreiten Juden in der amerikanischen Besatzungszone übermittelte am 13. August 1947 ein Memorandum an General Clay, in dem es legislative Maßnahmen gegen Antisemitismus vorschlug. Damit nahm es Forderungen auf, die bereits Anfang 1947 auf dem zweiten Kongreß der befreiten Juden in der US-Zone eine Rolle gespielt hatten.
»At present«, heißt es in dem Memorandum, »two years after the end of war, anti-Semitism has not only regained its old intensity, but infected even those parts of German population, which not so long ago rejected the national socialist ideology.«[107] Die vorhandenen gesetzlichen Grundlagen und Verwaltungsanordnungen hätten sich als ungenügend erwiesen. »These regulations were not able to stop the development of anti-Semitism and its repercussions. It is evident that the situation cannot be improved by regulations only. Therefore we think that new legislation must be passed which strictly forbids anti-Semitism in all its forms, proclaim it a crime and provide severe punishment for the offenders against the law.«[108] Der wesentliche Text dieses Gesetzesvorschlags lautete:

> » Bill to combat Jew baiting.
>
> INTRODUCTION:
> The following law is being issued for the protection of the Jewish people as a whole and its members as well as its religious and wordly institutions.
> art. 1.
> Whoever makes utterances verbally or in writing or acts to impair the esteem or offends the honour of the Jewish people, or one or more of its members, will, unless heavier punishment provided under existing other laws, receive prison terms, and if the offense is committed publicly, a prison sentence of not less than 6 months.«[109]

Erst im Oktober nach einer Reihe Konsultationen antwortet General Lucius D. Clay. In seinem Antwortschreiben heißt es:

> »You can be assured that I deeply deplore anti-Semitism, in Germany or elsewhere, and I think you will agree that the whole record of American Military Government here confirms this. At the same time, I cannot bring myself to support the draft legislation which you enclosed. Such legislation, in seeking to suppress oral and written statements, would undoubtedly be considered unconstitutional in the United States; and it is wholly at variance with the American belief that the public good is best advanced in the long run

106 Der Spiegel 30/1, 26.7.1947.
107 OMGUS, Letter to General Clay, 12.8.1947, NA.Rg.260, 1947/2/1.
108 Ibid.
109 Ibid.

by the free expression of ideas, however misguided or odious the particular opinions may be ... Nevertheless, you may be assured that we will proceed with active measures to discourage anti-Semitism and, in fact, any and all intolerance.«[110]

Der Bezug auf die USA war zwar gängige Praxis in kniffligen Dingen, über die die Militärregierung zu entscheiden hatte, aber wie in so vielen Dingen der Besatzungspolitik entsprach die bloße formale Übertragung von Grundelementen aus der amerikanischen politischen Kultur in die sich formierende politische Kultur Westdeutschlands nicht unbedingt deutschen Traditionen und den Bedingungen zwei Jahre nach dem NS-Regime. Eine liberal-demokratische Öffentlichkeit sollte zwar entstehen, aber sie war 1947 nicht als relevanter gesellschaftspolitischer Faktor vorhanden. Gerade die Tatsache, daß bei der Verfolgung antisemitischer Umtriebe Halbheiten an der Tagesordnung waren, verstärkte solche Erscheinungen und führte zu wachsender Distanz überlebender Juden zum »neuen Deutschland«.

Das eklatanteste Beispiel zunehmender Diskrepanz zwischen programmatischen Erklärungen und pragmatischer Politik war im Herbst 1947 die Ankunft der 4350 von den Briten zwangsverschleppten Juden der »Exodus 47«, die Anfang September auf drei Schiffen in der Elbmündung eintrafen. Britische Internierungslager waren vorbereitet, die internationale Presse berichtete umfassend über Fahrt, Ankunft und zwangsweise Unterbringung der jüdischen Emigranten. Und zahllose Deutsche standen erstmals einer durch die Medien vorbereiteten und in aller Öffentlichkeit nachzuvollziehenden Konfrontation von Besatzungsmacht und Juden auf deutschem Boden gegenüber.

Das »Jüdische Gemeindeblatt« berichtete über den Wunsch der Internierten, das »Transitland verlassen zu können«. – Daneben war ein Foto veröffentlicht, auf dem ein britischer Militärpolizist ein jüdisches Mädchen zum Eisenbahnwaggon schleppt.[111] – Es geht folglich hier nicht allein darum, welches Schicksal die Zwangsausgeschifften traf, welch britischer und deutscher Skandal sich im Hafen von Hamburg abspielt, es geht um ein bitteres dèja vu von Juden, Deutschen und britischen Soldaten: »Man sieht Bilder, die man nicht sehen möchte.«[112] Die Berichterstattung in der deutschen Presse ist distanziert, »Der Tagesspiegel« geht nur kurz darauf ein, die ökonomische Situation und der Marshall-Plan sind wichtiger. Hamburger Blätter berichten, in der »Neuen Zeitung« ist

110 OMGUS, Letter to Central Committee of Liberated Jews, 6.10.1947, NA.Rg.260, 1947/2/1.
111 Jüdisches Gemeindeblatt ..., 13.9.1947.
112 Lübecker Nachrichten, 10.9.1947, zit.n. Siebecke, Die Schicksalsfahrt der ›Exodus 47‹. Eine historische Dokumentation, Frankfurt/M. 1987, 210.

Exodus 47 kein Thema. Die jüdische Presse widmet Seite um Seite der Ankunft in Hamburg, der Situation in den Lagern und den Reaktionen der Juden in Deutschland auf diese Ereignisse. Der Vertreter des »Jüdischen Gemeindeblatts« berichtet aus dem Hamburger Hafen: »Als die ersten Jungen gewaltsam den Steg hinuntergetragen wurden, sahen wir, wie deutsche Krankenschwestern und ein deutscher Arzt dabei stehen. Sie hüpften vor Freude und lachten. ... Anwesend aber waren auch deutsche Kolonnen, ehemalige Kriegsgefangene, jetzt Angestellte der Militärregierung. Sie standen herum und sahen sich alles an. Sie sagten nichts.«[113] Dieselbe Ausgabe der Zeitung, die zum jüdischen Neujahrsfest erschien, stellte lakonisch fest, daß das Lager Pöppendorf, in das ein Teil der Internierten gebracht wurde, eine deutsche Lagerwache und einen deutschen Lagerkommandanten hatte. Der Reporter des »Jüdischen Gemeindeblatts« fügte hinzu: »Deutsche sagten zu uns: ›Will man uns so demokratisch erziehen?‹« Als am 11.9. das letzte Internierten-Schiff anlegte, fragte ein Hamburger Hafenarbeiter, »der am Pier gerade eine Absperrung repariert, ... den neben ihm postierten Wachsoldaten, ob er nicht Gefahr laufe, später wegen dieser Arbeit als Kriegsverbrecher angeklagt zu werden.«[114] An einem der folgenden Tage führten 500 Juden aus Belsen in den Hafenanlagen eine Protestdemonstration durch, wobei die Hamburger die blauweiße Fahne sehen und die Hymne *Hatikwah* hören konnten.

In der amerikanischen Zone traten insgesamt 100 000 jüdische DPs in einen Proteststreik. Englische Beobachter registrierten als Reaktionen unter der deutschen Bevölkerung sowohl die Auffassung, Gewaltanwendung gegen Juden sei Recht, als auch die Gefahr antisemitischer Ausschreitungen.[115] Unmut in der Bevölkerung, negative Reaktionen und Gleichgültigkeit führten als Gegenreaktionen unter anderem zum Aufruf des von den US-Behörden als Tageszeitung lizensierten »Wiesbadener Kurier« an Bevölkerung und Kommunen, den Juden der *Exodus* Unterkunft zu geben. Die Zeitung rief zu einer Geldsammlung auf, stellte selbst 25 000 Mark zur Verfügung derjenigen Gemeinde oder Stadt, die willens wäre, den Juden ein Heim zu geben. Der »Mannheimer Morgen« und der Berliner »Telegraph«, alle in der amerikanischen Zone, schließen sich dem Aufruf an. Hunderttausend Mark kommen so zusammen, aber nicht eine einzige deutsche Stadtverwaltung macht ein Angebot. Stattdessen erhalten die Zeitungen eine Serie von Briefen, in denen die Juden für die aktuellen Probleme in Deutschland verantwortlich gemacht werden. Die Briefeschreiber kritisieren nach alter Ma-

---

113 Jüdisches Gemeindeblatt ..., 13.9.1947.
114 Siebecke, op.cit., 213.
115 Kommentar des Nordwestdeutschen Rundfunks, 3.9.1947, zit. n. Jüdisches Gemeindeblatt..., 24.9.1947.

nier, daß »die« Juden in den USA und in Großbritannien hinter den Regierungen stünden und die Finanzen dieser Länder bestimmten.[116]
Dieser wohlgemeinte Aufruf verpuffte im sich regenerierenden Antisemitismus. Die Initiative und ihr Scheitern sind ein Beispiel, wie öffentliche Initiativen, unterstützt sogar von viel gelesenen Zeitungen, in den staatlichen Organen ohne Resonanz bleiben und in einer größeren Öffentlichkeit unbeachtet bleiben, wenn nicht sogar das Gegenteil bewirken. Für die amerikanische Militärverwaltung schien dies dennoch ein nicht zu unterschätzendes Experiment zu sein, das in die Reihe der verschiedenen Initiativen zur Bekämpfung des Antisemitismus gehörte.
Befragungen von deutschen opinion-leaders, Politikern und Persönlichkeiten wurden von OMGUS wiederholt in den verschiedenen Ländern durchgeführt, um – auch aufgrund des Drucks aus Washington – zu praktikablen Maßnahmen zu kommen, die möglichst von deutscher Seite initiiert sein sollten. OMGUS-Bavaria führte Ende September/Anfang Oktober eine Umfrage durch, in der u.a. Politiker, Parteirepräsentanten, Universitätsprofessoren, Autoren, Journalisten, Geschäftsleute und Studenten interviewt wurden, um deren Reaktion auf die Exodus-Episode zu erfahren. Die meisten kritisierten die Briten und bekundeten Sympathien mit den Exodus-Passagieren, vergleichsweise wenige fanden, daß offensichtlich die ganze Welt und nicht nur die Nazis Juden nicht mögen. Über ein Drittel hatte keine Meinung oder wußte nichts von der Fahrt der Exodus und der Ankunft der Juden in Deutschland.[117] Aber nahezu alle Befragten waren gegen die Landung der Juden in Deutschland. Die einen meinten, die Briten hätten mit der Überführung der Juden nach Hamburg einen taktischen Fehler begangen, die alliierte Kritik der NS-Judenpolitik werde damit unglaubwürdig. Andere sahen darin eine zusätzliche Belastung der wirtschaftlichen Lage in Deutschland, schließlich gebe es noch nicht einmal genug zu essen für Deutsche. Ein Drittel wertete die Episode als Beitrag zur Verstärkung des vorhandenen Antisemitismus. Ein bayerischer Journalist sagte in diesem Zusammenhang: »Der Antisemitismus nimmt zu. Das war früher eine Angelegenheit des Staates und wurde von vielen Leuten abgelehnt. Heute ist der Antisemitismus eine gefährliche Stimmung im Volk.«[118] Einige wenige sahen in der Exodus-Episode sogar eine von den Russen inspirierte Angelegenheit. Der OMGB-Report hebt weiter die emotionale Seite der Reaktionen von Interviewpartnern hervor, die sich unter anderem darin ausdrückte, daß die Meinungen zumeist in der dritten

116 OMGB, Trend, No.47, 29.10.1947, NA.Rg.260, 7/37-1/1.
117 Ibid., Trend, No.46, 13.10.1947.
118 Ibid., Trend, No.47, 29.10.1947.

Person abgegeben wurden. Die Schlußfolgerung in dem Bericht ist, »daß die Deutschen unter den gegenwärtigen Bedingungen ein hohes Ausmaß an Agressivität hinter einer Ablehung verstecken, die sie nicht wagen, offen auszusprechen«.[119] Ein junger Student stellte in diesem Sinne fest: »Man kann uns doch nicht die Konzentrationslager vorwerfen und gleichzeitig den Weg in die Freiheit für diese unterdrückten Menschen versperren ...«[120] Der Rektor der Universität Würzburg schließlich war durch die Interviewfragen offensichtlich irritiert: Was sollte, so meinte er, denn falsch sein an der britischen Behandlung der Flüchtlinge? Amnesie auch hier.

119 Ibid.
120 Ibid.

4. »Als ob nichts geschehen sei!« Die Universitäten nach der »Entjudung« der Wissenschaft

In seiner Studie »Eine deutsche Universität. 500 Jahre Tübinger Gelehrtenrepublik« bemerkt Walter Jens:

> »Unter all den grandiosen und schauerlichen, den bewegenden und den Angst erregenden Dokumenten des Tübinger Universitätsarchivs sind die Protokolle aus der Ära nach 1945 die gespenstischsten: Als ob nichts geschehen sei! Kein Stalingrad und kein Auschwitz, keine eugenische Sterilisation und keine wissenschaftliche Nobilitierung des Antisemitismus!«[1]

Protokolle einer Tübinger Professoren-Sitzung berichten im Juni 1945 über die Notwendigkeit, die Lücken in der Vorbildung der Kriegsteilnehmer zu schließen. »Dagegen müßte das Frauenstudium gedrosselt werden, da sonst der Andrang zu groß würde.«[2] Disputiert wird in dieser Runde, ob der Universitätstag am Nachmittag oder bereits am Vormittag beginnen soll, eben »als ob nichts geschehen sei!«

Exemplarisch soll folgend gezeigt werden, in welchem geistigen, institutionellen und sozialen Rahmen sich Wissenschaftler und Studenten nach dem Mai 1945 bewegten. Hier wurden Weichen gestellt für die weitere Entwicklung des kulturellen Lebens, für Bildungsnormen und Erziehungsinhalte, die für längere Zeit von Bedeutung blieben. Der wirkliche Verlauf einer Neuordnung, die eher eine erneuerte Umordnung deutscher Bildungsinhalte und -institutionen war, sagt überdies mehr über die geistigen Voraussetzungen der Haltung zu Juden und jüdischen Themen in jener Generation aus, die im Nachkriegsdeutschland den Ton angab, als die Bemühungen der alliierten und neuen deutschen Presse – Zeitungen und Zeitschriften – in dieser Hinsicht. Eine, dieses Kapitel von den vorhergehenden Ausführungen unterscheidende Tatsache sei jedoch hervorgehoben: Im Frühjahr 1945 und noch für eine längere Zeit waren die Universitäten – bis auf wenige Ausnahmen – kein Ort der direkten Begegnung von Deutschen und Juden. Die »Entjudung« der Wissenschaft gehörte zu den bleibenden »Erfolgen« der NS-Herrschaft. Insofern geht es im Folgenden nicht primär um Reaktionen, Verhaltensweisen, Aussagen, sondern allzuoft um deren Unterlassung. Nicht das Verhältnis zu Juden steht im Zentrum, sondern der fehlende Wille, überhaupt ein derartiges Verhältnis neu zu schaffen. Während in den politischen Bekenntnis-

---

[1] Walter Jens, Eine deutsche Universität. 500 Jahre Tübinger Gelehrtenrepublik, München 1981², 342f.

[2] Protokoll der Sitzung des Großen Senats der Tübinger Universität (23.6.1945), in: Wiedergeburt des Geistes. Die Universität Tübingen im Jahre 1945. Eine Dokumentation. Werkschriften des Universitätsarchivs, Reihe 2, Heft 13, Tübingen 1985, 107.

reden der Nachkriegszeit zunehmend die Rede ist vom »großen Beitrag zu deutscher Kultur und Wissenschaft«, der von den Juden in Deutschland geleistet worden sei, war die deutsche Academia vor allem mit der jetzt zweckmäßig erscheinenden Bereinigung ihres eigenen Beitrages zur Wissenschaft der NS-Zeit beschäftigt.

Die Professorenschaft 1933 und 1945

Doch werfen wir zunächst einen Blick zurück auf das Jahr 1933. Über die annähernd 6000 Professoren, Dozenten, Assistenten der deutschen Universitäten gibt es nach dem Januar 1933 nichts Rühmliches zu sagen. Den deutschen universitären Geist hatte es schon lange nach rechts gezogen. Das Ermächtigungsgesetz, das Gesetz zur Wiederherstellung des Berufsbeamtentums und das Reichsbürgergesetz »sanktionierten die Amtsenthebung und das Berufsverbot von ca. 2000 Gelehrten bis 1938 ... Wie sehr die Chance zum Nachrücken die protesthemmende Begehrlichkeit unter den 1933 rund 40 000 stellungslosen Akademikern hochschnellen ließ, bedarf keiner Erläuterung. Zudem betäubte das Gewissen ein traditioneller antisemitischer Affekt, der sich aus der Tatsache auflud, daß bei einem jüdischen Anteil von ca. 0,8% an der Gesamtbevölkerung (1933) der Anteil der jüdischen Hochschullehrer bei knapp 6% rangierte und unter den Studenten 4,5% ausmachte.«[3] In leidenschaftslosem Akademikerdeutsch stellte 1956 eine Studie Fakten und Daten über die Eingriffe des NS-Staates in Hochschule und Wissenschaft dar, wie sie sich aus dem Gesetz über das Berufsbeamtentum ergeben hatten. Über den »Emigrationsverlust« heißt es zum Beispiel:

> »1. In Prozent des Bestandes von 1931 sind am stärksten die Wirtschafts- und Sozialwissenschaften, Mathematik/Geographie, Geisteswissenschaften sowie die Rechtswissenschaft betroffen. Sie verloren über 1/3 (bis zu 41%) ihrer Ordinarien und Nichtordinarien. 2. Der Verlust an Nichtordinarien ist absolut und prozentual größer als an Ordinarien ... Ordinarien insgesamt 723, in % der unter 60jährigen des Lehrkörpers WS 1931/32 29% Nichtordinarien, insgesamt 1236, in % der unter 60jährigen des Lehrkörpers WS 1931/32 33%. 3. Obwohl dem Lebensalter nach die Nichtordinarien eine bessere Chance hatten, nach 1945 an die deutschen Hochschulen zurückzukehren, gehören von ihnen nur 13% (absolut 159 von 1236), von den Ordinarien dagegen 17% (126 von 723) 1949 oder 1953 wiederum zum Lehrkörper der erfaßten Hochschulen.«[4]

---

[3] Manfred Funke, »Universität und Zeitgeist im Dritten Reich. Eine Betrachtung zum politischen Verhalten von Gelehrten«, in: Aus Politik und Zeitgeschichte B 12/86, 22.3.1986, 6.

[4] Christian von Ferber, Die Entwicklung des Lehrkörpers der deutschen Universitäten und Hochschulen 1864-1954. Bd.3 der Untersuchungen zur Lage der deutschen Hochschullehrer, herausgegeben von Hellmuth Plessner, Göttingen 1956, 144.

Nach anderen Schätzungen emigrierten 1100 Wissenschaftler in die USA, 500 nach Großbritannien: »Die Mehrheit bestand aus jüdischen und, in der damaligen Terminologie, halbjüdischen Wissenschaftlern. Aktive Gegner des Nationalsozialismus bildeten eine Minderheit.«[5] Nach 1945 kehrten lediglich 121 in die Westzonen zurück,[6] eine verschwindende Zahl, wenn man bedenkt, daß darunter auch noch zahlreiche Wissenschaftler vorgerückten Alters waren. Demgegenüber harrten, nachdem im Winter 1944/45 die Universitäten den Lehrbetrieb eingestellt hatten, circa 4000 deutsche Professoren, die den Treueeid geschworen hatten, der politischen und wissenschaftlichen Dinge, die da kommen würden. Was kam, waren zunächst einmal die alliierten Truppen. Über den 29. März 1945, als die amerikanische Armee sich der Universitätsstadt Marburg näherte, schreibt John Gimbel in seiner Studie über eine deutsche Stadt unter amerikanischer Besetzung, wie ein Universitätsprofessor von seinem Schreibtisch aus auf das friedliche Tal der Lahn blickt und die amerikanischen Truppen hinaufziehen sieht.[7]

Der Heidelberger Historiker Johannes Haller, deutschnationaler Gegner der Weimarer Republik und Autor von Werken antidemokratischer und antirepublikanischer Tendenz, schrieb in seinem Tagebuch April/Mai 1945 unter anderem folgende Passagen:

> »20. April. Großer Tag, der Führer 56 Jahre alt. Wie er sich wohl vorkommen mag? Die letzte Äußerung von ihm, die wir erfahren haben: der Aufruf ans Ostheer vom 15. April, war ein schauerliches Dokument seelischer Zerrüttung. Wenn er selbst noch glaubt, was er da sagt, so ist das der Beweis seines Wahnsinns, wenn nicht, ist er der größte Schwindler und Hochstapler der Weltgeschichte. Und wie sagt er es! Man schämt sich, den Führer des deutschen Volkes, das Oberhaupt des Reiches so sehr den letzten Rest anständiger Haltung verlieren zu sehen. Das Drama ist zu Ende; wie wird die letzte Szene aussehen? ... Der verhältnismäßige Optimismus, mit dem ich gestern noch schrieb, die ruhige Stimmung wenigstens, ist heute verflogen. In der Nacht haben die Marokkaner fürchterlich gehaust, hunderte von Vergewaltigungen verübt, bis in Professorenfamilien. ... Das Volk benimmt sich nicht einwandfrei. Zum Einzug der Franzosen lief alles auf die Straße, um zu gaffen, auch habe ich zweimal beobachtet, daß Mädchen mit feindlichen Soldaten, einmal mit einem affenartig häßlichen Marokkaner, kokettierten ... 21./22.April ... Erstaunlich, wie fremd und losgelöst man sich gegenüber dem fühlt, was sich

---

[5] Helge Pross, »Die geistige Enthauptung Deutschlands: Verluste durch Emigration«, in: Freie Universität (Hg.), Universitätstage 1966. Nationalsozialismus und die deutsche Universität, Berlin 1966, 144.

[6] Michael Neumann, »Intelligenz. Exil. Bundesrepublik«, in: Forum Wissenschaft 2 (1985), 24.

[7] Gimbel, A German Community under American Occupation. Marburg 1945-1952, Stanford 1961, 15.

> noch Deutsche und Regierung nennt. Man merkt erst, wie wenig man damit innerlich zusammengehangen hat. Nur das Schicksal der Angehörigen jenseits! ... 28. Mai. Es werden jetzt die Woche hindurch jeden Abend um 7 Vorträge über aktuelle kirchliche Fragen von Professoren und Pfarrern gehalten, wegen des Zudranges in der Stiftskirche. Heute sprach Prof. Köberle über ›Gottes Gerechtigkeit im Geschehen der Gegenwart‹ – vortrefflich. Unser Unglück die Strafe für Verachtung der 10 Gebote; nicht dogmatisch, nicht theologisch, ganz natürlich, sehr ernst. Hybris, Mißachtung von Recht, Ehre, Eigentum und Menschenwürde: daher kein Sinn mehr für Maß und Grenze – nichts unmöglich. Gottes Gerechtigkeit ist in meinen Augen nichts anderes als die natürliche Folge des Geschehenen, Getanen ... 29.5. ... Die Schulen bleiben vorläufig geschlossen, natürlich auch die Universitäten. Auch in Heidelberg ist von Eröffnung keine Rede, das Gerücht war falsch. Man will erst neue Lehrbücher drucken. Also wird nun die deutsche Bildung von Washington aus verwaltet werden!«[8]

Bedürfen diese Eintragungen eines Kommentars? Nur auf einige der im Zusammenhang dieser Arbeit relevanten Aspekte soll hier verwiesen werden. Zunächst, das was bei Karl Jaspers noch eher positiv als »geistesaristokratische Haltung« bezeichnet wird, drückt sich in Hallers Aufzeichnungen als Standesbewußtsein, als Standesdünkel aus. »Anständige Haltung« gilt auch hier als letztes Residuum deutschen Geistes, deutscher Art; so enthält denn die Schilderung der Vergewaltigungen – die übrigens zu einem festen Topos der Nachkriegs-«bewältigung« wird – den Nachsatz, bei dem man sich ein unmerkliches Heben der Stimme vorstellen muß,«bis in die Professorenfamilien«. Vom zeitweise stillgelegten Katheder wird »das Volk« für sein »nicht einwandfreies Benehmen« gerügt, man betrachtet als deutscher Professor die Geschehnisse wie von außen, »losgelöst« und bemerkt »erst« jetzt, »wie wenig man damit innerlich zusammengehangen hat«. Der Krieg ist offensichtlich verloren, die Besatzungstruppen seit einigen Tagen in der Stadt. Und für diesen Historiker erstaunlich – oder auch nicht – erfolgt die metaphysische Erklärung des »Unglücks« als »Strafe für die Verachtung der 10 Gebote«. Nicht menschliches Verbrechen, menschliche Vergeltung, militärisches Niederringen eines verbrecherischen Systems, sondern Gottes Gerechtigkeit. Nicht die scheinbare Unfaßbarkeit des Geschehens, sondern das Nichtfassenwollen, der Fluchtweg ins Religiöse schreien hier in der Tat zum Himmel. Allerdings werden hinsichtlich der »deutschen Bildung« keine teleologischen Dimensionen beschworen, sondern konkrete politische Maßnahmen befürchtet, mit Recht, wie sich bald zeigte.
Robert Murphy, der politische Berater von Eisenhower (später ebenfalls von McNarney und Clay) sendet Anfang Mai 1945 einen umfassenden SHAEF-Report an den Secretary of State, der auf der Grundlage von Inspektionsreisen der

---

[8] Zit. n. Wiedergeburt des Geistes ..., op.cit., 36f.

Offiziere seiner Mission unmittelbar nach der Besetzung entstanden ist. Hier seien nur die Berichte aus den Universitätsstädten Heidelberg und Marburg erwähnt:[9]

- o Heidelberg: Professoren waren im allgemeinen Pro-Nazi; Studenten waren »gemäßigt nazistisch«. Anti-Nazismus verteilte sich auf deutsche Kommunisten – meist ältere Leute, Adlige und Personen, die mit der Universität verbunden waren.
- o Marburg: »Die Universität hatte sich einen relativen Handlungsspielraum erhalten.« NSDAP und Partei vermieden Auseinandersetzungen. Die Professoren schienen die erzieherischen Folgen der Besetzung zu begrüßen, allerdings deutete alles darauf hin, daß sie diejenigen Kollegen schützen würden, »die, ohne sich zu sehr kompromittiert zu haben, nicht genügend selbstbewußt gewesen seien, um nicht doch auf den fahrenden Zug des Dritten Reiches aufzuspringen. Die Marburger Universität scheint in der Tat die deutsche akademische Tradition in all ihrer technischen Gewissenhaftigkeit, bescheidenen Humanität und politischen Ineffektivität zu repräsentieren.«

In den OMGUS-Dokumenten der kommenden Monate und Jahre zur Situation der Universitäten wird vor diesem Hintergrund immer wieder um ein adäquates Verständnis der deutschen Alma Mater gerungen. Wie stark und mit welchen Mitteln sollte und konnte in deutsche akademische Traditionen eingegriffen werden, um eine wirkliche, nicht nur formale Demokratisierung zu bewirken? Inwieweit war Entnazifizierung das geeignete Mittel und welche Inhalte mußte die notwendige Re-education transportieren, wenn etwas Derartiges wie Reeducation überhaupt möglich sein sollte?

Die herausragende Bedeutung, die Bildung als geistiges Konzept, als Wert an sich im nationalen intellektuellen Selbstverständnis und als Rahmen erzieherischen Bemühens in Deutschland traditionell besaß, mußte in einer Phase oktroyierter Umerziehung ein spezifisches Gewicht erhalten.[10] Zunächst erschien der Zugriff auf Bildung (wie auch auf Religion) vielen Deutschen als ein perspektivischer Ausweg angesichts des aus der militärischen Niederlage und der Auflösung des politischen Systems sich ergebenden Zusammenbruchs kultureller Institutio-nen, abendländischer Ordnungsvorstellungen, geistiger Werte und Loyalitäten. Vielleicht, so schien, war hier ein quasi NS- und damit politikfreier Raum, in dem es um Wissen und weniger um Moral ging, um individuelle berufliche Qualifikation und weniger um kollektive politische und gesellschaftliche Disqualifikation. Bildung schien unausgesprochen eine Art Rettungsboje zu sein, tiefer verankert in solchen traditionellen Schichten, die man von den Wellen des zerschlagenen Dritten Reiches unberührt wähnte:

---

[9] OMGUS/POLAD, SHAEF Report, 5.5.1945, NA.Rg.84, 728/4.

[10] Vgl. Otto Brunner / Werner Conze / Reinhart Kossellek (Hg.), Geschichtliche Grundbegriffe. Historisches Lexikon zur politisch-sozialen Sprache in Deutschland, Bd.1, Stuttgart 1984, 508f.

»Durch dieses Auf und Ab der politischen Gezeiten, über Kriege und Revolutionen hinweg, sind die Universitäten unbeirrt ihrer Aufgabe und ihrem Ziele, der Forschung und Lehre zu dienen, nachgekommen: ... der Lehre, um die Grundlagen einer akademischen Bildung als Fundament der Entfaltung von Persönlichkeiten zu vermitteln ...«[11]

So der Heidelberger Wissenschaftler Edmund Randerath »unbeirrt« im Rückblick 1959. Dieser ungetrübte Zugriff auf Bildung erfolgte allerdings vor einem doppelten Dilemma: Zum einen war die an den deutschen Universitäten vor 1933 vertretene Elite von Kultur- und Bildungsträgern, das Mandarinentum, wie Fritz Ringer es beschrieben hat, bereits vor der NS-Herrschaft in eine Krise geraten, im Niedergang begriffen.[12] Das heißt, der Rückgriff auf die magische Orientierung »vor 33« erfolgte nicht als Rückbesinnung auf eine Periode blühender Bildung, selbst wenn dies angesichts der materiellen und geistigen Zerstörung der Bildungsinstitutionen jetzt so schien, sondern als Rückgriff auf eine Krisenzeit. Der Gegensatz von Reformerfordernis einer zu demokratisierenden Massengesellschaft und humanistischer Elite-Universität war vor 1933 ungelöst geblieben. Zum zweiten war die reaktionär-technokratische Lösungsvariante antihumanistischer Systemrationalität, wie sie nach 1933 z.T. die alten Bildungsideale ersetzte, genausowenig spurlos geblieben wie die institutionelle und fachimmanente Gleichschaltung der deutschen Universitäten. Man umging dieses Problem schlicht durch Weglassen. Als z.B. 1961 eine Schrift der Heidelberger Universität zum 575jährigen Bestehen erschien, wurden jene NS-Jahre mit keinem Wort erwähnt. Angesichts dieses Dilemmas ist es nicht verwunderlich, daß die sich arrangierenden Mandarine vor allem das zum Inhalt ihres Selbstverständnisses machten – sei es untereinander, gegenüber den Studenten oder in der Konfrontation mit den Besatzungsmächten -, was F.Ringer als die »zur vollen Reife gelangte Ideologie des elitären Mandarinentums« bezeichnet: »die Doktrin von der Legalität und die Doktrin vom kulturellen Inhalt.«[13] Legalität bedeutete angesichts drohender Umerziehung, sich als »standhafte Verteidiger der privaten Bürgerrechte und -freiheiten« zu erweisen. Das Konzept vom kulturellen Inhalt diente als Rechtfertigung für den »Anspruch der Elite auf umfassende kulturelle Führung«; denn nach deren Meinung könnte nur »›reine‹ Wissenschaft ... jene kulturellen Werte hervorbringen, welche die eigentliche Existenz politischer Herrschaft rechtfertigen«. Genau dies war wie in einem Spiegel die Erwartung der im Herbst/Winter 1945/46 in die Universitäten strömenden Studenten.

[11] Zit. n. Volker Sellin, »Die Universität Heidelberg in der Geschichte der Gegenwart 1945-1985«, in: Ruprecht-Karls-Universität Heidelberg (Hg.), Die Geschichte der Universität Heidelberg. Vorträge im Wintersemester 1985/86, Heidelberg 1986, 232.

[12] Vgl. Fritz K. Ringer, Die Gelehrten. Der Niedergang der deutschen Mandarine 1890-1933, Stuttgart 1983.

[13] Ibid., 20, 16.

Als es um die Wiedereröffnung der Heidelberger Universität ging, bat der Rektor, Prof. Bauer, mit folgender Begründung um die Freigabe der beschlagnahmten Bibliothek:

> »Die historischen Führungsschichten Deutschlands haben 12 Jahre vom Hitlertum gelebt und sind am Hitlertum gestorben: Die Adelsschicht, die Militärkaste und die Wirtschaftsdespotie ... an noch intakten geschlossenen Organisationen zum Wiederaufbau einer neuen Führungsschicht besitzt Deutschland nur noch die Kirchen und die Universitäten. ... Den Kern der Geistesfestung Heidelberg hat das Nazitum nie zu erobern vermocht.«[14]

Eine solche Sichtweise war durchaus symptomatisch für das akademische Selbstverständnis. »Die Universität begriff sich, ungeachtet ihrer tiefen Verstrickung in den Nationalsozialismus, als abgehobener Ort. Man kultivierte einen trotzigen Dennoch-Ton: Der deutsche Geist sei zwar mißbraucht und entehrt worden; dennoch habe er überlebt. Der Kahlschlag sei sehr groß gewesen; dennoch würden die Universitäten als Pflanzstätten des Geistes Aufforstung wieder ermöglichen. Die Kriegsteilnehmer, die vorwiegend die Universitäten bevölkerten, zogen sich nun gerne aus den Weiten der eroberten Länder in die Gefilde geistiger Provinz zurück; sie hatten die Nase voll von der großen Zeit, deren Pathos jedoch, ins Demokratische gewendet, ihnen weiterhin willkommen war ...«[15] Hieran konnten sich Hoffnungen auf eine erfolgreiche Umerziehung knüpfen. Hiermit konnten sich aber auch Illusionen verbinden, die damals weit verbreitet waren, nämlich von der Umerziehung wahre Wunder, von ihrem Ausbleiben hingegen ganze Katastrophen zu erwarten. Die tiefe Enttäuschung engagierter Antifaschisten und derjeniger, die aus unterschiedlichen Beweggründen eine fundamentale demokratische Neuordnung auch der Universitäten herbeisehnten, hat in dem Wechselverhältnis von Tradition, Besatzungspolitik und Anpassung der Universitäten an die neue Situation genauso ihre Ursachen wie die relative Gelassenheit so mancher ent- und renazifizierter Bürger, einschließlich der universitären Mandarine. Tradition schloß Antijüdisches mit ein. Nicht was gesagt wurde, ist hier im nachhinein enthüllend, sondern wozu geschwiegen wurde.

---

[14] Karl Heinrich Bauer (Hg.), Vom neuen Geist der Universität. Dokumente, Reden und Vorträge 1945/46, Berlin, Heidelberg 1947, 3.

[15] Glaser, Kulturgeschichte ..., Bd.1., op.cit., 157f.

Schließung im Frühjahr – Wiedereröffnung im Herbst: Entnazifizierung, Renazifizierung und akademischer Alltag

Den Besatzungsmächten schien zunächst keine Eile bei der Wiedereröffnung der Universitäten geboten. Schließlich standen dringendere Aufgaben militärischer, politischer und ökonomischer Natur auf der Tagesordnung. Außerdem ging man unter den Alliierten von einer bis zu zehn Jahre dauernden Besatzungszeit aus. Es sollte also eigentlich genug Zeit verbleiben für eine umfassende De-Nazifizierung und geistige Erziehung hin zur Demokratie. So erschien es zumindest den die öffentliche Gewalt repräsentierenden alliierten Organen. Sie ordneten überall die Schließung der Universitäten an. Von amerikanischer Seite war zunächst eine zweijährige personelle, strukturelle und konzeptionelle Erneuerung geplant. Diese Absicht wurde jedoch nicht verwirklicht, ihrer Realisierung von deutscher Seite von Anfang an andere hochschulpolitische Fakten entgegengesetzt. Die amerikanische Militärregierung – analog der britischen und französischen – setzte in allen Regionen Education and Religious Affairs Officers ein, die für die Wiedereinrichtung örtlicher Bildungseinrichtungen verantwortlich waren. Sie arbeiteten mit dem Auftrag, »die Ideale des Friedens und der Demokratie voranzutreiben. Das war keine negative Politik. Noch war es eine Politik der Rückkehr zu den Bedingungen der Vornazi-Zeit. Es war eine Politik fundamentaler Erweiterung, Demokratisierung und Liberalisierung des deutschen Erziehungs-systems über den Stand von 1933 hinaus.«[16]
Bereits am 25.9.1945, kurze Zeit nach der Wiedereröffnung anderer Universitäten wie Heidelberg, Göttingen, nahm die Universität Marburg wieder ihren Lehrbetrieb auf. Schon im Mai des Jahres hatten die amerikanischen Militärbehörden den Philosophen Prof. Julius Ebbinghaus mit der Vorbereitung der Wiedereröffnung beauftragt und ihn später zum Rektor ernannt. In seiner Eröffnungsrede wandte sich Ebbinghaus in dankbarer Regung an den vorhergehenden Rektor, Prof. Rudolf Reinhardt , mit den Worten, dieser habe »immer wieder Mittel gefunden, den uns umlauernden Verdacht einzuschläfern, abzulenken und unschädlich zu machen und denen, die sich nicht freiwillig in den Strom der Zeit stürzen wollen, die Freiheit zu schaffen, wie auf einer Insel den Werken ihrer Wissenschaft nachzugehen«.[17] Der Gedanke vom akademischen Elfenbeinturm drängt sich als Interpretation förmlich auf, er sollte hier aber wohl eine positive Politikferne retroaktiv suggerieren. Zugleich verteidigte Ebbinghaus in seiner Rede die von den Nazis angegriffene Objektivität und Freiheit der Wissenschaft. Eine weitere Rede zur Eröffnung der Universität wurde vom Vertreter der medizinischen Fakultät, Prof. Kretschmer, gehalten. Über den Verlauf dieser

16 OMGB, Trend, No.27, 10.12.1946, NA.Rg.260,7/37-1/1.
17 Ebbinghaus, Julius, Zu Deutschlands Schicksalswende, Frankfurt/M. 1947^{2}, 17.

Veranstaltung und begleitende Meinungsäußerungen findet sich ein Bericht in den Akten des amerikanischen Office of Strategic Services (OSS):

> »Professor Kretschmer stellte fest, daß die Befreiung durch die Alliierten zu begrüßen sei. Aber er betonte die Tatsache, daß diese Befreiung nur nebensächlich sei; denn der ›wahre Sieg‹ sei durch die deutsche Kultur in ihrem zwölfjährigen Kampf gegen Hitler errungen worden. Jetzt könne der wahre deutsche Geist wieder sein Haupt erheben und der Welt stolz gegenübertreten.«[18]

Wie von deutscher Seite im Frühjahr 1945 vor dem Hintergrund dieses »wahren Sieges« bereits Fakten geschaffen worden waren, die sich dann in solchen Äußerungen widerspiegelten, zeigt das Beispiel der Philipps-Universität Marburg. Diese war zwar geschlossen worden, aber die Universitätskliniken hatten mit einem Personal weitergearbeitet, das später unter die »Entnazifizierungsbestimmungen« fiel. Angehörige anderer Fakultäten erhielten Gelder von der Stadtverwaltung für »notwendige Forschung«, womit die Versorgung der NS-Professorenschaft vornehm umschrieben wurde.

Der Druck von deutscher Seite, der Andrang der Studenten und die Hoffnungen sowohl auf eine effektive Entnazifizierung als auch auf eine sich schnell auswirkende Re-education führten zu folgenden übereilten Wiedereröffnungen in den westlichen Besatzungszonen: Zwischen August 1945 und Juni 1946 wurde teilweise oder vollständig der Lehrbetrieb aufgenommen in Tübingen, Freiburg, Göttingen, Marburg, Würzburg, Münster, Hamburg, Bonn, Heidelberg, Kiel, Erlangen, Köln, Frankfurt, München, Mainz. Einer der am Prozeß der Wiedereröffnung beteiligten deutschen Wissenschaftler schrieb später: »Die Notwendigkeit, den aus Krieg und Gefangenschaft heimkehrenden Soldaten ein akademisches Studium zu ermöglichen und damit den Weg in bürgerliche Berufe zu öffnen, erzwang praktisch bei allen deutschen Hochschulen vom Wintersemester 1945/46 an die Wiederaufnahme des im vorausgegangenen Winter zum Erliegen gekommenen Lehrbetriebs.«[19]

Die »Sachzwänge« hatten wieder einmal einen Krieg überdauert. Ab Herbst 1945 wurde von der Militärregierung nach und nach wieder Lehrbetrieb zugelassen, anfangs noch unter ihrer direkten Kontrolle. Ab Anfang 1946, nach einer Zentralisierung der amerikanischen Militärverwaltung, fiel die Oberaufsicht über die Universitäten wieder an die deutschen Landesverwaltungen. Der aus der Emigration zurückkehrende Franz Neumann kritisierte später, daß die Militärregierung sich »ihrer Konzeption selbst beraubt« hatte, indem sie festlegte, daß »›die Reform des deutschen Bildungssystems den Deutschen selbst überlassen

[18] OSS, Mission for Germany, Report L.815, 26.9.1945, OMGUS, NA. Rg.260, 5/297-3/29.

[19] Ludwig Raiser, »Wiedereröffnung der Hochschulen – Ansätze zum Neubeginn«, in: Freie Universität Berlin ..., op.cit., 175.

wird und daß diese von der Militärregierung lediglich angeregt, überwacht und kontrolliert wird‹«.[20] Ähnliche Reaktionen gab es in der britischen Besatzungszone, wo sogar die Erziehungsabteilung der Militärregierung »gegen die ihrer Meinung nach zu frühe Übertragung der Kompetenzen auf die deutschen Länder«, die am 1. Januar 1947 erfolgt war, protestierte.[21] Daß somit ganz offensichtlich hochschulpolitische Fehlentwicklungen, wenngleich sicherlich unwissentlich, gefördert worden waren, konstatierte knapp zwei Jahre nach der Wiedereröffnung der Universitäten eine Studie der amerikanischen Militärregierung.
Ende 1946 bis Anfang 1947 beschäftigte sich eine Artikelserie im »Trend. A Weekly Report of Political Affairs and Public Opinion« des Office of Military Government for Bavaria (OMGB) mit den Universitäten in Bayern und kam dabei zu folgender Wertung: Die wiederholten willkürlichen und hartnäckigen Versuche, die Entnazifizierung zu umgehen und die Universitäten als Brutstätten von Militarismus und Chauvinismus zu bewahren, sind Indikatoren für Tendenzen in anderen Bereichen. »Die Universitäten sind das entscheidende Schlachtfeld der Ideen in der amerikanischen Zone. Die traditionelle herrschende Klasse Deutschlands hat Universitätsbildung. Ihre Angehörigen wissen, daß die Universitäten heute die Denkweise der Generation formen, die Deutschland nach dem Abzug der alliierten Truppen bestimmen werden. Sie können ihre Auffassungen und Haltungen nur perpetuieren, wenn sie sich die Kontrolle über die Hochschulausbildung erhalten.«[22]
Ähnlich formulierte es die Erziehungsabteilung der britischen Militärregierung Anfang 1947 hinsichtlich der uneingelösten Reformhoffnungen, indem sie resignierend feststellte, daß negative Folgen nicht abzusehen seien, »denn die Produkte der Universitäten seien die geistigen Führer des Landes«.[23] Es handelte sich also um eine bildungspolitische Situation, die nicht allein auf die wichtigen bayerischen Universitäten München, Erlangen, Würzburg, für die die Amerikanische Militärregierung in Bayern zuständig war, zutraf.
In Tübingen wurden im Oktober 1945 auf Befehl der französischen Militärregierung 20 Professoren amtsentlassen. Der neue Rektor schwieg dazu nicht, sondern hielt vor diesen zwanzig eine Rede, die an Peinlichkeit kaum zu überbieten ist. Zunächst drängte es ihn an die zwanzig gewandt »vor allem zu einem: Ihnen von Herzen zu danken für das allseits große und vielfach bewunderungswürdige Maß von Leistung und Arbeit, die von Ihnen während

[20] Franz Neumann, »Re-Educating the Germans ..., op.cit., 519; deutsche Übersetzung: »Die Umerziehung der Deutschen und das Dilemma des Wiederaufbaus«, in: ders., Wirtschaft, Staat, Demokratie. Aufsätze 1930-1954, Frankfurt/M. 1978, 295.
[21] Falk Pingel, »Wissenschaft, Bildung und Demokratie – der gescheiterte Versuch einer Universitätsreform«, in: Josef Foschepoth / Rolf Steininger (Hg.), Die britische Deutschland- und Besatzungspolitik 1945-1949, Paderborn 1985, 189.
[22] OMGB, Trend, op.cit., No. 30, 17.1.1947.
[23] Zit. n. Pingel, op.cit., 202.

Ihrer hiesigen Tätigkeit ausgegangen sind«. Dann rechtfertigte er sich für seine Zusammenarbeit mit der Militärregierung: »Es war nicht ein übelwollender Rektor, der seine Kollegen austrieb, es waren die Militärbehörden der Siegermächte, die im Zug der Vergeltungsmaßnahmen nach einem greuelvollen Krieg nun auch die Dezimierung der akademischen Lehrkörper über die deutschen Hochschulen brachte.« Und schließlich betonte der Rektor: »Ihre Ehre, meine Herrn, darf und soll keiner antasten. ... Im Gegenteil, ich hoffe, daß für manche von Ihnen jetzt, wo Amtspflichten Sie nicht mehr belasten, eine Zeit der wissenschaftlichen und schriftstellerischen Fruchtbarkeit kommen wird. ... Wir werden diese Werke immer als zu uns gehörig betrachten und stolz auf sie sein.«[24] Bis 1954 waren die meisten wieder auf ihren angestammten Plätzen. Die »Vergeltungsmaßnahme« Entnazifizierung hatte sich im Gewirr der universitären und staatlichen Bürokratie als eher unwirksam erwiesen.
Wie ein Motto für dieses Kapitel deutscher Geistesgeschichte liest sich der damals vom neuen Rektor der Heidelberger Universität verkündete Grundsatz: »Wir belasten keinen, aber entlasten jeden, bei dem es vertretbar ist.«[25] Und es schien unzählige Male vertretbar. Wurde, wie oben kurz erwähnt, aufgrund des Druckes der US-Behörden und der Bemühungen des Rektors in Marburg versucht, zumindest die individuelle Entnazifizierung voranzutreiben, so stellte diese an den bayerischen Universitäten ein noch dunkleres Kapitel deutscher Hochschulgeschichte dar.
Die Tätigkeit der Universitäten München, Erlangen, Würzburg begann mit der Wiedereröffnung der theologischen Fakultäten Oktober 1945 bis Februar 1946. Daneben hatten sieben philosophisch-theologische Hochschulen der Katholischen Kirche (Bamberg, Regensburg, Passau, Augsburg, Freising, Dillingen und Eichstädt) starken Zulauf. Viele Studenten wollten zu einem späteren Zeitpunkt auf die überfüllten staatlichen Universitäten überwechseln. Das entsprach den Bedürfnissen vieler junger Menschen, ethische Antworten auf die geistige Krise zu finden und war nicht zuletzt auch Resultat der Fehleinschätzung der Alliierten, nach der die Kirchen unbeschadet aus dem Dritten Reich hervorgegangen waren.
Betrachten wir einige der wichtigsten Entwicklungen an den drei Universitäten, wobei der Universität München die größte Bedeutung zukommt. Vor der Wiedereröffnung der Münchener Universität wurden von 400 Professoren, Assistenten und Dozenten 195 aufgrund erster Befragungen entlassen. Im Februar 1946

---

24 Zit. n. Wiedergeburt des Geistes, op.cit., 115f. Vgl. zur geistigen Situation in der französischen Besatzungszone u.a. Alfred Döblin, Autobiographische Schriften und letzte Aufzeichnungen, Olten, Freiburg, 1980.

25 Zit. n. Renato de Rosa, »Politische Akzente im Leben eines Philosophen. Karl Jaspers in Heidelberg 1901-1946«, in: Karl Jaspers, Erneuerung der Universität. Reden und Schriften 1945/46, Heidelberg 1986, 372.

wurde ein universitäres Komitee eingesetzt, das für 90 von 100 Fällen die Weiterbeschäftigung empfahl. Bei zehn von diesen verweigerte die Militärregierung die Weiterbeschäftigung. Von 40 Einsprüchen wurde 30 statt-gegeben, da inzwischen die zu Entnazifizierenden genug Leumundszeugnisse beizuschaffen vermochten. Der Tübinger Professor für Öffentliches Recht, Otto Bachhof, sah im Rückblick 1965 in der Politik der Besatzungsmächte die Ursache für die Entstehung einer »unnatürlichen Solidarität zwischen wirklichen und vermeintlichen Nationalsozialisten«, die »den Neubeginn demokratischen Lebens« blockierte. Den Grund hierfür erblickte Bachof in der im vorigen Kapitel erwähnten Joint Chiefs of Staff Direktive 1067. Dieser, so Bachof, »hafteten gewisse klassenkämpferische und sozialrevolutionäre Züge an, nur zu erklären aus der Vorstellung der geistigen Väter jener Direktive, die im nationalsozialistischen Staat ein zwangsläufiges Produkt der deutschen Gesellschaftsstruktur erkennen zu können glaubten«.[26] Bachof charakterisierte hier – was 1965 auf diese Weise nichts Besonderes gewesen wäre – keinesfalls eine Direktive der sowjetischen Militäradministration. Er erfaßt aber als Fachmann für Öffentliches Recht durchaus die Gefahr, die die in der Direktive betonten strukturellen Änderungen für die »Restabilisierung der traditionellen Gesellschaftsordnung«[27] hätten bedeuten können. Diese Direktive spielte allerdings in der gesellschaftlichen Realität nicht die programmatische Rolle, die ihr zugedacht war. Bereits im Dezember 1945 hatte ja der Prozeß der Überleitung der »Entnazifizierung« von den alliierten auf die deutschen Behörden begonnen.
Und bereits im Juni 1946 kommen amerikanische Analysen zu dem Ergebnis, »daß eine kleine einflußreiche Clique an der Fakultät bemüht ist, Ernennungen von Professoren unter völliger Mißachtung der Direktiven der Militärregierung vorzunehmen. ... fachlich kompetente Kräfte, die antifaschistisch, pro-demokratisch und pro-amerikanisch waren, werden effektiv darin gehindert, Mitglieder der Fakultät zu werden. Personen hingegen, die glühende Anhänger des Hitler-Regimes waren, werden andauernd vorgezogen.«[28] In dieser OMGUS-Analyse folgen nun biographische Daten verschiedener antifaschistischer Wissenschaftler und verschiedener Angehöriger jener »Clique«. Ohne hier auf die einzelnen Personen einzugehen – der amerikanische Bericht liefert ein erschütterndes Bild. Vier Mediziner jüdischer Herkunft und ein mit einer Jüdin verheirateter Arzt werden bereits 1945 der medizinischen Fakultät und dem Universitätshospital München empfohlen oder bewerben sich. Sie werden verleumdet, diskriminiert, ihre materielle Notlage wird hämisch ausgenutzt. Mediziner mit SA- und NSDAP-Vergangenheit werden ihnen vorgezogen. Gelingt es dennoch einem

---

26 Otto Bachof, »Die ›Entnazifizierung‹«, in; Andreas Flitner, (Hg.), Deutsches Geistesleben und Nationalsozialismus. Eine Vortragsreihe der Universität Tübingen, Tübingen 1965, 199, 198.
27 Niethammer, »Zum Verhältnis von Reform und Rekonstruktion ...«, op.cit., 186.
28 OMGB, Trend, op.cit., No.1, 30.5.-5.6.1946.

bislang verfolgten Mediziner, in eine feste Stellung zu kommen, so werden alle nur möglichen Anstrengungen unternommen, ihn durch ehemalige NSDAP-Mitglieder zu ersetzen. Jüdische Ärzte werden isoliert, diskriminiert und persönlich bedroht, um sie zur Aufgabe zu zwingen.
Diese diskriminierende Realität wurde auf sehr spezifische Weise kirchlicherseits reflektiert. Gegenüber einer anglo-amerikanischen Untersuchungskommission führte Kardinal Faulhaber in München wörtlich aus:

»Ich als Kardinal will alles in meiner Macht Stehende tun, um die Katholiken Bayerns zu überzeugen, daß sie alle Überreste des Antisemitismus aus ihrem Herzen reißen müssen. Ein Deutschland ohne Juden ist undenkbar. Wir müssen Juden in Deutschland haben. Juden haben dasselbe Recht wie ich, hier in Frieden zu leben. Ich hatte die Hoffnung, deutsche Juden nach Deutschland zurückkehren zu sehen. Ich hatte gehofft, ich würde unsere großen jüdischen Ärzte an unsere Krankenhäuser zurückkehren sehen. Ich bin erstaunt zu erfahren, daß nur ein einziger zurückgekommen ist.«[29]

Weiter unten ist auf die Haltung Nachkriegsgeistlicher noch einzugehen. Hier interessieren zunächst drei Aspekte. Der erste kann mit den Worten von Walter Jens umschrieben werden – »als ob nichts geschehen sei«. Suggeriert wird von Faulhaber, die jüdischen Ärzte seien alle irgendwie weggegangen, und jetzt hätten sie eben wieder zurückkehren sollen, dort weitermachen, wo sie 1933 oder später aufgehört hatten. Der zweite Aspekt betrifft die philosemitische Redeweise von »unseren großen jüdischen Ärzten«. Die Juden, an die der Kardinal denkt, sind eher ein Stereotyp als eine Würdigung Millionen Gemordeter. Und damit hängt der dritte Aspekt zusammen. Er hofft, er ist erstaunt, er erfährt. Er betrachtet von außen und wundert sich – wie so viele Deutsche – entweder, weil zu wenig zurückkommen oder zu viele. Ein halbes Jahr später stellt OMGB im Hinblick auf einen der betroffenen jüdischen Ärzte lakonisch fest: »Dr. H. war lange Jahre ein KZ-Häftling. Die Deutschen haben von seiner Familie, die 45 Personen umfaßte, 44 getötet. Verzweifelt über die Situation an der Münchener Universität ist er vor kurzem nach Brasilien ausgewandert.«[30] Auch hier verbietet es sich, ein universitäres Phänomen aus dem gesellschaftlichen Rahmen zu lösen und von einem bedauerlichen Einzelfall zu sprechen. Bereits seit dem Sommer 1946 ist in der Öffentlichkeit bekannt, daß führende ehemalige Nazi-Ärzte in Bayern die Erlaubnis zur Ausübung ihres Berufs erhalten haben. »Amerikanische Offiziere erklärten, ehemalige Nazis hätten führende Stellungen in der bayerischen Ärzteschaft und verweigerten die Behandlung von Juden und Antifaschisten.«[31]

---

[29] Jüdisches Gemeindeblatt, 10.7.1946.
[30] OMGB, Trend, op.cit., No. 30, 17.1.1947.
[31] Jüdisches Gemeindeblatt, 6.8.1946.

Die OMGUS-Analytiker befaßten sich darüberhinaus mit einer zweiten und erheblich umfangreicheren Gruppe von Wissenschaftlern, mit Professoren, die niemals formal Mitglieder der NSDAP waren, deren NS-Affinität jedoch durch viele Beispiele belegt war. OMGUS zog am 21. September 1946 für die gesamte amerikanische Besatzungszone die Schlußfolgerung, daß Deutsche in öffentlichen Positionen positive politische, liberale und moralische Qualitäten besitzen müssen, die bei der Entwicklung der Demokratie in Deutschland hilfreich sind.[32] Aber eine derartige Grundorientierung kam zu spät. Nach fast zwei Jahren hochschulpolitischer Aktivitäten von deutscher Seite schien sie ein reichlich aussichtsloses Unterfangen. Bereits für die frühe Entwicklung der Universitäten nach 1945 gilt ohne Einschränkung, »daß die Gegenwart aus einer Kombination der Besatzungspolitik einerseits und der deutschen Tradition andererseits entstanden ist«.[33] Im selben OMGB-Bericht wird denn auch unmißverständlich ausgeführt, daß demokratische Entwicklungen vor allem gegen jene Clique durchgesetzt werden müßten, die zwar nicht durch frühere Parteimitgliedschaft belastet ist, dafür aber immer militaristische und extrem nationalistische Positionen vertreten habe. »Die Mitglieder dieser Clique ... stellen bei weitem eine größere Gefahr für Deutschlands kulturelles Leben dar als so mancher Lehrer, der formal durch Parteimitgliedschaft belastet ist.«[34] Und auf die Frage, warum diese Wissenschaftler nicht NSDAP-Mitglieder waren, wird die Antwort gegeben, daß ihnen die NSDAP zu plebejisch gewesen sei. Diese Wissenschaftler gehörten zu einer dünnen Schicht der gesellschaftlichen Elite, die an ein großdeutsches Reich glaubte, an die Überlegenheit des Deutschen, daran, daß Krieg die besten Mannestugenden hervorbringe, daß ein autoritäres, aristokratisches Regierungssystem erforderlich sei usw. Schließlich hielten sie es nicht für erforderlich, oder erachteten es gar als unpassend, der Partei beizutreten. Als Ordinarien oder Geheimräte hatten sie bereits die höchste Sprosse der akademischen Karriereleiter erreicht. Der OMGB-Bericht beschreibt hier jene deutschen Intellektuellen, die, der Weimarer Republik ablehnend gegenüberstehend, selbst überzeugte großdeutsche Nationalisten und Militaristen waren, die die Ideen der »konservativen Revolution« propagierten oder zumindest durch diese weltanschaulich geprägt waren.[35] Was lag nach einigen Monaten vorsichtigen Abwartens näher, als die alte Position wieder zu festigen. Es galt, überkommenen Standesdünkel und konservativ-reaktionäre Grundauffassungen in Personal-

32 OMGB, Trend, op.cit., No. 30, 17.1.1947.

33 John Gimbel, »Amerikanische Besatzungspolitik und deutsche Tradition«, in: Ludolf Herbst (Hg.), Westdeutschland 1945-1955 ..., op. cit., 150.

34 OMGB, Trend, op.cit., No. 30, 17.1.1947.

35 Vgl. Greiffenhagen, op.cit.; Ludwig Elm (Hg.), Falsche Propheten. Studien zum konservativ-antidemokratischen Denken im 19. und 20. Jahrhundert, Berlin/DDR, 1984; Jeffrey Herf, Reactionary Modernism. Technology, culture, and politics in Weimar and the Third Reich, Cambridge, London, New York u.a. 1984).

politik umzusetzen, mit dem Instrument der Hochschulautonomie und dem Mythos einer konservativen Gegnerschaft zum NS-System zu den alten Machtpositionen zurückzukehren. Und dazu gehörte der unausgesprochene Konsens, erklärten Hitlergegnern, jüdischen oder vermeintlich linken Wissenschaftlern mit größter Skepsis zu begegnen.
Im Juni 1946 fand in Marburg eine überregionale Tagung von Universitätsprofessoren statt. Der in den OMGUS-Akten vorhandene Bericht beleuchtet nicht allein die ungebrochene Kraft deutscher akademischer Tradition, sondern auch die relative Hilflosigkeit der zuständigen amerikanischen Organe, deren Beiträge – bis auf das Dinner – »did not seem to be much appreciated by the Germans«:

> »The German concept of ›Bildung‹, – an untranslatable term, – was actually the focus of the discussion and most of the prepared speaches. ... What struck this observer most was the absence of realism in both the prepared papers and the contributions to the discussions. The illusionary character of the meeting was at times pathetic. One has to take into consideration that Germany was cut off from the world for a decade and more and that the Germans lived in a sort of intellectual vacuum while they were closeted with the self-chosen rulers. Added to it is their national habit of intellectual inbreeding and pride in what they consider German aspects of academic life. Re-education whatever this may mean becomes the difficult problem of reintegrating German academic life into the world. ... Sometimes one felt that the meeting could have been held before 1933, or even during the Nazi regime, so much was it removed from the realities of Germany's actual existence in defeat. ... While the German tradition of philosophical idealism was constantly and even irritatingly invoked by many speakers there was little evidence of the necessity to base education on democratic values. As a matter of fact the very word of democracy was rarely referred to. Nor does the concept of freedom appear to be chosen for an important function in German education ... The fact that democracy is as much a way of life as a form of government evidently has not yet captivated their imagination. ... It seems Germany's road to recovery intellectual and spiritual will be a long and hard one.«[36]

Ein Untersuchungsbericht der Militärregierung vom 15. November 1946 schließlich nennt zahlreiche Beispiele bekannter NS-Wissenschaftler, militanter Antisemiten und Rassisten, die wieder an der Universität arbeiten. Ein Beispiel aus der langen Liste möge genügen:

> »Da ist der Fall von Professor Dr. Wilhelm Karl Prinz von Isenburg. 1938 schuf Hitler für ihn einen speziellen Lehrstuhl für Sippen- und Familienforschung an der Münchener Universität, damit er die Studenten mit den

[36] OMGUS, Memorandum, 19.6.1946, NA.Rg.260, 17/56-2/16.

> nazistischen Rassetheorien indoktrinieren konnte. 1946 hat die Universität Prinz von Isenburg jedoch nicht entlassen. Sie gaben ihm einen Lehrstuhl für Historische Hilfswissenschaften II.«[37]

Die amerikanischen Behörden mußten in zahlreichen Fällen eingreifen, in denen sich wissenschaftliches Obskurantentum, wenn auch zum Teil nur für kurze Zeit, wieder an den Universitäten etablieren konnte. Gravierender noch für die weitere Entwicklung von Forschung und Lehre dürfte möglicherweise jene Haltung gewesen sein, die ein Göttinger Mediävist an den Tag legte, »der ungerührt mit ›Mittelalter 2‹ weitermachte, wo er im letzten Kriegssemester bei ›Mittelalter 1‹ geendet hatte«.[38] Ergänzend erwähnen muß man die Erfahrungen derjenigen, die, meist von außerhalb der Universitäten kommend, versuchten, die »Entnazifizierung« voranzutreiben. Sie scheiterten in der Regel an zwei Faktoren: der weltanschaulichen und hochschulpolitischen Kumpanei großer Teile der Professorenschaft und an der sich ebenfalls kontinuierlich renazifizierenden staatlichen Beamtenschaft in den zuständigen Ministerien der Länder. Die folgenden zusammenfassenden Ausführungen in dem bereits zitierten Bericht lesen sich denn auch reichlich resignativ, wobei in Erinnerung zu rufen ist, daß Deutschland zu diesem Zeitpunkt noch ein besetztes Land war. Die politische Oberhoheit lag bei den Alliierten. Die Grenzen dieser Oberhoheit genauso wie die Grenzen einer nachgeholten demokratischen Revolution von oben im Schnellverfahren traten immerhin zumindest denen, die bereit waren, gesellschaftliche Prozesse nicht nur von deren Oberfläche her wahrzunehmen, immer deutlicher vor Augen:

> »Wenige Fakultätsmitglieder sind aktive Demokraten, die sich bemühen, den Studenten demokratische ideologische Auffassungen zu vermitteln. Am meisten akzeptiert werden Professoren, die für ihr Spezialgebiet oder ihre Karriere Interesse zeigen ... Es gibt niemanden, der nicht mit dem Nazismus einen Kompromiß eingegangen ist.«[39]

Zahlreiche Professoren, die im November 1945, also zur Zeit der Wiedereröffnung durch die Alliierten, von ihrem »unpolitischen« Selbstverständnis her bereit waren, mit der Militärregierung zu kooperieren, »landeten im Verlauf des Jahres 1946 auf der Pro-Nazi-Seite«.[40] Die OMGB-Berichte heben immer wieder hervor, daß die Renazifizierung nicht zufälligen Charakter trug, daß es sich eben nicht um Einzelfälle handelte. Jedoch war dies in späteren Jahren die von deutscher Seite abschwächend gebrauchte Formulierung, wann immer die Sprache

---

37 OMGB, Trend, op.cit., No. 30, 17.1.1947.
38 Claus Leggewie, »Trauriges Kapitel. Wie in Göttingen Nazifizierung und Vertreibung ausgeblendet werden«, in: Die Zeit, 27.12.1985.
39 OMGB, Trend, op.cit., No. 30, 17.1.1947.
40 Ibid.

auf die personalpolitische Dimension der »Stunde Null« kam. Allein die systematischen Anstrengungen zur Reinwaschung der Universitätsbeschäftigten widerlegen bereits ausreichend diese Relativierung. Gegenseitige Bescheinigungen eines einwandfreien Charakters, Relativierung von »aus dem Zusammenhang gerissenen Zitaten«, unklare Aussagen über in der Vergangenheit gelehrte Inhalte und eine effiziente Reinigung der Bibliotheken von inkriminierenden Veröffentlichungen waren an der Tagesordnung.

Solche Aussagen in OMGUS-Berichten deuten Tatsachen an, die auch in anderen gesellschaftlichen Bereichen keine unwesentliche Rolle spielten. Zur Zeit der absehbaren militärischen Niederlage Deutschlands und in der Phase des beginnenden Zusammenbruchs des politischen Systems waren Teile der Gesellschaft bis zu einem bestimmten Ausmaß mit Vorbereitungen für die Nachkriegsentwicklung beschäftigt. Skepsis über den weiteren Gang des Krieges, Sorge hinsichtlich der zu befürchtenden Folgen und sicherlich auch ein Gutteil »intellektuelle Enttäuschung«[41] führten zu veränderten individuellen Haltungen. Hierbei konnten die Angst um die eigene Karriere, Verantwortung gegenüber der Familie genauso eine Rolle spielen wie Opportunismus und das Bemühen um rechtzeitige »Rückversicherung« für ›die Zeit danach‹. Gleichzeitig zeigten sich in den Entnazifizierungsverfahren die Bemühungen der Mehrheit der Wissenschaftler, keine moralischen, institutionellen oder politischen Konsequenzen zu ziehen, die eine Anerkenntnis von Schuld und Verantwortung bedeutet hätten. Bei der Betrachtung individueller Verhaltensweisen und Legitimationen wird oftmals verkannt, daß in diesen Wochen und Monaten vor und nach dem 8. Mai 1945 der kollektive Mythos entstand, man sei ja »eigentlich dagegen« gewesen, man habe sowieso gewußt, daß »das mit Hitler nicht gut gehen« könne, habe »eigentlich innerlich widerstanden«. In dieser Zeit bastelten viele Deutsche, nicht allein Wissenschaftler, an ihren individuellen Legenden, »denazifizierten« sich auf je sehr persönliche Art und Weise selbst. Hierin ist übrigens auch ein Element des intellektuellen und moralischen Konsenses der Nachkriegszeit zu sehen, dessen Entstehung nicht erst in die Zeit der »Bewältigung der Trümmer«, in den Winter 1945/46 verlegt werden darf. Die individuelle, familiäre und berufliche Nachkriegsplanung begann wohl doch früher. Sicherlich handelt es sich hierbei nicht um detaillierte Planungen, wie sie für Teile der NS-Führung typisch waren, sehr wohl aber um die angestrengte Entwicklung praktischer und ideologischer Dispositionen, unter veränderten Machtverhältnissen die eigene materielle und gesellschaftliche Position zu erhalten und auszubauen. Da verschwand denn auch im Frühjahr so manches tausendjährige Porträt aus dem Wohnzimmer und machte je nach Milieu dem Goethe-Bildnis oder dem röhrenden Hirsch Platz.

---

41 Jerry Z. Muller, »Enttäuschung und Zweideutigkeit. Zur Geschichte rechter Sozialwissenschaftler im ›Dritten Reich‹«, in: Geschichte und Gesellschaft 3/12, 1986, 298.

Dieser Art Normalisierung gegenüber konnte sich die Entnazifizierung als zeitweilig hemmender Faktor und in einzelnen Fällen sogar als gesellschaftliche Bremse erweisen, keinesfalls aber als die formale Voraussetzung einer umfassenden Demokratisierung. Spätestens 1947 lassen die Berichte der amerikanischen Militärregierung erkennen, daß die Kräfte, die die Renazifizierung der Universitäten betrieben, zwei Jahre lang Träger einer aktiven Personalpolitik waren – von den Inhalten ihrer Lehre und Forschung ganz zu schweigen. Walter Dorn, persönlicher Berater von General Lucius D. Clay für Entnazifizierungsfragen, bewertete den Prozeß der Wiedereröffnung in seiner Denkschrift für Clay bereits am 22. Mai 1946 außerordentlich kritisch. Wenngleich auf die Universität München bezogen, charakterisierte er durchaus verallgemeinernd die restaurative Entwicklung:

> »Nach meiner unmaßgeblichen Meinung hat die Militärregierung einen nahezu nicht wieder gut zu machenden Fehler begangen, indem sie die alte Universität München und andere Hochschulen wiederbelebte. Anstatt eine Gruppe politisch verläßlicher und energischer Professoren mit dem Aufbau einer wirklich demokratischen Universität zu beauftragen, hat die Militärregierung versucht, die alte Universität München wiederherzustellen, ohne Nazis natürlich. Was war das Ergebnis? Es werden keine Lehrstühle besetzt, solange auch nur die geringste Möglichkeit besteht, daß dieser oder jener Nazi-Professor doch noch entlastet werden könnte. Das hat sich bisher als unübersteigbare Hürde für die Schaffung einer demokratischen und antimilitaristischen Universität erwiesen. Dieselbe Feststellung trifft auch für viele Gymnasien zu. Professoren und Dozenten stehen zur Verfügung. Die Universitäten Breslau und Königsberg gibt es nicht mehr. Dutzende fähiger Anti-Nazi-Gelehrter aus Wien und Berlin hätten bereitwillig einen Ruf nach München angenommen. Viele von ihnen haben sich beworben. Die Antwort lautete immer gleich: Man müsse abwarten, ob dieser oder jener Nazi-Professor noch ›entlastet‹ werden könnte und würde. Es herrschte die eigentümliche Auffassung, daß die Lehrstühle für die Leute des Naziregimes freigehalten werden müßten, eine Auffassung, die an geistliche Pfründen und Sinekuren der katholischen Kirche vor der französischen Revolution erinnert.«[42]

Das könnte genausogut eine Schilderung der Verhältnisse in Erlangen oder Würzburg sein. An der Universität Erlangen war die »Entnazifizierung« bis Juli 1946 zur Farce geworden. Aus OMGB-Berichten geht hervor, daß Professoren ihre Haltung zur »Judenfrage« über den 8. Mai 1945, über den Zeitraum der Schließung und Wiedereröffnung der Universitäten hinaus nicht nur als persön-

[42] Dorn, Walter L., Inspektionsreisen in der US-Zone. Notizen, Denkschriften und Erinnerungen, aus dem Nachlaß übersetzt und herausgegeben von Lutz Niethammer, Stuttgart 1973, 87.

liche Auffassung bewahrt hatten, sondern als wissenschaftliches Konzept in ihre Lehrveranstaltungen einfließen ließen. Das augenzwinkernde Einverständnis der Mehrheit der Studenten war vorausgesetzt. Schließlich gab es bereits 1932 keine jüdischen Professoren mehr an der Universität Erlangen, und 1929 waren 14 von 25 gewählten Mitgliedern des »Allgemeinen Studentenausschusses« der Universität Nazis. So konnte denn auch nach 1945 in einer Vorlesung Auschwitz im Vergleich mit den Plänen der Behörden für die Zukunft Deutschlands als »Paradies« bezeichnet werden. Das Universitätsleben war geprägt durch eine Kontinuität überkommener traditioneller Ideen, durch die Altherrenschaft.[43] Vor allem nationalistische Ideen fanden unter den Studenten Anklang. Die wenigen anti-nazistischen Dozenten wurden systematisch gestört. Unter den wiedereingesetzten Mitarbeitern der Universität Erlangen waren ehemalige SS- und SA-Mitglieder genauso vertreten wie Führer der Hitler-Jugend. Der Dekan der theologischen Fakultät war ein überzeugter Nazi, ein anderer Wissenschaftler hatte 1933 persönlich die Bücherverbrennung organisiert. Eine Untersuchung des zuständigen amerikanischen Universitätsoffiziers ergab, daß der Rektor die Universität zu einem Refugium für Nazis gemacht hatte, die an anderen Universitäten entlassen worden waren. Ähnlich sahen die Ergebnisse für Würzburg aus. Gemäß der zu überprüfenden Berichte waren 112 eigentlich zu entlassende Universitätsmitarbeiter, darunter viele Professoren, noch in Amt und Würden. Unberührt von allen Ereignissen gab es sogar noch einen Kurs »Germanismus«, der, so wie er bis 1944 gehalten worden war, »rassische« Aufklärung unter Studenten betrieb.[44] In dieser Mischung aus Nationalismus, Militarismus und Antisemitismus mußten sich die amerikanischen Kontrollinstanzen erst zurecht finden. Als Hartshorne [45], der verantwortliche Mitarbeiter der Militärregierung, vom Rektor der Universität Würzburg erfahren wollte, warum denn die NS-Professoren nicht entlassen worden seien, antwortete dieser, daß sie ja dann wohl sofort in der Britischen oder Französischen Zone eingestellt worden wären.
Nach der Schließung der Universitäten 1945 erfolgten in verschiedenen Phasen Entnazifizierungen und Wiedereinstellungen bis Anfang der 50er Jahre sehr oft klammheimlich ohne Beachtung einer in Ansätzen vorhandenen demokratischen Öffentlichkeit. So konnten sich z.B. von insgesamt 186 Professoren der Wirtschaftswissenschaften Ende der 30er Jahre 52 Habilitierte nach 1945 erneut universitär etablieren. Das sind außerordentlich viel, wenn man Tod und Emeritierung berücksichtigt. Die bereits zitierte statistische Untersuchung der deutschen Hochschulentwicklung bemerkt denn auch: »Zu der kriegsmäßig beding-

---

43 OMGUS, Education Brauch, Erlangen University, Jan. 1946-March 1949, NA.Rg.260, 5/298-3/29.

44 Tom Bower, Blind Eye to Murder. Britain, America and the Purging of Nazi Germany – A Pledge Betrayed, London 1981, 183. Vgl. umfassend in OMGB, Research Material on German Universities, NA.Rg.260, wahrscheinlich Herbst 1948.

45 Dr. Edward Y. Hartshorne Jr. war in der Leitung der Higher Education Section for OMGB tätig, als er am 26. August 1946 von einem Deutschen erchossen wurde.

ten Verkleinerung des Nachwuchsreservoirs tritt der oft nicht genügend berücksichtigte Verlust durch Emigration.«[46] Ohne auf diese Art verbaler »Vergangenheitsbewältigung« näher einzugehen, sei folgende aufschlußreiche Aussage derselben Studie zitiert, die zwar im Zusammenhang der Behandlung von Medizinern getroffen wird, aber durchaus allgemeineren Charakter trägt: »Bei der Gesamtheit der gegenwärtig Habilitierten betrug das Habilitationsalter im Durchschnitt, soweit sie sich zwischen 1936 und 1944 habilitiert haben, 34 1/2 Jahre, soweit sie sich zwischen 1945 und 1953 habilitiert haben, 38 1/2 Jahre.«[47] Das relativiert natürlich die Einschätzung, als hätten bis Anfang der 50er Jahre ausschließlich alte Herren in den Lehrsälen deutscher Universitäten doziert.
Oftmals war jedoch die Art und Weise, wie gerade die alten Herren die die Serpentinen der Entnazifizierungsverfahren nahmen, entscheidender in ihrer Beispielwirkung als der Schleichweg durch alliierte Dienststellen oder universitäre Gremien. So hatte der ordentliche Professor der Philosophie Martin Heidegger dem »Bereinigungsausschuß« der Freiburger Universität im Dezember 1945 vorzutragen. Seit Juni 1945 war der Bereinigungsausschuß mit Heidegger befaßt. Man empfahl die Emeritierung, die französische Militärregierung erklärte ihn für disponibel. Heidegger will wieder lehren, Einwände werden laut, der Ausschuß verhandelt Heideggers »Verhalten gegen Juden«. Man streitet sich, hat Heidegger sich mit Husserl wegen dessen »jüdischer Abstammung« oder aufgrund »philosophischer Meinungsstreitigkeiten« überworfen; hat er »1933 bei mehreren jüdischen Schülern das Referat über die Doktorarbeit nicht erstattet ... aus antisemitischen Beweggründen« oder hat »er nur aus taktischen Erwägungen als Rektor sich von Juden zurückgehalten«; hat er einer Jüdin das Haus verboten oder hatte das vielleicht andere Gründe; hat er gegen eine Berufung agiert, weil er »in eine judenfreie Fakultät gekommen« sei oder gab es nur »fachliche Gründe«; hat er sich nicht 1933 für zwei »jüdische Professoren« eingesetzt, oder hatten die damals »noch gar keine Schwierigkeiten«; sei er nicht »in Parteikreisen sogar als Judenfreund angefeindet worden« oder habe er »als Rektor in öffentlichen Reden von ›der Judenherrschaft in der Systemzeit‹ und von den Juden als ›Fremden‹ gesprochen«?[48] Heidegger wurde »entgegen dem Wunsch der Fakultät« emeritiert und verschärfend von der französischen Militärregierung »zwangspensioniert«. Als Nächstes wurde der »Führer-Rektor« auf dem Weg ins neue demokratische Deutschland als Mitläufer eingestuft, 1951 mit

---

[46] Ilse Asemissen / Renate Frenzel / Dietrich Goldschmidt / Christian Graf von Krockow / Helmuth Plessner, Nachwuchsfragen im Spiegel einer Erhebung 1953-1955. Bd.1 der Untersuchungen zur Lage der deutschen Hochschullehrer, herausgegeben von Helmuth Plessner, Göttingen 1956, 50.

[47] Goldschmidt in: ibid., 44.

[48] »Bericht über das Ergebnis der Verhandlungen im Bereinigungsausschuß vom 11.u.13.12.45 (19.Dez.1945)«, in: Bernd Martin, Martin Heidegger und das »Dritte Reich«. Ein Kompendium, Darmstadt 1989, 195f.

allen Rechten emeritiert und las bis 1958 »dann wieder, stets in überfüllten Hörsälen«: Aus Anlaß des 500jährigen Jubiläums der Universität (1957) trat er als einer ihrer berühmtesten Gelehrten öffentlich im Festzug der Talarträger auf.«[49]

Exkurs in die deutsche Anthropologie und Theaterwissenschaft

Wie hochschulinterne und fachspezifische Kontinuitäten mit Langzeitwirkung hergestellt wurden, soll an einem extremen, aber in seiner Kraßheit auch symptomatischen Fall kurz dargestellt werden. Erbbiologie, Genetik, Anthropologie gehörten zu jenem Bereich universitärer und außeruniversitärer Forschung, die die wissenschaftliche Untermauerung der »Endlösung der Judenfrage« lieferte.[50] Ein führender Vertreter dieser Fachrichtung in der Bundesrepublik, zugleich auch führender Anthropologe im Dritten Reich, war der 1896 geborene Prof. Dr. med. Ottmar Freiherr von Verschuer.[51] Verschuer leitete seit 1927 die Abteilung für menschliche Erblehre am Kaiser-Wilhelm-Institut für Anthropologie und menschliche Erblehre in Berlin, dem Vorläufer des heutigen Max-Planck-Institutes. Verschuers Schwerpunkt war die Zwillingsforschung. Seit 1933 außerordentlicher Professor an der Universität Tübingen, erhielt Verschuer 1934 die Aufgabe, ›die deutsche Ärzteschaft im nationalsozialistischen Geist zusammenzufassen‹. Er wurde Herausgeber des ›Erbarztes‹, einer Beilage zum Deutschen Ärzteblatt, die alle Ärzte zugestellt bekamen. ... Verschuer wurde der führende Rassetheoretiker.«[52] Er übernahm 1934 die Poliklinik für Erb- und Rassenpflege in Berlin, wurde 1935 ordentlicher Professor an der Universität Frankfurt und Direktor des von ihm dort gegründeten »Instituts für Erbbiologie und Rassenhygiene«. Zu dessen Oberarzt machte er den später unter ihm habilitierten Heinrich Schade. Ein weiterer späterer Mitarbeiter hieß Josef Mengele. Und nur aufgrund der Suche nach Mengele ist in den vergangenen Jahren, nach dem Tode Verschuers wohlgemerkt, dessen Rolle aufgedeckt worden.
1943 wurde Mengele als Lagerarzt nach Auschwitz versetzt. Dort konnte er praktizieren, was er bei seinem vorgesetzten Professor gelernt hatte. Er »sonderte« über 100 Zwillingspaare, Familien von Zwergen und Verkrüppelten für seine

---

[49] Bernd Martin, »Einführung: ›Alles Große ist auch gefährdet‹ – Der Fall Heidegger(s)«, in: ibid., 43f.

[50] Vgl. Benno Müller-Hill, Tödliche Wissenschaft. Die Aussonderung von Juden, Zigeunern und Geisteskranken 1933-1945, Reinbek 1984.

[51] Vgl. Léon Poliakov / Joseph Wulf, Das Dritte Reich und seine Denker, Frankfurt/M., Berlin, Wien 1983².

[52] Klaus-Dieter Thomann, »Rassenhygiene und Anthropologie: Die zwei Karrieren des Prof. Verschuer. Wie die Wegbereiter der nationalsozialistischen Bevölkerungspolitik in Frankfurt nach 1945 wieder zu Amt und Würden kamen«, in: Frankfurter Rundschau, 20.5.1985.

»wissenschaftlichen« Untersuchungen aus. »Die Menschen wurden vermessen, zum Teil mit Typhus infiziert und beobachtet, getötet und ihr Serum und die ›wissenschaftlich‹ besonders interessanten Organe an das Verschuersche Institut in Berlin gesandt.«[53] Ein Beispiel: Am 29. Juni 1944 wird in Auschwitz ein Paket an das Kaiser-Wilhelm-Institut verschickt, auf dessen Begleitzettel der Inhalt deklariert wird: »Kopf einer Leiche (12jähriges Kind)«, auf »histologische Schnitte« zu untersuchen. Unterzeichner: Dr. Mengele.[54] Verschuer und Mengele forschten weiter, solange es ging. Verschuer bedankte sich bei Mengele für dessen regelmäßige Zusendung von Körperteilen. Seinen Briefwechsel mit Mengele wußte Verschuer jedoch genauso wie seine rassehygienischen Gutachten und Denkschriften verloren gehen zu lassen. Im Juni 1981 versicherte die Ehefrau des verstorbenen Verschuer, daß dieser ein zutiefst christlicher Mensch gewesen sei und daß Menschen, die durch seine Hände gegangen wären, hätten gerettet werden können. Die Tochter von Verschuers Kollegen und Rektor der Universität Berlin seit 1933, Fischer, hatte Verschuer nur in guter Erinnerung: »Der Verschuer ist jeden Sonntag in die Kirche.« Und auf die Frage, ob Verschuer Antisemit gewesen sei, antwortet sie: »Nein, sicher nicht. Er war wie mein Vater. Er hat nie gesagt, ›die Juden sind schlecht‹, er hat gesagt, ›sie sind anders‹. ... Und er war für Trennung. Sie wissen ja wie das damals, als wir nach Berlin kamen, war. Kino, Theater, Literatur. Er war für Trennung. Aber er war kein Antisemit.«[55] Soweit die Professorentochter 1980. – Weder wurde der geistige Mentor Mengeles jemals zur Rechenschaft gezogen, noch war seine Karriere, wie man eigentlich hätte denken sollen, 1945 beendet. Bevor die Sowjetische Armee Berlin erreichte, ließ Verschuer alles Material aus dem Institut nach Hessen schaffen und brachte die kommenden Monate damit zu, Belastendes zu vernichten. Die Militärregierung wollte die umfangreichen Materialien der Universität Frankfurt eingliedern, und Verschuer hoffte, Direktor eines Anthropologischen Instituts zu werden. Ende 1945, Anfang 1946 wurde der Wissenschaftler Verschuer wieder aktiv, mußte sich allerdings noch entnazifizieren lassen, was ihm die Einstufung in die Kategorie Mitläufer bescherte und eine Buße von 600 Reichsmark. Da eine Professorenhand die andere wusch, schrieb er im März 1946 an den Dekan der medizinischen Fakultät in Frankfurt: »Für den von Ihnen übersandten ›Persilschein‹ (eine sehr gute Bezeichnung!) danke ich vielmals.«[56]

Verschuer müht sich in Kontakten mit deutschen und amerikanischen Behörden, seinen Lehrstuhl in Frankfurt wiederzuerlangen. Im September 1946 bezieht er sich in einem Brief an die Militärregierung auf seinen guten universitären

[53] Thomann, op.cit.

[54] Vgl. Joachim Riedl, »Labor Auschwitz. Von der Datensammlung über Aussonderung zum Massenmord: Der Sündenfall einer politisierten Wissenschaft«, in: Die Zeit. 27.9.1985.

[55] Zit. n. Müller-Hill, op.cit., 121.

[56] Zit. n. ibid., 84.

Leumund, demgemäß er »während seiner Zugehörigkeit zur Universität von 1935 bis 1942 sich erfolgreich gegen den politischen Druck zur Wehr gesetzt habe, aus seinem rein wissenschaftlichen Institut eine nationalsozialistische Anstalt zu machen.«[57] Verschuer zitiert zusätzlich von deutscher Seite Bestätigungen, »daß gegen die Fortsetzung der Tuberkulose-Forschung keine Bedenken bestehen« und betont, daß alle seine Bemühungen »in ständigem Einvernehmen mit den mir zuständig erscheinenden deutschen und amerikanischen Dienststellen erfolgt«. Es ginge doch vor allem um die Fortsetzung seiner Tuberkulose-Forschung; denn im Frühjahr 1945 hätten er und seine Mitarbeiter dicht vor der Entdeckung eines natürlichen Schutzstoffes gegen Tuberkulose gestanden.[58] Hartshorne, der zuständige Offizier des Military Government, ließ allerdings auf amerikanischer Seite keinen Zweifel daran, daß Verschuer die Leitung des Anthropologischen Instituts nicht erneut erhalten sollte. Zwar verhinderte man zunächst auch seine Rückkehr in die Lehre, aber das war nicht von Dauer. Berufskollegen verfaßten 1949 eine Denkschrift über Verschuer, in dem sie ihm attestierten, daß er »alle Qualitäten besitzt, die ihn zum Forscher und Lehrer akademischer Jugend prädestinieren«.[59] 1949 wurde er Mitglied der Akademie der Wissenschaften und der Literatur in Mainz. 1951 erhielt er den Ruf auf den Lehrstuhl für Genetik in Münster. Dort baute er, sozusagen zur weiteren Verwendung, ein Genetik-Register für 2,2 Millionen Bundesbürger auf. 1952 bis 1956 war er, Krönung einer Anthropologenkarriere, gewählter Vorsitzender der Deutschen Gesellschaft für Anthropologie. Verschuer seinerseits förderte nun wieder den wissenschaftlichen Nachwuchs. 1952 holte er sich seinen bewährten Oberarzt Schade nach Münster, der 1966 den Lehrstuhl für Genetik in Düsseldorf erhielt. Ähnliche Besetzungen erfolgten in Frankfurt und Erlangen. 1965 wurde Verschuer mit allen Ehren Emeritus. Für die Kontinuität des Rassismus auf bundesdeutschen Kathedern hatte er ja bereits gesorgt. Schade wurde 1974 emeritiert und trat im folgenden Jahrzehnt durch nationalistische und rassistische Werke an die Öffentlichkeit. 1981 unterzeichnete er das rassistische » Heidelberger Manifest«, in dem eine Gruppe von Wissenschaftlern die »Rückkehr der Ausländer« verlangte und die originelle Forderung aufstellte: »Erhaltung des deutschen Volkes und seiner geistigen Identität«.[60] Der völkische Rassismus des Rechtsextremismus in der Bundesrepublik der 80er Jahre geht direkt auf die durch Verschuer verkörperte wissenschaftliche Tradition zurück, ist mithin nicht eine

---

[57] OMGUS, Brief Verschuers an OMGUS-Hessen, 27.9.1946, NA.Rg.260, 5/305-1/33.

[58] Ibid.

[59] Müller-Hill, op.cit., 83.

[60] Vgl. Dokumentation des »Heidelberger Manifests« in: Die Zeit, 5.2.1982.

irrelevante außeruniversitäre Spinnerei von »Ewiggestrigen«.[61] Es muß nicht betont werden, daß hier ein wissenschaftlich verbrämter Antisemitismus tradiert wurde, ohne daß in der Periode nach 1945 direkte Bezüge zu offen antisemitischen Traditionen hergestellt werden mußten. Gerade im wissenschaftlichen Bereich funktionierte die Tabuisierung dergestalt, daß antisemitische Latenz Kontinuitäten schuf, die offen waren für künftige antisemitische Diskurse.

Derartige Beispiele fachwissenschaftlicher Kontinuität, auch wenn sie nicht so unmittelbar und offensichtlich Bestandteil des systematischen und auch wissenschaftlich fundierten Völkermordens waren, lassen sich für fast alle wissenschaftlichen Disziplinen finden. Sehr oft vermittelter sah es in den Geistes- und Gesellschaftswissenschaften aus, wenngleich auch diese der umfassenden wissenschaftlichen Absicherung der NS-Außen-, Innen- und Rassenpolitik dienten. Die umfassende rassistische und lebensraumgewinnorientierte Ausrichtung der deutschen Wissenschaft wird meist mit »Gleichschaltung« umschrieben. Dies mag den politischen, den wissenschaftspolitischen Prozeß kennzeichnen, hinsichtlich wissenschaftstheoretischer Traditionen ist er ungenau. »Der Rassenmythos ist ... auch ein Produkt der Wissenschaft, nicht zuletzt auch der Sozialwissenschaften. Ein aktueller Mythos ist es, eine reinliche Scheidung zwischen sozialwissenschaftlichen Erkenntnisprogrammen und rassentheoretischen Diskursen vorzunehmen.«[62] Der Begriff der »Gleichschaltung« kann daher zu Fehleinschätzungen führen, wenn er zu der Auffassung beiträgt, daß nach 1945 eben einfach umgeschaltet wurde. Es ging 1933 schließlich – wie mit dem Rassenmythos – nicht allein um NS-konforme Wissenschaftsinhalte, sondern zugleich auch um bestimmte vorhandene wissenschaftliche Tendenzen aus der wilhelminischen Ära und der Universität der Weimarer Republik, die nun staatlich abgesichert und verstärkt werden konnten. Verschuer und andere rassistische Anthropologen haben ihre wissenschaftliche Grundlage nicht mit der Machtübergabe an die NSDAP erhalten, sondern konnten der neuen Staatsführung wissenschaftstheoretische und wissenschaftsgeschichtliche Erkenntnisse und Institutionen anbieten, die dann unter dem NS-Regime materiell und ideologisch in voller Blüte gedeihen konnten. Das galt genauso für andere Wissenschaftszweige. Führt man sich dies aus der heutigen Perspektive vor Augen, wird erst deutlich, welche Implikationen die Rückkehr zum status quo ante nach 1945 mit sich bringen mußte. Anders gesagt, in der Phase der

---

[61] Vgl. Peter-Christian Löwisch, »›Sie wollen uns hier raushaben‹. Ausländerfeindlichkeit in Politik, Verwaltung und täglichem Leben«, in: Matthias von Hellfeld (Hg.), Im Schatten der Krise. Rechtsextremismus, Neofaschismus und Ausländerfeindlichkeit, Köln 1986, 134f.; ders., Modell Vergangenheit. Rechtsextreme und neokonservative Ideologien in der Bundesrepublik, Köln 1987, 285f.

[62] Carsten Klingemann, »Ein Kapitel aus der ungeliebten Wirkungsgeschichte der Sozialwissenschaften. Sozialutopien als sozial-hygienische Ordnungsmodelle«, in: ders. (Hg.), Rassenmythos und Sozialwissenschaften in Deutschland, Opladen 1987, 10.

Restauration nach 1945 sind nicht irgendwelche NS-Verschwörer am Werke, obwohl die hartgesottenen Nazis natürlich auch noch ihr Bestes versuchten. Aber sie gaben nicht mehr den Ton an. Der wurde von den Repräsentanten des status quo ante bestimmt.

Betrachtet man diese Art der Kontinuität, so geht es nicht in erster Linie um Biographien. Zwar war Verschuer kein Einzelfall, wichtiger noch als seine Person ist jedoch die Bildung von fachimmanenten Schulen, von wissenschaftlichen Traditionen. Ein weiteres Beispiel dafür ist die Soziologie: »Die Themen ›der‹ Soziologie und der Soziologen nach 1945 in Deutschland konzentrieren sich unter Auswertung dessen, was vor 1945 bereits angegangen wurde, auf Flüchtlingsfragen, Vertriebenenpolitik, Bevölkerungssoziologie, Begabtenforschung mit dezidiert rassetheoretischen Annahmen und nicht zuletzt ›Demoskopie‹ und Soziologie der Großstadt.« Ursachenerörterung »bleibt in der Restaurationssoziologie völlig ausgespart, wie überhaupt und schließlich ... die Nichtthematisierung des Nationalsozialismus/Faschismus – wiederum unter Absehung der Verfolgten und exilierten Soziologen – in der Soziologie 1945 und danach notorisch ist.«[63] Diese Nichtthematisierung ist ein konstituierendes Merkmal von Forschung und Lehre, die für manche der etablierten Wissenschaftler natürlich einige rückwirkende Probleme in bezug auf ihre wissenschaftliche Biographie ergeben mußte. Wie dabei verfahren wurde, soll hier kurz durch eine weitere Variante gezeigt werden.

Hans Knudsen, Theaterwissenschaftler, Professor in Berlin seit 1943, 1948 unauffällig »entnazifiziert« und von 1948 bis zu seiner Emeritierung 1956 Professor an der Freien Universität Berlin, widerstand allen Enthüllungen und Skandalen um seine NS-Vergangenheit ohne wesentliche Anfechtungen. Erst nach einer presse-öffentlichen Auseinandersetzung 1964/65 konnte ihn eine Kommission der Philosophischen Fakultät (u.a. die Professoren Eberhard und Sontheimer) dazu bringen, seine Lehrtätigkeit als Emeritus zu beenden.[64] Aber das war eben erst 20 Jahre nach der Wiedereröffnung der Universitäten. Daß – ähnlich wie in Bayern – auch in Berlin die Reinwaschung der Biographien schon sehr früh von den Betreffenden selbst vollzogen wurde, belegt eine Stellungnahme von Joseph Wulf , der im Theaterwissenschaftlichen Institut, dessen Direktor Knudsen war, Material für sein Buch »Theater und Film im Dritten Reich«[65] gesammelt hatte: »Dabei habe ich aber folgendes festgestellt: Zeitschriften und Publikationen aus den Jahren 1933-1945, in denen Herr Knudsen Aufsätze mit ganz bestimmter NS-Tendenz geschrieben hat, waren in der Bibliothek des

---

[63] Hans Grünberger, »Dienerin aller Herren: Die deutsche Soziologie 1918-1960 zwischen Opportunismus und totaler Anpassung«, in: PVS-Literatur 2/28, 1987, 156f.

[64] Vgl. Henning Müller, Theater der Restauration. Westberliner Bühnen, Kultur und Politik im Kalten Krieg, Berlin 1981, 305.

[65] Joseph Wulf, Theater und Film im Dritten Reich. Eine Dokumentation, Frankfurt/M., Berlin, Wien 1983[2], 228f.

Theaterwissenschaftlichen Instituts der FU vorsorglich nicht vorhanden. Auch nicht Zeitschriften oder Publikationen seiner Schüler, die auf Initiative von Herrn Knudsen NS-›Gedankengut‹ in ihren Arbeiten veröffentlicht haben. Übrigens wird diese Methode außer von Herrn Knudsen noch von vielen anderen Professoren praktiziert.«[66]
Diese Erklärung ist einer Broschüren-Reihe entnommen, die 1964 bis 1968 unter dem Titel »Braune Universität« veröffentlicht wurde. In dieser Reihe werden Schriften von 84 Hochschullehrern zitiert, die unter dem Einfluß der NS-Weltanschauung entstanden sind. Alle 84 Wissenschaftler lehrten bis Mitte der 60er Jahre wieder an den Universitäten der Bundesrepublik. An den Dokumenten und den Stellungnahmen der Professoren wird deutlich, wie geistige, soziale, ökonomische und vor allem strukturelle Gegebenheiten durch personelle Kontinuitäten ergänzt werden. Kurz, biographische Daten, Zahlen sowie Zahlungen laufen auf die Tatsache hinaus, daß die übergroße Mehrheit der im Frühjahr 1945 abwartenden 4000 Professoren problemlos »entnazifiziert« wurde und – wo die strukturellen und personalpolitischen Gegebenheiten vorhanden waren – sich der Entwicklung des akademischen Nachwuchses zuwenden konnte. Daß hier sehr bald auch gegenläufige Tendenzen wirksam wurden, ist vor allem dem Bemühen der Besatzungsmächte und später auch verschiedener akademischer und kultureller Institutionen zu verdanken, die Nachwuchswissenschaftlern die Möglichkeit von Aufenthalten an ausländischen universitären Institutionen gaben, und damit weniger zur Re-education als vielmehr zur Education beitrugen. Fritz Karsen, zuständig für Higher Education im Military Government, gab 1948 eine ernüchternde Bilanz der Demokratisierung deutscher Universitäten und charakterisierte den Austausch von Professoren, Studenten und Lehrmaterial zwischen den USA und Deutschland: »More and more we have come to consider this exchange as the best means of democratization of our universities. ...It is our hope that ever greater numbers can be sent abroad into democratic countries, particularly to the U.S., and that more and more students and professors from democratic countries will come to Germany and will give the democratic leadership which, unfortunately, is almost completely lacking in the German Universities.«[67] Dies bedeutete schlicht das offizielle Eingeständnis des Scheiterns der universitären Re-education.
Das änderte jedoch nichts mehr an der Tatsache, daß die überkommene deutsche Professorenschaft, bis auf wenige Ausnahmen, mit der Gründung der Bundesrepublik und der Verkündigung des Grundgesetzes verfassungsrechtlich und gesellschaftspolitisch Schritt um Schritt re-integriert wurde. Den gesetzlichen Rahmen dieses Ent-Entnazifizierungsprozesses bildete der Grundgesetz-Artikel

[66] Zit. n. Rolf Seeliger (Hg.), Braune Universität. Deutsche Hochschullehrer gestern und heute. Eine Dokumentation, Heft 4, München 1966, 69.
[67] OMGUS, Report by F. Karsen, delivered at Utrecht, 4.8.1948, NA. Rg.260, 5/305-1/35.

131. Artikel 131 GG deckt die Versorgungsansprüche und Rechtsverhältnisse von solchen Personen, »die am 8. Mai 1945 im öffentlichen Dienst standen, aus anderen als beamten- oder tarifrechtlichen Gründen ausgeschieden sind und bisher gar nicht oder nicht ihrer früheren Stellung entsprechend verwendet werden«.[68] Ein Gesetz zur Füllung dieser grundgesetzlichen Bestimmung wurde vom deutschen Bundestag am 11.5.1951 verabschiedet. Damit war im Prinzip und mit allen politischen, juristischen und finanziellen Konsequenzen für Forschung und Lehre die »Entnazifizierung« und damit auch die unmittelbare Nachkriegsentwicklung an den deutschen Hochschulen beendet. Für kritische alliierte Hochschuloffiziere war da längst kein Platz mehr. Abgesehen davon, daß der Grundgesetzartikel 131 feinsinnig das Potsdamer Abkommen als beamtenrechtlich nicht ganz stimmig charakterisierte. Alle weiteren Verordnungen und Hochschulbestimmungen liefen auf die Integration der 1945 aus Gründen der Festlegungen des Potsdamer Abkommens aus dem Staatsdienst Ausgeschiedenen hinaus. Konkret nötigte das 131er Gesetz die Fakultäten jahrelang, »bei Berufungen auf vakante Lehrstühle in erster Linie die auf einer dafür aufgestellten Warteliste stehenden Hochschullehrer zu berücksichtigen. Im Denken des Gesetzgebers und der Ministerien, vor allem der Finanzverwaltungen gewann der Versorgungsgedanke die Oberhand über das Reinigungsprinzip, und die Fakultäten hatten nicht immer die Kraft, sich dem zu widersetzen. Es ist ungerecht, sie allein für die Folgen verantwortlich zu machen.«[69] In Erinnerung zu rufen ist allerdings die Denkschrift von Walter Dorn aus dem Jahre 1946. Denn hier wurde bereits unmittelbar nach der Wiedereröffnung diese Haltung der Professorenschaft und der Universitätsverwaltung kritisiert. Der oft anzutreffende Verweis auf das 131er Gesetz, mit dem suggeriert werden soll, der Universität sei etwas vom Staat aufgezwungen worden, mag hinsichtlich der juristisch-institutionellen Seite angebracht sein. Für die Hochschulrealität stellte das 131er Gesetz jedoch nur die Festschreibung eines faktischen Prozesses der Wiedereinsetzung belasteter oder Rehabilitierung »entlasteter« Wissenschaftler dar.

Karl Jaspers, der 1948 resigniert von Heidelberg an die Universität Basel wechselte, schrieb in seinen autobiographischen Erinnerungen: »Schon bald war keine Rede mehr von einer geistigen Neugründung der Universität. Politisch verlor sich der Wille zu einer demokratischen Neugründung aus einer Umkehr heraus. Seit 1948 entstand ein neuer Staat unter neuen Voraussetzungen. Die Jahre 1945 bis 1948 waren vertan.«[70]

---

[68] Grundgesetz für die Bundesrepublik Deutschland, Bonn 1984, 99.
[69] Raiser, Wiedereröffnung ..., op.cit., 181.
[70] Karl Jaspers, Schicksal und Wille. Autobiografische Schriften, München 1967, 169.

Die strukturellen und personellen Kontinuitäten auf Seiten der Professorenschaft und das »alte Gefäß« der Hochschulentwicklung fanden Entsprechungen in der Situation der Studenten, jener Generation, die künftig die Geschicke Deutschlands bestimmen sollte. Unmißverständlich beschreibt Franz Neumann 1947 die Ausgangslage vor dem Hintergrund der Kumpanei des Bürgertums mit dem Nationalsozialismus: »Zunächst einmal gibt es keinen überlieferten sozialen und bildungsmäßigen Kontext, in dem Demokratie gedeihen kann. Deutsche Bildung war und ist Klassenbildung. ... In der Weimarer Republik kamen 34,1% der Universitätsstudenten aus der Oberschicht, 59,2% aus der Mittelschicht und nur 5,9% aus der Unterschicht, wobei Arbeiterkinder nur 3,2% aller Studenten ausmachten. Diese klassenspezifische Verteilung ist in den westlichen Besatzungszonen im wesentlichen unverändert geblieben.«[71] Wichtiger noch als die schichtenspezifische Zusammensetzung ist es, sich vor Augen zu halten, wodurch diese 24- bis 26jährigen Studenten seit Abschluß ihrer Gymnasialbildung geprägt worden sind, und welche allgemeinen gesellschaftlichen Verhaltensweisen und politischen Auffassungen für sie bedeutsam sind:

> »Many Germans who graduated from High School between 1937 and 1945 and who would normally have enrolled at a university were drafted. Thousands of others had to interrupt their studies to serve in the Wehrmacht. They now crowd the universities. ... Denazification, demilitarization and deindustrialization have halted the career of many young Germans. They had not been anxious to attend college during the last decade when non-college graduates in the good graces of party, state and army could secure lucrative positions carrying considerable social prestige. Now these Germans, mostly in their twenties, seek university degrees so as to again qualify for well paid jobs. ... Observers believe that between 20 and 40 percent of students are not bona-fide students at all. ... Even graduates of the training schools for a fanatical Nazi elite (Napola) were accepted.«[72]

Im Juni 1946 gab es z.B. in München 6300 Studenten. Davon waren – soweit es bekannt war – 775 NSDAP-Mitglieder und Kandidaten, 750 Mitglieder des NSStB, ca. 320 Führer von Hitler-Jugend und BDM, Mitglieder der SA, der Waffen-SS und anderer NS-Organisationen. 710 waren Reserve- und 194 Berufsoffiziere. Das blieb natürlich nicht ohne Auswirkung auf die Lehrveranstaltungen.

---

[71] Neumann, Re-educating ...,op.cit., 519; vgl. Federic Lilge, The Abuse of Learning. The Failure of the German University, New York 1948; Falk Pingel, »Attempts at University Reform in the British Zone«, in: David Phillips (Hg.), German Universities after the Surrender. British Occupation Policy and the Control of Higher Education, Oxford 1983, 20f.

[72] OMGB, Trend, op.cit., No. 27, 10.12.1946.

Bereits Anfang 1946 hatten sich Meldungen von Störungen gehäuft, die stets dann erfolgten, wenn von Dozenten Kritik am NS-System geübt wurde. »Es schien, als bilde die Gruppe der Offiziere einen harten Kern, der eine Gleichsetzung von NS-Verbrechen und Kampfhandlungen der Wehrmacht von vornherein verhindern wollte und glaubte, die militärische Tradition von Verbrechen weitgehend reingehalten zu haben, ähnlich wie viele Professoren der Meinung waren, in der Freiheit des Geistes unschuldig geblieben zu sein.«[73] In der britischen Besatzungszone, an der Universität Göttingen, verließen im November 1945 an die 400 Studenten unter Protest eine Vorlesung, in der der Dozent es gewagt hatte, Hitler anzugreifen. Die Reaktionen der Studenten in der sowjetischen Besatzungszone sahen nicht viel anders aus. Als Konrad Wolf, Sohn des Arztes und Schriftstellers Friedrich Wolf, aus der Emigration zurückkehrte, sprach er an der Universität Halle im Herbst 1945 vor Studenten über die Perspektiven der Jugend in der neuen, antifaschistisch-demokratischen Ordnung: »Als ich den Hörsaal betrat – er war voll – und nach vorne ging, wurde die Tafel durch einen Mechanismus, der mir bis dahin noch unbekannt war, durch eine andere ausgetauscht. Auf der neuen Tafel war mit Kreide ein Galgen gemalt, und unter dem Galgen stand ›Vaterlandsverräter‹. Ich stellte mich vor diese Tafel und sprach, so gut ich konnte, über das, was ich mir damals unter den Perspektiven der deutschen Jugend vorstellte. Damals war ich zwanzig.«[74]

Die Besatzungsbehörden sahen sich zum Eingreifen genötigt. Zunächst wurden die Zulassungsbestimmungen verschärft. Im Oktober 1946 waren von 8837 Studenten in München noch 820 NSDAP-Mitglieder und Kandidaten. Gemäß Erlaß des Alliierten Kontrollrates vom 14.1.1946 konnten insgesamt bis zu 10% nichtaktive ehemalige NSDAP-Mitglieder immatrikuliert werden. Bei der Immatrikulation wurden jedoch von Anfang an von zahlreichen Studenten die Fragebogen gefälscht. Eine gründliche Kontrolle der Unterlagen des Sommersemesters 1947 ergab, daß in den Universitäten München, Erlangen und Würzburg zwischen 47 und 69% der Studenten ihre NSDAP-Mitgliedschaft verheimlicht hatten. Nur 10% dieser Studenten wurde allerdings von den amerikanischen Behörden die Zulassung aberkannt. In der Öffentlichkeit spielte vor allem die Tatsache eine Rolle, daß Berufsoffiziere übermäßig stark vertreten waren. Im September 1946 protestierte die Sowjetunion gegen die Zulassung von Berufsoffizieren an den Universitäten der westlichen Besatzungszonen.[75] 96,9% aller männlichen Studenten an den Universitäten München, Erlangen und Würzburg im Sommer 1948 waren vor 1945 Soldaten gewesen. 34,1% (6070) hatten zwei bis vier Jahre, 25,7% (4590) vier bis sechs Jahre und 14,1% (2506) sechs bis acht

---

73 Pingel, Wissenschaft ..., op.cit., 196.

74 Konrad Wolf, »Selbstäußerungen«, in: Sinn und Form 5/36, 1984, 897. Henning Müller, Berlin, ist für den Hinweis auf diese Quelle zu danken.

75 OMGB, Trend, op.cit., No. 27, 10.12.1946.

Jahre für Führer, Volk und Vaterland in der Wehrmacht gedient.[76] 25,16% (1847 von 10 534) Studenten der Münchener Universität hatten Offiziersränge bekleidet. Die Wehrmacht war somit für den größten Teil der männlichen Studenten die lebensgeschichtliche und erfahrungsmäßige Vorbereitung auf die bürgerliche Karriere. Daß hier nicht gerade demokratische Grundlagen geschaffen worden waren, lag auf der Hand. Im historischen Rückblick von der »Entnazifizierung« der Hochschulen und deren Rolle bei der »Umerziehung« einer Studentengeneration zu sprechen, wirft offensichtlich eine Reihe Probleme auf, und man sollte Prozesse der Demokratisierung, die in den späten 50ern und vor allem in den 60ern begannen, nicht einfach zurückverlagern. Zugleich ist die lebensgeschichtliche Erfahrung eines Berufsoffiziers, der vor 1945 studierte, wohl auch nicht identisch mit der des ehemaligen Berufsoffiziers, der sich in seinem aller Rangabzeichen entkleideten Soldatenmantel in den unbeheizten Lehrsaal setzt und ein Potpourri von Dozenten »ehemaliger« Denkungsart und solchen, die sich moralisch und wissenschaftlich im Aufbruch befinden, zur Kenntnis nehmen muß. Erneut sei Franz Neumann zitiert, der zu charakterisieren bemüht ist, was von *Behemoth* übrig bleibt, nachdem die Alliierten ihm den Kopf abgeschlagen haben:

> »Auch der moralische und intellektuelle Aspekt jedoch ist kompliziert. Er besteht darin, Vorbedingungen für die Demokratie in einer Generation herzustellen, die die Demokratie nicht kennt, die sie nicht wirklich will, die keine von demokratischen Ideen überzeugten Lehrer hat und in einer für die Demokratie ungünstigen Umwelt lebt.«[77]

Die deutschen Studenten von 1947 waren skeptisch gegenüber allem, was mit Politik oder Parteien zusammenhing, ihr Interesse war nicht education, sondern science: »Trocken, faktenorientiert und ohne Illusionen über die Zukunft hat dieser Typ Student die Neigung, das Gemetzel und die Zerstörung, durch die er gegangen ist, als nichts anderes als eine Naturkatastrophe zu betrachten. Mit einer derartigen Haltung erübrigen sich schmerzhafte Selbstprüfungen oder Schwierigkeiten beim Verständnis der Bedeutung der unmittelbaren Vergangenheit, die er mitgestaltet hat.«[78] Damit unterschied sich die Mehrheit der Studenten kaum von der Mehrheit der Bevölkerung. Eine HICOG-Umfrage vom Februar 1950, also nach der Gründung der Bundesrepublik, unter Studenten der Universitäten München und Erlangen ergab, daß Studenten weder konservativer noch politisch apathischer waren als die ältere Generation.[79] Zwischen 51 und 59% der

---

76 OMGUS, Admission of former German officers as Students to the Universities, NA. Rg. 260, 11/1281/50.

77 Neumann, Re-educating ..., op.cit., 519.

78 Lilge, op.cit., 168.

79 HICOG, Information Servives Division, Opinion Survey Report No. 17, 30.4.1950, NA.Rg.260; vgl. Anna J. Merritt und Richard L. Merritt (Hg.), Public Opinion in Semisovereign Germany. The HICOG Surveys, 1949-1955, Urbana, Chicago, London 1980, 65f.

Studenten waren nach wie vor der Meinung, daß der Nationalsozialismus eine gute Idee war, die nur schlecht ausgeführt wurde. Nach den Gründen gefragt, warum die Ausführung schlecht war, gaben zwischen 24 und 36% an: Rassentheorie, Judenverfolgung, KZ. Von den Studenten, die den Nationalsozialismus für eine schlechte Idee hielten, gaben zwischen 42 und 47% als Gründe an: Rassentheorie, Judenverfolgung, KZ.[80] Damit unterschieden sie sich qualitativ kaum vom Rest der Bevölkerung. Die Stimmungslage der Studenten und das eigene professorale Selbstverständnis charakterisierte Rektor Ebbinghaus in seinem Schlußwort auf der Immatrikulationsfeier im Wintersemester 1945 in Marburg. Er sprach vom »verlorenen Krieg«, der mehr »den Charakter einer Naturkatastrophe als einer sozialen Erscheinung« hatte und fügt hinzu:

> »Viele von Ihnen kehren aus einem Kriege heim, in dem sie sich, besonders wenn sie Offiziere waren, seelisch vielleicht gar nicht hätten behaupten können, wenn sie nicht trotz vielfältigen Widerwillens gegen den eigentlichen Nazismus doch überzeugt gewesen wären, im letzten Grunde für das Lebensrecht des deutschen Volkes zu kämpfen. Nun sind Sie zurückgekehrt in eine Welt, in der Sie sich vergeblich fragen, wo nun dieses Lebensrecht des deutschen Volkes, für das Sie kämpfen zu müssen meinten und offenbar erfolglos gekämpft haben, geblieben ist. ... Die Hauptwaffe für unsere Denazifikation soll die freie wissenschaftliche Forschung sein, und wenn wir nicht wahre und gründliche Einsicht über das, was hinter uns liegt, verbreiten können, so nützt alle politische Überprüfung nichts.«[81]

Gelangt man von der Situation der Studenten folgerichtig wieder zum Selbstverständnis der Professoren, so darf man bei beiden Gruppen nicht nur augenzwinkerndes Einverständnis, Rückwärtsgewandtheit oder reformwilligen Aufbruch wahrnehmen wollen. Alles das war vorhanden. Geprägt wurden sie jedoch gleichermaßen durch diejenigen Widersprüche, die sich aus der vorhandenen hochschul- und gesellschaftspolitischen Situation ergaben. Sie zeigten sich unter anderem am Gegensatz von überkommenem Humanismusanspruch versus praktischer beruflicher Qualifikation, oder auch am Gegensatz von Autonomieanspruch der Professoren versus zaghafter Versuche studentischer Selbstbestimmung. Es ging den meisten Studenten jedoch im Wesentlichen darum, »die verlorene Lebenszeit so rasch wie möglich nachzuholen«, sich auf die berufliche Zukunft vorzubereiten und dabei die »verflossene Gesinnung« auszulöschen: »Es war jedenfalls ganz selten, daß sich einer zu seiner nationalsozialistischen oder auch militärischen Herkunft bekannte und etwas von seinem früheren Tun

---

[80] Ibid.

[81] Ebbinghaus, op.cit., 48f.

und Denken durchscheinen ließ. Selbst die in der Feindschaft zu Hitler Erzogenen, die frühzeitig von ihm Abgefallenen schwiegen sich meist über ihre Erfahrungen aus.«[82]
Hervorzuheben ist für diesen akademischen Bereich der deutschen Intelligenz also ebenfalls jenes Schweigen, das man als Amnesie bezeichnen kann.[83] Es charakterisierte aber auch jenen Raum in der sozialen Psyche, wo verfließende Gesinnung einen zu füllenden Freiraum hinterließ. Und vergessen wir nicht, bis 1945 war das Denken und Forschen in einem nationalistischen und antisemitischen Kontext nicht allein verbindlich, es war verordnete Norm, abgesehen davon, daß es in einem nicht zu unterschätzenden Ausmaß auch inneres Bedürfnis war, Legitimation. Beginnend mit dem Wintersemester 1945/46 füllte sich, allerdings nur zum Teil, jener Raum, jenes Schweigen mit Inhalten christlicher Religion. Viele sahen hier eine weltanschauliche und gesellschaftlich weniger verpflichtende Alternative sowohl zum Denken in den Kategorien des NS-Systems als auch zu jeglicher Form antifaschistischer Politisierung oder gar zur aufgezwungenen »Umerziehung«. Religion erhielt eine ausgeprägt weltanschauliche Funktion. Traten einzelne bekannte Christen, wie Niemöller im Januar 1946 vor 1200 vornehmlich evangelischen Studenten, diesem Bedürfnis entsprechend auf und rechneten dabei mit Hitler und den begangenen Verbrechen ab, mußten sie allerdings mit eindeutiger Ablehnung der Studenten rechnen. Niemöller hatte nicht nur vom Glauben, sondern von deutscher Schuld gesprochen, von Polen, Rußland und Millionen toter Juden. Seine Erwähnung des Stuttgarter Schuldbekenntnisses der evangelischen Kirche traf auf Unmutsäußerungen und Zwischenrufe. Die christliche Suche der Studenten betraf sie selbst, nicht die Haltung zu Juden oder gar die Frage der Schuld.[84] Der Soziologe René König war vor allem über die Rolle der Konfessionen, die sich überall im öffentlichen Leben bemerkbar machte, irritiert. Er fand hier weniger eine »geistig-seelische Integrationsfunktion der Religion«, nach der sicher viele junge Menschen suchten, sondern eher eine »Institutionalisierung sozialer Vorurteile«,[85] wozu die Widersprüche zwischen protestantischem und katholischem Religionsverständnis beitrugen: »Ich fragte mich auch, inwiefern sich das vom Antisemitismus der Vergangenheit unterschied. Wo Anti-Gefühle virulent sind, da werden sie zweifellos durch eine solche Religionspolitik nicht abgebaut, sondern nur in die Latenz vermauert, weil sie momentan nicht mehr gefragt sind.«[86] Als sich aus Anlaß des 40. Jahrestages der Wiedereröffnung der Univer-

---

[82] Gustav Strübel, »1945 – Neuanfang oder versäumte Gelegenheit?« in: Jörg Tröger (Hg.), Hochschule und Wissenschaft im Dritten Reich, Frankfurt/M. 1984, 173.
[83] Vgl. Hans Mayer, Als der Krieg zu Ende war. Wir haben uns zu rasch mit der Vergangenheit eingerichtet«, in: Die Zeit, 1.2.1985.
[84] Vgl. Die Neue Zeitung, 1.2.1946; 15.2.1946; Glaser, op.cit., Bd.1, 113f.
[85] René König, Leben im Widerspruch. Versuch einer intellektuellen Autobiographie, Frankfurt/M., Berlin, Wien 1984, 178.
[86] Ibid.

sität Göttingen 1985 ehemalige Studenten des Wintersemesters 1945/46 in Göttingen versammelten, stimmten sie »darin überein: es war eine schwere, aber glückliche Zeit«.[87] Als bei dieser feierlichen Rückbesinnung ein junger Student des Jahres 1985 an die »fast völlig ausgeklammerte Nazifizierung« und daran erinnerte, wie jüdische und linksorientierte Dozenten 1933 geschaßt worden waren, wurde er von den alten Herren schlicht ausgebuht. Das paßte auch 1985 noch nicht in den Rückblick auf den Übergang der Hochschule des Dritten Reiches zur Hochschule des deutschen Nachkriegs.

Die Restaurierung der Geschichtswissenschaft – allerdings ohne jüdische Geschichte

Liest man Hochschultexte aus den ersten Monaten und Jahren, Vorlesungen, Monographien über die Entwicklung des universitären Wissenschaftsbetriebes, bleibt ein mehr als unbefriedigendes Gefühl zurück. Die geschichtsbewußte Klarheit und Zielgerichtetheit, das demokratische Engagement und der Willen zur Änderung als Ergebnis einer Einsicht in die Mängel der bisherigen Hochschulentwicklung, wie sie aus allen OMGUS-Materialien zur praktischen Schlußfolgerung drängen, fehlen in den meisten deutschen Veröffentlichungen. Offensichtlich ist hingegen, wie Hans Rosenberg 1958 bemerkte, »eine spezifische Rückkehr zu den Haltungen, Werten, Loyalitäten und Gewohnheiten von vor 1930«.[88] Es dauerte, bis Zeitgeschichte als mit der jüngsten deutschen Geschichte befaßter Forschungsbereich etabliert wurde. Es dauerte noch länger, bis sich – meist jüngere – Wissenschaftler fachimmanent mit der Geschichte der jeweiligen Fakultät sowie der einzelnen Disziplinen befaßten. Dies erfolgte umfassend erst seit den 60er Jahren. Blickt man auf die ersten Jahre der Nachkriegs-Universität, so sind jüdische Geschichte, die Judenverfolgung und die Anpassung einzelner Disziplinen an den Nationalsozialismus und dessen Wissenschaftspolitik kein Thema der Forschung oder gar der Lehre. Die deutschen Historiker, als vom Fach her eigentlich dazu berufene Wissenschaftler, waren von jeher »weder in der Lage noch willens, Bereiche der deutsch-jüdischen Geschichte, des Antisemitismus und der Judenverfolgung in den Kanon der erforschungswürdigen Themen aufzunehmen. Angesichts der eigenen, vielbeklagten ›deutschen Katastrophe‹ fiel es ihnen nicht schwer, die Erforschung der jüdischen Komplexe den unmittelbar Betroffenen, den Juden selbst, zu überlassen. Hinter dem Schutzschild einer nur als mittelbar empfundenen Betroffenheit glaubten sie der Pflicht und Verantwortung enthoben zu sein, selbst Rechen-

[87] Leggewie, op.cit., 41.
[88] Hans Rosenberg, Bureaucracy, Aristocracy and Autocracy. The Prussian Experience 1660-1815, Cambridge 1958, 236.

schaft über eine Gesellschaft zu geben, die die ›Judenfrage‹ gestellt – und in Auschwitz gelöst hatte. Es entsprach ebenso dem politisch nationalen wie dem pädagogischen Legitimationsbedürfnis, einen ganz anderen Themenbereich in den Mittelpunkt der sich herausbildenden Zeitgeschichtsforschung zu stellen: die Würdigung des bürgerlich-konservativen Widerstandes gegen den Nationalsozialismus.«[89] Das wurde auch dadurch erleichtert, daß Hans Rothfels, jüdischer Remigrant und ehemaliger konservativer Königsberger Ordinarius, die in diesem Zusammenhang maßgebende Studie 1948 veröffentlichte.[90] Rothfels kehrte 1950 nach Deutschland zurück und wurde »zur Legitimationsfigur der westdeutschen Zeitgeschichtsforschung«.[91] Hinzu kam, daß vorwiegend konservative Historiker wie Friedrich Meinecke, Gerhard Ritter, Hans Herzfeld und eben Hans Rothfels den Ton in der Geschichtswissenschaft angaben.[92] Wichtige Veröffentlichungen in der ersten Nachkriegszeit bagatellisierten oder übergingen »zu dem Problem der deutschen Wurzeln des Nationalsozialismus die Bedeutung des Antisemitismus innerhalb dieser deutschen Vergangenheit«.[93] Es ist folglich nicht übertrieben, im Bereich der Geschichtswissenschaft bis Ende der 50er Jahre von einem »fast völligen Schweigen bezüglich der jüdischen Thematik« zu sprechen.[94] Hans Herzfeld trug 1967 zu diesem Faktum noch eine in ihrer gewollten Naivität nicht zu überbietende Erklärung bei: » ... the state of the German archives and the inadequacy of the source materials then available, presented almost insurmountable difficulties to the pursuit of any large-scale historical investigation into these most burning problems.«[95] Die wirkliche Problematik liegt wohl eher in dem von Gerhard Ritter auf dem Historikertag 1949 formulierten Verlangen, »Versuchen nachträglicher Selbstanklage oder Selbstrechtfertigung« zu widerstehen.[96]

---

[89] Konrad Kwiet / Helmut Eschwege, Selbstbehauptung und Widerstand. Deutsche Juden im Kampf um Existenz und Menschenwürde 1933-1945, Hamburg 1984, 11.

[90] Vgl. Hans Rothfels, Deutsche Opposition gegen Hitler. Eine Würdigung, Frankfurt/M. 1958, Neuausgabe.

[91] Konrad Kwiet, »Die NS-Zeit in der westdeutschen Forschung 1945-1961«, in: Ernst Schulin (Hg.), Deutsche Geschichtswissenschaft nach dem Zweiten Weltkrieg (1945-1965), München 1989, 183.

[92] Vgl. Hans Mommsen, »Haupttendenzen nach 1945 und in der Ära des Kalten Krieges«, in: Bernd Faulenbach (Hg.), Geschichtswissenschaft in Deutschland. Traditionelle Positionen und gegenwärtige Aufgaben, München 1974, 113; Jürgen Kocka, Sozialgeschichte. Begriff – Entwicklung – Probleme, Göttingen 1977, 116f.; Winfried Schulze, Deutsche Geschichtswissenschaft nach 1945, München 1989, 110f.; Ernst Schulin, op.cit.

[93] Saul Friedländer, »Vom Antisemitismus zur Judenvernichtung: Eine historiographische Studie zur nationalsozialistischen Judenpolitik und Versuch einer Interpretation«, in: Eberhard Jäckel / Jürgen Rohwer (Hg.), Der Mord an den Juden im Zweiten Weltkrieg, Stuttgart 1985, 49f.

[94] Kulka, Die deutsche Geschichtsschreibung ..., op.cit., 609.

[95] Hans Herzfeld, »Germany: After the Catastrophe«, in: The Journal of Contemporary History 1/2, 1967, 81.

[96] Zit. n. Kwiet in Schulin, op.cit., 195.

Institutionell wurde das zusätzlich dadurch erleichtert, daß bis 1945 die Erforschung des Judentums in NS-eigenen Forschungsinstituten konzentriert war, in Walter Franks »Reichsinstitut für die Geschichte des neuen Deutschland«, in Alfred Rosenbergs »Institut zur Erforschung der Judenfrage« und weiteren Einrichtungen.[97] Diese Institutionen verschwanden 1945 von der Bildfläche, deren Mitarbeiter wanderten in andere berufliche Schwerpunkte ab. Die Geschichtswissenschaft fühlte sich davon nicht berührt. Jahrzehnte später kann das dann allerdings auch beschönigend folgendermaßen charakterisiert werden: »Wie sich das Fach nach 1933 von nationalsozialistischen Personaloctrois relativ freihalten konnte, so blieb es nach 1945 auch von tiefgreifenden Entnazifizierungskampagnen mit personellen Konsequenzen verschont ...«[98] Wie in anderen Disziplinen wurden auch 24 von der Entlassung betroffene Hochschullehrer, sofern andere Gründe wie Alter nicht dagegen sprachen, im Hinblick auf eine »Wiederverwendung« berücksichtigt.[99] Judenverfolgung, der organisierte Massenmord des Dritten Reiches wurden bis auf wenige Buchpublikationen aus der Geschichtswissenschaft an den Universitäten ausgelagert – und auch dies nur gegen große Widerstände aus den Fakultäten – in das sich Anfang der 50er Jahre allmählich konstituierende außeruniversitäre Münchener Institut für Zeitge-schichte.[100]

Insgesamt konnte die Geschichtswissenschaft zum »Schweigen zu allen mit dem Judentum zusammenhängenden Fragen« von vor 1933 zurückkehren.[101] Aber dies bedeutete nicht ein Absehen von bestimmten tradierten antijüdischen Vorurteilen und pseudo-wissenschaftlichen Denkschablonen. Das eklatanteste Beispiel ist Friedrich Meineckes vielgelesene Schrift »Die deutsche Katastrophe« (Wiesbaden 1946), die allein bis 1949 vier Auflagen zu verzeichnen hatte. Bei der Beschreibung von Kaiserreich und Weimarer Republik heißt es bei Meinecke:

> »Die Juden, die dazu neigen, eine ihnen einmal lächelnde Gunst der Konjunktur unbedacht zu genießen, hatten mancherlei Anstoß erregt seit ihrer vollen Emanzipation. Sie haben viel beigetragen zu jener allmählichen Entwertung und Diskreditierung der liberalen Gedankenwelt, die seit dem Ausgange des

---

97 Vgl. Max Weinreich, Hitler's Professors. The Part of Scholarship in Germany's Crimes against the Jewish People, New York 1946; Helmut Heiber, Walter Frank und sein Reichsinstitut für Geschichte des neuen Deutschland, Stuttgart 1966.

98 Schulze, Deutsche Geschichtswissenschaft, op.cit., 123f.

99 Vgl. ibid., 126f.

100 Vgl. Hellmuth Auerbach, »Die Gründung des Instituts für Zeitgeschichte«, in: Vierteljahrshefte für Zeitgeschichte 18, 1970, 529f.

101 Vgl. Hans-Joachim Bieber, »Zur bürgerlichen Geschichtsschreibung und Publizistik über Antisemitismus, Zionismus und den Staat Israel«, in: Das Argument 75, Sonderband: Kritik der bürgerlichen Geschichtswissenschaft II, 1972, 236.

19. Jahrhunderts eingetreten ist ... Zu denen, die den Becher der ihnen zugefallenen Macht gar zu rasch und gierig an den Mund führten, gehörten auch viele Juden. Nun erschienen sie allen antisemitisch Gesinnten als die Nutznießer der deutschen Niederlage und Revolution.«[102]

Die wissenschaftliche Auseinandersetzung mit Antisemitismus und Judenverfolgung wird vor dem Hintergrund der von alliierter Seite laufenden Aufklärung über die deutschen Verbrechen am jüdischen Volk hier durch überkommene antijüdische Anspielungen ersetzt. Das Volk sollte aus der Geschichte lernen – nur die Historiker hatten nichts gelernt. Dieses Ausbleiben einer der Aufklärung verpflichteten Beschäftigung mit der Geschichte des Verhältnisses von Deutschen und Juden, das heißt eine rationale Durchdringung des von den Nazis aus der Academia Gestrichenen, Arisierten innerhalb der jeweiligen Wissenschaft, gehört zu den großen Versäumnissen nach 1945. Dadurch gab es auch keine entsprechenden Vorlesungsreihen, keine entsprechenden Veröffentlichungen, Magister- oder Doktorarbeiten. Die Folgen für die Darstellung der deutschen Geschichte in den Schulbüchern blieb nicht aus. Noch die siebente Auflage eines verbindlichen Werkes für den Geschichtsunterricht der Mittelklassen von 1956 enthält auf 35 Seiten über das Dritte Reich ganze 24 Zeilen zur Judenverfolgung, deren Hauptteil – gemäß einem zentralen Stereotyp – das Leid der Deutschen im »Bombenkrieg« vorgeschaltet ist. Der Text wimmelt von Konjunktiven und Mutmaßungen über das Schicksal der Juden, müht sich aber, auf jeden Fall klarzumachen, daß wohl kaum viele Deutsche von den Vernichtungslagern gewußt und Zahllose Mitleid mit den Opfern gehabt hätten.[103] Dieser Mangel an Rationalität, an wissenschaftlicher Objektivität und prinzipieller Abrechnung mit dem status quo ante war zweifellos eine der geistigen Voraussetzungen, daß sowohl antisemitische Relikte weiterwuchern als auch ein wohlmeinender, aber irrationaler Philosemitismus im geistigen Leben Fuß fassen konnten. Die pathetischen Reden vom jüdischen Beitrag bei Festakten konnten darüber hinweghelfen, diesen Beitrag oder die Ursachen seines Fehlens nicht zum Gegenstand wissenschaftlicher Arbeit gemacht zu haben. Entsprechend skeptisch waren die Besatzungsorgane in bezug auf Geschichtsunterricht an den Schulen. Er wurde zum Teil, so in der französischen Zone, sogar verboten. Erst 1948/49 erfolgte die

---

102 Friedrich Meinecke, Die deutsche Katastrophe. Betrachtungen und Erinnerungen, Wiesbaden 1949[4]; vgl. Wolfgang Wippermann, »Friedrich Meineckes Die deutsche Katastrophe. Ein Versuch zur deutschen Vergangenheitsbewältigung«, in: Michael Erbe (Hg.), Friedrich Meinecke heute. Bericht über ein Gedenk-Colloquium zu seinem 25. Todestag am 5./6.4.1979, Berlin 1981, 101f.

103 Geschichte der neuesten Zeit von der Mitte des 19. Jahrhunderts bis zur Gegenwart, Kletts Geschichtliches Unterrichtswerk für die Mittelklassen, Bd. 4.A, Stuttgart 1956[7]; vgl. Saul B. Robinsohn / Chaim Schatzker, Jüdische Geschichte in deutschen Lehrbüchern, Braunschweig 1963; Walter F. Renn, »Federal Republic of Germany: Germans, Jews and Genocide,« in: Randolph L. Braham (Hg.), The Treatment of the Holocaust in Textbooks. The Federal Republic of Germany, Israel, The United States of America, New York 1987, 3f.

allmähliche Einführung des Geschichtsunterrichts auf der Grundlage überarbeiteter Lehrmaterialien.[104] Ende 1947 wird eiligst eine Spezialistin für Geschichtsbücher aus Washington dem Education and Religious Affairs Branch von OMGUS in Berlin beigestellt. In einem Bericht vom Februar 1948 nennt sie den Hauptmangel der deutschen Kommission zur Erarbeitung von Schulbüchern: »das Fehlen von Material, das die Prinzipien und die Praxis der Demokratrie präsentiert«.[105] Im Juli 1948 berichtet sie über die Autoren und die erarbeiteten Textbücher: »All these authors seem to be sincerely anti-Nazi. They, however, retain, perhaps unconsciously, much of the old extreme nationalism, and the material they write needs to be edited with meticulous care. In my opinion, no final editing should be left in the hands of Germans without an American having read the material thoroughly.«[106] Die Endredaktion von so vielem – und nicht nur in der Wissenschaft – war jedoch längst den Deutschen übergeben worden. Am 1. Juli hatten die westlichen Militärgouverneure den elf westdeutschen Ministerpräsidenten die Frankfurter Dokumente ausgehändigt, auf deren Grundlage die Verfassung und die Gründung der Bundesrepublik vorbereitet wurde. Vieles, was die Diskussionen über den Nationalsozialismus in der Bundesrepublik seit der Wiedergutmachungsdebatte 1952, der antisemitischen Welle 1959/60, den Debatten zu Hannah Arendts Buch über Eichmann, den Faschismus-Diskussionen der 60er Jahre, seit der Hitler-Welle der 70er bis hin zum »Historikerstreit« Mitte der 80er prägt, ihre geistige Melodie sowie ihren vergangenheitsbestimmten Ton ausmacht, ist durch folgende Tatsache bestimmt: an den Universitäten in der ersten Nachkriegsperiode wurde – von wenigen Ausnahmen abgesehen – das »1000jährige Reich« »wie ein Nichtereignis« behandelt oder besser beschwiegen: »Die Entschuldigung: dazu fehle noch die wissenschaftliche Distanz.«[107] Wo gar eindeutige politische Bekenntnisse gefordert waren, erfolgten diese pauschal und formal zur neuen Ordnung, zu westlichen Werten, den Verbündeten oder einfach zu den amerikanischen Freunden. Die Ebene der moralischen Verantwortlichkeit, des individuellen und kollektiven Bekenntnisses blieb arbeitsteilig der dafür infrage kommenden gesellschaftlichen Institution, »den dafür ›zuständigen‹ Instanzen, den Kirchen nämlich überlassen«.[108] Das muß betont werden; denn ist nicht die Universität, die Wissenschaft mit humanistischem Bildungs- und Erziehungsauftrag der eigentliche Ort, sich der eigenen Geschichte und der der anderen, wer immer sie sein mögen, zu vergewissern? Es ist mithin für

---

[104] Vgl. Erich Kosthorst, »Von der ›Umerziehung‹ über den Geschichtsverzicht zur ›Tendenzwende‹. Selbstverständnis und öffentliche Einschätzung des Geschichtsunterrichts in der Nachkriegszeit«, in: Oswald Hauser (Hg.), Geschichte und Geschichtsbewußtsein. 19 Vorträge für die Ranke-Gesellschaft Vereinigung für Geschichte im öffentlichen Leben, Göttingen, Zürich 1981, 126f.

[105] OMGUS, Reports of Mary G. Kelly, February 1948, NA.Rg.260, 5/299-2/28.

[106] Ibid., July 8, 1948.

[107] Strübel, op.cit., 175.

[108] Ibid.

diese ersten Jahre nach 1945 nicht die später betriebene und zu kritisierende unbeholfene Art und Weise der »Vergangenheitsbewältigung«, die Fragen aufwirft, sondern der historische und historiographische Blackout. Mittelalter II hatte Konjunktur, und die jüngste deutsche Barbarei fiel unter akademische Amnesie.
Zu Beginn der Wiedereröffnungen der Universitäten, im Oktober 1945, schrieb der aus der Emigration zurückkehrende Stephan Hermlin in einem Artikel: »Der deutsche Organismus wird ohne das Gegengift des Entsetzens nicht mehr gesund werden. Heute bemühen sich Millionen von ›unschuldigen‹ Deutschen darum – Deutsche, die nicht mordeten und quälten, aber die Mörder und Folterer duldeten – ihr Leben zu normalisieren, die ›peinliche‹ Episode von 12 Jahren zu vergessen und die ›Anderen‹, die Besieger des deutschen Faschismus, zu kritisieren für jene Akte, die gerade den Beginn der Tilgung unserer Schuld bedeuten. In einem Artikel von Pierre Emmanuel las ich dieser Tage die folgenden so wahren Worte: ›Zu schnell ist man von der Ebene der Fakten zu der der Ideen übergegangen, vom Lager Mauthausen zur Universität Tübingen. ... In einigen Monaten wird das gute Gewissen der Deutschen wieder vollständig hergestellt sein.‹«[109]
Dieses gute Gewissen bedurfte nach allen Erschütterungen und Verschüttungen jedoch eines besonderen Katalysators, einer festen moralischen Säule angesichts so vieler moralisch beladener Unwägbarkeiten. Wie ordnet sich nun das Denken über Juden in diese Grundhaltung ein? Betrachten wir Jaspers' trotz aller Widersprüche bahnbrechende Rede über die Erneuerung der Universität. »Wir sind nicht«, so Jaspers, »als unsere jüdischen Freunde abgeführt wurden, auf die Straße gegangen, haben nicht geschrien, bis man auch uns vernichtete. Wir haben es vorgezogen, am Leben zu bleiben mit dem schwachen, wenn auch richtigen Grund, unser Tod hätte doch nichts helfen können. Daß wir leben, ist unsere Schuld.« Und wenige Zeilen später: »Wir müssen Abstand nehmen von einer Vergangenheit um uns und in uns. Aber wir suchen nicht Vergeltung, wenn jetzt das Notwendige geschieht und unser Einverständnis fordert. Die Kette des Bösen muß einmal abreißen.« Und dieser Abstand sollte aus »der Tiefe unserer eigentlichen Vergangenheit« gewonnen werden, wobei Jaspers außer Goethe, Lessing, Adel durch Sittlichkeit auch noch die deutsche Sprache, Wälder, Berge, Ströme und »unser Meer« als Verkörperungen des Vaterlandes sieht. Zugleich vermutet er den »Keim des Bösen« ebenfalls in vorhergehenden Überlieferungen und sucht eine Analogie zur Erklärung der Judenverfolgung: »Wir haben etwas erlebt, was dem Hexenwahn des späten Mittelalters entspricht: den Rassenwahn, samt allen Irrungen auf Grund einer sogenannten biologischen Weltanschauung.« Rassenhygiene und Euthanasie charakterisiert Jaspers als »der Denkungs-

---

109 Stephan Hermlin, »Aus dem Lande der großen Schuld«, in: Klaus Wagenbach u.a. (Hg.), Vaterland, Muttersprache. Deutsche Schriftsteller und ihr Staat seit 1945, Berlin 1979, 22f.

art einer gottlosen positivistischen Welt« entsprechend.[110] Erst im Briefwechsel mit Hannah Arendt wird deutlicher, daß Schuldbekenntnisse und Einkehr zu Gott allein wohl kaum das neu und anders zu bestimmende Verhältnis von Deutschen und Juden ausmachen können. In seiner bis heute ständig zitierten und wiederveröffentlichten Vorlesung über die Schuldfrage von 1945/46[111] zumindest fehlt eine grundsätzliche philosophische Klärung für den Umgang mit diesem Problem. Ja, daß Hannah Arendt sich nicht mehr als Deutsche definieren mag, irritiert ihn.

Zweifelsohne gehörte Jaspers zu den Wissenschaftlern, die um ein Neubeginnen, um eine Erneuerung rangen. Und doch blieb er, wie viele andere, in überkommenen Denkformen verhaftet, die weder eine grundlegende wissenschaftsimmanente noch eine institutionelle wissenschaftspolitische Neuorientierung zuließen. Denn eine solche grundlegende Neuorientierung hätte nicht allein auf das Ende der NS-Universität, sondern zugleich auch auf die Krise der universitären Bildung der späten 20er und frühen 30er Jahre eine Antwort geben müssen. Und daß die Rückbesinnung auf das Denken über Juden, wie es Ende der 20er Jahre in akademischen Kreisen üblich war, eine höchst fragwürdige Angelegenheit ist, muß hier nicht ausdrücklich betont werden. Abgesehen davon hatten die meisten Professoren natürlich anderes zu tun, als sich über Juden Gedanken zu machen. Die durch und durch konservative und elitäre Haltung so manchen Wissenschaftlers machte es auch leicht, sich mit der Besinnung auf »die« altehrwürdigen humanistischen Traditionen unausgesprochen von den Verbrechen jener »Clique Wahnsinniger« zu distanzieren. Davon ausgehend konnte man sich dann allerdings auch von den so überzogen wirkenden und der deutschen Wissenschaftstradition fremden Maßnahmen alliierter Umerziehung und Entnazifizierung distanzieren. Schließlich ging es ja wiederum um Eingriffe aus einem politischen Bereich außerhalb der Alma Mater. Es ist in diesem Zusammenhang, wie bereits betont, einigermaßen schwierig, für die Monate der Hochschuleröffnungen zahlreiche Reaktionen auf jüdische Kollegen unter Wissenschaftlern auszumachen. Dennoch wäre es zweifellos unzutreffend, überall nur vorhandene antisemitische Einstellungen und Verhaltensweisen aufspüren zu wollen. Das Problem kann am besten mit dem überall vorhandenen Bestreben umschrieben werden, den status quo ante wiederherzustellen. Wenn möglich, besann man sich im einen oder anderen Fachbereich auf berufsverbotene und jüdische Kollegen aus der Zeit vor 1933. Dies um so eher, wenn jemand überlebt hatte, zurückkehrte oder gar vernehmlich an die akademische Pforte klopfte. Die Tübinger Universität z.B. betrieb im Juni 1945 die Wiedereinsetzung von zwei Professoren auf deren Bitten hin. Diese waren, »weil sie mit Jüdinnen verheiratet sind, unter der

---

[110] Jaspers, Erneuerung ..., op.cit., 96f.

[111] Vgl. z.B. Karl Jaspers, Die Schuldfrage. Für Völkermord gibt es keine Verjährung, München 1979.

nationalsozialistischen Regierung in den Ruhestand versetzt« worden. Allerdings wurde zuvörderst über »ihre wissenschaftliche Tätigkeit während ihres Ruhestandes« berichtet.[112] Schließlich hatte man ja akademische Maßstäbe zu wahren.

Honoris causa ... oder der fehlende Rückruf jüdischer Wissenschaftler

Im Winter 1945/46 konnte an der Universität Bonn der Geographie-Professor A. Philippson, der als 82jähriger aus dem Konzentrationslager Theresienstadt zurückgekehrt war, seine Tätigkeit wieder aufnehmen. Im Februar 1946 verlieh ihm die Universität in Anerkennung seiner besonderen Verdienste um die Wissenschaft den Ehrentitel »Dr. hon. causa«. Der Direktor des Geographischen Instituts, Prof. C. Troll, würdigte anläßlich der Ernennung den so Geehrten in einer Rede, in der es u.a. hieß: »... hatte er sich im Wintersemester 1945/46 wieder am Vorlesungsbetrieb beteiligt. Sein Vortrag im geograpischen Kolloqium war uns Veranlassung, in dankbarer Bewegung die Fügung des Schicksals zu empfinden, daß er die fürchterlichen Jahre der Not, der Gefahr und des Krieges überstanden hat und als der nunmehrige Altmeister der deutschen Geographie schaffend unter uns weilt.«[113] Abgesehen von der, aus den NS-Jahren sattsam bekannten, Sprachform »Fügung des Schicksals« vermeidet der Redner jeden Bezug auf die Tatsache, daß Philippson als Jude verfolgt wurde. Die Rede stellt sein Wirken bis 1933 dar und geht im nächsten Satz über auf dessen Vorlesung im Wintersemester 1945/46. Mit Pathos und beredtem Schweigen half man sich über die moralische und politische Frage nach der Zeit von 1933 bis 1945 hinweg. Die Lösung war einfach, der jüdische Professor wurde, da er nun wieder »unter uns weilt«, Dr. honoris causa.

Dieses Bonner Beispiel trifft jedoch nur auf wenige Wissenschaftler zu, die von sich aus zurückkehrten. Demgegenüber unterblieb von Seiten der Universitäten ein kollektiver Rückruf der berufsverbotenen, zwangsemigrierten und jüdischen Kollegen. Dies nicht vorbehaltlos getan zu haben, bleibt ein Armutszeugnis der sich neu formierenden deutschen Universität. Einzelne Fakultäten und Universitäten – so die Münchener Universiät Ende 1946 – kamen nach und nach auf die Idee, Emigranten zur Rückkehr aufzufordern.[114] Ohne großen Erfolg allerdings. Auch in den folgenden Jahren folgten emigrierte Historiker im Unterschied zu Philosophen, Politologen und Soziologen dieser Aufforderung nicht im gleichen Umfang. Wenige waren später bereit, Gastprofessuren oder andere zeitlich be-

---

[112] Sitzung des Großen Senats der Universität Tübingen, 23.6.1945, in: Wiedergeburt des Geistes ..., op.cit., 107.

[113] Jüdisches Gemeindeblatt ..., 15.4.1946; 10.7.1946.

[114] Vgl. OMGB, Trend, op.cit., No. 30, 17.1.1946.

grenzte Formen der Lehrtätigkeit aufzunehmen. In der publizistischen Öffentlichkeit und auch von seiten der Militärregierungen wurden die Universitäten immer wieder aufgefordert, alles für die Rückkehr der emigrierten Wissenschaftler zu tun.[115] Aus den Schriftwechseln spricht allzu oft das »Erstaunen«, daß zahlreiche Emigranten einfach nicht zurückkehren wollten. Daß dies mit der geistigen Situation an den Hochschulen, mit der in der amerikanischen Presse kolportierten Kritik an Emigranten und Remigranten zu tun hatte und mit den wenig optimistischen Berichten über antisemitische Alltäglichkeiten, blieb unerwähnt. Zumeist sind es die individuellen Bindungen, die die emigrierten Wissenschaftler in ihrer neuen Heimat eingegangen waren, die als Gründe genannt werden. Andererseits gab es bei denjenigen, die zurückkehren wollten, auch eine Mischung aus Wunschdenken und Zweckoptimismus. Als Hans Rothfels Fritz Epstein nach dessen Berlin-Aufenthalt im Oktober 1950 fragt, ob man überhaupt zurückgehen solle, antwortet dieser, daß die Studenten wohl nicht vergessen würden, »was die Judenverfolgung dem deutschen Namen angetan hat«.[116] Nach Winfried Schulze kehrten in den ersten zwei Jahrzehnten der Bundesrepublik 21 von 134 emigrierten Historikern zurück.[117] Doch das betraf, abgesehen von einzelnen Ausnahmen, nicht die ersten Nachkriegsjahre.
Anders sah es in der späteren DDR aus, wohin Jürgen Kuczynski, Karl Obermann, Leo Stern, Walter Markov u.a. zurückkehrten.[118] Daß in der Frage der möglichen Rückkehr jüdischer Emigranten noch eine weitere moralische und psychologische Tiefenschicht Antwort heischte, machte Hannah Arendt am 29.1.1946 in einem Brief an Karl Jaspers deutlich. Dieser hatte sie eingeladen, an der neuentstandenen Zeitschrift »Wandlung« mitzuwirken. Hannah Arendt schreibt: »Sie werden mich nicht mißverstehen, wenn ich Ihnen sage, daß es für mich nicht ganz leicht ist, an einer deutschen Zeitschrift mitzuarbeiten. Sehen Sie, ich bin sicher unglücklich genug über die verzweifelte Entschlossenheit der Juden, Europa zu verlassen (Sie kennen ja vermutlich die Stimmung in all den Flüchtlingslagern innerhalb und außerhalb Deutschlands; und die ist entscheidend für die Frage) ... Eines aber erscheint auch mir klar: wenn Juden in Europa bleiben sollen können, dann nicht als Deutsche oder Franzosen etc., als ob nichts geschehen sei. Mir scheint, keiner von uns kann zurückkommen (und Schreiben ist doch eine Form des Zurückkommens), nur weil man nun wieder bereit scheint, Juden als Deutsche oder sonst was anzuerkennen; sondern nur, wenn wir als Juden willkommen sind.«[119]

---

115 Vgl. Schulze, Deutsche Geschichtswissenschaft, op.cit., 130f.
116 Zit. n. ibid. 142.
117 Ibid., 135.
118 Vgl. Georg G. Iggers, »Die deutschen Historiker in der Emigration«, in: Faulenbach, Geschichtswissenschaft ..., op.cit., 108.
119 Arendt / Jaspers, Briefwechsel ..., op.cit., 67f.

Bei allen Diskussionen zu diesem Problem liegt hier des »Pudels Kern«: Die Haltung der Nachkriegsdeutschen einschließlich ihrer akademischen Vertreter zu den emigrierten und im Reich überlebenden Juden als Juden. Die Tatsache, daß einzelne jüdische Wissenschaftler so wie ihre deutschen Kollegen zum status quo ante zurückkehren wollten, widerlegt nicht die gesellschaftliche Herausforderung, daß die Mehrheit der Juden eben dies auf keinen Fall wollte. Es gab nach jüdischem Selbstverständnis nur noch wenige deutsche Juden, und die Frage nach einer Zukunft für Juden in Deutschland hatte die deutsche Seite in diesen Jahren noch nicht beantwortet.
In einem Band zum 150. Jubiläum der Bonner Universität wird 1970 beschrieben, wie »die Stadt Bonn im Juli 1945 einen ihrer geretteten Omnibusse nach Theresienstadt schicken konnte, der Philippson und seine Angehörigen am 10. Juli 1945 abends nach Bonn brachte«.[120] Der Autor dieses biographischen Beitrages, der Philippson 1946 gewürdigt hatte, fährt dann fort:

> »Philippson, nach dreijähriger Drangsal in seine allerdings schwer zerstörte Geburtsstadt und auf die Trümmer seiner Heimatuniversität zurückgekehrt, überwand die Bitterkeit und das erlittene Unrecht sowie das grauenvolle Schicksal des europäischen Judentums zum Erstaunen seiner Freunde und Bekannten relativ schnell. Er war ein nationaler Deutscher geblieben, der auch aus seiner Hochachtung vor dem preußischen Staat und seinem Beamtentum kein Hehl machte, auch nicht vor Vertretern der Besatzungsmacht.«[121]

Es war genau die Haltung, die aus dieser Würdigung spricht, die Hannah Arendt befürchtete. Sie kam auf dieses Problem in einem Brief am 17. August 1946 an Jaspers zurück, in dem sie auf dessen »Schuldbroschüre« reagierte und von der Notwendigkeit »einer positiven politischen Willenserklärung an die Adresse der Opfer« sprach.[122] Sie spürte das Ausbleiben einer politischen Entwicklung, die bereits zum Zeitpunkt der Befreiung des Konzentrationslagers Buchenwald im »Buchenwalder Manifest« als unabdingbar bezeichnet worden war: »Uns kann niemand umerziehen, wenn wir es nicht in Freiheit selbst tun. Neue Universitäten, aus den wertvollsten Kräften der Emigration und der inländischen sozialistischen Intelligenz gebildet, sollen uns neue Lehrer schaffen.«[123]

---

[120] Carl Troll, »Alfred Philippson. 1864-1953«, in: 150 Jahre Rheinische Friedrich-Wilhelms-Universität zu Bonn, 1818-1968. Bonner Gelehrte. Beiträge zur Geschichte der Wissenschaften in Bonn, Bonn 1970, 213; vgl. Herbert Lehmann, »Alfred Philippson zum Gedächtnis«, in: Geographische Zeitschrift 52, 1964, 1f. Für Hinweise auf Literatur zu Alfred Philippson sei hier M. Jahn, Bonn, gedankt.

[121] Ibid.

[122] Arendt / Jaspers, Briefwechsel ..., op.cit., 89.

[123] Zit. n. Ruhl, Neubeginn ..., op.cit., 177.

Emigranten, Remigranten und nicht wenige Juden sind bis heute nicht frei von dem Problem dieser ausgebliebene Willenserklärung. Berichte und Analysen zur Wiedereröffnung der Universitäten zeigen, daß kaum Interesse an einer Wiedereingliederung der Exilierten bestand. Wo, wie in Göttingen, die Besatzungsmächte Wunschlisten vorlegten, weigerten sich die Universitätsinstitute, diese zu akzeptieren – »wegen angeblich fehlender Qualifikation«.[124] Diese Haltung von Professoren und universitärer Bürokratie deckte sich im Grunde mit der Haltung der Studenten, die in Göttingen zu fast einem Drittel aus ehemaligen Offizieren (die »Ledermäntel«) bestanden. Intellektuelle Rückkehrer hätten mit Ablehnung, wenn nicht mit Schlimmerem rechnen müssen. Der 1949 von Fritz Kortner unter amerikanischer Beteiligung produzierte Spielfilm »Der Ruf« gibt diesem Tatbestand mustergültigen filmästhetischen Ausdruck. Ein deutscher Professor, an dessen Stelle ein jüdischer Remigrant einen Lehrstuhl erhält, formuliert dies: »Ich warte auf den zweiten Exodus.«

Für viele jüngere Nachwuchswissenschaftler, die aus Deutschland hatten flüchten müssen, bedeutete dies 1945, daß ihr Exil nicht etwa zu Ende war – so sie überhaupt daran dachten, nach Deutschland zurückzukehren –, sondern endgültig. Der Sieg der »Entjudung« der Wissenschaft an so mancher deutschen Hochschule ist einer der vergessenen Grundsteine der Universitätsgeschichte unmittelbar nach 1945, ja des Instituts Bildung in dieser Periode überhaupt. Denn der Rückruf ehemaliger Schullehrer stand schon gar nicht zur Debatte. Die wissenschaftliche Nobilitierung des Antisemitismus (Jens) hatte Früchte getragen. Das akademische Denken über Juden schwankte zwischen honoris causa und Häme. Der Philosemitismus, der in manchen dargestellten Sachverhalten und Aussagen durchschimmert, entstand wohl kaum im universitären Raum geistiger Konzeptionsbildung. Er erblickte das Licht der nachkriegsdeutschen Welt nicht als wissenschafts- oder erkenntnisleitende abstrakte Norm, als ideologisches Gebilde, Produkt einer um Wahrheit ringenden Alma Mater. Wo Hochschulwissenschaftler dazu beitrugen, waren philosemitische Phänomene Begleiterscheinung ihrer Existenz als um eine neue moralische Identität ringende Bürger einer – wie auch immer erwarteten oder befürchteten – deutschen Nachkriegsordnung.

---

124 Leggewie, op.cit., 41.

5. Antisemitische und philosemitische Stereotype unter Arbeitern und Angestellten: »So richtig typische Juden, große, stabile Kerle ...«

»Ich weiß noch, als es hieß, die Franzosen überschreiten den Rhein, da sagte mein Großvater: ›Also ..., wir müssen jetzt dieses Parteiabzeichen abmachen, und wenn uns einer fragt, wir sind Sozialdemokraten, sind wir immer gewesen.‹ Worauf meine Mutter sich rumdrehte und zu ihm sagte: ›Also Vater, bei allem Respekt, aber das ist ja wohl eine Schweinerei.‹ ›Nein‹, sagte mein Großvater, ›das ist keine Schweinerei, wir kriegen jetzt andere Zeiten, und denen muß man sich anpassen.‹«[1]

Wie ein Teil der gebildeten Schichten den Übergang zum Nachkrieg vollzieht und welche untergeordnete Rolle dabei die Auseinandersetzung mit der Verfolgung der Juden, mit dem organisierten Massenmord und mit einer eigentlich notwendigen neuen Haltung gegenüber den Juden spielt, ist im vorhergehenden Kapitel behandelt worden. Wie sieht es in dieser Hinsicht nun unter dem größeren Teil der Bevölkerung aus, in jenen Schichten des deutschen Volkes, wo nicht um wissenschaftliche Erhellung, sondern primär um die materielle Bewältigung des Nachkriegsalltags gerungen werden mußte? »Andere Zeiten« hatten mit der Besatzung Deutschlands begonnen. Familiäres und berufliches Sich-Zurechtfinden, Entnazifizierung, ökonomischer Wiederaufbau, Marshall-Plan, Währungsreform begleiteten einen Alltag, in dem es unter Arbeitern, Angestellten, kleinen Geschäftsleuten und deren Familien vorrangig nicht um geistige Auseinandersetzungen mit der gerade durchlebten Gegenwart oder einer wie auch immer gearteten künftigen Gesellschaft ging, sondern zunächst um die Bewältigung von Hunger-, Kleidungs- und Wohnungsproblemen und dann um ein umfassenderes Sich-Einrichten, Weiterkommen unter den neuen Bedingungen.[2] Exemplarisch sollen hier Erinnerungen, Verhaltensweisen und Reaktionen von Einwohnern

---

[1] Zit. n. Lebensgeschichte und Sozialkultur im Ruhrgebiet (LUSIR) 1930-1960, Forschungsprojekt an der Universität Essen und der Fern-Universität in Hagen, Leitung Lutz Niethammer. Die Interviews werden zitiert als LUSIR. Vgl. zur Interpretation des hier zitierten Inter views Nori Möding, »›Ich muß irgendwo engagiert sein – fragen Sie mich bloß nicht, warum.‹ Überlegungen zu Sozialisationserfahrungen von Mädchen in NS-Organisationen«, in: Lutz Niethammer/Alexander von Plato (Hg.), »Wir kriegen jetzt andere Zeiten«. Auf der Suche nach der Erfahrung des Volkes in nachfaschistischen Ländern. Lebensgeschichte und Sozialkultur im Ruhrgebiet 1930-1960, Bd.3, Berlin, Bonn 1985 256-304.

[2] Vgl. Josef Mooser, Arbeiterleben in Deutschland 1900-1970, Frankfurt/M. 1984; Helga Grebing (Hg.), Lehrstücke in Solidarität. Briefe und Biographien deutscher Sozialisten 1945-1949, Stuttgart 1983; Rolf Steininger, Deutsche Geschichte 1945-1961. Darstellung und Dokumente in zwei Bänden, Bd.1, Frankfurt/M. 1983, 87f.

des Ruhrgebiets betrachtet und herausgearbeitet werden, wie sich ihre Erfahrungen und Einstellungen gegenüber Juden den neuen Zeiten »anpassen«.
Julius Posner, britischer Offizier in Nordrhein-Westfalen, schildert in seinem Bericht über die Situation 1945 und 1946 die Zerstörungen an Rhein und Ruhr. »Kommt man aber an den Fabrikgürtel, besonders im Osten des Rheins, außerhalb Mülheim, so findet man viele moderne Backsteinhallen unversehrt und tätig. In der Ruhr machte ich die gleiche Erfahrung: die Wohnungen der Arbeiter sind zerstört; die Vororte stehen im allgemeinen, und einige der Villen sind noch von ihren alten Bewohnern belegt; die meisten freilich dienen militärischen Zwecken, als Bureaus und Messen. Die Fabriken aber, die Zechen und Hochöfen arbeiten, bis auf gewisse Sonderfälle, wie Krupp in Essen, das imposanteste Denkmal vernichtender Explosivwirkung, das man diesseits von Hiroshima sehen kann. In Zahlen ausgedrückt: Man fand nach der Kapitulation, daß 20% des Industriepotentials zerstört war; das ist viel, aber von den Wohnungen sind 80% beschädigt, und zwei Drittel davon zerstört oder fast zerstört. Auch in Wuppertal haben die Fabriken am wenigsten gelitten, und einige der schönen Villenstraßen an den Hängen sind noch erfreulich zu sehen. Nie habe ich eine Zerstörung gesehen, die so den Namen tragen könnte: Krieg den Hütten, Friede den Palästen.«[3] In den Erzählungen und Berichten aus der Bevölkerung nehmen Bomberangriffe, Zerstörungen, Todesfälle, Wohnungswechsel, Sicherung des für den täglichen Bedarf Notwendigen denn auch verständlicherweise breiten Raum ein. »Die Zerstörung durfte man erwarten«, so Posner, »Anblick und Haltung der Leute dagegen waren unerwartet. Die Leute entsprachen der Zerstörung nicht. Sie sahen gut aus, rosig, munter, gepflegt und recht gut gekleidet. Ein ökonomisches System, das von Millionen fremder Hände und mit dem Raube des ganzen Erdteiles bis zum Ende aufrecht erhalten wurde, zeigte hier seine Ergebnisse.« Die britischen Soldaten erwarteten »Menschenfresser und fanden freundliche Greise und süße Mädels, besonders viele von diesen«. »Wir haben viel Kriecherei und feiges Ableugnen der vorigen Gesinnung erlebt, als wir erst mit den Deutschen ins Gespräch kamen;« schreibt Posner in seinem Bericht, »aber der Empfang der ersten Wochen hatte nichts von Kriecherei, es war sogar ein gutes Stück Selbstachtung dabei, und ich kann mir vorstellen, daß die Arztfrau, bei der wir logierten, ihre Töchter vorgenommen hat, ehe wir kamen und ihnen etwa gesagt hat: ›Kinder, wir haben verspielt, der Feind ist hier; aber Feind oder nicht: diese Herren sind unsere Gäste, daß Ihr's wißt.‹ (Oder, wie Goethe sagt:›bekriegt, besiegt, vertragt Euch mit der Einquartierung!‹) Und noch etwas anderes kam hinzu, das uns noch mehr überraschte: man spürte da eine Befreiung nach langem Druck, eine Hoffnung, die man nicht nur auf das Konto des schlechten Gewissens schreiben konnte ...«[4]

[3] Julius Posner, In Deutschland. 1945-1946, Jerusalem 1947, 4f.
[4] Ibid., 12,13,15.

Wieder besser werden sollte es, so hofften Arbeiter, Angestellte und Selbständige. Nach der Unruhe, dem Leid, den Unsicherheiten der Kriegszeit sollten wieder normale Zeiten kommen.[5] Normal, daß hieß berechenbar, mit zu erwartenden Ergebnissen der individuellen und familiären Aktivitäten, das hieß Ruhe und Einlösung von Erwartungen und Versprechen. Normal, das hieß Bestätigung des Bewährten und Hinter-sich-Lassen des tunlichst sozial nicht mehr zu Praktizierenden. Man bekam nicht nur andere Zeiten, man wollte nach der Niederlage, der Not der letzten Kriegsjahre und der ersten Nachkriegszeit, nach den unmittelbaren Erfahrungen mit dem Verhalten der Besatzer und deren Aufklärung auch andere, vor allem bessere, Zeiten bekommen. Die Lebenssituation stand hierbei im Zentrum; nicht Grundsatzfragen wie Diktatur oder Demokratie, Deutschland und die Welt beschäftigten den einzelnen, die Familien. Der Krieg war überwunden, jetzt galt es die individuellen Folgen zu bewältigen, aber das schien einige Zeit zu dauern. Das Kriegsende »war hier für viele kein Wendepunkt, die Periodisierung ... umfaßt ... die schlechten Kriegs- und Nachkriegsjahre insgesamt«, die erst mit der Währungsreform im Juni 1948 zu Ende waren.[6] Vorher und nachher gab es in diesem Sinne die »guten« Jahre und dementsprechend die *guten* und die *schlechten* Erinnerungen. Charakterisierte das umrißhaft die subjektive Wahrnehmung und die soziale Erfahrung, so wurden die Nachkriegsjahre andererseits »durch eine schier ameisenhafte Mobilität gekennzeichnet: die jetzt zu ›DP's‹ gewordenen Fremdarbeiter und Kriegsgefangenen zogen aus den Ruhrstädten nach Hause, die deutschen Kriegsgefangenen kehrten zurück. Dasselbe versuchten die Evakuierten, Ausgebombten und Kinderlandverschickten, wurden zunächst aber durch Zuzugssperren behindert. Neu hinzu kamen Vertriebene und Flüchtlinge aus dem Osten, besonders diejenigen, die von den Arbeitsmöglichkeiten im Bergbau angelockt worden waren. Der Arbeitskräftebedarf der Zechen, bei denen man in jedem Sinne des Wortes ›untertauchen‹ konnte, machte den Bergbau auch zu einer Zwischenstation politisch Belasteter der Besatzungszeit auf dem Weg zu einer neuen sozialen Identität.«[7]

[5] Vgl. Lutz Niethammer, Einleitung, in: ders. (Hg.), »Die Jahre weiß man nicht, wo man die heute hinsetzen soll.« Faschismuserfahrungen im Ruhrgebiet. Lebensgeschichte und Sozialkultur im Ruhrgebiet 1930-1960, Bd.1, Berlin, Bonn 1983, 7-29; ders., »›Normalisierung‹ im Westen. Erinnerungsspuren in die 50er Jahre«, in: Dan Diner (Hg.), Ist der Nationalsozialismus Geschichte? Zu Historisierung und Historikerstreit, Frankfurt/M. 1987, 153-184.

[6] Ulrich Herbert, »Zur Entwicklung der Ruhrarbeiterschaft 1930-1960 aus erfahrungsgeschichtlicher Perspektive«, in: Niethammer / von Plato, op.cit., 19-52; vgl. Christoph Kleßmann, »Elemente der ideologischen und sozialpolitischen Integration der westdeutschen Arbeiterbewegung«, in: Ludolf Herbst (Hg.), Westdeutschland 1945-1955. Unterwerfung, Kontrolle, Integration, München 1986, 107-116; Helga Grebing, »Politische und soziale Probleme der Arbeiterklasse am Ende des Zweiten Weltkrieges und in der unmittelbaren Nachkriegszeit«, in: Internationale Wissenschaftliche Korrespondenz 1, 1986, 1-20.

[7] Herbert, op.cit., 39; vgl. Werner Abelshauser, Wirtschaftsgeschichte der Bundesrepublik Deutschland 1945-1980, Frankfurt/M. 1983; sowie Peter Marschalck, Bevölkerungsgeschichte Deutschlands im 19. und 20. Jahrhundert, Frankfurt/M. 1984, 83f.

Die Arbeiter und Angestellten in dieser Nachkriegsszenerie waren nicht mehr identisch mit der Arbeiterklasse und den Mittelschichten Deutschlands nach dem Ersten Weltkrieg. Ihre Zusammensetzung, ihre Qualifikationen, ihre Erfahrungen und ihr kollektives Bewußtsein waren den sich über Jahrzehnte erstreckenden strukturellen, sozialen und politischen Veränderungen unterworfen gewesen.[8] Dennoch blieb in den großen industriellen Ballungsgebieten ein spezifisches »Arbeitermilieu ... in seinem Kern erhalten«.[9] Es sind vielschichtige Erfahrungen, die einen solchen Zusammenhang charakterisieren. Hierzu gehörte die Erinnerung an Auseinandersetzungen in der Weimarer Republik, an die »große Politik« wie an die individuelle, familiäre und materielle Situation. Hierzu gehörten die politischen, sozialen und wohngebietsbedingten Erfahrungen in der Aufstiegsphase des nationalsozialistischen Staates sowie der erst siegreiche, dann durch Bombennächte, Zerstörungen und Todesmeldungen geprägte Krieg. Und hierzu gehörte in den Jahren des Dritten Reiches auch jenes »Sich-Ducken und Verbindung-Halten, diese Verweigerung der opportunistischen Versuchung des Mitmachens und das Warten auf ein Ende, diese Witze und das Langsamarbeiten« als »ein gut Stück Arbeiterbewegungsidentität«.[10] In den letzten Kriegsjahren und im Übergang zur Nachkriegsordnung kommen zwei übergreifende Erfahrungen hinzu, die im Zusammenhang des hier behandelten Themas von Bedeutung sind: »Die brutalsten Formen des gesellschaftlichen Antagonismus erfuhren neben den KZ-Häftlingen die Zwangsrekrutierten der Kriegsproduktion: hauptsächlich die Fremdarbeiter, aber auch die Frauen. Demgegenüber machten viele deutsche Arbeiter im Krieg eine Aufstiegserfahrung in der Betriebshierarchie oder sie wurden als Soldaten militärischem Drill, faschistischer Propaganda und – vor allem im Rußlandfeldzug – der existentiellen Gegnerschaft gegen die Sowjetunion unterworfen ... Nach der Heimführung der Zwangsarbeiter und der Wiederausgliederung der meisten Frauen aus der Pro-

[8] Vgl. Friedrich Fürstenberg, Die Sozialstruktur der Bundesrepublik Deutschland. Ein soziologischer Überblick, Opladen 1979; Dieter Claessens / Arno Klönne / Armin Tschoepe, Sozialkunde der Bundesrepublik Deutschland. Grundlagen, Strukturen, Trends in Wirtschaft und Gesellschaft, Reinbek 1985[2]; Josef Mooser, »Abschied von der ›Proletarität‹. Sozialstruktur und Lage der Arbeiterschaft in der Bundesrepublik in historischer Perspektive«, in: Werner Conze / M. Rainer Lepsius (Hg.), Sozialgeschichte der Bundesrepublik Deutschland. Beiträge zum Kontinuitätsproblem, Stuttgart 1983, 143-186; Jürgen Kocka / Michael Prinz, »Vom ›neuen Mittelstand‹ zum angestellten Arbeitnehmer. Kontinuität und Wandel der deutschen Angestellten seit der Weimarer Republik«, ibid., 210-255; Institut für Marxistische Studien und Forschungen (Hg.), Klassen- und Sozialstruktur der BRD 1950-1970, Teil II, Frankfurt/M. 1974; Frank Deppe, Das Bewußtsein der Arbeiter. Studien zur politischen Soziologie des Arbeiterbewußtseins, Köln 1971; Wadim P. Jerusalimskij, Proletarische Psyche. Zum sozialökonomischen und politischen Bewußtsein der Arbeiterklasse in der Bundesrepublik, Frankfurt/M. 1984.

[9] Lutz Niethammer, »Rekonstruktion und Desintegration: Zum Verständnis der deutschen Arbeiterbewegung zwischen Krieg und Kaltem Krieg«, in: Heinrich August Winkler (Hg.), Politische Weichenstellungen im Nachkriegsdeutschland 1945-1953, Göttingen, 1979, 35.

[10] Ibid., 34.

duktion mußten die Plätze der un- und angelernten Arbeiter wieder von deutschen Männern eingenommen werden. Für die meisten Arbeiter war dies wie für die Vertriebenen und Flüchtlinge und eine gewisse Gruppe von Entnazifizierten eine Abstiegserfahrung, die sie als Auswuchs nationaler Strafe und der Niederlage gegenüber dem Kommunismus verstanden.«[11]

Das vorhergehende Kapitel über die sich konsolidierende akademische – und das heißt in einem relevanten Ausschnitt auch bürgerliche – Nachkriegswelt fußte vor allem auf Materialien des amerikanischen Military Government sowie zeitgenössischen und rückblickenden Darstellungen beteiligter Wissenschaftler. Die folgende Nachzeichnung basiert demgegenüber auf einem Ausschnitt aus »über 300 lebens- und alltagsgeschichtlichen Interviews mit Vertretern der Erwachsenengeneration der 50er Jahre aus dem Revier, also Frauen und Männer aus verschiedenen sozialen Gruppen, die damals zwischen 20 und 60 Jahre alt waren. Über die Hälfte kommt aus Arbeiterfamilien.«[12]

Auf ein weiteres Problem bei der Interpretation der gegebenen Antworten ist vorab hinzuweisen; denn »Erinnerungen sind keine objektiven Spiegelbilder vergangener Wirklichkeit oder Wahrnehmung. Das Erinnerungsinterview ist vielmehr davon mitbestimmt, daß das Gedächtnis Erinnerungen auswählt und zusammenfaßt, daß die Erinnerungselemente durch zwischenzeitlich erworbene Deutungsmuster oder kommunikationsgerechte Ausformung neu zusammengesetzt und sprachlich aufbereitet werden und daß sie durch Wandlungen in den sozial akzeptierten Werten und durch die soziokulturelle Interaktion im Interview selbst beeinflußt werden ... Zur Beglaubigung sind deshalb solche Zitate notwendig, die nicht nur aus Satzfetzen bestehen, sondern wortgetreue Sinnzusammenhänge bieten und die Rekonstruktion alltagsgeschichtlicher Sachverhalte anhand ihrer Sachlogik und ihrer regelmäßigen Erwähnung in mehreren Interviews erlauben ... Schließlich boten die Alltagserzählungen ein Material, mit dem die kontextuelle Wahrscheinlichkeit der Aussagen über Haltungen, Werte, Einstellungen ansatzweise überprüft werden konnte, Bereiche also, in denen das Gedächtnis sehr viel stärker dem selektiven Vergessen, der Ergänzung durch Wünsche oder spätere Erkenntnisse oder der werthaften Uminterpretation ausgesetzt ist.«[13] Für die ausgewählten Zitate trifft auf jeden Fall zu, daß es sich um Sachverhalte handelt, die in mehreren Interviews erwähnt werden. Zugleich muß betont werden, daß das Verhältnis zu Juden, bestimmte Erlebnisse, die mit der Verfolgung der Juden zusammenhängen, in der Regel eher beiläufig genannt werden. Kommen Angehörige der älteren Generation darauf zu sprechen, so haben sie in der Regel Erfahrungen persönlicher Kontakte. Anders sieht es in der jüngeren Generation aus, deren Vertreter aus ihrer Schulzeit im Dritten Reich

[11] Ibid., 35.
[12] Niethammer, in: Diner, op.cit., 156.
[13] Niethammer, Einleitung, op.cit., Bd.1, 19f. sowie ders. (Hg.), Lebenserfahrung und kollektives Gedächtnis. Die Praxis der ›Oral History‹, Frankfurt/M. 1985.

berichten. Hier ist der antisemitische Druck der NS-Innenpolitik spürbar, wird die Ausgrenzung der deutschen Juden durch die Art und Weise der erinnerten Wahrnehmung der Interviewten deutlich. Im Folgenden geht es folglich nicht um historische Entwicklungen im Ruhrgebiet des Nachkriegs, sondern exemplarisch um Inhalte, Formen und Ambivalenzen im historischen Bewußtsein und in aktuellen Einstellungen zu Fragen, die im weitesten Sinne Juden betrafen.

Lebensgeschichten, Identitäten und die Anderen: Wie die Juden einfach verschwanden

Liest man Erinnerungen und Erzählungen aus der Altersgruppe[14] derjenigen, die während des Dritten Reiches zur Schule gingen, ihre HJ- oder BDM-Erfahrungen machten, in die Lehre gingen, vielleicht sogar noch eingezogen wurden, so fallen im Gang der Gespräche vier sich wiederholende Zusammenhänge auf: Erstens die Wahrnehmung von jüdischen Mitschülern oder Nachbarkindern und auch Kontakte mit ihnen, die mit zunehmender HJ- und BDM-Aktivität sowie dem Abgang von der Schule in immer größerer Distanz erfolgen. Zweitens die Gruppierung von Erinnerungen an Juden um die Ereignisse der sogenannten Kristallnacht. Drittens die selbst im Nachhinein noch außerordentlich naiv kolportierte Erinnerung an das Verschwinden der Juden. Viertens die bis auf wenige Ausnahmen fehlende erinnerte Wahrnehmung des alltäglichen Terrors gegen die Juden vor der Reichspogromnacht und der reichsweiten Durchführung der »Arisierung«. Fünftens die marginale und distanzierte Erwähnung von Juden, die zurückkehren oder wieder als Juden wahrgenommen werden, was entweder mit ökonomischen anti-jüdischen Vorurteilen oder philosemitischen Sprachfloskeln verbunden ist. Die hierbei insgesamt zutage tretenden Haltungen umfassen letztlich das in den vorhergehenden Kapiteln dargestellte Spektrum Juden betreffender Positionen von kritisch-demokratischen über philosemitische bis hin zu mühsam verdeckten antisemitischen Meinungen – und das zum Teil in ein und derselben Person.

An ein Erlebnis aus der Schulzeit im Jahr 1936 erinnert sich die Tochter einer NS-Lehrerin, die später selbst Parteimitglied wird und 1943 durch ihren Verlobten von den Greueltaten der Deutschen im Warschauer Ghetto erfährt: Im Religionsunterricht hören die Schüler die Geschichte von Saulus und Paulus.

---

[14] Vgl. Sybille Hübner-Funk, »Jugend als Symbol des politischen Neubeginns: Strategien zur Bannung der rassistischen Vergangenheit«, in: Bergmann / Erb, op.cit., 218f.; Heinz Bude, Deutsche Karrieren. Lebenskonstruktionen sozialer Aufsteiger aus der Flakhelfer-Generation, Frankfurt/M. 1987; Gabriele Rosenthal (Hg.), Die Hitlerjugend-Generation. Biographische Thematisierung als Vergangenheitsbewältigung, Essen 1986; von der Mehden, Heilwig, Der Friede sah ganz anders aus. Junge Menschen 1947, Freiburg 1984.

»Da haben Engel irgend jemand befreit, ich weiß nicht mehr was. Ich meldete mich und sagte, ich könnte gar nicht verstehen, daß irgend jemand von Engeln befreit würde, die gäbe es doch heute auch nicht. Da stand eine auf, von der ich gar nicht wußte, daß sie Jüdin war, das wußte man nicht. Ich weiß noch den Namen, H. Der Vater war Rechtsanwalt. Die war sehr, sehr böse und sagte: ›Du glaubst dafür, was eben im Stürmer steht.‹ Und ich wußte bei Gott nicht, was der Stürmer war.«[15]

In der Klasse folgte ein Disput, und die jüdische Schülerin wurde von der Lehrerin aufgefordert, ihrer Mutter zu sagen, daß sie vom Religionsunterricht befreit würde.
Andere Interviewte berichten über jüdische Nachbarskinder, mit denen gespielt wurde, aber nach der »Kristallnacht« habe es »keine jüdische Schulkameradin mehr« gegeben. Von reichen jüdischen Familien wird erzählt, von deren positivem sozialen Verhalten. Daß man sich etwa mit jüdischen Kindern gestritten oder gar geprügelt hätte, wird bis auf eine Ausnahme nicht verzeichnet, allenfalls daß sie nicht sympathisch gewesen seien. Die Zeichnung der jüdischen Schüler bleibt allgemein, sei es, weil keine persönlichen Kontakte bestanden, sei es weil diese dem Vergessen anheimfielen, sei es weil die Wertung des damaligen Verhaltens auch durch die Jahre nach 1945 beeinflußt und verschwiegen wurde aus Scham, Unsicherheit oder Peinlichkeit. Das wesentliche Merkmal ist, daß sie eben Juden waren oder im Zusammenhang mit der »Kristallnacht« erwähnt werden.

»Wir hatten in der Klasse eine Jüdin, die irgendwann sang- und klanglos verschwand. In der Ecke, wo wir wohnten, waren einfach keine Juden. Ich kann mich aber doch an die Kristallnacht erinnern.«

Eine Frau aus Essen, Jahrgang 1929, erinnert sich an Drangsalierungen einer jüdischen Mitschülerin:

»Ich selbst hatte 'ne Schulkollegin, die war Halbjüdin, ... den Vater hat man in der Nacht auch abgeholt und drei, vier Tage drauf hat denn die Bescheid gekriegt, daß der Vater tot war. Das war für dieses Mädchen besser, denn die hat furchtbar viel in der Schule, die konnte nicht hochkommen, wenn sie 'ne zwei hatte, dann schrie schon die andre: ›Am besten gehst du nach Palästina.‹ Ich habe die später mal wieder getroffen. Und da hat die zu mir gesagt, also diejenige, die könnte sie nicht wiedersehen ... Das Mädchen hatte ständig naßgeschwitzte Hände vor Angst ...« Diese Mitschülerin und deren Schwester hätten aber ganz normal die Schule besucht, auch wenn sie es nicht einfach gehabt hätten. Außerdem habe man nicht gewußt, was mit den Juden geschehe. »Man kannte ja nur Dachau, also wenn irgendetwas war, dann hieß es

[15] Dieses und die folgenden – wenn nicht anders zitiert – Interviewpassagen in diesem Kapitel nach LUSIR.

früher: ›Halt den Mund, sonst kommst du nach Dachau.‹ Also das war für die Leute ein Begriff.« Alles andere habe man erst später erfahren.

Abgesehen von der schauerlichen Formulierung: Das war für dieses Mädchen besser, fällt auf, daß das Verhalten anderer beschrieben wird, aber, falls es sie gegeben hat, keine eigenen Reaktionen. Das spätere Treffen erfolgte offensichtlich bereits nach dem Dritten Reich. Zwar in ständiger Angst – aber das Mädchen und deren Schwester hätten ganz normal die Schule besucht. Zu wissen, daß der Vater ihrer Mitschülerin von den Nazis ermordet wurde, steht scheinbar nicht im Gegensatz zum Nachkriegsstereotyp, daß man nicht gewußt habe, was mit den Juden geschehe oder zur vorhandenen Kenntnis vom KZ Dachau, über das in der NS-Presse als »Arbeits-« und »Umerziehungslager« berichtet wurde. Eigenes Solidarverhalten taucht selten auf. Dennoch gibt es Erinnerungen an Unverständnis, allgemein-menschlichem Mitempfinden oder Empörung über antijüdische Maßnahmen, die als Schikanen im Alltag sichtbar waren. Einzelne Fälle, in denen »die« Familie, der Vater oder schlicht »man« geholfen haben, werden erinnert. Aber dies erfolgt meist aus einer Sichtweise, daß man ja nicht sehr viel habe tun können, daß man den Verhältnissen, der Politik unterworfen gewesen sei.
Wird in anderen Interviews doch ein Zusammenhang aus der Erinnerung an eigene Reaktionen rekonstruiert, so schwankt die Wortwahl zwischen jüdischem Mädchen, jüdischem Mitschüler, Judenmädchen, Jüdin und Jude. Bis auf ganz wenige Ausnahmen werden keine Vor- oder Familiennamen genannt. Die Erinnerung an eigene Gefühle – man habe die jüdischen Mädchen »nicht sehr sympathisch« gefunden – wird durch das dem Interviewer gegenüber gesellschaftlich Notwendige oder inzwischen als richtig Erkannte korrigiert – man habe sie nicht »als Jüdin« abgelehnt. Die Beschreibung der Juden bleibt dabei meist farblos, abstrakt und mündet aus einer Episodenbeschreibung in eine diffuse Zeitbestimmung durch Formulierungen wie: »aber dann waren die eines Tages verschwunden.«

»Wie gesagt, irgendwie weitere Gedanken hat man sich, ich weiß nicht, ob das heute bei den 18jährigen oder 16-, 17-, 18jährigen anders is, hat man sich überhaupt nicht gemacht, also, was da rundrum um einen geschehen ist, wo heut' so viel von gesprochen wird. Ich wohnte im Süden in einem Viertel, wo ... sehr viele Juden wohnten ... Und ich hab' mir auch nichts dabei gedacht. Dann hieß es: ›Levis sind nach, nach Amerika.‹ Oder so, ja, hab' ich gedacht, sind die in Amerika. Da hat man sich überhaupt als junger Mensch gar keine Gedanken darüber gemacht.«

Im Unterschied zu anderen, bei denen ihre Jugend möglicherweise wirklich genaueres Nachfragen verhindert hat, ist die »Gedankenlosigkeit« der Befragten vor dem Hintergrund ihrer Biographie nicht ganz zu akzeptieren. Sie war nicht nur hohe BDM-Führerin, sondern hat später noch Juden abgelehnt, wie an einer weiter unten zitierten Aussage deutlich wird. Vermutlich bedient sie sich hier eher eines allgemeinen Stereotyps zur Entschuldigung. Ein 1926 geborener Kraftfahrzeugmechaniker, später Ingenieur und zur Zeit des Interviews Unternehmer, schildert ausführlicher Erlebnisse, die in der Art der Repräsentation offensichtlich bereits eine Kommunikations-Geschichte haben, d.h. relativ abgeschliffen wirken in der Darstellung, in der nicht zuletzt unterschwellig etliche Stereotype anklingen.

> »Ich weiß nur, als wir in Bielefeld wohnten, da war eine jüdische Familie, die bewohnten da eine Villa, die hießen K. Und eines Tages standen da Möbelwagen vor der Tür. Und der Senior K. stand mit seiner ganzen Familie vor der Tür, da war so'ne Freitreppe, das war so'ne richtige Villa, war also schon damals nicht der Ärmste und lächelte ringsum, und dann waren die auf einmal weg. So, und in meiner Klasse war ein jüdischer Mitschüler, R. hieß der, wußten wir, daß der ein Jude war. Und, gut, der wurde von uns so mit verschlissen, wie alle. Und irgendwann habe ich mich mit dem in die Wolle gekriegt und habe dem anständig ins Rückgrat getreten ... – aber so wie man sich unter Jungens schlägt, wenn man eine Differenz hatte. Rassenprobleme spielten überhaupt keine Rolle. Und irgendwann war der auf einmal weg. Keine Ahnung, wo der geblieben ist, haben wir auch nie wieder was von gehört. Und wenn man da nachfragte, kamen irgendwie so vage Antworten. Aber, wie gesagt, ich persönlich kenne keinen, der verfolgt worden ist, der eingesperrt worden ist. Und wir waren immerhin ein 80 Millionen Volk. Und wenn das also stimmt, daß 20 Millionen vernichtet worden sind durch den Nationalsozialismus, das wäre also praktisch jeder vierte. Ich kenn keinen. Wenn also dieser R. auch in so'n Lager gewandert ist, ich weiß es nicht. Der war nur eines Tages verschwunden, mehr weiß ich nicht.«

Auf den weiteren Gang der Schilderungen über zurückkehrende Juden nach 1945 wird weiter unten eingegangen. Das muß hier erwähnt werden, um deutlich zu machen, daß das Verständnis des mit den Juden Geschehenen und die eigene Lebensgeschichte von den 30ern über die 40er in die 50er gleiten. Auch hier gibt es keine Stunde Null, die 30er Jahre erscheinen als eher normale Zeiten, »von der NS-Herrschaft habe man eigentlich kaum was mitbekommen, das sei nichts Besonderes gewesen, es habe sich eigentlich kaum was verändert«.[16] Festzuhalten sind also auch in anderen Berichten wiederkehrende Erinnerungen: der reiche Jude, der verschwindende Mitschüler, das Nichtwissen über den Verbleib der Juden, das verklausulierte Infragestellen der Massenvernichtung. Selten berichten Interviewte von Nachfragen, warum und wohin die Juden denn verschwunden seien. Erfolgen solche Fragen dennoch, erstaunt das Ausmaß, in dem offensichtlich selbst Kinder einzelne Vorgänge der Judenverfolgung im Wohn-

[16] Ulrich Herbert, »›Die guten und die schlechten Zeiten.‹ Überlegungen zur diachronen Analyse lebensgeschichtlicher Interviews«, in: Niethammer, op.cit., Bd.1, 88.

viertel, auf dem Schulweg, in der Schule oder in Gesprächen im Kreis der Familie aufgenommen haben. Diese Erinnerungen kommen meist aus einer Privatsphäre, die durch Distanz zu Staat und Politik charakterisiert ist.

> »Dann habe ich eine Erinnerung an die Kristallnacht. Mein Vater hatte ... auch jüdische Freunde, Geschäftsleute in Essen ... Er verlor seine Kundschaft, was das bedeutete, ist mir nicht zu Bewußtsein gekommen als 12- bis 13jährigen, denn ich hatte Sorgen in der Schule. Eine Sache, die will man mir heute nicht glauben. Meine Großeltern wohnten in Steele. Das war, wie man damals sagte, ›verjudet‹. Dort wohnten viele jüdische Rechtsanwälte, kleinere Geschäftsleute, Zahnärzte und Ärzte. Wir hatten auch jüdische Bekannte in Steele. Ich war eines Tages bei den Großeltern, fragte die Großmutter: ›Was ist denn aus den K. geworden?‹ Darauf sagte sie: ›Ich habe gesehen, wie eine große Menge Leute über die Straße zum Bahnhof Steele-West gegangen waren.‹ Auf die Frage, wo die denn hingekommen seien, sagte die Großmutter: ›Das weiß ich auch nicht.‹ Im nachhinein habe ich mir überlegt, wenn ich so alt wie meine Großmutter oder Mutter gewesen wäre, ob ich mich nicht mehr dafür interessiert hätte. ›Das weiß ich nicht‹, sagten die da einfach, ›das weiß ich nicht.‹ Ist mir heute unerklärlich, daß sich da angeblich niemand drum gekümmert hat. Man sprach da nicht drüber. Das hat mich damals noch nicht gestört, aber ich habe es in Erinnerung behalten.«

Hier mögen zwei Aspekte eine Rolle spielen: Zum einen können die allgemeinen Erfahrungen in der Schule, auf der Straße dazu geführt haben, daß es Angst vor den Reaktionen auf Nachfragen gab, daß man nur in der Familie oder unter engsten Freunden darüber sprach. Zum zweiten mögen Erwachsene das Thema gegenüber Kindern – und auch unter sich außerhalb der Privatspäre – tabuisiert haben. Die offizielle, öffentliche Meinung spielte in die Schule hinein. Die Privatmeinung, Äußerungen sollten kein gesellschaftliches Risiko bewirken. Auf jeden Fall aber werden in den Erinnerungen damaliger Schulkinder die familiäre Prägung und Erfahrungen deutlich, die Mitglieder der Familie bereits in der Vergangenheit mit Juden gemacht haben.

In einem anderen Interview wird berichtet, daß in der Familie viel über die »Kristallnacht« und die Judenverfolgung geschimpft worden sei, da die Eltern Juden in der Nachbarschaft kannten. Es sei auch über eine ältere jüdische Frau aus der Nachbarschaft geredet worden, die zum katholischen Glauben übergetreten war und dennoch später weggeholt worden sei. Der Interviewte betont, er hätte das nicht selbst miterlebt, da er schon Soldat geworden war. Wird in einigen Interviews doch nachgefragt, so wird bisweilen erst gesagt, man habe keine Juden gekannt und später erwähnt, daß diese oder jene auch »auf einmal ausgeblieben« wären oder: »Die waren nachher auch verschwunden.« Dieser Erzählung der erinnerten Wahrnehmung und der späteren Formulierung kommt deswegen einige Bedeutung zu, weil sie sich häufig wiederholt. Zunächst ist die so gleichbleibende Wortwahl bei Menschen unterschiedlichen Alters und unterschiedlicher Herkunft auffallend. Was erzählt wird ist nicht nachträgliche Empörung über den NS-Rassismus, sondern Ereignis-Geschichten, in denen manchmal auch Empörung oder die damalige Angst vor der eigenen Empörung mitschwingt. Abläufe werden skizziert, in denen »die« Juden auftauchen, und zwar zu einem erheblichen Teil als gesellschaftliches, mit der »Kristallnacht« verbundenes Phänomen. Und aus diesen Abläufen »verschwinden« sie auch wieder, ihnen kommt, wie in einem Film, die soziale Realität einer Szene, eines Auftritts zu. Dies mag insofern auch mit der gesellschaftlichen Wirklichkeit übereingestimmt haben, als einzelne in der Tat keine Juden gekannt haben mögen. Die Beziehung zu Juden wird in diesem Fall, unabhängig von der NS-Propaganda und antijüdischen Maßnahmen, natürlich relativ abstrakt geblieben sein. Allerdings ergeben das Vorhandensein oder das Fehlen eines persönlichen Kontakts noch keine ausreichende Erklärung für das jeweilige soziale Verhalten. An der Formulierung vom ›Verschwinden‹ der Juden zeigt sich nicht zuletzt auch die damalige Wahrnehmung von Politik, von politischen Ereignissen, von Eingriffen aus dem Bereich der Politik in das »normale« Leben. Die Erzählungen geben wieder, was passierte. Sie schildern, sozusagen aus der Perspektive eines ›unpolitischen‹ Alltags, welcher Politik man selbst oder andere ausgesetzt waren. Das bleibt dann in der Erzählung notwendigerweise fragmentartig, wird nicht im Zusammenhang mit anderen gleichzeitig ablaufenden gesellschaftlichen und politischen Ereignissen erinnert. Über Politik, so heißt es in einem Interview, sprach man nicht, das sei tabu gewesen. Man hätte ja nichts zu sagen gehabt, die anderen »da oben« hätten ja alles gesagt. Dies bezieht sich auch auf jene Juden betreffenden Erfahrungen, die, über die unmittelbaren Erlebnisse hinaus, den Eingriff des Staates betreffen. Gegen derartige »Maßnahmen«, die Juden betrafen, hätte man ja nichts machen können. Rassenpolitik, Pogromnacht, Deportationen, Vernichtung werden der »großen Politik« zugeschlagen, der gegenüber man sich subaltern und hilflos fühlte. Es ist nicht zuletzt dieser Zusammenhang, an den die OMGUS-Mitarbeiter bei ihrer Bearbeitung des Verhältnisses von Deutschen und Juden im Hinblick auf das Demokratie-Problem anknüpften.

Die Erinnerung an Juden und deren Diskriminierung kann Mißbilligung enthalten, Unverständnis, Hilflosigkeit oder auch verklausulierte Rechtfertigung durch das Weglassen jedweder Wertung. Nicht die Wirkung der antisemitischen NS-Propaganda drängt sich hier erklärend auf, sondern die Macht des Faktischen der durch den NS-Staat und die NS-Massenorganisationen (HJ, BDM bei den Zitierten) eingeleiteten, forcierten und erfolgreich bewältigten sozialen Prozesse. Die Formulierung vom ›Verschwinden‹ ist eine Deckformulierung, die ausdrückt, daß man damit im Sinne der allgemeinen Haltung zur Politik nichts zu tun hatte. Sie drückt in ihrer wiederkehrenden Schlichtheit aber auch eine Ungeheuerlichkeit aus und legt im Hinblick auf andere Äußerungen die Frage nahe, ob Interviewte nicht doch oft mehr von der Art und Weise dieses ›Verschwindens‹ gewußt haben. Diese Formulierung kann darüberhinaus auch ein Reflex auf die ideologische Indoktrinierung der Bevölkerung vom Juden als dem Anderen, dem Fremden sein, der aus Deutschland zu verschwinden habe. Anders gesagt, abgesehen vom Bild vom Juden, das bei einem Teil der Interviewten vorhanden war und ist, so geht es hier um die konkrete oder eben auch nur abstrakte lebensgeschichtliche Berührung mit Juden und Judenverfolgung als einer vorübergehenden Realität, deren Ende noch dazu von anderen bestimmt war. »Die« Juden waren eben nachher verschwunden, man hat sie »nach 1945 nicht mehr wiedergesehen«.

Darüber hinaus drängt sich hier förmlich die Frage auf, wie denn Juden, jüdische Themen Jahre später wieder auftauchen. Denkbar ist, daß die Abstraktheit, die Nebelhaftigkeit, das Nicht-Hinterfragen des Verschwindens Bedingungen einer Disposition sind, die die Reaktionen auf das Wiederauftauchen in veränderten sozialen Prozessen prägt. Ein Politikverständnis, daß etwas mit einem geschieht, man unbeeinflußbaren Mächten ausgesetzt sei, schließt natürlich nicht aus, daß man das Verbrecherische der NS-Judenpolitik im nachhinein erkennt. Man hat die Erfahrung gemacht, daß es keine gesellschaftliche Verarbeitung gegeben hat, die direkt individuell politisch umgesetzt werden kann. Stattdessen bleibt eine Art unklares Schuldgefühl zurück und erneut der Blick auf die anderen ›da oben‹, die das neue Verhalten gegenüber Juden definieren.

Nicht zu vergessen ist hierbei, daß die in diesem Abschnitt referierten Erinnerungen die Generation derjenigen betreffen, die in den 40er und 50er Jahren zwischen 20 und 40 Jahre alt sind. Zur Zeit der Interviews werden zwar neue Werthaltungen offenbar, sie werden jedoch zum Teil nur konstatiert, als von Interviewer vertretene Meinung antizipiert. Zwischen der emotionalen oder im nachhinein rekonstruierten Erfahrung mit Juden und Elementen einer rationalen Verarbeitung klafft ein Spalt, der durch die neue gesellschaftlich gesetzte Norm, wie man sich über Juden zu äußern habe – nämlich positiv – überbrückt wird. Auch in diesen und den folgenden Ausschnitten aus Interviews mit Deutschen wird deutlich, daß »sich die Kultur und das unterstellte kollektive Gedächtnis hinter dem Rücken der Erzähler als wirksam erweisen«.[17]

Um zu verdeutlichen, daß die Erinnerung an die Zeit vor der »Kristallnacht« auch ganz anders aussehen konnte, seien zwei andere Erinnerungen zitiert. Eine 1929 geborene Frau, deren Vater in der Bekennenden Kirche aktiv war, erzählt von Kontakten des Vaters mit einem Pfarrer, »der Juden versteckt hatte«:

> »Vater hat dann viel auf sich genommen, daß er uns, na ich war die jüngste von den Töchtern, daß er uns über diese Dinge, die passierten mit den Juden, voller Ernst erzählte. Und unser an sich munterer Vater war dann so ernst, daß wir es einfach glauben mußten. Und er wollte nicht, daß [es] innerhalb der Familie

[17] Selma Leydesdorff, »Das gebrochene Schweigen. Lebensgeschichten von Überlebenden des jüdischen Proletariats in Amsterdam«, in: BIOS. Zeitschrift für Biographieforschung und Oral History 2 (1988), 24.

sowas gäbe wie bei einem Kollegen, der angezeigt wurde von seinem Kind ...« Die Familie mußte sich einschränken, da der Vater einen Teil der Lebensmittelkarten an den Pfarrer weitergab. »Ich glaube, daß man ohne diese Belastung, die Wahrheit zu kennen, glücklicher da hätte sein können, unter den jungen Mädchen.«

Dieses Wissen, diese Erfahrungen werden von anderen Eltern ihren Kindern gegenüber verschwiegen, ja das Wissen erscheint fast als Bedrohung, es wird tabuiert. Es geht um die Rettung des individuellen Glücks. Da ein ›richtiges Leben im Falschen‹ unmöglich scheint, wird das Falsche eben einfach negiert. Zugleich ist dies ein Beispiel für solidarisches Verhalten nicht allein des Vaters, sondern für die Haltung einer Familie, die sich notwendigerweise in der Erziehung niederschlagen muß. Dennoch sieht ein Rückblick anders aus, der sich in den Memoiren der Frau eines Dortmunder Rabbiners findet. Sie schreibt über den April 1937:

> »Meine ältere Tochter kam mit blassem, verschrecktem Gesicht aus der Schule, ihre Lippen waren zu einem dünnen Strich zusammengepreßt. Ich kannte diesen Ausdruck in den Gesichtern meiner Kinder, so sahen sie aus, wenn sie versuchten, ihr Leiden mit aller Kraft vor uns zu verbergen, aber die Zeichen des Leidens waren zu deutlich in ihren kindlichen Zügen eingezeichnet, als daß wir sie hätten übersehen können ... Aber nun mußte die kleine Schwester helfend eingreifen und berichten, denn die Widerstandskraft der größeren brach nun zusammen und sie schluchzte so sehr, daß wir kein Wort verstehen konnten. Die jüngere Tochter erklärte: ›Papa, sie haben ein neues Klassenzimmer, und die Bänke stehen da anders, so daß die Lehrerin eine neue Sitzordnung machen mußte. Und weißt du, Pappi, bis jetzt hat sie doch immer neben ihrer besten Freundin gesessen, obwohl sie in der Pause und auf dem Heimweg nicht zusammen gehen durften. Aber nun sagte die Lehrerin vor allen anderen Kindern, daß man es einem arischen Mädchen nicht mehr zumuten kann, neben einem Judenkind zu sitzen. Es ist eine Beleidigung für das arische Mädchen. Dann hat die Lehrerin befohlen, daß sie sich in die letzte Bankreihe setzen muß und daß keine arische Schülerin in derselben Reihe sitzen darf.«[18]

Einen Monat später flieht die Familie aus Deutschland. So wie unzählige andere jüdische Familien verschwindet sie nicht aus einem intakten sozialen Umfeld, sondern aus einer ständig an Schärfe und Bitterkeit zunehmenden sozialen Isolierung, die – wie es die in Deutschland noch lebenden Juden wahrnehmen konnten – von der Mehrheit der Bevölkerung nicht nur hingenommen, sondern

---

[18] Zit. n. Monika Richarz (Hg.), Jüdisches Leben in Deutschland. Selbstzeugnisse zur Sozialgeschichte 1918-1945, Stuttgart 1982, 242f.

auch angepaßt aufgenommen oder sogar aktiv mitgestaltet wurde. Was mag hier, um an diese Erinnerung eine Überlegung zu knüpfen, entscheidender gewesen sein, der Befehl der Lehrerin oder das Verhalten der Mitschüler und deren Eltern? Der soziale Mord ging der physischen Vernichtung um Jahre voraus – aufzuspüren ist meines Erachtens im Übergang von Krieg und Nachkrieg der gesellschaftlich relevante Umgang mit diesem sozialen Mord. Welcher Deutsche der damals heranwachsenden und erwachsenen Generationen könnte diese gesellschaftliche Tatsache negieren? Ein mentalitätsgeschichtliches Problem des deutschen Nachkriegs besteht darin, daß Millionen dies konnten. Amnesie allerorten.

In dem Ausmaße wie der Krieg nach Deutschland zurückkehrte, zu einer persönlichen Angelegenheit und in den Familien Gesprächsgegenstand wurde – »nicht selten erst 1943«[19] – setzten sich einzelne signifikante Begebenheiten und Wahrnehmungen so fest, daß sie in den Interviews erzählt werden. Eine damals 13jährige Rückkehrerin aus der Kinderlandverschickung hörte 1944 zu Hause »so einiges, was so lief, zum Beispiel über Judenverfolgung«:

> »Also, ich meine, wenn heute Leute hingehen, die sagen, Leute, die in gehobenen Positionen – zum Beispiel in Verwaltungen – beschäftigt waren während des Dritten Reiches, wenn die heute hingehen und sagen, davon hätten sie nichts gewußt, dann ist das dummes Zeug, ist ganz glatt gelogen. Denn ich weiß, daß zu Hause darüber gesprochen wurde. Ich kannte auch Juden, weil Verwandte von mir in einem Haus wohnten, das Juden gehörte, die das später verkaufen mußten, aber die da wohnten bis zur Deportation. Mir fiel das besonders auf, die hatten ..., ja 18 Jahre alt war das Mädchen wohl da, als das ..., als die weg mußten. Darum, ich hab' das als Kind gewußt, und ich weiß auch, daß zum Beispiel ein Onkel von mir in Urlaub kam und erzählte, daß in Rußland große Waldgebiete abgesperrt seien, in denen Juden erschossen wurden. Darum, es wurde durchaus über solche Sachen gesprochen.«

Bis hier sind einzelne Erinnerungen und Verarbeitungen des Gesehenen und Gehörten aus Kindheit und Jugend zitiert, die Schul- und Spielsituation, »Kristallnacht« und das »Verschwinden« der jüdischen Familien betreffen. Das Jahr 1933 – verständlich aufgrund des Alters der Interviewten – spielt überhaupt keine Rolle, wesentliche Ereignisse sind das Reichspogrom vom November 1938 und die Kriegssituation 1943/44, die oftmals auch erste Einbrüche in die heile BDM-Welt oder ein Ende der Kinderlandverschickung bedeutet; denn 1938 ging das normale Leben erst mal weiter.
Eine Buchhalterin, Jahrgang 1908, erinnert sich, daß sich 1934 ein jüdischer Kaufmann mit seiner Familie in Essen umgebracht habe. Er sei ein »guter Kaufmann« gewesen, der vielen armen Leuten geholfen hätte. Da merkte ihre

---

[19] Niethammer, in: Diner, op.cit., 156.

Familie zum ersten Mal, daß die Juden nicht in Ruhe gelassen würden. Im November 1938 kam die Mutter aus der Stadt und erzählte, daß »die« alle Geschäfte kaputt schlagen. In der Nacht sei die Synagoge ausgebrannt. Da sei man so deprimiert gewesen und hätte nicht gewußt, was nun noch auf einen zukäme. »Hätte man damals noch was machen können?« Das Leben sei aber »normal weiterverlaufen«, so wie bei den Nachbarn.
In diese ›Normalität‹ brechen die Bombennächte, die Niederlage der Wehrmacht, die Zerrüttung der NS-Herrschaft ein. Wie sieht nun der Übergang vom Dritten Reich zum deutschen Nachkrieg im Verhältnis zu Juden aus? Als Antwort seien zunächst erzählte und erfragte Erinnerungen der 1923 geborenen Frau zitiert, die seit 1935 im BDM aktiv ist, BDM-Führerin und nach dem Realschulabschluß Kindergärtnerin wird. Nach Kriegsende macht sie das Abitur nach und wird Bibliothekarin.[20]

> »Alles war wunderbar, bis zur Kristallnacht. Da schellte es plötzlich ... Ich hörte nur Stimmen in der Nacht, und mein Vater wurde aufgefordert, sofort aufzustehen, Uniform anzuziehen und ... Da bin ich dann neugierig aufgestanden ... und mußte ja nun horchen. Dann sah ich, daß um das Bett meines Vaters ganz viele SA-Führer standen und ihn bewegen wollten, aufzustehen. Und mein Vater sagte: ›Jetzt nicht mehr.‹ Und damit war für ihn das Spielchen zu Ende. Und ich bin ... um Mittag herum mit meiner Mutter in die Stadt gegangen, und da hab' ich so bewußt, diese Juden dort ... Das so gesehen, nur hab' ich das nicht so abrupt gemacht wie mein Vater, sondern ich hab' langsam Schluß gemacht ... Und ging dann ins Seminar nach Mülheim, hatte dann ohnehin nichts mehr damit zu tun und ja, da war die Zeit zu Ende.«

Alles war wunderbar, dann kam die Kristallnacht, und bald war die Zeit zu Ende. Sie wirft ihrem Vater vor, sie nach der Kristallnacht nicht wirklich aufgeklärt zu haben, verweist darauf, daß sie sich danach »vollkommen zurückgezogen« habe. Die Signal- und Symbolfunktion der Reichspogromnacht taucht auch in anderen Interviews immer wieder auf. Aber war danach für diese fünfzehnjährige Jugendliche wirklich eine Umorientierung erfolgt? Im weiteren Verlauf des Gesprächs schildert sie in glühenden Farben die BDM-Zeit: »Für mich war einfach diese BDM-Zeit eine schöne Zeit ... Ich hab' mir auch damals schon Gedanken oft gemacht, ja, irgendwas ist doch, ist doch nicht richtig. Aber das hab' ich dann eben verworfen durch, durch meine innere Einstellung: Was ich tue ist einfach schön.« Eine Änderung tritt für sie erst ein »kurz bevor der Krieg zu Ende war«, nicht dadurch, daß ihr Verlobter fiel, sondern dadurch daß sie bei einem Bombenangriff direkt und unvermittelt mit einem toten Soldaten konfrontiert ist. » ...da bin ich ganz lange ohnmächtig gewesen, und da hab' ich gedacht: ›Ach

---

[20] Vgl. Möding, op.cit., 256f.

Gott, und für diese Zeit hast du gelebt.‹ Und ... da fing ich schon an und hab' mir furchtbare Vorwürfe gemacht.« Gegen Kriegsende war sie Leiterin eines Kinderheimes. Sie erinnert sich: Zuerst seien Amerikaner einmarschiert, dann Russen, dazwischen seien die KZ-Leute gekommen. Sie und ihre Mutter hätten den KZ-Leuten Möhren zu essen gegeben. Wenn sie aber geglaubt hätte, einer sei ein Jude, habe sie ihm nichts gegeben, bis ihre Mutter sie deswegen ausgeschimpft hätte. Und dann schließt sie unvermittelt an: Nach der Kristallnacht habe ihre Mutter ihr gesagt, die Juden würden nach Israel gebracht. Durch ihr vieles Geld hätten die Juden auch viel verschuldet. Bekannte Juden seien kurz vor der Kristallnacht gewarnt worden und seien von Essen weggegangen. Sie erwähnt dann eine jüdische Familie, von der nur der Sohn überlebt habe. Bei allen fast schizophrenen Gedankensprüngen fällt der Bezug zur Kristallnacht auf. Und das ist auch nicht verwunderlich, denn – abgesehen von ihrem damaligen Alter – steht diese und nicht etwa der Januar 1933 oder die Nürnberger Gesetze 1935 neben den Vernichtungslagern im Zentrum der Veröffentlichungen von alliierter und deutscher Seite nach 1945. Die Erinnerung an dieses Datum fällt auch mit der sehr intensiven BDM-Zeit der Interviewten zusammen. Allerdings schafft sie es nicht, die vermeintliche Abkehr, jenes Schlußmachen mit der emotionalen Schilderung ihrer schönen BDM-Zeit zu verbinden. Die Essensverteilung an die Befreiten läßt diesen Widerspruch erneut genauso aufleuchten wie die Erinnerung an den Nürnberger Prozeß. Dieser sei für sie schlimm gewesen, weil unter den Angeklagten Menschen waren, die sie selbst geschätzt hätte.
Geprägt durch die Reaktion des Vaters tauchen Juden in dieser Erinnerung als moralische Instanz auf, denen sich die Interviewte nähert, zu denen sie aber, bedingt durch überkommene Stereotype, auch gleich wieder Distanz herstellt: Juden hätten durch Geld viel verschuldet; Juden seien gewarnt worden, hätten die Stadt Essen verlassen. Die emotionale Differenz zur Schilderung der BDM-Erfahrungen fällt auf, verstärkt noch durch ihr Eingeständnis, den befreiten KZ-Leuten, wenn sie Juden zu sein schienen, kein Essen gegeben zu haben. Glaubhaft ist, daß sie aufgrund des Verhaltens des Vaters gegrübelt hat, wenig glaubhaft ist, daß mit der Kristallnacht eine Umorientierung, eine Abkehr vom BDM erfolgt sei. Sie erzählt von Begegnungen und Kontakten mit »Mädchen ihrer Gruppe« noch 1981, worin sie ein Zeichen sieht, daß sie eine »anständige Führerin« war. Dieses Verständnis vom BDM als unpolitischer Organisation und der BDM-Zeit als schöner Zeit findet sich in zahlreichen Erinnerungen. »Gerade die, die emphatisch dabei waren, versuchen, den BDM mit Hilfe verschiedener Interpretationen zu ›normalisieren‹ und ihn – und mit ihm die eigene Jugendzeit – vor dem Nationalsozialismus-Vorwurf zu retten. Ein verständliches Bedürfnis; aber das Problem besteht darin, daß Erinnerungen nostalgisch überbaut oder verdrängt bzw. ›gute‹ und ›schlechte‹ Erinnerungen nicht aufeinander bezogen werden. Bestimmte Erfahrungen werden nicht in die Sinn- und Selbstdeutung der Subjekte integriert. Unterstützt wird die politische Amnesie von der nationalsozialistischen Konzeption der Erziehung am Erlebnis, das den politischen

Gehalt des Vermittelten verdecken sollte. Offensichtlich ist dieses Erziehungskonzept insoweit erfolgreich gewesen.«[21]
Der Übergang vom Krieg zum Nachkrieg spielt auch in weiteren Erinnerungen eine Rolle. Eine 1930 geborene Frau aus vermögender Familie, ebenfalls im BDM, erzählt:

»Oben in unserem Wohnbereich wohnte eine erkleckliche Anzahl jüdischer Familien, und eines Tages mußten die ja alle den Judenstern tragen, unter anderem auch unser heißgeliebter Freund H. M., der mußte einen Judenstern tragen und durfte von Stund an nicht mehr mit uns spielen. Wir haben geheult und haben gefragt: ›Warum dürfen wir nicht mehr mit dem H. spielen?‹ Da hat unsere Mutter gesagt: ›Tut mir leid, ich kann Euch das jetzt nicht erklären, Ihr müßt einfach tun, was ich sage, untersteht Euch und geht zu M.'s. Ihr dürft da noch nicht einmal schellen, Ihr dürft da auch nicht sammeln und gar nichts.‹« Nach ihren Erzählungen half der Vater, Träger des goldenen Partei-Abzeichens, später bei der Emigration der jüdischen Familie. »Gar nicht viel später sind uns dann die Augen aufgegangen. Wir waren ja dann auch nicht mehr ganz so klein. Wir hatten einen Schulweg, der ging am Güterbahnhof vorbei, und eines Tages sitzen da vor dem Bahnhof auf dem Boden mindestens hundert Leute mit einem Judenstern und warteten auf ihre Deportation, und eines der Nachbarmädchen ging hin und spuckte die an. Ich war da so völlig außer mir, immer schon mit sehr viel Mitgefühl, daß ich mich einfach auf sie stürzte und sie schlug, wohin es nur ging. Ich habe also laut geheult und getobt dann, bis mich eine ältere Frau nahm und sagte: ›Kindchen, Kindchen, um Gottes Willen.‹ Und zog mich in einen Hauseingang. Sie sagte dann: ›Ist ja richtig, daß Du Deine Freundin beschimpft hast, ich finde es auch nicht richtig, wenn man Leute bespuckt, aber Du darfst das nicht zeigen.‹ Und ich fragte sie: ›Aber warum denn nicht?‹ Und dann habe ich mich das einzige Mal in meinem Leben verplappert und hab gesagt: ›Ich weiß, der H., der ist auch weg. Da hat aber Papi für gesorgt.‹ Und da hat die Frau mir den Mund zugehalten und hat gesagt: ›Kind, hör auf, wo wohnst Du, ich bring Dich hin.‹«

Die Familie zieht 1944, um den Bombenangriffen zu entgehen, nach Freiburg, wo sie im BDM aktiv ist. Aus dieser Zeit erinnert sie sich an weitere Erlebnisse, die den Übergang zum Nachkrieg betreffen. In einer bestimmten Straße lebte eine jüdische Familie.

»Mit dem Jungen hatten wir früher auch immer gespielt, und nun durften wir also R. endlich nicht mehr grüßen. Wir waren baß erstaunt, daß R. überhaupt noch da war ... Meine Großmutter und auch der Großvater waren bereits Anfang der 30er Jahre in die Partei eingetreten, einfach weil sie der Meinung

---

[21] Möding, op.cit., 259.

waren, daß alles gut sei so ... Aber ich weiß noch, daß meine Großmutter immer gesagt hat: ›Mein Gott, das paßt mir gar nicht, einfach so grußlos an den K.'s vorbeizugehen.‹ Aber die guckten schon gar nicht mehr, drehten sich immer um, wenn man vorbeiging. Der R. und seine Mutter, die bekamen auch immer noch Lebensmittelmarken, aber daß die überhaupt noch da waren, das war irgendwie eine ganz merkwürdige Sache ... Am 5. Mai kamen dann die Franzosen, und am nächsten Tag stürzte sich der Nachbar von diesen K.'s einfach vom Balkon herunter, dabei war der nur ganz normales Parteimitglied, das konnte damals niemand verstehen.« »Und dann gingen wir, nachdem die Franzosen da waren, das erste Mal wieder die Straße herunter, und da saß auf dem Sockel der R. Da haben wir gesagt: ›Tag, R.‹ Da sagte er: ›Ihr braucht mich jetzt gar nicht zu grüßen. Ihr habt mich ja lange nicht gegrüßt.‹ ›Ja‹, sagte meine Großmutter, › und ich möchte mich auch dafür bei Dir entschuldigen.‹ Und dann kam die Frau K., und da geht meine Großmutter auf die Frau K. zu und sagt: ›Frau K., ich möcht mich entschuldigen, das ist ja im Grunde genommen furchtbar, was wir die ganzen Jahre lang gemacht haben.‹ Und dann sagte meine Großmutter: ›Ja und wenn ich Ihnen irgendwie helfen kann, Frau K.‹ Und darauf sagte Frau K.: ›Nein, warten Sie erst einmal ab, in zwei Wochen, da werde ich Ihnen wahrscheinlich helfen können.‹ Und so kam es ...« Sie erzählt, daß sie in der Folgezeit nicht verheimlicht hat, daß sie im BDM war: » ... zumal wir ja auch sehr schnell deutlich gemacht haben, daß wir das, was wir wiedergutmachen konnten, auch wiedergutmachen wollten. Dieselben alten Leute, die früher vom Winterhilfswerk betreut wurden, wurden jetzt von der Kirche und sonstigen Organisationen betreut. Wir liefen also, nur mit anderem Vorzeichen, genauso durch die Gegend.« »Ich bin zum Beispiel nach dem Kriege in dem ersten Konzert, das Jehudi Menuhin in Wuppertal gegeben hat, mit seiner Schwester am Klavier, gewesen. Und da ... habe ich das große Vergnügen gehabt, hinterher ihm unter anderen vorgestellt zu werden. Ich habe dann ganz spontan gefragt, wie er sich fühle, was er überhaupt denken würde, und da sagte er, nein, also in diesem Moment würde er an nichts denken. Aber es wäre schon sehr merkwürdig gewesen, daß er, als er Deutschland wieder betreten hätte nach dieser Zeit, das Gefühl, das er eigentlich hätte haben müssen, weil jetzt alles wieder normal war, daß er das einfach nicht gehabt hätte.«

»Wiedergutmachung« durch Sammelbüchsen, Freude an der Darbietung eines weltbekannten jüdischen Künstlers, alles wird »wieder normal« – auf individuelle Erfahrung aufbauende Elemente des philosemitischen Diskurses werden sichtbar. Auch hier findet sich jener gradlinige Zeitfluß aus den Kriegsjahren in die Nachkriegszeit, der durch die sozial stigmatisierte Existenz einer jüdischen Familie mit offensichtlich privilegiertem Status noch verstärkt wird. Man entschuldigt sich – und alles ist »wieder normal«. Eigentlich müßte hier ein Interview mit dem jungen R. auf dem Sockel folgen. Stellvertretend sei auf Posners bereits zitierte Bemerkung verwiesen, der im Herbst 1945 überlebende Juden in Solingen, Wuppertal und Remscheid besuchte. Sein Gesamteindruck war Enttäuschung und Hilflosigkeit; denn diese Juden fühlten sich »von Gott und der Welt verlassen«.[22] Normalität gab es für die wenigen Überlebenden noch lange nicht, von Wiedergutmachung oder umfassender sozialer Rehabilitation konnte überhaupt keine Rede sein.

Begegnungen im beruflichen und nachbarschaftlichen Alltag

Das Stereotyp vom Verschwinden der Juden ist ein wiederkehrender Erzählpunkt auch in den Erinnerungen der älteren Generation im Ruhrgebiet, die Ende der 30er und in den 40er Jahren im Arbeitsprozeß steht. Die beruflichen oder geschäftlichen Kontakte mit Juden erfolgen auf vielfältige Weise: als Angestellte oder Arbeiter in einem jüdischen Haus oder bei einem jüdischen Unternehmer; als Kunden in einem jüdischen Geschäft oder Patient eines jüdischen Arztes; als Gelegenheitskäufer bei einem jüdischen Händler. Bisweilen wird auch ein soziales Umfeld skizziert, in dem von einem jüdischen Wohn- oder Geschäftsviertel die Rede ist.[23] Diese Erzählungen verändern sich meist im Zusammenhang mit der Reichspogromnacht: die Juden *verschwinden* auch aus den erzählten Erinnerungen des beruflichen oder geschäftlichen Alltags, in denen oft Geschäfte des täglichen Bedarfs, Metzgereien, Möbel- und Textilgeschäfte erwähnt werden:

> »Wir kauften in der Nachbarschaft in einem jüdischen Hutgeschäft unsere Hüte und ließen sie dort auch ändern. Der Inhaber brachte uns diese persönlich ins Haus und bedankte sich für den Mut, ihn in unser Haus kommen zu lassen. Wir wissen nicht, was aus dieser Kaufmannsfamilie geworden ist.«

Kleidung wurde immer »beim Juden« gekauft. » ... wenn meine Mutter mit zwei, drei Kindern beim Juden in den Laden ging, dann hat er gesehen: drei, vier ... Dann hat er fünf Anzüge verkauft für denselben Preis wie für manche – wenn so'n Angestellter kam, der hat für einen Anzug denselben Preis bezahlt. Die hatten mehr sozial' Gefühl, haben ... sich mehr drauf eingestellt, weil die denken, die Masse musset bringen.« »Wir hatten zunächst wenig Möbel, Wir haben sie auf Raten bei Juden gekauft. Es ging allen schlecht. Wir waren bettelarm.« Eine Metzgerei sei total zertrümmert worden, was mit den Leuten geschehen sei, wisse er nicht. In einem anderen Fall habe ein Metzger, SA-Mitglied, einen jüdischen

---

[22] Posner, op.cit.,115.

[23] Vgl. Hermann Schröter (Hg.), Geschichte und Schicksal der Essener Juden. Gedenkbuch für die jüdischen Mitbürger der Stadt Essen, Essen 1980; Widerstand und Verfolgung in Essen 1933-1945, Ausstellung Alte Synagoge Essen (Essen 1981-1983) sowie Essen unter Bomben: Märztage 1943, Ausstellung Alte Synagoge Essen, Essen 1984.

Konkurrenten ausgeschaltet, und darüber sei in der Nachbarschaft geredet worden:

»Im Anfang ist viel darüber gesprochen worden, zum Beispiel die Konkurrenz ... Da ham' die Nachbarn sogar darüber geschimpft, daß der G. so demoliert worden ist. Aber machen konnten sie sowieso nix ...« Auch der Laden von einem Hemden- und Kurzwarenhändler sei dichtgemacht worden. Der Metzger an der Ecke sei ein Jude gewesen.«Anläßlich des 1. Mai stand der alte Herr mit seiner Schürze und hatte sein EK 1 vom Ersten Weltkrieg an der Brust und wollte dann auch zeigen – das hab' ich selber auch erlebt –, daß er doch auch Deutscher ist und für Deutschland seinen Kopf hingehalten hat.« »1937 war auch schon ein anderer Metzger da, also ein Deutscher.«

Eine 1922 geborenen Frau, Verkäuferin in einer Metzgerei, erinnert sich an ihren Weg zur Arbeit nach der »Kristallnacht«:

»Also, ich konnt' dat irgendwie nicht fassen.« Ihre Metzgerei lag in derselben Straße wie die Synagoge. »Und wenn samstags der Sabbat war, dann kamen die ganzen Juden ja dann dahin. Und wir hatten auch sehr viel Juden in Kundschaft, wo ich auch immer dann Ware hinbringen mußte ... Ich muß sagen, alles nette Kunden. Also, dat war'n für mich ...keine Juden ...Dat war'n für mich genauso Deutsche wie wir auch war'n. Die wohnten ja schon ewig dort. Dat is einem ja erst zum Bewußtsein gekommen, wie so viel davon geschrieben wurde, daß man sich da dann mal Gedanken drüber machte: ›Och, dat sind Juden.‹« Sie habe es nicht fassen können, daß Juden Unmenschen sein sollten, da sie sie ja persönlich kannte. Später erzählt sie, daß die Kristallnacht sie sehr beeindruckt und daß sie danach für die Nazis überhaupt nichts mehr übriggehabt habe. Sie sei kein politisch engagierter Mensch, sie verfolge alles und bilde sich ihre Meinung, würde sich aber nicht aktiv verhalten. Die Kristallnacht sei hier ein Einschnitt gewesen, »menschlich gesehen, daß sie den Leuten da alles haben kaputtgeschlagen. Und da kannte man so viele davon persönlich, auch als Kunden. Dann hörte man nachher, die waren weg.« Mehr habe man aber auch nicht geredet oder erfahren, sie sei auch noch zu jung gewesen, um zu begreifen, wo die dann hingekommen sind. Die waren dann einfach nicht mehr da. »Und dat konnt' ich einfach nich begreifen, daß ... dies überhaupt passiert war. Und da das ja immer schlimmer mit dem Krieg wurde, hatte man ja gar nich Zeit, da hatte man ja bloß immer den Kampf. Überleben, dat war wichtig.«

Durch die Erfahrung und sozialen Kontakte aus der Zeit vor dem Dritten Reich sowie durch eine nicht-antisemitische Grundhaltung, bestimmt durch ihre katholische Jugendgruppe, nimmt sie die Nazi-Judenpolitik als etwas Neues wahr, ganz im Gegensatz zur erlebten Tatsache, daß die Juden ja schon »ewig hier gelebt« hätten, Deutsche seien wie sie. Allerdings kolportiert sie dies aus einer Sichtweise der nachträglichen Hilflosigkeit: ›Man hätte ja nichts machen können.‹ Mit wachsenden Kriegsauswirkungen auf die Bevölkerung wird hier zugleich der eigene Kampf ums Überleben ins Zentrum gerückt. Vielfältig sind die Konfrontationen auf dem Weg zur Schule oder zur Arbeit am 10.November 1938 mit der weithin sichtbar brennenden Essener Synagoge und zerstörten Geschäften in zahlreichen Straßen: » ... gab ja viele Juden, die Geschäftsleute waren.« »Da ham' wir erst festgestellt, daß halb Essen jüdische Geschäfte hatte.« Das Ausmaß der Verwüstungen, Geschäftstrümmer, Zerrissenes, Zerstörtes im Straßenbild wird nicht selten bildhaft erinnert, aber stets im Zusammenhang mit Geschäften.[24] »Ich hatte keine jüdischen Bekannten, aber Juden waren alle Geschäftsleute.«

» ... meine Mutter sagte: ›Stell Dir mal vor, die stecken unsere Gotteshäuser in Brand.‹ Und meine Großeltern kauften viel bei Juden. Meine Oma hatte bei Juden gelernt, und meine Mutter hatte bei Juden gelernt ... Mein Onkel hatte bei B. gelernt, jetzt L. Ich kriegte meine Schuhe von S., wo jetzt W. ist. Werde ich nie vergessen, die hatten unten im Parterre ein riesiges Hexenhäuschen stehen – für die Kinder zum Spielen. Wo gab's das früher? Das hab' ich noch in Erinnerung, das war herrlich.«

Lehr- und Kaufverhältnisse werden genannt, die auf eine indirekte Erwähnung des Wechsels von jüdischen zu nichtjüdischen Inhabern hinauslaufen. Selbst noch Jahrzehnte später sind hier Namen und Ort der »arisierten« Firmen präsent, gehört es zum Alltagswissen, wer heute in den einst jüdischen Geschäften Geschäfte macht. Überhaupt sind die näherliegenden Erinnerungen an geschäftlichen und beruflichen Umgang stärker als Kindheitserinnerungen. An Anstellungsverhältnisse aus der Weimarer Republik erinnern sich Interviewte, an ein Sägewerk – »einem halbjüdischen Unternehmen«, an Arbeit »bei einem Juden, einem Kriegsgewinnler aus dem Ersten Weltkrieg«.
Eine 1910 geborene Frau aus Bottrop arbeitete in den 20er und Anfang der 30er Jahre bei einer jüdischen Familie in Holland im Haushalt.

» ... also wenn jetzt heute einer auf Juden schimpft, die sind ja nicht alle egal, wir sind ja auch nicht alle egal. Aber ich hab' ein schönes Zuhause gehabt bei den Juden. Ich war beim richtigen Rabbiner in Stellung ...« Sie erzählt dann über ihre Erfahrungen in Holland, erwähnt, daß sie erst vor einigen Jahren erfahren habe, daß die ganze Familie vergast worden sei. Wenig später fügt sie mit Bezug auf die Vernichtungslager hinzu: »Da gehörte so mancher Nazibonze rein, wollen wir mal ehrlich sein ... ich mein', dat sie mal Leute betrügen, tun wir auch, das ist alles menschlich. Aber ... wenn einer so auf Juden schimpft, dann sage ich immer: ›Haltet doch Eure Klappen, da haben wir unser Brot

---

[24] Vgl. Wolfgang Erler / Ursula Schlude, »Zertrümmerte Stühle und abgesägter Baum«, in: Niethammer / von Plato, op.cit., Bd. 3, 158 f.

verdient als Mädchen.‹ Hier war doch kein Brot für uns, meine ganze Nachbarschaft, die ganzen Mädchen waren doch alle in Holland.«

Andere erzählen von Lehrzeit in jüdischen Geschäften und Betrieben. Hierbei fällt auf, daß – wie ein Gesprächspartner sagt – gerade die älteren Leute nicht haßerfüllt gewesen seien gegenüber den Juden. Dies verweist erneut auf die Bedeutung sozialer Prozesse und Erfahrungen bei der Formierung der Einstellungen gegenüber Juden. Denn der Erfahrungshorizont der Älteren, die soziale und politische Erinnerungen aus der Zeit der Weimarer Republik haben, unterscheidet sich hinsichtlich sozialer Kontakte mit Juden erheblich von dem der sogenannten HJ-Generation, also der Altersgruppe der 1945 bis zu 19jährigen.[25] Dennoch gibt es in den Erzählungen so gut wie keine Erinnerungen an jüdische Kollegen oder an die politisch-staatlichen Einschnitte in das bürgerlich-emanzipierte Leben der jüdischen Bevölkerungsteile. Wenn überhaupt, dann wird die kontinuierliche Ausgrenzung der Juden in ihren Ergebnissen wahrgenommen. Der Zusammenhang von sozialer Verbesserung, zunehmender gesellschaftlicher Einbettung des individuellen und familiären Schicksals in die Dynamik des NS-Organismus einerseits und andererseits direkt proportionale Verschlechterung, soziale und rechtliche Degradierung der jüdischen Bevölkerung taucht in den erzählten Erinnerungen nicht auf. Das zeitgeschichtlich erschreckende Erfahren jener auch antijüdischen Normalität des Alltags zwischen Brüning und Adenauer leuchtet auch in den wenigen zitierten Interviews auf.[26]

Zwangsarbeit und der Beginn der anderen Zeiten: »Schick mir doch mal 'nen paar Judenfrauen ...«

Mit dem Jahr 1943/44 ergibt sich ein neuer Zusammenhang von Arbeitskontakten oder Wahrnehmungen im Straßenbild: die jüdischen Zwangsarbeiter, vor allem bei Krupp in der Regel jüngere Frauen.[27] In dieser Phase des Krieges war die Beschäftigung jüdischer Sklavenarbeiter und die Vernichtung durch Arbeit nicht mehr nur eine alltägliche Normalität der Beziehung von SS und Industrie im Rahmen der großen Konzentrationslager im Osten, sondern ein staatliches und privatwirtschaftliches Erfordernis der kriegswichtigen Produktion in den industriellen Zentren des Reiches. Und dazu gehörte die Fried. Krupp

---

[25] Vgl. Hübner-Funk, op.cit.

[26] Vgl. auch die zitierten Erlebnisberichte in: Walther H. Pehle (Hg.), Das Judenpogrom 1938. Von der ›Reichskristallnacht‹ zum Völkermord, Frankfurt/M. 1988.

[27] Vgl. Kapitel 1.; Ulrich Herbert, »Von Auschwitz nach Essen. Die Geschichte des KZ-Außenlagers Humboldtstraße«, in: Dachauer Hefte 2/2, 1986, 13-34; ders., Fremdarbeiter. Politik und Praxis des Ausländer-Einsatzes in der Kriegswirtschaft des Dritten Reiches, Berlin, Bonn 1985, 190f.; Edward L. Homze, Foreign Labour in Nazi Germany, Princeton, New Jersey 1967.

Gußstahlfabrik Essen. Für die 520 ungarischen Jüdinnen, die Krupp für das Essener Werk 1944 erhielt, errichtete die Firma ein von deutschen Krupp-Arbeiterinnen bewachtes Konzentrationslager. Die Bedingungen dort waren so unmenschlich wie in anderen KZ. Im Nürnberger Prozeß, wurden dazu Zeugen gehört, unter anderem aus dem Kreis der weiblichen deutschen Wachen. Alfried Krupp wurde in Nürnberg zu zwölf Jahren und seine Direktoren zu Strafen zwischen sechs und zwölf Jahren verurteilt.[28]
Eine Essenerin erzählt, daß sie gegenüber einem Zwangsarbeitslager gewohnt habe und eines Morgens Frauen in Zehnerreihen über die Straße kommen sah:

> »... die hatten Holzschuhe an, nackte Beine. Dann hatten die solche grauen Kleider und ihre Wolldecken um die Schulter. Die Haare waren ganz kurz geschnitten, und die Hände hatten die so verschränkt ... gingen einen ganz strengen, ganz schnellen Schritt und guckten auch nicht auf. Und dann hatten die furchtbar blasse Gesichter. ... konnten sie dann verfolgen, da war unten dieses Lager. Da gingen die dann rein. Vorher waren da in dem Lager Italiener, Franzosen ... Dann ging die Lagertür zu, dann sah man sie nicht mehr ... Die hatten Angst, die sprachen ja nicht, die sagten nichts, da konnten sie 'ne Kartoffel hinwerfen, die haben die Kartoffel nicht aufgehoben, vor Angst ... Und die sind dann geblieben so etwa ... gut ein halbes Jahr ... dann sah man plötzlich, daß die abtransportiert worden sind ...«

Deutsche Kruppianerinnen, die zu diesem Zwecke im KZ Ravensbrück ›weiterqualifiziert‹ worden waren, bewachten in Uniform und mit Knüppeln die zur Zwangsarbeit ins Reich deportierten Jüdinnen. Der morgendliche und abendliche Weg zwischen KZ und Werk erfolgte zu Fuß, mit der Straßenbahn. Viele Essener konnten es sehen. Dennoch sind in der Erinnerung »KZ-Greuel« an die Geschehnisse im Osten gebunden, nicht an diesen deutschen Alltag in Essen. So gab es z.B. Erlebnisse, die durch die Evakuierung aus anderen Gegenden mit nach Hause gebracht wurden. Eine Frau, die sich mit ihrer Familie vorübergehend bei Breslau in der Nähe von Pulverfabriken aufgehalten hatte, erzählt:

> »Dort waren Judenlager ... Ein Kollege hat beobachtet, wie von einem Wagen auf Schienen große Bündel, wahrscheinlich Leichen, runtergeworfen wurden. Als der Krieg zu Ende war, kamen die Juden aus den Pulverfabriken raus, sie waren völlig verhungert, sie konnten sich nur noch zu viert oder zu sechst stützen. Sie haben versucht, an irgendeiner Bäckerei Brot zu bekommen.«

---

[28] Vgl. Das Urteil von Nürnberg 1946, München 1961; Trials of War Criminals, Case 10, vol.9, Washington 1950; Benjamin Ferencz, Lohn des Grauens. Die verweigerte Entschädigung für jüdische Zwangsarbeiter. Ein Kapitel deutscher Nachkriegsgeschichte, Frankfurt/M., New York 1981, 99f.; Jörg Friedrich, Die kalte Amnestie. NS-Täter in der Bunderepublik, Frankfurt/M. 1984, 105f.

Der Begriff »Judenlager« rutscht in die distanzierte Erzählung wie ein Relikt jener Erzählbrocken von Soldaten auf Urlaub, die Erlebtes und Gesehenes zu Hause loswerden wollen. Werden jüdische Zwangsarbeiter erwähnt, sind in den meisten Erzählungen entweder die Nähe zum Kriegsende oder erste Erlebnisse im Nachkrieg damit verbunden. Dagegen muß hervorgehoben werden, daß die Krupp-Unternehmensleitung durch die SS die ungarischen Jüdinnen erst am 17.3.1945 deportieren läßt. Einige wenige tauchten rechtzeitig in Essen unter. Ein älterer sozialdemokratischer Vorarbeiter erzählt über die ersten Tage der Besatzungszeit 1945, wie er und andere Krupp-Arbeiter die Straßen Essens von Bombentrümmern freischaufeln mußten. Einer seiner Kollegen sagt dabei zu ihm:

»›Kennst du da die, die Frauen?‹ Ich sach': ›Wat für Frauen?‹ ›Ja, da.‹ Und da guck' ich, da kamen vier jüdische Mädches, vier jüdische Mädches kamen da und ... ein Mann ... in so'm grauen Kittel. Und da sachten die vier Mädches, ›och, Sie hier?‹ Ich sach: ›Ja.‹ ›Oh, das ist aber schade.‹«

Die jungen Frauen gehen weiter, und er sieht zur gleichen Zeit einen Krupp-Beschäftigten, der in seiner Abteilung Zwangsarbeiter drangsaliert hatte. Die Frauen sehen ihn ebenfalls und holen einen amerikanischen Soldaten. Auf Nachfragen erzählt der Arbeiter, daß der Verhaftete im Winter in der Abteilung die Beheizung durch einen Ofen verhindern wollte. Der Arbeiter erinnert sich, zu ihm gesagt zu haben: »Wir haben eine Schicht jüdische Frauen, eine Schicht russische Mädches und eine Schicht deutsche Frauen, ... der Ofen bleibt stehen.« Nach der Erzählung blieb der Ofen stehen. Voll Stolz wird von ähnlichen kleinen Hilfestellungen im Betriebsalltag erzählt. Dies ist generell charakteristisch für die Beschreibungen des Verhältnisses zu Zwangsarbeitern bei Arbeitern des Ruhrgebiets. »Daß das individuelle Verhältnis zu den ausländischen Arbeitern durchweg positiv geschildert wird, kann nicht überraschen. Wer würde sich selbst belasten in der Erinnerung? Auffällig ist aber, wie stereotyp die Beschreibungen sind, die sich bei manchen Interviewpartnern sogar innerhalb des Interviews in ähnlichen Wendungen wiederholen. Meist kreisen die Erzählungen um eine bestimmte gute Tat, die das eigene positive Verhalten sinnfällig macht.«[29] Diese Erzählungen sind zwar auch, aber nicht ausschließlich, als Entschuldigungsberichte zu werten. Daneben wird auch menschliches Mitempfinden in derartigen Berichten ausgedrückt. Im individuell-menschlichen Verhalten wird ein Maßstab gesehen – nicht zuletzt – in späteren Rechtfertigungen, aber auch als Erinnerung einer ansonsten »unterdrückten Solidarität«,[30] die in der

---

[29] Ulrich Herbert, »Apartheid nebenan. Erinnerungen an die Fremdarbeiter im Ruhrgebiet«, in: Niethammer, op.cit., Bd.1, 249.

[30] Vgl. Nori Möding, »›Das Denken der Privaten‹ und die ›große Politik‹. Zur Verarbeitung politischer Erfahrungen in Lebensgeschichten älterer Frauen aus dem Arbeitermilieu im Ruhrgebiet«, Manuskript.

NS-Zeit peinlich verschwiegen werden mußte. Ist dies im Hinblick auf polnische, russische, italienische und französische »Fremdarbeiter« auffallend, so kehrt die Erzählung über jüdische Zwangsarbeiter ständig dahin zurück – wie eine späte Vergewisserung richtigen Sozialverhaltens, wie eine indirekte Wiederholung jener weißwaschenden Beschwörung des einstigen »jüdischen Freundes, dem man geholfen habe«, die in den 50er Jahre zum Repertoire des deutschen schlechten Gewissens gehörte.

Die oben erwähnten jüdischen Frauen kamen, so der Interviewte, 1944 in den Betrieb. Meister und Vorarbeiter wurden am Vortag informiert, daß »250 jüdische Frauen« kämen, mit denen nur über Arbeit zu sprechen wäre. Am nächsten Tag, als die Frauen eintrafen – gebracht von einem Soldaten, bewacht von deutschen Frauen, darunter den freiwilligen Betriebsangehörigen – wurde Stacheldraht durch den Betriebsteil gezogen. Die Sklavenarbeiterinnen mußten sofort schwere körperliche Arbeit leisten. Er erinnert sich, daß unter ihnen »sogar« eine Ärztin gewesen sein soll, daß einige Deutsch gesprochen haben. Ein anderer Interviewter sagte das unverblümter: »Die eine war 'n Professors-Tochter, die eine war von 'nem Doktor und so, das waren meistens noch von zu Hause gut betuchte Leute gewesen ...«

Der Krupp-Vorarbeiter hat plötzlich Tätigkeiten und Befehlsgewalt auszuüben, die »normalerweise« nicht gerade einen Walzwerker kennzeichnen. Er ist in der Betriebshierarchie nicht mehr unten, er verfügt und befindet nun über eine größere Gruppe unter ihm. Er erfährt die Möglichkeit individuellen Aufstiegs, er wird Vorgesetzter: Er muß die Zahl der Jüdinnen überprüfen, sie am Tor der Wache übergeben, damit sie mit der Straßenbahn in ihr Lager gebracht werden können, die Essensausgabe ist zu kontrollieren, ganz zu schweigen von der Kontrolle der ganztätigen Arbeit der Sklavenarbeiterinnen. Er merkt es auch nachträglich in seiner Erzählung nicht, er wird zum Kapo. Aber in der eigenen Darstellung eben zum guten Kapo, er sorgt für Essen, setzt durch, daß die Mädchen sich einmal duschen können – mit Ata, besorgt ihnen etwas zum notdürftigen Reinigen der Kleider. Ein anderer Arbeiter aus seiner Abteilung dagegen, ein SA-Mann, beteiligt sich an den morgendlichen und abendlichen Zählungen mit brutaler Gewalt. Er jedoch versichert den Frauen: »›Mensch, Mädchen, sowas werdet ihr von mir nie erleben.‹ Denn ich war ja kein, kein Hitler, ne.« Dann kommt die Zeit der großen Bombenangriffe und Zerstörungen, er sieht die Frauen nicht mehr, da sie mit Ausbesserungsarbeiten beschäftigt werden. Nur auf Nachfragen erinnert er sich an weitere Einzelheiten. Nach seinem Bericht verfolgten die Frauen, obwohl durch Lager und Betrieb von allem ausgeschlossen, das Näherrücken der Front und wußten vom Kampf um Aachen. Sie wechselten hin und wieder mit ihm ein paar Worte. Er suchte dazu Vorwände, die sich aus dem Arbeitsprozeß ergaben; denn die SA-Leute in seiner oder anderen Abteilungen paßten auf. Im weiteren Verlauf schildert er, wie er von einem Kollegen um Hilfe gebeten wird:

»›Mensch, ... schick mir doch mal nen paar Judenfrauen rauf‹, sacht er, ›ich komm doch gar nicht durch‹ ... Und da hab ich ihm drei Stück rausgeschickt, ich weiß nicht, wann das war, so die Zeit, es war glaub ich schon zum Schluß, da hab ich ihm drei Stück rausgeschickt ...«

Erst auf Fragen nach Gewaltanwendung gegen die Jüdinnen erzählt er, daß eine der jüdischen Frauen – »nen schön großes Mädchen« – eines Tages nicht mehr an der Werkbank stand, daß die anderen ihm lakonisch sagten, sie sei tot. Die Wahrnehmung der Lage der jüdischen Zwangsarbeiterinnen durch den deutschen Arbeiter ist total segmentiert, auf die Stunden im Werk konzentriert. Es gibt kein vorher und kein nachher. Er stellt sich nicht in Frage, er stellt die Anwesenheit der Jüdinnen nicht in Frage. Denn immer kann er auf SA-Leute, Spitzel, die von seinem Verhalten unterschiedene Brutalität anderer verweisen. Und so bleibt es in der Erinnerung, Lebensgeschichte, Alltagsgeschichte bis in die 80er Jahre. Der Verteidiger von Krupp im Nürnberger Prozeß meinte 1984, daß ihm eine höhere Sterberate der Sklavenarbeiterinnen nicht bekannt sei:

»Im Kriege starben viele nicht zuletzt durch die Luftangriffe. Wenn dort innerhalb des industriellen Werkes Verstöße vorgekommen sind, wie sie ohne Zweifel vorgekommen sind, auch mal Schläge, Mißhandlungen, das ist sicher eine Maßnahme, die ich nicht billige und die kein Mensch gebilligt hat, aber in einem Masseneinsatz von Menschen, bei Krupp waren also eine halbe Million, glaube ich, Menschen beschäftigt, können sie nicht vermeiden, besonders wenn Sprachschwierigkeiten und Anstrengungen des Kriegs, Luftangriff usw. zukommen, daß einem Meister oder einem Vorarbeiter auch mal die Hand ausrutscht.«[31]

Verharmlosung und Relativierung noch nach Jahrzehnten. In all den Berichten aus dem Ruhrgebiet, ob über die Nachbarschaft, die Schule oder den Betrieb kann man den Erfolg der NS-Politik sozialer, ökonomischer und kultureller Ausgrenzung feststellen. Keiner der Zitierten war offensichtlich am physischen Morden beteiligt, ja aus den Erzählungen mancher spricht, daß langwährende Moralvorstellungen, humanitäres Verhalten und natürliche emotionale Reaktionen durch den NS-Kult von der Herrenrasse nicht völlig ausgelöscht werden konnten. Ob allerdings der in vielen Interviews mitschwingende Duktus – Juden seien auch Menschen – bereits ein alternatives Menschenbild mit entsprechenden gesellschaftlichen Konsequenzen beeinhaltete, bleibt aufgrund einer schlichten Tatsache mehr als fraglich: Auch im Betrieb sind die Juden eben eines Tages nicht mehr da, verschwunden – nach der Erinnerung des zitierten Krupp-Vorarbeiters. Allerdings bleibt dennoch keine Zeit für Amnesie. Einige »Judenmäd-

[31] Zit. n. Lea Rosh, »Vernichtung durch Arbeit. KZ-Häftlinge: Sklaven für die deutsche Industrie«, Hörfunk-Manuskript des SFB, Berlin, 4.11.1984.

chen« tauchen in den Ruinen des Essener Nachkriegs wieder auf – aber nur einige, nicht 250 oder gar 520.
Daß individuelle Werthaltung, Identifikationen, Verhaltensnormen und das Verständnis gesellschaftlicher Schuld und Verantwortung hinsichtlich der Geschehnisse bei Krupp weit auseinanderklaffen können, zeigt sich, als der zitierte Vorarbeiter über eine Vorladung zur Gestapo spricht. Das Erlebnis dort hat unmittelbar nichts mit der Betriebsrealität zu tun, liegt wahrscheinlich auch vor der Zeit, in der die Jüdinnen in seiner Abteilung waren. Als er, so seine Erinnerung, das Gebäude der Gestapo betritt, verlassen zwei Juden das Haus, die »einen Stern« hatten. Er wird durch einen Gang geführt:

> »... jetzt standen da, alle jüdischen Frauen und Kinder, ganz eng aneinander. Jetzt mußten wir daran vorbei ... Was mein' Se, was der mit die gemacht hat? Getreten, die Frauen, die Kinder, ›ihr verfluchte Biester, Platz hier!‹ Und immer getreten. Was mein' Se, was mir mein Herz wehgetan hat. Ach, ich dachte bloß, Menschenskinder, Mensch, ich hab vor Wut, vor Wut hab ich gezittert.« Wenig später sagt er unvermittelt: »Ich hab schon manchmal gedacht, daß die Juden, daß die sich nicht gerächt haben. Ich glaube, ich hätte mich doch, ich hätte mich doch gerächt. Menschenskinder, sowas, ganze Familien ausrotten, ne. Der Amerikaner, der war viel zu human ...«

Auch die Abrechnung mit den Mördern war eine Sache »von denen da oben«, Politik.

Anfang 1951 wird der lächelnde, aber bleiche Alfried Krupp von Bohlen und Halbach mit einem riesigen Blumenstrauß vor dem Tor des Kriegsverbrecher-Gefängnisses Landsberg begrüßt. Der US-High Commissioner, John McCloy, hatte »im Bestreben, die Gerechtigkeit mit Gnade zu erfüllen«, seine Freilassung und die Aufhebung der Konfiszierung des Krupp-Vermögens angeordnet.[32]

Die Neuordnung von Erinnerung und Vorurteilen

Ein bereits zitierter Maschinenschlosser, der erst begeisterter Pimpf und dann ebenso begeisterter SS-Mann war, kehrte nach 1949 ernüchtert aus der Kriegsgefangenschaft zurück. Er setzte bald seine Lehre fort und engagierte sich in der Gewerkschafts- und Betriebsratsarbeit. Gefragt, wie dieser Wechsel sich vollzogen habe, antwortet er: »Nazi bin ich nie gewesen. ... Wir waren doch überhaupt nicht weltanschaulich geprägt, nicht geschult.« Der Interviewer fragt ihn, wie er

---

32 Vgl. Ferencz, op.cit., 104f.; Edwin Hartrich, The Fourth And Richest Reich, New York, London 1980, 257.

das meine, denn er sei doch in der NSDAP, im Jungvolk, bei der Waffen-SS gewesen und habe nach eigenen Worten die Welt erobern wollen.

> »... die Welt erobern, um ihnen unseren Lebensstandard, der ja für mich hervorragend war, der für mich Vorbild war, der dem nordischen Typ der Herrenrasse ... Das wollt ich doch der Welt zuteil werden lassen.« Der Interviewer fragt, was denn für ihn richtige Nazis seien. »Das sind Nazis, das sind Nazis, die das wollen. Nech. Ist klar. Aber im Grunde genommen so verschwommene Vorstellungen, wissen Sie. Da blieb da mal was hängen, da blieb da mal was hängen, und da war man stolz darauf, daß man Uniform hatte. Und da hat man mitgezogen, hat mitgeschrien ...«

An anderer Stelle des Gesprächs betont er, daß er nicht verschweige, in der Waffen-SS gewesen zu sein, er könne nicht die, die an seiner Seite gefallen sind, »im Stich lassen«. »Denn unser Idealismus ist verfeuert worden und sonst gar nichts.«[33]

Derartige Aussagen im Sinne des mißbrauchten jugendlichen Idealismus sind nicht selten, selbst wenn man sich vor Augen führt, daß nicht jeder, der so dachte, in der Waffen-SS war. Aufschlußreich ist der umgangssprachliche Gebrauch von Begriffen wie »weltanschaulich« einerseits und die Nennung von Elementen des nationalsozialistischen Alltags eines aktiven und »stolzen« Soldaten für Führer, Volk und Vaterland andererseits. Diese werden nicht als Weltanschauung, Ideologie, begriffen, sondern als dem jugendlichen Idealismus unterliegende und ihn befördernde Elemente. Wie weit die Jahre nach dem Krieg die Interpretation des Zurückliegenden beeinflussen, deutet der Begriff »Lebensstandard« an, dessen Höhe weniger mit dem nordischen Typ und dem Dritten Reich als vielmehr mit dem sogenannten Wirtschaftswunder nach 1945 zusammenhängt. Die Anerkennung des neuen »Made in Germany« in der Welt wirkt ebenso identitätsbildend im Arbeiterbewußtsein der 50er Jahre wie die Identifizierung mit dem Arbeitsprozeß und dessen gelungenem Ergebnis.[34] Verpackt in der zitierten Formulierung steckt aber auch die Erfahrung der Krisenüberwindung und der sozialen Verbesserung in den 30er Jahren. Eine bestimmte Form individueller Verarbeitung wird deutlich in der Erkenntnis des Unrechtscharakters des NS-Regimes. Seine »erste Konfrontation mit den nazistischen Tatsachen« habe er als Rekrut eines SS-Panzerregiments in einer Kaserne bei Buchenwald

---

[33] Vgl. Lutz Niethammer, »Heimat und Front. Versuch, zehn Kriegserinnerungen aus der Arbeiterklasse des Ruhrgebiets zu verstehen«, in: ders. (Hg.), »Die Jahre weiß ...«, Bd.1, op.cit., 213f.

[34] Vgl. Bernd Parisius, »Arbeiter zwischen Resignation und Integration. Auf den Spuren der Soziologie der fünfziger Jahre«, in: Lutz Niethammer (Hg.), »Hinterher merkt man, daß es richtig war, daß es schiefgegangen ist.« Nachkriegserfahrungen im Ruhrgebiet. Lebensgeschichte und Sozialkultur im Ruhrgebiet 1930-1960, Bd.2, Berlin, Bonn 1983, 107f.; Alexander von Plato, »Nachkriegssieger. Sozialdemokratische Betriebsräte im Ruhrgebiet – eine lebensgeschichtliche Untersuchung«, in: ibid., 311f.

gehabt. Dort hätte er sehen können, wie die Häftlinge bei der Arbeit behandelt worden seien. Das sei für ihn »erschütternd und niederschmetternd« gewesen, er hätte aber versucht, das »nachher zu überspielen«.[35] Verschiedene Formen, Schichten der Verarbeitung stehen unvermittelt neben- oder übereinander: Enttäuschter Idealismus, positive Haltung zu bestimmten aktivistischen Formen kollektiven Engagements, Selbstverständnis von Schuldfreiheit, Ansätze einer Reflektion der mit der NS-Sozialisation verbundenen weltanschaulichen Indoktrination, emotionale Bindung an die, die an seiner Seite fielen. Die individuelle Verwicklung in die NS-Mechanismen ist weitestgehend auf das Soldat-Sein bezogen und steht relativ disparat neben Aussagen zur Gesellschaft, zu individueller gesellschaftlicher Verantwortung. Juden spielen in seinen Erinnerungen nur in bezug auf Buchenwald – und hier nur sehr untergeordnet – sowie bezüglich seiner Kindheitserinnerung an den Metzger an der Ecke eine Rolle. Er erzählt die bereits zitierte Episode über den Metzger, der das EK 1 trug und 1937 verschwunden war, über dessen Verbleib er jedoch nichts wüßte. Auf Nachfragen erinnert er sich an weitere Einzelheiten:

> »Metzger Koppel hatte zwei große Söhne. Aber so richtig typische Juden, große, stabile Kerle, schwarzlockiges Haar, und dann so schwarze Typen, aber so richtig typische Juden. Was daraus geworden ist, weiß ich nicht.«

Nun muß hier natürlich abermals betont werden, daß die Interviews Anfang der 80er Jahre durchgeführt wurden. Er beschreibt eine Erinnerung, die im Laufe der Zeit offensichtlich ihre Auf-Wertung erfahren hat. Man kann das Zitat so lesen, daß große stabile Kerle mit schwarzlockigem Haar typische Juden sind. Und man kann den zweiten Teil so lesen, daß solche schwarzen Typen richtig typische Juden sind. Was hier aber vor allem erfolgt, ist zweifellos die – mit Hilfe der deskriptiven Adjektive – übertreibende Umkehrung des antisemitischen Stereotyps vom Äußeren des typischen Juden. Die bucklige, hakennasige mit hinterhältigem Blick und schwarzen Zottelhaaren versehene Gestalt aus Grimms Märchen oder – je nach Altersgruppe – aus dem »Stürmer«, die alle arischen Mädels in Angst und Schrecken versetzen sollte, weicht einer neuen, nunmehr ins Positive übertriebenen Gestalt von hehrer Größe. Erneut sei gesagt, vielleicht trifft dies sogar auf die zwei Metzgerssöhne zu, die sich wiederholende Intensität der Beschreibung ist allerdings charakteristisch für stereotypes Denken über Juden. Daß es sich hierbei um keinen Einzelfall handelt, belegen folgende Bemerkungen, die in Situationsschilderungen fallen. Eine 1901 geborene Arbeiterin erzählt von jüdischen Kaufleuten, bei denen man für wenig Geld und auf Abzahlung kaufen konnte und fügt hinzu: » ... und das waren ... so nette Leute«, und die hatten »so schöne Kinder«. In einer anderen Schilderung der Beziehung zu jüdischen Kunden erzählt eine Verkäuferin des Jahrgangs 1922 über ihre Ein-

---

35 Vgl. Niethammer, »Heimat und Front ...«, op.cit., Bd.1, 213f.

drücke und Wahrnehmungen, wobei nicht genau zu bestimmen ist, was erst durch die NS-Propaganda ausgelöst worden ist.

> »Und ich muß auch sagen, ich habe sehr, sehr viele nette Leute kennengelernt, also, überhaupt kein Unterschied. Für mich waren et eben alles nur Menschen. Nur, wenn ich mit meinem Körbchen dann da vorbeiging samstags morgens, und da konnte man ja wirklich schon bei den Juden Reichtum sehn, allein schon die großen Wagen, die die hatten ... Gucken Sie, ... weil ich so alles immer bloß gesehn hab' – schöne Menschen, vor allen Dingen die Mädchen ... Die guckte ich mir an, weil man ja bedingt ... vorher hab' ich das überhaupt nicht empfunden, aber wie die Nazis dann drankamen, ob Sie jetzt Zeitungen lasen, oder der Stürmer, die da in den Kästen hingen, man hat da besonders dann auf sowat geachtet, weil die ja nur schlecht gemacht worden sind. Also, die Juden ... irgendwie hab ich gedacht: ›Mein Gott, das sind doch genauso Menschen, kann doch einfach nich wahr sein, was die da alles so schreiben in der Zeitung ... Hab' ich das aber irgendwie auch gar nich bewußt wahrgenommen, was da passiert ist. Dat hab' ich tatsächlich alles dann erst erfahren, wie der Krieg zu Ende war.« In der Folge des Interviews kommt sie hierauf zurück. Sie erinnert sich an die kritischen Bemerkungen ihres Vaters über Kollegen, die sich anpaßten, andere denunzierten. »Und vor allen Dingen, wie dat mit den Juden war. Und wir hatten sehr viel Kontakt mit Judenfamilien. Dat war'n für uns Familien wie jede andere. Ob dat jetzt beim Fleischer war, dat war'n Jude, da gingen wir kaufen. Und zu Ostern, weil wir eine große Familie war'n, packte der uns immer ...noch' n großes Paket ein ...«

Die bildhaft propagandistische Wirkung des »Stürmers« ist hier angedeutet und einige der Widersprüche, die Übergänge im Bild vom Juden charakterisieren. Sie waren reich, fuhren große Wagen, aber der jüdische Fleischer war sozial, beschenkte die Armen. »Der Stürmer« malte das Bild vom häßlichen Untermenschen, nach genauerem Hinsehen ergab sich jedoch, daß es schöne Menschen waren, vor allem die Mädchen. Beides, die Fleisch- und Wurstpakete des Metzgers wie auch die schönen jüdischen Mädchen mögen Wirklichkeit gewesen sein, aber beides deckt sich auch mit Juden betreffenden Stereotypen, die sich in den 40ern und 50ern entwickelten. Zugleich sind hier gesellschaftliche Stereotype wirksam, die nicht unbedingt immer mit Juden verbunden sein müssen. Die Sichtweise der das Aussehen, Kleidung, Frisuren betreffenden Möglichkeiten einer vermögenderen Schicht existiert natürlich auch unabhängig von nationalistischen, rassistischen und antisemitischen Vorurteilen in der Sozialerfahrung der Zitierten. Schönheitsideale, Wünsche, Neid können hineinspielen. Allein durch die Häufung mit anderen Stereotypen ergibt sich ein relativ traditionelles Juden betreffendes Paket von Vorurteilen. Das trifft auch auf eine weitere Erfahrung zu, den jüdischen Arzt, der sich aufgrund der Armut der Patientin als besonders hilfsbereit – und zwar über das rein Medizinische hinaus – erwies. In solchen Erzählungen deutet sich u.a ein philosemitischer Nachkriegsfilter an, durch den so manche Juden betreffende Erinnerungen den normalen Zeiten angepaßt wurden. Aber es handelt sich hierbei nicht um reine Hirngespinste oder erneute Indoktrination. Es gibt dafür Grundlagen in bestimmten individuellen und gesellschaftlichen Erlebnissen in Familie, Nachbarschaft und in der Arbeit, die eine gesellschaftliche Wertung und Umwertung in der politischen Kultur der entstehenden Bundesrepublik erfahren. Sie sind von Bedeutung in der Erinnerung, in der lebensgeschichtlichen Erzählung, in der Wortwahl, nicht weil sie in erster Linie der einst erlebten tagtäglichen Wirklichkeit, sondern weil sie dem späteren moralischen und kulturellen Diskurs über Juden entsprechen.

Problematischer ist die Bandbreite der Einstellungen, wenn die Rede auf die überlebenden, zurückgekehrten oder vermeintlich zurückgekehrten Juden kommt. Diese reicht vom Humanitären bis zur Reaktualisierung antijüdischer Schablonen. Ein 1916 geborener Angestellter aus Essen, sagt, nachdem er geschildert hat, wie sich in seiner Familie das Leben nach der »Machtübernahme« »normal weiterentwickelt« hat:

> »Meine Frau kannte einen Juden, dem hat sie geholfen. Nach dem Krieg haben wir von denen viel Unterstützung gekriegt ... KZ wollten manche nicht wahrhaben, aber gewußt haben es alle ... Unsere jüdischen Bekannten sind wohl alle nach Theresienstadt gekommen und aber auch zurückgekommen. Meine Frau hat denen immer geholfen. Wie das im einzelnen war, weiß ich nicht mehr, ich war ja immer weg.«

Kenntnis über die Vernichtungslager aus der Zeit vor dem Mai 1945 wird oftmals zwar zugegeben, genauso oft, wenn nicht häufiger, allerdings wird das Wissen darum auf den Nachkrieg verschoben. Dies fällt insbesondere auf, wenn keine Erinnerung an ein persönliches Erlebnis erzählt wird. Die NS-Verbrechen werden weggeschoben, auf Distanz gehalten, man hatte vor 1945 zu lernen, zu arbeiten, Soldat zu sein, und man hatte nach 1945 »zu arbeiten, um zu überleben«.

> »Aber, wie gesagt, ich hab ... von keinem gehört, der verfolgt worden ist wegen seiner politischen oder rassischen Eigenschaften. Ich kenne keinen, das habe ich also auch nie begriffen. Es fing also nach dem Krieg durch die Medien an, da wurde erzählt, die Nazis hätten die Juden angesteckt und verbrannt. Da haben wir nur gesagt, die sind bescheuert. Genau wie aus dem Ersten Weltkrieg die abgehackten Kinderhände ... Ich weiß nur, hier war vor dem Krieg ein Schrottjude, H. hieß der. Der hatte also eine alte Bruchbude, der hatte einen Pferdewagen und zog damals durch die Gegend und sammelte Schrott. Und der hat hier bei meinem Großvater immer den Schrott abgefahren.« Er erzählt weiter, wie er als Kind mitbekommen habe, daß der Großvater zu einem der anderen Fuhrleute sagte: » ... der H., das ist doch wirklich mal ein anständiger Jude.« Da sei ihm erzählt worden, wie er betrogen werde. Der Großvater will das erst nicht glauben, überprüft es dann »und hat das bestätigt bekommen. Und dann kam also der Krieg, und irgendwann war der Jude weg.

Weiß ich also nicht, ich hab ... nicht erlebt, wie der verschwunden ist, weil ich ja auch nicht mehr hier war. Jedenfalls nach dem Krieg war der wieder da. Und hat sich hier wieder um den Schrott beworben. Und hat also hier auch den Schrott wieder abgefahren. Und, irgendwie klang das in mir noch nach. Und da bin ich hinterher gefahren. Genau dasselbe. Und dann kam er, als er kapiert hatte, daß ich das gesehen hatte und wollte mich also mit Geld zum Schweigen bringen. Da hab ich mit dem alten H. hier auf dem Hof im Wagen gesessen, der hatte einen alten Borgward. Da hatte noch keiner ein Auto, da hatte der einen Borgward und einen großen Magirus-Deutz 5 Tonner-LKW. Das hat der als Wiedergutmachung bekommen. – Und dann erzählte er mir, daß er mit der ganzen Familie ein paar Mal vor der Gaskammer gestanden hätte.« Aus dem Gespräch mit H. referiert er weiter dessen Bemerkung über die Renten, die die ganze Familie erhält, daß H. krank sei und die Kur »auf Wiedergutmachung« gehe. Und er summiert: »Der hat 'ne Villa, 'nen LKW, den Borgward als Wiedergutmachung bekommen. Und er macht seine Geschäfte wieder. Ja, ... das ist der Grund, warum die Leute nicht gut auf ihn zu sprechen waren.«

Mit der gleichen Offenheit schildert der 1926 geborene Kraftfahrzeugmechaniker und spätere Unternehmer aus Bochum auch eigene Aktivitäten diesseits und jenseits der Legalität oder die Diebstahls- und Schwarzmarktgeschäfte in der unmittelbaren Nachkriegszeit, die zum »Überleben« notwendig gewesen wären.[36] Er beginnt seine Erinnerung damit, daß er niemand kannte, der verfolgt wurde, um dann dennoch seine Geschichte des Schrottjuden zu erzählen. Der Jude war weg, und dann war er wieder da. Etwas klang nach beim Erzähler, nicht das Problem der Verfolgung, nicht die Frage, woher diese jüdische Familie denn zurückgekommen sei, sondern ob dieser Jude nun ein anständiger Jude sei oder nicht. Daß er das gemäß der Erzählung nicht ist, macht ihn nun nicht etwa zum unanständigen Schrotthändler; denn das antijüdische ökonomische Stereotyp unterlagert die ganze Erinnerung. Er mache seine Geschäfte wieder, und daher waren die Leute nicht gut auf ihn zu sprechen. Derartige traditionelle Verbindungen werden nun in der Erinnerung an die 50er mit der Wiedergutmachung verbunden, wobei die erinnerte Episode zeitlos ist. War sie kurz nach Kriegsende, so hat die jüdische Familie wohl kaum hohe Wiedergutmachungszahlungen zur Verfügung gehabt, war sie in den 50ern, so dürfte sie kaum unter den ersten mit PKW und LKW gewesen sein. Das beobachtete unredliche Verhalten des alten H. ist der Knoten, an dem tradierte Vorurteile aufgereiht werden können. Überdies kann somit die Wiedergutmachung in das ökonomische Stereotyp der reichen Juden eingebaut, ihre Ursache muß nicht mehr hinterfragt werden.

---

[36] Vgl. Ulrich Herbert, »Erinnerungen in Fertigteilen: Über die Erzählform von Herrn Becker«, in: Literatur und Erfahrung 10, Oral History – Geschichte von unten, Berlin 1982, 25-37.; Erler / Schlude, op.cit., 152f.

»Von der Regierung werden Gelder gezahlt für Leute, die gar nicht umgekommen sind. Ich habe gehört, daß nachgewiesen ist, glaubwürdig, daß für Juden bezahlt wird, die heute noch leben. Für Einzelheiten hab' ich mich nicht interessiert.«

Was sagte die bereits zitierte Kellnerin im Gespräch mit Julius Posner, als es darum ging, ob die überlebenden Juden alle zurückkommen und auf ihre Rechte pochen sollten: »Vielleicht wäre es doch besser so, daß nicht allzuviele kämen.«[37]

Juden in der öffentlichen und nichtöffentlichen Meinung zwischen Besatzung und Souveränität

Die Vielzahl der zitierten Erinnerungen, Meinungen, Einstellungen und Wertungen legt natürlich die Frage nahe: Wie repräsentativ sind die zitierten Erinnerungen; denn es wurden hier ja, wie bereits erwähnt, nur Interviews herangezogen, die Aussagen zum Thema enthalten. Hierzu seien daher zusätzlich aus einigen Umfragen Ende der 40er/Anfang der 50er Jahre in der Bundesrepublik Ergebnisse herangezogen.
Auf die Frage[38]: »Würden Sie sagen, es ist für Deutschland besser, keine Juden im Land zu haben?« antworteten im Dezember 1952 37% ›Ja, es ist besser‹, 19% ›Nein, ist nicht besser‹ und 44% waren unentschieden. Eine dieser Umfrage vorausgehende Befragung im Auftrag von HICOG[39] vom Oktober 1951 in allen Westzonen ergab, daß 27% es persönlich vorzogen, daß die noch in Deutschland lebenden Juden emigrieren. 26% wollten die Juden im Lande lassen, 37% waren unentschieden. Weiter unten wird darauf eingegangen, daß 1951/52 die öffentlichen und nicht-öffentlichen Erörterungen der Wiedergutmachung erheblich auf die Einstellung zu Juden wirkten. Aber Ende der 40er Jahre gab es natürlich eine weitere Tatsache, die die Haltung zu Juden zunehmend beeinflußte. Der HICOG-Report zitiert hierzu aus den Antworten:

»I don't know – they ought to go to Jerusalem, that's where they belong.« (Pensioner, female, 61, Wttbg.) »They have always been a stumbling-block in foreign countries – they should go to their own country and not be a burden to other countries.« (Housewife, 39, Lower Saxony) »Each race should go where it came from.« (Chemist, male, 20, North-Rhine-Westfalia) »Actually

[37] Posner, op.cit., 112.
[38] Folgende Daten nach Elisabeth Noelle / Erich Peter Neumann (Hg.), Jahrbuch der öffentlichen Meinung 1947-1955, Allensbach 1956², 128f.
[39] HICOG, Reactions Analysis Staff, German Opinions on Jewish Restitution and some Associated Issues, Report No.113, 5.12.1951; vgl. Merritt, op.cit., 146.

I like to see them outside of our country, since they are of no use to us anyhow.« (Student, male, 20, Hesse) »The Jews have a motherland, too, let them go there.« (Son, 16, Bavaria)

70% konnten sich im August 1949 nicht vorstellen, jemanden jüdischer Abstammung zu heiraten, 22% antworteten mit ›vielleicht‹ und 8% mit ›ja‹. Nur 25% der Befragten sagten, sie hätten keine nähere Bekanntschaft mit Juden in ihrem Leben gemacht. 66% hatten bis 1939 Bekanntschaft mit Juden gemacht, 5% zwischen 1939 und 1945, nur 8% nach 1945.[40] Dies bestätigt, daß ältere Deutsche umfassendere Sozialerfahrungen mit Juden besaßen, während die jüngeren Generationen geringere direkte Kontakte hatte und stärker der antijüdischen Sozialisation im Dritten Reich ausgesetzt war. 37% hatten gute Erinnerungen an diese Bekanntschaften und nur 9% schlechte. (Allerdings ergab sich 1961 die erstaunliche Tatsache, daß 43% privat oder geschäftlich »jemand jüdischer Abstammung« kennengelernt hatten.)[41] 1949 zeigte sich in Antworten auf Fragestellungen nach der Einstellung gegenüber Juden, daß diese zu 51% auf persönlichen Erlebnissen, zu 39% auf erzieherischen Einflüssen, zu 12% auf religiösen und zu 10% auf rassischen Ansichten basierten, um nur die wichtigsten Faktoren zu nennen. Nur 6% stellten den Zusammenhang mit politischen Ansichten her, was erneut sowohl auf die Nicht-Verarbeitung der NS-Indoktrination als auch auf die Grenzen der Re-education verweist. Nach jüdischen DPs befragt, verneinten 73%, daß diese ihre Ansicht über Juden beeinflußt hätten. 39% meinten, Juden seien aufgrund ihrer Geschäftstüchtigkeit unbeliebt, 31% hielten diese Meinung für falsch. Als Ursache des Antisemitismus bezeichneten 53% die Eigenheiten jüdischer Volksgruppen und 30% die antisemitische Propaganda. HICOG-Umfragen im Dezember 1951 und 1952 ergaben, daß über 50% der Befragten nicht nur jegliche allgemeine Schuld für die Missetaten des Dritten Reiches von sich wiesen, sondern auch jede allgemeine Verantwortlichkeit der deutschen Bürger für die begangenen Taten.[42] Auf die Frage des Allensbacher Instituts, ob Deutschland gegenüber den noch lebenden deutschen Juden die Pflicht zur Wiedergutmachung habe, antworteten im August 1949 54% mit Ja, 31% mit Nein und 15% waren unentschieden. Im August 1952 hielten es 44% für überflüssig, an Israel als Wiedergutmachung drei Milliarden Mark in Waren zu zahlen. Die unterschiedlichen und schwankenden Ergebnisse zeigen, daß diese zunächst als Tendenzen, als Relationen betrachtet werden sollten und nicht als absolute Größenordnungen. Ein Vergleich von Daten über Antisemitismus in

---

40 Vgl. Noelle/Neumann, op.cit.

41 Elisabeth Noelle / Erich Peter Neumann (Hg.), Jahrbuch der öffentlichen Meinung 1958-1964, Allensbach, Bonn 1965, 215.

42 HICOG, Report, op.cit.; vgl. Report, No. 167, 12.1.1953.

Deutschland Ende der 40er/Anfang der 50er Jahre ergibt: »Die Verbrechen sind zunehmend delegitimiert worden, die Schuld (oder deren Konsequenzen) hingegen wurde mehr und mehr abgelehnt.«[43]
Die NS-Verbrechen können verurteilt, die Schuld oder Verantwortung aber auch abgelehnt werden. Man spricht sich gegen die »Arisierung« aus, lehnt aber die Restitution oder Formen der Wiedergutmachung ab, die den einzelnen Deutschen betreffen könnten. Man akzeptiert, daß Juden auch Menschen und alle Menschen gleich seien, vertritt aber die Meinung, daß Juden lieber unter ihresgleichen sein sollten. Ein Problem für die Interpretation liegt hier im Fehlen von langfristig angelegten Folge-Studien und unterschiedlichen Definitionen antisemitischer Einstellungen.[44]
Grundsätzlich können antisemitische und nicht-antisemitische Einstellungen nicht immer unterschiedlichen Personen zugeordnet werden. Bevor darauf kurz einzugehen ist, sei die vom Allensbacher Institut in offenen Interviews herausgearbeitete repräsentative Einstellung der Westdeutschen zu Juden von 1949 zitiert:

Frage: Wie ist überhaupt Ihre Einstellung gegenüber den Juden?

	Aug. 1949	Dez. 1952
Tolerante Äußerungen	41%	23%
Zurückhaltende Äußerungen	15%	18%
Antisemitische Äußerungen	23%	34%
Philosemitische Äußerungen	6%	7%
Kein Urteil	15%	18%
	100%	100%

(Quelle: Noelle, E. / Neumann, E. P. (Hg.), Jahrbuch der öffentlichen Meinung 1947-1955, Allensbach, 1956, 128)

43 Frederick D. Weil, »Umfragen zum Antisemitismus. Ein Vergleich zwischen vier Nationen«, in: Bergmann / Erb, op.cit., 131f.; vgl. ders.«The Imperfectly Mastered Past: Anti-semitism in West Germany Since the Holocaust«, in: New German Critique 20, 1980, 135-153.

44 Vgl. Lucy S. Dawidowicz, »Can Anti-Semitism be measured?« in: Commentary 1/ 50, 1970, 36-45; Michael May, »Can Prejudice be Measured? Two Case Studies on Antisemitism in Switzerland«, in: Research Report, Institute of Jewish Affairs 18, London 1981.

Wie ist dieses Ergebnis nun im Vergleich mit einer anderen Analyse zu werten? Im Frühjahr 1950 wurde das Frankfurter Institut für Sozialforschung von Max Horkheimer und Theodor W. Adorno nach deren Rückkehr aus der Emigration wiedergegründet. Im Winter 1950/51 führte das Institut eine umfassende Untersuchung mit dem Ziel durch, »die Oberfläche der öffentlichen Meinung, so wie sich offiziell bekundet, zu durchdringen und ein wissenschaftlich fundiertes Urteil zu ermöglichen, wie charakteristische Gruppen der Bevölkerung der Bundesrepublik zu weltanschaulichen und politischen Fragen tatsächlich stehen.«[45] Das Material ergab sich aus 121 Gesprächsrunden, in denen das Thema Juden und Antisemitismus angesprochen wurde. Bei der Auswertung der Juden betreffenden Aussagen, verwendete das Institut vier Kategorien »für die Graduierung der Einstellung« – nicht-antisemitisch, pro-jüdisch, bedingt antisemitisch, antisemitisch: »Als nicht-antisemitisch wurden vorurteilsfreie Diskussionsbeiträge graduiert. Einzelne pro-jüdische Äußerungen bedeuten manchmal eine mißglückte Abwehr antisemitischer Stereotype. Der Kategorie projüdische Einstellung gaben wir wegen dieser Zweideutigkeit den Platz zwischen nicht-antisemitisch und bedingt antisemitisch. Mit der Kategorie bedingt antisemitisch wurden Diskussionsbeiträge erfaßt, in denen Sprecher die Juden geringer sozialer Distanz von ihrem Vorurteil ausnehmen. Die Einteilung der Juden in die guten, die man kennt, und die bösen, die man nicht kennt, ist selbst ein antisemitisches Stereotyp ... Als antisemitisch wurden die Diskussionsbeiträge klassifiziert, die sich radikal, ohne Einschränkung, gegen die Juden äußerten.«[46] Von denjenigen, die zu diesem Thema in den Diskussionsrunden etwas sagten, verhielten sich 28% nicht antisemitisch, 10% betont projüdisch, 25% bedingt antisemitisch und 37% extrem antisemitisch. Aber fast entscheidender noch als dieses Ergebnis ist die Tatsache, daß 78% der Teilnehmer das Thema Juden überhaupt nicht anschnitten. In folgenden Diskussionsgruppen wurde es noch nicht einmal erwähnt: »Gruppen ehemaliger Offiziere, die die Diskussion dieses Themas ostentativ vermieden ... Gruppen von Jugendlichen, die Juden kaum kennen und infolgedessen keine Stellung nahmen. Gruppen aus den ärmsten Schichten der Bevölkerung, die häufig in Notunterkünften untergebracht waren, und verständlicherweise so in ihren eigenen Sorgen befangen sind, daß sie nicht mehr die Energie aufbringen, an das Elend anderer Menschen zu denken. Bei allen Gruppen spielte natürlich die Abneigung, diesen heikelsten Punkt zu berühren, eine wichtige Rolle.«[47]

---

[45] Max Horkheimer / Theodor W. Adorno, Vorwort, in: Friedrich Pollock, Gruppenexperiment. Ein Studienbericht, Frankfurt/M. 1955, Vf.; vgl. Theodor W. Adorno, »Schuld und Abwehr. Eine qualitative Analyse zum Gruppenexperiment«, in: ders., Gesammelte Schriften, Bd.9/2, Frankfurt/M. 1975, 121f.
[46] Pollock, op.cit., 125.
[47] Ibid., 162f.

Bei den nicht-antisemitischen Äußerungen wurde auf die Gleichheit der Menschen durch die Geburt verwiesen, daß jeder nach seiner Religion leben können muß und daß die Verfolgung der Juden ein ewiger Schandfleck für Deutschland sei. Die Rassenfrage sei Unsinn, der Haß gegen die Juden oft sozial bedingt, da die Mehrheit der Juden zur sozial besser gestellten Schicht gehöre. Bei den projüdischen Äußerungen wurde auf das soziale und zuvorkommende Verhalten jüdischer Ärzte, auf die Bereitschaft von Geschäftsleuten, Ärmeren zu helfen und auf anständige jüdische Arbeitgeber verwiesen. Nur dies sei hier genannt, um deutlich zu machen, daß sich diese Inhalte weitestgehend mit den Juden betreffenden Erinnerungen aus dem Ruhrgebiet decken, die sich in Einzelinterviews ergaben. Zwei weitere Ergebnisse, die Alter und Geschlecht betreffen, seien aufgrund ihrer Übereinstimmung ebenfalls angeführt. Frauen beteiligten sich an der Diskussion des Themas Juden intensiver als Männer. »Während die Männer eine eindeutige Tendenz zu antisemitischen Äußerungen zeigten, hielten sich bei den Frauen nicht-antisemitische und pro-jüdische Äußerungen ungefähr die Waage mit den bedingt und extrem antisemitischen.«[48] Bei den Männern waren antisemitische Äußerungen um so intensiver, je länger sie in der Wehrmacht gedient hatten. Hinsichtlich der Altersgruppen ergab sich, daß bei den 20- bis 35jährigen die größte Häufung nicht-antisemitischer Einstellungen lag. Andererseits sind bei dieser Gruppe pro-jüdische Äußerungen besonders niedrig, bei der Altersgruppe der über 35jährigen dagegen besonders hoch. »Bei keiner Altersgruppe äußert sich weniger als die Hälfte der Sprecher bedingt oder uneingeschränkt judenfeindlich. Die stärkste Frequenz der extremen Antisemiten findet sich in den Gruppen unter 35 Jahren mit 44% bzw. [unter 20] 43%.«[49] Die zahlreichsten nicht-antisemitischen Einstellungen ergab die Auswertung bei gelernten Arbeitern und Hausfrauen, die meisten pro-jüdischen bei Hausfrauen.[50] Auf eine charakteristische Ambivalenz weist der Untersuchungsbericht hin, indem er betont, daß die Durchschnittsziffer der positiven Äußerungen zu Juden viel höher liegt als in der Anerkennung der Schuld für die NS-Verbrechen, nämlich sechsmal so hoch (28% gegenüber 5%). Umgekehrt ist die Zahl der radikal antisemitischen Sprecher erheblich kleiner als die der negativ zur Schuldfrage Eingestellten (37% gegenüber 51%). Es mußte keinen kommunikativen Widerspruch bilden, sich positiv zu Juden zu äußern und die Kollektivschuld oder -verantwortung abzulehnen. Als Beispiel sei ein weiteres Interview aus dem Ruhrgebiet zitiert. Eine Frau, die 1945 19 Jahre alt war, sagt, auf das Problem der Verantwortung angesprochen:

> »Aber – wir fanden, unser Jahrgang, daß manches Mal – wir fühlten uns nicht schuldig. Wir konnten es von hier aus nicht abwenden ... Das einzige – wenn

48 Ibid., 167.
49 Ibid., 168.
50 Ibid., 169; vgl. ibid., 219f.

> Sie vielleicht jemanden hätten verstecken können, als Einzelperson. Das wäre vielleicht das gewesen, was Sie hätten machen können. Aber sonst konnten Sie von hier aus nichts verhindern. Und ich hab auch kein Schuldgefühl. Deswegen – wenn ich das auch alles seh, ich find es furchtbar – aber ich hab kein Schuldgefühl dabei. Ich bin für das deutsche Volk nicht verantwortlich.«

Erneut ist man hier mit dem Problem konfrontiert, in welchem Kontext, auf welche Art und Weise in diesen Jahren über Juden gesprochen, Meinungen öffentlich oder nicht-öffentlich bekundet, bzw. geschwiegen wurde. Und 78% der im Gruppenexperiment Befragten schwiegen sich zu diesem Thema aus. Das legt natürlich auch die Frage nahe, wie repräsentativ verschiedene Formen von Meinungsumfragen sein können. Die Allensbacher Umfrage ergab für 1949/52 zwischen 6% und 7% pro-jüdische Einstellungen, das Gruppenexperiment kam auf 10% und betonte hierbei den ambivalenten Charakter. Und das ist festzuhalten; denn nach allem vorliegenden Material – Interviewzitate und Umfragen – sind philosemitische Äußerungen in der Tat zwischen nicht-antisemitischen und bedingt antisemitischen Einstellungen zu verorten.

Zwischenbilanz: Von der »Stunde Null« des Antisemitismus zum philosemitischen Wandel

Bevor nun ausführlicher auf die Entwicklung des Philosemitismus in der politischen Kultur eingegangen werden soll, sind vier Aspekte festzuhalten, die, vor dem Hintergrund der in diesem Kapitel herangezogenen Materialien, Kontinuität und Diskontinuität der Juden betreffenden Einstellungen und Haltungen charakterisieren:

Erstens, soziale Werthaltungen, Gerechtigkeitsempfinden und moralische Reaktion werden eher in der Erinnerung an persönlichen Konfrontationen manifest als an gesellschaftlichen Verhältnissen. Politik und Herrschaft werden in ihren Folgen wahrgenommen. Die antijüdischen Maßnahmen seit 1933 spielen in der Erinnerung so gut wie keine Rolle oder werden erst im Rahmen der Schilderung der Erlebnisse um die Reichspogromnacht in die erzählte Erinnerung eingeführt. Die Chronologie des erinnerten Alltags der arbeitenden Bevölkerung ist nicht identisch mit der staatlichen und gesellschaftlichen Chronologie des faschistischen Terrors. Der einzelne sieht sich selbst auch noch im nachhinein als machtlos. Tabuisierungen waren an der Tagesordnung, Haltungen wurden antrainiert, die sich nach 1945 noch als nützlich erweisen sollten. »Die private Politik des Schweigens und Verschweigens angesichts des fremden bis feindlichen Machtbereichs entstand.«[51] Der Übergang vom normalen Leben der 30er Jahre zum

[51] Nori Möding, »Politische Haltungen in Deutschland nach 1945. Zur Nutzbarkeit des Habitus-Begriffs für Oral-History-Analysen«, in: IWK-Mitteilungen des Instituts für Wissenschaft und Kunst 4/42, 1987, 133.

Wiederaufbau, dem normalen Leben nach der Währungsreform ließ die Judenverfolgung zum Teil der schlechten Kriegszeit werden. Auch im hier behandelten Kontext trifft ein Ergebnis des Projekts »Lebensgeschichte und Sozialkultur im Ruhrgebiet 1930-1960« zu: »Die uns geläufige Periodisierung der Zeitgeschichte existiert zwar, aber sie ist nur von marginaler Bedeutung. Die Rhythmen heißen eher: die Krise, Arbeit und Familie, der Krieg, die Hamster- und Trümmerzeit, Arbeit, Konsum, auch Verantwortung. Wann die Markierungen gesetzt werden, hängt weitgehend davon ab, wann sie in der eigenen Lebensgeschichte spürbar wurden.«[52]

Zweitens, die als Unrecht empfundene Verfolgung der Juden wird daher häufig mit der Kriegszeit in Verbindung gebracht, also mit den schlechten Erinnerungen. Aber eben nicht mit dem Jahr 1939, sondern mit den wachsenden Kenntnissen vom Hören-Sagen – durch Angehörige, Bekannte, die jetzt eingezogen werden und auf Heimaturlaub darüber erzählen – über die Geschehnisse im Osten und die Beteiligung der Wehrmacht am Völkermord. Zunehmend beginnt sich hierbei ein Denken in synchronen Prozessen abzuzeichnen. Man kämpfte um das eigene Überleben, Männer, Söhne fielen oder wurden verwundet. Man wurde ausgebombt, hatte zu wenig Essen, litt, wurde evakuiert. Soweit die eigene Seite. Die anonymisierten verschwundenen Juden wiederum hatten offensichtlich dort im Osten auch um ihr Überleben zu kämpfen. Dort war Krieg. Der NS-Mythos vom Krieg gegen die Juden erhielt im Rahmen der gesamtdeutschen Kriegssituation eine Fundierung, die nicht unbedingt ein Denken in rassistischen Kategorien implizierte. Die Art und Weise, wie dieser »Krieg« gegen Wehrlose sich vollzog, konnte Nachdenklichkeit, Betroffenheit, Empörung auslösen, daß das Verschwinden der Juden in diese Konsequenz mündete, wurde jedoch nicht im Zusammenhang gesehen. Im Denken über Juden konnte jetzt nicht allein die sozialpsychologische Distanz zum Fremden bestätigt werden. Die emotionale und psychologische Distanz konnte ebenfalls eine räumliche werden. Im deutschen Geschichtsbewußtsein entstand während des Übergangs vom Dritten Reich zum Nachkrieg eine *Geographie des Völkermords*. Die Schuld, von der nach 1945 in den Medien die Rede war, bezog sich auf die Verbrechen im Osten, in den Lagern, auf Träger der Vernichtung wie die Organisation der SS. Und deren Schuld und Sühne wurde in der Öffentlichkeit, im Prozeß der Entnazifizierung behandelt. Das mußte nicht mit individueller Verantwortung, dem Soldatsein, dem Erleben zu Hause, am Arbeitsplatz, dem Familiengeschehen verbunden werden. Die Privatsphäre konnte auch frei gehalten werden von der politisch betriebenen öffentlichen Auseinandersetzung mit den Folgen des Antisemitismus, weil diese hochgradig unzureichend war. Man konnte ohne große Anstrengungen vermeiden, über ein jüdisches Problem zu reden. Bis sich

---

52 Niethammer, in: Herbst, op.cit., 81; vgl. Herbert, »Die guten und die schlechten Zeiten ...«,op.cit., Bd.1, 67f. sowie ders., »Good Times, Bad Times«, in: History Today, Feb. 1986, 42-48.

der Tag des Novemberpogroms 1938 zum 50. Male jährte, war es in der Bundesrepublik in der Sprache des Alltags eine Selbstverständlichkeit, daß Krieg und Judenverfolgung, Krieg und Massenvernichtung zusammengehören. Der zeitliche Kontext und der kausale Zusammenhang fielen im Denken über Juden – wie in den zitierten Interviews deutlich wird – bereits vor dem 8. Mai 1945 auseinander. Und dies ist ein wichtiges Merkmal stereotypen Denkens über Juden – sei es mit antisemitischer Zielrichtung oder philosemitischem Impetus.
Drittens, die Rückkehr Überlebender, ja überhaupt die Thematisierung jüdischer Nachkriegsexistenz in Deutschland steht im Schatten der gesamtgesellschaftlich tradierten Wahrnehmung der Juden als Fremde. Dazu trug die These von der Kollektivschuld nicht wenig bei. In vielen Gesprächen und Umfragen wird das letztendliche Scheitern des Nationalsozialismus verknüpft gesehen mit der NS-Judenpolitik. Wie Hans Habe bereits 1946 bemerkte,[53] kann die partiell exkulpierende Verarbeitung der NS-Greuel eine Zuordnung einschließen, durch die die Juden erneut als Träger politischer »Schuld« von seiten Deutscher gesehen werden. Restitutions- und Wiedergutmachungsforderungen, da sie von jüdischen Überlebenden erkämpft werden müssen und in eine Zeit ökonomischer und sozialer Krisen fallen, bilden einen Katalysator für die Rückkehr und Aktualisierung des antijüdischen ökonomischen Stereotyps, das soziale Vorurteile bestätigen kann. Hierbei ist jegliche Analyse mit mentalitätsgeschichtlich lang dauernden Wirkungen konfrontiert. Und das wirft im Hinblick auf das Ruhrgebiet eine Frage auf, die in dieser Arbeit nicht beantwortet werden kann. Zwischen 1914 und 1923 gab es im Ruhrgebiet etwa 16 000 jüdische Arbeiter aus Rußland und Polen, die im Rahmen der deutschen Kriegswirtschaft und deren Nachkriegszeit vor allem im Bergbau und in der Industrie beschäftigt waren.[54] Sie wurden zum großen Teil zwangsweise in Wohnbaracken gehalten, waren umfassender Diskriminierung ausgesetzt und von den deutschen Arbeitskollegen weitestgehend nicht akzeptiert. »Ausländerfeindlichkeit mit gezielt antisemitischer Stoßrichtung« war in der Bevölkerung verbreitet und wurde von antijüdischen Maßnahmen der staatlichen Bürokratie begleitet.[55] Die meisten dieser jüngeren männlichen Juden emigrierten bereits Anfang der 20er Jahre weiter nach Westen oder in die USA. »Schließlich gab es auch solche, die in Deutschland blieben und versuchten, dem proletarischen Milieu zu entrinnen und Händler zu werden.«[56] Es ist folglich durchaus denkbar, daß bestimmte Juden betreffende Einstellungen in so mancher alteingesessenen Familie in den

[53] Hans Habe, in: Die Neue Zeitung, 16.8.1946.
[54] Ludger Heid, »›Mehr Intelligenz als körperliche Kraft‹. Zur Sozialgeschichte ostjüdischer Proletarier an Rhein und Ruhr 1914-1923", in: Jahrbuch des Instituts für Deutsche Geschichte XV, 1986, 339; vgl. auch Ulrich Herbert, Geschichte der Ausländerbeschäftigung in Deutschland 1880 bis 1980. Saisonarbeiter, Zwangsarbeiter, Gastarbeiter, Berlin, Bonn 1986, 71f.
[55] Ibid., 355.
[56] Ibid., 356.

industriellen Zentren des Ruhrgebiets in dieser kurzen Periode ihre Grundlage erhalten haben.

Viertens, die philosemitische Redeweise, Formulierungen, Assoziationen und Wertungen, wie sie sich in Interviews, Umfragen und im Gruppenexperiment ergaben, waren – so ihnen überhaupt Realitätsgehalt zukam – in der Regel eine zeitgemäße Gestaltung erinnerter und nicht unmittelbar im Nachkrieg gemachter Erfahrung. Sie entsprachen aber jener zu bekundenden Einstellung zu Juden, die allmählich ein fester Bestandteil in der öffentlichen Meinung der Bundesrepublik wurde. Sie ermöglichten eine Identifikation mit der neuen politischen Ablehnung des Antisemitismus in der Öffentlichkeit. Die dabei auftretenden Unsicherheiten, was und wie nun hinsichtlich Juden zu sagen sei, führte zu sozial romantisierenden Überhöhungen, wenn das Thema nicht überhaupt vermieden werden konnte. Die Suche nach Formulierungen und das Abgleiten in stereotype Bilder kann positiv sicherlich als ein Prozeß betrachtet werden, in dem es um die Änderung und Formierung von Einstellungen und Werten ging. Allerdings konnte mit jeder Erwähnung von »anständigen« Juden auch die Empörung über die unanständigen wachsen und sich mit neu bildenden Vorurteilen, wie zum Beispiel vom materiellen Gewinn aus der Wiedergutmachung, verbinden.

Die philosemitische Meinung war – so wenig präzise sie auch sein mochte – legitimitätsstiftend, und dabei blieb sie hochgradig ambivalent. Man kommt nicht umhin, ständig ihre Tiefenschichtung und Zielrichtung zu hinterfragen, ja den wohl zwangsläufig irrationalen Charakter philosemitischer Inhalte und Aussagen festzustellen. Mit dem verklärten und verklärenden Bild, dem romantisierenden Porträt der »ehemaligen jüdischen Mitbürger« paßte man sich so ganz den biedermeierlichen Schematisierungen im offiziellen Geschichtsbewußtsein der Adenauer-Ära an. Das historische Bewußtsein wurde philosemitisch verkleistert und das Phänomen des Philosemitismus gesellschaftlich in nicht geringem Maße »eine deutsche Selbst-Therapie: der Versuch, sich etwas zu befreien von der furchtbaren Vergangenheit – eine deutsche Kur gegen einen deutschen Schmerz«.[57]

[57] Ludwig Marcuse, »Wie Philo ist der Philosemitismus«, in: Tribüne 3/10, 1964, 1059.

6. Der Philosemitismus in der entstehenden politischen Kultur Westdeutschlands

Das erinnerte Verhältnis zu Juden, die Wirkung alliierter Aufklärung über die NS-Verbrechen an den jüdischen Bürgern Deutschlands und anderer europäischer Länder sowie die individuelle und kollektive Konfrontation mit Juden – so sie wahrgenommen wurde – begleitete den deutschen Nachkrieg als ein Element der sich herausbildenden westdeutschen politischen Kultur.[1] Und dieses Element der politischen Kultur kann nicht auf die Schuldfrage reduziert werden. Die Wechselwirkung von Besatzungsmacht, Deutschen und Juden in der gesellschaftlichen Realität wurde in der problemreichen Nachkriegskonstellation gebrochen durch ein jüdisches Kontinuum. Die wenigen Überlebenden und mit ihnen die Last der Ermordeten kehrten nach Deutschland zurück, wurden Teil der neuen Gegenwart. Das konnte auf den Ämtern des nach-nationalsozialistischen Deutschlands verhandelt, an Universitäten beschwiegen, in industriellen Zentren durch die Zeitnöte verdeckt oder in der neu entstehenden öffentlichen Sphäre zum Topos werden. Vor dem Hintergrund der so unterschiedlichen Erfahrung – individuell, gruppenspezifisch und kollektiv – in und mit dem Dritten Reich barg jedoch selbst noch die privateste Begegnung von Deutschen und Juden das Element des Politischen. Die Ungeheuerlichkeit der Shoah hatte sich im Alltag des Deutschen Reiches, in der Heimat gleichermaßen wie in eroberten Ländern, vollzogen. Und diese Tatsache überlagerte und überlagert wie eine Schicht vergegenständlichter Zeit bis heute die deutsche Gesellschaft. Sie ist Teil der zeitgenössischen Identität von Deutschen und Juden, und dies völlig unabhängig vom subjektiven Verständnis der Zeitgeschichte. Denn nicht ausschließlich das Ende einer langwährenden Entwicklung war der Massenmord an den Juden, er war der Beginn des deutschen Nachkriegs. Der gesellschaftliche Umgang mit

[1] Vgl. Peter Reichel, Einleitung, in: ders. (Hg.), Politische Kultur in Westeuropa, Frankfurt/M., New York 1984, 9f.; ders., »Politische Kultur. Zur Geschichte eines Problems und zur Popularisierung eines Begriffs«, in: aus Politik und Zeitgeschichte, B 42/82, Oktober 1982, 13-26; Martin Greiffenhagen u.a. (Hg.), Handwörterbuch zur politischen Kultur der Bundesrepublik Deutschland, Opladen 1981; ders., »Vom Obrigkeitsstaat zur Demokratie: Die politische Kultur in der Bundesrepublik Deutschland«, in: Reichel, Politische Kultur in Westeuropa, op. cit., 52-76; G. A. Almond / S. Verba, The Civic Culture. Political Attitudes and Democracy in Five Nations, Princeton 1963; dies. (Hg.), The Civic Culture Revisited, Boston 1980; David Conradt, »West Germany: A Remade Political Culture? Some Evidence from Survey Archives,« in: Comparative Political Studies. 2/7, July 1974, 222-238; Dirk Berg-Schlosser / Jakob Schissler (Hg.), Politische Kultur in Deutschland. Bilanz und Perspektiven der Forschung. PVS Sonderheft 18, Opladen 1987; Gordon A. Craig, The Germans, Harmondsworth 1984; Walter Laqueur, Germany Today. A Personal Report, London 1985; John Ardagh, Germany and the Germans, Harmondsworth 1988.

dem Massenmord wurde zu einem Teil der politischen Kultur nach 1945: Im Anfang war Auschwitz – und nicht Adenauer.[2]

So wie für die vorhergehenden Kapitel gilt auch in diesem Abschnitt, daß das Problem der Entstehung, Entwicklung und der Funktion des Philosemitismus nicht im Hinblick auf wissenschaftliche Theorien zu untersuchen, sondern in der gesellschaftlichen Wirklichkeit aufzuspüren ist. Und diese Wirklichkeit war kein unpolitischer Raum zwischen zwei Reichen, sondern eine alle gesellschaftlichen Bereiche erfassende politische und kulturelle Krisensituation. In dieser kristallisierte sich eine Juden und jüdische Themen betreffende Einstellung heraus, die symbiotische Formen mit tradierten antisemitischen Inhalten und Reaktionsweisen einging. Das ist insofern zu betonen, als der Zeitraum nach 1945 eine außerordentlich kurze Zeitspanne umfaßt, und der Philosemitismus in der Tat keine ideengeschichtlich relevante philosophische oder andere systematische Begründung als grundlegende Form der Überwindung des Antisemitismus in Deutschland nach 1945 erfahren hat. Selbst der Begriff Philosemitismus taucht in der politischen Kultur Westdeutschlands erst relativ spät auf, während er in den analytischen Berichten von OMGUS bereits 1946 verwandt wird. Mit diesem Begriff wird folglich meist im nachhinein ein Kontext beschrieben, der vielen, die philosemitisch reagierten, so gar nicht bewußt war.

Die für das Verhältnis zu Juden relevanten internationalen Zusammenhänge, der zeitgeschichtliche Hintergrund, die politischen, sozial-ökonomischen, ideologischen, sozialpsychologischen und kulturellen Zuordnungen jüdischer Themen bilden den Rahmen für die Herausbildung des Philosemitismus. Dieser umfaßt ein komplexes und widersprüchliches Geflecht von Widerspiegelungen gesellschaftlicher Erfahrungen und Traditionen in einer Periode politischer und ideologischer Änderungen. Unter der Vielzahl von Elementen und Bestimmungsfaktoren der Genese des philosemitischen Syndroms, in deren Ergebnis er zu einem festen Bestandteil des gesellschaftlichen Bewußtseins wird, kommt dem Bereich des politisch-gesellschaftlichen Lebens, den politischen Verhältnissen, entscheidende Bedeutung zu. Dieser politische Bereich wirkte auf alltägliche Verhaltensweisen und sozialpsychologische Prozesse genauso, wie er von diesen beeinflußt wurde.

Ist im vorhergehenden Kapitel die soziale und materielle Krisenbewältigung betont worden, so soll im folgenden der Brennpunkt des politisch-gesellschaftlichen Lebens betrachtet werden. Dieser war zweifelsohne das Problem der Demokratie, der Demokratisierung. Zu fragen ist daher nach dem Zusammenhang von Demokratisierung und Philosemitismus.

---

[2] Vgl. zum hier paraphrasierten Titel: Arnulf Baring, Im Anfang war Adenauer. Die Entstehung der Kanzlerdemokratie, München 1971.

Philosemitismus und Demokratie

Die öffentliche Einstellung zu Juden wurde seit den Sommermonaten 1945 explizit als eine der Kernfragen begriffen, die die Zukunft Deutschlands betrafen. Das galt außenpolitisch im Hinblick auf Reaktionen aus den Siegerstaaten – vor allem den USA – als auch in geringerem Maße aus benachbarten europäischen Ländern. Und das galt innenpolitisch sowohl für die Besatzungsmächte als auch für diejenigen politischen Kräfte, die den demokratischen Neubeginn mit der notwendigen Sensibilität für Weltöffentlichkeit und alliierte Empfindlichkeiten zu verbinden wußten. Hans Habe wies im Sommer 1946 darauf hin, »daß die Welt den Antisemitismus als ein Symbol betrachtet hat und betrachtet. ... Die Behandlung der Judenfrage ist zu einem Sinnbild der Menschlichkeit geworden, zu einem Symbol der Behandlung aller Minoritäten und somit zu einer Frage der politische Reife eines Volkes ... Deutschland muß dreierlei tun, wenn es sich auf den Weg der Rückkehr in die Familie der Kulturnationen begeben will. Erstens: In der neuen deutschen Verfassung – und in lokalen Verordnungen bis dahin – muß der Antisemitismus institutionell gebannt werden ... Zweitens: Die deutsche Regierung, aber nicht nur sie, muß versuchen, deutsche Juden aus der Emigration zurückzurufen ... Drittens: Die Wiedergutmachung an den deutschen Juden muß eine deutsche, nicht eine alliierte Angelegenheit werden ... Die Welt muß den Wunsch Deutschlands fühlen, das begangene Unrecht wenigstens an denen gutzumachen, die das Unrecht überlebt haben ... Weil der Antisemitismus ein Symbol ist, würde die Welt ein Aufleben des Antisemitismus in Deutschland als ein Symbol der deutschen Unverbesserlichkeit betrachten ... es gibt auch anderswo Antisemiten, aber anderswo schämt man sich ihrer.«[3]
Um die Verwirklichung dieser drei Forderungen sah es Mitte 1946 nicht sonderlich gut bestellt aus. Zwar enthielt das Gesetz zur Befreiung von Nationalsozialismus und Militarismus eindeutige Bestimmungen, seine Durchführung war jedoch auf den voraussehbar abzuschließenden Prozeß der »Entnazifizierung« beschränkt. Die bald vorliegenden Verordnungen und Verfassungsentwürfe enthielten allgemeine demokratische und anti-nationalsozialistische Willenserklärungen. Von einer institutionellen Bannung des Antisemitismus kann man jedoch kaum sprechen, wenngleich selbst das Wenige genug Raum für politische oder juristische Reaktionen gegen antisemitische Vorkommnisse ermöglichte. Der geforderte Rückruf unterblieb weitestgehend, wie die Entwicklung an den Universitäten und nicht nur dort belegt. Die Frage der Wiedergutmachung wurde demgegenüber regional angegangen und mit der Gründung der Bundesrepublik mit außenpolitischer Stringenz von der Bundesregierung unter Adenauer beantwortet. Die Metamorphosen in der Einstellung zu Juden zwischen 1945 und 1952 sind folglich nicht nur als sozialpsychologisches Problem, sondern als realer politischer

---

[3] Hans Habe in: Die Neue Zeitung, 16.8.1946.

Faktor bei der Entwicklung demokratischer Formen und in staatlichen Entscheidungsprozessen zu betrachten. Zu beantworten ist dabei die Frage, inwieweit derartige innen- und außenpolitische Prozesse des Philosemitismus bedurften oder inwieweit dieser zum ständigen Weggefährten der neuen Ordnung wurde. Welches Ideengemengsel selbst bei politisch bewußten Personen in dieser Zeit anzutreffen war und wie hierbei das Enstehen einer neuen politischen Ordnung mit der Reflexion über Juden in Deutschland verbunden sein konnte, zeigt folgendes Beispiel. Im Mai 1945 hielt Paul Moldenhauer, ehemaliger liberaler Politiker und Mitglied der DVP, in seinem Tagebuch über den staatsrechtlichen Zustand fest:

> »Es wird nur gesagt, daß in den einzelnen Besatzungszonen eine Militärverwaltung geschaffen werden solle, unter der deutsche Behörden, die von den Feinden ernannt werden, nach deren Weisungen arbeiten. So werde sich allmählich auch eine deutsche Regierung bilden, zu der man aber Personen auswählen werde, die seit 1933 außerhalb Deutschlands geweilt haben, also im wesentlichen wohl ausgewanderte Juden, also Personen, die wiederum in keiner Weise das Vertrauen der Bevölkerung genießen. Darüber steht dann die Alliierte Kontrollkommission.«[4]

Dieses Zitat ist in all seiner verqueren Sachlichkeit symptomatisch. Denn es ist in den ersten Monaten und Jahren des Nachkriegs sehr oft nicht auseinanderzuhalten, wann die Beziehung zu Juden auf konkreten gesellschaftlichen Fakten beruht, oder wann sie eine abstrakte Erwartungshaltung ausdrückt. Hier klingt die antisemitische NS-Propaganda nach, wird das völlige Gegenteil als selbstverständlich vorausgesetzt und aus bruchstückhaften Informationen eine oktroyierte politische Legitimität vermutet, in der ein jüdischer Faktor wirkt. Oftmals konnte hier die vorgestellte Wirklichkeit entscheidender sein als der reale soziale Kontext, wie er durch die Siegermächte bestimmt war.

Die Konferenzen der Alliierten in Teheran und Jalta hatten die Richtung der Besatzungspolitik festgelegt. Die Direktive JCS 1067 vom April 1945, die als Anleitung für die amerikanische Besatzungspolitik gedacht und an General Eisenhower gerichtet war, besagte unmißverständlich, daß Deutschland nicht zum Zwecke der Befreiung, sondern als besiegtes Feindesland besetzt wird. Das Ziel, so hieß es, sei nicht Unterdrückung, sondern eine Besetzung, durch die bestimmte wichtige alliierte Zielsetzungen verwirklicht werden sollten.[5] In diesen ersten Monaten des Sieges und der alliierten Etablierung in Ortschaften, Kreisen und Ländern mußte ein gesamter Militärapparat erst den Schritt aus einer Kampfsituation in die Besatzungsverantwortung machen. Und hierbei erwiesen

---

[4] Zit. n. Wolfgang Benz, Von der Besatzungsherrschaft zur Bundesrepublik. Stationen einer Staatsgründung 1946-1949, Frankfurt/M. 1984, 11.

[5] Vgl. Pollock / Meisel / Bretton, op.cit., 78.

sich die meisten alliierten Handbücher, so sie überhaupt zur Hand genommen wurden, als wenig hilfreich. Es ging um die politische Bewältigung von Widersprüchen, die für das Interregnum von März bis August 1945,[6] dem Zeitpunkt der Veröffentlichung der Ergebnisse von Potsdam, symptomatisch waren.

Daß in diesen Monaten Ungereimtheiten alliierter Besatzungspolitik, widersprüchliche Verhaltensweisen gegenüber Juden von den Besetzten registriert wurden, ist oben dargestellt worden. Das wirkte sich nicht zuletzt auch in individuellen oder kollektiven Formen der Anpassung an das Besatzungsregime aus und betraf nicht von ungefähr die Frage der künftigen politischen Ordnung. Um das Ausmaß jener Mischung aus Unklarheit und Opportunismus zu verdeutlichen, sei Stefan Heyms Bericht über die ersten Begegnungen mit Deutschen aus Aachen vom Oktober 1944 zitiert.

Die einziehenden amerikanischen Soldaten, unter ihnen Heym, treffen auf einen Kaufmann, der sie wehleidig fragt warum sie nicht schon früher gekommen seien. »Er und seine Mitbürger hätten so lange schon auf uns, ihre Befreier, gewartet. Er war ein wenig schockiert, als wir ihm erklärten, daß wir eigentlich nicht gekommen wären, um die Deutschen zu befreien, und unsererseits nun ihn fragten, warum er und seine Landsleute, wenn sie denn so sehnlich befreit zu werden wünschten, selber so gar nichts für ihre Befreiung unternommen hatten? Die Möglichkeit, daß man auch selbst sich hätte rühren können, war ihm offenbar überhaupt noch nicht in den Kopf gekommen. Bei all seiner Servilität war da immer noch die alte Arroganz. Für ihn galt, daß die Amerikaner, so wie die Kellner den Kaffee servieren, verpflichtet seien, dem Volk der Dichter und Denker und harmlosen Geschäftsleuten seine Freiheit auf silbernem Tablett darzureichen.«[7]

Heym schreibt, wie sie mit anderen Deutschen sprachen, wie ein Blockwart sich erkundigte, »ob seine Pensionierungsansprüche als Beamter auch unter der amerikanischen Militärregierung weiter anwachsen würden«, und wie sie immer wieder auf eine »lächelnde Unterwürfigkeit« im gerade erst besetzten Aachen treffen ...[8] Oktober 1944 in Aachen – und aus Berlin tönen über den Äther Durchhalteparolen und Versprechen auf den Endsieg.

Heym summierte diese ersten Gespräche mit deutschen Zivilisten und sah in ihnen »einen Hinweis für die Zukunft. Wir werden es mit einem Volk zu tun haben, dessen Rückgrat elf Jahre lang, 365 mal im Jahr, gebrochen wurde, bis so gut wie überhaupt kein Rückgrat mehr vorhanden ist; einem Volk, das gewohnt ist, mit Gewalt regiert zu werden, einem Volk, das Gewalt zu schätzen weiß und

---

6 Vgl. Leonard Krieger, »The Inter-Regnum in Germany: March-August 1945", in: Political Science Quarterly 4/64, 1949, 507f.

7 Heym, Wege und Umwege ..., op.cit., 182.

8 Ibid., 183.

das in mangelnder Anwendung von Gewalt ein Zeichen von Schwäche sieht. Wir werden nicht so sehr Widerstand begegnen als Opportunismus ...«[9]

Ein Geheimbericht Botschafter Murphys an das State Department in Washington vom 5. Mai 1945, »Observations concerning occupied Germany«, implizierte, daß die Einführung der Demokratie wohl doch ein komplexer Prozeß sein würde. Zitiert wird u.a. ein Artikel aus der SS-Zeitung »Schwarzes Korps« von Ende April, in dem es heißt, daß es nicht ausreiche, Deutschland zu besiegen, zu besetzen und die Soldaten gefangen zu nehmen; denn ihre Ideen müßten niedergerungen werden.[10] Wenige Tage nach der Verkündigung dieser ideologischen SS-Hinterlassenschaft erfolgte die bedingungslose Kapitulation der faschistischen Wehrmacht. Anfang Juni erklärten die Alliierten die Niederlage Deutschlands und die Übernahme der politischen und militärischen Oberhoheit durch die im Alliierten Kontrollrat zusammenarbeitenden vier Oberkommandierenden als höchstem Gremium. Die einziehenden Armeen konstatierten massenhafte Apathie. Der militärische und politische Zusammenbruch »schwächte die natürlichen Formen des Zusammenhalts der Gesellschaft«: »The masses, bereft of all forms of organized expression, lacking their old institutions and incapable of creating new ones, trained in the leadership principle and beaten into the habit of submission, looked to the new focus of power for the solution of their problems.«[11]

Anpassung, Opportunismus und obrigkeitsstaatliches Denken aus traditioneller autoritärer Fixierung mischten sich mit Reaktionen, die die Besatzungsorgane als politische Apathie wahrnahmen. Hierunter konnten in der Folgezeit »außer politischer Unwissenheit, Ignoranz und Interesselosigkeit auch das Sich-der-Politik-Verweigern, ein (mitunter überlegtes) bewußtes Abstandhalten also, eingereiht« werden.[12] Dies wiederum war nicht eine grundsätzlich neue Erscheinung nach der Besetzung; denn die diesem Verhalten zugrundeliegenden Erfahrungen prägten bereits die vorhergehenden Monate. Die individuelle Bewältigung der umfassenden Krise des NS-Systems in seiner Schlußphase, Ernährungs- und Wohnungsprobleme, persönliches Überleben und das der Familie führten vor der Niederlage genausowenig zum Widerstand gegen das Hitler-Regime wie nach der Besetzung zum demokratischen Engagement. Diese materielle und ideologische Bedingtheit großer Teile der deutschen Bevölkerung wirkte noch Jahre. Die Nachkriegsjahre gehörten eben, wie die im vorhergehenden Kapitel zitierten Erinnerungen aus dem Ruhrgebiet zeigen, zu den »schlechten Jahren«. War man als einzelner nicht von der Großen Politik – und das war jetzt die Entnazifizierung

9 Ibid., 186.

10 OMGUS/POLAD, Observations Concerning Occupied Germany, Ambassador Murphy to State Department (5.5.1945), NA.Rg.84, 729/46-49.

11 Krieger, op.cit., 508, 510.

12 Jutta Beyer / Eberhard Holtmann, »›Sachpolitik‹, Partizipation und Apathie in der Nachkriegsgesellschaft«, in: Berg-Schlosser / Schissler, op.cit., 149.

– betroffen, ging das Leben erst einmal weiter, wobei man in der Öffentlichkeit mit der Propagierung anderer Werte und Moralvorstellungen als den bisherigen konfrontiert wurde. Zunächst waren das aber Werte und Moralvorstellungen einer Besatzungsmacht, deren Bomber und Panzer noch in frischer Erinnerung waren, und die in den ersten Verlautbarungen an Häuserwänden und über den Äther das Verbrecherische des NS-Regimes und insbesondere die Wahrheit über die Konzentrationslager ins Zentrum stellte.

Bereits in den Wochen der beginnenden Okkupation wurden bekannte NS-Funktionäre und Aktivisten interniert und waren parallel neuernannte deutsche kommunale Organe mit Selbstverwaltungskompetenzen ausgestattet worden. Der Forderung nach Demokratisierung wurde dabei in der Regel auf folgende Weise Genüge getan: »Wer sich in der Weimarer Zeit als Demokrat und Republikaner erwiesen hatte und nach 1933 gegenüber dem Nationalsozialismus resistent geblieben war, hatte in der Nachkriegszeit gute Chancen, wieder etwas zu werden.«[13] Seine Haltung zu Juden war dabei in der Regel weder überliefert noch Gegenstand alliierter Erörterung. Außerdem ging es zunächst vermeintlich weder um Politik, Demokratisierung oder Re-education, sondern schlicht um Instandsetzung des Dringendsten und um Aufrechterhaltung eines Rahmens, der den Bedürfnissen der Besatzungsmacht und der elementaren Versorgung der Bevölkerung entsprach.

Zu Beginn wurden örtliche Vertreter der Kirchen, Sozialdemokraten oder Kommunisten befragt nach möglichen Kandidaten für öffentliche Ämter. In Fürth zum Beispiel erfolgte die Ernennung des neuen Stadtoberhaupts auch auf Empfehlung von »zwei jüdischen Rechtsanwälten«.[14] Die Sorge, politisch dem antinazistischen Auftrag der Anti-Hitler-Koalition Genüge zu tun, rührte aber nicht an der traditionellen Sozialstruktur. Scheinbar unpolitische Institutionen wie Kirchen, öffentliche Verwaltung, Wirtschaftskammern[15] und Verbände sowie Bildungseinrichtungen, die sowohl in der Weimarer Republik als auch im Dritten Reich das Rückgrat gerade dieser Sozialstruktur gebildet hatten, boten sich den Besatzungsmächten auf lokaler und regionaler Ebene an. Die Arbeiterklasse am anderen Pol dieser Sozialstruktur hatte nichts dergleichen anzubieten bis auf Überreste von SPD und KPD. »Es waren Gewerkschaften und nicht politische Parteien irgendeiner Observanz, die die arbeitende Bevölkerung 1945 im besetzten Deutschland als ihre ersten Organe zu gründen begann, und mit ihnen in den größeren Städten antifaschistische Ausschüsse.«[16] Eine wirklich neue, aber nur

13 Benz, Potsdam ..., op.cit., 128; vgl. Reiner Pommerin, »Dokumentation. Die Mitglieder des Parlamentarischen Rates. Porträtskizzen des britischen Verbindungsoffiziers Chaput de Saintonge«, in: Vierteljahrshefte für Zeitgeschichte 3/36, 1988, 557f.

14 Woller, op.cit., 77.

15 Rainer Schulze, »Unternehmerische Interessenvertretung in Westdeutschland nach dem Ende des Zweiten Weltkrieges«, in: Tel Aviver Jahrbuch für deutsche Geschichte XIX, 1990, 283f.

16 Vgl. Moskowitz, The Political Reeducation ..., op.cit., 536; Rolf Steininger, Deutsche Geschichte 1945-1961. Darstellung und Dokumente in zwei Bänden, Bd.1, Frankfurt/M. 1983, 101f.

kurzfristig existierende Form waren diese in den Endwirren des NS-Regimes und den Tagen der militärischen Besetzung entstandenen Antifa-Ausschüsse. Als Ergebnis der alliierten Politik zu Beginn der Besetzung, politische Aktivitäten zu untersagen, wurden spontane demokratische Bestrebungen wie sich gründende Gewerkschaften oder Antifa-Ausschüsse in den westlichen Besatzungszonen sehr bald verboten. Schließlich war von einer sozialen Umwälzung in den amerikanischen oder britischen Handbüchern für die Besatzung nicht die Rede: »Revolution wurde nicht geduldet.«[17]

Im Widerspruch also zur praktisch restriktiven Politik der Besatzungsmächte, was demokratische Partizipation und politische Initiative betraf, wurde in offiziellen Reden und Stellungnahmen in den Westzonen das Ziel der Herstellung demokratischer Verhältnisse stets betont und Werte wie Gleichheit, Freiheit propagiert. Diese Politik eines »höchst unglücklichen politischen Moratoriums«[18] wurde in der amerikanischen Zone erst im August verändert, indem nun örtliche politische Aktivitäten erlaubt waren. Es gehört zu den versäumten Möglichkeiten in der Frühphase der Besatzungszeit, daß sich Friedensprogrammatik und aktuelle Besatzungspolitik nicht deckten und daß weniger auf Antifa-Ausschüsse, spontane gewerkschaftliche Neugründungen und bürgerliche antinazistische Zirkel als Potential einer demokratischen Entwicklung zurückgegriffen wurde – ganz zu schweigen von der durchaus möglichen Bitte zur Mitarbeit an ehemals politisch aktive Juden – als vielmehr auf die scheinbar unpolitischen, traditionell bürgerlich geprägten Institutionen und Persönlichkeiten der Vergangenheit. Die Person des ersten Präsidenten der Bundesrepublik, Theodor Heuss, der 1933 als Reichstagsabgeordneter der Staatspartei noch für das Ermächtigungsgesetz gestimmt hatte, steht für diese politische Entwicklung. Diese implizierte aber auch, daß das Verhältnis zu Juden von diesen Trägern der politischen Entwicklung nicht extra thematisiert werden mußte, da ein bestimmtes Einverständnis über die Erfahrung mit prominenten Juden aus der Weimarer Republik vorausgesetzt werden konnte. Durch die Person und Vergangenheit des Betreffenden konnten bestimmte Elemente des Bildes vom Juden und des Verhältnisses von Deutschen und Juden in die neue Ordnung transportiert werden. Ein repräsentatives Beispiel hierfür ist die Ansprache von Theodor Heuss im Landestheater Stuttgart im November 1945. Unter dem Motto »In Memoriam« sollte »den Deutschen eine neue Tradition« geschaffen werden. Aber bereits zu diesem Zeitpunkt sieht der Redner sich gezwungen, von verbreiteten gegenläufigen Stimmungen auszugehen:

> »Da mag einer erschrocken rufen: Ja, wollt ihr das in Ewigkeit treiben, wollt ihr denn immer diese Gräßlichkeiten, diese KZ- und Foltergeschichten, diese

[17] Vgl. Harold Zink, The United States in Germany 1944-1955, Toronto, New York, London, 1957, 328.

[18] John D. Montgomery, Forced to be Free. The Artificial Revolution in Germany and Japan, Chicago 1957, 39.

> Verleumdungen und Verschleppungen, dieses Umgebrachtwerden, dieses Unrecht um Unrecht, wollt ihr denn immer davon reden? Könnt ihr denn das Volk nicht hinausführen in anderes Denken und anderes Empfinden? Es will nichts mehr davon hören!«[19]

Heuss fordert dagegen, dem Gedenken »Würde und Weihe« zu geben, »aus Achtung vor den Leiden, vor den Verstorbenen, vor den Getöteten«, vor allem aber »um unserer moralischen Volkszukunft willen«. Das deutsche Volk habe es sich zu leicht gemacht, es dürfe aber nicht die Fesseln, die es nicht selbst habe lösen können, und »die bösen Dinge wie einen wüsten Traum hinter sich ... werfen«. Heuss schildert den inneren Terror im Dritten Reich, die Verfolgung, das Morden, er geht auf Versuche und Organisation des Widerstands, vor allem des 20.Juli 1944, ein und gedenkt dann einzelner Persönlichkeiten aus Stuttgart und Württemberg, darunter Otto Hirsch:

> »Ein grundgescheiter, ein edler Mann! Als sein Wirken in Württemberg zu Ende sein mußte, trat er an die Spitze der Reichsvertretung der deutschen Juden. Er wußte, daß er sich in die tägliche Gefährdung begab und er blieb tapfer, klar, sauber, anständig in dieser Gefährdung, bis sie ihn holten und in Mauthausen umgebracht haben.«[20]

Heuss nennt weitere Opfer, erwähnt die gemeinsame Erfahrung von Gegnern des NS-Regimes in den Konzentrationslagern, durch die sie gelernt hätten, »was eine anständige Haltung« wäre. Die Opfer des inneren Widerstands seien Zeugen des anderen Deutschland, auf sich und die Anwesenden bezogen allerdings formuliert er, daß sie »wehrlose Zeitgenossen dieser trübsten Periode deutscher Geschichte gewesen« seien.[21]

Wenngleich in vielen Aussagen widersprüchlich, ist diese Rede dennoch im grundlegenden eine Absage an folgenloses Vergessen. Sie überhöht allerdings den im Dritten Reich geleisteten Widerstand. Symptomatisch für die öffentliche Reaktion ist ferner der wertende Unterton bei der Beschreibung von Otto Hirsch: tapfer, klar, sauber, anständig. Wie in den erinnerten Episoden aus dem Ruhrgebiet legt die Würdigung von Juden in Abgrenzung von antijüdischen Vorurteilen offensichtlich nahezu zwangsläufig deren Charakterisierung als anständig nahe. Einzelne jüdische Persönlichkeiten wurden so, auch in folgenden Reden von Heuss oder anderen Politikern, aus der Masse der verfolgten Juden herausgehoben. Aus der Häufung von Zuschreibungen konnte so auch, völlig unabhängig von der Absicht des Redners, Gegenteiliges über die nicht solcherart Prominenten herausgehört werden.

---

[19] Theodor Heuss, An und über Juden. Aus Schriften und Reden. 1906-1963, Düsseldorf, Wien, 1964, 94.
[20] Ibid., 94, 98.
[21] Ibid., 100.

Auf der ersten Sitzung des neugegründeten Länderrats des amerikanischen Besatzungsgebiets in Stuttgart, 17.10.1945, hatte Lucius D. Clay gesagt: »United States policy in Germany is a firm policy. It may seem hard but it has been made so to destroy the war potential of Germany ... It includes as a primary objective complete denazification ...«[22] Auf der Konferenz der Länder und Provinzen der britischen Zone in Detmold, 19./20.11.1945 führte der Vertreter der britischen Militärregierung, Generalmajor Templer, aus: »You are to be quite clear that one of our major objects in this country is to develop democracy, having due regards to the German character, history and present political development. You are also to be quite clear in your minds that we have no intention of imposing a purely British conception of democracy on Germany. As a matter of fact, the Military Government Directive on Local Government is not a purely British thing, but is common form throughout the whole democratic world. It is no use saying that Germany already had an excellent democratic system in the past. That system was not good enough to prevent the seizure of power by antidemocratic forces.«[23] Ein OMGUS-Staff Memorandum, das zu klären versuchte, wie denn den Deutschen ihre Verantwortlichkeit klarzumachen sei, kam im November 1945 zu ziemlich düsteren Ergebnissen. Der Verfasser fragt, was die Deutschen nicht verstünden und antwortet: »Was die meisten nicht verstehen, ist, warum sie schuldig sind, welche Handlungen man von ihnen erwartet und – am wichtigsten – wie sie eine Wiederholung der Fehler verhindern können, die Deutschland vor mehr als zwölf Jahren den falschen Weg beschreiten ließ.«[24] Die aus verschiedenen Analysen gespeisten Ausführungen liefen darauf hinaus, daß die Deutschen psychologisch noch nicht bereit seien für eine politische Selbstverwaltung und völlige Unkenntnis über demokratische Prozesse verbreitet sei. »If the German people are to be educated in the true nature of nazism and in the real possibilities of democratic revival, we must seek to expose those ›quirks‹ of the German mind, and mistakes in recent German history, which resulted in Germany's downfall.« In den Schlußfolgerungen des Memorandums heißt es: »We have one of the greatest educational opportunities in history. We have an opportunity through forums, the pulpits, the radio, the newspapers, the cinemas, in magazines and books, and through the schools, to state our case. But we must formulate concrete programs.«[25]

[22] Bundesarchiv / Institut für Zeitgeschichte, Akten zur Vorgeschichte ..., Bd.1, op.cit., 125f.
[23] Ibid., 152f.
[24] OMGUS/POLAD, Staff Memorandum, 16.11.1945, NA.Rg.84, 729/46-49.
[25] Ibid.

Die gemeinsame alliierte Grundlage solcher Programme war verbindlich nach dem Interregnum vom Frühjahr/Sommer auf der Potsdamer Konferenz festgelegt und am 2.8.1945 veröffentlicht worden. Sie lief auf die vier »D's« hinaus: Demilitarisierung, Denazifizierung, Dekartellisierung und Demokratisierung. Das Ziel der Demokratisierung war, die mögliche Rekonstruktion des deutschen politischen Lebens auf einer demokratischen Grundlage vorzubereiten. Im großen und ganzen war Einvernehmen vorhanden, daß dies auf drei Wegen erfolgen sollte, erstens durch die militärische, politische, ökonomische und kulturelle Entmachtung der bisher herrschenden Eliten, zweitens durch die Unterstützung einer neuen, demokratischen Werten verpflichteten Führung und drittens durch völkerrechtliche verfassungsmäßige, juristische und institutionelle Absicherungen einer neuen Ordnung.[26] Bloß war ja mit dem Rückgriff auf die nicht des Nazismus verdächtigen Eliten der Weimarer Republik bereits ein fait accompli geschaffen. Dennoch war es nach wie vor alliierter Konsens, daß eine umfassende Re-education nicht ausschließlich das Bildungs- und Erziehungswesen betreffen sollte, sondern in generalisierender Form eine Veränderung des politischen Systems und der politischen Kultur im Sinne demokratischer Werte und Institutionen bewirken sollte. In diesem Rahmen mußte sich aber erst zeigen, was das über die Darstellung des Leidens der Juden hinaus – und damit jenseits der Schuldfrage – an Veränderung in der gesellschaftlich relevanten Haltung zu Juden bedeuten sollte.

Das erste Gesetz des Kontrollrats im September 1945 legte als juristischen und programmatischen Akt fest, daß die wesentlichen, umfassenden Gesetze des NS-Staates und andere juristische Stützpfeiler der NS-Herrschaft annulliert waren. Die formale Seite der Denazifizierung, juristische Liquidierung der rechtlichen Grundlagen des NS-Systems sowie die vermeintliche Beseitigung der alten Elite und Absicherung einer neuen Ordnung wurde mit dem Kontrollratsgesetz No. 2 im Oktober ergänzt, mit dem 62 Nazi-Organisationen verboten wurden. Kontrollratsgesetz No. 10, Dezember 1945, legte parallel zum Nürnberger Hauptprozeß, der am 14.11.1945 begann und bis zum 1.10.1946 dauerte, die Bestrafung von Personen fest, die Kriegsverbrechen, Verbrechen gegen den Frieden sowie gegen die Menschlichkeit begangen hatten. Erst im Januar 1946 allerdings erließ der Kontrollrat die Direktive No. 24, die eines der Ziele von Potsdam konkretisierte: »the removal from public and semi-public office and from positions of responsibility in important private undertakings of all members of the Nazi Party who have been more than nominal participants in its activities, and all other persons hostile to Allied purposes. Such persons shall be replaced by persons who, by their political and moral qualities, are deemed capable of assisting in developing genuine democratic institutions in Germany.«[27]

---

[26] Vgl. Montgomery, op.cit., 4f.
[27] Zit. n. Ruhm von Oppen, op.cit., 102.

Und es dauerte noch bis zum Mai 1946, bis der Kontrollrat die Beschlagnahme nazistischer und militaristischer Literatur anordnete. In dem Ausmaß, in dem die Besatzungsorgane mit der konkreten gesellschaftlichen und politischen Situation im besetzten Feindesland vertraut wurden, bekamen die Direktiven und Gesetze stärker ins einzelne gehenden Charakter, wurden sie zur Anleitung von Durchführung und Überwachung der Maßnahmen, die der Verwirklichung der Ziele von Potsdam dienen sollten.
Ein Problem, das bis heute jeglicher Kritik oder Rechtfertigung der sozialen und politischen Entwicklung Westdeutschlands unterliegt, ergibt sich aus unterschiedlichen Demokratie-Auffassungen. Diese mußten natürlich gerade in einer politischen Wachstumsperiode aufeinanderprallen, in der überhaupt erst irgendeine demokratische Form und irgendwelche demokratischen Inhalte institutionalisiert und mehr oder weniger einprägsam Allgemeingut werden sollten. Es schien hochgradig fraglich, ob die Erziehung zu demokratischen Formen und Regeln die ausreichende Antwort auf die totale politische und geistige Herrschaft des Nationalsozialismus sein würde. Neumann stellte dies angesichts der in der Bevölkerung verbreiteten Einstellungen und Reaktionsweisen in Frage und wies auf die verbreitete Haltung von außenstehenden Betrachtern hin, die das Gefühl hatten, man erwarte von ihnen ein bestimmtes Rollenspiel – das eines Christen, eines Demokraten oder eines Antifaschisten.[28] Es waren genau solche Erwartungshaltungen, die das gesellschaftliche Bild der Haltung zu Juden und damit einen ganz bestimmten Habitus zu prägen begannen.
Die bürgerliche Gleichstellung von Juden und Nichtjuden im Sinne des formalrechtlichen Status erfolgte bereits in der Phase der Besatzung, in der die Alliierten ihre Kompetenz als oberster Souvereign wahrnahmen. Anders gesagt: die Wiederherstellung der Emanzipation der Juden ergab sich im Rahmen der Wiederherstellung einer formal demokratischen Ordnung durch die Besatzungsmacht. Daß dies nicht bedeuten mußte, daß individuell der soziale oder ökonomische Status von vor 1933 wiederhergestellt wurde, ist oben dargestellt worden. Das war jedoch nicht das einzige Juden betreffende Problem. Denn genauso wie die Frage einer gesellschaftlichen Akzeptanz demokratischer Institutionen und Werte nicht qua alliiertem Beschluß erfolgen konnte, betraf dies die Frage der neuen gesellschaftlichen Stellung der Juden.
Berichte der alliierten Organe, Treffen antifaschistischer deutscher Kräfte und Überlebender aus den KZ, Mitglieder der nicht-rechtsextremen Parteien aus der Weimarer Republik diskutierten die Perspektive einer notwendigen demokratischen Entwicklung. Deutlich war, daß eine umfassende gesellschaftliche Verwirklichung der demokratischen Zielsetzungen und damit verbunden die Entwicklung einer neuen politischen Führung weniger die Alliierten betrafen als vielmehr die Deutschen. Wo deutsche Juden in diesen Zusammenhängen parti-

---

[28] Neumann, Re-Educating ..., op.cit., 517.

zipierten, kamen entweder ehemalige Partei-Affinitäten zum Ausdruck, der Blick auf die notwendige Hilfe für die jüdischen und anderen Überlebenden der NS-Verfolgung oder der Rückzug auf eine Ebene, von der aus der Verbleib in Deutschland noch nicht entschieden werden mußte. Nicht wenige, die unter dem NS-Regime, den verschiedenen »nicht-arischen« Kategorien zugerechnet worden waren, hielten sich »bedeckt«, kehrten in ihrem Selbstverständnis zum status quo ante zurück, und das hielt lange so an. Noch 1947 hatte Hannah Arendt den Eindruck, daß Juden in Deutschland im geistig-kulturellen Bereich nur insoweit in Erscheinung traten, »als sie stillschweigend annahmen, daß sie antifaschistische Deutsche seien«.[29] Eine abwartende Haltung herrschte auf jüdischer Seite vor. Auf deutscher Seite traf gleichermaßen auf die politisch engagierten Diskussionen trotz aller Maßnahmen und formaler oder ernstgemeinter Demokratiebekenntnisse ein Problem zu: Festgenommene Nazis konnte man vorläufig unter Bewachung halten, die Ideen der Zeit vor der Besatzung 1945 konnten jedoch auch die Besatzungsmächte nicht internieren. Und darüber durfte eigentlich auch die vielerorten festgestellte politische Apathie und der jegliche gesellschaftliche Verantwortlichkeiten vermeidende politische Eskapismus nicht hinwegtäuschen. Ein OMGUS-Bericht vom November 1945, der auf der Grundlage von offenen Interviews erstellt wurde, sei mit einigen Aussagen zitiert: »Nur wenige verteidigen die Art und Weise, in der Juden behandelt wurden, aber die meisten meinen, daß es gut war, ihre Macht zu brechen.« Ein interviewter Intellektueller stellte fest: »Dutzend Deutsche sind bei Luftangriffen für jeden Juden getötet worden, der in einem Konzentrationslager gestorben ist.« Über Deutsche, die irgendeine öffentliche Funktion ausüben: »Deutsche beobachten still jede Handlung und jeden einzelnen Angehörigen der U.S.-Besatzungsarmee und suchen selbst in den unwichtigsten individuellen Aktionen nach den Absichten und Haltungen der Amerikaner.«[30]

Demokratische Form und philosemitisches Bekenntnis

Die konkrete soziale Praxis der Alliierten im Hinblick auf Juden, die Erfahrung Deutscher bei der individuellen oder gesellschaftlichen Begegnung mit Juden und der Stellenwert, den die Absage an Rassismus und Judenfeindschaft in der Re-education einnahm, beeinflußte die Einstellung zum Thema Juden. Vorgelebte Demokratie im Verhältnis zu überlebenden Juden – mit allen skizzierten Widersprüchen – wurde gleichermaßen eine Erwartungshaltung von amerikanischen Besatzungsorganen und Juden. Allerdings begann sich in den Westzonen

---

[29] Arendt / Jaspers, op.cit., 120.
[30] OMGUS, USFET, The German View (19.11.1945), NA.Rg.260, 15/108-1/48.

eine merkwürdige Dichotomie abzuzeichnen. Die offensichtliche Diskreditierung des Antisemitismus im öffentlichen Leben mußte eine nicht anti-antisemitische Aktivität des einzelnen oder derjenigen Gruppe, der er sich zugehörig fühlte, zur Folge haben. An die Stelle der offenen und scharfen Zurückweisung oder Abrechnung mit denjenigen, die Antisemitismus artikulierten oder verbreiteten, konnte ein positives projüdisches Bekenntnis treten. Es wurde auf dem vorhandenen dünnen politischen Parkett zustimmend zur Kenntnis genommen, in Analogie zu formalen politischen Bekenntnissen zur Demokratie akzeptiert. Zugleich waren die gesellschaftlichen Kosten gering, ein derartiges moralisches Bekenntnis blieb abstrakt, unverbindlich, denn es implizierte Distanz. Schließlich waren die solcherart Angesprochenen in der Regel nicht präsent, was die wenigen Überlebenden allerdings nicht vor der deutschen Jagd nach »Persilscheinen« schützte.

»There is in addition a special kind of shamelessness. The Nazis represented anti-Semitism as an emanation of the German soul, racial Aryanism as an integral part of the German's personality. Yet came liberation, and Jewish parentage was at once at a premium in Germany. One corpuscule of Jewish blood was highly prized, while former associations with Jews were invoked as personal recommendations. The files of the Special Branch sections of Military Government are stuffed with documents submitted by Germans in support of their claims to political reliability. These almost invariably refer to past social and business relations with Jews ... Was it mere opportunism that, after their defeat, prompted the Germans to advertise their ›Jewish blood‹ and their Jewish ›friends and associations,‹ in the belief that it would help them escape some of the consequences of de-Nazification? The sight of the emaciated Jews who then walked the streets of Germany and the no less pathetic sight of those who congregated in front of the guarded gates of bleak displaced-persons camps could not have inspired fear of Jewish might and power. The demeanor of the ›liberated‹ Jews was not such as to give support to Goebbels' warning that the Allied admirals and generals were so many ›agents of Jewish-Bolshevism.‹ Opportunism there undoubtedly was ... One saw many German homes celebrating the return of one or more Jewish members of the family. In some cases it was a Jewish wife or husband, in others, a Jewish son-in-law or daughter-in-law. The celebrations were not strictly family affairs. Friends, neighbours, and acquaintances were invited and they came with gifts and presents. The return from abroad of the Jewish wife of a highly placed public official was made practically a gala occasion ...«[31]

[31] Moskowitz, The Germans ..., op.cit., 8f.

Persilscheine, Bekundungen jüdischer Abstammung, Nennung jüdischer Nachbarn, Kollegen und Chefs, Berufung auf Juden geleistete Hilfe wurden zu eifrig dokumentierten Bestandteilen offizieller Schriftstücke. Mit deren Hilfe sollte gegenüber den Besatzungs- und neuen Staatsorganen eine eigene nicht-nazistische Identität ersatzweise aktenkundig werden. An die Stelle des Arier-Nachweises trat nun der versuchte Nachweis, ein Freund der Verfolgten gewesen zu sein. Derartiges muß erwähnt werden, um deutlich zu machen, daß die spätere politische Instrumentalisierung einer pro-jüdischen, philosemitischen Einstellung sich auf in der Bevölkerung verbreitete Haltungen beziehen konnte. Dies erklärt unter anderem die sozialpsychologische Wirksamkeit und Fortdauer des Philosemitismus, solange gesellschaftliche und politische Legitimation mit seiner Hilfe geschaffen werden konnte. Allerdings warfen die OMGUS-Antisemitismus-Analysen ein etwas anderes Licht auf die verbreiteten Einstellungen zu Juden.
In einem Report an das War Department heißt es: »Alle Abteilungen und Büros von OMGUS stimmen darin überein, daß das Problem des Antisemitismus eine Widerspiegelung des umfassenden Problems der Demokratisierung ist, und daß ihm effektiv nur in dem Maße begegnet werden kann, in dem das Umorientierungs-Programm als Ganzes erfolgreich ist.«[32] Zwar seien die führenden Persönlichkeiten der neu entstandenen Parteien auf die Gefahr des Antisemitismus ansprechbar, »aber sie zögern vor jeglicher öffentlicher Aktivität zurück, die die Gefühle der Wähler beeinträchtigen könnte und sie glauben, daß Aktivitäten gegen den Antisemitismus unpopulär sind.«[33] Betrachtet man die verschiedenen politischen Erklärungen von Parteien, deren Vorläufern, Ausschüssen und Komittees in der Gründungsphase, so fällt auf, daß neben allgemeinen Aussagen gegen Rassismus und für Wiedergutmachung das Verbrechen am jüdischen Volk und daraus zu ziehende Schlußfolgerungen kaum erwähnt werden. Im gesellschaftlichen Leben sind es zugleich SPD und KPD, die am schnellsten und kompromißlosesten auf nazistische und antisemitische Tendenzen reagieren. Dem entsprach die Tatsache, daß organisierte Mitglieder von SPD, KPD und Gewerkschaften bei Umfragen den niedrigsten Anteil antisemitischer Einstellungen aufwiesen.
Demokratisierung wurde eben weitestgehend formal begriffen und nicht als ein qualitativer Prozeß der Abrechnung mit einer undemokratischen Vergangenheit. Die institutionelle Seite des politischen Neubaus einerseits, die umfassende und nicht auf Fragebogen und Spruchkammerverfahren reduzierte Entnazifizierung sowie die notwendige gesellschaftliche Entwicklung und Verankerung demokratischer Werte und dementsprechender politischer Umgangsformen andererseits klafften auseinander. In einer OMGUS-Umfrage Anfang 1946 meinten 30%

[32] OMGUS, ICD to War Department (24.7.1947), NA.Rg.260, 5/266-1/29.
[33] Ibid.

der Befragten, »daß sie über Demokratie von den Amerikanern gelernt hätten oder daß man sie Initiative gelehrt hätte«.[34] Die Parteien entwickelten erste lokale Aktivitäten, und im Januar 1946 hatten die ersten Wahlen auf kommunaler Ebene stattgefunden. In einem Bericht der amerikanischen Militärregierung von Württemberg-Baden nach den Wahlen heißt es (Februar 1946):

> »Germany is in the throes of a spiritual and intellectual crisis ... Democracy has become a popular by-word and its virtues are being proclaimed in public. As a force in the daily life of the people, however, its influence is hardly perceptible. It is readily exhausted by the profession to its external forms and the discharge of democratic rights at the polls. Again, democracy has not become the passionate ideal, because it was not fashioned in the crucible of fire and sword. It is a gift of the conqueror.«[35]

In einer Umfrage unter in den Kommunen politisch Aktiven ergab sich hinsichtlich der Haltung zu deutscher Verantwortung und Schuld »eher der Eindruck eines Versuchs der Rechtfertigung als einer ehrlichen Analyse verpaßter Gelegenheiten.«[36]

Als Ende 1947 auf der Grundlage von politischen Aktivitäten, Wahlergebnissen und Erfahrungen mit dem Umerziehungsprozeß seit Sommer 1945 ein »Report on German Morale« erstellt wurde, mußte als ein Ergebnis festgehalten werden:

> »Indications are that democracy has not been perceived by large areas of the German population as a positive, emotionally satisfying program. It is taken more often as being against something – that opposition to nazism is sufficient to qualify one as a ›democrat.‹ Too often the rejection of nazism probably leaves the individual in a vacuum, not knowing just what he wants, but certainly only of what he does not want.«[37]

In einer Studie des Office for Military Government, Bayern, wird im November 1946 der CSU-Vorsitzende Josef Müller aus einem internen CSU-Treffen zitiert, um die sich anbahnende politische Nutzbarmachung von Beziehungen zu Juden im Zusammenhang mit antisemitischen Entwicklungen zu verdeutlichen.[38] Dies ist insofern von Bedeutung, da das Demokratisierungskonzept von OMGUS

---

[34] OMGUS, Opinion Survey Section, Report No.3 (15.3.1946), NA.Rg. 260, 5/233-3/5.

[35] Zit. n. Moskowitz, The Political Reeducation ..., op.cit., 559.

[36] OMGUS, Opinion Survey Section, Report No. 5 (1.4.1946), NA.Rg. 260, 5/233-3/5.

[37] Ibid., Report No. 72 (November 1947). »Like other surveys conducted by this section [OMGUS, Opinion Surveys Section, Information Control Division], this one was based on a representative sample of about 3000 cases selected from the population of the American Zone of Germany, supplemented by about 400 cases drawn from the American and British sectors of Berlin ... The interviews were conducted in the homes by trained German interviewers.«(Ibid.)

[38] Vgl. zum folgenden Klaus-Dietmar Henke / Hans Woller (Hg.), Lehrjahre der CSU. Eine Nachkriegspartei im Spiegel vertraulicher Berichte an die amerikanische Militärregierung, Stuttgart 1984; OMGB, Trend, op.cit., No.23, November 1946.

wachsendes Gewicht auf das politische System, die Parteienentwicklung, mithin auf die strukturelle Seite der Neuordnung legte. Die Informanten-Berichte an die Militärregierung über die Treffen des Kreises um den CSU-Vorsitzenden Josef Müller bieten ein buntes Bild der entstehenden Parteienlandschaft und des sich entwickelnden christlichen Selbstverständnisses der CSU. In dem hier von OMGUS-Bavaria zitierten Bericht heißt es ausführlich nach einer Debatte über Schwarzhandel und die Notwendigkeit einer Währungsreform in ganz Deutschland, daß sich der Parteivorsitzende Josef Müller beim vorzeitigen Verlassen des Treffens am 6.8.1946 mit den Worten entschuldigte:

> »Ich muß leider gleich wieder weg, ich habe nämlich eine wichtige Besprechung mit dem Rabbiner von München. Ich kann Ihnen heute sagen, daß sich schon seit einigen Wochen eine herzliche Freundschaft zwischen dem Rabbiner und mir und damit mit der Union angebahnt hat. Wir sind uns einig geworden, daß für einen anständigen Juden in der Union ebenso gut Platz ist wie für einen Katholiken und Protestanten. Sie können sich denken, daß sich das nach einer gewissen Seite hin für die Union sehr gut auswirken wird. (Heftiges Kopfnicken und beifällige Zurufe der Anwesenden, wobei aber nicht sicher ist, ob alle wußten, nach welcher Richtung sich diese Ehe Judentum-CSU auswirken könne.) Nach dem Weggang Dr. Müllers ging das Gespräch über Schwarzhandel und Steuern weiter.«[39]

Am 4. März 1947 spricht in diesem Kreis der bayerische Landwirtschaftsminister Baumgartner über die Probleme der Ernährungskrise nach dem harten Winter 1946/47 und die Probleme, die sich aus dem Zonenzusammenschluß für die Versorgung der Bevölkerung ergeben. Er beklagt die verlorenen Ostgebiete, kritisiert die SPD, polemisiert gegen die KPD und die zu weiche Politik der Westmächte gegenüber der Sowjetunion. Im Hinblick auf die amerikanischen Besatzungsorgane bemerkt er: »Aber beinahe die größte Schwierigkeit bedeutet der Umstand, daß – wir sind doch hoffentlich unter uns? – heute fast nur noch die dritte und vierte Garnitur Amerikaner hier in Deutschland ist. Sehr oft von keiner Sachkenntnis getrübt.«[40]
Danach entwickelt sich eine lebhafte Diskussion unter den Anwesenden. Baumgartner wird gefragt, ob die Amerikaner es nicht darauf abgesehen hätten, die Deutschen umkommen zu lassen. Mit Baumgartners Antwort nicht zufrieden, hakt der Frager nach:

> »Man kann doch überall feststellen, daß der weitaus größte Teil der maßgebenden Amerikaner hier Freimaurer und Juden sind! Entsprechend ist ihre

[39] Zit. n. Henke / Woller, op.cit., 92.
[40] Ibid.

Einstellung uns und besonders der Kirche gegenüber! Dr. Baumgartner: Mein lieber Freund! Sie dürfen auch da nicht ungerecht und besonders nicht unklug sein! Wir werden ohne die Juden und besonders ohne die jüdischen Kaufleute in USA und der übrigen Welt nie mehr auskommen: Wir brauchen sie für die Wiederaufnahme unserer alten Handelsbeziehungen! Was freilich die vielen Ostjuden hier in Bayern anbetrifft, so bin ich anderer Meinung: Meine Herren! Ich bin leider gezwungen gewesen, an dem Judenkongreß in Reichenhall teilzunehmen: Das einzig Erfreuliche an der Tagung war für mich die einstimmig gefaßte Resolution: ›Raus aus Deutschland‹! (Gelächter)«[41]

Die Diskussion wendet sich wieder der Ernährungslage zu und der Profilierung der CSU gegenüber der SPD. Danach macht Baumgartner eine Schlußbemerkung, die die Wertung der gebrauchten jüdischen Kaufleute und der überflüssigen vielen Ostjuden erhellt:

»Er betonte vor allem die Notwendigkeit einer Aktion gegen die These von der Kollektivschuld des deutschen Volkes, unter deren Zeichen die ganze bisherige Besatzungspolitik der vier Mächte und vielleicht auch die Politik auf der Moskauer Konferenz stehen würde. Es gelte nun, vor der Moskauer Konferenz noch, am besten alle vier Parteien gemeinsam oder wenigstens im Einverständnis, öffentlich, in der Presse, im Rundfunk und in Reden gegen die Kollektivschuld Stellung zu nehmen. Es sei ja eigentlich zum Lachen: Jahrelang hätten wir als alte Schwarzhörer die angelsächischen Parolen gehört, daß man diesen Krieg gegen die Nazis und Militaristen führe und dann das übrige Volk einer neuen Zukunft entgegenbringen werde. Statt dessen würde man nun insgesamt wie der letzte Dreck behandelt und würden alle Bestimmungen sich auf die These der Schuld des gesamten deutschen Volkes stützen.«[42]

Wirtschaftliche Mangelsituation, reglementierte Demokratisierung durch Military Government, ideologischer Druck der Kollektivschuld-These bilden zentrale gesellschaftliche Filter, durch die das Verhältnis zu Juden mitbestimmt wird. Selbst in diesem internen, halböffentlichen Kreis gehen Gesagtes und Ungesagtes nahtlos ineinander über, kann sich der Redner der zustimmenden Assoziationen der Zuhörer sicher sein. Und zwar in beide Richtungen: der Entwicklung kluger wirtschaftlicher Beziehungen zu Juden in der Welt und gleichzeitig der emotional aufgeladenen Ablehnung der Anwesenheit der jüdischen DPs in Deutschland. Für eine derartige Normalisierung des Verhältnisses zu den überlebenden Juden bedurfte es natürlich nicht allein einer Relativierung der Kollektivschuld-These,

[41] Ibid., 122.
[42] Ibid., 123.

sondern überhaupt der Zuordnung der Schuld ausschließlich bei Nazis und Militaristen, die man ja in Nürnberg abgeurteilt wußte. Das konnte dann auch in der Öffentlichkeit zu einer außerordentlich naiven Hinwendung zu Juden durch deutsche Politiker führen, wie ein Beispiel aus Berlin zeigt.

Als Ende Oktober 1947 150 Delegierte der Arbeitsgemeinschaft jüdischer Gemeinden in Berlin zusammentreten, erleben sie eine Ansprache vom stellvertretenden Bürgermeister Friedensburg, über die »Der Spiegel« süffisant berichtet: Der Bürgermeister sei erschienen, um seine Berliner vom Vorwurf des Antisemitismus zu reinigen. »Sich selbst hatte er nichts vorzuwerfen. Er betonte das nachdrücklich: ›...da bei mir von jeher ein Gefühl echter, tiefer Zusammengehörigkeit mit den jüdischen Mitbürgern bestanden hat!‹ Dann kamen schmeichelnde Worte: ›Ich, als deutscher Staatsmann, sage Ihnen, wie sehnsüchtig wir Deutschen ausschauen nach Ihrer Hilfe, da wir von der Mitarbeit der jüdischen Freunde viel erwarten.‹ Ungläubiges Staunen überzog die Gesichter der ehemals Verfolgten. Friedensburg bat weiter: ›Aber seien Sie geduldig und nachsichtig gegenüber der deutschen Bevölkerung.‹ ... Die Delegierten dachten an die Grabmalsschändungen auf den verwahrlosten jüdischen Friedhöfen im Norden Berlins, zu denen der Magistrat geschwiegen hatte.«[43]

Die Äußerungen aus dem Münchener CSU-Kreis wurden Anfang April 1947 in der » New York Times« publik gemacht, das War Department schaltete sich ein, OMGUS mußte berichten, Clay nahm auf einer Pressekonferenz kritisch zu dem Gesagten Stellung. Der inkriminierte Minister brachte umgehend aus dem Kreis der Teilnehmer zehn eidesstaatliche Erklärungen bei, daß derartige Äußerungen nicht gefallen seien. Forderungen aus den USA, den Minister seines Amtes zu entheben oder gar vor Gericht zu stellen, verpufften. Baumgartner war als Minister für Ernährungsfragen zuständig, und so schien es dem Military Government aufgrund der prekären Versorgungssituation »offenbar politisch inopportun, Baumgartner zu entlassen«.[44] Die Diskrepanz zwischen partiellen pro-jüdischen politischen Bekundungen und konkreten gesellschaftspolitischen Maßnahmen und Entwicklungen, zwischen öffentlichen und halb-öffentlichen Äußerungen durchzieht die Realität dieser Jahre und findet ihr Spiegelbild in der kontinuierlichen Berichterstattung des »Jüdischen Gemeindeblatts« der Juden in Deutschland von Anfang an.

Im Juni 1946 hielt es deren Redaktion für angebracht, in einer der ersten Ausgaben der Zeitung die Stellung der Parteien gegenüber den Juden zu erfragen.[45] SPD, KPD und CDU antworteten sofort. In der Antwort der SPD wird der Zusammenhang von Antisemitismus, wirtschaftlicher und politischer Krise hergestellt und an die traditionell von Juden auch befürwortete humanitäre

[43] Der Spiegel, 25.10.1947.
[44] Henke / Woller, op.cit., 27.
[45] Folgende Zitate nach Jüdisches Gemeindeblatt, 25.6.1946.

Zielsetzung der Partei erinnert. Der Autor der Antwort, Alfred Dobbert, gibt eine ausführliche historische Erklärung des Antisemitismus und betont, daß die Sozialdemokratie diesen als soziales Problem im Rahmen ihrer antikapitalistischen Strategie bekämpfe: »Als soziales Problem hängt die Judenfrage darum eng zusammen mit der Überwindung der kapitalistischen Produktionsweise und ihre Ersetzung durch eine sozialistische Wirtschafts- und Gesellschaftsorganisation. Vom Standpunkt der Humanität aus gesehen, gibt es für die Sozialdemokratie überhaupt keine Judenfrage. Die Juden sind eben gleichberechtigte Bürger unseres Landes, Menschen wie alle anderen und als solche wert, der Menschenrechte teilhaftig zu werden.« Für die KPD antwortet Louis N. Gymnich. Er erinnert vor allem an die gemeinsamen Erfahrungen von jüdischen und nichtjüdischen Häftlingen in Buchenwald und betont wie der Vertreter der SPD die soziale Frage. Seine Hoffnung ist, daß aufgrund der gemachten Erfahrungen Juden künftig »nie wieder den Fehler begehen, die reaktionären Kräfte im Kampf gegen den Fortschritt und die Demokratie mit Stimmzetteln und Geldmitteln zu unterstützen ... In der kommenden Demokratie, die meine Freunde und ich erkämpfen wollen, wird der Antisemit ein verachtetes Unikum sein.« Von der sozialen und politischen Argumentationsweise unterschied sich die Antwort des Vertreters der CDU, Ernst Lemmer, der »die Stellungnahme der Christlich-Demokratischen Union zu unseren Mitbürgern jüdischen Glaubens« erläuterte. »Mit den Grundsätzen eines wahrhaften Christentums sind antisemitische Regungen und Auffassungen in keinem Falle zu vereinbaren.« Die Verbrechen, »die während der Nazizeit an in- und ausländischen Juden verübt worden sind«, seien nicht zu vergessen. Jetzt ginge es darum, »unsere Jugend im Geiste der demokratischen Freiheit und christlichen Toleranz zu erziehen«. Abschließend zitiert der Autor aus der programmatischen Erklärung der Gründung der CDU in Berlin: »Wir Antifaschisten wollen unseren jüdischen Mitbürgern sagen, daß wir unsere Tore weit aufmachen für sie und daß wir hoffen, sie werden die jahrtausendealte Weisheit ihres Volkes mit in den Dienst des Wiederaufbaues eines besseren Deutschlands stellen.« »Jüdischer Mitbürger« und »christliche Toleranz« sind 1946 bereits Allgemeingut auf der konservativen Seite des politischen Spektrums genauso wie das überhöhte Bild vom jüdischen Volk und dessen Weisheit. Die Redaktion des »Jüdischen Gemeindeblatts« schien insgesamt unzufrieden zu sein mit den Antworten; denn sie schloß unmittelbar einen Artikel an, der »Pferdefuß« betitelt ist. Dieser beginnt ironisierend mit der Feststellung, daß »damals« alle gegen das Dritte Reich und für die Juden gewesen seien, bedauerlicherweise aber »ihre Gegnerschaft meisterlich zu verbergen wußten«. Der Verfasser fragt: »Wie steht es heute? Hätte sich irgend etwas grundlegend in Deutschland geändert, so wäre nicht die ganze Atmosphäre von einem Mißtrauen vergiftet, welches die Genesung des kranken Europas so schwer macht. Die Demokratie in Deutschland scheint eine Schwergeburt zu werden ...« Und er warnt, daß man heute nicht den offenen Antisemitismus suchen müsse; »denn dieselbe Gefahr kommt niemals im gleichen Gewande wieder«.

Die Aufforderung, »unsere Gesamthaltung gegenüber diesem Volke, die trotz mancher Ausnahmen, noch immer eine unfreundliche ist«, von Grund auf zu ändern, taucht in Gastartikeln im »Jüdischen Gemeindeblatt« auf. Die Betonung liegt dabei nicht auf sozialen oder politischen Fragen: »Seit länger als einem Jahr wartet die Welt auf greifbare Beweise für die Umkehr unseres Volkes von einer Gesinnung, die ihm die Welt entfremdete und zurück zu der Gesinnung, die ihm einmal einen Ehrenplatz unter den Nationen gab.«[46] Wie eine allmählich ansteigende Welle beginnen in Zeitungen, Zeitschriften, öffentlichen Erklärungen projüdische Bekenntnisse aufzutauchen und werden zum Zeichen der erwünschten neuen politischen Volljährigkeit.

Die zumindest verbale Betonung einer veränderten Einstellung zu Juden wurde, wann immer diese öffentlichen Charakter besaß, zu einer conditio sine qua non des Bekenntnisses zum neuen demokratischen Deutschland. Seit April 1945 hatte sich der Übergang von der antisemitischen Selbstverständlichkeit über das zerbröckelnde und tabuierte rassistische Weltbild hin zur Reaktionen abwartenden philosemitischen Meinungsäußerung, zu kollektiv bestätigten pro-jüdischen Einstellungen und Haltungen vollzogen. Das anti-jüdische Stereotyp kippte in der Öffentlichkeit sozusagen um in ein pro-jüdisches. Es entsteht das philosemitische Syndrom, ohne daß deswegen der Antisemitismus verschwindet.

Wie dünn dieser öffentliche philosemitische Konsens Ende der 40er Jahre war, zeigten nicht allein die OMGUS-Antisemitismus-Analysen, sondern auch folgender mehr oder weniger gescheiterter Versuch medialer Überwindung des Antisemitismus in der Bevölkerung. Von Bedeutung ist er deshalb, weil er nahezu am Ende der Bemühungen einer Re-education im Hinblick auf antisemitische Tendenzen im Zentrum der politischen Kultur steht.

Vertreter der US-Behörden in Frankfurt trafen sich Anfang 1947 mit Persönlichkeiten des öffentlichen Lebens, die ungefähr das institutionelle Spektrum von Stadtverwaltung, Rundfunk, Presse, Wirtschaft, Gewerkschaft, Universität und Kulturleben umfaßten. Das Ziel war die Gründung eines Komitees, das aktiv werden sollte, »um dem Anstieg des Antisemitismus in Deutschland entgegenzutreten.«[47] Vorgeschlagen wurde die Propagierung durch Rundfunk und Presse eines Essay-Preisausschreibens mit dem Titel: »Wie kann man Rassenvorurteile am besten beseitigen?« Ein erstes Resultat dieser Gespräche war Ostermontag 1947 ein Rundfunkgespräch von Radio Frankfurt, an dem unter anderem der Schriftsteller Carl Zuckmayer und auch die amerikanisch-deutsche Gesprächsrunde beteiligt war. Thema der Sendung: »Wie kann man Vorurteile überwinden?«

---

46 Ibid., 25.7.1946.

47 OMGUS, Meeting with Germans (1947), NA.Rg.260, 5/234-1/9.

Kurz darauf wurde von der »Frankfurter Rundschau« (10.4.1947) und von der »Frankfurter Neuen Presse« ein Wettbewerb zum Thema »Zeit der Vorurteile« ausgeschrieben. Das Thema wurde über die ursprüngliche Initiative hinaus erweitert. Die Leser sollten zu nationalen, rassischen, religiösen und Standesvorurteilen Stellung nehmen und darlegen, welche sie für besonders gefährlich hielten. Im Begleittext wurde auch die »Voreingenommenheit gegenüber jüdischen Mitmenschen«[48] angesprochen. Am 21. April 1947 fand ein Treffen der Initiatoren in Bad Homburg statt. In den wenigen Wochen waren 170 bis 200 Briefe eingegangen. Doch man sucht in den folgenden Wochen vergeblich in den Spalten der Zeitung nach Briefen oder Beiträgen aus diesem Wettbewerb. Erst am 23.7.1947 gibt es einen Beitrag, der, ohne den Wettbewerb zu erwähnen, auf das Thema eingeht, beklagt, daß Deutsche aus dem eigenen schlechten Gewissen heraus, »noch nachträglich einen Schuldbeweis der Juden beibringen« möchten und Beispiele für offenen und verdeckten Antisemitismus nennt. Sein Schlußatz lautete: »Und solange man versichern muß, nicht Antisemit zu sein, besteht die Kulturschande des Antisemitismus weiter.«[49] Das interne Resümee der Initiatoren des Wettbewerbs war nicht sehr ermutigend: »Und zwar sind die Schreiber hauptsächlich ältere Menschen. Ein eigentlicher Widerstand ist kaum zu spüren ... Anti-Semitismus wird wohl erwähnt, kommt aber in den wenigsten Briefen ganz klar zum Ausdruck. Auffallend ist eben das allgemeine Schweigen. Ringgespräch und Wettbewerb sind nur ein ganz kleiner Schritt vorwärts. Man müßte versuchen, viel mehr Menschen zu interessieren und eine angeregte Diskussion zu entfesseln.«[50] Die deutschen Teilnehmer bekundeten Interesse an den geheim gehaltenen Ergebnissen der OMGUS-Antisemitismus-Analyse, die amerikanischen Teilnehmer drängten auf weitere Aktivitäten.

Die OMGUS-Akte dieses Vorgangs enthält ein bemerkenswertes Dokument, auf das in den Diskussionen nicht Bezug genommen wurde, so daß anzunehmen ist, daß es nur den amerikanischen Vertretern bekannt war. Es handelt sich um eine Art Denkschrift eines Bad Harzburger Bürger mit dem Titel »Das Jüdische Problem« vom Dezember 1946. Der Verfasser schreibt, daß der Antisemitismus sich wieder im Vormarsch befinde, weil es wieder Juden in Deutschland gebe, die sich »überall in den Vordergrund schöben«. Vermeintlich vor dem Antisemitismus warnend, reproduziert der Verfasser das Repertoire antisemitischer Stereotype: Da ist vom »heuschreckenartigen Überfall« der »als unerwünscht geltenden Elemente« aus dem Osten nach 1918 die Rede; das Vorherrschen von Juden »im öffentlichen Leben, in Politik, Film, Presse, Rundfunk, Bühne« in der Weimarer Republik wird beklagt. Im Dritten Reich wäre der Antisemitismus abgeflaut und »unpopulär« gewesen, Unzählige hätten Widerstand geleistet und den in Deutsch-

48 Frankfurter Rundschau, 10.4.1947.
49 Ibid., 23.7.1947.
50 OMGUS, Conference in Bad Homburg, 21.4.1947, NA.Rg.260, 5/234-1/9.

land verbliebenen Juden Unterstützung gewährt. »Jeder« hätte »einen jüdischen Freund« gehabt, mit »dem er auch später trotz Partei und Gestapo Freundschaft hielt«. Konnte »von einem allgemeinen Antisemitismus im gewöhnlichen Sinne kaum gesprochen werden«, so sei heute zu sagen, »daß sich erneut eine antisemitische Stimmung vorbereitet, die wir endlich überwunden zu haben hofften«. Die Siegerstaaten würden einseitig die Interessen der Juden wahrnehmen, was in der Bevölkerung Feindschaft erzeuge. Internierungen würden von Dienststellen vorgenommen, die vorwiegend aus Juden bestünden; die heutige Politik gegenüber Deutschland werde von ehemaligen Emigranten bestimmt. Wiedergutmachung müsse an allen Opfern geleistet werden, auch an »den unzähligen Ausgebombten und Vertriebenen und Millionen Kriegsbeschädigten«. »Der neue Antijudaismus wird hauptsächlich wieder durch die Ostjuden genährt, die zu Abertausenden in deutsche Lande eingesickert sind.« Die überlebenden deutschen Juden hätten sich überall in Stellungen gedrängt. Zugleich müßte daran gearbeitet werden, den Völker- und Rassenhaß zu überwinden. Der Zionismus jüdischer Staatskommissare oder der Zionistenkongreß werde die Amerikaner und Engländer nicht dazu bringen, »der Ostjuden zuliebe die Araber zur offenen Revolte [zu] treiben«; »Nevada, Neu-Mexiko oder Arizona könnte zur Heimstätte aller jetzt heimatlosen Juden der Welt werden«. Es sei eine Erpressung, » wenn man neben unserem Schuldbekenntnis auch eine (materielle!) Sühne verlangt und von ihr dann abhängig machen will, ob das Ausland uns in Zukunft anerkennen und achten wird«. Die jüdische Frage könne nur mit Hilfe der deutschen Juden selbst gelöst werden. Den »schöpferischen Geist« der Juden brauche Deutschland, schließlich habe es so viele »wahre Leuchten der Wissenschaft« gegeben, die zu »den größten Ärzten, Chemikern, Physikern, ...Künstlern, Schriftstellern, Kaufleuten« gehörten. Allerdings brauche man nicht die Juden, die sich in den Dienst der Besatzungsmächte gestellt hätten, sondern eben nur, »wer sich von den Juden klar und fest als Deutscher bekennt«. Und der Verfasser resümiert: »Wir müssen uns alle nun endlich in Werken der Menschlichkeit treffen. Je mehr wir unseres Christentums und seiner Lehren eingedenk sein werden, je ernster wir uns einer wahren und echten Humanität befleißigen, umso leichter werden sich alle Schwierigkeiten beheben lassen.«[51]
Scheint dieser Text auf den ersten Blick mehr oder weniger einen Aufriß traditioneller antisemitischer Vorurteile in Deutschland zu geben, so enthält er zwei weitere Ebenen.

Die aus der Politik und dem Krieg des Dritten Reiches sich ergebenden Folgen werden über die Alliierten den Juden »in die Schuhe geschoben«, was in den folgenden Jahren zum ständigen Argument des rechtsextremistischen Antisemitismus wird. Zugleich wird der herausgehobene deutsche Jude mit all seinen

[51] OMGUS, The Jewish Problem (essay) by Walther F. Kleffel, Bad Harzburg, Dezember 1946, NA.Rg.260, 5/234-1/9.

Verdiensten und Heimatverwurzelungen dem »Ostjuden«, den DPs, gegenübergestellt und ein Neuanfang mit ersterem aus Christentum und Humanität beschworen. Insofern ist dieser Text weder typisch für antisemitische Kontinuitäten, noch für philosemitische Sonntagsreden. Er ist typisch für eine Übergangszeit, für Meinungen, die so von den entstehenden Parteien und Institutionen nicht coram publico vertreten wurden, mit denen in der Bevölkerung aber gerechnet werden mußte.

Der Prüfstein der Demokratie und die politische Funktionalisierung des Verhältnisses zu Juden

Auf der ersten überregionalen Versammlung von Vertretern jüdischer Gemeinden im Sommer 1949, also noch vor der Gründung der Bundesrepublik, sagte der US-High Commissioner John McCloy: »Die Welt werde es als einen Maßstab betrachten, ob Deutschland im Stande ist, gesunde Beziehungen zu den jüdischen Gemeinden zu schaffen.« »Das Verhalten der Deutschen zu den wenigen Juden in ihrer Mitte sei ein Prüfstein ihrer Gesittung und eines echten demokratischen Aufbauwillens.« »Die Einstellung der Deutschen zum Juden bedeute die Feuerprobe der deutschen Demokratie.«[52] Und eher nachdenklich fügte McCloy hinzu, daß mit den äußerlichen Mitteln der Besatzungsmacht das psychologische Klima nicht beseitigt werden könnte. Derartige Äußerungen sowie damit einhergehende Maßnahmen blieben nicht ohne Einfluß auf die politischen Entscheidungsträger, auf Bildungs- und Erziehungsinstitutionen, auf Medien und auf das gesellschaftliche Bewußtsein in der Gründungs- und Aufbauphase der Bundesrepublik. Schließlich deckten sie sich mit bereits gemachten Erfahrungen seit 1945. So wie der Antisemitismus während des Dritten Reiches der sozialen Delegitimierung des jüdischen Bevölkerungsteils und mit dem Schlagwort vom »Krieg gegen die Juden« der Legitimierung der physischen Ausrottung dienstbar gemacht wurde, erfolgte Ende der 40er Jahre ein geschichtlicher Ablösungsprozeß. Der NS-Vernichtungsantisemitismus konnte an den antidemokratischen und nationalistischen Antisemitismus der Jahrzehnte vor 1933 anknüpfen. Die Instrumentalisierung des Philosemitismus in der Innen- und Außenpolitik des nach Souveränität und Westintegration strebenden deutschen Teilstaates konnte auf dem philosemitischen Syndrom, wie es sich nach 1945 entwickelt hatte, aufbauen. Zugleich hatte dieses Syndrom jedoch nie die Ausmaße und die sozialpsychologische Tiefe erlangt wie der traditionelle Antisemitismus. Die erklärtermaßen öffentliche Ablehnung des Antisemitismus, die Betonung einer pro-jüdischen Haltung wurde zunehmend als identisch mit einer demokratischen Einstel-

[52] Die Neue Zeitung, 1.8.1949; Allgemeine Wochenzeitung der Juden in Deutschland, 5.8.1949.

lung postuliert. Aus westdeutschen politischen Reaktionen auf Entnazifizierungs- und Demokratisierungsbestrebungen der Alliierten, insbesondere der amerikanischen Militärregierung, entwickelte sich vor diesem Hintergrund zunehmend eine politische Funktionalisierung, letztlich Instrumentalisierung des Philosemitismus. Je näher die Gründung der Bundesrepublik Deutschland in diesen Jahren rückte, um so schneller wurde aus einem sozialpsychologischen Faktor ein ideologisches und politisches Instrument. Der Philosemitismus wurde zur moralischen Legitimierung des demokratischen Charakters dieser Entwicklung. Sollte die neue, positive Haltung zu den Juden die neue, positive Qualität der westdeutschen Demokratie öffentlich machen und der skeptischen Welt beweisen, so galt es, diese staatlicherseits in Reden und sichtbaren Maßnahmen entsprechend zu präsentieren.

So wie das Bekenntnis zur Demokratie wurde das Bekenntnis zu den Juden innen- und außenpolitisch erwartet. Diese staatliche, politisch-ideologische Seite überlagerte Ende der 40er und Anfang der 50er Jahre alle anderen philosemitischen Tendenzen und bis dahin wirksamen Inhalte des Philosemitismus. Eleonore Sterling gab 1965 in einem seither kaum mehr beachteten Artikel eine Wertung des Zusammenhangs von Philosemitismus und Demokratie. Ausgehend von der Diskrepanz zwischen Umfragen zur Erfassung des Antisemitismus in der öffentlichen und nichtöffentlichen Meinung stellt sie eine »Ähnlichkeit zwischen der Mechanik des Philosemitismus und des Antisemitismus« fest. Beide hätten nur sehr wenig mit den Juden zu tun, und die Basis für beide lasse sich in gesellschaftlichen Zusammenhängen aufspüren: die des Antisemitismus in allgemeinen wirtschaftlichen und politischen Mißständen und die des Philosemitismus »eher in der Schwäche der jungen deutschen Demokratie«. Der Philosemitismus habe wesentliche Bedeutung für das, was als »Glaubwürdigkeit der Bundesrepublik« bezeichnet werde: »Da sich aber Demokratie und Humanität nicht von selber bezeugen, hat man einen Ausweg gesucht und gefunden. Man bedient sich in zunehmendem Umfange der Symbole und Ersatzhandlungen.« Der Philosemitismus, so Eleonore Sterling, hat »weniger mit den Juden, dafür mehr mit Staatsräson und Außenpolitik zu tun«. »Er bedeutet die Ausnutzung eines Symbols, das stellvertretend als vollendet bezeugen soll, was tatsächlich erst in Ansätzen vorhanden ist: eine wirkliche Demokratie und eine positive Haltung gegenüber der jüdischen Minderheit. Der Philosemitismus – ähnlich wie auch der Antikommunismus – gehört zum Bekenntnischarakter der noch nicht verwirklichten deutschen Demokratie.«[53] Auf dem Kirchentag in Köln 1965 gab es eine Diskussion zum Problem »Antisemitismus und Philosemitismus«, in der Eleonore Sterling darauf hinwies, daß sozialpsychologische, ökonomische und politische Faktoren dieses Problem beeinflussen. Neben autoritären Erziehungsmethoden der Nachkriegszeit und Zukunftsangst trotz wirtschaftlicher Gesundung,

---

53 Sterling, Judenfreunde ..., op.cit.

die auf relevante Haltungen in der Bevölkerung einwirken, führte sie an: »Schließlich haben sich die politischen Verhältnisse noch nicht so grundsätzlich geändert, wie es nötig wäre ... Wir haben eine demokratische Verfassung, aber immer noch wesentlich eine formale Demokratie. Sie ist noch nicht verwirklicht. Wenn wir also die ›christliche Liebe‹ erfüllen wollen, müssen wir auch deren Voraussetzungen schaffen. Zum wirklichen Lieben, zur wahren Brüderlichkeit gehört immer die Freiheit. Zur Liebe gehört auch ein wirklich freies politisches System und eine wirklich gerechte Wirtschaftsordnung.«[54]
Zugleich darf der reale Kern in der Verbindung von Philosemitismus und Demokratiestreben natürlich nicht übersehen werden. Es ist zu unterscheiden zwischen der in sich schlüssigen und logischen Überlegung, daß nur demokratische Veränderungen zur Überwindung des Antisemitismus beitragen können und der irrigen Annahme, die symbolische Ersatzhandlung sei ausreichend. Eine »erfolgreiche und dauerhafte Überwindung des Antisemitismus« heißt »konkret, daß nur die Überwindung undemokratischer Sozialstrukturen sowie der dazugehörigen Denk- und Verhaltensweisen den antisemitischen Vorurteilen die Grundlage entzieht, daß nur eine tiefgreifende Demokratisierung der politisch-gesellschaftlichen Verhältnisse den Antisemitismus auf die Dauer unmöglich machen kann. ... Notwendig ist daher beides: die ständige Veränderung der Gesellschaft im Sinne der Menschen- und Bürgerrechte einerseits, und die direkte Auseinandersetzung mit dem Antisemitismus in allen seinen Erscheinungsformen andererseits. Das Ziel der Aufklärungsarbeit ist dabei die Immunisierung immer größerer Teile der Bevölkerung gegen die Versuchung des Antisemitismus.«[55] Aus der Sicht der 90er Jahre läßt sich mit Bestimmtheit sagen, daß der Philosemitismus eine derartige Immunisierung nicht – oder nur vorübergehend in beschränktem Maße – bewirken konnte. Blickt man zurück auf die Diskussionen der OMGUS-Mitarbeiter, so ergibt sich in diesem Zusammenhang ein durchgehender roter Faden: über Re-education zu erreichende sozialpsychologische Veränderungen sind nur dann wirksam, wenn sie durch demokratische wirtschaftliche Verhältnisse, die Ausschaltung antisemitisch geprägter Eliten und eine effektive demokratische Institutionalisierung des gesellschaftlichen Lebens, d.h. nicht allein durch abstrakte Normensetzungen, sondern langwährende politisch-kulturelle Prozesse in der deutschen Nachkriegsgesellschaft verankert werden.

---

[54] Zit. n. Hellmut Gollwitzer / Eleonore Sterling (Hg.), Das gespaltene Gottesvolk. Im Auftrag der Arbeitsgemeinschaft Juden und Christen beim Deutschen Evangelischen Kirchentag, Berlin 1966, 174.

[55] Reinhard Rürup, »Emanzipationsgeschichte und Antisemitismusforschung. Zur Überwindung antisemitischer Vorurteile«, in: Rainer Erb / Michael Schmidt (Hg.), Antisemitismus und Jüdische Geschichte. Studien zu Ehren von Herbert A. Strauss, Berlin 1987, 469f.

7. Das Ringen um einen Neuanfang: Kirchen und christlich-jüdisches Gespräch

Abgesehen von denjenigen philosemitischen Tendenzen, die mehr oder weniger mit antisemitischen Stereotypen verzahnt blieben, gab es zweifellos auch eine im grundlegenden nicht-antisemitische Haltung in der deutschen Bevölkerung. Diese wurde aus christlichen, humanistischen und antifaschistischen Quellen gespeist und erfuhr jetzt den Umständen entsprechend verstärkte Öffentlichkeit. Hier wirkte das Gefühl der Scham, einer nationalen Schuld, einer kollektiven Verantwortung. Ohne taktische Gesichtspunkte fühlten einzelne sich persönlich als Individuen betroffen und von der noch nicht überwundenen Vergangenheit ihres Volkes moralisch gefordert. Major Irving Heymont, Kommandant des jüdischen DP-camps Landsberg, hat in einem Brief am 8.10.1945 diese Haltung zutreffend als eine gesellschaftliche Erscheinung beschrieben:

> »Es ist leicht zu sagen, wie es in Potsdam erfolgte, daß die Deutschen als Ganzes um ihre Kriegsschuld wissen und dies fühlen sollten. Doch wenn man das genau betrachtet, dann leiden darunter nur relativ wenige. Man kann nicht anders, als mit der mißlichen Lage jener wenigen zu sympathisieren, die die Last auf sich nehmen und wahrscheinlich keine individuelle Schuld haben. Dies ist eine ethische und moralische Frage, die zu kompliziert ist, als daß ich sie verstehe. Grobe Verallgemeinerungen scheinen immer dann zusammenzubrechen, wenn man sie auf einzelne Individuen anwenden soll ...«[1]

Und es waren auch im wesentlichen einzelne, die um notwendige neue Vermittlungsformen im deutsch-jüdischen Verhältnis rangen und nach einer unter den neuen Bedingungen moralisch vertretbaren Weise das Gespräch mit jüdischen Überlebenden suchten. Dieser Aspekt eines geistigen und kulturellen Neubeginns ist natürlich auch in historischer Dimension zu betrachten. Schließlich blicken wir vor 1933 nicht auf eine erfolgreiche jahrhundertelange traditionsreiche Emanzipation der Juden in Deutschland zurück, sondern allenfalls auf einige Jahrzehnte eines problematischen, konfliktreichen Verhältnisses. Letztendlich hat erst die Weimarer Republik die vollständige formale Gleichstellung der Juden in Deutschland gebracht – mit allen Illusionen auf jüdischer und allen Vorbehalten auf nichtjüdischer Seite. »Die unzureichend verwirklichte und vielfach nicht akzeptierte Emanzipation der Juden machten sich die Nationalsozialisten zunutze, als sie daran gingen, dieser Bevölkerungsgruppe die Rolle

[1] Irving Heymont, Among the Survivors of the Holocaust – 1945. The Landsberg DP Camp Letters of Major Irving Heymont, Cincinnati 1982, 46.

des innenpolitischen Hauptfeindes zuzumessen.«[2] Die formal-rechtlichen Schlußfolgerungen hieraus nach 1945 zu ziehen, war im Prinzip kein Problem. Die Beantwortung der Frage, was das nun aber für das Verhältnis von Deutschen und Juden in Deutschland nach der Shoah zu bedeuten hatte, war durchaus nicht frei von Problemen. Zunächst war es ja jetzt ein Verhältnis der Ungleichheit; denn die einst breit wirkende jüdische Gemeinschaft gab es auf deutschem Boden nicht mehr. Herausragende jüdische Persönlichkeiten mit dem Wunsch und Drängen nach einem deutsch-jüdischen Dialog waren in Deutschland in nennenswerter Anzahl nicht mehr vorhanden. Auf jüdischer Seite hatte man andere Sorgen, schwieg, kehrte auch zum jüdischen status quo ante zurück oder bereitete die Auswanderung vor. Zugleich fühlten andererseits nicht wenige Deutsche, daß ein Neubeginn ohne ein aktives deutsch-jüdisches Sich-in-Beziehung-Setzen hochgradig unvollkommen und zweifelhaft sein würde. Theodor Heuss versuchte 1951 die damit zusammenhängenden Bemühungen rückblickend zusammenzufassen:

> »Und dieser Neubeginn soll mit dem guten Willen sachlicher und seelischer Gerechtigkeit für die Juden und für die Deutschen als ein Stück weiteren Ausgleichs in dem schmerzlichen Verfahren wirken. Beide Partner sind in ihrer Wirtschafts- und Sozialgeschichte, zumal aber auch in ihrer Geistesgeschichte viel zu eng miteinander verbunden, als das, was Gewalttat wurde und Verbrechen war, ein Ende sein dürfe und könne.«[3]

Es gehört zu den Illusionen deutsch-jüdischer Beziehungen nach 1945, diese Verbindungen vermeintlich zeitlos im deutschen Nachkrieg weitergelten zu lassen.[4] Was auch immer an dieser Partnerschaft gesellschaftliche Wirklichkeit gewesen war, konnte die Zeit des Dritten Reiches – bis auf individuelle Erfahrungen des Überlebens mithilfe Deutscher – nicht überdauern. Die Diskrepanz zwischen dem von Heuss formulierten guten Willen zu deutsch-jüdischer Kontinuität auf deutscher Seite und veränderten gesellschaftlichen Bedingungen sowie dem historischen Einschnitt auf jüdischer Seite war durch noch so wohlmeinende Reden nicht zu überbrücken. Dieser Kontinuität fehlte die soziale Basis. Das traditionelle deutsche Judentum existierte nicht mehr in Deutschland; überlebt hatten einzelne Juden, keine soziale Gruppe. Und diese empfanden sich in ihrer Mehrheit von nun an, wie bereits betont, als Juden in Deutschland und nicht mehr als deutsche Juden.

---

[2] Jürgen Schmude, »Bürgerrechte und Sonderrecht-Schutz und Verfolgung der Juden in Deutschland«, in: Frankenthaler Gespräche, op. cit., 110.
[3] Heuss, op.cit., 115.
[4] Vgl. Dan Diner, »Negative Symbiose. Deutsche und Juden nach Auschwitz«, in: Babylon. Beiträge zur jüdischen Gegenwart 1/1,1986, 9f.

Die emotionale und intellektuelle Distanz der Überlebenden wurde noch dadurch verstärkt, daß eine gesellschaftliche Antwort auf den Antisemitismus des Dritten Reiches oder zunehmende antisemitische Vorkommnisse nicht in sozial, politisch oder kulturell ausreichendem, und das hieß vor allem öffentlichen, Ausmaß gegeben war. Dies waren zweifelsohne Gründe, die unabhängig vom subjektiven Wollen einzelner, den illusorischen Charakter eines deutsch-jüdischen Neubeginns beeinflußten. Das wurde darüberhinaus auch durch enttäuschende Erfahrungen von Überlebenden der verschiedenen »nichtarischen« Gruppen verstärkt. Zum Beispiel verliefen Versuche von jüdischen Rückkehrern, sich an ihren ehemaligen Wohnorten wieder wirtschaftlich und gesellschaftlich zu etablieren, oft nicht gerade sehr erfolgversprechend. 1947 konnte OMGUS feststellen, daß von den 400 bis 600 nach Frankfurt zurückgekehrten Juden nur wenige ihren Besitz erstattet bekommen und einen niedrigeren sozialen Status hatten als vor den antijüdischen NS-Gesetzen. Die analoge Situation in Berlin ist oben skizziert worden. Auch dies führte unter anderem dazu, daß zahlreiche Juden eine abwartende Haltung einnahmen oder sich sehr schnell für Auswanderung entschieden. Für sie kam in der großen Mehrheit die Mitarbeit in den entstehenden deutschen Organen oder gar Gründung von Organisationen, die gegen den Antisemitismus kämpfen und ein neues Verhältnis von Deutschen und Juden bewirken sollten, nicht in Frage.
Derartige Einstellungen unterschieden sich von den Überlegungen der Militärverwaltung, die durch den Zustrom von Teilen der Bevölkerung zu den Kirchen und durch die U.S.-amerikanischen Erfahrungen bei der Zusammenarbeit von Christen und Juden beeinflußt waren. Doch betrachten wir zunächst das Verhältnis der christlichen Kirchen zu Antisemitismus und zu dem Problemkreis, der in vielen kirchlichen Dokumenten als »Judenfrage« bezeichnet wird.

Die Kirchen und die »Judenfrage«

Die Kirchen wurden von den Besatzungsmächten bereits bei der Planung für die Zeit nach dem Sieg als eines der wichtigsten Instrumente bei der Umorientierung der deutschen Gesellschaft betrachtet.[5] Angesichts der von den Alliierten beschlossenen Zielsetzung, Deutschland ein für allemal zu demokratisieren, schienen nur die Kirchen eine im Lande selbst vorhandene und vermeintlich nicht

[5] Vgl. das Vorwort von Harold Zink, Chief Historian, in: Beryl R. McClaskey with the assistance of Friedrich Forstmeier, The History of U.S. Policy and Program in the Field of Religious Affairs under the Office of the U.S. High Commissioner for Germany, Research Project No.104, February 1951, Historical Division, Office of the Executive Secretary, Office of the U.S. High Commissioner for Germany, 1951, II.

diskreditierte geistige Alternative anbieten zu können.[6] Dies lag auf der Hand, da die Kirchen scheinbar einfach wieder an die Zeit vor 1933 anknüpfen konnten. Dieser Entwicklung entsprach die Resonanz, die Kirchen beginnend mit dem Frühjahr 1945 in der Bevölkerung fanden. Zahllose Deutsche suchten den Weg zu den Kirchen. Zum einen waren diese im Unterschied zu den meisten anderen öffentlichen Institutionen nicht auf unabsehbare Zeit geschlossen worden. Zum anderen konnte man in den Kirchen Institutionen deutscher Tradition sehen, die Trost und Ruhe spendeten, Antwort gaben zu einer Zeit, in der die NS-Weltanschauung dem Verdikt des Verbrecherischen unterlag, die traditionellen Formen des deutschen politischen Lebens noch nicht recht sichtbar waren und den Re-education-Aktivitäten der Alliierten der Geruch kollektiver Strafaktionen durch die Sieger anhaftete.

Neben Stätten religiöser Besinnung und Flucht wurden die Kirchen so für einige Zeit zu Orten sozialer und geistiger Begegnung. Der Zugriff auf Religion (wie auch auf Bildung) erschien vielen Deutschen als ein perspektivischer Ausweg angesichts des aus der militärischen Niederlage und der Auflösung des politischen Systems sich ergebenden Zusammenbruchs kultureller Institutionen, geistiger Werte, säkularer sowie religiöser Glaubensvorstellungen und Loyalitäten. Vielleicht, so schien es neuen und alten Kirchgängern jetzt, waren die Kirchen ein quasi NS- und damit politikfreier Raum, in dem es um Glauben und den notwendigen festen inneren Halt ging, um allgemein-ethische Probleme und weniger um überkommene oder zeitgemäße öffentliche Moral. Wuchsen den Kirchen im gesellschaftlichen Raum somit zunächst Aufgaben zu, von denen so mancher Kirchenführer und Vertreter der Bekennenden Kirche nur geträumt hatte, so spielte Religion nun auch im Privaten und Familiären, im engeren sozialen Kontext eine viel einflußreichere Rolle. Nicht zuletzt prägte dieser doppelte Einfluß bald die klerikal-konservativen Tendenzen, die während der Adenauer-Ära die spießig-muffige Atmosphäre der ökonomisch so dynamischen jungen Bundesrepublik bestimmten.

Der durch die Alliierten, insbesondere die amerikanische Besatzungsmacht, 1945 vorgenommenen Funktionsbestimmung der Kirche als »organisierte Religion«[7] – mithin auch als gesellschaftlich organisierender Faktor – entsprach rein äußerlich die Hinwendung zu den Stätten des Glaubens. Es ging dabei gleichermaßen um karitative und seelsorgerische Aufgaben, die sich auf Gegenwart und Zukunft bezogen. Hier gab es folglich auch eine vergangenheitsbezogene geistig-religiöse, ethische und theologische Ebene, deren Dimensionen jedoch

---

[6] Vgl. Clemens Vollnhals, Die Evangelische Kirche zwischen Traditionswahrung und Neuorientierung, in: Martin Broszat u.a. (Hg.), Von Stalingrad zur Währungsreform. Zur Sozialgeschichte des Umbruchs in Deutschland, München 1988, 113f; Armin Boyens, Die Kirchenpolitik der amerikanischen Besatzungsmacht in Deutschland von 1944 bis 1946, in: ders. u.a. (Hg.), Kirchen in der Nachkriegszeit. Vier zeitgeschichtliche Beiträge, Göttingen 1979, 7f.; Frederic Spotts, Kirchen u. Politik in Deutschland, Stuttgart 1976, 45f.

[7] OMGUS, POLAD, NA.RG 84, 757/22-24 The German Church View, 28.2.1946.

durchaus unterschiedlich gesehen werden konnten.[8] Im Kanzelwort des württembergischen Landesbischofs Wurm, das Pfingsten 1945 in allen Landeskirchen verlesen werden sollte, heißt es: »Wir Prediger des Evangeliums und Diener der Kirche sehen unsere erste Aufgabe darin, alle die tiefgebeugten, am Grabe ihres Glückes, ihrer Heimat, ihrer Habe stehenden Menschen auf den hinzuweisen, der allein den Trauernden Kraft und Trost spenden kann, auf unseren Herrn und Heiland ... Nicht klagen und anklagen, sondern vergeben und helfen ist das Gebot der Stunde.« Die »Wunden, die der Krieg geschlagen hat, zu heilen«, gelte es, »soweit das möglich ist.«[9] Um religiöse Rückbesinnung, Vergebung und Heilung der Kriegsfolgen ging es in diesem und folgenden Kanzelworten. Franklin Littell, Religionswissenschaftler, war Religious Affairs Officer in der amerikanischen Militärverwaltung. Seine Tätigkeit in Deutschland reflektierend, fragte er Jahre später, wie es im Christentum möglich sein konnte, daß Millionen Getaufter von einem heidnischen System und einer heidnischen Religion mitgerissen werden konnten. Und über seine eigene Haltung nach 1945 bemerkte Littell: »Es war nahezu wie die Erfahrung einer Konvertierung ... Es schien mir, daß das entscheidende Ereignis sowohl für Christen als auch für Juden in unserer Zeit der Holocaust ist. Dieses entscheidende Ereignis verändert das eigene Leben und die ganze Perspektive, wenn man es konfrontiert hat. Seitdem ist für diejenigen unter uns, die diesen Weg beschritten haben – und ich finde mehr und mehr Christen, die mit den Lehren des Holocaust ringen – nichts mehr so wie es war.« – »Nothing is ever the same again.«[10] In diesem Sinne waren die Kirchen sowohl im Hinblick auf die deutsche und internationale Öffentlichkeit – und nicht nur die christliche – genauso gefordert wie im Hinblick auf die religiöse und theologische Not des einzelnen Christen. Folgt man Littell und nicht Wurm, so konnte eben nicht gradlinig an die Zeit vor 1933 angeknüpft werden, denn damals war das Verhältnis zu Juden und Judentum wesentlich durch Schweigen und antisemitische Einstellungen charakterisiert.[11] Wie sahen die Antworten der Kirchen nun aus?

Zunächst lösten sich die Kirchen nach 1945 nur schwerfällig – wenn überhaupt – aus ihrer Erstarrung und der Unbelehrbarkeit mancher ihrer führenden Persönlichkeiten. »Die meisten Gläubigen wünschten von ihren Kirchenführern Für-

---

[8] Vgl. Amos Funkenstein, Theological Interpretations of the Holocaust. A Balance, in: François Furet (Hg.), Unanswered Questions. Nazi Germany and the Genocide of the Jews, New York 1989, 275f.

[9] Zit. n. Dorothee Buchhaas-Birkholz (Bearb.), »Zum politischen Weg unseres Volkes« – Politische Leitbilder und Vorstellungen im deutschen Protestantismus 1945-1952. Eine Dokumentation, Düsseldorf 1989, 40.

[10] Zit. n. Brewster Chamberlain / Marcia Feldman (Hg.), The Liberation of the Nazi Concentration Camps 1945. Eyewitness Accounts of the Liberators, Washington 1987, 96.; vgl. Franklin Littell, The Crucifixion of the Jews, New York 1975, 60f.

[11] Vgl. Rolf Rendtorff, Hat denn Gott sein Volk verstoßen. Die evangelische Kirche und das Judentum seit 1945. Ein Kommentar, München 1989, 9f.

sprache und Hilfe bei der Überwindung der demütigenden Folgen der Niederlage, bei der Behebung des Mangels an physisch Lebensnotwendigem. Die Kirchenmänner ›vergaßen‹ sehr rasch, in welchem Ausmaß sie die Nationalsozialisten unterstützt hatten, beklagten sich bitter über das Unglück und die Entbehrungen unter der militärischen Besatzung und legten eine erschreckende Gleichgültigkeit gegenüber den unendlich größeren Leiden an den Tag, die anderen von ihren gefeierten Machthabern zugefügt worden waren.«[12] Der evangelische Bischof Wurm drängte die amerikanische Militärregierung ständig, Milde walten zu lassen, ja selbst die inhaftierten jungen SS-Angehörigen nicht zu verfolgen, und betonte die Unabhängigkeit der Kirche gegenüber den Erziehungsbestrebungen der Alliierten. Dennoch begann, zunächst in der evangelischen Kirche, die Frage nach der Verantwortung für die Verbrechen im Dritten Reich eine Rolle zu spielen. Das erfolgte aufgrund inneren Drucks solcher Theologen wie Martin Niemöller von Gläubigen der Bekennenden Kirche und nicht zuletzt aufgrund der fordernden Erwartung der evangelischen Kirchen anderer Länder.
Im Oktober 1945 hatte der Rat der Evangelischen Kirche vor Vertretern des internationalen Ökumenischen Rates der Kirchen in Stuttgart eine Schulderklärung abgegeben, die jedoch die NS-Judenverfolgung mit keinem Wort erwähnt. Das Eingeständnis mündet in folgenden viel zitierten Satz: »wir klagen uns an, daß wir nicht mutiger bekannt, nicht treuer gebetet, nicht fröhlicher geglaubt und nicht brennender geliebt haben.«[13] Es ging vor allem um die Wiederaufnahme der Beziehungen zu den evangelischen Kirchen anderer Länder, mehr um Glaubensprobleme als um geschichtliches Verständnis und gesellschaftliche Konsequenzen. Die ausländischen Kirchenvertreter bezogen sich auf diesem Treffen immer wieder auf die Schuld an den Juden, die Erklärung deutscherseits allerdings schweigt in ihrer Allgemeinheit hierzu. Nicht unwesentlich ist hier, den Schuldbegriff der versammelten Kirchenrepräsentanten deutlich zu verstehen. Hans Asmussen, der erste Präsident der Kirchenkanzlei der Evangelischen Kirche in Deutschland nach 1945, ließ im Rückblick auf einer protestantischen Kirchenwoche in Kassel 1947 keinen Zweifel über die Implikationen des Schuldbekenntnisses von 1945 aufkommen, indem er die christliche Auffassung betonte, daß ein Schuldbekenntnis Vergebung der Sünden und Versöhnung nach sich ziehe. Allerdings, so Asmussen, habe die Stuttgarter Erklärung nicht dazu beigetragen, daß dem deutschen Volk das Wort der Versöhnung gesagt worden sei. – Nicht Verdrängung prägt eine derartige Argumentation, sondern die Umgehung gesellschaftlicher und politischer Kon-

---

[12] John S.Conway, »Die Rolle der Kirchen bei der ›Umerziehung‹ in Deutschland«, in: Ursula Büttner (Hg.), Das Unrechtsregime. Internationale Forschung über den Nationalsozialismus, Bd.2, Hamburg 1986, 366f.

[13] Zit. n. Martin Greschat (Hg.), Im Zeichen der Schuld. 40 Jahre Stuttgarter Schuldbekenntnis. Eine Dokumentation, Neukirchen-Vluyn 1985, 46.

sequenzen mithilfe theologischer Konstruktionen. Selbst das bürgerliche Strafrecht würde nicht einen Mörder freisprechen, bloß weil er nach langem Zögern unter dem Druck bewiesener Schuld seine Tat bekennt.
Die Presseberichterstattung über die Stuttgarter Erklärung lief unter dem Motto »Evangelische Kirche bekennt Deutschlands Kriegsschuld« und führte zu kritischen Reaktionen, die sich auf zwei Punkte konzentrierten: »Die Frage nach der ›Schuld der anderen‹ und die Forderung, die Kirche solle sich nicht zu politischen Fragen äußern.«[14] Als der Bischof von Canterbury sich darauf mit einem wohlmeinend-kritischen Wort an die deutschen Christen wandte, antwortete Bischof Wurm mit einem Brief, der über den BBC gesendet wurde und in der amerikanischen Militärverwaltung zu einiger Aufregung führte, da er die Militärzensur umgangen hatte. In diesem Brief vom 14.12.1945 heißt es unter anderem:

> »Auch wir Christen in Deutschland bejahen unsere Verantwortung für die ganze Welt. Wir haben auch unter der Herrschaft des Nationalsozialismus nicht von ihr lassen wollen. Es war uns ein tiefer Schmerz, daß wir der Mißhandlung anderer Völker und Länder nicht wehren konnten ... Wir sind uns dessen klar bewußt, daß unsere Städte nicht in Trümmern liegen und unsere Volksgenossen nicht auf den Landstraßen Hungers sterben und unsere Soldaten nicht in den Gefangenenlagern dahinwelken würden, wenn nicht vorher Millionen anderer Menschen dasselbe hätten durchmachen müssen ... Aus ernster Sorge machen wir Euch darauf aufmerksam, daß mit dem Sieg der alliierten Mächte nicht einfach das Gute über das Böse gesiegt hat. Die militärische Eroberung und Besetzung unseres Landes war mit all den Gewalttaten gegen die Zivilbevölkerung verbunden, über die man sich in den Ländern der Alliierten mit Recht beklagt hat, und was seither in manchen Besatzungszonen auf dem Gebiet der Entnazifizierung geschehen ist, war auch nicht immer geeignet, den Eindruck eines höheren Maßes von Gerechtigkeit und Menschlichkeit zu erwecken.« Wurm klagt dann die wirtschaftlichen Maßnahmen der Allierten an, warnt vor einer Bestrafung der Besiegten und vor einer Schuld, die die Sieger auf sich laden würden. »Das deutsche Volk auf einen noch engeren Raum zusammenzupressen und ihm die Lebensmöglichkeiten möglichst zu beschneiden, ist grundsätzlich nicht anders zu bewerten, als die gegen die jüdische Rasse gerichteten Ausrottungspläne Hitlers. Man muß glauben, daß Gott ein Vergelter sein werde – das predigen wir Christen in Deutschland unseren verbitterten und empörten Volksgenossen. Dürfen wir, liebe christliche Brüder in England, Euch bitten, dasselbe zu tun?«[15]

---

[14] Zit. n. Armin Boyens, »Das Stuttgarter Schuldbekenntnis vom 19. Oktober 1945 – Entstehung und Bedeutung«, in: Vierteljahrshefte für Zeitgeschichte 4/19, 1971, 394f.
[15] Zit. n. OMGUS/POLAD, Churches and Religion, Brief vom Dezember 1945, NA.Rg.84, 757/22-24.

Schuld und Sühne sind hier in erster Linie theologische Kategorien. Das ist zu betonen; denn in der Interpretation des Stuttgarter Schuldbekenntnisses wird ihnen in der Regel eine gesellschaftliche Komponente unterstellt. Gesellschaftliche Relevanz sieht Wurm mehr in der Schuld der Alliierten und in der von ihm so bezeichneten »Vergeltung«. Daß im Hinblick auf die »jüdische Rasse« nur von Plänen Hitlers die Rede ist, weist auf die Abgründe hin, die zwischen Wurm und einem Theologen wie Martin Niemöller in dieser Frage bestehen.

OMGUS läßt Februar/März 1946 umfangreiche Einschätzungen der kirchlichen Szene in Deutschland erarbeiten. Unter den Ergebnissen wird hervorgehoben: »Die protestantische Sicht der Kollektivschuld ... ist im wesentlichen eine Anerkennung der Verantwortung vor Gott und dem Gewissen. Für die katholische Kirche in Deutschland gibt es keine Schuldfrage ... Der Klerus vertritt die Ansicht, daß die zwölf Jahre der Nazi-Herrschaft das Werk einer eingeschworenen Minderheit waren, die durch die Macht des Staates gestützt wurde, der kleine Mann daher zu verteidigen sei.« Des weiteren kritisiere der Klerus die Presse, wo zuviel Exilierte veröffentlichten und scheinheilig von Kollektivschuld schrieben. Als abschließenden Punkt einer Bilanz der Haltung beider Kirchen formuliert der Bericht: »Das deutsche Volk weist die These einer Kollektivschuld zurück und wird dabei vom katholischen Klerus verteidigt. Einige führende Protestanten verkünden die Konzeption einer Kollektivschuld vor Gott, doch fehlt ihnen jegliche populäre Unterstützung.«[16] Die Unfähigkeit, das Verhältnis zu den Juden zu überdenken, eine Neubestimmung vorzunehmen, lag nicht allein an der Reformunwilligkeit der Kirchen, sondern an der »Unfähigkeit, eine in Jahrhunderten entstandene Legierung aus theologischen Lehrmeinungen, gesellschaftlichen Vorurteilen und politischen Doktrinen als verhängnisvoll zu erkennen und aufzulösen.«[17] Die aus der Politik der Demokratisierung und Reeducation resultierende Tabuisierung des Antisemitismus bewirkte darüberhinaus, daß eine ›Judenfrage‹, ja überhaupt mit Juden zusammenhängende Probleme nicht thematisiert wurden.

Während die Mehrheit des deutschen Klerus solcherart die gesamtgesellschaftliche Amnesie teilte, stellte sich Pastor Niemöller in seinen Predigten der notwendigen Konfrontation. Jedoch mit entsprechenden Reaktionen – als er im Februar 1946 auf Einladung der Evangelischen Studentengemeinschaft vor ca. 1200 Studenten in Erlangen sprach, konnte die Presse in den folgenden Tagen vor allem von den Unmutsäußerungen der künftigen Elite Deutschlands sprechen. Die »Neue Zeitung« veröffentlichte seine Rede, in der Niemöller für die Kirche die Schuld des deutschen Volkes »vor Gott und vor den Menschen« bekennt:

---

16 OMGUS, POLAD, The German Church View, Report, February 1946, op.cit.

17 Werner Jochmann, Evangelische Kirche und Politik in der Phase des Neubeginns 1945-1950, in: Victor Conzemius / Martin Greschat / Hermann Kocher (Hg.), Die Zeit nach 1945 als Thema kirchlicher Zeitgeschichte. Referate der internationalen Tagung in Hüningen/Bern (Schweiz) 1985, Göttingen 1988, 205.

»Gerade weil wir deutlicher sehen konnten, ist auch unsere Schuld größer. Es ist die Frage, ob die SS-Henker vor Gott schuldiger sind als wir, die wir geschwiegen haben, wo wir hätten reden müssen ... Ich habe auch bekannt, so lange es ging, aber als ich im KZ sah, wie man Juden mißhandelte, habe ich selbst nicht mehr gewagt, meinen Mund aufzutun. Auch ich bin verantwortlich für das, was im deutschen Volk geschehen ist. Wir Christen haben diese Schuld anzufassen und zu bekennen ... Denn wir Christen in Deutschland sind schuldig geworden ...«[18]

Als er auf das Leid zu sprechen kam, das Deutsche über andere Völker gebracht hatten, über Polen, über Rußland, beginnen Empörung, Füßescharren in der Kirche laut zu werden. Ein Zwischenruf fragte nach der Schuld der anderen. Niemöller predigte hier tauben Ohren. In den folgenden Tagen tauchen Flugblätter mit militaristischen und nationalistischen Tönen an der Universität Erlangen auf. Am 30.1. faßt der Bayerische Ministerrat den Beschluß, daß die Erlanger Studenten nochmals auf ihre militaristische oder nationalsozialistische Gesinnung zu überprüfen seien. Doch Niemöller schwieg nicht. Als er im Mai 1946 in Herford predigte, war Posner unter den Anwesenden in der restlos überfüllten Kirche. Im Mai 1946 lief noch der Nürnberger Prozeß, und Niemöller machte in seiner Rede keine Umschweife:

»Da sind nun sechs Millionen Juden, ein ganzes Volk ist in unserer Mitte und in unserem Namen kalten Blutes gemordet worden. Was fangen wir mit dieser Tatsache an? Wenn ich einen von Euch hier frage, so wird er antworten: ›Da mußt Du schon den Ortsgruppenleiter fragen. Was konnte ich dazu?‹ und der Ortsgruppenleiter wird mich an den Gauleiter verweisen, und so weiter herauf bis in den Gerichtssaal an die Zweiundzwanzig. Und die? Nun, wir hören es ja jeden Tag: sie schieben es drei Leuten zu, dreien, die glücklich aus dem Wege sind: Hitler, Himmler und Goebbels. Ja, liebe Freunde, diese drei sind tot; aber die Erbschaft von sechs Millionen Toten, die kann man ihnen nicht mit ins Grab legen, die müssen wir antreten; haben wir doch auch die erfreulicheren Erbschaften aus ihrem Tun – (oder was uns erfreulich schien) – angetreten all die Jahre lang ... Was hast Du denn 1933 getan, Pastor Niemöller? Hattest Du nicht Deiner Gemeinde in Dahlem Gottes Wort zu predigen? Hast Du sie gewarnt? Ein jedes meiner Pfarrkinder von damals kann mir sagen, wenn ich ihm heute von Schuld rede: Du hast mich nicht gewarnt, Pastor Niemöller! Aber vielleicht wußte ich im Jahre '33 nicht, was in Dachau geschah? Nein? Hatte ich nicht Göring sagen hören, – und konnte ich es nicht in allen Zeitungen lesen ...«[19]

[18] Die Neue Zeitung (15.2.1946).
[19] Zit. n. Posner, op.cit., 22f.

Aber das waren Predigten eines einzelnen. Die Kirchen als Institutionen schwiegen sich, hiervon abgesehen, im Hinblick auf das Verhältnis zu Juden erst einmal aus. Im April 1948 beschloß der Bruderrat der Evangelischen Kirche in Deutschland »Ein Wort zur Judenfrage«, das, wenn auch schleppend, durch Überlegungen einzelner auf Treffen seit Dezember 1946 und durch Entwürfe vorbereitet worden war.[20] Zwar wurden »klar und eindeutig bestimmte Irrungen theologischer und politischer Natur beim Namen«, genannt, auch jetzt jedoch ohne den Antisemitismus oder das Verhältnis zu Juden zu erwähnen.[21] Dennoch wurde erstmals deutlich, daß es nicht nur darum ging, sich auf die Vergangenheit zu beziehen, sondern auch auf den »neu sich regenden Antisemitismus«.[22] In der Debatte um den Text des Wortes spielte die ›Judenmission‹ eine erhebliche Rolle. »Niemöller unterstrich beispielsweise, daß da, wo ihm ›der Jude‹ gegenüberstehe, er es ihm ›ja doch sagen‹ müsse, ›daß Jesus von Nazareth der Christus ist‹«.[23] Andere Redner konnten ihren Antisemitismus nur schwer im Zaum halten. Wurm nahm in einem Brief zu dem Entwurf der Erklärung Stellung und schrieb unter anderem: »Kann man in Deutschland ein Wort zur Judenfrage reden, ohne zu erwähnen, was das jüdische Literatentum am deutschen Volk gesündigt hat durch Verspotten des Heiligen seit den Tagen Heinrich Heines und was in manchen Gegenden das Bauerntum zu erleiden hatte durch jüdischen Wucher? Und wenn man nun gegen den heute sich regenden Antisemitismus vorgehen will, kann man verschweigen, daß es ein Unglück ist, wenn die Besatzungsmächte emigrierten Juden das Heft in die Hand gegeben haben, um ihre begreiflichen Rachegefühle abzureagieren?«[24] Abweisende bis judenfeindliche Bemerkungen und solche internen Schriftstücke belegen eher als so manche wohltönende Rede, wie Geistliche den *Geist der Zeiten* interpretierten und belegen, daß das kirchliche Schweigen zum Völkermord nicht nur mit Unsicherheit und Orientierungslosigkeit zu tun hatte. Das »Bekenntnis wurde weitgehend ignoriert, wenn es nicht sogar als Werk weniger irregeleiteter und selbstquälerischer Eiferer abgetan wurde«.[25] In solchen Entwicklungen in der evangelischen Kirche spiegelten sich die dargestellten Tendenzen in der sich herausbildenden politischen Kultur Nachkriegsdeutschlands wider.

---

20 Rolf Rendtorff / Hermann Henrix (Hg.), Die Kirchen und das Judentum. Dokumente von 1945-1985, Paderborn, München 1988, 540f. Zu weiteren, das Thema Evangelische Kirche und Juden streifenden Erklärungen, vgl. Siegfried Hermle, Evangelische Kirche und Judentum – Stationen nach 1945, Göttingen 1990, 263f.

21 Werner Krusche, »Schuld und Vergebung – der Grund christlichen Friedenshandelns«, in: Greschat, op.cit., 95.

21 Hermle, op.cit., 315f.

23 Vgl. ebd., 321.

24 Vgl. ebd., 326f.

25 John S. Conway, Die Rolle der Kirchen bei der ›Umerziehung‹in Deutschland, in: Ursula Büttner (Hg.), Das Unrechtsregime. Internationale Forschung über den Nationalsozialismus, Bd. 2, Hamburg 1986, 367.

Wie bezog sich das Darmstädter »Wort zur Judenfrage« nun auf dieses Problem?[26] Der Text behandelte die »brennende Frage über Judentum und christliche Gemeinde«, zu der nicht länger geschwiegen werden dürfe. Bereits im zweiten Absatz hieß es: »Jetzt, wo uns vergolten wird, was wir an den Juden verschuldet haben, wächst die Gefahr, daß wir uns vor dem Gericht Gottes in einen neuen Antisemitismus flüchten ...« Angesichts zunehmender antisemitischer Vorkommnisse in den Besatzungszonen, die sich gegen rückkehrende Juden und jüdische displaced persons richteten, war das ein notwendiger Ausgangspunkt. Gegenüber antijüdischen Tendenzen der Kirchen im Dritten Reich wurde festgehalten, daß Jesus ein Jude war. Das wurde aber sogleich relativiert:

> »Indem Gottes Sohn ein Jude wurde, hat die Erwählung und Bestimmung Israels ihre Erfüllung gefunden. Einem anderen Verständnis Israels muß die Kirche widerstehen ... Indem Israel seinen Messias kreuzigte, hat es seine Erwählung und Bestimmung verworfen ... Die Erwählung Israels und die ihm gegebenen Verheißungen sind durch und seit Jesus Christus auf die Kirche aus allen Völkern, aus Juden und Heiden, übergegangen ... Zugleich wartet die Gemeinde aber darauf, daß die irrenden Kinder Israels den ihnen von Gott vorbehaltenen Platz wieder einnehmen ... Daß Gottes Gericht Israel in der Verwerfung bis heute nachfolgt, ist Zeichen seiner Langmut ... Israel unter dem Fluch ist die unaufhörliche Bestätigung der Wahrheit und Wirklichkeit des göttlichen Wortes und die stete Warnung Gottes an seine Gemeinde. Daß Gott nicht mit sich spotten läßt, ist Sinn und stumme Predigt des jüdischen Schicksals, uns zur Warnung, den Juden zur Mahnung, ob sie sich nicht bekehren möchten zu dem, bei dem allein auch ihr Heil steht.«

Nachdem solcherart deutlich ausgesprochen war, daß der Völkermord aus Gottes ›Langmut‹ in die evangelische Theologie einzubauen war, wurde auch deutlich, daß das ›Wort zur Judenfrage‹ seinem Wesen nach ein Wort zur Judenmission war; denn die Kirche erkannte »im Volke Israel den irrenden und verlorenen Bruder ..., den sie liebt und ruft«. Gemeinden und Pfarrer wurden aufgerufen: »Hütet euch vor allem Antisemitismus ... Verkündet es ihnen (den Juden, d.V.), daß die Verheißungen des Alten Testaments in Jesus Christus erfüllt sind.« Der Schluß des Wortes wandte sich an die Judenchristen, die »vom Juden verstoßen« und »von den anderen Christen oft noch nicht aufgenommen« worden wären. Diese erstmalige umfassende Hinwendung zur ›Judenfrage‹ ging von der impliziten Einordnung des Judentums in eine christliche Eschatologie aus, von der Schuld, Verantwortung und gesellschaftliches Handeln sich stets auf die traditionellen Formen des Jesus-Verständnisses bezogen. Das ›Wort‹ nahm

[26] Rendtorff / Henrix, 541f. Vgl. OMGUS, NA.RG 260, 5/342-1/45, Text der Erklärung und Materialien zu ›Judenchristen‹ sowie zur Mission unter Juden.

grundsätzlich Abstand zu jeglicher Form des Rassismus, es brach das christliche Schweigen, um letztlich jedoch traditionelle antijüdische Dogmen zu bestätigen und in totalem Mißverständnis des an den Juden Europas begangenen Verbrechens eine historisch überholte Judenmission zu propagieren. Das ganze Wort ist, wie Rolf Rendtorff betont, Beispiel eines »massiven theologischen Antijudaismus«, dessen Kern »die Existenz der Juden« ist, »die die christliche Verkündigung nicht annehmen«.[27] Es geht mithin nicht um historische Verantwortung, sondern um theologische Legitimität. Wenn es in der Abfolge alter Bund und neuer Bund kein Nebeneinander, keine Gleichzeitigkeit geben kann, dann ist die Judenmission natürlich unabweisbar, soll die Legitimität des neuen Bundes aufrechterhalten werden. Judenmission, auch wenn sie mit anderen Begriffen umschrieben wird, wird wohl stets dann als antisemitisch gelten müssen, wenn ihr zuungunsten eines gleichberechtigten christlich-jüdischen Dialogs von christlicher Seite Priorität eingeräumt wird. Vor dem Hintergrund der geschichtlichen Erfahrung impliziert Mission unter Juden Delegitimierung des Judentums und Mißachtung einer eigenständigen jüdischen Existenz. Derartige, relativ komplexe Zusammenhänge sind hier zu betonen, da antisemitische Phänomene in der Regel nicht isoliert auftreten, scheinbar labormäßig getrennt von anderen Aspekten gesellschaftlicher Mentalitäten, sondern ihre Relevanz und Wirkung gerade im Kontext geistig-kultureller und politischer Entwicklungen zum Ausdruck kommen.[28] Die von evangelischer Seite nach der Shoah unter überlebenden Juden betriebene Missionstätigkeit ist – auch angesichts der religiösen Not zahlreicher Juden, die in den ersten zwei Nachkriegsjahren nur zu oft auf keinen Gemeinderabbiner zurückgreifen konnten – als organisierter christlicher Antisemitismus zu charakterisieren.[29] Es sollte Jahrzehnte dauern, bis eine kritische Reflexion der Judenmission auf christlicher Seite einsetzte.

Nach diesem ›Wort‹ des Bruderrates gab es in den folgenden Jahren auf verschiedenen Landesebenen weitere Bemühungen, die zwischen Schuldbekenntnissen und Missionsaufrufen schwankten.[30] Die evangelische Kirche als Ganzes

---

[27] Paul Gerhard Aring, Christliche Judenmission. Ihre Geschichte und Problematik, dargestellt und untersucht am Beispiel des evangelischen Rheinlandes, Neukirchen-Vluyn 1980, 227f. Rolf Rendtorff, Judenmission nach Auschwitz, in: Günther B. Ginzel (Hg.), Auschwitz als Herausforderung für Juden und Christen, Heidelberg 1980, 541f. Vgl. mit ausführlicher Wertung Hermle, 327f.; Peter von der Osten-Sacken, Katechismus und Sidur. Aufbrüche mit Martin Luther und den Lehrern Israels, Veröffentlichungen aus dem Institut Kirche und Judentum, Bd.15, Berlin 1984, 286f.; Gerhard Czermak, Christen gegen Juden. Geschichte einer Verfolgung, Nördlingen 1989, 254f.

[28] Vgl. Frank Stern, From Overt Philosemitism to Discreet Antisemitism and Beyond: Anti-Jewish Developments in the Political Culture of the Federal Republic of Germany, in: Shmuel Almog (Hg.), Antisemitism Through the Ages, Oxford 1988, 385f.

[29] Religiöse Not, in: Der Weg. Zeitschrift für Fragen des Judentums 1/19, 5.7.1946.

[30] Vgl. Dokumente in: Rendtorff / Henrix, 529f. sowie Hermle, 334f.

schwieg jedoch bis zu ihrer Synode in Berlin-Weißensee am 27. April 1950. Inzwischen waren der Staat Israel und die beiden deutschen Staaten gegründet worden. Die von Adenauer vorgetragene erste Regierungserklärung der Bundesregierung hatte auf eher unterkühlte Art auf die Judenverfolgung und den Massenmord ›im Namen des deutschen Volkes‹ Bezug genommen, antisemitische Skandale in deutschen Großstädten und in den Medien sowie Friedhofsschändungen beschäftigten zeitweise die Öffentlichkeit und kirchliche Gremien, die sich mit der ›Judenmission‹ befaßten.[31] Erneut spielte hierbei, wie bei der Stuttgarter Erklärung, die internationale Dimension eine Rolle. Die internationale Presse, vor allem in den USA, reagierte scharf auf die antisemitischen Vorkommnisse, deren Rolle, wie Untersuchungen des amerikanischen Hohen Kommissars für Deutschland belegten, nicht unterschätzt werden konnte. Die Bundesrepublik war auf dem politischen und militärischen Weg der Westintegration, Eindeutigkeit im Hinblick auf den gesellschaftlichen Umgang mit der Judenverfolgung und ihren Folgen war gefordert. Den Kirchen als Institutionen öffentlich-rechtlicher Moral kam hier eine besondere Funktion zu.

Die »Erklärung der Synode der Evangelischen Kirche in Deutschland« vom April 1950 bekundete »die Mitschuld an dem Frevel, der durch Menschen unseres Volkes an den Juden begangen worden ist«. Alle Christen wurden gewarnt, nicht »das, was über uns Deutsche als Gericht Gottes gekommen ist, aufrechnen zu wollen gegen das, was wir an den Juden getan haben« und »sich von jedem Antisemitismus loszusagen und ihm, wo er sich neu regt, mit Ernst zu widerstehen und den Juden und Judenchristen in brüderlichem Geist zu begegnen«.[32] Neben der historischen Dimension dieser Erklärung und dem Aufruf an die Gemeinden, sich angesichts der Friedhofsschändungen jüdischer Friedhöfe anzunehmen, sollte allerdings auch der theologische Hintergrund nicht übersehen werden, der in der Folgezeit und bei allen Aktivitäten in die christliche Suche nach einem neuen christlich-jüdischen Verhältnis hineinspielte. ›Juden und Judenchristen in brüderlichem Geist zu begegnen‹ geht über habituelle Usancen, christliche Nächstenliebe zu bekunden, kaum hinaus, war nicht angetan, einen Bruch mit Traditionen der Gleichgültigkeit und christlicher Judenfeindschaft zu bewirken. Der Schlußsatz des ›Wortes zur Judenfrage‹ ließ überdies bei denen, die die Sprache kirchlicher Dokumente verstanden, erneut missionarische Assoziationen aufkommen, indem am »Tag der Vollendung« »mit dem geretteten Israel« der »Sieg Jesu Christi« zu rühmen sein werde.

Dennoch konnten sich aus den genannten Erklärungen für manche Protestanten Ansätze einer Umorientierung hinsichtlich der notwendigen Änderungen in den christlich-jüdischen Beziehungen ergeben. Aber das betraf nicht mehr Änderun-

[31] Vgl. Hermle, 213f.
[32] Rendtorff / Henrix, 549.

gen in kirchlichen Grundkonzeptionen, sondern war Ausdruck individueller Entscheidungen. Aufgrund dieser Tatsache und bedingt durch sich aus der Judenmission ergebende Haltungen sowie das Ausbleiben eines öffentlichen Kampfes gegen antisemitische Tendenzen standen viele jüdische Überlebende, die in irgendeiner Form ihren Platz im gesellschaftlichen und politischen Leben Nachkriegsdeutschlands suchten, allen christlichen projüdischen Verlautbarungen außerordentlich skeptisch gegenüber.

Wenn Schalom Ben-Chorin im Rückblick 1986 bemerkt, daß der christlich-jüdische Dialog »erst nach dem Ende des Dritten Reiches in Deutschland« einsetzte, so ist dies, wie im folgenden Abschnitt gezeigt wird, sicherlich richtig, will man Martin Bubers Aktivitäten in den 30er Jahren nicht überbewerten: »Die erste Phase dieses Gesprächs war das Gespräch aus der Schuld, das von 1945 bis 1948 die Szene beherrschte.«[33] Es war aber auch, was die Mehrheit der Deutschen betraf, eine schweigende Verweigerung der Schuld. Posner fügt 1947 dem Bericht über die Predigt Niemöllers nachdenklich hinzu:

> »Die Katharsis des deutschen Volkes war im Frühjahr '45 möglich, als die vergangene Schuld sich blitzartig enthüllte und Gegenwart und Zukunft in der Schwebe hingen. Ein Volk aber, das seit Jahr und Tag im Zustande der Rechtlosigkeit und stets sich steigernder Auferlegungen von Seiten der Sieger lebt, verliert die Fähigkeit zur Erschütterung über die eigenen vergangenen Untaten. Es ist unvermeidlich, daß bei dem jetzigen Gang der Dinge das deutsche Volk wieder dahin kommt, sich als eine Nation zu betrachten ›more sinned against than sinning.‹(King Lear)«[34]

Es war folglich zweifelhaft, ob von den Kirchen als Institutionen, vom protestantischen und katholischen Klerus und von der Masse der in die Kirchen strömenden Deutschen eine grundlegende Änderung in der gesellschaftlichen Einstellung gegenüber Juden und Antisemitismus zu erwarten war. Dennoch wollte die amerikanische Militärregierung in dieser Frage ihre Bemühungen um Demokratisierung und Re-education nicht aufgeben. Es sollten institutionalisierte Formen gefunden werden, die eine Änderung zu bewirken hatten.

Die Gesellschaften für christlich-jüdische Zusammenarbeit

1924 hatten evangelische Christen »ein ›Goodwill‹-Komitee zwischen Juden und Christen gegründet, um gegen den Rassenhaß des Ku-Klux-Klans zu

---

[33] Schalom Ben-Chorin, Weil wir Brüder sind. Zum christlich-jüdischen Dialog heute, Gerlingen 1988, 158.

[34] Posner, op.cit., 24f.

kämpfen ... 1926 bildete sich eine von den Kirchen unabhängige Gruppe, der spätere ›National Council of Christians and Jews‹ (NCCJ).«[35] Die amerikanischen Religious Affairs Officer wußten um die Arbeit des NCCJ oder waren sogar an diesem beteiligt.[36] Die amerikanischen Dienststellen, insbesondere die mit Erziehungsproblemen und religiösen Fragen befaßten Mitarbeiter, suchten auf der Grundlage dieser Erfahrung Mittel und Wege bei der Arbeit mit den Religionsgemeinschaften und im Erziehungswesen, um antisemitischen Tendenzen in der Bevölkerung zu begegnen. Gemäß der alliierten Politik, zunehmend möglichst umfassende Kompetenzen an die deutsche Selbstverwaltung zu übergeben, waren hieran sehr schnell deutsche Bürger beteiligt. Betrachten wir einige der dabei gemachten Erfahrungen, die auch die gesellschaftliche Atmosphäre auf dem Wege der Bemühungen um ein neues deutsch-jüdisches Verhältnis charakterisierten.

1946 versuchte Dr. Albert Stenzel in München einen »Verein zur Bekämpfung des Antisemitismus« (League to Combat Antisemitism) aufzubauen, der an die Weimarer Erfahrungen des »Vereins zur Abwehr des Antisemitismus« anknüpfen sollte.[37] Stenzel, Journalist und Filmautor, war Vorsitzender der für Entnazifizierung zuständigen Kommission (Political Screening Committee) im bayerischen Ministerium für Erziehung und Religion. Vor 1933 war er Mitglied der Zentrums-Partei gewesen und bemühte sich jetzt, von Seiten Deutscher und der Militärverwaltung Unterstützung bei seinem Vorhaben zu erhalten. Dieser Versuch blieb aber marginal, da sowohl den amerikanischen Militärbehörden als auch engagierten deutschen Persönlichkeiten deutlich war, daß man nicht einfach die Erfahrungen des Abwehrkampfes gegen den Antisemitismus – und dessen Scheitern – aus der Weimarer Republik verlängern konnte. Daß der Verein kein positiver Anknüpfungspunkt sein konnte, mag an drei Aspekten gelegen haben: Erstens war das wenig rühmliche Ende und die Liquidation des Abwehrvereins nicht gerade Ausdruck von Widerstand, in dessen Kontinuität man nach 1945 weiterarbeiten konnte. Das Abschiedswort des sich selbst auflösenden Abwehrvereins von 1933 an seine Mitglieder ist nichts anderes als ein Bekenntnis zum »neuen Deutschland« und reiht sich in seiner »staatsbejahenden« Anbiederung in viele ähnliche Dokumente des Jahres 1933 ein. Der Abwehrverein rollte seine »Fahne« jetzt ziemlich unrühmlich ein und: »Es mag durchaus

---

35 Hedwig Wahle, Das gemeinsame Erbe. Judentum und Christentum in heilsgeschichtlichem Zusammenhang, Innsbruck, Wien, München 1980, 173.

36 Zum Beispiel Franklin Littell, Autor u.a. von The Crucifixion of the Jews, New York, Evanston u.a. 1975.

37 Vgl. Barbara Suchy, »The Verein zur Abwehr des Antisemitismus (II). From the First World War to its Dissolution in 1933«, in: LBIYB 30, 1985, 67f. Nach Auskunft von Barbara Suchy ist Stenzel in den verfügbaren Mitgliederunterlagen und Publikationen des »Vereins zur Abwehr des Antisemitismus« nicht verzeichnet. (Brief von Barbara Suchy an den Verfasser vom 17.2.1988).

sein, daß Mitglieder bemüht waren, sich einen sicheren Weg in das Dritte Reich zu sichern.«[38] Zweitens war der Abwehrverein keine Organisation gewesen, die analog zu politischen Parteien, einen irgendwie gearteten informellen Zusammenhang über die zwölf Jahre bewahren oder in Form personeller Kontakte liefern konnte. Die damaligen Mitglieder, in der Mehrzahl Honoratioren des konservativen und liberalen Bürgertums, gehörten auch nicht zur jüngeren Generation. Im Hinblick auf die Gründungen der Gesellschaften für christlich-jüdische Zusammenarbeit Ende der 40er Jahre kann deshalb festgehalten werden: »Verbindungen zum Verein zur Abwehr des Antisemitismus gab es, schon aus Generationsgründen, überhaupt nicht.«[39] Drittens bot sich, so sie überhaupt reflektiert wurde, von der Erfahrung des Abwehrvereins und den politisch-gesellschaftlichen Gegebenheiten unter der Besatzungsherrschaft und der zunehmenden Verantwortlichkeit deutscher Organe her eine andere Vorgehensweise an. Dies traf vor allem auf die deutschen Beteiligten zu, die ihre Schlußfolgerungen aus dem »tausendjährigen« Erleben zogen und von unterschiedlichen Motivationen getragen waren. Es trafen hier Umerziehungsvorstellungen, Wertvorstellungen und Strategien zur Überwindung von Gruppenkonflikten, die von amerikanischer Seite vertreten wurden, mit religiös und moralisch begründeten Auffassungen einer Zusammenarbeit von Christen und Juden zusammen. Neben den amerikanischen Erfahrungen spielte bei Kirchenvertretern die Erinnerung an positive Erfahrungen weniger eines deutsch-jüdischen als an Anfänge eines christlich-jüdischen Dialogs in Deutschland eine Rolle. Genannt sei nur das Beispiel Martin Bubers und die Arbeit des Jüdischen Lehrhauses in Stuttgart bis zum Jahr 1933. Hiermit wurde ein religiöser Akzent gesetzt, der in den kommenden Entwicklungen christlich-jüdischer Zusammenarbeit wirkte.

Die Initiative für diese Entwicklung lag allerdings eindeutig bei der Militärregierung. Wie oben dargestellt, liefen zahlreiche Antisemitismus-Analysen von OMGUS im Zusammenhang mit der Wertung von Re-education-Aktivitäten auf die Forderung hinaus, daß institutionelle Formen gefunden werden müßten, um dem existierenden Antisemitismus langfristig entgegenzuwirken: »Die Überwindung des Antisemitismus in Deutschland ist ein sehr langfristiges Problem, das wahrscheinlich Generationen dauern wird. Möglicherweise kann eine Abschwächung innerhalb einer Generation erreicht werden, wenn es ein positives Programm organisierter und zielgerichteter Anstrengungen gibt.«[40]

---

[38] Vgl. Suchy, op.cit., 100.

[39] Brief von Knud Knudsen an den Verfasser, 28.8.1988.

[40] OMGUS, Opinion Survey Section, Report No.49, 3.3.1947, NA.Rg. 260, 5/233-3/5.

Das Ringen von einzelnen Persönlichkeiten, Publizisten, aktiven Christen bei der Entwicklung einer auf Gleichberechtigung und gegenseitiger Anerkennung basierenden nicht-antisemitischen Haltung führte mit Unterstützung der amerikanischen Militärregierung zu einer Reihe von parallelen Initiativen, aus denen sich erst im Laufe der Zeit die Gründung christlich-jüdischer Freundschaftsgesellschaften als effektivste Form ergab. 1946/47 bemühte sich OMGUS zunächst verstärkt, die Meinung deutscher Persönlichkeiten aus Politik, Wirtschaft, Medien und Kulturleben zu erfassen, wie dem Antisemitismus entgegengewirkt werden könne. Formen wie der Abwehrverein oder andere Organisationen, deren Aufgabe ausschließlich der Kampf gegen den Antisemitismus sein sollte, stießen bei den Interviewten auf Ablehnung, ja man befürchtete durch derartige Institutionen sogar ein Anwachsen des Antisemitismus.
Die eher skeptischen Antworten kreisten um Möglichkeiten einer »league for tolerance«, Erziehung von Erziehern, Aufklärung durch Medien, wobei Radiodiskussionen genannt werden. Die Interviewten waren aber angesichts der anwachsenden antisemitischen Stimmung sehr verhalten. Der Bericht wird mit einer Notiz der Verfasser abgeschlossen, in der die Mitteilung des verantwortlichen Direktors der Militärverwaltung in Hessen referiert wird, daß das National Council of Christians and Jews in Washington plane, einen Repräsentanten zur Militärregierung zu entsenden.[41] Daß dies die offizielle Linie des Military Government war, bestätigte Lucius D. Clay in seinen Erinnerungen.[42] Als Walter L. Dorn, Berater von Clay, von diesem gebeten wurde, den Entwurf der Erinnerungen zu kommentieren, schrieb er Anfang Mai 1949: »M. G., the new German press, numerous German organizations including the churches, individual Germans who were smitten in their conscience, battled heroically against anti-Semitism. Unfortunately others kept it alive and it still remains a problem.«[43] Derartige Einschätzungen trugen nicht wenig dazu bei, die Entscheidung zu beeinflussen, daß letztlich weder »leagues to combat Antisemitism« noch »leagues for tolerance« der richtige Weg für die notwendige Erziehung zu Toleranz und zur Überwindung von Vorurteilen waren.
In Überlegungen, Diskussionen und Aktivitäten spielten weitere gesellschaftspolitische Bemühungen und Erfahrungen hinein. Auf der institutionellen Ebene waren es vor allem gesellschaftliche und auch staatliche Bemühungen, solche Einrichtungen, Organisationen und Initiativen zu entwickeln, die der Verankerung der Demokratie dienen sollten. Die ökonomische und soziale Lage eines großen Teils der Bevölkerung, die individuellen und vor allem materiellen Auswirkungen des »Hungerwinters« 1946/47 hatten nicht allein im Hinblick auf das An-

[41] OMGUS, Report of Survival of Anti-Semitism, Juli 1947, NA.Rg. 260, 5/266-1/29.
[42] Lucius D. Clay, Decision in Germany, New York 1950, 235.
[43] Walter L. Dorn, Memorandum, 11.5.1949, Archiv Institut für Zeitgeschichte

wachsen einer antisemitischen Stimmung Bedeutung. Sie machten auch deutlich, daß die bisherige Re-education ungenügend war; denn es ging nicht allein um moralische und politische Fragen der Gegenwart, sondern gleichermaßen um eine geistige Bewältigung der Vergangenheit. Andererseits trug dies nur ungenügend der Tatsache Rechnung, daß die entscheidenden Prozesse im Verhältnis zu Juden gesellschaftspolitische, juristische und staatliche Dimensionen gehabt hatten und weiter haben würden, die zwar von religiösen Haltungen beeinflußt aber nicht prinzipiell bestimmt worden waren und wurden. Dennoch wurde dadurch auch von Seiten des Military Government die Tendenz verstärkt, den Kampf gegen den Antisemitismus zunehmend in den religiösen Bereich zu verlagern.

1947 liefen die Vorarbeiten für die Gründung der Gesellschaften für christlich-jüdische Zusammenarbeit an, deren erste »so alt wie der Staat Israel«[44] ist. Everett R. Clinchy, Präsident des International Council of Christians and Jews, besuchte Oktober 1947 Deutschland. General Clay bat ihn, einen Vertreter nach Deutschland zu senden. »Ihm sollte als wesentlicher Auftrag die Ausarbeitung eines Erziehungsprogramms vorbehalten sein, das zur Besserung der menschlichen Beziehungen überhaupt, besonders aber zunächst zwischen Protestanten, Katholiken und Juden, sei es durch Schulen, Universitäten, Kirchen und Synagogen oder durch verschiedene Vereine, Wirtschafts- und Berufsverbände, Gewerkschaften, Presse, Radio und Film, beiträgt und die Angehörigen der genannten Bekenntnisse zu engerer, gemeinsamer Arbeit zusammenschließt. Auf der Basis des alten und des neuen Testamentes aber, zu der die überwältigende Mehrheit Deutschlands sich wenigstens dem Fragebogen nach bekennt, sollen Intoleranz und Vorurteil bekämpft werden.«[45] So heißt es in der ersten Ausgabe der vom Deutschen Koordinierungsrat der Christen und Juden herausgegebenen Zeitschrift »Zusammenarbeit. Das interkonfessionelle Organ zur Besserung menschlicher Beziehungen«. Unter der Schriftleitung des Malers, Bildhauers, Verlegers und mit der Gründung Literarischen Leiters des Koordinierungsrats, Knud Knudsen, erschienen 1949/1951 drei Ausgaben.

Im März 1948 kam der erbetene Vertreter des International Council in Berlin an und richtete ein Büro zur Koordinierung der notwendigen Aktivitäten ein. Es war Reverend Carl Zietlow aus Minneapolis, der auf eine elfjährige Erfahrung inter-

---

44 Martin Stöhr, »Juden, Christen, Deutsche. Anmerkungen zur Geschichte eines Dialogs«, in: Heinz Eduard Tödt u.a. (Hg.), Wie eine Flaschenpost. Ökumenische Briefe und Beiträge für Eberhard Bethge, München 1979, 315.

45 Zusammenarbeit 1/1, 1949. Knud Knudsen überließ dem Verfasser freundlicherweise nicht allein Exemplare dieser Zeitschrift, sondern auch weiteres Original-Material. Seine Hinweise und Informationen waren eine unschätzbare Hilfe bei der Abfassung dieses Kapitels. Vor Abschluß dieser Arbeit verstarb Knud Knudsen. Zu Knud Knudsen vgl. Eric Boehm, We survived. The Stories of Fourteen of the Hidden and the Hunted of Nazi Germany, New Haven 1949, 54f.

konfessioneller Arbeit im Rahmen des NCCJ zurückblicken konnte. In der Folgezeit begann in den westlichen Besatzungszonen unter der Schirmherrschaft des Office of Religious Affairs und dann des Religious Affairs Branch of HICOG unter der Leitung von C. Arild Olsen die Konstituierung der ersten Gesellschaften. Die Education and Cultural Relations Division unterstützte diese Arbeit ebenfalls. Die Verantwortung lag jedoch vor allem bei den Religious Affairs Officers der amerikanischen Besatzungsmacht, von denen in den USA gemachte Erfahrungen des National Council in die Gründungsarbeit eingebracht wurden. Genannt sei hier stellvertretend der Theologe Franklin Littell, der rückblickend darauf hinwies, daß »the actual implementation« dieser Politik weitestgehend vom Einsatz und Engagement der einzelnen Religious Affairs Officers in den jeweiligen Ländern abhing.[46] Die Arbeit unterstand dem Office of Religious Affairs, womit allerdings die Gefahr bestand, daß die notwendige Zurückdrängung des Antisemitismus auf den religiösen Aspekt verengt würde – ein Dilemma, das die gesamte christlich-jüdische Zusammenarbeit durchzieht.
In den Richtlinien des International Council für die Gründungen der Gesellschaften hieß es:

> »Im Glauben an eine geistige Interpretation der Welt hat die Gesellschaft der Christen und Juden sich das Ziel gesetzt, Gerechtigkeit, Verständigung und die Zusammenarbeit zwischen Protestanten, Katholiken und Juden zu fördern. Sie will die zwischen den Gruppen bestehenden Vorurteile, die religiöse, soziale, politische und wirtschaftliche Beziehungen vergiftet haben, analysieren und beseitigen. Ihr Ziel ist die Festigung einer sozialen Ordnung, in der die religiösen Ideale der Brüderlichkeit und Gerechtigkeit die Grundlage der menschlichen Beziehungen bilden.«[47]

Gründungen in München, Wiesbaden, Frankfurt, Stuttgart, Berlin und später in anderen Städten bemühten sich um das gleiche Modell mit je einem protestantischen, katholischen und jüdischen Vorsitzenden, inhaltlich arbeitenden Ausschüssen wie für Jugend, Konfessionen, Erziehung. OMGUS wiederum bemühte sich, führenden Vertretern der Gesellschaften durch Reisen in die USA Einblicke in die Arbeit der dortigen Gesellschaften zu ermöglichen.
Auf einer Konferenz der Erziehungsausschüsse Anfang Juni 1949 in Stuttgart wurde ein anspruchsvolles Programm formuliert. Mit den staatlichen Stellen sollte bei der Lehrplangestaltung zusammengearbeitet, die Lehrerbildung sollte beeinflußt werden durch »Fachkräfte unserer Bewegung«.[48] Ebenfalls im Juni

---

[46] Franklin Littell im Gespräch mit dem Verfasser (Juni 1988).
[47] Archiv der Stuttgarter Gesellschaft für christlich-jüdische Zusammenarbeit.
[48] Zusammenarbeit, Sonderausgabe, Winter 1949/50, 7.

tagten die Religionsausschüsse und beschlossen, ein Programm gegen den Antisemitismus und ein Lehrmaterial über die Geschichte der Juden zu erstellen. Betrachtet man einen der Schwerpunkte der Gesellschaften, nämlich Veröffentlichungen und Vorträge, so kann man sagen, daß dieses Programm eingelöst wurde. Das Archiv der Berliner Gesellschaft z. B. verzeichnet durch all die Jahre immer wieder Vorträge und Broschüren zu den beiden Schwerpunkten Erziehung und Religion. Das wird auch noch deutlicher, wenn man die literarische Arbeit betrachtet, in der es vor allem »um die Ausarbeitung von notwendigem Unterrichtsmaterial und populären Darstellungen wissenschaftlicher Erkenntnisse zur Überwindung von Vorurteilen und Intoleranz« ging.[49] Dabei standen Übersetzungen zunächst an erster Stelle; denn trotz aller guten Absichten der Gesellschaften konnte der literarische Leiter nicht umhin, darauf zu verweisen, daß »die Sorge um die Heranziehung wirklich geeigneter Autoren, die mit unserem Gedankengut grundlegend vertraut sind, ... die Pläne für ein deutsches Quellenmaterial nur langsam reifen« läßt.[50] Kontakte zu Adorno und Horkheimer waren aufgenommen worden, andere Wissenschaftler, wie der Religionswissenschaftler Karl Thieme, bereits in die Arbeit einbezogen worden. Die Veröffentlichungen wandten sich unmittelbar an Schulen, Universitäten, an die politische Bildungsarbeit. Der Koordinierungsrat stand dabei jedoch vor dem Problem, keine auf deutschen Erfahrungen aufbauende Textbücher zur Verfügung zu haben. Es ist schwer die Wirkung dieser Veröffentlichungen einzuschätzen, aber sie stehen als positives Beispiel neben der Rückkehr so vieler deutscher Akademiker in den Elfenbeinturm ihrer Alma mater. Das Selbstverständnis der Begründer hatte darüberhinaus eine durchaus gesellschaftspolitische Komponente: »Die Gesellschaften für Christlich-Jüdische Zusammenarbeit ... leisten daher in ihrem Bestreben Vorurteile und Intoleranz zu überwinden und Intergruppenarbeit und die Brüderlichkeitsidee zu fördern einen sehr positiven und praktischen Beitrag zum moralischen und wirtschaftspolitischen Wiederaufbau Deutschlands und der übrigen Welt.«[51] Das klang zwar etwas hochgestochen, entsprach aber der Aufbruchstimmung bei manchen Demokraten Ende der 40er Jahre.

---

49 Ibid., 12.

50 Knud Knudsen, Referat auf einer Tagung des Kuratoriums des Koordinierungsrates (Ende 1950), Manuskript. Unter den in den ersten Jahren publizierten Broschüren waren Sterling W. Brown, Überwinde deine Vorurteile; Die Grundlagen unserer Kultur, Grundforderungen des Christen- und Judentums an die menschlichen Ordnungen; Erziehung zur Gruppenverständigung, Ein Handbuch für Schulleiter; Ernte der deutschen Humanität, Eine Anthologie von deutschen Zeugnissen brüderlichen und humanen Denkens im 18. Jahrhundert. Dem folgten Büchern wie G. W. Allport, Treibjagd auf Sündenböcke; E. R. Clinchy, Handbuch für menschliche Beziehungen; E. A. Fitzpatrick, Wie man junge Menschen erzieht; Kurt Lewin, Die Lösung sozialer Konflikte, mit einem Vorwort von Max Horkheimer; H. H. Jennings, Schule und Schülergemeinschaft.

51 Zusammenarbeit 3/3, Winter 1950/51, 10.

Auf der Grundlage der ersten Erfahrungen der örtlichen Gesellschaften konstituierte sich am 10. November 1949, dem Jahrestag der »Kristallnacht« von 1938, ein Deutscher Koordinierungsrat der Gesellschaften für christlich-jüdische Zusammenarbeit – zunächst unter dem Namen Deutscher Koordinierungsrat von Christen und Juden – mit Sitz in Bad Nauheim. Betrachtet man die Zusammensetzung und Berichterstattung über Aktivitäten der Gesellschaft, so fällt auf, daß im Unterschied etwa zum Abwehrverein aus der Zeit der Weimarer Republik Lehrer, Beamte, Gewerkschafter, Sozialdemokraten, Geschäftsleute und natürlich Vertreter jüdischer Gemeinden vertreten waren. Stark repräsentiert waren ebenfalls Mitglieder kommunaler Organe und Universitätsprofessoren. Ein wesentlicher Unterschied war zweifelsohne das Verhältnis zu den politischen Organen, seien es die Besatzungsmächte, sei es nach 1949 die Bundesrepublik; denn die finanzielle Unterstützung, institutionelle Anerkennung und personelle Verflechtung mit Parteien war durch einzelne Personen gegeben.
Gerade in den Gesellschaften aktive Juden hatten bereits erste Erfahrungen in den entstehenden politischen Parteien gesammelt, wo natürlich meist andere Probleme auf der Tagesordnung standen als das Verhältnis zur jüdischen Minderheit. Die Neugründung von CDU und CSU als christliche Parteien, die Katholiken und Protestanten vereinigten, ermöglichte eine Distanz zu christlicher Parteipolitik in der Weimarer Republik, und die Mitgliedschaft manch konservativer Juden, die sich weltanschaulich in religiösen Parteien am ehesten vertreten wähnten, diente der abschließenden Legitimierung. Das ist zu betonen, da Mitglieder auch anderer zugelassener Parteien unter den Begründern der christlich-jüdischen Gesellschaften vertreten waren, und es eine Rückkopplung zu den zuständigen Parteigremien und den kommunalen parlamentarischen Organen gab. Die in den Gesellschaften aktiven Juden, so sie nicht als Rabbiner oder Gemeinderepräsentanten Institutionen vertraten, waren daher oftmals Träger gesellschaftspolitischer Verantwortung in einem weiteren Sinne. Die Sozialdemokratin und Berliner Stadtverordnete Jeanette Wolff ist ein Beispiel für diesen Kontext. Dies machte die Qualität der Gesellschaften in ihrer Gründungsphase aus und implizierte einen grundlegenden Unterschied zum Abwehrverein.
Ein wichtiger Einschnitt in diesem Gründungsprozeß war in München, Mai 1949, ein »Kongreß über bessere menschliche Beziehungen«, dessen Vorträge als dritter Band des Koordinierungsrats veröffentlicht wurden. Unter dem Titel »Welt ohne Haß. Führende Wissenschaftler aller Fakultäten nehmen Stellung zu brennenden deutschen Problemen« wurde »die erste rein deutsche Veröffentlichung mit wichtigen Nachschlagemöglichkeiten geschaffen«.[52] Im Rathaussaal Münchens, wo drei Jahre zuvor David Ben Gurion vor dem Internationalen Jüdischen Kongreß auf die aktive Rolle der überlebenden Juden bei der Schaffung

[52] Knudsen, Referat, op.cit.

eines jüdischen Gemeinwesens in Palästina orientiert hatte, ging es jetzt »um den Feldzug für die Toleranz, gegen Massenwahn und Gottlosigkeit« der drei Religionsgemeinschaften in Deutschland.[53] Die Vorträge waren denn auch wesentlich durch theologische Argumente geprägt, die ständig in der geschichtlichen Realität ihre Konfrontation fanden. So wies zum Beispiel der aus der Emigration zurückgekehrte Erlanger Professor Hans Joachim Schoeps, die christlichen Teilnehmer darauf hin, daß sie »in Deutschland nur mit sehr wenigen jüdischen Partnern für die von ihnen gewünschte Zusammenarbeit rechnen können«.[54] Aus katholischer Sicht formulierte der Münchener Professor Michael Schmaus die aktuelle christliche Haltung der Liebe in überkommener Weise: »Ihr Sinn geht darauf, dem jüdischen Volk sichtbar und spürbar zu machen, daß in der Tat Gott schon in die Geschichte eingegangen ist und nicht erst erwartet werden muß, wenngleich seine letzte Erscheinung noch aussteht.«[55]
Von protestantischer Seite wurde der Aspekt der Versöhnung betont, dabei allerdings insbesondere der »reine Versöhnungswille« von Juden beschworen. Neben der religiösen Argumentationsebene wurden psychologische und soziologische Erfahrungen referiert, die sich auf amerikanische Studien über die Entwicklung von Gruppenvorurteilen bezogen. Schlußfolgerungen zielen auf gruppendynamische Überwindung von Vorurteilen und pädagogische Anregungen zur Veränderung von Schulbüchern und Unterricht. Neben religiösen und sozialpsychologischen Faktoren eines künftigen Zusammenlebens schimmert ständig die Frage nach einer solchen politischen Demokratie und Wirtschaftsordnung durch, die dem einzelnen die soziale Absage an die Vergangenheit ermöglichen soll.
Charakteristisch für die Beiträge ist ferner ein umschreibendes Aufrechnen: »Wir leiden so unter der Entwicklung, die alles genommen hat seit dem für uns so bitteren Ende des Krieges. Damals waren viele in unserem Volk innerlich bereit, völlig umzustecken. Aber heute sehen wir, wie die Herzen sich wieder verhärten ... Die Millionen Ostflüchtlinge, die wie ein Heuschreckenschwarm in unser überfülltes Land gekommen sind, soweit sie nicht – auch viele Millionen – elend umgekommen sind, erzählen uns, wie Unmenschliches sie und Millionen andere erlitten haben, Frauen und Kinder und Greise, die keine andere Schuld haben, als daß sie eben Deutsche sind, genau so, wie durch uns Millionen von Juden leiden und sterben mußten aus keinem anderen Grund, als weil sie Juden waren.«[56] Immer wieder stößt ein abstrakter »Versöhnungswille« und beschwörender Monotheismus auf die Schranken der antagonistischen Nachkriegs-

[53] Traub von Grolmann, in: Knud Knudsen (Hg.), Welt ohne Haß. Führende Wissenschaftler aller Fakultäten nehmen Stellung zu brennenden deutschen Problemen. Aufsätze und Ansprachen zum I. Kongreß über bessere menschliche Beziehungen in München. Berlin, Hamburg, Stuttgart 1951, 184.
[54] Hans Joachim Schoeps, in: Knudsen, Welt, op.cit., 71.
[55] Michael Schmaus, in: ibid., 91.
[56] Wilfried Lempp, in: ibid.,150.

entwicklung. Immer wieder wird das notwendige neue Verhältnis zwischen Christen und Juden aus religiös oder wissenschaftlich verpackten Bekenntnissen abgeleitet. Geschichte und Geschichtsbewußtsein beziehen sich auf Leidensgeschichten, nicht auf die konkreten gesellschaftlichen Bedingungen eines Gemeinwesens im Übergang. Da, wo es der Fall ist, nämlich im Beitrag eines jüdischen Rechtsanwalts, werden klassische Stereotype deutscher Juden gegenüber »Ostjuden« und der gutbürgerliche Gegensatz zu jüdischen DPs peinlich perpetuiert: »Man kann nicht ungestraft einen Staat im Staate schaffen, noch dazu einen Staat sozial Geächteter, die als Fremdlinge zu erkennen sind, von denen jeder weiß, daß sie nur vorübergehend unter uns leben wollen und daß sie weder Heim noch Haus mit uns besessen haben und besitzen wollen.«[57] Unbelehrbarkeit mithin war keine ausschließlich christliche Angelegenheit.

Eine verhalten vorgetragene, nichtsdestoweniger aber grundlegende Kritik trug der Berater für Erziehungsfragen beim International Council of Christians and Jews vor. Er sprach über die Entwicklung einer demokratischen Lebensführung, die notwendige »Entstehung gesunder demokratischer Sitten« und Achtung vor der Überzeugung von Gruppen durch eine prinzipielle Veränderung des Erziehungswesens, »um das soziale Klima zu verbessern und das intellektuelle Klima zu heben«.[58]

Das waren die weitestgehenden Orientierungen auf diesem I. Kongreß, dem allerdings kein zweiter mehr folgte. Abgesehen von aller kritischen Wertung der Referate ist die bloße Tatsache eines solchen Kongresses natürlich positiv zu bewerten. Ein eindeutiges Ergebnis war das Schwergewicht der Gesellschaften für christlich-jüdische Zusammenarbeit, das künftig auf der Erziehungsarbeit, in der Zusammenarbeit mit Bildungseinrichtungen liegen sollte.

1950 wurde in Stuttgart nach amerikanischem Vorbild eine erste »Woche der Brüderlichkeit« durchgeführt, die ab 1952 vom Koordinierungsrat in allen Gesellschaften initiiert und seitdem jährlich in der ganzen Bundesrepublik durchgeführt wird. Mit solchen öffentlichen und über die Medien publik gemachten Veranstaltungen, mit Bildungsarbeit und der eindeutigen Absage an christlichen Antisemitismus sowie dem Bemühen um das christlich-jüdische Gespräch suchten diese Gesellschaften in der Folge an der Überwindung von Vorurteilen in der Bevölkerung zu arbeiten, den Dialog zwischen Christen und Juden zu institutionalisieren und »die verschütteten menschlichen Beziehungen zwischen nicht jüdischen und den befreiten jüdischen Mitbürgern neu zu knüpfen«.[59]

Auf der Gründungsversammlung der Berliner Gesellschaft im September 1949 hatte der jüdische Vorsitzende Siegmund Weltlinger gesagt: »Es sind nach 1945 viele Reden gehalten, aber wenig ist praktisch getan worden. Es ist wenig

57 Alfred Mayer, in: ibid., 164.
58 Joseph A. Lauwerys, in: ibid., 180f.
59 Edgar Winkler, »30 Jahre CJZ in Stuttgart«, in: Gesellschaft für CJZ Stuttgart (Hg.), Gewissen und Gedächtnis. Zwei Vorträge aus der Arbeit des Jahres 1980, Stuttgart 1980, 10.

wiedergutgemacht worden an dem moralischen und an dem materiellen Unrecht, das den Juden geschehen ist ... Man könnte sagen, daß die Juden allgemein dieser Zusammenarbeit skeptisch gegenüberstünden.«[60] In einer Anfang der 50er Jahre gehaltenen Rede verwies Weltlinger auf die konstitutiven Grundlagen der Gesellschaft, die er als Brüderlichkeit, Humanität und Toleranz kennzeichnete, die von religiösem Boden aus Verbreitung finden müßten. »Als gläubige Protestanten, Katholiken und Juden achten wir den Mitmenschen als ein Geschöpf Gottes, dessen Vaterschaft alle seine Kinder umschließt.« Daß die unterschiedlichen Tendenzen aus der Gründungsphase nach wie vor die Arbeit der Gesellschaft beeinflußten, machte der Redner mit einer weiteren Bemerkung deutlich: »Noch ein Wort über den Namen unserer Gesellschaft, der schon oft zu Mißverständnissen geführt hat und nicht sehr glücklich gewählt ist. Interkonfessionelle Zusammenarbeit wäre besser als christlich-jüdische, denn erstens haben leider noch immer viele Menschen beim Worte ›jüdisch‹ Hemmungen, und zweitens besteht in weiten Kreisen die Auffassung, daß unsere Gesellschaft in erster Linie ein Verein zur Abwehr des Antisemitismus ist. Das ist aber keineswegs der Fall. Natürlich ist uns die Bekämpfung des Antisemitismus ein dringendes Anliegen, aber es ist nicht unsere Spezialaufgabe. Wir sind der Meinung, daß die Überwindung alter Vorurteile, daß das gegenseitige Sichkennenlernen, daß vor allem die Durchdringung der Erziehung mit den Grundsätzen der Ethik und Moral auf religiöser Grundlage dieses Übel mit der Wurzel ausrottet ... Mit politischen oder materiellen Dingen befassen wir uns grundsätzlich nicht ...«[61]

Die genannten Hemmungen hatten einige Teilnehmer der Gründungsversammlung nicht, die in späteren Erwähnungen der Gründer nicht mehr aufgeführt werden, da ihre zweifelhafte oder eindeutige Vergangenheit vor 1945 bekannt geworden war, sie ganz offensichtlich die Gesellschaften als glatten Weg ins neue Deutschland begriffen hatten. Es wäre auch mehr als erstaunlich, wenn in Großstädten wie Berlin nicht der Versuch unternommen worden wäre, eine solche Gesellschaft als Weißwascher zu benutzen. Aber das sei nur am Rande erwähnt, weil man derartige Beispiele im Zusammenhang mit der »Entnazifizierung« und dem Aufbau demokratischer Institutionen genauso in anderen Bereichen finden kann. Entscheidend für den Standort der Gesellschaften für christlich-jüdische Zusammenarbeit ist die in vielen Dokumenten und Aktivitäten ablesbare religiöse Fundierung ihrer Tätigkeit. Die Gesellschaften strebten in ihrem Einsatz für ethische und soziale Ziele danach, »eine von rassischen, sozialen, nationalen und

---

[60] Protokoll, in: Gesellschaft für christlich-jüdische Zusammenarbeit in Berlin (Hg.), Toleranz und Brüderlichkeit. 30 Jahre Gesellschaft für christlich-jüdische Zusammenarbeit in Berlin, Berlin 1979, 106f.

[61] Siegmund Weltlinger, Rede (1953), in: Archiv der Berliner Gesellschaft für christlich-jüdische Zusammenarbeit.

konfessionellen Vorurteilen freie Bewertung der Menschen in allen Bereichen des Lebens zu gewinnen«.[62] Die Westberliner Gesellschaft hatte sogar eine regel-mäßige Sendezeit im Rundfunk, allerdings im sogenannten Kirchenfunk des Rundfunk im Amerikanischen Sektor (RIAS). Und dennoch fällt es schwer, eine vorbehaltlos positive Wertung der Arbeit dieser Gesellschaften zu geben, was sicherlich mit inneren konzeptionellen Widersprüchen zusammenhängt. Für die Kölner Gesellschaft, die allerdings erst später gegründet wurde, beschreibt ein Mitbegründer eine Seite dieser Problematik:

> »Die Juden aus der Isolierung zu befreien, sie als wirkliche Gesprächspartner zu gewinnen, war der Wunsch der christlichen Mitglieder. Er entsprach dem tatsächlichen Wunsch vieler jüdischer Mitglieder, besonders derjenigen, die sich als deutsche Juden oder jüdische Deutsche verstanden. Der Charakter der Kölner Gesellschaft war daher von Anfang an ein bürgerlicher. Auf ›honorige‹ Mitglieder legte man großen Wert, um gesellschaftlich repräsentativ zu sein.«[63]

Den Gesellschaften ist letztlich über die Jahrzehnte »die Ambivalenz einer Bürgerinitiative zur Verbesserung der christlich-jüdischen Beziehungen geblieben«.[64] Erfolgreiches Wirken im Sinne des Gründungsauftrags mündete nicht selten in »Anpassung und Resignation«; denn die Frage blieb bestehen, ob die Gesellschaften »sich eindeutig theologisch und politisch exponieren, oder ob sie apologetisch und unterhaltend arbeiten wollen, indem sie z.B. ›nur‹ die jüdischen Beiträge zur deutschen Kultur und Wissenschaft herausstellen«.[65] Hierbei gab und gibt es selbstverständlich Unterschiede zwischen den Gesellschaften. Wo sich die eine Gesellschaft auf das religiöse Kennenlernen zurückzog, bezog eine andere Stellung in tagespolitischen Fragen, die das Verhältnis von Deutschen und Juden betrafen. Aber das hing zuguterletzt von den Personen ab, die die Aktivitäten der Gesellschaft trugen. Das wurde auch an den drei Ausgaben der Zeitschrift »Zusammenarbeit« deutlich, die von gesellschaftspolitischen und zwischenmenschlichen Aufgaben geprägt war und nicht von der Verbreitung eines stereotypisierten Bildes vom Beitrag der Juden oder deren heilsgeschichtlichem Sinn in einer christlichen Theologie.
Zu dem Dilemma politisches Engagement oder pro-jüdische Apologetik kam ein weiterer Faktor. Die Gesellschaften entwickelten sich zu einer Zeit, als das Pro-

---

62 Präambel der Satzung, zit. n. Gesellschaft, Toleranz, op.cit., 109.
63 Willehad Paul Eckert, »Köln in der Nachkriegszeit: das Verhältnis zu den Juden«, in: J. Bohnke-Kollwitz / W. P. Eckert u.a. (Hg.), Köln und das Rheinische Judentum. Festschrift Germania Judaica, Köln 1984, 466.
64 Martin Stöhr, »Gespräche nach Abels Ermordung. Die Anfänge des jüdisch-christlichen Dialogs«, in: Brumlik / Kiesel / Kugelmann / Schoeps, op.cit., 215.
65 Ibid.

blem der Wiedergutmachung an der Tagesordnung war. Es entsprach durchaus der Verbindung von amerikanischen Re-education-Absichten und demokratischer Legitimation in den Westzonen, in den Gesellschaften ein Instrument ideeller Wiedergutmachung zu sehen. So wie die materielle Wiedergutmachung eine Aufgabe des Staates war, wurde die ideelle »sozusagen stellvertretend durch eigene Vereine und Institutionen, speziell die Gesellschaften für christlich-jüdische Zusammenarbeit« und die Woche der Brüderlichkeit abgewickelt: »Diese doppelte Delegation der ideellen Aufarbeitung des Verhältnisses zu Juden und Judentum, nämlich an eingeschränkte Personengruppen und an eine bestimmte Woche im Jahr, ist die Kehrseite der ... Tabuisierung [des Antisemitismus] mit ihren Folgen. Sind dies lediglich Auswüchse der arbeitsteiligen Gesellschaft, in der auch soziale Krankheiten von interessierten Spezialisten stellvertretend überwunden werden sollen, oder handelt es sich auch hier wiederum um den Ausdruck einer latenten Präsenz antijüdischer Vorurteile, der nach deren anhaltender Virulenz fragen läßt?«[66] Auf jeden Fall – und sicher entgegen den Vorstellungen der Initiatoren – gerieten die Gesellschaften und mit ihnen die ideelle Wiedergutmachung relativ bald an den Rand der politischen Kultur Westdeutschlands. Das Ringen um ein neu zu bestimmendes soziales und ideelles Verhältnis zu Juden und jüdischen Themen war aus dem säkularen gesellschaftlichen Raum herausgenommen und in einen vom Politischen relativ abgehobenen humanistisch-religiösen Bereich transferiert worden. Versuche, aus diesem heraus säkulare Entwicklungen zu beeinflussen, mußten langfristig randständige Erscheinungen bleiben. Abgesehen von politischen Sonntagsreden blieb das Verhältnis zu Juden qua stillschweigender Erwartung den Kirchen und den Gesellschaften für christlich-jüdische Zusammenarbeit als Institutionen, als Körperschaften der öffentlich-rechtlichen Moral vorbehalten. Wenn kollektive Scham, Schuld oder Verantwortung verhandelt werden mußten, dann sollte das zumindest nicht im Zentrum der politischen Kultur geschehen, sondern in einem abgehobenen Bereich, in Instanzen, die eh mit Schuld und Sühne befaßt waren. Hinzu kam, daß »der Kreis der Gesellschaft für christlich-jüdische Zusammenarbeit in den ersten Jahren ziemlich klein und unbedeutend war, wobei sicher auch mitgewirkt hat, daß von der früheren jüdischen Gemeinde« kaum noch jemand da war.[67] Das moralische Gewicht, das den Gesellschaften zugemessen wurde, war entschieden größer als ihr wirklicher Einfluß. Und ihr Einfluß war abhängig von der materiellen Unterstützung der amerikanischen Organe. Die Bundesregierung hatte Mitte der 50er Jahre, als der Hohe Kommissar seine Tätigkeit in Deutschland einstellte, nur noch wenig Interesse an den Gesellschaften. Das wiederum war Spiegelbild der Marginalisierung des Massenmords an den Juden Europas in der westdeutschen politischen Kultur.

---

66 Greive, op.cit., 176.
67 Pfarrer Fritz Majer-Leonhard, Stuttgart, im Gespräch mit dem Verfasser, Juni 1988.

Bereits 1952 veröffentlichte der Heidelberger Dekan Hermann Maas ein Buch mit Erinnerungen an Juden, die nicht überlebten, dessen erster Satz lautet: »Das tiefe, scheue Schweigen, das unzählige Gräber umgibt – und zahllose Tote, denen nicht einmal ein Grab vergönnt war – muß endlich gebrochen werden.«[68] Mit diesem Band sollte nicht nur jenes Schweigen gebrochen, sondern auch mit einer Schilderung der »Kulturarbeit in deutschen Städten« von »Glaubensjuden und Judenchristen« »einer Wiedergutmachung, die nicht auf wirtschaftliche Verluste beschränkt bleiben darf«, gedient werden.[69] Solche Bemühungen gab es, aber es waren stets Aktivitäten einzelner, deren Resonanz sich schwer einschätzen läßt. Mit seltener Einfühlsamkeit, öffentliche Reaktionen auf derartige Veröffentlichungen im Blick, weist Maas auf ein Problem der Beschreibung von Schicksalen »jüdischer Menschen« hin:

> »Nicht Menschvergötterung ist unser Ziel, sondern etwas viel Tieferes, ganz anderes. Und darum steht in dem allen vor uns die ›jüdische Frage‹ in ihrer persönlichen und ihrer überpersönlichen Bedeutung. Ließen wir sie ganz außer acht, dann tauchte auch schon die Gefahr auf, daß diese Blätter eben ein paar hervorragende, ausnahmsweise gute oder gütige jüdische Menschen, ein paar geistig bedeutende Gelehrte und Forscher, Ärzte und Richter, Dichter und Künstler meinten. Das war vor noch gar nicht so langer Zeit der Philosemitismus vieler Christen und auch vieler Juden. Neben diesen konnte man dann die ›jüdischen Menschen‹ als solche ganz ruhig der Verachtung und dem Gericht der Welt, der Verurteilung durch die Geschichte, der Flucht und dem Fluche überlassen.«[70]

Maas fordert demgegenüber eine Besinnung über »den Eigenwert des jüdischen Menschen«, die er nicht in politischen, rassischen oder wirtschaftlichen Gesichtspunkten sieht, sondern in der Bibel. Aus dem Neuen Testament folgert er die »Vereinung von Juden und Nichtjuden in der Gemeinde Christi«: »Jüdischer Mensch sein, bedeutet zuerst ein Leid tragen, das mitgelitten werden muß.« Einen zweiten Aspekt der Judenfrage sieht er im »Besonderen« »der Juden, die zur christlichen Gemeinde gehören« und einen dritten in der »besonderen Geltung« zu Israel zu gehören. Dem nicht entsprochen zu haben, mache die Schuld der christlichen Gemeinde aus, denn sie habe den jüdischen Menschen nicht zu lieben, »trotzdem er ein jüdisches Angesicht und Wesen trägt, sondern weil er Jude ist ... Der jüdische Mensch ist ein Zeichen für Gottes Erwählung ... Darum sieht ... diese Liebe, die weit über allem ›Philosemitismus‹ steht, auch in

[68] Hermann Maas / Gustav Radbruch (Hg,), Den Unvergessenen. Opfer des Wahns 1933 bis 1945, Heidelberg 1952, 7.
[69] Ibid.
[70] Ibid., 161.

dieser Stunde der Schmach und Entehrung im jüdischen Menschen ein Mysterium und tritt ihm mit Ehrfurcht, Zartheit und ›Heimweh‹ gegenüber. Von ihr aus ist jeder christliche Antisemitismus unmöglich.«[71]
Maas schließt hier Bemerkungen an, daß die Verantwortung gegenüber den Juden, die nicht Mitglieder der christlichen Gemeinde sind, durch das jüdische Erbe der Kirche bestimmt sei und durch die Feststellung im Neuen Testament, daß das Heil von den Juden komme. Von daher sei der Antisemitismus zu bekämpfen und die »Schicksalsgemeinschaft« von Christen und Juden zu begreifen. Zu entwickeln sei ein »wirkliches Gespräch mit den jüdischen Menschen«:

> »Diesem Gedanken dienen die Councils of Christians and Jews, die in mancherlei Gestalt wirken, und, wenn sie es recht machen, eine unschätzbare Tat bedeuten können. Was helfen alle Abwehrvereine gegen den Antisemitismus, wenn dieses Gespräch nicht anhebt und sich von Stunde zu Stunde vertieft? In ihm wird sich die jüdische Prägung offenbaren, die besondere Geistigkeit, jenes zarte feinsinnige Menschentum, das tiefe Empfinden für Gerechtigkeit, gepaart mit großer Güte, Gastfreundschaft und Milde, die besondere Art zu reagieren auf die Geschicke, die seltsame Gabe, geduldig zuhören zu können, das Geheimnis vieler jüdischer Ärzte, die besondere Art, gütig zu sein und einzugreifen in die Nöte der Welt, der Kampf zwischen den Mehrwertigkeits- und Minderwertigkeitsgefühlen, die Gabe, große Pläne zu fassen, umfassende Konzeptionen zu entwerfen, in seinen Hoffnungen und Erwartungen weit über das Diesseits und Heute hinauszugreifen und durchaus eschatologisch und apokalyptisch zu denken und zu glauben. Hier werden wir auch jenes geheimnisvolle, unauslöschliche Leid, jene stille Wehmut entdekken in dem wehen Glanz der dunklen Augen ...«[72]

Es ist hier nicht der Ort zu einer Reflektion über Theologie, Glauben nach Auschwitz.[73] Es ist auch nicht der Ort, hier das Wirken von Hermann Maas zu werten, der im »Dritten Reich« Verfolgten half und der erste deutsche kirchliche Repräsentant war, der den jungen Staat Israel auf Einladung besuchte. Festzuhalten ist, daß er sich in der Einleitung der zitierten Schrift gegen einen Philosemitismus wendet, der mit der Aufteilung in gute und nicht zu berücksichtigende Juden den antisemitischen Stereotypen verhaftet bleibt. Kritisch festzuhalten ist allerdings auch, daß die heilsgeschichtliche Begründung des zu schaffenden Verhältnisses zu Juden zu einer Überhöhung des Bildes vom Schicksal jüdischer Menschen und letztlich zu einer psychologisch stereotypisierten Charakterisierung von Juden als Leidenden und Auserwählten sowie von ihrer Rolle in der deutschen Gesellschaft führt. Es bleiben wiederum nur die großen jüdischen Geister übrig, deren romantisierende Beschreibung eher an Lessings »Nathan« erinnert

---

71 Ibid., 161f.
72 Ibid., 170.
73 Vgl. Ginzel, Auschwitz ..., op.cit.

als an den jüdischen Schuhmacher in irgendeinem Arbeiterviertel oder gar an die jüdischen DPs – oder auch die in Maas' eigenem Buch beschriebenen jüdischen Schicksale. Geht man einen Schritt weiter und fragt, was dürfte ein jugendlicher Leser dieses Büchleins in den 50er Jahren aufgenommen haben, so muß man den zitierten Ausführungen noch skeptischer gegenübertreten. Zunächst kannte der Jugendliche in der Regel keine Juden. Von den jüdischen Lebensschicksalen konnte er eigentlich nur eins als Verbindendes wahrnehmen: Sie waren tot, hatten nicht überlebt, die Nazis waren zu mächtig. Was überlebte, war das Gedenken des Verlustes eines großen Beitrages. Und so geschah es dann auch. Mit Juden wurde der Jugendliche in Gedenkstunden oder in der »Woche der Brüderlichkeit« konfrontiert. An die Stelle einer differenzierten Realität und ihrer Wahrnehmung trat die stereotypisierte Erinnerung durch staatliche oder gesellschaftliche Instanzen.

Die »Woche der Brüderlichkeit« 1950 stand ganz unter Namen Anne Frank. In der »Zeit« heißt es dazu: »Anne Frank ist uns ein – spätes – Erlebnis geworden.« Es half, so der Autor, den millionenfachen Tod zu begreifen, die Nähe dieses Kindes zu fühlen. »Aber kaum, daß wir dies gefühlt und begriffen haben, bildet sich in uns die Legende der Anne Frank. Und da mischt sich denn in unsere Scham und Trauer die Empfindung: Hier wurde ein einziges Mädchen ermordet, ein Kind, das wir lieben und das wir, hätten wir‹s bei Lebzeiten gekannt, gerettet hätten; denn gemartert, gemordet haben ja die anderen, wir haben‹s nicht einmal gewußt ... Und das eben ist die Macht der Legende: Das Martyrium eines einzelnen Geschöpfes, das wir beklagen, hebt uns aus der Verantwortung für den Tod von Millionen heraus.« Der Autor warnt gleichermaßen vor Antisemiten und vor Prosemiten und schlußfolgert: »Kann es denn nicht – um Gottes Willen – die Lehre der ›Woche der Brüderlichkeit‹ sein, daß wir diese Art betonter ›Brüderlichkeit‹ nicht mehr brauchen? Könnte dies nicht die letzte Brüderlichkeitswoche sein?«[74] Einmal im Jahr und dann eine Woche lang wird auch Jahrzehnte später noch diese fragwürdige Tradition bewahrt. Dieser »Zeit«-Artikel blieb eine einsame Stimme.

Nicht übersehen werden kann offensichtlich, daß gerade in den ersten Nachkriegsjahren in den sensiblen Bereichen gesellschaftlicher und kultureller Entwicklung oft mehr Fragen existierten als schlüssige Antworten. Und das trifft auch auf die Frage zu, ob die Gesellschaften für christlich-jüdische Zusammenarbeit in der Phase ihrer Entstehung als philosemitisch zu charakterisieren sind. Die Antwort ergibt sich aus ihrer widersprüchlichen Grundorientierung und Tätigkeit. Sie waren sicherlich philosemitisch mit allem negativen Beigeschmack, wo sie ein überhöhtes zeitloses Bild vom Juden als Kulturträger oder als leidendes Opfer verbreiteten, ein Bild, in dem der Jude »nur zu dem Feind geworden ist, den man lieben muß«.[75] Die Abwehr gerade jüngerer überlebender

[74] Die Zeit, 13.3.1950.
[75] Greive, op.cit., 184.

Juden, insbesondere wo es sich um derart »undifferenzierte Annäherungsversuche«[76] handelte, ist verständlich. Welcher Jude wollte auch nach all seinen Erlebnissen auf sentimentale Weise »geliebt«, als Opfer und Märtyrer verehrt oder als jüdisches Kind mit Genieverdacht umwispert werden? Manès Sperber hat in einem Brief an einen christlichen Kollegen diese Haltung gültig umschrieben:

> »Ja, Ihr Philosemitismus bedrückt mich, erniedrigt mich wie ein Kompliment, das auf einem absurden Mißverständnis beruht und das man überdies weder verdient hat noch verdienen möchte. Sie überschätzen uns Juden in gefährlicher Weise und bestehen darauf, unser ganzes Volk zu lieben. Ich verlange nicht, ich will nicht, daß man uns oder irgendein anderes Volk in dieser Weise liebe ...«[77]

An derartigen Beispielen aus dem religiösen und kulturellen Bereich wird deutlich, daß die symbolische Ersatzhandlung, der Philosemitismus, hinsichtlich seiner Inhalte mehr als fragwürdig ist. Am deutlichsten wird dies, wie selbst die Ausführungen von Maas zeigen, im religiös argumentierenden Philosemitismus. Warum, so läßt sich fragen, sollte aus dem Sterben oder Überleben von Juden ein höherer heilsgeschichtlicher Sinn abgeleitet werden, den der Überlebende auch noch für die christliche Theologie zu bezeugen hätte? Als im August 1949 die Berliner Gesellschaft gegründet wird, meldet »Der Tag«: »Wir Deutsche wissen ..., daß dem jüdischen Volk so unsagbar Schweres angetan wurde, daß wir es sein müssen, die die Hand ausstrecken, die entgegenkommen und die erlösen müssen.«[78] Daß der Durchbruch eines derartig christlich artikulierten Philosemitismus immer möglich war – und ist – belegt ein Jahr später die Veröffentlichung eines Berichts über einen Diskussionsabend der Gesellschaft. Zitiert wird ein Redner mit dem Satz: »Auch die Christen sehen heute in den Juden das auserwählte Volk, das einmal der Segnungen der messianischen Heilslehre teilhaftig werden wird.«[79] Juden als politisch, sozial, kulturell und religiös zu verstehende Gruppe mit eigener Identität innerhalb der deutschen Gesellschaft waren offensichtlich ein nicht vorstellbares Phänomen. In solchen Aussagen wird der Philosemitismus letztlich zu einer perspektivischen Negierung des Judeseins in einer christlichen Umwelt.

Der in der Arbeit des Koordinierungsrats aktive Theologie-Professor Karl Thieme publizierte 1948 einen Artikel über die Frage, was gegen die Judenfeindschaft getan werden könne. Zwei Aspekte sind hierin von Bedeutung, die die Grenzen christlicher Abkehr vom Antisemitismus verdeutlichen. Zum einen

---

[76] Johanna Kohn, Haschoah. Christlich-jüdische Verständigung nach Auschwitz, München 1986, 19.

[77] Manès Sperber, in: Hans Jürgen Schultz (Hg.), Mein Judentum, München 1986^2, 163.

[78] Der Tag, 10.8.1949.

[79] Der Tag, 2.7.1950.

betont Thieme in Ablehnung des Vorwurfs, die Juden hätten Jesus ermordet, nicht deswegen »bezichtigen, sondern wegen seiner Glaubensverweigerung beklagen die Christen ihren jüdischen Bruder.« Ihr Wunsch sei, die Juden mögen aufhören, »Jesus nicht als Gott und König anerkennende Menschen aus Israel zu sein«. Zum zweiten mögen die Juden selbst mehr zur Überwindung des Antisemitismus beitragen, was von »einer geistig so hochstehenden Elite, wie es die westeuropäischen Juden sind« erwartet werden könne.[80]
Was von einem Dialog mit einer Elite von Glaubensverweigerern zu erwarten ist, scheint mir eine höchst fragliche Angelegenheit zu sein. Es ist folglich nicht ausreichend, christliches Bemühen gegen die Judenfeindschaft nach 1945 als historische Antwort auf das Versagen der Christen und ihrer Kirchen während der Zeit des Nationalsozialismus zu betrachten. Zu fragen ist, von welchen Positionen aus und mit welcher Perspektive eigentlich, über die bloße Erwähnung oder ein Schuldbekenntnis hinaus, eine Widerlegung des Antisemitismus und ein Wirken in der christlichen Gemeinde erfolgte. Die zitierten weltanschaulichen und religiösen Positionen gleiten immer wieder in Grundelemente eines christlichen Anti-Judaismus ab und perpetuieren – wie auch immer liebevoll liberalisiert – bildhafte Stereotype. Es liegt auf der Hand, daß diese Tendenzen die Skepsis zahlreicher Juden hinsichtlich der Neuentdeckung christlicher Liebe für das »auserwählte Volk« Ende der 40er/Anfang der 50er Jahre noch verstärkten.
Zusammenfassend läßt sich festhalten, daß die Gesellschaften für christlich-jüdische Zusammenarbeit in ihrer Tätigkeit zweifelsohne immer dann nicht-antisemitisch waren – und das heißt hier in erster Linie keinem überhöhten Philosemitismus, sondern der Entwicklung und Verankerung demokratischer sozialer Werte verbunden -, wo sie überkommenen und neuen Vorurteilen entgegenwirkten und auf dieser Basis ein Umdenken zu erreichen versuchten.
Diesem Umdenken, dem Suchen nach Kategorien und Erklärungen für das Geschehene, versuchte Theodor Heuss in seiner weitverbreiteten Rede anläßlich einer Feierstunde der Wiesbadener Gesellschaft für christlich-jüdische Zusammenarbeit, Anfang Dezember 1949, auszudrücken. Heuss sprach zur »christlich-jüdischen Auseinandersetzung«, bezog sich auf das 18. Jahrhundert, auf Lessing, die Aufklärung. Er ging auf die Schuldfrage ein, lehnte die Kollektivschuld ab und gab den Ton an für die langfristig und immer schwächer wirkende zentrale Kategorie in der öffentlichen Vergegenwärtigung der Vergangenheit:

> »Aber etwas wie eine Kollektivscham ist aus dieser Zeit gewachsen und geblieben. Das Schlimmste, was Hitler uns angetan hat – und er hat uns viel angetan -, ist doch dies gewesen, daß er uns in die Scham gezwungen hat, mit

[80] Karl Thieme, »Was kann gegen die Juden-Feindschaft getan werden? Erwägungen und Vorschläge«, in: Judaica 3/4, 1948, 198f.

ihm und seinen Gesellen gemeinsam den Namen Deutsche zu tragen ... Wir dürfen nicht vergessen die Nürnberger Gesetze, den Judenstern, die Synagogenbrände, den Abtransport von jüdischen Menschen in die Fremde, in das Unglück, in den Tod ... es handelt sich um die kalte Grausamkeit der rationalen Pedanterie. Das war der sonderliche deutsche Beitrag zu diesem Geschehen.«[81]

Heuss spricht dann von Juden, die seine Freunde waren und solchen, denen er auswich, so wie er anderen Nichtjuden ausgewichen war. Er fordert eine »freie Bewertung des Menschentums« und geht auf aktuelle Fragen ein: »Nun steht das jüdische Problem vor uns als Vergangenheit, es steht im moralischen Sinne aber auch vor uns als drängende Gegenwart.« Er erwähnt mit Zionisten befreundet gewesen zu sein, auch mit ›Assimilationsjuden‹; er nennt die »christlichen Menschen jüdischer Herkunft«, das »kleinbürgerliche jüdische Spießertum aus dem Bilderbuch des deutschen Biedermeier und daneben oder dagegen jenes intellektualisierte Judentum«. Dann geht er auf berühmte jüdische Maler, Nobelpreisträger ein, erwähnt die Vielzahl von Briefen aus dem Ausland von »Juden oder Halbjuden«, denen die Heimat geraubt worden sei. Auf Friedhofsschändungen geht er ein, die nichts mit Antisemitismus zu tun haben, »sondern das ist die bewußte politische Lausbüberei von Menschen, die diesen Staat, in dem es Juden als Mitwirkende erst wenige gibt, die die Stellung dieses Staates zwischen den Völkern gefährden will.«[82] Heuss erinnert wieder und wieder an die Juden, die immer noch »ein Stück Deutschland« in sich tragen und nennt Martin Buber in Israel, mit dem er das Gespräch führen möchte. Diese Rede ist beachtlich in ihrer Differenziertheit, aber hier deutet sich auch eine Wende in der Gestaltung des deutsch-jüdischen Verhältnisses in dem Sinne an, daß nicht mehr von Schuld die Rede ist, sondern von Scham. Zwar werden verschiedene soziale Gruppen von Juden genannt, das Gespräch kreist letztlich jedoch wieder um diejenigen und ist mit denjenigen zu führen, die den großen Beitrag zur deutschen Kultur geleistet haben. Noch entscheidender für die Periode zwischen der Staatsgründung Israels und dem Vertrag mit der Bundesrepublik 1952 ist hier jedoch, daß Heuss antisemitische Aktivitäten auf die außenpolitische Stellung der erst vor wenigen Monaten gegründeten Bundesrepublik bezieht. Der moralische Sinn des deutschen Verhältnisses zu Juden bekam über alle Inhalte der Reeducation und des Wollens zu geistiger Besinnung und eines Neuanfangs im christlich-jüdischen Dialog eine außenpolitische Dimension, auf die bereits der High Commissioner McCloy hingewiesen hatte.

[81] Heuss, op.cit., 122f.
[82] Ibid., 124f.

8. Die gesellschaftliche Rolle von Antisemitismus und Philosemitismus in der Gründungsphase der Bundesrepublik

Am 14. Mai 1948 wurde die Unabhängigkeitserklärung des Staates Israel unterzeichnet, während in den Besatzungszonen immer noch Tausende jüdische DPs darauf warteten, endlich das Transitland Deutschland zu verlassen. Für eine Minderheit hingegen deutete sich an, daß sie als staatenlose Ausländer vorläufig in dem von den Alliierten besetzten Land bleiben würden. Die jüdischen Gemeinden konsolidierten sich langsam, vereinigten – oftmals nach Auseinandersetzungen – viele der überlebenden deutschen Juden und die Juden aus Osteuropa, die hier ihre Interessen, kulturellen und religiösen Bedürfnisse wahrnehmen wollten. In Verhandlungen unter den westlichen Alliierten und mit den führenden deutschen Politikern wurde die Gründung der Bundesrepublik vorbereitet. Am 1. Juli 1948 erhielten die Ministerpräsidenten der deutschen Länder in Frankfurt von den drei Militärgouverneuren die entscheidenden Dokumente, auf deren Grundlage eine Verfassung ausgearbeitet, eine Länder-Neugliederung vorgenommen wurde und die deutsche Seite sich mit den Grundzügen des künftigen Besatzungsstatuts vertraut machen konnte.[1] Letzteres besagte unmißverständlich, daß die zu gründende föderative Republik Übergangscharakter haben und »semi-souvereign« sein würde: Die Military Governors behielten sich u.a. das Recht vor, vorläufig die außenpolitischen Funktionen Deutschlands wahrzunehmen oder anzuleiten.[2]

Zuvor hatten Marshallplan und Währungsreform ökonomische Weichenstellungen bedeutet, die über die Konfrontation mit der UdSSR in der Berlin-Frage zum Zusammenbruch der gemeinsamen Verwaltung Deutschlands durch die Siegermächte führten.[3] November/Dezember 1948 vollzog sich die politische und administrative Teilung Berlins – Ergebnis der unterschiedlichen politischen Bestrebungen in den Besatzungszonen und Vorwegnahme der 1949 mit den beiden deutschen Staatsgründungen vollzogenen Teilung des Vier-Zonen-Besatzungsgebietes. Die unmittelbar erste Phase der Besatzungszeit war mit dem »Schicksalsjahr« 1948 abgeschlossen.[4] Am 10.4.1949 verkündeten die Alliierten das Besatzungsstatut, das nach der Bildung der ersten Regierung der Bundesrepublik Deutschland am 21.9.1949 in Kraft trat und mit dem die drei

---

1 Vgl. Ruhl, Neubeginn ..., op.cit., 469; Ruhm, op.cit., 315f.
2 Vgl. Ruhm, op.cit., 317.
3 Vgl. Klessmann, Die doppelte Staatsgründung ..., op.cit., 177f.; Gerhard Keiderling, Die Berliner Krise 1948/49, Berlin/DDR 1982.
4 Vgl. Hermann Glaser, Kulturgeschichte der Bundesrepublik Deutschland 1945-1948, München, Wien 1985, 325.

Militärgouverneure durch die Allied High Commission abgelöst wurden. Am 23. Mai wurde vom Parlamentarischen Rat das Grundgesetz verkündet. Im August fanden die Wahlen zum Parlament, dem Bundestag, statt, der Anfang September 1949 zusammentrat und in einer gemeinsamen Sitzung mit dem Bundesrat Theodor Heuss (FDP) zum Bundespräsidenten wählte. Der Bundestag wiederum wählte Konrad Adenauer (CDU) zum Bundeskanzler, der am 20.9. die erste Regierungserklärung abgab, in der das Verhältnis zu Juden und zur Judenverfolgung weniger denn marginal behandelt wurde.
In den folgenden Abschnitten soll dieses Verhältnis betrachtet werden, wie es sich aufgrund außen- und innenpolitischer Erfordernisse entwickelte. Zu fragen ist, welche Erfahrungen Juden und Deutsche im Umgang miteinander machten und was am Beispiel einiger kulturpolitischer und publizistischer Ereignisse Teile der deutschen Öffentlichkeit zwischen 1948 und 1952 beschäftigte. Film- und Theaterereignisse sollen herausgegriffen werden, die Haltungen gegenüber Juden öffentlich werden ließen und Reaktionen von Politikern herausforderten. In diesen Zeitraum fällt die sich verstärkende internationale Erörterung der notwendigen und überfälligen Restitutionen, Entschädigungen in individueller und kollektiver Form. Es ist der Prozeß der Wiedergutmachung, mit dem 1952 die formative Periode in den Beziehungen von Deutschen und Juden nach dem »Dritten Reich« zu einem Abschluß kommt. Am Problem der Wiedergutmachung werden in geballter Form all die Meinungen, Einstellungen, Haltungen und Reaktionsweisen deutlich, die den Bereich des Nichtöffentlichen genauso prägen wie die öffentliche Sphäre, Innen- genauso wie Außenpolitik. Nicht die Geschichte der Wiedergutmachung soll hier nun erneut nachgezeichnet werden, sondern das in diesem nahezu unauflösbar verknoteten Geflecht von vergegenwärtigter Vergangenheit, von Philo- und Antisemitismus betrachtet werden. Denn mit der Wiedergutmachung wurde der Philosemitismus von einem ambivalenten sozialpsychologischen Element des deutschen Nachkriegs zu einem festen Bestandteil der ideologischen Legitimität der Bundesrepublik. Er wurde zum politisch instrumentalisierten Philosemitismus.

»Oliver Twist«, Münchener Straßenschlacht und Bonner Regierungserklärung

Ein den heutigen Betrachter des deutschen Nachkriegs erschreckendes Phänomen waren seit September 1948 direkte und gewalttätige Konfrontationen zwischen Deutschen und Juden. Ein erstes Beispiel hierfür war zwischen September 1948 und Februar 1949 eine kultur- und filmpolitische Auseinandersetzung quer durch die westlichen Besatzungszonen, insbesondere in Berlin. Im September 1948 wurde in den USA die Aufführung des englischen Spielfilms »Oliver Twist« nach einem Roman von Charles Dickens in den Lichtspielhäusern nach Protesten gegen die antisemitische Tendenz in der Zeichnung der

Gestalt des bösen alten Juden Fagin verhindert. Die britische Filmgesellschaft brachte den Film nach Deutschland, ließ ihn in München synchronisieren. Vertreter des OMGUS-Film Branch sahen sich mit einer Gruppe Deutscher den Film an mit dem Ergebnis, daß es nicht ratsam schien, den Film zu diesem Zeitpunkt in Deutschland zu zeigen.[5] Im Ergebnis der Erfahrungen des OMGUS-Film Branch mit anderen Spielfilmen und der Reaktion des deutschen Publikums wurde folgende harsche Wertung abgegeben:

> »Aufgrund der besonderen Empfänglichkeit des durchschnittlichen deutschen Kinopublikums für praktisch alles, was ihre anti-jüdischen Gefühle rechtfertigt, kamen die meisten Leute, die den Film sahen, zu der Auffassung, daß das Publikum nicht die notwendige Objektivität hat, um zu der Schlußfolgerung zu kommen, daß Fagin nur sich selbst repräsentiert und nicht etwa einen Typus oder eine größere Gruppe.«[6]

Januar/Februar 1949 häuften sich Proteste gegen den Film in der britischen und amerikanischen Zone, wobei auf Veit Harlan und Parallelen mit dessen »Jud Süß« verwiesen wurde. Am 31. Januar 1949 verfaßten zahlreiche Hamburger Organisationen einschließlich der Jüdischen Gemeinde ein Zirkularschreiben an öffentliche Institutionen und die britische Militärregierung, in dem es u.a. heißt:

> »Der literarische Wert des Werkes von Dickens soll in keiner Weise in Frage gestellt werden, aber während einem von liberalem Geist erfüllten Volk, dessen Seele nicht durch den Nationalsozialismus vergiftet wurde, ein solcher Film vielleicht ohne großen Schaden gezeigt werden kann, besteht für das deutsche Publikum die Gefahr eines ernsten Rückfalles in antisemitische Neigungen, wenn ihm durch Zeigen einer häßlichen Einzelerscheinung wie Fagin in ›Oliver Twist‹ die Möglichkeit zu tendenziösen Verallgemeinerungen geboten wird. Ja, diesen Film den deutschen Zuschauern vorzusetzen, hieße geradezu die nationalsozialistische Hetzpropaganda fortzusetzen und zum Antisemitismus aufzufordern.«[7]

Im Februar wurde der Film im britischen Sektor Berlins trotz Protesten gezeigt. Erneut spielten sich die Auseinandersetzungen auf den Straßen um das Kino ab. Der Magistrat setzte Polizei ein, die Masse der Demonstranten waren Juden. Britische Soldaten beteiligten sich an den Ausschreitungen gegen die Demonstrierenden, es kommt zu Verletzten. Erst nach mehreren Vorstellungen wird der Film abgesetzt und werden vorläufig Aufführungen in den westlichen Besatzungszonen verhindert. Insofern ist das Ergebnis zunächst durchaus positiv, wenn-

---

[5] OMGUS, Film Branch, 22.9.1948, NA.Rg.260, 10/16-3/17.
[6] Ibid.
[7] Zit. n. ibid.

gleich zu fragen ist, warum der Film überhaupt anlief.[8] Eine in diesem Zusammenhang nicht erforderliche, jedoch das Ausmaß an antijüdischer Aggressivität kennzeichnende Reaktion publizierte »Der Tag« unter der Überschrift »Hintergründe. Noch einmal Oliver Twist«:

> »Zu den Ausschreitungen um den Film ›Oliver Twist‹ wird uns von gut unterrichteter Seite mitgeteilt, daß die Steinwürfe auf Westberliner Polizisten nicht von Berliner Juden geschleudert worden sind, sondern von Ausländern jüdischen Glaubens, die wie eine Provokation auf die Berliner Bevölkerung gewirkt haben. Mit dem Antisemitismus, der in Deutschland zweifellos noch latent vorhanden ist, haben sich jedoch einzig und allein die deutschen Staatsbürger auseinanderzusetzen, und dabei ist zu beachten, daß die jüdische Gemeinde nicht das Recht hat, sich als Sprecher aller Opfer der Nürnberger Gesetze hinzustellen. Sie vertritt nur den geringsten Teil dieser Opfer, nämlich die deutschen Staatsbürger, die noch der jüdischen Religionsgemeinschaft angehören ... Es kann ganz dahingestellt bleiben, ob der Film antisemitische Instinkte bei den Zuschauern wachgerufen hatte. Sicher ist aber, daß das Auftreten der ausländischen Demonstranten eine erschreckende Reaktion in der Berliner Bevölkerung ausgelöst hat und gerade dadurch der Antisemitismus neue Nahrung gefunden hat.«[9]

Knapp vier Jahre nach Kriegsende stellten die antijüdischen Stereotype offensichtlich definitiv Teil eines deutschen Erklärungsmusters für jüdische Existenz in Deutschland dar. Die Jüdische Gemeinde, hier auch nicht gerade freundlich behandelt, wird den Ausländern jüdischen Glaubens gegenübergestellt. Daß latenter Antisemitismus existierte, wurde als bekannt vorausgesetzt, wobei der ganze Vorfall ja wohl weniger mit latentem, sondern eher mit manifestem Antisemitismus zu tun hatte. Daß die Verbitterung der Briten über die Ereignisse, die zur Staatsgründung Israels geführt hatten, bei dem Verhalten von Militärverwaltung und einzelnen Soldaten eine Rolle gespielt hatte, kann nur vermutet werden. So wie auch in anderen Zeitungen erfolgte in dem zitierten Artikel die Distanzierung von den Vorfällen als Distanzierung von den Protestierenden. Im Verhältnis von Deutschen und Juden treten hier erstmals in aller Öffentlichkeit Gegensätze auf, die im kulturellen Leben offen ausgetragen werden. 1949 und Anfang der 50er Jahre folgen weitere Vorfälle, die weiter unten kurz behandelt werden. Dies ist insofern von Bedeutung, weil in der deutschen Öffentlichkeit in den 70er und 80er Jahren aus Anlaß der Skandale um das Theaterstück von Rainer Werner Fassbinder »Der Müll, die Stadt und der Tod« in der Regel

---

[8] Zu Problemen alliierter Filmpolitik vgl. Brewster S. Chamberlin, Kultur auf Trümmern. Berliner Berichte der amerikanischen Information Control Section Juli-Dezember 1945, Stuttgart 1979; Johannes Hauser, Neuaufbau der westdeutschen Filmwirtschaft 1945-1955 und der Einfluß der US-amerikanischen Filmpolitik, Pfaffenweiler 1989. op.cit.

[9] Der Tag, 24.2.1949.

übersehen wurde, daß es sich nicht um eine grundsätzlich neue Erscheinung im antijüdischen Diskurs handelte, sondern um eine spezifische Kontinuität im kulturellen deutschen Nachkriegsantisemitismus.

1949 schienen derartige Vorgänge wie Szenen eines Films an den Bonner Politikern vorbeizurauschen. Es war, als ob innenpolitische gesellschaftliche Entwicklungen, in denen antisemitische Kontinuitäten und den Zeitumständen angepaßte antisemitische Stereotype zum Ausdruck kamen, einfach nicht existierten. Die hier deutlich gewordene kulturelle Problematik im Zentrum der politischen Kultur diente nicht der Selbstdarstellung der Republik vor oder nach ihrer Gründung. Das war anders bei rechtsextremistischen antisemitischen Bekundungen am Rande der politischen Kultur, die auch stärker von der internationalen Öffentlichkeit beachtet wurden und von denen sich die Bonner Politik mit dem Verweis auf die zu marginalisierenden »Ewiggestrigen« leicht distanzieren konnte.

Ende Juli 1949 hatte John McCloy , der Nachfolger von Clay, auf der ersten Nachkriegstagung der Vertreter aller jüdischen Gemeinden, jüdischen Hilfsorganisationen und des jüdischen Zentralkomitees sich bemüht, aufkommende Skepsis unter den in Deutschland lebenden Juden zu zerstreuen. Im Interesse des deutschen Volkes, so hatte McCloy betont, hoffe er, daß »stets eingedenk der Greuel von Auschwitz« ein wahrhaft demokratisches Staatswesen aufgebaut werde.[10] Nach der Verabschiedung des Grundgesetzes im Mai und nach der Rede von McCloy in Heidelberg Ende Juli standen die Westzonen im Zeichen des Wahlkampfes. Am 2. August publizierte die Münchener »Süddeutsche Zeitung« einen längeren redaktionellen Artikel, der die von McCloy gemachten Ausführungen betonte und jeglicher Form von Antisemitismus eine Absage erteilte. Der Autor verwies auf McCloys Ausführung, daß zu akzeptieren, daß Juden nicht mehr in Deutschland leben könnten, gleichbedeutend sei mit der Negierung der Möglichkeit, in Deutschland eine Demokratie zu entwickeln. Eine Woche später erschienen in der Zeitung Leserbriefe zu diesem Artikel, von denen einer – repräsentativ für einen Teil der Zuschriften – sich in vehementem Antisemitismus erging.[11] Der Brief eines anonymen Verfassers legte in primitivem Tonfall den Juden nahe, nach Amerika zu gehen, verwies auf Antisemitismus unter Amerikanern und identifizierte sich mit der »schweigenden Mehrheit« in Deutschland. Gegendarstellungen folgten, die amerikanische Militärregierung war in Aufregung, interne Berichte mußten bestätigen, daß in der Redaktion der »Süddeutschen« keine Antisemiten saßen.[12] München hatte seit Anfang des Jahres eine ganze Reihe antisemitischer Ausschreitungen erlebt, die sich nächtens

[10] Die Neue Zeitung, 1.8.1949.
[11] Die Süddeutsche Zeitung, 9.8.1949.
[12] Vgl. OMGUS, Süddeutsche Zeitung, August 1949, NA.RG.260, 5/243-3/14.

gegen Friedhöfe, Geschäfte und jüdische Institutionen richteten.[13] Da es sich bei den Tätern meist um Kinder und Jugendliche handelte, bagatellisierte man staatlicherseits die Vorkommnisse als Dumme-Jungenstreiche. Nachforschungen ergaben jedoch, »daß deren Väter teilweise ehemalige Nationalsozialisten waren, die entweder ihre Kinder zu solchen Taten aufhetzten oder durch dauernde antisemitische Äußerungen die Jugendlichen indirekt dazu anstifteten«.[14] Doch diese Tatsache schien nicht weiter der Beachtung wert zu sein. Am 9. August 1949, eine Woche vor den ersten Wahlen zum deutschen Bundestag, war der antisemitische Leserbrief erschienen. Am nächsten Tag wollte ein Demonstrationszug von etwa 1000 Juden zum Gebäude der »Süddeutschen Zeitung« ziehen, um ein Protestschreiben zu überbringen. Bereits in der Ausgangsstraße fand eine Straßenschlacht mit deutscher Polizei statt, die außerordentlich gewalttätig verlief. Einige Juden wurden durch Schüsse der Polizei verletzt, ein Einsatzwagen der Polizei in Brand gesteckt. Die Demonstration war nicht genehmigt, und die Polizei hatte keine Befehle, von der Schußwaffe Gebrauch zu machen. Die meisten deutschen Passanten und Anwohner sahen teilnahmslos zu. Die anschließende Untersuchung ergab, daß auf Seiten der Polizei keine antisemitischen Tendenzen eine Rolle gespielt hätten. Beobachter konstatierten jedoch die vorhandene Spannung zwischen jüdischen DPs, die hier vor allem demonstriert hatten, und der deutschen Umwelt. Die Presse in Deutschland und in den USA berichtete ausführlich, die Verurteilung der Veröffentlichung des Leserbriefs und des Polizeiverhaltens war eindeutig. McCloy sah in der spontanen öffentlichen Reaktion eine Bestätigung dafür, daß Military Government nicht eingegriffen hatte, und daß es den demokratischen Kräften überlassen sein sollte, Nazis und antisemitische Erscheinungen zu bekämpfen. Military Government sollte die Aktivitäten auf Fälle beschränken, in denen derartige Auffassungen und Vorkommnisse eine positive Aufnahme in der Bevölkerung fänden.[15] Ein Zuviel an politischen Eingriffen durch die Besatzungsmächte in der Öffentlichkeit schien zum Zeitpunkt der Staatsgründung nicht sonderlich opportun zu sein. Die »New York Times« wetterte, und Washington hielt sich zurück. In bezug auf Deutschland gab es wichtigere Probleme. Am 12. Mai war die Auseinandersetzung um den Status Berlins und die Transportwege von und nach Berlin mit einem Vertrag zwischen USA und UdSSR vorläufig beigelegt worden. Die Weltöffentlichkeit war laufend über den »Freiheitskampf« der Berliner informiert worden, und die »Berliner Blockade« wurde eine der ideologischen

[13] Vgl. zum folgenden Wetzel, Jüdisches Leben ..., op.cit., 345f.; Norbert Muhlen, »The Shooting on the Moehlstrasse. Is it Nazi Anti-Semitism All Over Again?«, in: Commentary 4/8, 1949, 355f.
[14] Wetzel, op. cit., 347.
[15] Vgl. OMGUS, Attack on group of Jews protesting anti-semitic letter in Munich, September 1949, NA.Rg.260, 15/116-3/15; vgl. auch jüdische Reaktionen aus Washington OMGUS, Anti-Semitism, August 1949, NA.RG.260, 3/160-3/14; 15/118-1/43.

Grundlagen der beschleunigten Westintegration. Dies sei hier nur erwähnt, um anzudeuten, daß Antisemitismus, jüdische Proteste, jüdische Interessen nicht zu den Brennpunkten der Entwicklungen des Jahres 1949 gehörten. Die Münchener Ereignisse beschäftigten im Sommer 1949 zwar die Presse sowohl in Deutschland als auch in den USA, sucht man allerdings in der vorhandenen Literatur über die Gründungsphase der Bundesrepublik danach, so ist das Ergebnis ziemlich enttäuschend. Die antisemitischen Vorkommnisse sind eine quantité négligeable, störend, aber nicht weiter erwähnenswert. Sie bleiben der Antisemitismus-Forschung oder der Darstellung der Geschichte der Juden in Deutschland vorbehalten.
Dennoch gab es für Beobachter und Kommentatoren der deutschen Entwicklung und des Verhältnisses von Deutschen und Juden in der Münchener Auseinandersetzung noch eine Tiefenschicht, auf die Norbert Muhlen in »Commentary« verwies:

> »It is anti-Semitism of a newer – and yet older – breed. Before Hitler, there were approximately five hundred thousand Jews in Germany; almost ninety percent of them had been born there, and the families of many had lived in Germany for one or more centuries. Today there are fifty thousand Jews living in Germany; of these, twenty thousand are German Jews, while the remaining thirty thousand are foreigners, the residue of the DP's ... The German historian Mommsen once referred to the Jews as › another German tribe‹; today they are, admittedly and undoubtedly, a very foreign tribe in the midst of the Germans ... What seems to have happened is that ›Jewish‹ has become synonymous with ›foreign‹ in the new German imagery. Conversely, the twenty thousand native German Jews still living in Germany ... have more or less ceased to be considered as Jews by the Germans. Two candidates of purely Jewish origins – in Hamburg and in Hanau – were elected as delegates to the new Bundes-Parliament in Bonn this August; in the election campaign, tough and vicious though it was, no anti-semitic arguments were used against them. The Secretary of Justice in a North-German British Land, the Secretary of Finance in the biggest city of Western Germany, the president of the Bar Association in Northern Bavaria – all are of Jewish descent and have never been attacked on racial or religious grounds.«[16]

Hier geht es nun natürlich nicht um die Nachforschung danach, wer sonst noch jüdischer Herkunft war. Worum es geht, ist die Tatsache, daß zum Zeitpunkt der Gründung der Bundesrepublik antisemitische Stereotype bereits ihre zumindest vierjährige Nachkriegsgeschichte hatten und sich im sozialen, kulturellen, ökonomischen und politischen Bereich vornehmlich gegen jenen Teil der jüdischen Minderheit richteten, der nach der Weiterwanderung der meisten displaced

16 Muhlen, op.cit., 359.

persons im Besatzungsgebiet geblieben war. Und das war konstitutiv für die ökonomischen Stereotype des deutschen Nachkriegsantisemitismus. Demgegenüber stand die offensichtliche schnelle Re-Integration einzelner Persönlichkeiten aus dem Kreis der überlebenden und zurückgekehrten deutschen Juden in das politische Leben des Landes. Nicht zuletzt ist festzuhalten, daß auf jüdischer Seite eine verständliche und notwendige Sensibilität gegenüber allen Juden betreffenden Erscheinungen im gesellschaftlichen und politischen Leben existierte. Die Demonstration in München war, wie die Affäre um »Oliver Twist« zeigt, nicht die einzige öffentliche Aktion von Juden in diesen Jahren, worauf weiter unten noch eingegangen wird. Reaktionen von jüdischen Institutionen, Personen und Gruppen waren Teil der politischen Kultur, fanden allerdings bisweilen mehr publizistische Öffentlichkeit im Ausland, vor allem den USA, als in Deutschland. Anders gesagt, die Reaktion auf Juden betreffende Ereignisse von Seiten der deutschen Politiker – so sie überhaupt erfolgte – hatte nicht zuletzt implizit stets eine außenpolitische Funktion. Gerade in dem sensiblen Bereich der deutsch-jüdischen Beziehungen ging es darum, den demokratischen Charakter des neuen Deutschland nicht infragestellen zu lassen. Diese gesellschaftliche und politische Seite im Verhältnis von Deutschen und Juden sei hier betont, da sie die innenpolitische Grundlage darstellt, auf der sich der Prozeß der späteren Wiedergutmachungsverhandlungen vollzieht.
Im ersten programmatischen politischen Dokument der Bundesrepublik Deutschland, der Regierungserklärung des ersten Kanzlers, Konrad Adenauer, vom September 1949, heißt es in trockenem Kanzleideutsch hierzu:

> »Durch die Denazifizierung ist viel Unglück und viel Unheil angerichtet worden. Die wirklich Schuldigen an den Verbrechen, die in der nationalsozialistischen Zeit und im Kriege begangen worden sind, sollen mit aller Strenge bestraft werden. Aber im übrigen dürfen wir nicht mehr zwei Klassen von Menschen in Deutschland unterscheiden: die politisch Einwandfreien und die Nichteinwandfreien. Diese Unterscheidung muß baldigst verschwinden. Der Krieg und auch die Wirren der Nachkriegszeit haben eine so harte Prüfung für viele gebracht und solche Versuchungen, daß man für manche Verfehlungen und Vergehen Verständnis aufbringen muß. Es wird daher die Frage einer Amestie von der Bundesregierung geprüft werden, und es wird weiter die Frage geprüft werden, auch bei den Hohen Kommissaren dahin vorstellig zu werden, daß entsprechend für von alliierten Militärgerichten verhängte Strafen Amnestie gewährt wird.« Im folgenden geht Adenauer auf »rechtsradikale Umtriebe« ein: »Meine Damen und Herren! Lassen Sie mich in diesem Zusammenhang ein Wort zu hier und da anscheinend hervorgetretenen antisemitischen Bestrebungen sagen. Wir verurteilen diese Bestrebungen auf das Schärfste. Wir halten es für unwürdig und an für sich unglaublich, daß nach all dem, was sich in nationalsozialistischer Zeit begeben hat, in Deutschland noch Leute sein sollten, die Juden deswegen verfolgen

oder verachten, weil sie Juden sind. Meine Damen und Herren! Ich komme zu einem besonders ernsten und wichtigen Kapitel. Deutschland wird nunmehr durch seine staatliche Neugestaltung in die Lage versetzt, sich der Frage der deutschen Kriegsgefangenen und Verschleppten mit größerer Stärke anzunehmen als bisher.«[17]

Kriegsgefangene, Vertriebene, Verschleppte, Leid der Angehörigen nehmen nun breiten Raum ein, die Ansprüche auf die abgetrennten Ostgebiete des ehemaligen Reiches werden geltend gemacht. Adenauer betont, wie schwer es ihm fällt, »mit der notwendigen leidenschaftslosen Zurückhaltung zu sprechen«, wenn er »an das Schicksal der Vertriebenen« denkt, »die zu Millionen umgekommen sind«.[18] Kein Wort über Auschwitz, Maidanek, Treblinka, kein Wort über Schuld oder Scham des deutschen Volkes. Die Deutschen kehren zum status quo ante zurück, mit einer demokratischeren Verfassung, einer klaren Westorientierung, einem noch klareren antisowjetischen Feindbild und den vorübergehenden Unannehmlichkeiten eines Besatzungsstatuts. Die historische Verantwortung für das an den Juden Europas verübte Verbrechen dringt nicht bis in die Eröffnung des ersten Bundestages des neuen Deutschland. Unglaublich sei – so Adenauer, daß es noch Leute gebe, die Juden verachten. Unglaublich ist im Rückblick wohl eher, daß der erste Kanzler der zweiten deutschen Republik vier Jahre nach der Befreiung der überlebenden Juden eine derartige Rede halten kann. Was OMGUS in den Jahren zuvor stets feststellen konnte, wird mit dieser Rede erneut offensichtlich: Es war im Hinblick auf das Wählerpotential nicht angebracht, das Verbrechen an den Juden zu einem innenpolitischen Topos an herausragender Stelle zu machen. Diese erste westdeutsche Regierungserklärung beweist, daß es der politischen Führungsspitze in Bonn zum Zeitpunkt der Gründung der Bundesrepublik nicht angebracht schien, sich mit der deutschen Vergangenheit und den Verbrechen an den Juden Europas kritisch und selbstkritisch auseinanderzusetzen.
In der Debatte zur Regierungserklärung sagte Kurt Schumacher (SPD), daß es »zu matt und zu schwach« gewesen sei, was über »die Juden und über die furchtbare Tragödie der Juden im Dritten Reich« gesagt wurde: »Resignierte Feststellungen und der Ton des Bedauerns helfen hier nichts.«[19] Überlebende Juden würden immer wieder beschämende und entwürdigende Vorfälle erleben. Schumacher wies dann auf die Gefahr des Nationalismus hin und sagte zu diesem Punkt der Regierungserklärung abschließend:

---

17 Zit. n. Regierungserklärungen 1949-1973, Zusammenstellung Peter Pulte, Berlin, New York 1973, 21f.

18 Ibid.

19 Verhandlungen des Deutschen Bundestages. Stenographische Berichte. 1. Wahlperiode 1949-1953 (Bonn, 1949f.) 6. Sitzung, 21.9.1949, 36.

»Antisemitismus ist das Nichtwissen von den großen Beiträgen der deutschen Juden zur deutschen Wirtschaft, zum deutschen Geistesleben und zur deutschen Kultur und bei der Erkämpfung der deutschen Freiheit und der deutschen Demokratie. Das deutsche Volk stände heute besser da, wenn es diese Kräfte des jüdischen Geistes und der jüdischen Wirtschaftspotenz bei dem Aufbau eines neuen Deutschlands in seinen Reihen haben würde.«[20]

Viel mehr wurde in der gesamten Debatte zur Verantwortung gegenüber dem jüdischen Volk nicht gesagt. Die Stereotype vom »jüdischen Geist« und »jüdischer Wirtschaftspotenz« sprechen für sich selbst und für den philosemitischen politischen Sprachgebrauch in Bonn, wann immer die Rede auf Juden kam. Adenauer ging darauf nicht weiter ein. Legislative und Exekutive konnten zur Tagesordnung übergehen. Die Journalistin Inge Deutschkron zitierte später den Berater von Konrad Adenauer, Herbert Blankenhorn, mit den Worten:

»Dr. Adenauer hat jahrelang nichts zum Thema Juden gesagt, weil er das deutsche Volk in seiner Gesamtheit für die Demokratie gewinnen wollte. Hätte Herr Adenauer schon 1949 gesagt, was wir in der Vergangenheit getan haben, dann wäre doch das deutsche Volk gegen ihn gewesen.«[21]

Was in der deutschen Öffentlichkeit, weder in der Erklärung im Bundestag noch in anderen an das Volk gerichteten Verlautbarungen, gesagt wurde, erschien natürlich gegenüber den Bemerkungen von McCloy und hinsichtlich der Erfahrungen und Befürchtungen der Juden in Deutschland als ungenügend. Es war wie eine Negativvariante jenes Prüfsteins der Demokratie, daß die Demokratie vermeintlich nur so ihre Mehrheitsbasis finden konnte, indem man vom Verbrechen an den Juden schwieg, die Shoah schlicht ignorierte. Der Prüfstein schien abgenutzt. Die Mehrheit der fast 200 000 Juden, die sich nach dem Krieg vorübergehend in den deutschen Zonen aufhielten, hatte Deutschland verlassen. In Bezug auf jüdische Belange in der Nachkriegswelt galt die internationale Aufmerksamkeit dem jungen Staat Israel und weniger Deutschland, das zunehmend zu einem der Brennpunkte des »Kalten Krieges« wurde.
Nicht im Bundestag, aber in einem Interview mit Karl Marx, dem Chefredakteur der »Allgemeinen Wochenzeitung der Juden in Deutschland« mußte Bundeskanzler Adenauer am 11. November 1949 diesen Entwicklungen und der Skepsis der in Deutschland lebenden Juden Rechnung tragen.[22] Adenauer wird als erstes gefragt, ob die Betonung des christlichen Charakters der CDU eine antijüdische Tendenz umschließe. Adenauer verweist in seiner Antwort auf die Regierungserklärung, in der er betonte, »daß unsere Arbeit getragen sein wird von dem Geist

---

[20] Ibid.

[21] Zit. n. Deutschkron, »Das Verhalten der bundesdeutschen Politiker ist eine Schweinerei gegenüber den NS-Opfern«, in: Dieter Bednarz / Michael Lüders (Hg.), Blick zurück ohne Haß. Juden aus Israel erinnern sich an Deutschland, Köln 1981, 62.

[22] Folgende Zitate nach Allgemeine Wochenzeitung der Juden in Deutschland, 25.11.1949.

christlich abendländischer Kultur und der Achtung vor dem Recht und der Würde des Menschen«, die in »der Zeit des Hitlerregimes gründlich zerstört worden« seien:

»Wir wollen als Christen die Achtung vor dem Menschen ohne Rücksicht auf seine konfessionelle, rassische oder völkische Zugehörigkeit wiederherstellen. Im Geiste dieser Toleranz sehen wir in unseren jüdischen Landsleuten vollberechtigte Mitbürger ... Wir können und wollen ihre Mitarbeit nicht entbehren. Darin sehen wir in diesem Zusammenhang den Sinn des Begriffes ›christlich‹.«

Die zweite Frage zielt darauf, ob durch gegen Deutsche getroffene Maßnahmen nach dem Krieg das Unrecht, »das im Namen des deutschen Volkes bis 1945 geschehen ist, kompensiert werden kann«. Adenauer verneint dies und fügt hinzu:

»Das deutsche Volk ist gewillt, das Unrecht, das in seinem Namen durch ein verbrecherisches Regime an den Juden verübt wurde, soweit wiedergutzumachen, wie dies nur möglich ist, nachdem Millionen Leben unwiederbringlich vernichtet sind. Diese Wiedergutmachung betrachten wir als unsere Pflicht. Für diese Wiedergutmachung ist seit 1945 viel zu wenig geschehen. Die Bundesregierung ist entschlossen, die entsprechenden Maßnahmen zu treffen.« Frage: »Für uns ist die Wiedergutmachung nicht nur eine wirtschaftliche, sondern auch eine moralische Frage. Was gedenkt die Bundesregierung zu tun, um diese Wiedergutmachung zu fördern?« Antwort: »Die moralische Wiedergutmachung ist ein Teil unseres rechtstaatlichen Wiederaufbaues ... Ich möchte keinen Zweifel darüber lassen, daß die Schändung jüdischer Kultstätten und die Verwüstung jüdischer Friedhöfe, die leider in den vergangenen Jahren immer noch vorgekommen sind, ohne Nachsicht geahndet und bestraft werden ... Wir werden dies in aller Schärfe gegen antisemitische Tendenzen in der Presse oder im öffentlichen Leben tun, wenn sich dies als nötig erweist. Wir werden jeden Antisemitismus nicht nur bekämpfen, weil er uns innen- und außenpolitisch unerwünscht ist, sondern weil wir ihn aus Gründen der Menschlichkeit mit aller Entschiedenheit ablehnen ... Wir werden die Juden gegen jede Möglichkeit neuer Verfolgung sichern. Ihre besondere Aufmerksamkeit wird die Bundesregierung dem Ausgleich der den jüdischen Staatsangehörigen zugefügten wirtschaftlichen Schäden widmen. Die bestehende Gesetzgebung bedarf hier mancher Verbesserung und Ergänzung. Der Staat Israel ist die nach außen sichtbare Zusammenfassung der Juden aller Nationalitäten.«

Adenauer erwähnt dann, daß Israel Waren im Werte von 10 Millionen DM zur Verfügung gestellt werden sollen als erstes Zeichen der Wiedergutmachung. Im Bundesinnenministerium werde überdies ein Referat eingerichtet und einem deutschen Juden übertragen, das sich mit Problemen befassen solle, die sich aus der Verfolgung der Juden in Deutschland ergeben hätten. Die letzte Frage zielt auf die in der Regierungserklärung angekündigten Amnestien. Adenauer wiederholt seine Kritik der Denazifizierung, betont aber, daß Verbrecher, »die sich der Vernichtung von Menschenleben schuldig gemacht haben, ... einer Amnestierung nicht würdig« seien.

Drei Aspekte sind für eine Bewertung dieses Interviews von Relevanz: Erstens die in christlicher Tradition begründete Toleranz als Grundlage des Verhältnisses zu Juden. Zweitens die moralische Seite, die von Adenauer nur als Teil des rechtsstaatlichen Wiederaufbaus begriffen und im Zusammenhang mit dem Kampf gegen Antisemitismus gesehen wird. Drittens die materielle Seite einer wirtschaftlichen Entschädigung, die Israel einbeziehen würde und das kurzfristige Angebot von Waren im Werte von 10 Millionen DM enthält. Nachum Goldmann hielt die Art und Weise, wie hier deutsche Juden das Problem einer Entschädigung angeschnitten hatten, für »unzureichend und ungeschickt« und fügte hinzu: »Natürlich wurde dieses Angebot als völlig unzulänglich abgelehnt, ja nicht einmal ernsthaft diskutiert.«[23] Die materielle Seite, die zum Luxemburger Abkommen zwischen der Bundesrepublik Deutschland einerseits sowie dem Staat Israel und der Claims Conference andererseits führte, ist in einer Vielzahl von Veröffentlichungen dargestellt worden und erfuhr 1988 zum 35. Jahrestag der Ratifizierung des Abkommens durch den Bundestag publizistische Aufmerksamkeit.[24] Worauf im folgenden lediglich eingegangen werden soll, ist die Verflechtung von Politik und Moral; denn es »handelte sich eben von Anfang an um ein moralisches Problem«[25] im Verhältnis von Deutschen und Juden. Das weltanschauliche Problem einer Begründung des Verhältnisses zu Juden mithilfe eines christlichen Toleranzbegriffs ist im vorhergehenden Kapitel implizit behandelt worden. Hier sei nur hinzugefügt, daß 1949 auch eine Begründung hätte erfolgen können, die an die demokratischen Traditionen der Aufklärung und die politischen Wertvorstellungen der Französischen Revolution von 1789 – oder zumindest an die gescheiterte bürgerliche Revolution von 1848 anknüpft. Das jedoch wäre eine explizit politische Stellungnahme über das Verhältnis von Deutschen und Juden gewesen. Vor dem Hintergrund der gesellschaftlichen und geistigen Situation in Deutschland schien es den politisch bestimmenden Kräften in Bonn offensichtlich angebrachter, die eher unpräzise Ebene moralischer Erwägungen zu wählen. Das konnte, mußte aber nicht zu Konsequenzen führen, wie der zögerliche und problemreiche Weg, der letztendlich die Wiedergutmachung brachte, belegt.

[23] Nahum Goldmann, Mein Leben als deutscher Jude, Frankfurt/M., Berlin, Wien 1983, 376.

[24] Vgl. Grossmann, Kurt, R., Die Ehrenschuld. Kurzgeschichte der Wiedergutmachung (Frankfurt/M., Berlin, 1967); Sagi, Nana, German Reparations: A History of the Negotiations (Jerusalem, 1980); Gardner Feldman, Lily, The Special Relationship Between West Germany and Israel (Boston, London, Sydney, 1984); Ludolf Herbst / Constantin Goschler (Hg.), Wiedergutmachung in der Bundesrepublik, München 1989.

[25] Goldmann, op.cit., 371.

Fragen der Reparationen, der Restitution, der Wiedergutmachung waren von jüdischer Seite bereits in den »Friedensjahren« vor 1939 Gegenstand von Überlegungen und wurden auf Treffen jüdischer Repräsentanten in den Kriegsjahren zunehmend thematisiert.[26] 1943 publizierte Siegfried Moses , der 1949 der erste Staatskontrolleur (Ombudsmann) Israels wurde, eine Schrift unter dem Titel »Die Wiedergutmachungsforderungen der Juden«, in der er die politische Arbeit zur Einflußnahme auf die Gestaltung der Entschädigungsregelung als vordringlich bezeichnete.[27] Im Unterschied zu allen bekannten Formen von Wiedergutmachung handele es sich, so S. Moses, um eine grundlegend neue Frage, die aus dem Charakter des Nationalsozialismus und daraus resultiere, daß es »ein Krieg der Demokratie gegen den Faschismus« sei.[28] Die Alliierten und auch zahlreiche Exilregierungen beschäftigten sich mit der Frage des organisierten deutschen Raubzuges durch Europa. Rückerstattungen, Reparationen und Entschädigungen wurden in einem internationalen Abkommen Anfang 1943 in London zum Gegenstand gemacht und begleiteten die Zerschlagung des Nationalsozialismus und die Gestaltung der europäischen Nachkriegsordnung. Führende jüdische Persönlichkeiten brachten im internationalen Rahmen das jüdische Interesse an Restitution und Reparationen zum Ausdruck. In öffentlichen Aktivitäten und Kontakten zu alliierten und deutschen Organen der sich herausbildenden jüdischen Gemeinden und Organisationen war diese Frage ab 1945 ein ständiges mit Vehemenz und Selbstverständlichkeit vorgetragenes Thema innerhalb Deutschlands. Die deutschen Verwaltungsstellen und die Militärregierungen waren somit von Anfang an mit diesen Forderungen konfrontiert. Unterschiedliche Verordnungen und Gesetze wurden in den einzelnen Besatzungszonen erlassen, am weitestgehendsten 1949 in der amerikanischen Zone, insgesamt aber ohne den berechtigten Forderungen der Juden in ausreichender Weise zu entsprechen.[29]

Im Oktober 1946 hatte Ernst Landau in der »Süddeutschen Zeitung« einen Artikel geschrieben unter dem Titel »Wo bleibt die Wiedergutmachung«. Darin hieß es unter anderem:

> »Man sollte annehmen, daß die Wiedergutmachung an den von den Nazis seit 1933 verfolgten Juden als eine der vordringlichsten inneren Pflichten jedes

26 Vgl. Grossmann, op.cit., 13f.; Sagi, op.cit., 14f.

27 Vgl. Vogel, Der deutsch-israelische Dialog ..., op.cit., 3f.

28 Ibid., 12.

29 Vgl. Walter Schwarz, »Die Wiedergutmachung nationalsozialistischen Unrechts durch die Bundesrepublik Deutschland. Ein Überblick«, in: Herbst / Goschler, op.cit., 33f. sowie Hans-Dieter Kreikamp, »Zur Entstehung des Entschädigungsgesetzes der amerikanischen Besatzungszone«, in: ibid., 61f.

einzelnen Deutschen betrachtet wird. Leider aber ist es noch nicht zur Selbstverständlichkeit geworden, daß die Opfer des politischen und gleichzeitig auch wirtschaftlichen Terrors der Jahre 1933-1945 entschädigt werden ... Für dieses Leid kann es eigentlich keine Wiedergutmachung geben. Aber selbst das Erreichbare, das Menschenmögliche – es wird unterlassen, offenbar (und ich spreche da weit über Deutschland hinaus) weil der Welt ihre Verpflichtung gegenüber den Juden, den Opfern der Hitlerbarbarei, gar nicht zu Bewußtsein kommt ... Was aber niemals durch Beschlüsse der Staatsautorität allein vollbracht werden kann, auch nicht durch ein Wiedergutmachungsgesetz, ist die psychologische Bereitwilligkeit des deutschen Durchschnittsmenschen zur Wiedergutmachung ... Aber das Gefühl für die Pflicht zur Wiedergutmachung ist noch nicht geboren ... hier mangelt es am sittlichen Gefühl, an dem aus dem Inneren kommenden Rechtsbewußtsein. Zu sehr ist das Recht in den Jahren der Hitlerdiktatur gebeugt worden. Die Frage der Wiedergutmachung an den Juden wird zu einem tieferen deutschen Problem, nämlich, ob Deutschland wieder zu einem Rechtsstaat wird und ob der deutsche Durchschnittsmensch wieder zu jenem Fanatiker des Rechts wird, dem das individuell Menschliche unantastbar und heilig ist ... Deutschland bemüht sich, das Vertrauen der Welt wieder zu gewinnen. Seine Bestrebungen zum wirtschaftlichen Neuaufbau nach einem totalen Zusammenbruch finden die Achtung der Umwelt. Wenn dieses zurückkehrende Vertrauen und die allmählich wiedergewonnene Achtung nicht beeinträchtigt, sondern zur Sympathie erhoben werden sollen, dann muß auch der Frage der Wiedergutmachung an den Juden viel größeres Augenmerk zugewendet werden als bisher. Nicht mit Unrecht darf man dieses Problem als den Prüfstein der deutschen Demokratie bezeichnen, von dem mehr abhängt als eine innere wirtschaftliche Umgruppierung.«[30]

Gegenüber allem späteren Verständnis von Wiedergutmachung, insbesondere im Zusammenhang der Verhandlungen, die zum Luxemburger Abkommen führten und dessen Folgen, ist die hier und in den Fragen von Marx an Adenauer formulierte Position umfassender und grundsätzlicher. Ähnlich wie in der Frage der Entnazifizierung ein Bedeutungswandel des Begriffs erfolgte, worauf John H. Herz hingewiesen hatte, ist der Inhalt dessen, was bis heute als Wiedergutmachung verstanden wird, nicht mit dem ursprünglich damit verbundenen Inhalt auf jüdischer Seite identisch. Wiedergutmachung war eine ethische, moralische, rechtliche, politische und materielle Forderung, die primär die umfassende Rehabilitierung der Juden in Deutschland zum Inhalt hatte. Der ökonomische »Zeitgeist«, der bereits 1946 spürbar war, reduzierte dies in den Jahren nach der Gründung der Bundesrepublik auf die materielle Seite zur moralischen Absicherung nicht etwa einer Rehabilitation der Juden, sondern ganz im Gegenteil

30 Die Süddeutsche Zeitung, 11.10.1946.

zur außenpolitischen Rehabilitation der Deutschen. Dies war der tiefere kulturelle und politische Sinn der »moralischen Wiedergutmachung«, als deren Kernpunkt man nicht subjektives Wollen der Beteiligten oder die Mystifikation von Entscheiungsprozessen betrachten sollte, sondern politische Inhalte und Funktionen. Die Wiedergutmachung als Gesamtkomplex ist weder auf das Luxemburger Abkommen noch auf deutsch-israelische Beziehungen zu reduzieren, sondern im strukturellen Kontext der sich entwickelnden politischen Kultur zu betrachten. Der außenpolitische Berater von Adenauer, Herbert Blankenhorn , berichtet, daß im Oktober/November 1949 Gespräche mit dem Kanzler stattgefunden hätten, »in welcher Weise es möglich sein würde, das Verhältnis des deutschen Volkes zum jüdischen Volk und zum Staat Israel auf eine neue Grundlage zu stellen«.[31] Blankenhorn betont, daß der Bundeskanzler sich seinem »Gedankenzug in vollem Umfange angeschlossen« habe,

> »daß der neue deutsche Staat in der Welt Vertrauen, Ansehen und Glaubwürdigkeit nur wiedergewinnen werde, wenn die Bundesregierung und das Bundesparlament durch einen in freier Entscheidung getroffenen Willensakt sich von der Vergangenheit distanziert und durch eine eindrucksvolle materielle Wiedergutmachungsleistung dazu beiträgt, das unglaubliche Ausmaß an erlittener materieller Not zu erleichtern ... Ein solcher Akt echter Wiedergutmachung sollte zur Überwindung der unvorstellbaren Bitternis dienen, die das nationalsozialistische Verbrechen bei den Juden in aller Welt und auch bei allen Gutgesinnten hervorgerufen hat. Er sollte ferner auch den Sinn haben, dem deutschen Volk die Furchtbarkeit der Vergangenheit und die Notwendigkeit einer radikalen Umkehr bewußt zu machen.«[32]

Allerdings dauerte es zwei Jahre, bis der Kanzler der Bundesrepublik im September 1951 diesen Willensakt vollzog. Nun könnte man sagen, daß es zwischen November 1949 und September 1951 Wichtigeres gab für die junge Republik als die Wiedergutmachung, daß der ökonomische und politische Aufstieg seine ersten Früchte bringen mußte, daß kein relevanter Druck in dieser Frage gegeben oder daß in der Bevölkerung keine ausreichende Basis für umfangreiche Wiedergutmachungsleistungen vorhanden war. Doch eine derartige Basis war auch 1951, während der Wiedergutmachungs-Verhandlungen oder 1952 zum Zeitpunkt der Ratifizierung des Luxemburg-Abkommens nicht vorhanden. Wie ist also die zeitliche Verzögerung zwischen Adenauers Interview und der politischen Umsetzung zu erklären, will man nicht einzig und allein das Zögern der israelischen Regierung, in Verhandlungen mit der deutschen Regierung zu treten, als Grund anführen? Der erste Generalsekretär des Zentralrats der Juden in Deutschland, Hendrik van Dam, übermittelte im Sommer 1950 der

[31] Zit. n. Vogel, op.cit., 18f.
[32] Blankenhorn, Herbert, Verständnis und Verständigung. Blätter eines politischen Tagebuchs 1949-1979, Frankfurt/M., Wien 1980, 138.

israelischen Regierung ein Gutachten zum »Problem der Reparationen und Wiedergutmachung für Israel«, das zwar in der Folgezeit keine wichtige Rolle spielte, aber zentrale Aspekte der deutschen Situation charakterisierte:

»›Die Wiedergutmachung‹ – bevor sie zu einem schwierigen Problem des Rechtes wird – ist ein Problem der Moral und der Politik. Das gilt für beide Teile, das deutsche Volk und das jüdische Volk ... Die Erkenntnis der moralischen Pflicht, die besonders in den ersten Jahren nach der Kapitulation empfunden wurde, besteht auch heute noch bei einer Anzahl maßgebender Deutscher. Jedoch wird die Neigung, hieraus Konsequenzen zu ziehen – vor allem durch die Schaffung der notwendigen Gesetzgebung –, schwächer und schwächer. Die Zeit arbeitet gegen die Wiedergutmachung, wie gegen die Verfolgung der Menschlichkeitsverbrecher und die Denazifizierung. Das in politische Handlung umzusetzende Gefühl der moralischen Verpflichtung erlahmt, wie auch die Besorgnis vor einer Kritik der Besatzungsmächte. Es bleiben im wesentlichen die realistischen Gedankengänge politischer und wirtschaftlicher Zweckmäßigkeit ... Der von politischen und wirtschaftlichen Motiven diktierte Wunsch, zu einer Bereinigung des Wiedergutmachungskomplexes zu kommen, die unliebsame Nazi-Erbschaft abzuschütteln, wird noch für eine beschränkte Zeitdauer eine Rolle spielen.«[33]

Van Dam hob hervor, daß im Rahmen der politischen Entwicklung das Werben um die Deutschen, die zunehmende Übertragung von Funktionen an die Bundesrepublik und die Ablehnung jeglicher Einmischung von außen durch die Deutschen die Verhandlungsposition von Verfolgtenorganisationen schwächten.

»Bei aller Würdigung der Konsequenzen der Politik der Westmächte gegenüber Deutschland ... besteht dennoch ein Interesse der Vereinigten Staaten an der Durchführung der Wiedergutmachung, wie das auch vom Hohen Kommissar John McCloy wiederholt erwähnt wurde. Ferner ist ein gewisses Alibi der amerikanischen Politik für das Aufgeben der Denazifizierung und die Kollaborierung erwünscht. Ein derartiges Gegengewicht könnte die Wiedergutmachung, insbesondere aber die Reparationsleistung für Israel sein.«[34]

Van Dam bezog sich auf wiederholte Äußerungen von McCloy, der 1950 die Wiedergutmachung als Prüfstein der Demokratie bezeichnet hatte.[35] Dennoch setzte die Dynamik des Aufstiegs der Bundesrepublik zunächst andere Steine in Bewegung, die sich als hinderlich auf dem Weg zur Souveränität erwiesen. Im Juni 1950 hatte der Korea-Krieg begonnen, die Konfrontation zwischen Ost und West hatte sich verschärft. Adenauer drängte in einem Aide-Mémoire an die

[33] Van Dam, Hendrik, in: Vogel, op.cit., 19f.
[34] Ibid., 25.
[35] Vgl. Grossmann, op.cit., 17.

Hohen Kommissare auf eine »Revision des Besatzungsstatuts. Anders sei die defätistische Stimmung in Deutschland nicht zu überwinden. Besteht keine Aussicht auf Freiheit, so wird auch niemand Opfer für die Freiheit bringen wollen! Im Zusammenhang damit spricht er einmal mehr die Dauerprobleme im deutsch-alliierten Verhältnis an: Besatzungskosten, Demontage, wegen angeblicher Kriegsverbrechen verurteilte Soldaten der deutschen Wehrmacht.«[36] Letztendlich ging es der Bundesregierung um die Überwindung des Potsdamer Abkommens und seiner Folgen. Souveränität durch Westintegration und Wiederbewaffnung, was die Rehabilitierung von Offizieren und Soldaten der Wehrmacht einschloß, waren Kernpunkte sowohl des sich entwickelnden Nationalbewußtseins als auch der offziellen Regierungspolitik. Konkret mußte das auf Verhandlungen hinauslaufen: über die Schuldentilgung des Deutschen Reiches, über die Ablösung des Besatzungsstatuts und über eine europäische Verteidigungsgemeinschaft. Einen Verteidigungsbeitrag hatte Adenauer mit Beginn des Korea-Krieges auch den USA angeboten, die Realisierung scheiterte aber nicht zuletzt an französischen Widerständen.[37]

Zum Hintergrund des Problems der Wiedergutmachung gehört neben der außenpolitischen Dimension ebenso die innenpolitische Dynamik der Jahre 1949/51. Nach über zehn Jahren wird die Lebensmittelrationierung aufgehoben. Soziale Unsicherheit und über 1,5 Millionen Arbeitslose beschäftigen die Öffentlichkeit. Marshall-Plan und Erziehung zur Demokratie bilden eine merkwürdige Synthese im öffentlichen Bewußtsein. HICOG-Umfragen ergeben, daß von Mitte 1948 bis Ende 1949 sechs von zehn Einwohnern der U.S.-Zone eine Regierung vorziehen, die wirtschaftliche Sicherheit gibt, anstelle einer, die die bürgerlichen Freiheiten garantiert.[38] Vor dem Hintergrund der Kriegs- und Krisenerfahrungen nehmen materielle Aspekte einen zentralen Platz ein in den gesellschaftlichen und politischen Vorstellungen der Bevölkerung. Dahrendorf spricht später im Rückblick von der damit zusammenhängenden »Ökonomisierung der verhaltensleitenden Wertvorstellungen durch die ganze deutsche Gesellschaft«[39] Diese Entwicklung blieb natürlich nicht ohne Einfluß auf den Komplex der Wiedergutmachung. Betrachten wir aber zunächst weitere wichtige innenpolitische Faktoren.

McCloy bemerkte für die Monate nach der Gründung der Bundesrepublik, daß die Bemühungen um eine Neuorientierung der Bevölkerung auf einige Schwierigkeiten, ja sogar Widerstand stießen. In Westdeutschland wären Nationalismus und nationalistische Gruppen aktiver geworden als zur Zeit der Kontrolle

---

[36] Schwarz, Hans-Peter, Adenauer. Der Aufstieg: 1876-1952, Stuttgart 1986, 840, nach einem Brief von McCloy an Secretary of State, 17.11.1950.

[37] Vgl. Alfred Grosser, Frankreich und seine Außenpolitik 1944 bis heute, München 1986, 95f.

[38] HICOG, Trends in German Public Opinion 1946 through 1949, Special report No. 17-S, Mai 1950, NA.Rg. 260, 5/234-2/2A-6A., vgl. Merritt, Public Opinion in Semisouvereign Germany, op.cit., 66f.

[39] Dahrendorf, op.cit., 470f.

durch die Militärregierung.[40] In einer Rede in Washington, Januar 1950, summierte McCloy unter den wichtigsten Aufgaben amerikanischer Politik in Deutschland, darauf zu bestehen, »daß die Opfer Hitlers oder deren Erben gerecht und vorurteilslos behandelt werden.«[41] Im Februar kommt er in einer Rede in Stuttgart ausführlich auf diesen Punkt zu sprechen und betont, daß das Unrecht an den Verfolgten »mit aller Gerechtigkeit anerkannt und vorbehaltlos in Ordnung gebracht werden« muß.[42] Zugleich ergaben Umfragen von HICOG einige neue Fakten hinsichtlich vorhandener Vorurteile und nationalistischer Tendenzen. Betrachtet man einige der Umfrageergebnisse, so ergibt sich folgendes Bild der öffentlichen Meinung in hiermit zusammenhängenden Fragen im Übergang zu den 50er Jahren:

> 44% thought »that some races are more fit to rule than others«. 34% thought »that some races are inferior to others«. 28% thought that »a Jew whose parents and grandparents were born and grew up in Germany« is not »a real German«. »Most inclined to deny German nationality to third-generation German Jews are: people under 30, refugees and expellees, irregular churchgoers, both Catholic and Protestant, and the less educated. Social status, and sex differences appear to have little bearing on those attitudes.«[43]

Auch hier zeigte sich wieder, daß öffentlich bekundete Haltungen und wirkliche Einstellungen in der Bevölkerung auseinanderklafften, was natürlich nicht allen Beobachtern und Kommentatoren auffiel. Norbert Muhlens zitierte Einschätzung des Wahlkampfes 1949 ist daher zumindest dahingehend zu relativieren, daß die HICOG-Studie auf antisemitische Reaktionen während des Wahlkampfes verweist. Seine Wertung der vorhandenen antijüdischen Vorstellungswelt wird allerdings durch die Umfragen bestätigt. Gefragt, unter welchen Personen sie am wenigsten gern arbeiten würden, wollten 60% am wenigsten unter Polen, 43% unter Schwarzen und 19% unter Juden arbeiten. Und damit zeigt sich ein offensichtliches Problem, wann immer Fragen sich direkt auf Juden beziehen:

> »Daß der Antagonismus gegenüber Polen so viel stärker ist als Antisemitismus, bedarf weiterer Studien. Dabei darf man natürlich nicht übersehen, daß viele Polen, mit denen Deutsche in Kontakt gekommen sind – aus DP-camps usw.

---

[40] Vgl. HICOG-Berichte an Secretary of State, zit. n. Erika J. Fischer / Heinz-D. Fischer (Hg.), John J. McCloy und die Frühgeschichte der Bundesrepublik Deutschland. Presseberichte und Dokumente über den Amerikanischen Hochkommissar für Deutschland 1949-1952, Köln 1985, 91f.

[41] John J. McCloy, Ansprachen des Amerikanischen Hochkommissars für Deutschland, Washington, D.C., 23.1.1950; Stuttgart, 6.2.1950.

[42] Ibid.

[43] HICOG, Information Services Division, Opinion Survey Report No.1, 30.12.1949, vgl. Merritt, op.cit., 53f.

– Juden sind und daß das von vielen geäußerte Mißfallen von Polen in Wirklichkeit auf antisemitische Einstellungen zurückzuführen ist.«[44]

Die Tabuisierung des NS-Antisemitismus mit den durch die Re-education-Bemühungen bewirkten Unsicherheiten, wann immer das öffentliche Gespräch auf das Thema Juden kam, mußte gegenüber den HICOG-Interviewern wirksam werden. Zugleich wird hier ein doppeltes Problem deutlich. Zum einen steht jede Antisemitismus-Analyse vor dem Problem, die latenten Einstellungen aus einem Pool von kommunikativen Formen herauszuziehen, in dem die vorurteilsbeladenen Einstellungen eher versteckt als sichtbar sind. Zum zweiten waren es in der politischen Kultur in der Anfangsphase der Bundesrepublik natürlich gerade die Generation unter 30 sowie die Millionen von Flüchtlingen und Vertriebenen, um deren Stimme und Konsens der parteipolitische Wettkampf ging. Diese Umfrageergebnisse stellten mithin eine eindrucksvolle Bestätigung der nach 1949 zunächst vorhandenen Vermeidungsstrategie Adenauers dar, nämlich das Thema Juden nicht zu einem innenpolitischen Topos zu machen. Für das Verständnis der Art und Weise sowie der emotionalen Nebenbedeutungen westdeutscher Innenpolitik zu Beginn der 50er Jahre ist ein weiteres Ergebnis dieser HICOG-Umfrage ziemlich erhellend. Die Analyse der Ergebnisse ergab, daß generalisierende Angriffe auf den »deutschen Nationalismus« in die Irre führen könnten, da dieser Begriff für die meisten Einwohner der amerikanischen Zone keine konkrete Bedeutung hätte:

> »Noch wichtiger ist, daß für diejenigen, für die er [der Nationalismus, F.S.] Bedeutung hat, seine Konnotationen Patriotismus, ›Vaterlandsliebe‹ und ›Heimatgefühl‹ sind und nicht die chauvinistischen Gefühle, die Umorientierungs-Planer im Sinn haben könnten.«[45]

Hierin ist einer der Gründe zu sehen, daß die rechtsextreme nationalistische Propaganda nur bei einem Teil der Bevölkerung verfangen konnte, andererseits der sehr patriotische Ton der Bonner Regierung zur Integration solcher Schichten beitrug, die auf der Suche ihrer nationalen Identität waren oder denen nationalistisches Gedankengut nicht fern lag. Solches Gedankengut umfaßte auf jeden Fall ein erneuertes Selbstbewußtsein hinsichtlich der wieder wachsenden internationalen Rolle Deutschlands. Der Ost-West-Gegensatz verstärkte die Debatten

---

[44] Ibid.

[45] Ibid. Eine umfassende Auseinandersetzung mit der Entwicklung des deutschen Nationalismus und Nationalgefühls seit 1945 liegt bisher nicht vor. Die analytischen Stäbe von OMGUS und dann HICOG haben meines Erachtens jedoch Grundlagen gelegt, die es zu verfolgen gilt; denn ein reorientation program, das sich mit den spezifischen Nachkriegsinhalten von Vaterlandsliebe und Heimatgefühl befaßt, ist natürlich nicht entwickelt worden. Wann immer in der Geschichte der Bundesrepublik auf breitenwirksame Identifikationen zielende Bestimmungen nationaler Identität erfolgten, stehen diese Begriffe und damit zusammenhängende Inhalte im Zentrum. Vgl. Gebhard Schweigler, Nationalbewußtsein in der BRD und der DDR, Düsseldorf 1973; Werner Weidenfeld (Hg.), Die Identität der Deutschen, München 1983; Peter Alter, Nationalismus, Frankfurt/M. 1985.

über die Remilitarisierung und ließ Denazifizierung und Re-education zu einem Stück Vergangenheit werden.

Mit wachsender Souveränität einher ging jedoch auch eine Revitalisierung des deutschen Rechtsextremismus. Aufgrund der Tatsache, daß die alliierten Vorbehalte hinsichtlich einer Lizensierung der Presse oder gegenüber der Zulassung politischer Parteien und Organisationen nicht mehr existieren, wurden Dutzende rechter und nationalistischer Organisationen, Zeitungen und Zeitschriften gegründet. Rechte Jugendorganisationen entstanden; die Unverbesserlichen und Unzufriedenen aus der Hitler-Jugend paßten sich den neuen Gegebenheiten einer parlamentarischen Demokratie an.[46] Die internationale Lage, die vermeintlich eine Fortsetzung des Kreuzzuges gegen den Kommunismus mit bewährter deutscher Hilfe nahelegte, beeinflußte die Aktivitäten alter und neuer Rechtsextremer. Eine der rechten Hauptlosungen, die die Rehabilitierung der Wehrmacht und den neuen Nationalismus signalisieren sollte, lautete: »Schluß mit Rache und Vergeltung«.[47] Mit der Entnazifizierung sollte endlich abgerechnet, noch inhaftierte Soldaten und Offiziere freigelassen werden, da man ihrer ja für einen künftigen Waffengang gen Osten bedürfen würde. Rache und Vergeltung implizierten zudem stets eine antisemitische Nebenbedeutung, die mobilisierend wirken konnte. Neben zahlreichen Splittergruppen war es vor allem die Sozialistische Reichspartei (SRP), in der Wehrmachtsoffiziere, SS-Leute, Nazis der mittleren Ränge den nationalistischen und antisemitischen Ton angaben. Bereits im Mai begannen Regierungsvertreter ein Verbot dieser Partei in Erwägung zu ziehen.[48]

Regierungsamtliche Positionen, Debatten im Deutschen Bundestag bis zu extrem judenfeindlichen parteipolitischen Exzessen geben grundlegende Haltungen gegenüber Juden in dieser Zeit wieder. Sie beeinflußten Meinungen und Haltungen in der Bevölkerung, sie waren aber auch Reflex vorhandener Strömungen und meinungsbildender Ereignisse. Im folgenden sollen daher weitere Geschehnisse skizziert werden, in denen sich in der Wechselwirkung von Kultur, politischer Öffentlichkeit und Staat das in der Gründungsphase der Bundesrepublik formative Verhältnis von Deutschen und Juden in aller Deutlichkeit zeigte. Damit soll auch angedeutet werden, daß eine Reduktion dieses Verhältnisses auf den Prozeß, der zum Wiedergutmachungs-Abkommen führte, eher ideologischen Zwecken – nämlich moralischer Legitimität – dient als der Zusammensetzung eines nuancenreichen zeit- und sozialgeschichtlichen Mosaiks.

---

[46] Vgl. Kurt P. Tauber, Beyond Eagle and Swastika. German Nationalism since 1945, 2 Bde., Middletown 1967; Peter Dudek / Hans-Gerd Jaschke, Entstehung und Entwicklung des Rechsextremismus in der Bundesrepublik. Zur Tradition einer besonderen politischen Kultur, 2 Bde., Opladen 1984.

[47] Vgl. in diesem Tenor Caspar von Schrenck-Notzing, Charakterwäsche. Die amerikanische Besatzung in Deutschland und ihre Folgen, Stuttgart 1965.

[48] Vgl. HICOG, 7.Bericht über Deutschland, April-Juni 1951, in: Fischer, op.cit.; Richard Stöss (Hg.), Parteienhandbuch. Die Parteien der Bundesrepublik Deutschland 1945-1980, Bd.4 Opladen 1986^2, 2277f.

»Jud Süß« und »Friede mit Israel«

Bundespräsident Heuss erklärte im Dezember 1949 einem Vertreter von Associated Press:

> »Die deutsche Demokratie werde weniger an Antisemitismus und anderen Erscheinungen der Hitler-Zeit zu leiden haben als manches andere Land ... Wirklichen Antisemitismus gebe es in Deutschland nicht mehr. ›Gegen wen sollte ein Antisemitismus sich hier richten? Es gibt keinen Wettbewerb zwischen Juden und Nichtjuden mehr, auch keine anderen Gründe für Eifersucht. Warum sollte es also einen Antisemitismus geben?‹ Führende deutsche und ausländische Juden hätten ihm dies bestätigt. In den Hirnen mancher Deutscher herrsche zwar noch eine gewisse nationalsozialistische Verwirrung, die aber harmlos sei. Er sei viel besorgter über die Entwicklung des Antisemitismus in anderen Staaten, für die die Lösung dieses Problems eine viel ernsthaftere Sorge werden könne als für uns. In Deutschland und im Ausland seien große Besorgnis und Aufsehen durch einige Fälle von Schändung jüdischer Friedhöfe erregt worden. ›Dies war kein Ausdruck des Antisemitismus gewesen, denn es hat dort gar keine Juden gegeben, die durch diesen Vandalismus hätten gekränkt werden können.‹ Diese Schändung habe vielmehr darauf abgezielt, dem demokratischen Regime des neuen Deutschlands Schwierigkeiten zu bereiten.«[49]

Soweit der höchste Repräsentant des neuen Deutschland. – Ein Jahr später, im Dezember 1950, wird Berlin von einem weiteren antisemitischen Skandal erschüttert. Der Wiener Schauspieler Werner Krauß, der im Dritten Reich mit seiner Darstellung des »Jud Süß« höchste Anerkennung gefunden hatte, war zu einem Gastpiel am Kurfürstendamm geladen.[50] Bereits einen Monat zuvor hatte die » Neue Zeitung« dagegen Stellung bezogen und geschrieben: »Der Opfer sind noch zu viele. Und die gleiche Emsigkeit, mit der man den Schauspieler Krauß nach Berlin nun zu ziehen versucht, hat man in Dutzenden von Fällen, da es sich um 1933 grausam Ausgestoßene und am Leben bedrohte Emigrierte handelte, nicht merken lassen.«[51] Das Gastspiel auf Einladung der Regierung der Stadt fand statt. Die von der Berliner Jüdischen Gemeinde und der Berliner Studentenschaft angekündigte Demonstration wurde erst genehmigt, dann untersagt und fand ebenfalls statt. Vor und im Theater kam es wieder einmal zu Auseinandersetzungen mit der Polizei, die die Form einer Straßenschlacht annahmen und zu Verletzten führten. Die Vorstellungen mit Krauß wurden dennoch durchgeführt, Zwischenrufer aus dem Theatersaal entfernt, allerdings nicht solche, die mit antisemitischen Äußerungen laut geworden waren.

---

[49] Frankfurter Allgemeine Zeitung, 9.12.1949.
[50] Vgl. Müller, Theater ..., op.cit., 264f.
[51] Die Neue Zeitung, 7.11.1950.

Welche widersprüchlichen Reaktionen durch dieses Gastpiel hervorgerufen wurden, mögen einige Zitate belegen; denn die gesamte Berliner Presse beschäftigte sich über Tage mit dem Vorfall. Die Jüdische Gemeinde und der Oberbürgermeister gaben Stellungnahmen ab, Oberbürgermeister Reuter letztlich sogar über den RIAS. In dieser Ansprache sagte er u.a., daß »nicht für ewig vergangene Schuld als neuer Wertmesser herangeholt werden« dürfe.[52] »Der Tagespiegel« schrieb:

> » ... daß sich Besucher in die Zuschauerreihen einschleichen konnten, die Krauß nicht wie die Mehrzahl trotz seiner Rollen im ›Jud Süß‹, sondern eben wegen seiner Rollen applaudierten, zeigt nicht weniger die Verfilzung von sachlichen Anschauungen und subjektiven Interessen wie der Umstand, daß sich unter den Protestierenden im Theater auch Personen befanden, die, wenn es um ihre Schwarzhandelsgeschäfte am Kurfürstendamm geht, nicht die geringsten moralischen Hemmungen haben, die Wirtschaft von Westberlin zu schädigen ...«[53]

Derartige Relativierungen jüdischer Proteste, bei denen die Leser ohne Schwierigkeit die antijüdische Nebenbedeutung und Aufrechnung dechiffrieren konnten, waren bereits bei der Auseinandersetzung um die »Süddeutsche Zeitung« und »Oliver Twist« unübersehbar. In der Presse wurde nun zusätzlich darauf verwiesen, daß Krauß durch ein Spruchkammerverfahren entnazifiziert worden sei, zugleich wurde der Protest als berechtigt dargestellt, der Abbruch des Gastspiels dann aber als Erfolg der Jüdischen Gemeinde bezeichnet. Der Journalist Melvin Lasky schrieb in einem Brief an den Oberbürgermeister: »Es handelt sich hier im Grunde nicht um das Problem Pro-Semitismus oder Anti-Semitismus ... Es geht hier um ein Prinzip; man kann es ein politisches oder moralisches Prinzip nennen oder gar einen ›Gewissens‹grundsatz ... Auch sollten Sie die beunruhigenden, auf einen latenten Antisemitismus hinweisenden Begleitumstände der jüngsten Ereignisse nicht übersehen ... Es wäre eine Illusion, anzunehmen, daß es in Berlin keine Antisemiten mehr gebe; es gibt sie hier wie überall in beträchtlicher Anzahl, und nicht wenige auch in einflußreichen Stellen. Die verantwortlichen Persönlichkeiten dieser Stadt, ob Magistratsbeamte oder Journalisten, haben sorgfältig jede Situation vermieden, die dem Antisemitismus neue Ausdruckmöglichkeiten gegeben hätte. Man hatte die alten Vorurteile wenigstens äußerlich abgelegt, und es bestand die Hoffnung, daß sie im Laufe der Zeit ganz aussterben würden.«[54] Laski erwähnt dann Rufe wie »Juden raus!«, die im Theater erschollen waren, antisemitische Bemerkungen der eingesetzten Polizisten und Einlaßkontrollen des Theaters, bei denen Berliner, die »jüdisch aussahen«, nicht eingelassen wurden. Die Debatte schlug

---

[52] Berliner Stadtblatt, 8.12.1950.
[53] Der Tagesspiegel, 12.12.1950.
[54] Lasky, Melvin, Brief an Ernst Reuter, 12.12.1950, Landesarchiv Berlin.

Wellen, und der SPD-Vorsitzende Kurt Schumacher meldete sich mit einer Erklärung zu Wort, in der er den sozialdemokratischen Oberbürgermeister und dessen Verwaltung scharf kritisierte. Der Zentralrat der Juden trat mit einer Erklärung an die Öffentlichkeit, und der Vorsitzende der Jüdischen Gemeinde, Heinz Galinski, publizierte einen Offenen Brief an den Magistrat von Berlin, in dem es u.a. heißt:

> »Die moralische Wiedergutmachung, die der Magistrat von Groß-Berlin seinen jüdischen Mitbürgern gegenüber vermissen ließ, berechtigt uns zu den schlimmsten Erwartungen für die allgemeine Wiedergutmachung. Das Gastspiel von Werner Krauß hätte dem Magistrat von Groß-Berlin eine günstige Gelegenheit bieten können, den bis zum Überdruß gehörten leeren Versprechungen und Unverbindlichkeiten die Tat folgen zu lassen.«[55]

Reuter antwortete darauf mit einer Gegendarstellung, an deren Ende die Zeitung schreibt: »Was die in dem offenen Brief Galinskis angesprochene Wiedergutmachung betrifft, so muß dazu festgestellt werden, daß die Stadtverordnetenversammlung das Wiedergutmachungsgesetz bereits vor Wochen verabschiedet hat, das jetzt der Alliierten Kommandantur zur Genehmigung vorliegt.«[56] Auch in diesem Fall ist die Diskrepanz zwischen projüdischen Verlautbarungen und konkretem tagespolitischen Verhalten offensichtlich. Derselbe Bürgermeister Friedensburg, der 1947 zum Zeitpunkt der Exodus-Affäre die positive Mitarbeit der Juden beschworen hatte, zeigte sich jetzt außerordentlich pikiert über die unbotmäßigen Störer. Es war in öffentlichen Reden, in Grußadressen an die Jüdische Gemeinde oder an die Gesellschaften für christlich-jüdische Zusammenarbeit selbstverständlich, daß Antisemitismus nicht zugelassen werden durfte, bloß kollidierte dies ständig mit der Notwendigkeit, große Teile der Bevölkerung zu integrieren. Und für diese Teile der Bevölkerung war nun eben die Erinnerung an die Zeit vor 1945 nicht allein mit den Nürnberger Gesetzen oder Auschwitz verbunden. Film und Theater waren kulturell breitenwirksame Medien, man konnte nicht ewig US-Importe oder Lessings »Nathan der Weise« spielen. Die staatlichen Stellen waren, wie in diesem Beispiel der Berliner Magistrat, ständig dabei, eine Art Stellvertreter-Rolle für die ermordeten Juden oder sogar die wenigen Überlebenden zu übernehmen. So wie hier Reuter erkannten viele deutsche Politiker nicht, daß ihnen dies nur fünf Jahre nach Kriegsende gar nicht zustand.

Der Bezug auf die Wiedergutmachung zeigt überdies, daß diese als Topos im öffentlichen Bewußtsein vorhanden war. Derartige Auseinandersetzungen im Kulturbereich wirkten auf die öffentliche Meinung und auf die politischen Mandatsträger. Sie bildeten einen Teil der politisch-kulturellen Bedingungen, die intellektuell und emotional die Träger staatlicher Entscheidungen beeinfluß-

---

55 Montag-Morgen, 11.12.1950.
56 Ibid.

ten. Es kann daher zu Verkürzungen führen, wenn man nur die jeweils expliziten Bezüge auf Juden, jüdische Themen und Wiedergutmachung in staatlichen Verlautbarungen und Parlamentsdebatten sucht. Ein philo- oder antisemitischer Kontext war oftmals in scheinbar gerade davon unabhängigen Sachverhalten gegeben.

Im Dezember 1950 erließ der Bundestag Richtlinien zum Abschluß der Entnazifizierung, in denen es hieß: »Die Beendigung der Entnazifizierung soll die Periode der schematischen Bewertung ganzer Personengruppen wegen ihrer Zugehörigkeit zu Organisationen oder Einrichtungen der nationalsozialistischen Herrschaft abschließen.«[57] Im März 1951 wurde das Besatzungsstatut revidiert, und die Bundesregierung konnte mit der Arbeit eines Außenministeriums beginnen. »Als Gegenleistung für die Linderung des Besatzungsstatuts hatte Bonn die Auslandsschulden des Deutschen Reiches und Preußens übernommen.«[58] Im Februar 1952 sollte dann die Londoner Schuldenkonferenz beginnen. Doch vordringlich waren erst einmal etliche innenpolitische Bereinigungen.

Am 11. Mai 1951 beschloß der Bundestag das 131er Gesetz. Circa 150 000 Beamte und Angestellte, ehemalige Wehrmachts- und Arbeitsdienstangehörige erhielten ihre vollen Versorgungsansprüche zurück und konnten – somit versorgungsrechtlich entnazifiziert – erneut in den Staatsdienst treten. Bereits zuvor war eine Lastenausgleichsregelung für die ca. 13 Millionen Vertriebene beschlossen worden. Ebenfalls im Mai erhielt die SRP bei Landtagswahlen in Niedersachsen 11 Prozent, im Oktober in Bremen 7,7 Prozent. In einem vertraulichen Bericht schrieb Eva Reichmann: »From a temporary realisation, in 1945 and 46, of the singular character of the Nazi regime as a rule of criminals, German public opinion has moved back to the view that it was a phase in German history which did not fundamentally differ from other periods. According to this standpoint, the second world-war was a war for Germany ...«[59] Im Juni berichtete »Die Welt« von einem »Wettrennen um die Beendigung der Entnazifizierung«,[60] in dem es um die Wiedereinsetzung von Beamten ging. Entnazifizierungsakten wurden symbolisch verbrannt, das große Aufatmen begann, wie bereits am Beispiel der Universitäten gezeigt. Aber das ging natürlich nicht völlig geräuschlos vor sich. Im Verlauf des Jahres kam es zu Auseinandersetzungen über die Personalpolitik des Auswärtigen Amtes, nachdem durch Veröffentlichungen bekannt wurde, daß nicht wenige hohe Beamte bereits unter Ribbentrop tätig gewesen waren. Ein Untersuchungsausschuß des Bundestages führte Anhörungen zu einzelnen Vorwürfen durch, wobei NSDAP-Aktivitäten, Aktivitäten gegen den Frieden und Deportationen jüdischer Kinder zur Sprache kamen.[61] Im

---

[57] Zit. n. Ruhl, Mein Gott ..., op.cit., 334.
[58] Benz, Die Gründung ..., op.cit., 142.
[59] Eva Reichmann, Germany's New Nazis. Impressions from a recent journey through Germany's danger zones, London 1951, Manuskript, Wiener Library.
[60] Die Welt, 14.6.1951.
[61] Die Neue Zeitung, 20.12.1951.

Ergebnis stellte sich heraus, daß 65 Prozent der höheren Beamten der NSDAP und 61 Prozent dem alten Auswärtigen Amt angehört hatten. Das Problem wäre, so wurde offiziell erklärt, daß es keine geeigneten Persönlichkeiten gäbe.[62]
Derartige Entwicklungen beschäftigten die internationale Presse, beeinflußten Publikationen und Diskussionen zur Frage der Wiedergutmachung. Im März hatte die israelische Regierung in einer Note an die vier Siegermächte Wiedergutmachungs-Forderungen formuliert. Im Juli erklärten die Westmächte den Kriegszustand mit Deutschland für beendet. Ben Gurion sah keine Veranlassung für eine gleichartige Erklärung, was prompt durch die internationalen Medien ging und zu einer Initiative von zwei Hamburger Journalisten führte.
Christliche Motivation, der Wille zu wirklicher Auseinandersetzung mit der Vergangenheit, der Wunsch ein positives Verhältnis zu Israel zu entwickeln und das Bewußtsein einer fehlenden echten Wiedergutmachung flossen in dieser Initiative zusammen. Der Initiator Erich Lüth, Direktor der Staatlichen Pressestelle Hamburg, sah in der Aktion »Friede mit Israel« eine »breite Meinungskundgebung in Richtung Bundesregierung und Bundestag, mehr zu tun, als sie bisher getan« hatten.[63] Hierbei knüpfte Lüth an das Wort des Bundespräsidenten von der Kollektivscham an und kritisiert in seinem Ende August 1951 in Hörfunk und Presse verbreiteten Aufruf die Exekutive:

> »Es ist aber noch nicht das Wort, das gesprochen werden muß, um der Versöhnung und der notwendigen Wiedergutmachung den Weg zu bereiten. Ja, selbst dieses Präsidentenwort hat noch nicht einmal das Echo in der deutschen Öffentlichkeit gefunden, durch das es zur Brücke für weitergehende Worte und Entscheidungen hätte werden können. Es ist ganz unverkennbar, daß in deutschen Regierungen, Parlamenten und anderen politisch-geistigen Gremien große Unsicherheit darüber besteht, wie man sich denn überhaupt zum jüdischen Problem äußern soll ... Wir müssen ein Beispiel geben, das gleichzeitig ein Zeichen sein soll, ein Zeichen dafür, daß wir bereit sind, den Kampf gegen die Reste des Antisemitismus ebenso aufrichtig und leidenschaftlich zu führen, wie gegen jeden neuen Antisemitismus.«[64]

Die Reaktion war überraschend groß.[65] Diese Friedensbitte an Israel wurde in Rundfunksendungen und in Veranstaltungen an Universitäten popularisiert. Die Gesellschaften für christlich-jüdische Zusammenarbeit nahmen die Initiative auf. Nachum Goldmann schrieb Lüth und wies auf die Notwendigkeit hin, daß eine derartige Initiative auch »in offiziellen Erklärungen der kompetenten

---

62 Ibid., 26.3.1952.
63 Erich Lüth, Wir bitten Israel um Frieden, Hamburg 1951, 5.
64 Ibid., 5f.
65 Vgl. Vogel, op.cit., 31f.

Instanzen zum Ausdruck kommen« müßte, um »einen Widerhall sowohl in der Weltöffentlichkeit wie in der jüdischen Öffentlichkeit« zu finden.[66] Das erfolgte mit der Erklärung des Bundeskanzlers am 27.9.1951, in der er Verhandlungen mit Israel anbot. Zuvor, am 14.9. hatten die Außenminister der drei Westmächte in Washington beschlossen, daß das Besatzungsstatut durch einen Generalvertrag abgelöst werden sollte, der parallel mit einem Vertrag über einen deutschen Verteidigungsbeitrag in Kraft zu treten hatte. Am 24.9. begannen die Verhandlungen zwischen Bundeskanzler und Hohen Kommissaren über das Ende des Besatzungsstatuts.
So wie in der Phase unmittelbar nach dem Mai 1945 unter der Oberhoheit der Besatzungsmacht das Verhältnis von Deutschen und Juden der Eingriffe von OMGUS bedurfte, existiert jetzt zwei Jahre nach der Gründung der Bundesrepublik und sechs Monate nach der Note der Regierung des Staates Israel über die Wiedergutmachung eine Art Moratorium zwischen Wiedergutmachungsfrage und Souveränität durch Westintegration. Dies schloß die Frage der Tilgung der Schulden des Deutschen Reiches und eines Verteidigungsbeitrags mit ein.

Wiedergutmachung – Restitution des moralischen Kredits

Im Rückblick auf die Wirkung und den Erfolg der Aktion »Friede mit Israel« schrieb Erich Lüth: »Wir sind im Begriff, die moralische Wiedergutmachung zu unserem Teil zu verwirklichen.«[67] Außer dem Druck auf die Bundesregierung, die materielle Wiedergutmachung zu beschleunigen, sah Lüth vor allem zwei Aspekte der moralischen Wiedergutmachung: 1. »Die Wiederherstellung auch des gerechten Bildes vom jüdischen Menschen.«[68] 2. »Die Aufgabe unserer und die der kommenden Generation wird es deshalb sein, den großen jüdischen Beitrag zur Entwicklung Deutschlands im Bewußtsein unseres Volkes neu zu wecken ...«[69]
Wie stellt sich nun dieses Verhältnis von moralischer und materieller Wiedergutmachung in der September 1951 abgegebenen Erklärung Adenauers zur »Haltung der Bundesrepublik gegenüber den Juden« und in der anschließenden Bundestagsdebatte dar; denn daß es hier auch um die Überwindung alliierter Skepsis bei den Verhandlungen zur Ablösung des Besatzungsstatuts ging, war offensichtlich. Adenauer selbst kam in Gesprächen auf den Einfluß amerikanischer Juden in der Washingtoner Politik gegenüber Deutschland zu sprechen.[70]

---

[66] Zit. n. Vogel, ibid., 32.
[67] Erich Lüth, Durch Wahrheit zum Frieden. Aktion »Friede mit Israel«, Hamburg 1952; vgl. ders., Die Friedensbitte an Israel 1951, Eine Hamburger Initiative, Hamburg 1976.
[68] Ders., Der Antisemitismus in Deutschland, Hamburg 1963, Manuskript, Wiener Library.
[69] Ders., Durch Wahrheit ..., op.cit., 20.
[70] Vgl. Gardner Feldman, op.cit., 56.

Es gab Erwartungshaltungen in der amerikanischen Öffentlichkeit und in jüdischen Organisationen, von denen die Bundesregierung natürlich wußte. Um so erstaunlicher ist der Text von Adenauers Erklärung.[71] Diese Erklärung in all ihrer Kühle und Nichtbetroffenheit liest sich wie eine politische Pflichtübung, eine Reaktion auf die außenpolitischen Erfordernisse, da – so Adenauer – in der »Weltöffentlichkeit« »Zweifel laut geworden« seien, ob die Bundesrepublik »das Verhältnis der Juden zum deutschen Volke auf eine neue und gesunde Grundlage stellen« will. Nicht etwa ein Schuld- oder Verantwortungsbewußtsein, antisemitische Vorkommnisse und nationalistische Tendenzen bilden den Auftakt der Erklärung, sondern außenpolitische Erwägungen. Adenauer zitiert als positiven Beleg für die »Einstellung der Bundesrepublik zu ihren jüdischen Staatsbürgern« den Gleichheitsgrundsatz des Grundgesetzes, nach dem jeder, »insbesondere jeder Staatsbeamte«, »jede Form rassischer Diskriminierung von sich zu weisen« habe. Daß gerade zahlreiche ehemalige DPs staatenlos, mithin nicht Staatsbürger, sind, bleibt in allen späteren Würdigungen dieser Rede unbeachtet. Die Normen des Grundgesetzes, so Adenauer, »können aber nur wirksam werden, wenn die Gesinnung, aus der sie geboren wurden, zum Gemeingut des ganzen Volkes wird«. Dies sei eine Frage der Erziehung. Kirchen und Erziehungsverwaltungen sollen alles daran setzen, »damit der Geist menschlicher und religiöser Toleranz im ganzen deutschen Volk, besonders aber unter der deutschen Jugend nicht nur formale Anerkennung findet, sondern in der seelischen Haltung und praktischen Tat Wirklichkeit wird«. Ablehnung des Rassismus, Delegierung des Verhältnisses zu Juden an Kirchen und Erziehung sowie geistige Fundierung in Toleranz sind bereits bekannte und wiederkehrende Elemente. Ferner, so Adenauer, habe »die Bundesregierung sich entschlossen, die Kreise, die noch immer antisemitische Hetze treiben, durch unnachsichtige Strafverfolgung zu bekämpfen«. Auch dies ein gleichbleibendes Erklärungsmuster seit Herbst 1949. Nach diesen Präliminarien folgt die entscheidende Aussage, die mehr oder weniger bis heute die offizielle bundesrepublikanische Haltung zu Juden, Judenverfolgung, Massenmord, Rehabilitation, Restitution und Wiedergutmachung charakterisiert:

> »Die Bundesregierung und mit ihr die große Mehrheit des deutschen Volkes sind sich des unermeßlichen Leidens bewußt, das in der Zeit des Nationalsozialismus über die Juden in Deutschland und in den besetzten Gebieten gebracht wurde. Das deutsche Volk hat in seiner überwiegenden Mehrheit die an den Juden begangenen Verbrechen verabscheut und hat sich an ihnen nicht beteiligt. Es hat in der Zeit des Nationalsozialismus im deutschen Volke viele gegeben, die mit eigener Gefährdung aus religiösen Gründen, aus Gewissens-

[71] Folgende Zitate nach Verhandlungen des Deutschen Bundestages ..., op.cit., 165.Sitzung, 29.9.1951, 6697f.

> not, aus Scham über die Schändung des deutschen Namens ihren jüdischen Mitbürgern Hilfsbereitschaft gezeigt haben. Im Namen des deutschen Volkes sind aber unsagbare Verbrechen begangen worden, die zur moralischen und materiellen Wiedergutmachung verpflichten, sowohl hinsichtlich der individuellen Schäden, die Juden erlitten haben, als auch des jüdischen Eigentums, für das heute individuell Berechtigte nicht mehr vorhanden sind ... Hinsichtlich des Umfangs der Wiedergutmachung – in Anbetracht der ungeheueren Zerstörung jüdischer Werte durch den Nationalsozialismus ein sehr bedeutsames Problem – müssen die Grenzen berücksichtigt werden, die der deutschen Leistungsfähigkeit durch die bittere Notwendigkeit der Versorgung der zahllosen Kriegsopfer und der Fürsorge für die Flüchtlinge und Vertriebenen gezogen sind.«[72]

Adenauer erklärt für die Bundesregierung die Bereitschaft, mit »Vertretern des Judentums und des Staates Israel« »eine Lösung des materiellen Wiedergutmachungsproblems herbeizuführen«. Die Aussagen dieser Erklärung bleiben relativ allgemein, dienen mehr der Exkulpierung der überwiegenden Mehrheit des deutschen Volkes als dem konkreten Bekenntnis einer Schuld oder Verantwortung. Vom Völkermord und seinen Folgen kein Wort, die begangenen Verbrechen haben kein Subjekt, sind allenfalls im Namen des deutschen Volkes begangen worden. Fehlende individuell Berechtigte auf der einen Seite, Kriegsopfer, Flüchtlinge, Vertriebene auf der anderen Seite. Derartige Redeformen wird man in der gesamten Geschichte der Bundesrepublik finden. Liest man dagegen in den Bundestagsdebatten dieser Monate die außerordentlich konkreten Benennungen, wer welche Deutschen wo vertrieben hat, wie es Flüchtlingen geht, vor allem aber welch grausames Schicksal die deutschen Kriegsgefangenen erleiden, so wird der distanzierte Charakter dieser Erklärung noch deutlicher. In der auf die Erklärung folgenden Aussprache ergänzte der Redner der SPD, der als einziger den millionenfachen Mord auch Mord nennt, die anonymen Täter durch die Nennung von Repräsentanten der konkreten Opfer und deren Beitrag zur deutschen Geschichte:

> »Deutschland und Europa haben in allen Bereichen ihres geistigen gesellschaftlichen und wirtschaftlichen Lebens Männern wie Felix Mendelssohn, Heinrich Heine, Walther Rathenau oder den zahlreichen deutschen Nobelpreisträgern jüdischer Abstammung Außerordentliches zu verdanken.«[73]

Die unterkühlte Distanz hinsichtlich des Leidens der Juden in der Regierungserklärung wurde vom Redner der SPD hier ergänzt durch die bereits gängige Überhöhung des jüdischen Beitrags zur deutschen Geschichte. Nach weiteren

---

72 Ibid.
73 Ibid., 6698.

kurzen und formal gehaltenen Zustimmungserklärungen der anderen Parteien ging die Debatte im Bundestag ohne Pause weiter. Adenauer schloß eine zweite Erklärung an zur »Wiederherstellung der deutschen Einheit«, in der es sehr konkret um Vorschläge für die Abhaltung gesamtdeutscher Wahlen ging. In der darauf folgenden Plenarsitzung wurde der Haushalt des Bundesministers des Innern behandelt, wobei neofaschistische Aktivitäten des Grenzschutzes, finanzielle Verpflichtungen in extenso diskutiert wurden. Dabei nahm die polemische Diskussion über die Teilnahme des Innenministers an der Beisetzung des deutschen Kronprinzen mehr Raum und Emotion ein als die Wortmeldungen zu Adenauers erster Erklärung gegenüber den Juden.
Die wirkliche Debatte, in der die schwarzen Katzen aus dem Sack gelassen werden, fand erst Wochen später aus einem anderen Anlaß statt. Zitate aus dieser Debatte wird man allerdings in der Regel in der Literatur vergeblich suchen. Die Bayernpartei hatte einen Antrag zur »Rückerstattung feststellbaren ehemals jüdischen Vermögens (Restitution)« eingebracht. In der Begründung bezog sich der Redner umfassend auf Adenauers Erklärung vom 27.9.1951 und auf die Zustimmungserklärungen der Abgeordneten:

> »Sie waren eine unmißverständliche Verurteilung von Unrecht und Unmenschlichkeit. Sie waren die Epiphanie jenes anderen liebenswerten und humanen, des wahren Deutschlands. Sie waren ein aufrichtiges Anerkenntnis der Pflicht zur Wiedergutmachung, eine Manifestation des guten Willens. Sie waren zugleich Akte der eigenen Würde und der Selbstachtung. Der besonderen Demonstration eines Gesinnungswechsels, einer Metanoia, wurde mit Recht entraten, denn die überwältigende Mehrheit der deutschen Bevölkerung hatte nichts mit den inkriminierten Vorgängen gemein.«[74]

Neben den schon bekannten Redeformen und der Reduzierung des Völkermordes auf inkriminierte Vorgänge sind hier die bewußten christlichen Konnotationen von Bedeutung. Epiphanie meint ja im christlichen Glauben das Erscheinen Gottes in der Welt in der Gestalt Jesus. Hier ist sicherlich das allgemeinere plötzliche Sichtbarwerden gemeint, diese Nebenbedeutung allerdings wird noch durch den Begriff Metanoia verstärkt. Denn die allgemeine Bedeutung eines Umdenkens, eines Gesinnungswandels ist im Christentum die religiös-sittliche Hinwendung oder Umkehr zu Gott. Sie ist die Vorbedingung für die Erlangung des Heils. Und das war hier nach 1945 nicht erforderlich, die Gesinnung der überwältigenden Mehrheit war schlicht in Ordnung. Diese – auch philosemitische Tendenzen auszeichnende – Verschiebung in einen religiösen Bereich von Sühne und Heil zeigt, wie das christlich-abendländische Fundament der Bundesrepublik interpretiert werden konnte. Diese abgehobenen Bemerkungen standen

[74] Verhandlungen des Deutschen Bundestages ..., op.cit., 175. Sitzung, 15.11.1951, 7182.

darüberhinaus in krassem Gegensatz zum Gegenstand des Antrags und zu den folgenden Ausführungen des Redners:

»Die Bereitschaft zur Wiedergutmachung besteht ungeachtet der bitteren Enttäuschungen fort, welche der Raub und die Verschleuderung deutschen Privateigentums im Ausland und die Entwendung ausländischer Wertpapiere aus deutschem Inlandsbesitz in uns hervorrufen mußten ... Es wäre naheliegend und berechtigt, noch andere schwerwiegende Vorgänge und Sachverhalte, etwa die Vertreibung von Millionen Deutscher aus ihrer Heimat, aufzuführen. Ich will davon absehen. Aber die Welt, die Besatzungsmacht und das Judentum mögen den guten und aufrichtigen Willen Deutschlands erkennen, würdigen und erwidern. Sie mögen einsehen, daß der Brückenschlag nur gelingen kann, wenn gleiches Recht für beide Teile gilt, wenn diejenigen, auf deren Seite die Macht ist, darauf verzichten, Unerbittlichkeit zu zeigen, wenn sie einsichtsvoll genug sind, den vergleichswilligen Schuldner wieder zu Kräften kommen zu lassen ... Denn die Wiedergutmachung soll ein Akt des Rechts sein, nicht eine willkommene Okkasion zu einem großen Geschäft und zu ungerechtfertigter Bereicherung oder eine erwünschte Gelegenheit zu Rache und Vergeltung gegenüber auch denjenigen, welche redlich erworben und anständig gehandelt haben ... Aber die große Zahl der anständigen Käufer, die sich auf Angebot oder sogar auf Drängen der jüdischen Besitzer zum Erwerb von Unternehmen, Geschäften, Haus- und Grundbesitz bewegen ließen, und dadurch oft die andernfalls sichere Liquidierung verhindert haben oder weil auf der Gegenseite ein Bevollmächtigter für den Verkäufer verhandelte, nicht einmal Kenntnis davon hatten, daß der Vertragspartner ein Jude war, können nicht nachher für ihre Bereitwilligkeit zur Verantwortung gezogen und bei der Rückerstattung mit einer Umrechnung von 10 zu 1 abgespeist werden, was in den meisten Fällen bedeutet, daß Veräußerer den Kaufpreis ein zweites Mal erhält. Wenn hier eine Schuld vorliegt, dann trifft sie das ehemals herrschende nationalsozialistische Regime und das in seiner Gewalt befindliche Reich ...«[75]

Begriffe wie Raub, gleiches Recht, Rache und Vergeltung, Bereicherung, anständiger Käufer und der ganze Tonfall dieser Rede geben viel eher die Denkkategorien des innenpolitischen restaurativen Umgangs mit diesem Problemkreis wieder als die für eine internationale Öffentlichkeit bestimmte Erklärung Adenauers. In der folgenden Debatte trat ein Redner der SRP mit wüsten antisemitischen Tiraden auf und verknüpfte erstmals die Ablehnung der Restitution mit Angriffen gegen den Staat Israel. Das ging durch die Weltpresse, und die Bundesregierung hoffte, daß die »schweren Entgleisungen ... von der Welt überhört«, andernfalls aber »nur als das verstanden werden, was sie sind: Worte

[75] Ibid.

einiger weniger gewissenloser Elemente«.[76] Noch im November stellte die Bundesregierung beim Bundesverfassungsgericht einen Antrag auf Feststellung der Verfassungsfeindlichkeit der Partei des Redners, der SRP. Aber damit im nationalen Lager und im Sinne einer politischen Legitimation keine Mißverständnisse entstünden, beantragte sie ebenfalls eine Überprüfung der KPD.
Im Zeitraum dieser Debatten führte HICOG eine Umfrage durch, mit der »German Opinions on Jewish Restitution and Some Associated Issues« ermittelt wurden:

> » ... eine Mehrheit der westdeutschen Bevölkerung lehnt nicht nur eine allgemeine Schuld für die Missetaten des Dritten Reiches ab, sondern auch jegliche allgemeine Verantwortung der Deutschen, das Unrecht, das in ihrem Namen geschehen ist, zu vergelten. Siebzehn Prozent von 68 Prozent, die der Restitution zustimmen, sehen jüdische Forderungen an letzter Stelle unter verschiedenen Vergleichsgruppen. Ihre Begleitkommentare deuten allerdings an, daß ihre Zustimmung mehr als widerwillig ist. Im allgemeinen sind ihre ablehnenden Haltungen nicht viel weniger offenkundig antisemitisch als die Orientierung derjenigen, die eine offene Gegnerschaft zu jüdischer Restitution bekunden. Eine erhebliche Anzahl derjenigen, die sich für Hilfe für Juden aussprachen, geben in Einstellungstests zu erkennen, daß sie eine ausgesprochen ablehnende Haltung zu Juden haben. Faßt man alle Ergebnisse zusammen, so ist unabweisbar, daß – obwohl zwei von drei Befragten jüdischer Restitution zustimmten – die Mehrheit der Westdeutschen jene ablehnende Haltung gegenüber Juden zu haben scheint, die sie entweder zu ausgesprochenen Gegnern der Restitution, oder, wenn sie ihr verbal zustimmen, zu hochgradig unsicheren Unterstützern von irgendwelchen Maßnahmen macht, die in Angriff genommen werden könnten, um solche Unterstützung in die Tat umzusetzen.«[77]

Wie Regierungserklärung und Bundestagsdebatte bereits zeigten, mußte folglich in der Frage der Wiedergutmachung und allgemein im Verhältnis zu Juden eine öffentliche politische oder gesellschaftliche Bekundung überhaupt nicht mit der Meinung der Betreffenden oder gar praktischem, gesellschaftlich wirksamem Verhalten zusammengehen. Das Verbot einer antisemitischen Partei und projüdische Bekundungen wirkten als normativer demokratischer Konsensus. Das wird durch die Antworten auf folgende Frage der HICOG-Umfrage aufschlußreich bestätigt:

---

[76] Der Tag, 17.11.1951.
[77] HICOG, Information Services Division, Opinion Survey Report No.113, 5.12.1951, vgl. Merritt, op.cit., 146f.

"As you know, the Federal Government is trying to provide for those who suffered damage through the war or the Third Reich. Which of these groups should, in your opinion, receive such help and which should not?"

	Should receive help	Should not	No Opinion
War-widows and orphans	96%	1%	3%
People who suffered damage through bombing	93%	3%	4%
Refugees and Expellees	90%	6%	4%
Relatives of people executed because of participation in attempt on Hitler's life on July 20th, 1944	73%	13%	14%
Jews who suffered through Third Reich and war	68%	21%	11%

(Quelle: HICOG, Information Services Division, Opinion Survey Report No. 113, 5.12.1951, NA. Rg. 260, vgl. Merritt, op.cit., 146f.)

Weitere Frageergebnisse bestätigten, daß die Zustimmung von Unterstützung für Juden keine Garantie für fehlenden Antisemitismus war. Immer wieder stößt man bei der Auswertung solcher Umfragen, bei der Analyse von Reaktionen auf Juden betreffende Geschehnisse auf diesen Zusammenhang. Die projüdischen und philosemitischen Erklärungen und Verhaltensweisen, soweit sie öffentlich sind, erfolgen oftmals über einer tieferen Schicht von Meinungen und Einstellungen, die ein Konglomerat von traditionellen und neuen anti-jüdischen oder antisemitischen Elementen darstellen. Das erklärt sowohl das Zögern der Bundesregierung zu Beginn ihrer ersten Legislaturperiode in dieser Grundfrage des westdeutschen Selbstverständnisses als auch die dann folgende Vehemenz, mit der von der Tribüne des Parlaments und für die internationale Öffentlichkeit, unter der oft Washington und das Judentum verstanden wurden, ein philosemitisches Bekenntnis abgelegt wurde. Wenn weiter oben der Symbolcharakter des Philosemitismus genannt wurde, so ist hier zu ergänzen, daß er auf dem Weg zur Souveränität durchaus staatstragende Funktion besaß. Aber das war eine vorübergehende Funktion, die mit dem Verlauf der Wiedergutmachungsverhandlungen zusammenhing. Leo Baeck schrieb eine eher verhaltene »Antwort an Bonn«, die im November 1951 veröffentlicht wurde. In ihr heißt es unter anderem:

»Nachdenklich fragen sicherlich manche: war es eine politische Erwägung oder war es eine moralische Entscheidung, die jetzt dort in Bonn sprach – jetzt

> endlich, und jetzt in einer Einmütigkeit? Politik läßt sich gern Zeit; denn sie wartet auf die gelegene Stunde und ihre Nützlichkeit. Moral ist also gleich entschlossen und handelt rasch, sie weiß, daß ein Gebot auf sie wartet. Doch wie immer das sei, wir sollten das, was jetzt geschah, bereitwillig anerkennen.«[78]

Vor diesem Hintergrund ist Konrad Adenauer auf Beratungen in Paris und London damit beschäftigt, die Bündnisfähigkeit Westdeutschlands plausibel zu machen. Von Churchill erwirkt er nebenbei die Freilassung des Generals von Manstein und von 200 kriegsverurteilten deutschen Soldaten. Im Dezember 1951 trifft Adenauer in London mit Nachum Goldmann zusammen. Adenauers Biograph, Hans-Peter Schwarz, schreibt dazu die folgenden, nahezu klassisch stereotypen Sätze:

> »Es geht um die Wiedergutmachung an den Juden. In dieser Frage ist Adenauer zutiefst engagiert. Es war schon im alten Köln bekannt, daß der Oberbürgermeister als Philosemit im besten Sinne gelten konnte. Adenauer hat damals die orthodoxe Gemeinde in ihrer Vielfalt und Andersartigkeit unterstützt, assimilierte Juden ... bewundert, die jüdischen Professoren geschätzt, Aufführungen jüdischer Musiker genossen und selbst für die Zionisten Sympathie empfunden ... In moralischer Hinsicht kann die Regierung des neuen Deutschland keine Schuld empfinden ... Für den Staat ist die Wiedergutmachung der Greuel an den Juden ... eine Frage der Ehre ... Ein ›moralisches Problem‹ ist die Wiedergutmachung für ihn deshalb, weil die Untaten an den Juden die sittliche Weltordnung verletzt haben. Hier Zeichen zu setzen durch tätige Reue ist ein Versuch, die moralischen Kategorien wieder zu befestigen – in Europa, in den Seelen der Deutschen.«[79]

In diesem Sinne formuliert Schwarz sodann, daß es um die »symbolische Wiederinkraftsetzung des Sittengesetzes« ging.[80] Jedoch sollte die realpolitische Dimension Adenauers nicht übersehen werden:

> »Angesichts des großen Einflusses des Judentums in den USA ist alles, was er in dieser Hinsicht unternimmt, auch ein Gebot der Staatsklugheit. Der gewaltige Betrag von 1,5 Milliarden Dollar für die materielle Wiedergutmachung soll auch politische Dividenden abwerfen ... Eine allmähliche Wiederherstellung des moralischen Kredits erfordert somit die Anerkennung der Ehrenpflicht zur Wiedergutmachung.«[81]

Um Kredite ging es auch bei den parallel zu Wiedergutmachungskontakten laufenden Verhandlungen über die Regelung der Reichs- und Nachkriegs-

[78] Die Neue Zeitung, 9.11.1951.
[79] Schwarz, Adenauer ..., op.cit., 897f.
[80] Ibid.
[81] Ibid.

schulden, von denen die Alliierten letztlich die Weiterentwicklung der deutsch-alliierten Beziehungen, wie sie in den Verhandlungen über einen Deutschlandvertrag und den Beitrag zur Europäischen Verteidigungsgemeinschaft zum Ausdruck kamen, abhängig machten. Es ging weniger um Moral als um ein außenpolitisches Moratorium, dessen Ergebnisse vor allem in den USA öffentlich akzeptabel sein mußten: Ökonomische Schuldenabtragung, Westintegration, Wiederbewaffnung, Souveränität und materielle Wiedergutmachung standen in engem Zusammenhang. Für die moralische Legitimation war der Philosemitismus hierzu ein unersetzliches Instrument. Er konnte das 1951/52 aber nur werden, weil er in der politischen Kultur der Bundesrepublik bereits zu den akzeptierten Ritualen gehörte. Dem Bekenntnischarakter des Philosemitismus kam nach dem September 1951 besonders deshalb Bedeutung zu, weil gegen Höhe und Form der Wiedergutmachung Widerstände laut wurden. Die Presse beschäftigte sich damit. Im Januar 1952 wurde als eine eher rechtsextreme Reaktion eine »Interessengemeinschaft der Entnazifizierungsgeschädigten« gegründet, die u.a. »finanzielle Wiedergutmachung« forderte.[82]
Weit mehr noch als einzelne solcher Erscheinungen oder antisemitische Ausfälle im Bundestag beschäftigte jedoch die Harlan-Affäre die Öffentlichkeit. Der »Jud Süß«-Regisseur Veit Harlan, entnazifiziert und wieder zu Ehren gekommen, hatte einen neuen Film gedreht, gegen dessen Aufführung in zahlreichen Städten protestiert wurde. Erich Lüth, der die Aktion »Friede mit Israel« im Sommer 1951 ins Leben gerufen hatte, forderte zum Boykott der Harlan-Produktionen auf, was »in vielen Städten von Gewerkschaftlern, Studenten und Jugendgruppen aller Richtungen aufgegriffen wurde«.[83] Um der neuen Rechtsstaatlichkeit Genüge zu tun, wurde Lüth zu einer hohen Geldstrafe verurteilt, erst das Bundesverfassungsgericht entschied, daß Lüths Boykott-Aufruf mit dem Grundgesetz vereinbar sei. Auf Demonstrationen gegen Harlan 1951/52 wurden Transparente gezeigt wie »Wir wollen keine Harlans mehr« und »Friede mit Israel«. Wie im Falle von »Oliver Twist« und Werner Krauß bildete eine Film (oder Theaterstück) einen Anlaß, um politische Erklärungen aus dem Bundestag beim Wort zu nehmen oder unterschwellige Stimmungen manifest werden zu lassen. Ein Bericht des American Jewish Committee vom Mai 1952 hielt die Harlan-Affäre für einen »Testfall der Wiederbelebung und der Kontinuität des Antisemitismus« und stellte fest: » ...es wurde bald offensichtlich, daß starke Bevölkerungsgruppen mit Harlan sympathisierten oder die Harlan-Affaire sogar als eine gute Gelegenheit zu betrachten, um antisemitische Gefühle zu zeigen.«[84] In außerordentlich brutalen Straßenschlägereien wurden die Demonstranten als

---

82 DGB-Niedersachsen, Übersicht über die Entwicklung des Rechts- und Linksradikalismus in Niedersachsen und Bremen, Januar 1952.
83 Grosser, Geschichte Deutschlands ..., 312.
84 American Jewish Committee, Neo-Nazi and Nationalist Movements in West Germany, New York, May 1952, 36.

»Judensöldlinge«, »Judenlümmel«, »Judenhure« bezeichnet.[85] »Die Zeit« beschrieb in einem Artikel die Konfrontation in Göttingen:

> »Im Verlaufe des Nachmittags wurde die Haltung der Menge immer drohender und radikal antisemitisch.« Ein Mann »steht jetzt geifernd vor Haß« vor einem Studenten, »der ein verletztes Auge durch eine Klappe geschützt hat, und schreit wutschnaubend: ›Das andere Auge schlagen wir dir auch noch aus!‹ Dieser antwortet: › Ich bin ein jüdischer Mitbürger von Ihnen.‹ Doch die systematisch aufgeputschte Menge kennt kein Halten mehr ...«[86]

Im Bundestag machte noch im Februar 1952 ein SPD-Abgeordneter »antisemitische Kundgebungen und Gewaltsamkeiten« zum Gegenstand parlamentarischer Erörterungen im Rahmen der Debatte über ein Gesetz zur »Regelung der Wiedergutmachung nationalsozialistischen Unrechts für die im Ausland lebenden Angehörigen des öffentlichen Dienstes«.[87] Der SPD-Abgeordnete Arndt wies in einem längeren Beitrag darauf hin, daß es sich bei der Gesetzesvorlage eigentlich nicht um Wiedergutmachung handelte, sondern darum, daß die verfolgten und aus Deutschland vertriebenen Beamten ihre alten Rechte wieder erhalten sollten. Und in diesem Zusammenhang kritisiert Arndt die Bundesregierung in zwei entscheidenden Punkten:

> »Warum hat es die Bundesregierung in den über zwei Jahren ihrer Tätigkeit unterlassen – auch bei der Regierungserklärung zur Judenfrage –, diese Aufforderung zur Rückkehr an die Verfolgten auszusprechen und zu sagen, daß sie uns in Deutschland willkommen sind?«[88]

Arndt betonte dann, daß dies lediglich Schumacher in seiner ersten Rede im Bundestag gefordert hatte, was allerdings in der Öffentlichkeit durch Ablehnung begleitet worden war. Zum zweiten ging Arndt auf den Antisemitismus ein. Man müsse sich fragen, ob Deutschland so aussehe, daß man den Juden die Rückkehr zumuten könne. Und damit verwies Arndt auf die antisemitischen Geschehnisse in Freiburg und Göttingen. Der Bundesinnenminister, der danach das Wort ergriff, betonte – scheinbar auf Arndt eingehend – daß man die im Ausland lebenden Deutschen jederzeit mit offenen Armen aufnehmen wollte, schließlich bewiese ja das Gesetz das Interesse an den »Auslandsdeutschen« – ein Begriff, mit dem im Dritten Reich Außenpolitik betrieben wurde. Der Bundesminister des Innern entzog sich im Hinblick auf die antisemitischen Kundgebungen in den Universitätsstädten einer klaren Stellungnahme mit dem Verweis auf fehlende Zuständigkeit und hatte dann selbst Mühe, seine politische und offensichtlich auch antisemitische Vergangenheit zu rechtfertigen. Angegriffen, verwies er auf

---

[85] Die Neue Zeitung, 13.2.1952.
[86] Die Zeit, 7.2.1952.
[87] Verhandlungen des Deutschen Bundestages ..., op.cit., 194. Sitzung, 20.2.1952, 8354f.
[88] Ibid., 8355.

seine jüdischen Freunde, die er solange, wie er Oberbürgermeister Düsseldorfs war, geschützt hätte. Als Arndt eine antisemitische Anordnung des damaligen Oberbürgermeisters verlas, ging die Debatte zu diesem Tagesordnungspunkt schnell zu Ende. Zu bemerken bleibt, daß in den Wortmeldungen von der »Judenfrage« die Rede war. Davon abgesehen wird jedoch deutlich, daß es die Opposition war, die die damit zusammenhängenden Probleme in positiver Weise in die Arbeit des Parlaments einbringen wollte.[89] Inwieweit sich dies auch außerhalb des Bundestages auswirkte, läßt sich schwer einschätzen. Das konkrete politische Verhalten des sozialdemokratischen Oberbürgermeisters in der Berliner Krauß-Affäre läßt Zweifel aufkommen.

In diesem Sinne fanden die Wiedergutmachungsverhandlungen zwischen Israel sowie der 1951 konstituierten Conference on Jewish Material Claims against Germany einerseits und der Bundesrepublik andererseits nicht hinter verschlossenen Türen statt.[90] Die Verhandlungen begannen im März 1952 und kamen bereits im April ins Stocken. Der Bankier Hermann Josef Abs, der die deutsche Delegation bei der Londoner Schuldenkonferenz leitete, bemühte sich, die Verhandlungen mit Israel dem ökonomischen Kalkül des Bundeshaushalts einzupassen. Adenauer wiederum bemerkte sinngemäß, daß »die führenden Bankiers, vor allem in den Vereinigten Staaten von Amerika, ihren starken Einfluß auf den Erfolg oder Mißerfolg der Londoner Schuldenkonferenz geltend machen würden, falls es nicht gelingen würde, mit Israel ins Reine zu kommen«.[91] Denn ein positiver Abschluß in London würde die »Erlangung von neuer Kreditwürdigkeit in der Welt« bedeuten.[92] Wo sollte also die Priorität der Verhandlungen liegen? 1981 fügte Hermann Josef Abs süffisant eine persönliche Note zur Antwort auf diese Frage hinzu. Er erklärte, daß die Verhandlungen mit Israel in der Endphase mehr bei ihm lagen als bei dem Verhandlungsleiter Franz Böhm: »Prof. Böhm hatte die große Aufgabe, unter dem Eindruck eines einmaligen verbrecherischen Geschehens in der Vergangenheit, im Zuge einer nur die materielle Seite betreffenden Wiedergutmachung, den Versuch zu wagen, den Grundstein zu einer Versöhnung zwischen Israel und Deutschland zu legen.«[93] Nicht nur die internationale Kreditwürdigkeit sollte wiederhergestellt, es sollte auch gleich eine Versöhnung anvisiert werden. Erst einmal war die moralische Wiedergutmachung jedoch durch das zu niedrige materielle Angebot in Frage gestellt. Franz Böhm (CDU) drohte am 18.5.1952 öffentlich mit seinem Rücktritt als Leiter der deutschen Verhandlungsdelegation und drängte Adenauer, auf die Forderungen der jüdischen Seite einzugehen. In seinem Brief vom 23.4.1952

---

[89] Vgl. die Reaktion der SPD auf den Harlan-Film in: Verhandlungen des Deutschen Bundestages ..., op.cit., 197. Sitzung, 29.2.1952, 8474.
[90] Vgl. Sagi, op.cit., 75f.
[91] Zit. n. Vogel, op.cit., 53.
[91] Ibid.
[93] Ibid., 57.

hatte er die ökonomischen, finanziellen und politischen Argumente (»deutsche Kreditwürdigkeit«) mit folgenden Bemerkungen ergänzt:

»Die Überwindung der unvorstellbaren Bitterkeit, die das nationalsozialistische Verbrechen bei den Juden in aller Welt und bei allen Gutgesinnten hervorgerufen hat, aber auch die Überwindung des furchtbaren Schlages, den dieses Verbrechen dem deutschen Ansehen zugefügt hat, ist wohl die wichtigste und dringlichste Aufgabe der deutschen Politik ... Nicht nur die Wirkung auf den Staat Israel und die Juden in aller Welt, nicht nur die außenpolitische Wirkung, sondern auch – und vor allem die innenpolitische Wirkung, die in hohem Grade eine politisch und moralisch erzieherische Wirkung ist, hängt von der Kraft und Entschiedenheit ab, mit der diese nunmehr unmittelbar bevorstehende Entscheidung getroffen wird.«[94]

Verhalten, aber lakonisch wies Böhm abschließend darauf hin, daß die Wiedergutmachung auch auf die Leistungskraft der deutschen Wirtschaft zurückwirken werde. Unmißverständlich und mit polemischer Schärfe reagierte Nachum Goldmann auf das offizielle Verhalten von Abs, Höhe der Zahlungen und Modalitäten zu relativieren, was auf eine Unterbrechung der Verhandlungen von deutscher Seite hinauslief. In einem Schreiben an Adenauer vom 19.5.1952 betonte Goldmann: Die Einwände von deutscher Seite »widersprechen ihrem Geist nach der Erklärung der Bundesregierung vom 27.9.1951«, und sie widersprachen Adenauers Zusicherung an Goldmann. »Die Auswirkungen eines Abbruches der Verhandlungen«, fuhr Goldmann fort, »wären unübersehbar. Das Vertrauen in den ehrlichen Willen des neuen deutschen Staates, Wiedergutmachung zu leisten, müßte bei all jenen zutiefst erschüttert werden, die gerade in Ihnen, Herr Bundeskanzler, den Wortführer und Vertreter eines solchen neuen Deutschland sehen wollen.«[95] Das Zögern der Bundesregierung beschäftigte die Presse, McCloy erhielt eine Abschrift des Goldmann-Briefes, führende Sozialdemokraten wurden aktiv, einflußreiche Katholiken wurden bei Adenauer vorstellig, und der Deutsche Koordinierungsrat der Christen und Juden forderte die Einlösung der gegebenen Versprechen. Maßgeblicher und entscheidender war allerdings der Druck aus Washington, der Adenauer über McCloy erreichte.[96]

Sitzungen des Bundeskabinetts und der deutschen Verhandlungsführer mit Ministern, Finanzexperten und Vertretern der Banken im Mai 1952 erhellen überdies die ökonomische und moralische Seite der Verhandlungen sowie den schillernden Charakter des offiziellen Philosemitismus. Adenauer wußte danach, trotz aller späteren Dementis und naiven Darstellung in seiner Autobiographie, von den Versuchen von Abs in London, die Verhandlungssumme zu

---

94 Ibid., 63f.
95 Nachum Goldmann, Brief an Konrad Adenauer, 19.5.1952, zit. n. Vogel, op.cit., 65f.
96 Vgl. Grossmann, op.cit., 39f.

reduzieren und die Modalitäten zu verschlechtern.[97] In einer dieser Sitzungen, die in der Regel von Adenauer geleitet wurden, bemerkt der Bundesfinanzminister Fritz Schäffer (CSU):

> »Wenn die Juden Geld wollen, sollen es die Juden selbst aufbringen, indem sie eine ausländische Anleihe zeichnen.«[98]

Einwänden Böhms gegen eine Anleihe in den USA bei jüdischen Kreditgebern, gegen die bereits die jüdischen Delegationsleiter protestiert hatten, begegnet Adenauer. Israel »sei an einem positiven Ausgang der Londoner Konferenz absolut interessiert, denn wenn London zu keinem Erfolg führe, bekäme die Bundesrepublik keinen Kredit, und auch Israel bekäme dann gar nichts. Sei der deutsche Kredit aber wieder hergestellt, so erhöhten sich die Chancen für Israel.«[99] In einer folgenden Sondersitzung des Bundeskabinetts (20.5.1952) erklärte Adenauer jedoch nun, »die Gefahr liege nahe, daß die Bundesrepublik vor der Welt in den Ruf des Antisemitismus komme. Es müsse alles daran gesetzt werden, den Faden zu Israel nicht abreißen zu lassen«.[100] Es ging um den moralischen Kredit, um die Effektivität des philosemitischen Bonus. Am Vorabend hatte Adenauer den scharfen Brief von Goldmann erhalten, internationale Kommentare hatten von der »deutschen Schande« gesprochen, und der Auswärtige Ausschuß des Bundestages hatte beschlossen, daß die Forderung der jüdischen Seite Vorrang vor den Schuldenverhandlungen hätte. Bundesverkehrsminister Seebohm wiederum schrieb in einem privaten Brief an Böhm, daß die deutsche Wiedergutmachungsverpflichtung gegenüber den Juden dort zu Ende sei, wo die Aufgabe bedroht sei, »unser Volk und damit Europa gegen ein weiteres Vordringen bolschewistisch-asiatischer Tendenz zu sichern«.[101]
Die Verhandlungen werden, wenn auch stockend, weitergeführt. Als Adenauer am 28. Mai 1952 in Paris den Vertrag über die Europäische Verteidigungsgemeinschaft unterzeichnete, traf er mit Goldmann zusammen. Im Juni dann setzte Adenauer ein erneuertes und im wesentlichen von Goldmann akzeptiertes Verhandlungsangebot im Bundeskabinett durch. Laut Protokoll betonte Adenauer »die überragende Bedeutung der Angelegenheit im Verhältnis zur gesamten westlichen Welt und insbesondere zu den USA. Der ergebnislose Abbruch von Verhandlungen mit Israel würde die schwersten politischen und wirtschaftspolitischen Gefahren für die Bundesrepublik heraufbeschwören; deshalb müßten selbst erhebliche finanzielle Opfer in Kauf genommen werden, um mit Israel zu

---

97 Vgl. Konrad Adenauer, Erinnerungen 1953-1955, Stuttgart 1966, 132ff; sowie erneut auch Vogel, Rolf in: ders., op.cit., 67.
98 Kai von Jena, »Versöhnung mit Israel? Die deutsch-israelischen Verhandlungen bis zum Wiedergutmachungsabkommen von 1952«, in: Vierteljahrshefte für Zeitgeschichte 4/34, 1986, 472.
99 Zit. n. ibid., 474.
100 Ibid.
101 Ibid.

einer Einigung zu gelangen.«[102] Als jedoch im weiteren Verlauf der Verhandlungen erneut Widerstände im Bundeskabinett auftreten, reagiert McCloy mit einem Telegramm und warnt, daß »eine negative Entscheidung eine ernste Lage hervorrufen« würde. Sie könnte »vor allem hinsichtlich der Aussöhnung Deutschlands mit dem jüdischen Volk, die für Deutschlands Zukunft und internationale Stellung so bedeutsam ist, schwerwiegende Folgen haben«.[103] Das war mehr als deutlich. Am 10. September 1952 wurde das Abkommen von Sharett und Adenauer in Luxemburg unterzeichnet. Adenauers Ministerialdirektor Hans Globke, vormals Kommentator der Nürnberger Gesetze, meinte jedoch Anfang Oktober 1952, daß auf Grund der Rücktrittsdrohung die Bundesrepublik mit einer zusätzlichen Milliarde belastet worden sei. »Damit sei die Angelegenheit für die Bundesrepublik doch recht schmerzlich ausgegangen.«[104] Die politische Funktion der »Vereinbarung mit dem Weltjudentum« für Adenauer kommentiert Schwarz ironisch mit der Bemerkung: »Mit dem Heiligenschein des Wiedergutmachungsabkommens versehen, kann er sich im Frühjahr 1953 auf die ›United States‹ begeben, um die erste Reise nach Amerika anzutreten.«[105] Nach dem Selbstgefühl der Regierenden und auch der sozialdemokratischen Opposition hatte die Bundesrepublik die von McCloy vor der Gründung geforderte Feuerprobe bestanden.

Wie in einem Brennglas zeigen sich in der Frage der Wiedergutmachung Anfangswehen und Grenzen jenes offiziellen, die Gründungsphase der Bundesrepublik tragenden Philosemitismus, jener politischen Instrumentalisierung der Haltung zu Juden und Israel. Ein moralisches Symbol, außen- und innenpolitischer Druck der Alliierten, politische, ökonomische und militärische Erfordernisse der Westintegration im Kalten Krieg deckten sich mit einer innenpolitischen Norm, mit dem bundesrepublikanischen Philosemitismus für den Hausgebrauch. Die Reparationen und die Restitutionen waren der politische und finanzielle Preis für die definitive Westintegration der Bundesrepublik. Viele konkrete philosemitische Erscheinungen in den 50er Jahren haben zweifelsohne hier ihren Ausgangspunkt. In den Verhandlungen – und nicht in erster Linie durch die realpolitische Haltung Adenauers – saß der Philosemitismus jedoch bereits als eine einverständige Einstellung und als öffentliches Symbol, als unsichtbarer, stiller und zuweilen Druck ausübender Verhandlungspartner an der Seite der Deutschen. Diesen Druck moralischer Legitimation, der Erlangung der Kreditwürdigkeit kann man folglich nicht einfach als Schuld- und Schambewußtsein oder christliche Reue und Gesinnung betrachten. Die Tatsache, daß zugleich allenfalls 11 Prozent der Bundesbürger das Wiedergutmachungsabkommen befürworteten, ja 44 Prozent es rundheraus als überflüssig bezeichne-

[102] Ibid., 477.
[103] Ibid., 478.
[104] Indirektes Zitat nach Baring, Im Anfang ..., op.cit., 268f.
[105] Schwarz, Adenauer ..., op.cit., 905.

ten, zeigt zugleich, daß hier nicht »die Glaubwürdigkeit« des neuen Deutschland, sondern einzig die »der politischen Entscheidungsträger« in einer zweifellos entscheidenden außenpolitischen Situation demonstriert wurde.[106]

Diese außenpolitische Demonstration hatte ein innenpolitisch relativierendes Nachspiel. Als das Vertragswerk im Bundestag am 18. März 1953 ratifiziert wurde, stimmten von 358 Abgeordneten 238 mit Ja, 34 mit Nein und 86 enthielten sich der Stimme. Die wesentliche Unterstützung erhielt die Gesetzesvorlage von der sozialdemokratischen Opposition, die geschlossen dafür stimmte, zahlreiche Abgeordnete der Regierungsparteien enthielten sich. Finanzminister Schäffer stimmte dagegen. Dieser erzkonservative bayerische Politiker war im Herbst 1945 von der Military Government seines Amtes als erster Ministerpräsident des Landes Bayern enthoben worden, da in seiner Ägide mehr re- als entnazifiziert wurde. Das stand seiner Bonner Karriere nicht im Wege, wo er von Anfang an zu den Gegnern des Abkommens gehörte.[107] Nein-Stimmen kamen ebenfalls von den kleineren Parteien, darunter die KPD und die Fraktionslosen.[108] Der im Ruhestand lebende Konrad Adenauer schrieb 1967: »Zu den politischen Aufgaben, die mir bei meiner Arbeit als Bundeskanzler am meisten am Herzen lagen, gehörte es, unsere Beziehungen zu den Juden in Ordnung zu bringen.«[109]

Diese materielle und moralische Ordnung des Verhältnisses zu Juden bildete die Grundlage, von der aus künftig alle Juden betreffenden Fragen behandelt wurden. Vor dem Hintergrund dieser materiellen Verpflichtung der Bundesrepublik konnten antisemitische Erscheinungen relativiert und philosemitische Bekundungen als staats- und demokratiebejahend vorausgesetzt werden. Die geforderte Wiedergutmachung wurde in der Folgezeit zu einem komplizierten bürokratischen Zahlungsvorgang von Seiten des Staates. Die Art und Weise dieser bürokratischen Zahlung hatte denn auch – worauf hier nicht weiter einzugehen ist, ihre neuen jüdischen Opfer, die deutsche Bürokratie erneut ihre Judenfrage.[110] Materielle Leistungen im Rahmen der Wiedergutmachung halfen bei der Überwindung sozialer Nöte, auch die teilweise Rückgabe oder Entschädigung für arisierten Besitz sind in diesem Zusammenhang zu sehen. Die Wiedergutmachung und ihr folgende Gesetze lösten aber auf keinen Fall das mit dem Ende des Dritten Reiches entstandene »tiefe deutsche Problem«, das Ralph

---

[106] Michael Wolffsohn, »Das Wiedergutmachungsabkommen mit Israel: Eine Untersuchung bundesdeutscher und ausländischer Umfragen«, in: Herbst, Westdeutschland ..., op.cit., 213.

[107] Vgl. Die Süddeutsche Zeitung, 11./12.5.1988.

[108] Vgl. Sagi, op.cit., 185f.; Inge Deutschkron, Israel und die Deutschen. Zwischen Ressentiment und Ratio, Köln 1970; Felix E. Shinnar, Bericht eines Beauftragten. Die deutsch-israelischen Beziehungen 1951-1960, Tübingen 1967.

[109] Zit. n. Shinnar, op.cit., 13.

[110] Vgl. Christian Pross, Wiedergutmachung. Der Kleinkrieg gegen die Opfer, Frankfurt/M. 1988; Helga und Hermann Fischer-Hübner (Hg.), Die Kehrseite der »Wiedergutmachung«. Das Leiden von NS-Verfolgten in den Entschädigungsverfahren, Gerlingen 1990.

Giordano als die »zweite Schuld« der Deutschen bezeichnete.[111] Materielle Leistungen, die von einzelnen zudem noch mühevoll eingefordert werden mußten, traten an die Stelle gesellschaftlicher und kultureller Konsequenzen. Es fehlte, wie Landau 1946 schrieb, die psychologische Bereitwilligkeit des deutschen Durchschnittsbürgers. Die Wiedergutmachung wurde zu einer vermeintlichen Lösung, zur scheinbaren Abgeltung einer Schuld, sie symbolisierte die nationale Wiederherstellung der moralischen Kreditfähigkeit. Sie versinnbildlichte im Neubeginn des Verhältnisses zu den Juden die aus den Lehren der Vergangenheit gezogene gesellschaftliche Konsequenz und reduzierte sie zugleich auf einen Zahlungsvorgang. Sie gab durch die Bundesrepublik als dem Repräsentanten der deutschen Nachkriegsgesellschaft dem Verhältnis zu Juden einen neuen rechtlich-normativen Charakter, dem sich nur diejenigen Juden entziehen konnten, die auf ihre Rechte verzichten wollten. Aber selbst dieser Verzicht noch bestätigte die normative Kraft der Wiedergutmachung und ihres juristischen Rahmens. So wie Kirchen und Gesellschaften für christlich-jüdische Zusammenarbeit der aus Schuld, Verantwortung und Scham gezogenen individuellen Konsequenz ethischen Ausdruck zu verleihen suchten, bestimmte der Staat sein Verhältnis zu Juden als das innenpolitischer Rechtstaatlichkeit und außenpolitischer Zahlungsfähigkeit. Mit der Art und Weise der Verhandlungen sowie der folgenden individuellen materiellen Wiedergutmachung trug die Bundesrepublik nun darüberhinaus selbst zur Konsolidierung ökonomischer und politischer anti-jüdischer Stereotype bei. Das Luxemburg-Abkommen wurde andererseits – und zwar völlig unabhängig von zu akzeptierenden Interessen Israels und der jüdischen Organisationen – zum vorzeigbaren Persilschein des deutschen Staates und der ihn repräsentierenden und leitenden konservativen Eliten in der Adenauer-Ära. Es war die kollektive Entnazifizierung einer Nation. Ihr Motto hat Jahre später der Schriftsteller Michael Schneider formuliert: »Die Wiedergutmachung oder Wie man einen verlorenen Krieg gewinnt.«[112]

111 Ralph Giordano, Die zweite Schuld oder Von der Last Deutscher zu sein, Hamburg 1987.
112 Michael Schneider, Die Wiedergutmachung oder Wie man einen verlorenen Krieg gewinnt. Schauspiel mit Dokumenten, Köln 1985.

9. Anstelle eines Schlusses: Philosemitischer Habitus und antisemitische Latenz

Primo Levi schrieb 1987 in einem Essay aus Anlaß des »Historikerstreits«, daß Deutschland, wenn es auf den ihm zustehenden Platz unter den europäischen Nationen Wert legt, seine Vergangenheit weder weißwaschen kann noch darf.[1] Dies gilt weit über den »Historikerstreit« hinaus in allen, Gegenwart und Zukunft betreffenden, Fragen der deutschen Zeitgeschichte. Welche wichtigen Ereignisse, die auf die gesellschaftliche, politische oder internationale Entwicklung einwirkten, man in Deutschland seit 1945 auch immer betrachten will, dieser geschichtliche Bezug schwingt stets mit. Das Verhältnis zu den Juden in Deutschland und zum Staat Israel blieb nicht nur für viele in- und ausländische Beobachter ein Maßstab für den demokratischen Charakter der politischen Kultur, es wurde in zahlreichen gesellschaftlichen Zuspitzungen, Krisensituationen und Affären auch bis aufs Äußerste herausgefordert. Und dies völlig unabhängig davon, ob alle Beteiligten die Anspannung des deutsch-jüdischen Verhältnisses wahrnahmen oder wahrnehmen wollten. Es erfordert eine eigene Analyse, die Geschichte des deutsch-jüdischen Verhältnisses von der Befreiung der Konzentrationslager bis zur Herstellung der deutschen Einheit 1990 zu verfolgen. Ohne auf geschichtliche Ereignisse wie die bundesweite antisemitische Welle 1959/60, die Auswirkung des Eichmann-Prozesses, die Aufnahme diplomatischer Beziehungen Deutschlands mit Israel 1965, den Juni-Krieg 1967, die Herausbildung antizionistischer Tendenzen in Teilen der demokratischen Öffentlichkeit, die Affären um Fassbinder-Stücke und Filme, den Skandal von Bitburg und den Historikerstreit einzugehen, läßt sich keine Geschichte der deutsch-jüdischen Beziehungen schreiben. Die Aufhebung der Teilung Deutschlands läßt darüberhinaus zahlreiche Fragen an die Geschichte der Juden in der Deutschen Demokratischen Republik und an die Rolle jüdischer Themen in der politischen Kultur dieses Übergangsstaates zu. Gewiß darf man die Bedeutung des deutsch-jüdischen Verhältnisses für die deutsche Nachkriegsperiode nicht überbewerten. Doch darf man sie auch aus der wissenschaftlichen Diskussion nicht ausklammern, sonst wäre selbst dies noch ein später Erfolg der NS-Herrschaft. Ernst Bloch schrieb 1963 einige Zeilen, die selbst Jahrzehnte später nichts an ihrer Aktualität eingebüßt haben:

> »Läßt sich etwas als gegenwärtig spüren, das gar nicht mehr vorhanden ist? Zweifellos, die Juden werden so gespürt, obwohl das Land von ihnen fast leer ward. Nur die sind hier vorhanden, welche sich von ihren lebensgefährlichen Mitbürgern, ihren so sehr christlichen, rechtzeitig getrennt haben. Das Feld ist

[1] Primo Levi, The Mirror Maker. Stories and Essays, London 1990.

> sozusagen rein, nach allem Ungeheuerlichen, das zu dieser Endlösung angewandt wurde. Die Nazis waren mit ihr in der Tat erfolgreich bis zuletzt; es wurde ihr einziger Erfolg. Als solcher eben steht er noch in der Luft, zwingt zu lauen, verbissenen und vor allem zu alljährlich bekundeten Reaktionen moralischer Art und Nachdenklichkeit.«[2]

Um solche Reaktionen moralischer Art und Nachdenklichkeit, um deren Rolle in der politischen Kultur ging es unter anderem in den vorangehenden Abschnitten über die unmittelbare Nachkriegszeit. Doch dies ist kein abzuschließendes Kapitel der deutschen Geschichte. In den Debatten über die Präambel des deutschen Einigungsvertrages, in den öffentlichen Diskussionen über die Zahl jüdischer Einwanderer aus der UdSSR oder während des Skandals um die Verflechtung deutscher Firmen in die irakische Rüstungsproduktion ist stets die fortwirkende Gegenwart der Vorgeschichte Nachkriegsdeutschlands offenbar geworden. Diese Vorgeschichte – sowohl der Besatzungszeit als auch der Entwicklung zweier deutscher Staaten und der Herausbildung eines einheitlichen deutschen Nationalstaates – wird, wann immer von historischer Verantwortung im deutsch-jüdischen Verhältnis die Rede ist, oftmals unter einem Begriff subsummiert: Auschwitz. Doch Auschwitz war, wie in der Einleitung dieser Studie betont wurde, nicht nur Endpunkt, sondern auch Ausgangspunkt. Im Anfang war Auschwitz. Dies prägte umfassend die politische Kultur in den formativen Jahren Nachkriegsdeutschlands. Es prägt sie, wenngleich oft negiert und im Lichte zukunftsgewandten politischen Wollens relativiert, auch in den 90er Jahren. Doch wäre es falsch, Auschwitz auf ein abstraktes Symbol jüdischer Erfahrung mit Deutschland und der Erfahrung Deutscher an sich selbst zu reduzieren. Die historische Forschung ist gefordert, die Gegenwart der Vergangenheit im konkreten gesellschaftlichen und politischen Leben aufzuspüren.
In der vorliegenden Studie ist versucht worden, die Entwicklung des deutsch-jüdischen Verhältnisses nach der Shoah im Spannungsfeld von Antisemitismus und Philosemitismus zu untersuchen. Es gibt sicherlich noch viele andere Möglichkeiten, dieses Verhältnis zu analysieren. Doch wahrscheinlich dürfte es schwer fallen, dabei das geschichtlich neue Phänomen des Philosemitismus zu umgehen. Es gibt bis heute so gut wie keine deutschen Reaktionen, in denen im Hinblick auf das deutsch-jüdische Verhältnis nicht auf die eine oder andere Weise anti- oder philosemitische Aspekte zum Tragen kommen.
Philo- oder antisemitische Meinungen, Einstellungen, Haltungen und Reaktionsweisen können in den Jahrzehnten der Existenz der Bundesrepublik stets zurückverfolgt werden auf ihre Grundlegung in der in dieser Studie untersuchten formativen Periode 1945 bis 1952.
Im folgenden soll daher abschließend und in aller Kürze die Entwicklung des

[2] Ernst Bloch, Die sogenannte Judenfrage (1963), in: ders., Literarische Aufsätze, Frankfurt/M. 1984, 549f.

Philosemitismus und seine Wechselwirkung mit dem Antisemitismus im Zeitraum 1945 bis 1952 unter systematischen Aspekten zusammengefaßt werden. Einige notwendigerweise knapp gehaltene konzeptionelle und theoretische Überlegungen mögen angeschlossen werden. Hiermit soll auch angedeutet sein, daß das Problem des geschichtlichen Verhältnisses und der Wechselwirkung von Philosemitismus und Antisemitismus der Weiterungen bedarf, die die ganze Geschichte der Bundesrepublik betreffen.

Die Metamorphose in den Haltungen zu Juden in der politischen Kultur Ende der 40er und Anfang der 50er Jahre

Es sollte deutlich geworden sein, daß in den ersten Nachkriegsjahren nirgends ein philosophisches oder ideologisches philosemitisches Konzept ausgebrütet oder dem Nachkrieg ein neuer geistiger Umhang gewebt wurde. Die umrissene Entwicklung sollte daher nicht zuletzt implizieren, daß man die Nachkriegshaltung gegenüber Juden nicht einfach auf einen »ismus« reduzieren kann. Antisemitismus oder Philosemitismus können in diesem Zeitraum allenfalls als Kernpunkte, als in der gesellschaftlichen Wirklichkeit vorhandene zentrale Zusammenhänge analysiert werden: Sie sind keine Verarbeitung der Vergangenheit im Sinne einer geistig-kulturellen Bewältigung, sondern eine pragmatische Bearbeitung von Vorurteilen und sozialen Erfahrungen. Und sie sind vor allem nicht deckungsgleich mit den vorhandenen Einstellungen und der existierenden gesellschaftlichen Praxis im Umgang mit Juden. Die vorhandenen Haltungen zu Juden sind nicht alternativ »Anti« oder »Philo«, sondern können in der jeweiligen zeitbedingten Entwicklung in einem dieser Syndrome kulminieren. Nicht die jeweilige Juden betreffende Akzentsetzung, sondern das herausgearbeitete Wechselspiel von Diskontinuität und Kontinuität in allen Juden betreffenden Fragen lassen es als gerechtfertigt erscheinen, von einer Metamorphose in den deutschen Haltungen zu Juden zwischen 1945 und 1952 in den Westzonen und dann in der Bundesrepublik zu sprechen.
Die Anpassung, Modifikation und Kontinuität in Einstellungen gegenüber Juden waren Teil der Suche nach Orientierungen, sowohl als Reaktionen auf die persönlichen und gesellschaftlichen Erfahrungen während der NS-Herrschaft als auch in Form von individuellen und kollektiven Verarbeitungen der Bedingungen des Nachkriegs. Sie beziehen sich auf Erfahrungen in der Zeit vor der Besetzung Deutschlands, soweit diese in den Alltag unter den veränderten Bedingungen hineinspielen. In diesem Sinne ist die Metamorphose in den Einstellungen zu Juden auch als eine Grundlage jener geistig-kulturellen Brücke zu interpretieren, die Drittes Reich und Adenauer-Ära verbindet. Diese Metamorphose stellt ein Element der gesellschaftlichen Bemühungen dar, die geistige, innen- und außenpolitische Krise im besetzten Deutschland zu überwinden.

So wie in der deutschen Geschichte seit dem zweiten Drittel des 19. Jahrhunderts ein unübersehbarer Zusammenhang von gesellschaftlicher Krise und antisemitischer Virulenz existiert, besteht nach 1945 ein Zusammenhang zwischen der umfassenden Nachkriegskrise und der Genese des Philosemitismus. Eine der Grundbedingungen philosemitischer Wirksamkeit war die öffentliche Tabuierung des Antisemitismus zunächst durch die ersten Maßnahmen der siegreichen Militärstreitkräfte. Es begannen Entnazifizierung und Re-education als Realisierung der alliierten Kriegsziele und des Potsdamer Abkommens zur Überwindung von Nationalsozialismus und Militarismus in Deutschland.
Der – wie oben dargestellt – formale Charakter dieses Prozesses wurde noch dadurch verstärkt, daß eine in dieser Hinsicht weitestgehend passive Bevölkerung gesellschaftliche Eingriffe über sich ergehen ließ. Das hat »aller Wahrscheinlichkeit nach die antisemitischen Befangenheiten nicht nur nicht beseitigen können, sondern noch verfestigt; freilich auf eine Weise, die gleichzeitig hellwach gemacht hat für alle Töne und Untertöne der Diskriminierung. Mit anderen Worten, die sogenannte Judenfrage wurde zugleich zum Tabu. Man pflegte sich dazu nicht zu äußern, es sei denn betont unverbindlich (man wolle ja nichts sagen, aber ...).«[3] Tabuierung, Tabu bedeuten einen gesellschaftlichen Sachverhalt, den man als Meidungsgebot bezeichnen kann. Bestimmte Personen, Gruppen, Symbole durften gesellschaftlich nicht berührt werden, das heißt nicht sichtbar und in der Öffentlichkeit. Es galt zu vermeiden, über bestimmte Dinge zu reden, ja gewisse Begriffe und Wortzusammenhänge auszusprechen. Das Tabu hatte die Funktion, in einer zentralen Frage der Nachkriegsgesellschaft das soziale Handeln des einzelnen und des Kollektivs normativ zu regulieren. »Sicherlich sind die angezogenen Regungen und Verhaltensweisen insofern nicht unmittelbar rational, als sie die Tatsachen verzerren, auf die sie sich beziehen. Rational aber sind sie in dem Sinn, daß sie sich an gesellschaftliche Tendenzen anlehnen, und daß, wer so reagiert, sich einig weiß mit dem Zeitgeist.«[4] Insofern geht die Gleichung, vorher irrationaler Antisemitismus und nachher irrationaler Philosemitismus, nicht auf; denn beide haben auch ihre historische soziale Wirklichkeit. Im Hinblick auf die Bedeutung von Antisemitismus und Philosemitismus im gesellschaftlichen Bewußtsein geht es folglich nicht um eine Frage falscher, irriger, illusionärer Inhalte sondern um deren gesellschaftliche Funktion, Wirksamkeit und Relevanz. »Die unabdingbare Interrelation zwischen dem geschichtlichen Geschehen und dem Kollektivgedächtnis läßt erkennen, daß es weder ein Irrationales noch eine Verdrängungs-

[3] Greive, op. cit., 174
[4] Theodor Adorno, »Was bedeutet: Aufarbeitung der Vergangenheit« in: ders., Eingriffe. Neun kritische Modelle, Frankfurt/M. 1984, 129.

instanz, sondern ein durchaus Rationales ist.«[5] Das ist auch daran ablesbar, daß neben sozial akzeptierter öffentlicher philosemitischer Meinung eine ebenso akzeptierte nichtöffentliche antisemitische Meinung durch alle Meinungsumfragen nachgewiesen ist. »Die sich einer Stimmung anpassen, die zwar durch offizielle Tabus in Schach gehalten wird, darum aber nur um so mehr Virulenz besitzt, qualifizieren sich gleichzeitig als dazugehörig und als unabhängige Männer.«[6]

Symptomatisch dafür war eine, oben dargestellte, »halböffentliche« Haltung. Diese lief darauf hinaus, daß man am Biertisch, lange bevor die neuen Informationsmedien umfassende Verbreitung fanden, mit gewohnter Aggression über die jüdischen displaced persons, jene Fremden sprach, die ja noch nicht einmal so wären wie die »unseren«, die deutschen Juden. Vom Räsonieren über das »jüdische Problem« bis zur Feststellung einer vermeintlich nun doch wieder drohenden »Überfremdung« war es Ende der vierziger Jahre nur ein winziger Schritt. Philosemitische und antisemitische Meinungen konnten nebeneinander, ja übereinander im individuellen Bewußtsein existieren. Sie konnten sich je nach Ort, Gesprächspartner, bewußter und unbewußter Nützlichkeit ablösen oder verbinden. Ernst Bloch wies daraufhin, daß bereits das Reden von einer »Judenfrage« hochgradig diskriminierend ist. Die im vorhergehenden Kapitel erwähnten Debatten im Bundestag sind hierfür ein Beispiel. »Ja, selbst die betonte Liebesantwort auf diese Frage, der Philosemitismus, er impliziert selber so etwas wie ein überwundenes, doch immanentes Stück Antisemitismus.«[7]

Wie die Berichte der amerikanischen Besatzungsbehörden zeigen, konzentrierten sich antisemitische Einstellungen auf die jüdischen DPs; diese bildeten in den Nachkriegsjahren das wichtigste Objekt in der Kontinuität antisemitischer Stereotype. Sie paßten in die überkommenen Vorstellungen vom »Ostjuden«, sie blieben im öffentlichen – wenngleich nur selten, aber dann entlarvend, veröffentlichten – Bewußtsein die »Fremden«. Dennoch reicht es nicht aus, diese und andere Kontinuitäten im Nachkriegsantisemitismus zu untersuchen und statistisch zu erfassen, sollen nicht wichtige sozialpsychologische Fakten vernachlässigt werden. Die Haltungen zu Juden, Kontinuitäten und Wandlungen hatten dualen Charakter. Denn trotz der vorhandenen antisemitischen Kontinuität entwickelte sich ja bereits in den ersten Wochen der Besatzungszeit in der Bevölkerung die Haltung, in Kontakten mit alliierten Organen und überlebenden Juden eine explizit pro-jüdische Einstellung an den Tag zu legen. Diese ist umfassend, soweit vorliegendes statistisches Material Wertungen zuläßt, nicht ernsthaft erfaßt worden. Sie ergibt sich wohl eher als ein qualitatives Beiprodukt von Umfragen und Interviews, nicht jedoch als statistischer Wert. Im nachhinein können die auf soziales Handeln und moralische Bekundung bezogenen Einstel-

---

5 Alphons Silbermann, Was ist jüdischer Geist? Zur Identität der Juden, Zürich 1984, 112.
6 Adorno, op.cit., 129.
7 Ernst Bloch, op.cit., 552.

lungen einzelner, sofern sie Ergebnis der Tabuierung sind, eher qualitativ erfaßt werden, wie offene Interviews des Projekts »Lebensgeschichte und Sozialkultur im Ruhrgebiet« sowie die Ergebnisse des vom Frankfurter Instituts für Sozialforschung durchgeführten »Gruppenexperiments« zeigen.

1945/46 wurde vielen Deutschen schnell klar, daß neue Zeiten angebrochen waren, daß neuen Machthabern, neuen Verhältnissen individueller und kollektiver sozialer Legitimierung zu entsprechen war. Hierin ist einer der Gründe dafür zu sehen, daß die Tabuierung des Antisemitismus in der Bevölkerung weitestgehend als Selbstverständlichkeit akzeptiert wurde. Zugleich kann man den entstehenden Philosemitismus jedoch nicht einfach als Reaktion auf die antisemitischen Jahre oder sich ergebende antijüdische Vorkommnisse betrachten. Er entsteht zunächst im Alltag der Nachkriegszeit und kommt erst in der Folgezeit auf der Ebene ideologischer Tätigkeit zur Geltung. Diese doppelte Dimension des Philosemitismus ist insofern zu betonen, als sich eine schematische Interpretation des Philosemitismus als einfache Umkehrung des Antisemitismus oder als Nebenprodukt der Re-education verbietet.

Einerseits gehörte für viele Deutsche im unmittelbaren Existenzkampf zur Anpassung an die neuen gesellschaftlichen Bedingungen auch eine opportune Anpassung des Bildes vom Juden und der individuell geäußerten Einstellungen zu Juden. Andererseits ist diese Anpassung stets Teil eines umfassenderen Prozesses, angebunden an Einstellungs- und Verhaltensänderungen, die die gesellschaftliche Situation des Individuums insgesamt betreffen. Dabei geht es nicht zuletzt um die quasi-öffentlichen, kollektiven gesellschaftlichen Zwänge einer moralischen Nachkriegs-Legitimierung sowie um die individuellen, privaten Bedürfnisse einer psychischen Legitimierung für die aktive Teilhabe am gesellschaftlichen Wiederaufbau. Deshalb ist analog zur Antisemitismus-Analyse nicht einfach eine Interpretation philosemitischer Inhalte im Sinne von Wertorientierungen vorzunehmen, sondern sind »auch und gerade die Denkformen, die dahinterstehen und die Arten ihrer Vermittlung« zu untersuchen.[8]

Antisemitische Relikte und pro-jüdische Mutmaßungen gingen eine pragmatische Synthese ein, die sowohl auf gesellschaftlichen Fakten als auch auf eingebildeten, situationsbedingten Vorstellungen beruhte. Die illusorische philosemitische Denkform hat viel gemein mit der ebenso illusorischen antisemitischen Denkform. Aber die philosemitische Denkform ist scheinbar nicht der Tradition verhaftet, sie hat kathartische Funktion. Sie bringt Erleichterung, schafft Distanz zum Kollektiv von gestern, zur eigenen Verquickung in das Leben und Erleben

[8] Volker Berbüsse, »Die ›eigentliche Wahrheit‹ als kulturelle Norm. Zum latenten Antisemitismus in einem ländlichen Raum der Bundesrepublik Deutschland«, in: Bulletin des Leo Baeck Instituts 78, 1987, 33

der antisemitischen Norm. Aber vergessen wir nicht, daß diese Jahre auch eine Periode der geistigen Unsicherheiten, des kulturellen Suchens waren, in der Einstellungen von heute auf morgen wechseln konnten, Unvereinbares vereinbar schien. Oftmals machte ein gesellschaftlich erwartetes verändertes Verhalten erst einen Einstellungswandel erforderlich, ohne daß dies tiefergehende Folgen haben mußte.

Derartiges lag in dieser Zeit des Umbruchs mehr als nahe. Die Stunde Null der jetzt so überflüssigen Vorurteile hatte geschlagen, die tabula antisemitica wurde mit der tabula philosemitica ordentlich überdeckt. Nicht selten erschien es wie ein schlichter sozialer Mechanismus: Indem man nun nicht mehr Antisemit war, gehörte man zum neuen, anderen Deutschland, von dem ja zunehmend die Rede war. Indem man sich ostentativ dem ehemaligen Opfer zugesellte, hoffte man, dessen jetzige Vorteile mitgenießen zu können. Indem man betonte, Juden seien auch Menschen, meinte man, selbst zum Humanisten zu werden. Indem man sich in das religiöse Büßergewand hüllte, glaubte man, die braune Weste weißgewaschen zu haben. Wenn man nicht so recht wußte, wie man sich opportun den politischen Erfordernissen folgend als Anti-Nazi darstellen sollte, konnte man ja zumindest Philo-Semit sein ... Hätte die U.S.-Militärverwaltung nicht jene Vielzahl von Untersuchungen durchgeführt, so hätten wir sicherlich sehr viel weniger beweiskräftiges Material über solche Entwicklungen zur Hand.

Werfen wir noch einen Blick auf die Frühjahrs- und Sommermonate 1945. Zunächst gab es, wenngleich nicht überall, gesellschaftliche Begegnungen mit Juden oder denjenigen, wie zum Beispiel Offiziere der Besatzungsmacht, deren Sympathie für Juden und deren Ablehnung der Judenfeindschaft - unabhängig von deren wirklichen Einstellungen – vorausgesetzt werden konnte. Das zumindest war ein direktes Produkt der NS-Propaganda, nach der bis zum »bitteren Ende« ein übermächtiges Weltjudentum in Washington, London und Moskau das Verderben Deutschlands betrieben hätte. Wo Deutsche auf antisemitische Meinungen unter Besatzungssoldaten stießen, fragten sie sich auch prompt, ob Hitler nicht doch in bestimmtem Maße hinsichtlich der Juden Recht gehabt hätte. Daraus ergab sich dann die Überlegung, ob die geforderte positive Haltung zu Juden vielleicht nur eine politische Angelegenheit, ein Lippenbekenntnis sei. Daß man zwischen politischen Verlautbarungen, öffentlicher und nicht-öffentlicher Meinung tunlichst zu unterscheiden hatte, war ja in den letzten Kriegsjahren den meisten zur Selbstverständlichkeit geworden. Wer wollte schon wegen eines Witzes, einer nörgelnden Bemerkung oder öffentlicher Kritik mit der Gestapo konfrontiert werden. So schien es, daß man auch jetzt mit der neuen Obrigkeit Vorsicht walten lassen sollte. »Juden« waren wieder, oder immer noch, ein heikles Thema. Der SPD-Politiker Heinz Kühn gibt in seiner Autobiographie eine treffende Charakterisierung der Grundlage einer solchen Haltung:

> »Aber wie war denn die Wirklichkeit? Die Nation wie Eisenspäne ohne Magnet, ohne die Kraft einer leitenden Idee, ohne die Vision einer Zukunft,

ohne die Autorität einer Führung. Die meisten Menschen allein mit dem Überleben beschäftigt; andere auf der ›Flucht zu den Altären‹, ohne gläubig zu sein, nur einen Halt oder auch nur einen Persilschein suchend; wieder andere, die sich nur noch an der zynischen Lebensmaxime orientierten: Verhalte dich im vierten Reich so, daß du nicht im fünften aufgehängt wirst.«[9]

Daneben entwickelte sich eine völlig abstrakte Vorstellung dessen, was und wer jüdisch sei. In dieser Frage war jetzt allemal Vorsicht geboten, mithin herrschte Unsicherheit vor. Diese Unsicherheit, gepaart mit schlechtem Gewissen, Peinlichkeit und dem Bemühen, nichts Falsches zu sagen, legte es nahe, zunächst entweder gar nichts oder nur Gutes zu artikulieren. Von den während der NS-Herrschaft normativ institutionalisierten und ins Alltagsleben übersetzten Elementen Juden betreffender Haltungen konnte schließlich nicht sofort eine Ablösung erfolgen. Neue auf Konsens zielende Verhaltensweisen, konforme Redeweisen, soziale Normen und damit verbundene Werte bedurften einer angemessenen Reifezeit. Hier aus der heutigen Perspektive einen abrupten Wechsel in der unmittelbaren Nachkriegszeit zu erwarten, würde auf die fragwürdige These hinauslaufen, daß ein ansonsten gesunder Volkskörper von einem üblen Geschwür befallen gewesen wäre, das von den Alliierten herausgeschnitten worden sei. Und danach hätte man zum status quo ante zurückkehren können. Bloß war der ja auch weidlich antisemitisch.

Die Wandlungen in der Einstellung zu Juden sind daher nicht als gradlinige, zeitlich aufeinanderfolgende Ablösung von Denkmustern, Vermittlungsformen und sozialen Vorstellungen zu verstehen, sondern als Metamorphosen, in denen die neue Form irgendwo auch immer die Aufhebung, die partielle Bewahrung von Elementen des Alten zum Inhalt hat.

Stellt der Philosemitismus seinem Inhalt und seiner Funktion nach zunächst einen Bruch mit der Zeit vor dem Mai 1945 dar, ein Element der Diskontinuität, so fußt er dennoch auf dem gegebenen Zusammenhang der Alltagserfahrung vor und nach dem Mai 1945. Er war eine Form, in der letztlich die Veränderung sozialer Werte zum Tragen kommen konnte, und zwar selbst dort, wo der abstrakte und normative Inhalt dieser neuen Werte nur sehr diffus wahrgenommen wurde. Denn daß Demokratie und demokratisches Verhalten den Terrorstaat und sein chaotisches Ende abzulösen hatten, wurde zwar gehört, was das angesichts der materiellen Notsituation und zwangsweiser »Entnazifizierung« jedoch konkret bedeutete, mußte erst langsam erlernt werden. Daß Freiheit, Gleichheit, Brüderlichkeit mit den Besatzungsarmeen in die intakten Dörfer und die Ruinenstädte eingezogen waren, wurde zwar bald verkündet, bloß waren diese Werte damit noch lange nicht eines jeden persönliches Anliegen, deckten sich außerdem in der ersten Besatzungszeit kaum mit dem Verhältnis von Siegern und

---

[9] Heinz Kühn, Aufbau und Bewährung. Die Jahre 1945-1978, Frankfurt/M., Berlin, Wien 1984[2], 17.

Besiegten. Daß Humanismus und religiöse Besinnung die nationalsozialistische Zerstörung von Rationalität und christlicher Sinngebung des Lebens ablösen sollten, erschien vielen Deutschen mehr als offensichtlich. Doch was das angesichts der individuellen und kollektiven Katastrophe konkret besagte, war mehr als unklar. Weniger die Besinnung auf soziale Kohäsion schaffende Werte stand im geistigen Zentrum des Nachkriegs als vielmehr die pragmatische Bewältigung der individuellen, familiären oder kollektiven Krisensituation.

Und hierbei konnte das philosemitische Argument manche Unsicherheit überwinden helfen. Mit seiner Hilfe konnten moralische und Verhaltensfragen gemäß der neuen Ordnung individuell beantwortet werden, ergaben sich eindeutige Orientierungen für den Umgang mit und in der Öffentlichkeit. Mit Hilfe philosemitischer Verhaltensweisen ließ sich die Notwendigkeit eines neuen moralischen Selbstverständnisses mit einer gesellschaftlichen Identität versehen. Wo im Rahmen der politischen und gesellschaftlichen Veränderungen der Schwerpunkt individuell künftig auf dem Materiellen und – nach allen Erfahrungen mit Politik – in einem diese ablehnenden Rückzug ins Privatleben lag, konnte das philosemitische Bekenntnis eine doppelte Aufgabe erfüllen. Einerseits erleichterte es die ungestörte Weiterführung der bisherigen oder die Entwicklung neuer beruflicher Aktivitäten. Völlig unabhängig von der Fragebogen-Entnazifizierung definierte es die augenzwinkernde Kompatibilität mit dem System der Sieger. Andererseits ersetzte das philosemitische Bekenntnis das geforderte Engagement in den politischen Bereichen der neu entstehenden Demokratie. Es paßte zu neuen Wertorientierungen, war aber kein gesellschaftlicher Wert an sich. Der Philosemitismus war weder repräsentativ für ein allgemein akzeptiertes, der deutschen Gesellschaft zugrundeliegendes System neuer sozialer Werte, noch wurde er in seiner Entstehungsphase von den Siegern dem deutschen Nachkriegsgeist einfach übergestülpt. Er war lediglich, um es einschränkend zu formulieren, eine Form der Vermittlung von Elementen dieser sozialen Werte im Kontext von noch nicht überwundener Vergangenheit und noch nicht erlangter Zukunft. Er war eine mögliche Form, auf den vor sich gehenden Wertewandel zu reagieren, an ihm vermeintlich oder echt teilzuhaben und diese Teilhabe auf einen einfachen und unmißverständlichen Nenner zu bringen. Mit seiner Hilfe konnte das Individuum stets der demokratischen Form Genüge tun und in relevanten politischen Fragen einverständig Distanz zur Vergangenheit herstellen. Der Philosemitismus bekundete die post-nationalsozialistische pragmatische Wertorientierung des Individuums oder – wie nach 1949 – die der Republik in ihrer nach Westintegration strebenden Gründer- und Aufbauphase.

Zentrale philosemitische Stereotype ökonomischer, politischer, sozialer, kultreller und religiöser Art sind in der gesellschaftlichen und politischen Entwicklung natürlich abgestufte Verbindungen eingegangen. Eine philosemitische oder pro-jüdische Äußerung konnte in Negation eines antisemitischen Arguments erfolgen, sie konnte aber auch bedingt-antisemitische Meinungen mitschwingen lassen oder auf betonte Weise einer nicht-antisemitischen Haltung Ausdruck verleihen.[10] Damit zusammenhängende Widersprüche Anfang der 50er Jahre kennzeichnete Friedrich Pollock in seinem Bericht über das »Gruppenexperiment«:

> »Eine Schwierigkeit entsteht aber bei der Bewertung der projüdischen und bedingt antisemitischen Äußerungen. Wir haben oben darauf hingewiesen, wie nahe projüdische Stereotype den antisemitischen stehen können, und wie sehr die Unterscheidung zwischen den guten und schlechten Juden in manche antisemitischen Stereotype paßt. Wir können die projüdischen Äußerungen nicht generell als positiv, d.h. frei von Antisemitismus bewerten. Noch weniger dürfen wir sie als negativ einreihen, da in unseren Diskussionen nicht selten Sprecher, deren demokratische Einstellung unbezweifelbar ist, projüdisch argumentieren. Ähnliches gilt, wenn auch in geringerem Maße, für die bedingt antisemitischen Äußerungen. Wir haben die projüdischen Äußerungen zusammen mit den bedingt antisemitischen als ambivalent eingeordnet.«[11]

Juden betreffende Stereotype und Formen des Philosemitismus im deutschen Nachkrieg bilden kein Modell, sondern entsprechen den gesellschaftlichen Problemen, die nach 1945 in der Beziehung Deutscher zu Juden eine Rolle spielten. In innerkirchlichen Schriften oder philosophischen Erörterungen mögen damals auch andere Elemente vorhanden gewesen sein. In der Öffentlichkeit jedoch waren die oben genannten Inhalte und Formen entscheidend. Ihnen kommt der Charakter der Unmittelbarkeit, der gesellschaftlichen Wirklichkeit und Wirksamkeit zu.

In diesem Sinne ist es schließlich bemerkenswert, in welcher konkreten Situation, individuell oder »im Namen« kollektiver Zusammenhänge jeweils welche philosemitischen Akzente gesetzt wurden. Das hängt unter anderem damit zusammen, daß die materielle oder geistige Situation der Betreffenden gemäß der vorhandenen Sozialstruktur ihre spezifischen Ausprägungen erfährt. Die Arbeiterfamilie im Ruhrgebiet wies hier andere Formen der Verarbeitung auf als die Kulturproduzenten der ersten Wochen und Monate in Berlin oder die Hochschulprofessoren im Winter 1945/46. Die individuelle Bekundung einer philo-

---

[10] In einer rein geschichtstheoretischen Auseinandersetzung könnte man nun versuchen – so wie Schoeps es für das 17. Jahrhundert getan hat – Typen des Philosemitismus zu unterscheiden. (Hans Joachim Schoeps, Philosemitismus im Barock. Religions- und geistesgeschichtliche Untersuchungen, Tübingen 1952, 1f.) In einer komparativen Untersuchung wäre es darüberhinaus möglich, Edelsteins Versuch einer Systematisierung des Philo-semitismus in den USA und in der europäischen Geschichte zu diskutieren (Alan Edelstein, An Unacknowledged Harmony. Philo-Semitism and the Survival of European Jewry, Westport, London 1982). Hervorzuheben ist hier, daß die Einzigartigkeit der Shoah kein übergreifendes , rückblickendes Konzept des Philosemitismus für die Geschichte des Verhältnisses von Deutschen und Juden zuläßt. Der deutsche Philosemitismus nach 1945 ist eine genuin neue Erscheinung und als solche zunächst in seiner konkreten Entwicklung herauszuarbeiten.

[11] Pollock, Gruppenexperiment ..., op.cit., 128.

semitischen Einstellung konnte andere Ursachen haben als die regierungsamtliche Symbolhandlung. Den Unterschieden nachzuspüren, widerspricht allerdings nicht der Notwendigkeit, den Kern des philosemitischen Syndroms herauszuarbeiten: Entwicklungen und Abstufungen der neuen moralischen Legitimierung der Gesellschaft im deutschen Nachkrieg. Denn, sich aus einem gesellschaftlichen Raum vergangenheits- und gegenwartsbestimmter spontaner Entwicklungen herauskristallisierend, hatte die Haltung zu Juden in der Öffentlichkeit zunehmend den Charakter eines stereotyp Juden und alles Jüdische positiv überhöhenden gesellschaftlichen Phänomens angenommen. Was nicht in dieses überhöhte Bild vom Juden, von jüdischer Eigenart und jüdischem Kulturbeitrag paßte, fiel schlicht unter Amnesie. Das philosemitische Symbolbild ersetzte die »eigentliche Konfrontation« mit jüdischer Geschichte und Gegenwart. Es machte »die Judenfreundschaft zum bloßen Ritual«.[12] Philosemitisch zu reagieren, wurde – wo auch immer es in der politischen Kultur zu Beginn der 50er Jahre angebracht schien – ein politischer Stil.

Die Entwicklung des philosemitischen Habitus

Betrachten wir zentrale Aspekte in der philosemitischen Metamorphose, die, wie betont, weder widerspruchsfrei ist, noch Anspruch auf tiefere ideengeschichtliche Logik erheben kann. Geprägt ist diese Metamorphose eher noch durch die gesellschaftlich prägende atmosphärische Ambivalenz dieser Zeit. So wenig präzise solche Begriffe wie Atmosphäre, Stimmung, Ambivalenz auch klingen mögen, so notwendig sind sie zur Verdeutlichung von sich entwickelnden geistigen Sachverhalten, die noch nicht zu ideologischen Systemen geronnen sind. Gerade in Zeiten umfassender gesellschaftlicher Krisen, in denen unterschiedliche geistige Strömungen um Dominanz ringen, die Religion Zuspruch findet und ein Wertewandel durch äußere und innere Faktoren beeinflußt wird, kommt sozial und schichtenspezifisch nicht eindeutig angebundenen geistigen Strömungen Bedeutung zu. Die Übergänge solcher Strömungen, sozialer Werte und öffentlicher Themen im geistigen Leben einer Gesellschaft, ihr Eindringen in die Sozialpsychologie und ihre Verankerung in der politischen Ideologie sind alles Faktoren, die ein Phänomen wie den Philosemitismus charakterisieren.
In einer Diskussion über »Judenfrage und Antisemitismus« in der Hamburger Akademischen Rundschau (1948) schrieb deren Chefredakteur in der einleitenden Vorbemerkung,

> »daß heute selbst in solchen Kreisen, die keinerlei Neigung zum Antisemitismus haben, eine gewisse keineswegs natürliche Befangenheit und Empfindlichkeit dem Juden gegenüber herrscht. Sie ist ein Komplex, eine Art unfreiwil-

12 Sterling, Judenfreunde ..., op.cit.

liger Antisemitismus, und man beobachtet es nicht selten, daß Leute gleichsam aus Protest gegen sich selbst, gegen die Unfähigkeit, sich aus diesen Denkfesseln zu befreien, in einen Philosemitismus verfallen, der freilich an Blindheit dem Antisemitismus oft nicht viel nachgibt und ihn sogar provoziert«.[13]

Der Einfluß des Philosemitismus auf das geistige Leben der deutschen Nachkriegsära mag – alle vorhandenen ideologischen Tendenzen zusammengenommen – nicht entscheidend gewesen sein, was die gesellschaftlichen Hauptrichtungen eines konservativ-liberalen oder sozialistisch-antifaschistischen Bestrebens betrifft. Aber er wirkte prägend in kulturellen Zusammenhängen, er beeinflußte Farbe, Ton und Duktus der sozialen und politischen Umgangsformen bei der Abwehr der Vergangenheit und der zukunftsorientierten außenpolitischen Selbstdarstellung Nachkriegsdeutschlands.

Die Tabuierung des Antisemitismus hatte zum Beispiel zur Folge, daß zahllose Begriffe, Wortzusammenhänge, die im Dritten Reich mit einer bestimmten stereotypen Bedeutung versehen worden waren, im gesellschaftlichen Leben vermieden wurden. Auf einer Feierstunde der Gesellschaft für christlich-jüdische Zusammenarbeit in Wiesbaden fragte Theodor Heuss im Dezember 1949: »Ist es überhaupt zu verantworten, das Wort ›Jude‹ auszusprechen so in der Art und der suggestiven Wiederholung, wie man das in der nationalsozialistischen Zeit getan hat?«[14] Das Wort »Jüdin« etwa war aus dem Sprachgebrauch im Verlauf der 50er Jahre nahezu vollständig verschwunden. Die durch die NS-Propaganda diesem Wort verliehene negative Bedeutung, die ja nach 1945 nicht in einem aufklärerischen gesamtgesellschaftlichen Prozeß kritisch aufgearbeitet worden war, machte es unmöglich, den Begriff angesichts der Tabuierung des Antisemitismus weiter zu benutzen. Einer der ersten Effekte der Entnazifizierung und Reeducation war hier nicht die Einleitung eines reinigenden, klärenden Prozesses, sondern umschreibendes Schweigen. Wenn überhaupt sprach man mit leicht gedämpfter Stimme von einem »jüdischen Herrn« oder einer »jüdischen Dame« – jüdischer Mann oder jüdische Frau ging auch schon wieder nicht. Es mußte eine abgehobene Sprachebene gewählt werden, um das Tabu nicht zu gefährden, oder sich nicht dem Antisemitismus-Verdacht auszusetzen. In bezug auf Juden, und jüdische Themen lieber zu schweigen, bezog sich auf jüngste Erfahrungen und das ambivalente Gefühl, daß es besser sei, sich auch in Äußerungen von allem fernzuhalten, was politisch problematisch sein könnte.

In Kontakten mit Juden umgingen zahllose Deutsche dieses diffizile Problem ganz im Sinne der gesellschaftlichen Situation, in die Millionen Flüchtlinge und Evakuierte aus Osteuropa strömten. Sie sprachen nicht von anderen Juden, sondern von »Landsleuten« ihrer jüdischen Gesprächspartner. Dem entsprach auf

---

[13] Hamburger Akademische Rundschau, 1948/49, 1.
[14] Heuss, op.cit., 124f.

der politischen Ebene die geniale Wortverbindung vom »jüdischen Mitbürger«, die vermeintlich Nähe betonend, dennoch Distanz implizierte. Denn nur selten wurden andere Bürger als Mitbürger tituliert.

Alles Jüdische, so es erwähnt wurde, hatte eine positive Wertung oder Nebenbedeutung zu implizieren. So wird die »jüdische Dame« hin und wieder zur »schönen Jüdin« und der »jüdische Herr« zum Herrn Doktor oder Herrn Professor, deren Leistung und Beitrag zu deutscher Kultur und Wissenschaft nicht hoch genug gerühmt werden können. So wie es Heuss bereits in seiner Stuttgarter Rede 1945 aufzählt, ist der jeweils gerühmte Jude grundgescheit, edel, tapfer, klar, sauber, anständig.[15] Genauso ist vom anständig gebliebenen Deutschen allerorten die Rede. Hier muß natürlich die Frage gestellt werden, ob es damals überhaupt eine andere Möglichkeit des Umgangs mit jüdischen Themen gab. Die OMGUS- und HICOG-Analysen deuten an, daß es auch eine andere Möglichkeit gegeben hat. Aber das war wohl nur eine Option.

In der Öffentlichkeit wirkte der Philosemitismus durch Tabus und allgemein akzeptierte Nebenbedeutungen gesellschaftlicher Sachverhalte, durch Symbole, sprachliche Signale, einverständige Rede- und Reaktionsweisen, durch eine alles Jüdische verhüllende Kodierung, die sich der philosemitischen Dekodierung sicher sein konnte: ›Sie wissen schon ...‹ Philosemitisch war oftmals nicht, was gesagt wurde, sondern wie es gesagt wurde. Die assoziative Verwendung von Bildern, Metaphern des Juden als Kulturträger oder als Opfer, als Leidenden in Form einer Kodierung pro-jüdischer Haltungen konnte nach der ins Private eingreifenden Erfahrung mit dem Dritten Reich und der beginnenden Besatzung von erheblichen Teilen der Bevölkerung nicht allzu schwierig dekodiert werden.[16] Vorstellungen, Bilder, Stereotype antijüdischen Ursprungs waren ja nicht über Nacht verschwunden. Zusammen mit Umerziehungsversuchen und der öffentlichen Tabuierung des Antisemitismus konnten philosemitische Bekundungen als relevant entschlüsselt werden.

Derartiges Verhalten und Reagieren ist leichter auf der Ebene des Alltagslebens zu entschlüsseln als in der Literatur oder in Spielfilmen. In diesen Bereichen war es – bis auf wenige Ausnahmen – schlicht üblich, sich nicht auf Juden zu beziehen.[17] Nicht anders sah es auf dem Theater aus. »Bis Mitte der 50er Jahre wurde kein Drama geschrieben oder aufgeführt, in dem das jüdische Schicksal im Dritten Reich im Brennpunkt stand. In den frühen Stücken, welche Vergangenheitsbewältigung zu leisten versuchten, ist die Judenverfolgung nur eine Nebenhandlung, gekennzeichnet durch den Auftritt eines jüdischen Opfers oder

---

[15] Heuss, op.cit., 98.

[16] Vgl. zu Juden betreffenden kulturellen Codes: Shulamit Volkov, »Antisemitism as a Cultural Code. Reflections on the History and Historiography of Antisemitism in Imperial Germany«, in: LBIYB 23, 1978, 37.

[17] Vgl. Gertrud Koch, »Todesnähe und Todeswünsche: Geschichtsprozesse mit tödlichem Ausgang. Zu einigen jüdischen Figuren im deutschen Nachkriegsfilm«, in: Brumlik / Kiesel / Kugelmann / Schoeps, op.cit., 264.

Überlebenden.«[18] Ansonsten beherrschte der unverfängliche und unverbindliche »Nathan der Weise« die Bühnenbretter. In Romanen und Erzählungen tauchen jüdische Gestalten so gut wie nicht auf. Erst im Verlauf der 50er Jahre findet ein sentimentales, verkitschtes und sich dem Ausmaß der Massenvernichtung entziehendes Bild vom Juden Eingang in einige Werke der Literatur. Allerdings zeigen Analysen, daß es hierbei »nicht um die Erinnerung an die deutschen Juden geht, sondern eher um die Abwehr dieser Erinnerung und um die Wiederbelebung einer Legende, nämlich der von Shylock, Opfer und Täter«.[19] Ruth K. Angress weist darauf hin, daß – analog zu den oben untersuchten alltäglichen philosemitischen Erscheinungen – in einigen Romanen eine »Wiedergutmachungsphantasie« wirkt: »Das heißt, die Verfolgung von Juden durch Deutsche ist zwar der Hintergrund und die Grundgegebenheit ..., im Vordergrund aber spielt sich das Gegenteil ab. Dort werden Juden von Deutschen ganz außergewöhnlich gut behandelt, und zwar mit der größten Selbstverständlichkeit, als seien solche Fälle eher typisch als Ausnahmen.«[20] Insofern trugen zahlreiche ästhetische Präsentationen des Bildes von Juden zu deren Stereotypisierung bei, von der sich auch noch Jahrzehnte später deutsche künstlerische Produktionen nur schwer lösen können.

Semantischer Philosemitismus, entsprechende Redeformen, Verhaltens- und Reaktionsweisen konnten künstlerisch, religiös und politisch gespeist werden, sie schienen den Realitätsgehalt Juden betreffender ambivalenter Stereotype zu bestätigen. Aber das mußte nicht unbedingt zur Folge haben, daß das Kodierte auch ein Bestandteil des privaten Lebens, der familiären Sozialisation, der wertevermittelnden Erziehung oder emotionaler Zuwendung wurde. Bei der Entstehung des Philosemitismus handelte es sich vor allem um eine beginnende Kodierung öffentlicher Sachverhalte, die dem politischen Strukturwandel nach 1945 entsprach. Allerdings war die Nähe zu ehemaligen verordneten antisemitischen Kodierungen und gesellschaftsfähigen Dekodierungen viel zu intensiv, als daß umgehend eine »Verinnerlichung« eines neuen »sozialen Codes« erfolgen konnte. Sie blieb im Großen und Ganzen oberflächlich, wenngleich sie durchaus auch auf unbewußter Ebene funktionierte.[21]

---

18 Anat Feinberg, Wiedergutmachung im Programm. Jüdisches Schicksal im deutschen Nachkriegsdrama, Köln 1988, 18.

19 Ruth K. Angress, »Gibt es ein ›Judenproblem‹ in der deutschen Nachkriegsliteratur?« in: Neue Sammlung 1/26, 1986, 39; vgl. Christiane Schmelzkopf, Zur Gestaltung jüdischer Figuren in der deutschsprachigen Literatur nach 1945, Hildesheim, Zürich, New York 1983; Heidy M. Müller, Die Judendarstellungen in der deutschsprachigen Erzählprosa 1945-1981, Königstein 1984; Stéphane Moses / Albrecht Schöne (Hg.), Juden in der deutschen Literatur, Frankfurt/M. 1986.

20 Angress, op.cit., 24.

21 Umberto Eco weist darauf hin, daß der Ausdruck Code eine Metapher ist, mit deren Hilfe Strukturen, Zusammenhänge und Ähnlichkeiten enthüllt werden können. (Umberto Eco, Semiotics and the Philosophy of Language, Houndsmills, Basingstoke, Hamsphire, London 1984, 165.)

Das philosemitische Phänomen kann daher nur in Verbindung mit dem Antisemitismus erhellend betrachtet werden; denn bestimmte Inhalte und Formen beziehen sich noch in ihrer Umkehrung aufeinander. Hinsichtlich tradierter Codes betont z.B. Bourdieu, daß »die ehemaligen habituellen Einstellungen eine Revolution der sozialen Codes und sogar der sozialen Bedingungen der Produktion dieser Codes zu überleben vermögen«.[22] Dies gilt zweifelsohne für eine Kontinuität antisemitischer Einstellungen. Philosemitische Haltungen sind in diesem Sinne durch ein Nebeneinander und eine Ungleichzeitigkeit geistiger Phänomene charakterisiert. Eine Gewichtung ergibt sich offensichtlich von der Seite der im gesellschaftlich-politischen Rahmen bestimmenden Tendenz her, letztlich durch die soziale und politische Funktionalisierung relevanter Einstellungen. Diese Funktionalisierung wirkt zunächst semantisch als »Durchsetzung von Legitimität und Zensur durch den herrschenden Gebrauch der Sprache, der von nahezu allen ... stillschweigend als legitimer Ausdruck politischer Gesinnung anerkannt wird«.[23] Gleichzeitig erfolgt auf dieser sprachlichen Ebene eine oberflächliche Aufnahme sowohl der spontan entstehenden als auch der obrigkeitsstaatlichen Elemente des Philosemitismus. Nicht jeder, der sich aufgrund normativen Verhaltensdrucks in philosemitischer Redeweise übte, mußte sich der Inhalte oder deren historischer Dimension bewußt sein.

Ein philosemitischer gesellschaftlicher Konsens wurde als notwendig und daher meist selbstverständlich vorausgesetzt, nicht mehr hinterfragt und, soweit es ging, der jüngsten Vergangenheit unterlegt: Jeder hatte jetzt einen jüdischen Freund gehabt – von einer jüdischen Freundin allerdings konnte aufgrund der tabuierten Konnotation keinesfalls die Rede sein. Derartige Elemente blieben aber auch anfällig in dem Maße, wie diese aus Dichtung und Wahrheit konstruierte Vergangenheit als individuelle Lebensgeschichte mit konkreten Fakten aus der Zeit des Dritten Reiches konfrontiert wurde. Was in öffentlicher Rede und Redeweise meist problemlos gesagt werden konnte, da es relativ anonym vom »allgemeinen« Deutschen über den »allgemeinen« Juden artikuliert wurde, sich somit der unmittelbaren Kontrolle Beteiligter entzog, konnte in der Privatsphäre allzu leicht als Lüge entlarvt werden. Dies machte unter anderem auch den illusorischen Charakter der philosemitischen Denkweise aus und verdeutlicht die Antinomie von Öffentlichkeit und Privatsphäre im Philosemitismus. Gerade dieses Wechselverhältnis legt es nahe, in der Tat zwischen öffentlicher, halböffentlicher und privater Latenz von Vorurteilen zu unterscheiden.

Gegenüber der neuen öffentlichen philosemitischen Haltung trat die überkommene antisemitische Haltung einen Rückzug ins Private an. Die antisemitischen Stereotype wurden nach 1945 privatisiert, aus dem öffentlichen Raum herausge-

---

[22] Pierre Bourdieu, Zur Soziologie der symbolischen Formen, Frankfurt/M. 1974, 178f.

[23] Ders., Die feinen Unterschiede. Kritik der gesellschaftlichen Urteilskraft, Frankfurt/M. 1987, 722.

nommen.[24] Es gab antisemitische Vorkommnisse, Skandale, Debatten, aber in die Öffentlichkeit, in das Zentrum der politischen Kultur, gelangten antisemitische Einstellungen und Äußerungen – abgesehen von der ständigen Präsenz an den rechtsextremistischen Rändern der Gesellschaft – verstärkt erst wieder in den 70er und 80er Jahren, also in einer Periode, in der der Philosemitismus zunehmender Erosion ausgesetzt war. In dieser Zeit verlor der Philosemitismus an politischer und sozialer Relevanz, vollzog sich ein Prozeß der Ent-Tabuisierung des Bildes vom Juden. Das Ausmaß, in dem dies zeitbedingt möglich ist und akzeptiert wird, wurde durch die Debatten um die Frankfurter Inszenierungen von Fassbinders Theaterstück »Der Müll, die Stadt und der Tod« illustriert.

Es sind daher vor allem gesellschaftliche Ereignisse mit ausgeprägtem Vergangenheitsbezug, die den widersprüchlichen Charakter des Philosemitismus in Frage stellen. Insofern solte man diesen nicht als Ideologie betrachten, sondern eher als Regulativ im gesellschaftlichen Bewußtsein. Er entstand als eine Art kodierter Absicherung, die vor dem Hintergrund von Entnazifizierung, Reeducation, Wiederaufbau und Wiedergutmachung das individuelle und kollektive moralische Rückgrat stützte. Aber eben nicht widerspruchsfrei. Philosemitisch war eine Kommunikations- und Verhaltensweise, von der man auf Dauer schwer sagen konnte, wann sie Überlebens- und Integrationstaktik einzelner, wann sie echtes Bedürfnis eines Miteinander-Neubeginnens und wann sie pure zweckrationale Heuchelei war. Stets sollte oder konnte das philosemitische Bekenntnis aber die Zugehörigkeit zum neuen besseren Deutschland implizieren, d.h. eine Identität klarstellen, die sich positiv von der zu überwindenden Identität der ehemaligen Reichsdeutschen abhob.

In diesen Kontext gehört nun auch der Nachkriegs-Mythos vom guten Juden, in dem der gute Deutsche sich und seine eigene Zukunft erkennt. Nicht um rationale Vermittlungen ging es dabei, sondern um moralische Signale, die konsensfähig und opportun waren und sind. Die breitenwirksame Präsentation philosemitischer Stereotype im deutschen Nachkrieg waren zweifelsohne die Aufführungen von »Nathan der Weise«. Dem NS-Hetzbild vom Juden wurde hier der gute Jude, der tolerante, aufgeklärte, letztlich emanzipiert-assimilierte Jude entgegengesetzt, dessen Jude-Sein – von Israel einmal abgesehen – auf den inneren Zustand religiösen Glaubens reduziert wurde. Es lag in der Logik solcher wohlmeinenden Umgruppierung von Vorurteilen, daß »Jud Süß« 1945 zeitgemäß von »Nathan« abgelöst wurde. Alle guten Eigenschaften, die ein Deutscher jetzt so haben sollte, blickten wie aus einem Spiegel als das freundlich-nachdenkliche und doch so unverbindliche Gesicht Nathans den Nachkriegsdeutschen an. Im Stereotyp vom guten und weisen Juden konnte jeder Deutsche, so er ideell die Überreste des Tausendjährigen Reiches verlassen wollte, sich selbst wiederfinden, oder zumin-

[24] Vgl. Werner Bergmann / Rainer Erb, »Kommunikationslatenz, Moral und öffentliche Meinung. Theoretische Überlegungen zum Antisemitismus in der Bundesrepublik Deutschland«, in: Kölner Zeitschrift für Soziologie und Sozialpsychologie 38, 1986, 209f.

dest das, was als deutsches Wesen, aller politischen Bezüge entkleidet, aus der »deutschen Katastrophe« in die deutsche Zukunft hinüberragen sollte: Glauben, Bildung und Besitz. Bereits im Jahr 1945 wurde in allen vier Besatzungszonen »gleichsam zur Reinigung und neuen Weihe« der Theaterhäuser »das jahrelang beschwiegene Werk mit seiner ominösen Parabel von den drei Ringen«[25] gespielt. Die Inszenierung von Lessings »Nathan« am 7.9.1945 im Deutschen Theater zu Berlin sollte denn auch ein geistiger Neubeginn sein, eine »Botschaft der Ver-söhnung«, der Liebe und der Toleranz gewidmet.[26] Toleranz, Weltläufigkeit, Allgemein-Menschliches konnte man so auf die Bühne bringen und dabei ge-zielt oder beiläufig Modifikationen des jeweils bisherigen Bildes vom Juden präsentieren. In Aufführungen, Lesungen, Deutschstunden an Schulen wurde »Nathan« zum philosemitischen Symbol par excellence. Mit diesem Theaterstück inszenierte sich das Publikum, was im wirklichen Leben doch so schwierig zu realisieren war. Allerdings muß man wohl auf die Grenzen und Mängel des Lessingschen Stückes verweisen.: »Bei der opernhaften Apotheose des Schlusses, da alle mit allen verwandt scheinen, eine geeinte Menschheit unter der Sonne der Vernunft, geht Nathan leer aus. Er ist mit niemandem verwandt ... Der Jude Nathan ist ein Freund, man ist dankbar, er wird stets willkommen sein, doch blieb er Außenseiter: wie Shylock in Venedig.«[27] Mit diesem »Nathan« wurden neben Theaterbesuchern Generationen von Oberschülern konfrontiert. Nur hatte der weise Nathan mit der gesellschaftlichen Wirklichkeit der in Lagern auf eine Zukunft wartenden Zehntausenden jüdischen displaced persons genauso wenig gemein wie mit der im Untergrund überlebenden jüdischen Krankenschwester, dem jüdischen Angestellten, Kaufmann oder Barbesitzer. Es klafften Abgründe zwischen der Wirklichkeit der um ihr Selbstverständnis ringenden Juden in der Bundesrepublik und der Gestalt des Juden in der gesellschaftlichen und politischen Inszenierung des Philosemitismus.

Der deutsche Nachkrieg war die Geburtzeit des *philosemitischen Habitus*. Dieser Begriff gibt treffend das Transitorische, Ambivalente des sich entwickelnden Philosemitismus wieder. Der Habitus prägt die spezifische Art und Weise, in der Denken und Fühlen des einzelnen nach Ausdrucksformen suchen. Der Habitus kann als die individuelle Umsetzung einer gesellschaftlichen Stimmung verstanden werden. Er reagiert auf Ideologie, aber er ist nicht identisch mit Ideologie. Er bezieht sich auf soziale Werte und Normen, auf kulturelle Signale, die im Sinne eines gesellschaftlichen Konsenses in wirklich oder vermeintlich zentralen Fragen interpretiert werden können. Habitus ist ein Begriff, ein Konzept, mit dessen Hilfe die Formen der Vermittlung zwischen den sozialen und politischen Gegebenheiten einerseits und der individuellen geistigen, sprachli-

---

25 Hans Mayer, Außenseiter, Frankfurt/M. 1981^2, 332.
26 Müller, Theater ..., op.cit., 341.
27 Mayer, Außenseiter ..., op.cit., 341.

chen, einstellungs- und verhaltensmäßigen Reaktionsweise andererseits verdeutlicht werden können.[28]

Nach 1945 definierte der neue philosemitische Habitus den ideellen Unterschied zu den in der Öffentlichkeit scharf kritisierten bisherigen Einstellungen zu Juden. Für die Zeit nach 1945, als sozialpsychologische Traditionen in Frage gestellt, Sprache ein mehr als unsicheres Medium wurde und bislang herrschenden Ideologien die Wurzeln abgeschlagen werden sollten, war dieser Habitus eine Form des geistigen Übergangs. Er war ein ideelles Element des neuen kollektiven moralischen Subjekts. Er implizierte jedoch nicht unbedingt eine realitätsorientierte gesellschaftliche Wahrnehmung von Juden. Auf solchen unbewußten Denk-, Wahrnehmungs- und Handlungsschemata konnte individuell und kollektiv aufgebaut werden: Zum einen als Regulativ persönlichen Verhaltens in der öffentlichen Sphäre; zum anderen als gesellschaftlich und kulturell abrufbare Identität in Verbindung mit den neuen demokratischen Gegebenheiten – also auch mit den Bemühungen um die Institutionalisierung und Verankerung sonstiger neuer und überkommener kultureller Codes. Es war dieser Habitus, der so manche Bundestags- und Sonntagsrede prägte. Und es ist dieser Habitus, der auch heute noch in offiziellen Verlautbarungen zum deutsch-jüdischen Verhältnis durchscheint.

Eine den gesellschaftlichen Realitäten verpflichtete Würdigung der deutsch-jüdischen Beziehungen muß sich der in den allgemeinen Lebensverhältnissen verwurzelten Begegnung von Deutschen und Juden nach Auschwitz stellen. Es nützt nichts, sei abschließend betont, wenn sich Deutsche und Juden wechselseitig die Illusion einer Symbiose bestätigen, die doch nichts weiter ist als ein ideologisches Konstrukt, das der widerspruchsvollen deutsch-jüdischen Vergangenheit übergestülpt wird. Mehr noch, deutsch-jüdische Geschichte zwischen Antisemitismus und Philosemitismus nach 1945 kann sich weder in der notwendigen Analyse der Shoah noch in tabellarischen Übersichten von Nobelpreisträgern, Bestseller-Autoren oder ermordeten jüdischen Intellektuellen erschöpfen. In erster Linie sollte es um das geschichtlich weitgefächerte Beziehungsgeflecht zwischen jüdischem Bevölkerungsteil und deutscher Bevölkerungsmehrheit gehen, um die kulturellen Reflexe dieses Verhältnisses in der sich verändernden deutschen Gesellschaft. Und dabei stehen nicht vergangene individuelle Leistungen, sondern Kontinuitäten und Diskontinuitäten in den gesellschaftlichen Beziehungen im Zentrum. »Die Untergegangenen und die Geretteten«, so der Titel des letzten Buches von Primo Levi, sprechen zu uns.[29] Wie aber, so könnte man fragen, sprechen wir zu ihnen?

---

[28] In diesem Sinne ist Habitus zu verstehen »als System der organischen oder mentalen Dispositionen und der unbewußten Denk-, Wahrnehmungs- und Handlungsschemata«. (Bourdieu, Zur Soziologie ..., op.cit. 40; vgl. Möding, Politische Haltungen in Deutschland nach 1945 ..., op.cit.)

[29] Primo Levi, Die Untergegangenen und die Geretteten, München, Wien 1990.

Bibliographie

1. Archivquellen, Dokumente und Hilfsmittel

Archive:

Landesarchiv, Berlin.
Archiv des Otto-Suhr-Instituts, Berlin.
Archiv des Zentralinstituts für Sozialforschung, Berlin.
Archive der Gesellschaften für christlich-jüdische Zusammenarbeit, Berlin und Stuttgart.
Archives de l'Occupation Française en Allemagne et en Autriche, Colmar
Interview-Archiv des Projekts Lebensverhältnisse und Sozialkultur im Ruhrgebiet 1930-1960, Hagen (LUSIR).
World Zionist Archives, Jerusalem
Bundesarchiv, Koblenz
Archiv des Instituts für Zeitgeschichte, München.
Wiener Library, Tel Aviv.
National Archives, Washington (NA), Mikrofilm-Kopien am Institut für Zeitgeschichte, München, im Bundesarchiv, Koblenz und im Archiv des Zentralinstituts für Sozialforschung, Berlin.

Unveröffentlichte Materialien:

Dorn, Walter L., Memorandum, 11.5.1949, Archiv des Instituts für Zeitgeschichte, München.

Holzer, Charlotte, Aufzeichnungen, Manuskript.

Knudsen, Knud, Referat auf einer Tagung des Kuratoriums des Koordinierungsrates, Ende 1950, Manuskript.

Knudsen, Knud, Brief an den Autor, 28.8.1988.

Lasky, Melvin, Brief an Ernst Reuter, 12.12.1950, Landesarchiv Berlin.

Littell, Franklin, Gespräch mit dem Autor, Juni 1988.

Lüth, Erich, Der Antisemitismus in Deutschland, Hamburg 1963, Manuskript, Wiener Library, Tel Aviv.

Majer-Leonhard, Fritz, Interview mit dem Autor, April 1987.

Office of Military Government for Germany, United States (OMGUS) sowie High Commissioner for Germany (HICOG): Berichte, Umfragen, Dokumente.

Reichmann, Eva, Germany's New Nazis. Impressions from a recent journey through Germany's danger zones, London 1951, Manuskript, Wiener Library Tel Aviv.

Rosh, Lea, »Vernichtung durch Arbeit. KZ-Häftlinge: Sklaven für die deutsche Industrie«, Hörfunk-Manuskript des SFB, Berlin 4.11.1984.

Rosh, Lea, »Vernichtung durch Arbeit. KZ-Häftlinge für die deutsche Industrie«. Fernseh-Dokumentation des Sender Freies Berlin, Teil I: Bericht über Krupp und IG-Farben, Berlin 1986.

Suchy, Barbara, Brief an den Autor, 17.2.1988.

Weltlinger, Siegmund, Rede, 1953, in: Archiv der Berliner Gesellschaft für christlich-jüdische Zusammenarbeit.

Dokumentationen:

Benz, Wolfgang (Hg.), »Bewegt von der Hoffnung aller Deutschen.« Zur Geschichte des Grundgesetzes. Entwürfe und Diskussion 1941-1949, München 1979.

Billstein, Reinhold (Hg.), Neubeginn ohne Neuordnung. Dokumente und Materialien zur politischen Weichenstellung in den Westzonen nach 1945, Köln 1984.

Borsdorf, Ulrich / Niethammer, Lutz (Hg.), Zwischen Besatzung und Befreiung. Analysen des US-Geheimdienstes über Positionen und Strukturen deutscher Politik 1945, Wuppertal 1976.

Bundesarchiv / Institut für Zeitgeschichte (Hg.), Akten zur Vorgeschichte der Bundesrepublik Deutschland 1945-1949, Bd.1-5, München 1976-1981.

Deuerlein, Ernst (Hg.), Potsdam 1945. Quellen zur Konferenz der ›Großen Drei‹, München 1963.

Dorn, Walter L., Inspektionsreisen in der US-Zone. Notizen, Denkschriften und Erinnerungen aus dem Nachlaß übersetzt und herausgegeben von Lutz Niethammer, Stuttgart 1973.

Eisenhower, Dwight David, The Papers of D. D. Eisenhower. Occupation, 1945: VI, Editors: Chandler, Alfred D., Jr. / Galambos, Louis , Baltimore, London 1978.

Fülberth, Georg, Geschichte der Bundesrepublik Deutschland in Quellen und Dokumenten, Köln 1983[2].

Goebbels, Joseph, Tagebücher 1945. Die letzten Aufzeichnungen, Hamburg 1977.

Grundgesetz für die Bundesrepublik Deutschland, Bonn 1984.

Harrison, Earl G., The Plight of the Displaced Jews in Europe. Report to President Truman, Washington 1945.

Hitler, Adolf, Politisches Testament. Die Bormann-Diktate vom Februar und April 1945, Hamburg 1981.

Müller, Hans Dieter (Hg.), Facsimile Querschnitt durch DAS REICH, Bern, München o.J.

Pollock, James K. / Meisel, James H. / Bretton, Henry L. (Hg.), Germany under Occupation. Illustrative Materials and Documents, Ann Arbor Michigan 1949.

Regierungserklärungen 1949-1973, Zusammenstellung Pulte, Peter, Berlin, New York 1973.

Rendtorff, Rolf / Henrix, Hans Hermann (Hg.), Die Kirchen und das Judentum. Dokumente von 1945 bis 1985, Paderborn, München 1989².

Richarz, Monika (Hg.), Jüdisches Leben in Deutschland, Bd.3, Selbstzeugnisse zur Sozialgeschichte 1918-1945, Stuttgart 1982.

Ruhl, Klaus-Jörg (Hg.), Neubeginn und Restauration. Dokumente zur Vorgeschichte der Bundesrepublik Deutschland 1945-1949, München 1982.

Ruhl, Klaus-Jörg (Hg.), »Mein Gott, was soll aus Deutschland werden?« Die Adenauer-Ära 1949-1963, München 1985.

Ruhm von Oppen, Beate (Hg.), Documents on Germany under Occupation 1945-1954, London, New York, Toronto 1955.

Schullze, Erich (Hg.), Gesetz zur Befreiung von Nationalsozialismus und Militarismus vom 5. März 1946, München 1946.

Söllner, Alfons (Hg.), Zur Archäologie der Demokratie in Deutschland, 2.Bde., Frankfurt/M. 1986.

Verhandlungen des Deutschen Bundestages. Stenographische Berichte. 1. Wahlperiode 1949-1953, Bonn 1949f.

Zeitungen und Zeitschriften:

Jüdisches Gemeindeblatt für die Nord-Rheinprovinz und Westfalen, seit 1949: Allgemeine Wochenzeitung der Juden in Deutschland.

Die Neue Zeitung.

Der Spiegel.

Der Tag.

Der Tagesspiegel.

Die Süddeutsche Zeitung.

Die Zeit.

Zusammenarbeit.

2. *Auswahl-Literatur*

Im folgenden werden aus dem nahezu unüberschaubaren Schrifttum zur Besatzungs- und frühen Nachkriegszeit nur solche Werke genannt, die für die Darstellung von besonderer Bedeutung sind.

Abelshauser, Werner, Wirtschaftsgeschichte der Bundesrepublik Deutschland 1945-1980, Frankfurt/M. 1983.

Abusch, Alexander, Der Irrweg einer Nation. Ein Beitrag zum Verständnis deutscher Geschichte, Berlin/DDR 1960.

Abzug, Robert H., Inside the Vicious Heart. Americans and the Liberation of Nazi Concentration Camps, New York, Oxford 1985.

Adenauer, Konrad, Erinnerungen 1953-1955, Stuttgart 1966.

Adorno, Theodor W., »Schuld und Abwehr«, in: Schriften, Bd.9.2, Frankfurt/M. 1975.

Adorno, Theodor W., »Was bedeutet: Aufarbeitung der Vergangenheit« in: ders., Eingriffe. Neun kritische Modelle, Frankfurt/M. 1984, 129.

Almog, Shmuel, Nationalism and Antisemitism, Oxford, New York 1990.

Almond, G. A. / Verba, S., The Civic Culture. Political Attitudes and Democracy in Five Nations, Princeton 1963.

Almond, Gabriel Abraham, The Struggle for Democracy in Germany, New York 1965.

Almond G.A./ Verba, S., The Civic Culture Revisited, Boston 1980.

Alter, Peter, Nationalismus, Frankfurt/M. 1985.

American Jewish Committee, Neo-Nazi and Nationalist Movements in West Germany, New York, May 1952.

Angress, Ruth K., »Gibt es ein ›Judenproblem‹ in der deutschen Nachkriegsliteratur?« in: Neue Sammlung 1/26, 1986.

Arendt, Hannah, Eichmann in Jerusalem. A Report on the Banality of Evil, London 1963; deutsche Übersetzung: Eichmann in Jerusalem. Ein Bericht über die Banalität des Bösen, München 1986.

Arendt, Hannah / Jaspers, Karl, Briefwechsel 1926-1969. Vollständige Ausgabe, hg. von Lotte Köhler und Hans Sauer, München 1985.

Aycoberry, Pierre, The Nazi Question. An Essay on The Interpretation of National Socialism. 1922-1975, New York 1981.

Balfour, Michael, West Germany. A Contemporary History, London, Sydney 1982.

Baring, Arnulf, Im Anfang war Adenauer. Die Entstehung der Kanzlerdemokratie, München 1971.

Barish, Louis (Hg.), Rabbis in Uniform. The Story of the American Jewish military Chaplain, New York 1962.

Bar-On, Dan, Legacy of Silence. Encounters with Children of the Third Reich, Cambridge, London 1989.

Bauer, Yehuda, »The Initial Organization of the Holocaust Survivors in Bavaria«, in: Yad Vashem Studies 8, 1970, 127f.

Bauer, Yehuda, Flight and Rescue: Brichah, New York 1970.

Bauer, Yehuda, Out of the Ashes. The Impact of American Jews on Post-Holocaust European Jewry, Oxford, New York 1989.

Becker, Josef / Knipping, Franz (Hg.), Power in Europe. Great Britain, France, Italy and Germany in a Postwar World 1945-1950, Berlin, New York 1986.

Ben-Chorin, Schalom, Weil wir Brüder sind. Zum christlich-jüdischen Dialog heute, Gerlingen 1988.

Benz, Wolfgang, »Die Entstehung der Bundesrepublik«, in: ders. (Hg.), Die Bundesrepublik Deutschland. Geschichte in drei Bänden. Bd.1: Politik, Frankfurt/M. 1983, 26f.

Benz, Wolfgang, »Überleben im Untergrund 1943-1945«, in: ders. (Hg.), Die Juden in Deutschland 1933-1945. Leben unter nationalsozialistischer Herrschaft, München 1988, 660f.

Benz, Wolfgang, Die Gründung der Bundesrepublik. Von der Bizone zum souveränen Staat, München 1984.

Benz, Wolfgang, Potsdam 1945. Besatzungsherrschaft und Neuaufbau im Vier-Zonen-Deutschland, München 1986.

Benz, Wolfgang, Von der Besatzungsherrschaft zur Bundesrepublik. Stationen einer Staatsgründung 1946-1949, Frankfurt/M. 1984.

Berg-Schlosser, Dirk / Schissler, Jakob (Hg.), Politische Kultur in Deutschland. Bilanz und Perspektiven der Forschung. Politische Vierteljahresschrift, Sonderheft 18, Opladen 1987.

Berghahn, Volker, Modern Germany. Society, economy and politics in the twentieth century, Cambridge 1982.

Bergmann, Werner / Erb, Rainer, »Kommunikationslatenz, Moral und öffentliche Meinung. Theoretische Überlegungen zum Antisemitismus in der Bundesrepublik Deutschland«, in: Kölner Zeitschrift für Soziologie und Sozialpsychologie 38, 1986, 209f.

Bergmann, Werner / Erb, Rainer (Hg.), Antisemitismus in der politischen Kultur nach 1945, Köln 1990.

Besymenski, Lew, Die letzten Notizen von Martin Bormann, Stuttgart 1974.

Billerbeck, Rudolf, Die Abgeordneten der ersten Landtage (1946-1951) und der Nationalsozialismus, Düsseldorf 1971.

Blankenhorn, Herbert, Verständnis und Verständigung. Blätter eines politischen Tagebuchs 1949-1979, Frankfurt/M., Wien 1980.

Bloch, Ernst, »Die sogenannte Judenfrage«, in: ders., Literarische Aufsätze, Frankfurt/M. 1984, 549f.

Bodemann, Michal Y., »Staat und Ethnizität: Der Aufbau der jüdischen Gemeinden im Kalten Krieg«, in: Brumlik, Michael / Kiesel, Doron / Kugelmann, Cilly / Schoeps, Julius H. (Hg.), Jüdisches Leben in Deutschland seit 1945, Frankfurt/M. 1986, 49f.

Boehling, Rebecca, »German Municipal Self-Government and the Personnel Policies of the Local U.S. Military Government in Three Major Cities of the Zone of Occupation: Frankfurt, Munich, and Stuttgart«, in: Archiv für Sozialgeschichte 25, 1985, 333f.

Bourdieu, Pierre, Die feinen Unterschiede. Kritik der gesellschaftlichen Urteilskraft, Frankfurt/M. 1987.

Bourdieu, Pierre, Zur Soziologie der symbolischen Formen, Frankfurt/M. 1974.

Bourdieu, Pierre, In Other Words. Essays Towards a Reflexive Sociology, Cambridge, Oxford 1990.

Bourke-White, Margaret, ›Dear Fatherland Rest Quietly‹. A Report on the Collapse of Hitler's ›Thousand Years‹, New York 1946.

Bower, Tom, Blind Eye to murder: Britain, America and the purging of Nazi Germany – a pledge betrayed, London 1981.

Boyens, Armin, »Das Stuttgarter Schuldbekenntnis vom 19. Oktober 1945 – Entstehung und Bedeutung«, in: Vierteljahrshefte für Zeitgeschichte 4/19, 1971, 374f.

Bracher, Karl Dietrich, Die deutsche Diktatur. Entstehung, Struktur, Folgen des Nationalsozialismus, Frankfurt/M., Berlin, Wien 1979.

Bracher, Karl Dietrich / Funke, Manfred / Jacobson, Hans-Adolf (Hg.), Nationalsozialistische Diktatur 1933-1945. Eine Bilanz, Bonn 1983.

Braunthal, G., »The Anglo-Saxon Model of Democracy in the West German Political Consciousness after World War II«, in: Archiv für Sozialgeschichte 18, 1978, 245f.

Broder, Henryk M. / Lang, Michel L. (Hg.), Fremd im eigenen Land. Juden in der Bundesrepublik, Frankfurt/M. 1979.

Broszat, Martin / Henke, Klaus-Dietmar / Woller, Hans (Hg.), Von Stalingrad zur Währungsreform. Zur Sozialgeschichte des Umbruchs in Deutschland, München 1988.

Brumlik, Micha / Kiesel, Doron / Kugelmann, Cilly / Schoeps, Julius H. (Hg.), Jüdisches Leben in Deutschland seit 1945, Frankfurt/M. 1986.

Bude, Heinz, Deutsche Karrieren. Lebenskonstruktionen sozialer Aufsteiger aus der Flakhelfer-Generation, Frankfurt/M. 1987.

Bunzl, John, Der lange Arm der Erinnerung. Jüdisches Bewußtsein heute, Wien, Köln, Graz 1987.

Büttner, Ursula, »Not nach der Befreiung. Die Situation der deutschen Juden in der britischen Besatzungszone 1945 bis 1948" in: dies. (Hg.), Das Unrechtsregime. Internationale Forschungen über den Nationalsozialismus, Bd. 2, Hamburg 1986, 373f.

Cassirer, Ernst, Der Mythos des Staates. Philosophische Grundlagen politischen Verhaltens, Frankfurt/M. 1985[2].

Celan, Paul, Mohn und Gedächtnis, Stuttgart 1952.

Chamberlin, Brewster S., Kultur auf Trümmern. Berliner Berichte der amerikanischen Information Control Section Juli-Dezember 1945, Stuttgart 1979.

Chamberlin, Brewster S., »Todesmühlen. Ein früher Versuch zur Massen-›Umerziehung‹ im besetzten Deutschland 1945-1946", in: Vierteljahrshefte für Zeitgeschichte 3/29, 1981, 420f.

Chamberlin, Brewster / Feldman, Marcia (Hg.), The Liberation of the Nazi Concentration Camps 1945. Eyewitness Accounts of the Liberators, Washington, D.C. 1987.

Claessens, Dieter / Klönne, Arno / Tschoepe, Armin, Sozialkunde der Bundesrepublik Deutschland. Grundlagen, Strukturen, Trends in Wirtschaft und Gesellschaft, Reinbek 1985[2].

Clay, Lucius D., Decision in Germany, New York 1950.

Cobet, Christoph (Hg.), Einführung in Fragen an die Geschichtswissenschaft in Deutschland nach Hitler 1945-1950, Frankfurt/M. 1986.

Comité des Délégations Juives (Hrsg.), Das Schwarzbuch. Tatsachen und Dokumente. Die Lage der Juden in Deutschland 1933, Paris 1934, Frankfurt/M., Berlin, Wien 1983[2].

Conway, John S., »Die Rolle der Kirchen bei der ›Umerziehung‹ in Deutschland«, in: Büttner, Ursula (Hg.), Das Unrechtsregime. Internationale Forschung über den Nationalsozialismus, Bd.2, Hamburg 1986, 359f.

Culbert, David, »American Film-Policy in the Re-education of Germany after 1945", in: Pronay, Nicholas / Wilson, Keith (Hg.), The Political Re-education of Germany and her Allies after World War II, London 1985, 173f.

Dahrendorf, Ralf, Gesellschaft und Demokratie in Deutschland, München 1965.

Dawidowicz, Lucy S., The Holocaust And The Historians, Cambrigde, London 1981.

Deligdisch, Jekutiel, Die Einstellung der Bundesrepublik Deutschland zum Staate Israel. Eine Zusammenfassung der Entwicklung seit 1949, Bonn-Bad Godesberg 1974.

Deutschkron, Inge, Ich trug den gelben Stern, Köln 1978.

Deutschkron, Inge, Israel und die Deutschen. Zwischen Ressentiment und Ratio, Köln 1970.

Die Ära Adenauer. Einsichten und Ausblicke, Frankfurt/M., Hamburg 1964.

Diner, Dan, »Negative Symbiose. Deutsche und Juden nach Auschwitz«, in: Babylon. Beiträge zur jüdischen Gegenwart 1/1, 1986, 9f.

Diner, Dan (Hg.), Ist der Nationalsozialismus Geschichte? Zu Historisierung und Historikerstreit, Frankfurt/M. 1987.

Diner, Dan (Hg.), Zivilisationsbruch. Denken nach Auschwitz, Frankfurt/M. 1988.

Dinnerstein, »German Attitudes towards the Jewish Displaced Persons. 1945-1950" in: Trefousse, Hans L. (Hg.), Germany and America, Essays on Problems of International Relations and Immigrations, New York 1980, 241f.

Dinnerstein, Leonard, America and the Survivors of the Holocaust. New York 1982.

Dirks, Walter, »Der restaurative Charakter der Epoche«, in: Frankfurter Hefte 5/5, 1950, 942f.

Distel, Barbara, »Der 29. April 1945. Die Befreiung des Konzentrationslagers Dachau«, in Dachauer Hefte 1/1, 1985, 3f.

Döblin, Alfred, Autobiographische Schriften und letzte Aufzeichnungen, Olten, Freiburg 1980.

Dolezel, Stephan, »Welt im Film 1945 and the Re-education of Occupied Germany«, in: Short, K. R. M. / Dolezel, Stephan, Hitler's Fall. The Newsreel Witness, London, New York, Sydney 1988, 148f.

Dorn, Walter L., Inspektionsreisen in der US-Zone. Notizen, Denkschriften und Erinnerungen aus dem Nachlaß, übersetzt und herausgegeben von Lutz Niethammer, Stuttgart 1973.

Dorn, Walter, »The Debate over American Occupation Policy in Germany 1944-1945", in: Political Science Quarterly 4/72, 1957; vgl. Übersetzung mit Einleitung in: Vierteljahrshefte für Zeitgeschichte 1/6, 1958, 60f.

Drabkin, Jakow S., »Zur Tätigkeit der sowjetischen Militäradministration in Deutschland«, in: Wissenschaftliche Zeitschrift der Humboldt Universität zu Berlin, Gesellschafts- und Sprachwissenschaftliche Reihe, 2/19, 1970, 177f.

Drobisch, Klaus, Widerstand in Buchenwald, Berlin/DDR 1977.

Dudek, Peter / Jaschke, Hans Gerd, Entstehung und Entwicklung des Rechtsextremismus in der Bundesrepublik. Zur Tradition einer besonderen politischen Kultur, 2 Bde., Opladen 1984.

Eberan, Barbro, Luther? Friedrich »der Große«? Wagner? Nietzsche? ...? Wer war an Hitler schuld. Die Debatte um die Schuldfrage 1945-1949, München 1983.

Eckart, Willehad Paul, »Köln in der Nachkriegszeit: das Verhältnis zu den Juden«, in: Bohnke-Kollwitz, J. / Eckart, W. P. u.a. (Hg.), Köln und das Rheinische Judentum. Festschrift Germania Judaica, Köln 1984, 462f.

Eco, Umberto, Semiotics and the Philosophy of Language, Houndsmills, Basingstoke, Hamsphire, London 1984.

Edel, Peter, Wenn es ans Leben geht. Meine Geschichte. 2 Bde., Berlin/DDR 1979.

Edelstein, Alan, An Unacknowledged Harmony. Philo-Semitism and the Survival of European Jewry, Westport, London 1982.

Eichhorn, David Max, »Sabbath-Gottesdienst im Lager Dachau. Bericht des US-Militärrabbiners über die erste Maiwoche 1945", in: Dachauer Hefte 1/1, 1985, 207f.

Eschenburg, Theodor, »Der bürokratische Rückhalt«, in: Aus Politik und Zeitgeschichte B/74, 2.3.1974.

Feinberg, Anat, Wiedergutmachung im Programm. Jüdisches Schicksal im deutschen Nachkriegsdrama, Köln 1988.

Ferencz, Benjamin, Lohn des Grauens. Die verweigerte Entschädigung für jüdische Zwangsarbeiter. Ein Kapitel deutscher Nachkriegsgeschichte, Frankfurt/M., New York 1981.

Fichter, Michael, Besatzungsmacht und Gewerkschaften, Opladen 1982.

Fischer, Erika J. / Fischer, Heinz-D. (Hg.), John J. McCloy und die Frühgeschichte der Bundesrepublik Deutschland. Presseberichte und Dokumente über den Amerikanischen Hochkommissar für Deutschland 1949-1952, Köln 1985.

Foschepoth, Josef (Hg.), Kalter Krieg und deutsche Frage. Deutschland im Widerstreit der Mächte 1945-1952, Göttingen 1985.

Foschepoth, Josef / Steininger, Rolf (Hg.), Britische Deutschland- und Besatzungspolitik, Paderborn 1985.

Foschepoth, Josef, »Zur deutschen Reaktion auf Niederlage und Besatzung«, in: Herbst, Ludolf (Hg.), Westdeutschland 1945-1955, München 1986, 151f.

Frankenthaler Gespräche, Juden in Deutschland 1983 – Integriert oder diskriminiert. Ein Symposium, Landau 1983.

Franklin Littell, The Crucifixion of the Jews, New York, Evanston 1975.

Frei, Norbert, »›Wir waren blind, ungläubig und langsam‹. Buchenwald, Dachau und die amerikanischen Medien im Frühjahr 1945", in: Vierteljahrshefte für Zeitgeschichte 3/35, 1987, 399f.

Frei, Norbert, Amerikanische Lizenzpolitik und deutsche Pressetradition. Die Geschichte der Nachkriegszeitung Südost-Kurier, München 1986.

Friedländer, Saul, Reflections of Nazism. An Essay on Kitsch and Death, New York 1984. Deutsche Übersetzung aus dem Französischen ders., Kitsch und Tod. Der Widerschein des Nazismus, München 1984.

Friedländer, Saul, »Vom Antisemitismus zur Judenvernichtung: Eine historiographische Studie zur nationalsozialistischen Judenpolitik und Versuch einer Interpretation«, in: Jäckel, Eberhard / Rohwer, Jürgen (Hg.), Der Mord an den Juden im Zweiten Weltkrieg, Stuttgart 1985, 18ff.

Friedländer, Saul, »Some German Struggles with Memory«, in: Hartmann, Geoffrey H. (Hg.), Bitburg in moral and political perspective, Bloomington, 1986, 27f.

Friedländer, Saul / Broszat, Martin, »Um die ›Historisierung des Nationalsozialismus‹. Ein Briefwechsel«, in: Vierteljahrshefte für Zeitgeschichte 2/36, 1988, 339f.

Friedrich, Jörg, Die kalte Amnestie. NS-Täter in der Bunderepublik, Frankfurt/M., 1984.

Frisch, Max, Tagebuch 1946-1949, Frankfurt/M. 1958.

Fürstenau, Justus, Entnazifizierung. Ein Kapitel deutscher Nachkriegspolitik, Neuwied 1969.

Gardner Feldman, Lily, The Special Relationship Between West Germany and Israel, Boston, London, Sydney 1984.

Gesellschaft für christlich-jüdische Zusammenarbeit in Berlin (Hg.), Toleranz und Brüderlichkeit. 30 Jahre Gesellschaft für christlich-jüdische Zusammenarbeit in Berlin, Berlin 1979.

Gimbel, John, »Amerikanische Besatzungspolitik und deutsche Tradition«, in: Herbst, op. cit., 147f.

Gimbel, John, A German Community under American Occupation. Marburg 1945-52, Stanford 1961.

Gimbel, John, The American Occupation of Germany. Politics and the Military, 1945-1949, Stanford 1968.

Ginzel, Günther Bernd (Hg.), Auschwitz als Herausforderung für Juden und Christen, Heidelberg 1980.

Ginzel, Günther Bernd, »Phasen der Etablierung einer Jüdischen Gemeinde in der Kölner Trümmerlandschaft 1945-1949", in: Bohnke-Kollwitz, J. / Eckart, W.P. u. a. (Hg.), Köln und das Rheinische Judentum. Festschrift Germania Judaica, Köln 1984, 445f.

Giordano, Ralph (Hg.), Narben, Spuren, Zeugen. 15 Jahre Allgemeine Wochenzeitung der Juden in Deutschland, Düsseldorf 1961.

Giordano, Ralph, Die zweite Schuld oder Von der Last Deutscher zu sein, Hamburg 1987.

Giordano, Ralph (Hg.), »Wie kann diese Generation eigentlich noch atmen?« Briefe zu dem Buch: Die zweite Schuld oder Von der Last Deutscher zu sein, Hamburg 1990.

Glaser, Hermann, Kulturgeschichte der Bundesrepublik Deutschland. Bd.1: Zwischen Kapitulation und Währungsreform 1945-1948; Bd.2: Zwischen Grundgesetz und Großer Koalition, München, Wien 1985/1986.

Goldmann, Nahum, Mein Leben als deutscher Jude, Frankfurt/M., Berlin, Wien 1983.

Gordon, Sarah Ann, Hitler, Germans and the ›Jewish Question‹, Princeton 1984.

Graml, Hermann, Die Alliierten und die Teilung Deutschlands. Konflikte und Entscheidungen 1941-1948, Frankfurt/M. 1985.

Grebing, Helga / Pozorski, Peter / Schulze, Rainer, Die Nachkriegsentwicklung in Westdeutschland 1945-1949, Stuttgart 1980.

Greiffenhagen, Martin, »Vom Obrigkeitsstaat zur Demokratie: Die politische Kultur in der Bundesrepublik Deutschland«, in: Reichel, Politische Kultur in Westeuropa, op. cit., 52f.

Greive, Hermann, Geschichte des modernen Antisemitismus in Deutschland, Darmstadt 1983.

Greschat, Martin (Hg.), Im Zeichen der Schuld. 40 Jahre Stuttgarter Schuldbekenntnis. Eine Dokumentation, Neukirchen-Vluyn 1985.

Gringauz, Samuel, »Our New German Policy and the DP's. Why Immediate Resettlement is Imperative«, in: Commentary 5, 1948, 508f.

Grosser, Alfred, Das Deutschland im Westen. Eine Bilanz nach 40 Jahren, München, Wien 1985.

Grosser, Alfred, Geschichte Deutschlands seit 1945, München 1974.

Grossmann, Kurt R., The Jewish DP Problem. Its Origin, Scope, and Liquidation, New York 1951.

Grossmann, Kurt, R., Die Ehrenschuld. Kurzgeschichte der Wiedergutmachung, Frankfurt/ M., Berlin 1967.

Habe, Hans, All my sins. An autobiography, London, Toronto 1957.

Habe, Hans, Ich stelle mich. Meine Lebensgeschichte, München 1987.

Habermas, Jürgen, »Entsorgung der Vergangenheit«, in: ders., Die neue Unübersichtlichkeit. Kleine Politische Schriften V, Frankfurt/M. 1985, 261f.

Habermas, Jürgen, »Geschichtsbewußtsein und posttraditionale Identität. Die Westorientierung der Bundesrepublik«, in: ders., Eine Art Schadensabwicklung. Kleine Politische Schriften IV, Frankfurt/M. 1987, 161f.

Hartrich, Edwin, The Fourth And Richest Reich, New York, London 1980.

Henke, Klaus-Dietmar / Woller, Hans (Hg.), Lehrjahre der CSU. Eine Nachkriegspartei im Spiegel vertraulicher Berichte an die amerikanische Militärregierung, Stuttgart 1984.

Herbert, Ulrich, Fremdarbeiter. Politik und Praxis des Ausländer-Einsatzes in der Kriegswirtschaft des Dritten Reiches, Berlin, Bonn 1985.

Herbert, Ulrich, »›Die guten und die schlechten Zeiten.‹ Überlegungen zur diachronen Analyse lebensgeschichtlicher Interviews«, in: Niethammer, op.cit., Bd.1, 67f.

Herbert, Ulrich, »Von Auschwitz nach Essen. Die Geschichte des KZ-Außenlagers Humboldtstraße«, in: Dachauer Hefte 2/2, 1986, 13f.

Herbert, Ulrich, »Arbeit und Vernichtung. Ökonomisches Interesse und Primat der ›Weltanschauung‹ im Nationalsozialismus«, in: Diner, Dan (Hg.), Ist der Nationalsozialismus Geschichte? Zu Historisierung und Historikerstreit, Frankfurt/M. 1987, 198f.

Herbst, Ludolf (Hg.), Westdeutschland 1945-1955. Unterwerfung, Kontrolle, Integration, München 1986.

Hermle, Siegfried, Evangelische Kirche und Judentum – Stationen nach 1945, Göttingen 1990.

Hermlin, Stephan, »Aus dem Lande der großen Schuld«, in: Wagenbach, Klaus u.a.(Hg.), Vaterland, Muttersprache. Deutsche Schriftsteller und ihr Staat seit 1945, Berlin 1979, 22f.

Hermlin, Stephan, Bestimmungsorte, Berlin 1985.

Herz, John H., »The Fiasco of Denazification in Germany«, in: Political Science Quarterly 63, 1948, 569f.

Herz, John H., Vom Überleben. Wie ein Weltbild entstand. Autobiographie, Düsseldorf 1984.

Heuss, Theodor, An und über Juden. Aus Schriften und Reden. 1906-1963, Düsseldorf, Wien 1964.

Heym, Stefan, Reden an den Feind, München 1986.

Heym, Stefan, Wege und Umwege. Streitbare Schriften aus fünf Jahrzehnten, München 1985.

Heymont, Irving, Among the Survivors of the Holocaust – 1945. The Landsberg DP Camp Letters of Major Irving Heymont, Cincinnati 1982.

»Historikerstreit«. Die Dokumentation der Kontroverse um die Einzigartigkeit der nationalsozialistischen Judenvernichtung, München, Zürich 1987.

Holborn, Hajo, »Einige Beobachtungen und Politische Empfehlungen zum Deutschen Problem«, in: Vierteljahrshefte für Zeitgeschichte 1/35, 1987, 150f.

Horkheimer, Max, Gesammelte Schriften. Bd.12: Nachgelassene Schriften 1931-1949, Frankfurt/M. 1985.

Horkheimer, Max / Adorno, Theodor W., Vorwort, in: Pollock, Friedrich, Gruppenexperiment. Ein Studienbericht, Frankfurt/M. 1955.

Hübner-Funk, Sybille, »Hitler's Grandchildren in the Shadow of the Past«, in: Tel Aviver Jahrbuch für deutsche Geschichte XIX, 1990, 103f.

Hurwitz, Harold, Demokratie und Antikommunismus in Berlin nach 1945, 3 Bde., Köln 1983/84.

Iggers, Georg G., The German Conception of History, Middletown 1968.

Jacobmeyer, Wolfgang, »Jüdische Überlebende als ›Displaced Persons‹«, in: Geschichte und Gesellschaft 3/9, 1983, 421f.

Jakobmeyer, Wolfgang, Vom Zwangsarbeiter zum heimatlosen Ausländer. Die Displaced Persons in Westdeutschland 1945-1951, Göttingen 1985.

Jaspers, Karl, Die Schuldfrage. Für Völkermord gibt es keine Verjährung, München 1979.

Jaspers, Karl, Erneuerung der Universität. Reden und Schriften 1945-1946, Heidelberg 1986.

Jäckel, Eberhard, Hitlers Herrschaft. Vollzug einer Weltanschauung, Stuttgart 1986.

Jäckel, Eberhard, Hitlers Weltanschauung. Entwurf einer Herrschaft, Stuttgart 1983[2].

Jelinek, Yeshayahu A., »Political Acumen, Altruism, Foreign Pressure or Moral Debt: Konrad Adenauer and the ›Shilumim‹«, in: Tel Aviver Jahrbuch für deutsche Geschichte XIX, 1990, 77f.

Jena, Kai von, »Versöhnung mit Israel? Die deutsch-israelischen Verhandlungen bis zum Wiedergutmachungsabkommen von 1952", in: Vierteljahrshefte für Zeitgeschichte 4/34, 1986, 457f.

Jens, Walter, Eine deutsche Universität. 500 Jahre Tübinger Gelehrtenrepublik, München 1981[2].

Jersch-Wenzel, Stefi, »300 Jahre Jüdische Gemeinde zu Berlin«, in: Berlin Museum (Hg.), Leistung und Schicksal. 300 Jahre Jüdische Gemeinde zu Berlin. Ausstellungskatalog, Berlin 1971, 17f.

Jochmann, Werner, Gesellschaftskrise und Judenfeindschaft in Deutschland 1870-1945, Hamburg 1988.

Jünger, Ernst, Jahre der Okkupation. April 1945 – Dezember 1948, Stuttgart 1958.

Kaes, Anton, Deutschlandbilder. Die Wiederkehr der Geschichte als Film, München 1987.

Kästner, Erich, Notabene 45. Ein Tagebuch, Zürich, Berlin 1961.

Kershaw, Jan, »Antisemitismus und Volksmeinung. Reaktionen auf die Judenverfolgung«, in: Broszat, Martin / Fröhlich, Elke (Hg.), Bayern in der NS-Zeit. Bd. 2: Herrschaft und Gesellschaft im Konflikt, Teil A, München 1979, 281f.

Kershaw, Jan, »The Persecution of the Jews and German Popular Opinion in the Third Reich«, in: Leo Baeck Institute Year Book 26, 1981, 261ff.

Kershaw, Jan, The ›Hitler Myth‹. Image and Reality in the Third Reich, Oxford 1987, 229f.

Klemperer, Victor, LTI. Notizbuch eines Philologen, Frankfurt/M. 1982.

Kleßmann, Christoph, »Ein stolzes Schiff und krächzende Möven. Die Geschichte der Bundesrepublik und ihre Kritiker«, in: Geschichte und Gesellschaft 4/11, 1985, 476f.

Kleßmann, Christoph, Die doppelte Staatsgründung. Deutsche Geschichte 1945-1955, Bonn 1984, 37f.

Knudsen, Knud (Hg.), Welt ohne Haß. Führende Wissenschaftler aller Fakultäten nehmen Stellung zu brennenden deutschen Problemen. Aufsätze und Ansprachen zum I. Kongreß über bessere menschliche Beziehungen in München, Berlin, Hamburg, Stuttgart 1951.

Kocka, Jürgen, »1945: Neubeginn oder Restauration?« in: Stern, Carola / Winkler, Heinrich August (Hg.), Wendepunkte deutscher Geschichte 1848-1945, Frankfurt/M. 1979, 141f.

Koebner, Thomas / Sautermeister, Gert / Schneider, Sigrid (Hrsg.), Deutschland nach Hitler. Zukunftspläne im Exil und aus der Besatzungszeit 1939 bis 1949. Opladen 1987.

König, René, Leben im Widerspruch. Versuch einer intellektuellen Autobiographie, Frankfurt/M., Berlin, Wien 1984.

Kohn, Hans, The Mind of Germany. The Education of a Nation, London 1965.

Krieger, Leonard, »The Inter-Regnum in Germany: March-August 1945«, in: Political Science Quarterly 4/64, 1949, 507f.

Kropat, Wolf-Arno, »Jüdische Gemeinden, Wiedergutmachung, Rechtsradikalismus und Antisemitismus nach 1945", in: Kommission für die Geschichte der Juden in Hessen (Hg.), 900 Jahre Geschichte der Juden in Hessen, Wiesbaden 1983, 447f.

Kulka, Otto Dov, »›Public Opinion‹ in Nazi Germany: The Final Solution« II, in: The Jerusalem Quarterly 26, 1983, 34f.

Kulka, Otto Dov, »Die deutsche Geschichtsschreibung über den Nationalsozialismus und die ›Endlösung‹. Tendenzen und Entwicklungsphasen 1924-1984«, in: Historische Zeitschrift 3/240, 1985, 599f.

Kulka, Otto Dov, »Die Nürnberger Rassegesetze und die deutsche Bevölkerung im Lichte geheimer NS-Lage- und Stimmungsberichte«, in: Vierteljahrshefte für Zeitgeschichte 4/ 32, 1984, 582f.

Kuschner, Doris, Die jüdische Minderheit in der Bundesrepublik Deutschland. Eine Analyse, Köln 1977.

Kühn, Heinz, Aufbau und Bewährung. Die Jahre 1945-1978, Frankfurt/M., Berlin, Wien 1984[2].

Kwiet, Konrad / Eschwege,Helmut, Selbstbehauptung und Widerstand. Deutsche Juden im Kampf um Existenz und Menschenwürde 1933-1945, Hamburg 1984.

Lange-Quassowski, Jutta-B., Neuordnung oder Restauration? Das Demokratiekonzept der amerikanischen Besatzungsmacht und die politische Sozialisation der Westdeutschen: Wirtschaftsordnung – Schulstruktur – Politische Bildung, Opladen 1979.

Lepsius, M. Rainer, »Die Bundesrepublik Deutschland in der Kontinuität und Diskontinuität historischer Entwicklungen: Einige methodische Überlegungen«, in: Conze, Werner / Lepsius, M. Rainer (Hg.), Sozialgeschichte der Bundesrepublik. Beiträge zum Kontinuitätsproblem, Stuttgart 1983.

Levi, Primo, Atempause. Eine Nachkriegsodyssee, Frankfurt/M. 1982.

Levi, Primo, Die Untergegangenen und die Geretteten, München 1990.

Levi, Primo, The Mirror Maker. Stories and Essays, London 1990.

Loth, Wilfried, Die Teilung der Welt. Geschichte des Kalten Krieges 1941-1955, München 1980.

Löwenthal, Leo, An Unmastered Past. Autobiographical Reflections, hg. und eingeleitet von Martin Jay, Berkeley, Los Angeles, London 1987.

Löwenthal, Richard / Schwarz, Hans-Peter (Hg.), Die zweite Republik. 25 Jahre Bundesrepublik Deutschland – eine Bilanz, Stuttgart 1974.

Lübbe, Hermann, »Der Nationalsozialismus im politischen Bewußtsein der Gegenwart«, in: Broszat, Martin, u.a. (Hg.), Deutschlands Weg in die Diktatur. Internationale Konferenz zur nationalsozialistischen Machtübernahme, Berlin 1983, 329f.

Lüth, Erich, Durch Wahrheit zum Frieden. Aktion »Friede mit Israel«, Hamburg 1952.

Lüth, Erich, Wir bitten Israel um Frieden, Hamburg 1951.

Maas, Hermann / Radbruch, Gustav / Schneider, Lambert (Hg.), Den Unvergessenen. Opfer des Wahns 1933 bis 1945, Heidelberg 1952.

Maier, Charles S., »The Two Postwar Eras and the Conditions for Stability in Twentieth-Century Western Europe«, in: American Historical Review 2/86, 1981, 327f.

Maòr, Harry, Über den Wiederaufbau der Jüdischen Gemeinden in Deutschland seit 1945, Mainz 1961.

Marshall, Barbara, The Origins of Post-War German Politics, London, New York, Sydney 1988.

Mayer, Hans, »Das Gedächtnis und die Geschichte. Gedanken beim Aufschreiben von Erinnerungen«, in: Moses, Stéphane / Schöne, Albrecht (Hg.), Juden in der deutschen Literatur. Ein deutsch-israelisches Symposium, Frankfurt/M. 1986, 13f.

Mayer, Hans, »Als der Krieg zu Ende war. Wir haben uns zu rasch mit der Vergangenheit eingerichtet«, in: Die Zeit, 1.2.1985.

Mayer, Hans, Außenseiter, Frankfurt/M. 1981[2].

Mayer, Hans, Ein Deutscher auf Widerruf. Erinnerungen, Bd.I, Frankfurt/M. 1982.

McCloy, John J., Ansprachen des Amerikanischen Hochkommissars für Deutschland, Washington, D.C. 23.1.1950; Stuttgart 6.2.1950.

Meinecke, Friedrich, Die deutsche Katastrophe. Betrachtungen und Erinnerungen, Wiesbaden 1949[4].

Merritt, Anna J. / Merritt, Richard L., Public Opinion in Occupied Germany. The OMGUS Surveys, 1945-1949, Urbana, Chicago, London 1970.

Merritt, Anna J. / Merritt, Richard L., Public Opinion in Semisovereign Germany. The HICOG Surveys, 1949-1955, Urbana, Chicago, London 1980.

Mertz, Peter, Und das wurde nicht ihr Staat. Erfahrungen emigrierter Schriftsteller mit Westdeutschland, München 1985.

Mommsen, Hans, »Haupttendenzen nach 1945 und in der Ära des Kalten Krieges«, in: Faulenbach, Bernd (Hg.), Geschichtswissenschaft in Deutschland. Traditionelle Positionen und gegenwärtige Aufgaben, München 1974, 112f.

Mommsen, Hans, »Was haben die Deutschen vom Völkermord an den Juden gewußt?« in: Pehle, Walter (Hg.), Der Judenpogrom 1938. Von der ›Reichskritallnacht‹ zum Völkermord, Frankfurt/M. 1988, 176f.

Mooser, Josef, Arbeiterleben in Deutschland 1900-1970, Frankfurt/M. 1984.

Morsey, Rudolf, Die Bundesrepublik Deutschland. Entstehung und Entwicklung bis 1969, München 1987.

Moses, Siegfried, »Die Wiedergutmachungsforderungen der Juden in Deutschland«, in: Vogel, Rolf (Hg.), Der deutsch-israelische Dialog. Dokumentation eines erregenden Kapitels deutscher Außenpolitik. Teil I: Politik, Bd.1, München, New York, London, Paris 1987, 3f.

Moskowitz, Moses, »The Germans and the Jews: Postwar Report«, in: Commentary 1/2, 1946, 7f.

Moskowitz, Moses, »The Political Reeducation of the Germans: The Emergence of Parties and Politics in Wuerttemberg-Baden (May 1945- June 1946)«, in: Political Science Quarterly 61, 1946, 553f.

Möding, Nori, »›Ich muß irgendwo engagiert sein – fragen Sie mich bloß nicht, warum.‹ Überlegungen zu Sozialisationserfahrungen von Mädchen in NS-Organisationen«, in: Niethammer/Plato, Wir kriegen jetzt andere Zeiten ..., op.cit., 256f.

Möding, Nori, »Politische Haltungen in Deutschland nach 1945. Zur Nutzbarkeit des Habitus-Begriffs für Oral-History-Analysen«, in: IWK-Mitteilungen des Instituts für Wissenschaft und Kunst 4/42, 1987, 130f.

Muhlen, Norbert, »The Shooting on the Moehlstrasse. Is it Nazi Anti-Semitism All Over Again?«, in: Commentary 4/8, 1949, 355f.

Müller, Heidy M., Die Judendarstellungen in der deutschsprachigen Erzählprosa 1945-1981, Königstein 1984.

Müller, Henning, Theater der Restauration. Westberliner Bühnen, Kultur und Politik im Kalten Krieg, Berlin 1981.

Müller-Hill, Benno, Tödliche Wissenschaft. Die Aussonderung von Juden, Zigeunern und Geisteskranken 1933-1945, Reinbek 1984.

Nadich, Judah, Eisenhower and the Jews, New York 1953.

Neumann, Franz L., »Re-Educating the Germans. The Dilemma of Reconstruction«, in: Commentary 6/3, 1947, 517f.; deutsche Übersetzung: »Die Umerziehung der Deutschen und das Dilemma des Wiederaufbaus«, in: ders., Wirtschaft, Staat, Demokratie. Aufsätze 1930-1954, Frankfurt/M. 1978, 295f.

Neumann, Franz L., German Democracy 1950, New York 1950.

Niethammer, Lutz, »Zum Verhältnis von Reform und Rekonstruktion in der US-Zone am Beispiel der Neuordnung des öffentlichen Dienstes«, in: Vierteljahrshefte für Zeitgeschichte 2/21, 1973, 177f.

Niethammer, Lutz / Borsdorf, Ulrich / Brandt, Peter (Hg.), Arbeiterinitiative 1945. Antifaschistische Ausschüsse und Reorganisation der Arbeiterbewegung in Deutschland, Wuppertal 1976.

Niethammer, Lutz, Die Mitläuferfabrik, Berlin, Bonn 1982[2].

Niethammer, Lutz, »Fragen – Antworten – Fragen. Methodische Erfahrungen und Erwägungen zur Oral History«, in: ders. / Plato, Wir kriegen jetzt andere Zeiten..., op.cit., 392ff.

Niethammer, Lutz (Hg.), »Die Jahre weiß man nicht, wo man die heute hinsetzen soll.« Faschismuserfahrungen im Ruhrgebiet. Lebensgeschichte und Sozialkultur im Ruhrgebiet 1930 bis 1960, Bd.1, Berlin, Bonn 1983.

Niethammer, Lutz (Hg.), »Hinterher merkt man, daß es richtig war, daß es schiefgegangen ist.« Nachkriegserfahrungen im Ruhrgebiet. Lebensgeschichte und Sozialkultur im Ruhrgebiet 1930 bis 1960, Bd.2, Berlin, Bonn 1983.

Niethammer, Lutz / Plato, Alexander von (Hg.), »Wir kriegen jetzt andere Zeiten.« Auf der Suche nach der Erfahrung des Volkes in nach-faschistischen Ländern. Lebensgeschichte und Sozialkultur im Ruhrgebiet 1930 bis 1960, Bd.3, Berlin, Bonn 1985.

Niethammer, Lutz (Hg.), Lebenserfahrung und kollektives Gedächtnis. Die Praxis der ›Oral History‹, Frankfurt/M. 1985.

Niethammer, Lutz, »›Normalisierung‹ im Westen. Erinnerungsspuren in die 50er Jahre«, in: Diner, Dan (Hg.), Ist der Nationalsozialismus Geschichte? Zu Historisierung und Historikerstreit, Frankfurt/M. 1987, 153f.

Noelle, Elisabeth / Neumann, Erich Peter (Hg.), Jahrbuch der öffentlichen Meinung 1947-1955, Allensbach 1956[2].

Noelle, Elisabeth / Neumann, Erich Peter (Hg.), Jahrbuch der öffentlichen Meinung 1958-1964, Allensbach, Bonn 1965.

Paepke, Lotte, Ich wurde vergessen. Bericht einer Jüdin, die das Dritte Reich überlebte, Freiburg, Basel, Wien 1979.

Pehle, Walther H. (Hg.), Das Judenpogrom 1938. Von der ›Reichskristallnacht‹ zum Völkermord, Frankfurt/M. 1988.

Helmut Peitsch, »Deutschlands Gedächtnis an seine dunkelste Zeit«. Zur Funktion der Autobiographik in den Westzonen Deutschlands und des Westsektoren von Berlin 1945-1949, Berlin 1990.

Pingel, Falk, »Wissenschaft, Bildung und Demokratie – der gescheiterte Versuch einer Universitätsreform«, in: Foschepoth, Josef / Steininger, Rolf (Hg.), Die britische Deutschland- und Besatzungspolitik 1945-1949, Paderborn 1985, 183f.

Pinson, Koppel S., »Jewish Life in Liberated Germany«, in: Jewish Social Studies 9, 1947, 101f.

Pollock, Friedrich, Gruppenexperiment, Frankfurt/M. 1955.

Posner, Julius, In Deutschland. 1945-1946, Jerusalem 1947.

Rabinbach, Anson / Zipes, Jack (Hg.), Germans and Jews since the Holocaust. The Changing Situation in Germany, New York 1986.

Reichel, Peter (Hg.), Politische Kultur in Westeuropa, Frankfurt/M., New York 1984.

Reichel, Peter, »Politische Kultur. Zur Geschichte eines Problems und zur Popularisierung eines Begriffs«, in: Aus Politik und Zeitgeschichte, B 42/82, Oktober 1982, 13f.

Richarz, Monika (Hg.), Jüdisches Leben in Deutschland. Selbstzeugnisse zur Sozialgeschichte 1918-1945, Stuttgart 1982, 242f.

Richarz, Monika, »Jews in Today's Germanies«, in: Leo Baeck Institute Year Book 30, 1985, 265f.

Riesenburger, Martin, Das Licht verlöschte nicht. Ein Zeugnis aus der Nacht des Faschismus. – Predigten, Berlin/DDR 1984[2].

Ringer, Fritz K., The Decline of the German Mandarins.The German Academic Community, 1890-1933, Cambridge 1969; deutsche Übersetzung: Die Gelehrten. Der Niedergang der deutschen Mandarine 1890-1933, Stuttgart 1983.

Robinsohn, Saul B. / Schatzker, Chaim, Jüdische Geschichte in deutschen Lehrbüchern, Braunschweig 1963.

Rosen, Klaus-Henning, »Vorurteile im Verborgenen. Zum Antisemitismus in der Bundesrepublik«, in: Strauss, Herbert A. / Kampe, Norbert (Hg.), Antisemitismus. Von der Judenfeindschaft zum Holocaust, Bonn 1984, 256f.

Rosenthal, Gabriele (Hg.), Die Hitlerjugend-Generation. Biographische Thematisierung als Vergangenheitsbewältigung, Essen 1986.

Rosenthal, Hans, Zwei Leben in Deutschland, Bergisch-Gladbach 1980.

Rudolph, Hagen, Die verpaßten Chancen. Die vergessene Geschichte der Bundesrepublik, Hamburg 1979.

Ruhl, Klaus-Jörg, Deutschland 1945. Alltag zwischen Krieg und Frieden in Berichten, Dokumenten und Bildern, Darmstadt, Neuwied 1984.

Rürup, Reinhard, »Emanzipationsgeschichte und Antisemitismusforschung. Zur Überwindung antisemitischer Vorurteile«, in: Erb, Rainer / Schmidt, Michael (Hg.), Antisemitismus und Jüdische Geschichte. Studien zu Ehren von Herbert A. Strauss, Berlin 1987, 467.

Sachar, Abram L., The Redemption of the Unwanted. From the Liberation of the Death Camps to the Founding of Israel, New York 1983.

Sagi, Nana, German Reparations: A History of the Negotiations, Jerusalem 1980.

Sallen, Herbert Anton, Zum Antisemitismus in der Bundesrepublik Deutschland: Konzepte, Methoden und Ergebnisse der empirischen Antisemitismusforschung, Frankfurt/M. 1977.

Schardt, Angelika, Eine Minorität am Rande der Nachkriegsgesellschaft: Jüdische Displaced Persons am Beispiel des Lagers Föhrenwald bei Wolfratshausen, Magister-Arbeit, München 1990.

Schmude, Jürgen, »Bürgerrechte und Sonderrecht-Schutz und Verfolgung der Juden in Deutschland«, in: Frankenthaler Gespräche, op. cit., 105f.

Schoeps, Hans Joachim, Philosemitismus im Barock. Religions- und geistesgeschichtliche Untersuchungen, Tübingen 1952.

Schottlaender, Rudolf, Trotz allem ein Deutscher. Mein Lebensweg seit Jahrhundertbeginn, Freiburg, Basel, Wien 1986.

Schulin, Ernst (Hg.), Deutsche Geschichtswissenschaft nach dem Zweiten Weltkrieg (1945-1965), München 1989.

Schulze, Winfried, Deutsche Geschichtswissenschaft nach 1945, München 1989.

Schwarz, Hans-Peter, Adenauer. Der Aufstieg: 1876-1952, Stuttgart 1986.

Schwarz, Hans-Peter, Vom Reich zur Bundesrepublik. Deutschland im Widerstreit der außenpolitischen Konzeptionen in den Jahren der Besatzungsherrschaft 1945-1949, Neuwied 1966.

Seeliger, Rolf (Hg.), Braune Universität. Deutsche Hochschullehrer gestern und heute. Eine Dokumentation, München 1966.

Shinnar, Felix E., Bericht eines Beauftragten. Die deutsch-israelischen Beziehungen 1951-1960, Tübingen 1967.

Siebecke, Horst, Die Schicksalsfahrt der »Exodus 47«. Eine historische Dokumentation, Frankfurt/M. 1987.

Siepmann, Eckhard u.a. (Hg.), Heiß und kalt. Die Jahre 1945-69, Berlin 1986.

Silbermann, Alphons, »Vorurteilsforschung und Vergangenheitsaufarbeitung«, in: Kölner Zeitschrift für Soziologie und Sozialpsychologie 35, 1983, 341f.

Silbermann, Alphons, Der ungeliebte Jude. Zur Soziologie des Antisemitismus, Zürich 1981.

Silbermann, Alphons, Sind wir Antisemiten? Ausmaß und Wirkung eines sozialen Vorurteils in der Bundesrepublik Deutschland, Köln 1982.

Silbermann, Alphons, Was ist jüdischer Geist? Zur Identität der Juden, Zürich 1984.

Silbermann, Alphons / Schoeps, Julius H. (Hg.), Antisemitismus nach dem Holocaust. Bestandsaufnahme und Erscheinungsformen in deutschsprachigen Ländern, Köln 1986.

Sontheimer, Kurt, Antidemokratisches Denken in der Weimarer Republik. Die politischen Ideen des deutschen Nationalismus zwischen 1918 und 1933. Studienausgabe mit einem Ergänzungsteil: Antidemokratisches Denken in der Bundesrepublik, München 1968.

Söllner, Alfons (Hg.), Zur Archäologie der Demokratie in Deutschland. 2 Bde., Frankfurt/M. 1986.

Spiegel, Marga, Retter in der Nacht. Wie eine jüdische Familie überlebte, Köln 1987.

Steininger, Rolf, Deutsche Geschichte 1945-1961. Darstellung und Dokumente in zwei Bänden, Bd.1, Frankfurt/M. 1983.

Sterling, Eleonore, »Judenfreunde – Judenfeinde. Fragwürdiger Philosemitismus in der Bundesrepublik«, in: Die Zeit, 10.12.1965.

Stern, Fritz, Dreams and Delusions. The Drama of German History, New York 1987.

Stern, Fritz, The Politics of Cultural Despair, Berkeley 1961.

Stöhr, Martin, »Juden, Christen, Deutsche. Anmerkungen zur Geschichte eines Dialogs«, in: Tödt, Heinz Eduard u.a. (Hg.), Wie eine Flaschenpost. Ökumenische Briefe und Beiträge für Eberhard Bethge, München 1979, 311f.

Stöss, Richard (Hg.), Parteienhandbuch. Die Parteien der Bundesrepublik Deutschland 1945-1980, Bd. 4, Opladen 1986[2].

Suchy, Barbara, »The Verein zur Abwehr des Antisemitismus (II). From the First World War to its Dissolution in 1933", in; Leo Baeck Institute Year Book 30, 1985, 67f.

Suchy, Barbara, »Zwischen den Zeiten. Die jüdische Gemeinde Düsseldorf von 1945 – 1948«, in: Stadtmuseum Düsseldorf u.a. (Hg.), 1946 Neuanfang: Leben in Düsseldorf, Düsseldorf 1986, 330f.

Tauber, Kurt P., Beyond Eagle and Swastika. German Nationalism since 1945, 2 Bde., Middletown 1967.

Troll, Carl, »Alfred Philippson. 1864-1953«, in: 150 Jahre Rheinische Friedrich-Wilhelms-Universität zu Bonn, 1818-1968. Bonner Gelehrte. Beiträge zur Geschichte der Wissenschaften in Bonn, Bonn 1970, 203f.

Truman, Harry S., Memoirs. Vol.2: Years of Trial and Hope, New York 1956.

Urwin, D.W., Western Europe since 1945. A Concise History, London 1984.

Volkow, Shulamit, »Antisemitism as a Cultural Code. Reflections on the History and Historiography of Antisemitism in Imperial Germany«, in: Leo Baeck Institute Year Book 23, 1978, 25f. Deutsche Übersetzung in: dies., Jüdisches Leben und Antisemitismus im 19. und 20. Jahrhundert, München 1990.

Vollnhals, Clemens, Evangelische Kirche und Entnazifizierung 1945-1949. Die Last der nationalsozialistischen Vergangenheit, München 1989.

Walk, Joseph, Das Sonderrecht für die Juden im NS-Staat, Karlsruhe 1981.

Weber, Alfred, Haben wir Deutschen nach 1945 versagt? Politische Schriften. Ein Lesebuch, Frankfurt/M. 1982.

Wehler, Hans-Ulrich, Entsorgung der deutschen Vergangenheit? Ein polemischer Essay zum ›Historikerstreit‹, München 1988.

Wehler, Hans-Ulrich, Historische Sozialwissenschaft und Geschichtsschreibung. Studien zu Aufgaben und Traditionen deutscher Geschichtswissenschaft, Göttingen 1980.

Weidenfeld, Werner (Hg.), Politische Kultur und deutsche Frage, Köln 1989.

Weil, Frederick D., »The Imperfectly Mastered Past: Anti-semitism in West Germany Since the Holocaust«, in: New German Critique 20, 1980, 135f.

Weinreich, Max, Hitler's Professors. The Part of Scholarship in Germany's Crimes against the Jewish People, New York 1946.

Wetzel, Juliane, Jüdisches Leben in München 1945-1951. Durchgangsstadium oder Wiederaufbau? München 1987.

Wiedergeburt des Geistes. Die Universität Tübingen im Jahre 1945. Eine Dokumentation. Werkschriften des Universitätsarchivs, Reihe 2, Heft 13, Tübingen 1985.

Willett, Ralph, The Americanization of Germany, 1945-1949, London 1989.

Winkler, Edgar, »30 Jahre CJZ in Stuttgart«, in: Gesellschaft für CJZ Stuttgart (Hg.), Gewissen und Gedächtnis. Zwei Vorträge aus der Arbeit des Jahres 1980, Stuttgart 1980.

Winkler, Heinrich August (Hg.), Politische Weichenstellungen im Nachkriegsdeutschland 1945-1953, Göttingen 1979.

Wippermann,Wolfgang, Das Leben in Frankfurt zur NS-Zeit. Bd.1: Die nationalsozialistische Judenverfolgung. Darstellung, Dokumentation, didaktische Hinweise, Frankfurt/M. 1986.

Wodak, Ruth / Novak, Peter / Pelikan, Johanna / Gruber, Helmut / Cillia, Rudolf de / Mitten, Richard, »Wir sind alle unschuldige Täter«. Diskurshistorische Studien zum Nachkriegsantisemitismus, Frankfurt/M. 1990.

Wojak, Andreas (Hg.), Schatten der Vergangenheit. Deutsche und Juden heute, Gütersloh 1985.

Wolffsohn, Michael, Deutsch-Israelische Beziehungen. Umfragen und Interpretationen 1952-1983, München 1986.

Wollenberg, Jörg (Hg.), »Niemand war dabei und keiner hat's gewußt«. Die Deutsche Öffentlichkeit und die Judenverfolgung 1933-1945, München, Zürich 1989.

Woller, Hans, Gesellschaft und Politik in der amerikanischen Besatzungszone. Die Region Ansbach und Fürth, München 1986.

Zelzer, Maria, Weg und Schicksal der Stuttgarter Juden. Ein Gedenkbuch, Stuttgart 1964.

Zink, Harold, The United States in Germany 1944-1955, Toronto, New York, London 1957.

Verzeichnis der Abkürzungen

ACC	Allied Control Council
AJC	American Joint Distribution Committee
BRD	Bundesrepublik Deutschland
CDU	Christlich-Demokratische Union
CSU	Christlich-Soziale Union
DDR	Deutsche Demokratische Republik
DP	displaced person
FDP	Freie Demokratische Partei
HICOG	Office of the High Commissioner Germany (U.S.)
ICD	Information Control Division USFET und OMGUS bis 1948, dann ISD
ISD	Information Services Control
KPD	Kommunistische Partei Deutschlands
LUSIR	Lebensgeschichte und Sozialkultur im Ruhrgebiet 1930-1960, Projekt an der Fernuniversität Hagen
MG	Military Government
NA.RG.	National Archives, Washington, Register Number
NCCJ	National Council of Christians and Jews (U.S.A.)
OMGB	Office of Military Government Bavaria
OMGUS	Office of Military Government Germany (U.S.)
OSS	Office of Strategic Services
RIAS	Rundfunk im Amerikanischen Sektor Berlins
SD	Sicherheitsdienst
SHAEF	Supreme Headquarters, Allied Expeditionary Forces
SPD	Sozialdemokratische Partei Deutschlands
SRP	Sozialistische Reichspartei
UNRRA	United Nations Relief and Rehabilitation Administration
USFET	United States Forces European Theater

Personen- und Sachregister